D1666190

1 km

Kauffung

an der Katzbach, Kreis Goldberg in Schlesien

Das Titelbild zeigt als Wahrzeichen von Kauffung die Schornsteine im Tal und den Kitzelberg mit den Steinbruchterrassen.

*Die Erinnerung und die Treue zur Heimat
sind Ausdruck eines tief in der menschlichen
Seele verankerten Wesenszuges,
der zu allen Zeiten als eine Tugend
gepriesen wurde.*

Prof. Karl Carstens

Verlag: Goldammer-Verlag, 8533 Scheinfeld
Gesamtherstellung:
Druckhaus Goldammer GmbH & Co., Offset KG · 8533 Scheinfeld
Printed in Germany · Alle Rechte vorbehalten
ISBN 3-927374-00-8

Kauffung

an der Katzbach, Kreis Goldberg in Schlesien

Dokumentation

von Karl-Heinz Burkert

unter Mitwirkung zahlreicher Kauffunger

1988

Kauffung a. Katzbach

Blick von Norden nach Süden.

4

Zum Geleit

Das Heimatbuch der Gemeinde Kauffung a. d. Katzbach, Krs. Goldberg in Schlesien, soll den ehemaligen Bewohnern dieser Gemeinde, aber auch der Nachbargemeinden und allen interessierten Mitmenschen, die Möglichkeit in die Hand geben, mit dem Heimatort Kauffung und dem Schlesierland in Verbindung zu bleiben, bzw. als Nicht-Schlesier unsere Heimat kennenzulernen.

Das Buch sollte bei allen Kauffunger Familien Eingang finden und dort einen würdigen Stellenwert einnehmen.

Der Inhalt des Buches wird besonders der jüngeren Kauffunger Generation mannigfache Erinnerung bringen und ebenso vieles Unbekannte erschließen. Es wird jedem Leser Einblick geben über das Leben und Schaffen in dem so sehr interessanten Industrie- und Bauerndorf Kauffung und dem Land Schlesien.

Das Buch soll aber auch Eingang finden bei entsprechenden Instituten, Büchereien und Aufbewahrungsstellen, so daß es auch noch in weiterer Zukunft als *Dokumentation* zur Verfügung steht.

Dem Verfasser, Herrn Dr. Karl-Heinz Burkert, Kauffunger Pastorensohn, und seinen zahlreichen Helfern beim Zusammentragen der vielen erforderlichen Unterlagen, sei aufrichtig gedankt für die jahrelange Arbeit bis zur Buchreife.

Als Heimatortsvertrauensmann der Gemeinde Kauffung hoffe ich und wünsche es dem Verfasser und seinen Helfern, daß dieses Werk von den Heimatfreunden und einem größeren Leserkreis gut aufgenommen wird.

Für die erfreulich gute Zusammenarbeit und Hilfe bei der Druckvorbereitung, insbesondere bei der Übernahme von älteren Bildern, Dokumenten und Skizzen, sage ich dem Druckhaus Goldammer aufrichtigen Dank.

> *Wer seine Heimat vergißt,*
> *verliert sich selbst.*
> *Mit der Treue zu sich selber,*
> *beginnt die Treue zu den Anderen.*

Hagen, im Juli 1988   Walter Ungelenk

Kauffunger Heimatlied

(Melodie: »O du Heimat lieb und traut«)

Singen will ich froh ein Lied meiner Heimat traut und lieb!
Wo die Katzbach schäumend rauscht, Vater, Mutter ich gelauscht.

/: Meine Heimat, sing's nochmal, ist das schöne Katzbachtal :/

Zwischen Berg und Busch im Tal klettert's Wasser ohne Wahl;
In dem klaren Katzbachquell spielet munter die Forell.

Wo der Mühlberg sich erhebt, Rüb'zahls Geist dich dort umweht;
Riesengebirge, hochgebaut, Nahefern dein Auge schaut.

Mächtig steht der Kitzelberg, arg zernagt vom Menschenwerk;
Marmorblöcke, Kalkgestein bricht man dort tagaus, tagein.

Drunten raget Schlot an Schlot, kündet Arbeit um das Brot.
Weite Felder rings im Kreis tragen Frucht aus Landmanns Fleiß.

Kellerberge südwärts ziehn, g'heimnisvoll wird's nördlich hin;
Launenvoll beherrscht den Kamm 's Männlein aus der Schnaumrichklamm.

Häuser, Gärten buntgereiht geben lang dir das Geleit,
führt durch Kauffung dich dein Pfad wo oft rauscht ein Mühlenrad.

Gottes Häuser mahnen dich; unser Ziel ist ewiglich.
Auf! Ob Sonnenschein, ob Sturm, blick zu Gott wie unser Turm.

Wandre durch die Fluren weit, wo der Galgenvogel schreit,
Wo der Märtenstein hoch winkt, 's Raubschloß in die Sage sinkt.

Wo die Schafbergbaude ruft, auszuruhn in Waldesluft,
Wo man den Butterberg kann sehn, nah der Melkengelte stehn.

Geht der Tag dann still zur Neig, auf den kleinen Mühlberg steig;
Schau ins Tal und auf die Höhn: Mein Daheim wie bist du schön.

Jagt uns aus der Heimat Schoß, hartes Unrecht übergroß,
Bleiben treu wir allemal unserm lieben Katzbachtal.

Gottvertrauen sei uns Rast. »Einer trag des andern Last!«
Hüt' die Hoffnung in der Brust, singe stets mit frischer Lust:

Meine Heimat, sing 's nochmal,
bleibt das schöne Katzbachtal!

Wir Gedenken

Unserer Toten auf den Friedhöfen in Kauffung
In den Landschaften der Zuflucht 1945
Der gefallenen und verstorbenen Soldaten
Derer, die in der Zerstreuung verstorben sind
und im verbliebenen Deutschland
ihre letzte Ruhe gefunden haben.

Gruß an die Heimat.

Heinrich Scholz.

Zwischen Katzbach und dem Bober
Liegt ein herrliches Gefild;
Berge reihen sich zu Ketten,
Von den Höhen, welch ein Bild!
Südlich ragen Riesenberge,
Grüßet Berggeist Rübezahl;
Nördlich senkt sich das Gelände —
Lockend winkt das Katzbachtal.

In den Bergen reiche Schätze:
Blankes Erz und Marmorstein.
Auf den Bergen grünt die Tanne,
Landmann heimst viel Segen ein.
Bis auf hohen Berges Rücken
Rauscht noch goldnes Aehrenfeld.
Wer die Hände nur mag regen,
Katzbachtal bot Brot und Geld.

Kernig Volk wohnt in den Auen
Mit noch frommem Biedersinn,
Welches auch für seine Heimat
Gern gibt Blut und Leben hin.
Gott schütz allzeit uns're Fluren,
Halte die Gesinnung rein;
Dann wird unterm gold'nen Frieden
Alles blühen und gedeih'n.

Doas Kauffunger Märchen

An holbe Eewigkeet woar verganga seit'm erschta Schöpfungstage. Nu ruhte inser Herrgott aus, und besoah sich sei Werk. Olles stoand uff semm richtiga Ploatze: Die Rocky Mountains ei Amerika, derr Kilimandscharo ei Afrika, die Alpen ei Europa und is Riesengebirge ei Schlesien!

Derr liebe Gott stoand uff derr Schniekuppe. Sei Blick ging weit iebersch Land, bis zum Vorgebirge, und wetter bis ei a langes Toal, eigeseemt vu lauter Berga. »Doas ies merr ja besondersch gutt geroata«, sproach a zu sich salber, »wenns au an Heffa Arbeit gemacht hoat.« Und ar duchte derrbeine oa die dicka Marmorblöcke, die ar unter die Berge gepackt hotte. Sugoar awing Kupfer, Silber und Guld woar verstackt.

Du und ich, mir hätta freilich nä viel gesahn. Genaugenumma bloß Puusch, und nischt wie Puusch, die Berghänge nuff, und au unda eim Toale. Und erscht recht nä die Baache, die sich durte an Wäg suchte.

Ferr an lange Zeit hotta die Fische eim Wosser und die Tiere eim Pusche die Berge und is Toal ferr sich alleene. Menscha koama nä ei die Wildnis, jedenfolls noch nä ferr immer. Die blieba lieber eim weita Lande oa da grußa Flissa, wu's nä asu unwirtlich woar. Hie bauta se Derfer und Städte, schoffta mit Pfahrdefuhrwerka und Schiffa olles meegliche hie und har und vermehrta sich tichtig. Do wurde derr Plotz knopp, und oa monchem Tische soaßa baal zu viele Asser.

Is goab aber noch Gegenda, wu doas ganz andersch woar. Ma mußte bloß immer ei die Richtung ziehn, wu die Sunne uufgieht. Do sommelta sich ieberoal die Menscha, und zuga luus. Lang und beschwerlich woar die Reese eis Ungewisse, aber schließlich woar ma oam Ziele, nämlich ei damm Toale mit derr Baache! Vieh und Sootgetreide, Pfliege, Hämmer und Äxte, Hausroat und andere nitzliche Sachen bruchta se mitte. Bauhulz und Feuerhulz woar do, und au Wosser zum Trinka. Nu brauchta se Ackerland und Weede ferrsch Vieh, und desholb finga se oa zu rooda.

A poar hundert Joahre später, als derr Herrgott wieder amoal ei sei Toal guckte, koama aus'm Staunen nimmer raus. Vum Pusche woar nä viel iebriggeblieba. Doderrfiehr goabs jitze Wiesa mit Himmelsschlisseln und Gänsebluma, Felder mit Kurn und Gaarschte, Mohbluma und Kurnbluma. Aber au Grenzsteene und Grenzzeene. Doas ganze Land woar uffgeteelt. Monche hotta a grußes Sticke, monche bloß a kleenes, und andere ieberhaupt nischte. Ei derr Baache durfte au nimmeh jedes Fische fanga. »Asu giehts zu uff derr Arde, wenn ma nä olles salber macht«, duchte derr liebe Gott. »Die Menscha sein ziemlich schlau gewurn, aber richtig eiteeeln, doas kinn se noch nä.«

Die Baache woar erscht recht nä zufrieden. Die hotta se ei a steenernes Bette gezwängt, weil se ob und zu iebermietig wurde. Dann noahm se olles mitte, woas groade eim Wäge stoand: Beeme, Häuser und monchmoal die ganze Ernte. Doas durfte natierlich nä asu wettergiehn!

9

Woas hotta die Menscha bloß olles gebaut: An lange Stroaße, die ging durchs ganze Toal, immer oa derr Baache lang. Is goab Wäge, Stäge und Bricka, Kircha, Schuln und a Gemeendeomt, Wohnhäuser, Wirtshäuser, Boahnheefe und an Pust, a Krankahaus, Geschäfte, gruße und kleene Heefe mit Stoahl und Scheune, a poor Schlesser und sogoar a Kriegerdenkmoal.

»Doas ies Kauffung«, soita die Leute, »und mir sein die Kauffunger. Ins gehiert die Koatzbaache, mir hoan an Klenna Miehlberg und au noch an Grußa-, an Omrich und an Röhrschberg, die Eisakuppe und an Aalaberg, an Kitzelberg und noch a poar andere«. – – – Do mußte inser Herrgott lacha: »Uff woas ferr Noama die bloß gekumma sein?«

Und dann soah a die tiefa Runzeln ringsrim ei dar Berggesichtern. Kupfer, Silber und Guld hotta die Menscha schunt gefunda und oas Tageslicht ge-brucht. Doas woar ja au nä besonders viel gewast. Jitzt woarn die Marmor-steene oa derr Reihe. Die wurda aus'm Berge gesprengt und gebrocha, mit derr Plette, oder sugoar durch die Luft mit derr Seelboahne eis Toal beferdert, ei derr Miehle zerrmoahln, oder eim grußa Uwa zu Kolke gebrannt. Weiß wie die Miller woarn die Arbeiter, und weiß woarn au die Dächer und olles zengstrim. »Asu hoa ich merr doas geducht«, sinnierte derr liebe Gott, »denn vu Ackerbau und Viehzucht hätta uff die Dauer nä olle Kauffunger laaba kinn. Freilich, die Steenarbeit ies a sehr hortes Bruut. Aber immer immernoch besser hortes Bruut, als goar kees. Viel Schweeßtruppa hoot die Arde schunt geschluckt. Tränen warn derrzunekumma – an Menge. Meine Kauffunger wissa ja noch nä, woas uff se zukimmt, aber ich war se nä alleene loan, wenn's asu weit sein wird.«

Woas sein fuffzig Joahre, gemessa oa derr Eewigkeet? Ich gleebe, noch keene Sekunde. Und woas ferr a Durcheinander hoan die Menscha ei dar kurza Zeit uff derr Arde fertiggebrucht. Freilich, die Koatzbaache leeft wetter durchs Toal, und au die Berge stiehn noch uff ihrem oagestommta Plotze. Aber die Kauffunger, die sein nimmeh doa. Doas heeßt – *do* sein se schunt noch – –, bloß halt nimmeh ei Kauffung!

Diesmoahl mußta se ei die Richtung ziehn, wu die Sunne undergieht, aber nä freiwillig. Ieberoal koan ma se heute finda, sugoar ei Amerika. Undergeganga sein se nä. Inser Herrgott hoat sei Woart gehaaln. Die meesta hoan ihr gudes Auskumma, und is gibt welche, dann giehts sugoar besser wie derrheeme. Und doch wandern die Gedanka immer wieder durthie zerricke. Warum wull? Ich gleebe, ma koan an Menscha mit am Baume vergleicha. Wenn dar aus derr Arde gerissa wird, bleiba immer a poar Wurzeln stecka, die ma nä rauskrigt. Uff die Oart sein merr olle noch mit Kauffung verbunda.

Ruth Geisler geb. Krause 1982

Blick von Süden nach Norden. ⟶

Kauffung a. Katzbach vom Mühlberg gesehen

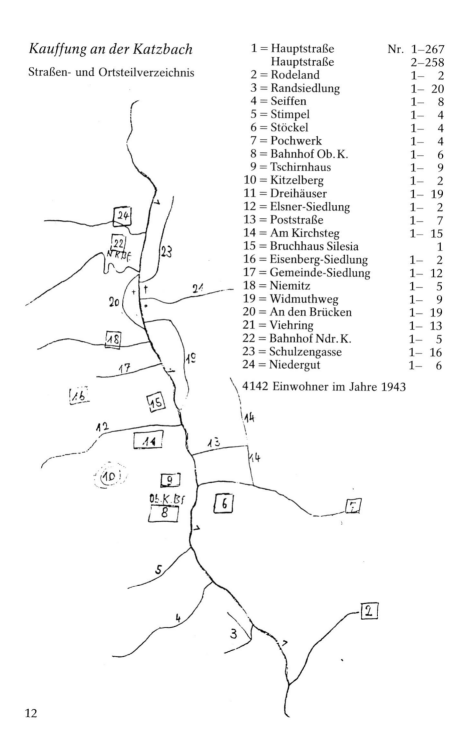

Kauffung an der Katzbach

Straßen- und Ortsteilverzeichnis

		Nr.
1 = Hauptstraße		1–267
Hauptstraße		2–258
2 = Rodeland		1– 2
3 = Randsiedlung		1– 20
4 = Seiffen		1– 8
5 = Stimpel		1– 4
6 = Stöckel		1– 4
7 = Pochwerk		1– 4
8 = Bahnhof Ob. K.		1– 6
9 = Tschirnhaus		1– 9
10 = Kitzelberg		1– 2
11 = Dreihäuser		1– 19
12 = Elsner-Siedlung		1– 2
13 = Poststraße		1– 7
14 = Am Kirchsteg		1– 15
15 = Bruchhaus Silesia		1
16 = Eisenberg-Siedlung		1– 2
17 = Gemeinde-Siedlung		1– 12
18 = Niemitz		1– 5
19 = Widmuthweg		1– 9
20 = An den Brücken		1– 19
21 = Viehring		1– 13
22 = Bahnhof Ndr. K.		1– 5
23 = Schulzengasse		1– 16
24 = Niedergut		1– 6

4142 Einwohner im Jahre 1943

Vorwort

»Wir können das deutsche *Kauffung* nicht in Vergessenheit geraten lassen! Machen Sie doch eine Bestandsaufnahme, damit unser Kauffung in Bewußtsein und Erinnerung behalten wird«, sagte mir Pastor Schröder 1981. Dieser Auftrag und der Wunsch der Kauffunger an Tatsachen zu schildern wie es war, sind mit der Vorlage unseres Heimatbuches erfüllt.

Zur Verfügung standen die Arbeiten von Vater und Sohn Stockmann:

> Die 1892 erschienene 'Geschichte des Dorfes und Kirchspiels K.' von Pastor Paul Stockmann und
> die vom Sohn Dr. Günther Stockmann betriebene Sammlung heimat- und volkskundlicher Nachrichten, um die 'Geschichte' fortzusetzen und zu vertiefen.

Weitere Unterlagen für die Zeit seit der Industrialisierung um 1900 waren zu beschaffen. Dies ist Dank vielseitiger Mitarbeit von Frauen und Männern aus Kauffung geschehen; auch Urkunden und Schriften aus früherer Zeit tauchten auf. Über *ein* Meter ist in Ordnern geheftet; eine kleine Bücherei hat sich angesammelt. Menschlich bereichernd und nicht meßbar ist die untereinander entstandene Verbindung; mit dem Worte *Dank* nicht aufzuwiegen.

Ein Geschenk im Alter!

Ergebnis ist das Buch wie es nun vorliegt.

Der Hauptteil als Bestandsaufnahme der letzten 50 bis 100 Jahre mit der Entwicklung vom Gebirgsdorf zur ländlichen lebenskräftigen Industriegemeinde.

Möglichst genau sind die Vorgänge am Ende des 2. Weltkrieges, Zuflucht suchen, zwischenzeitliche Rückkehr, Einzug der Roten Armee, Polen als Verwaltungsmacht, Vertreibung und Zerstreuung über das verbliebene Deutschland geschildert.

Im Abschnitt 'Die beiden Kirchen' sind Orts- und Kirchengeschichte verwoben eingeflochten, von den damaligen Kauffungern voll und ganz verdient.

Schließlich ist unter dem Leitwort 700 Jahre deutsch die geschichtliche Entwicklung umrissen, auch mit dem Ziel, grundlegendes Wissen für Gespräche aller Art zu vermitteln.

Jeder Abschnitt ist in sich lesbar gehalten, gegebenenfalls sind Quellen genannt, unter Verzicht auf Anmerkungen.

Des Öfteren ist dem Bericht für Kauffung oder das Katzbachtal eine allgemeine Einleitung vorangestellt, so daß sich der Leser ein Bild über die politischen, sozialen, wirtschaftlichen und kirchlichen Verhältnisse von dazumal, des betreffenden Zeitraumes, machen kann. Bei alledem ist Kauffung trotz seiner inselhaften Eigenständigkeit eingebettet ins obere Katzbachtal betrachtet und sind insbesondere im geschichtlichen Teil die Nachbarorte einbezogen worden. Für die Ansiedlungszeit ist meines Wissens erstmals die Anlage der einzelnen Dörfer genauer und im Zusammenhang des oberen Katzbachtals untersucht und dargestellt.

Walter *Teschner*, von der Kauffunger Volksschule zum Akademischen Oberrat angestiegen, vermittelt in 'Berge ringsum' und 'Pflanzenwelt' ein wissenschaftliches Bild der Landschaft: Oberes Katzbachtal.

Der Blick in die Graue Vorzeit mit Höhlenbären und ihren Jägern gehört dazu.

Walter *Ungelenk* – dem der Titel *Herausgeber* zustände – hat aus früheren Beiträgen in den Heimatnachrichten einen zumeist erholsamen *Leseteil* zusammengestellt, das Buch mit Bildern anschaulich geschmückt und auch sonst für die Ausgestaltung gesorgt.

Insgesamt eine DOKUMENTATION, die Historikern als Unterlage für die große Geschichtsschreibung dienen soll und kann.

Aus der Geschichte für Geschichte!

Sehr geehrte liebe Leserin! Geneigter Leser!
Auf gehts! An Kauffung erinnern, Kauffung entdecken.

Im Sommer 1988 Karl-Heinz Burkert

Einiges aus dem Leben des Verfassers

Geboren 1911 im Kreis Lüben.

In Kauffung Kindheit mit 8 Jahren Volksschule, auch dank des elterlichen Pastorhauses Verbindung zu allen Kreisen der Einwohnerschaft in der ländlichen Industriegemeinde.

In Liegnitz Gymnasium mit Reifeprüfung.

Studium der Rechtswissenschaft mit Volkswirtschaft in Graz, Berlin, Königsberg und Breslau. Anschließend Ausbildung für den Verwaltungsdienst am Regierungspräsidium Breslau, Landratsamt Beuthen O/S, Stadt Freiburg in Schlesien. Verwaltungsjurist.

Ab Sommer 1940 beim Heer-Infanterie...

Ab Herbst 1951 beim Landesausgleichsamt in Stuttgart; im Rahmen des Lastenausgleichs Darlehnsreferent für Gewerbe, Landwirtschaft, schließlich auch Wohnungsbau. Fast tausend Sitzungen mit Darlehnsausschüssen.

Beobachtungen in Kindheit und Jugend, die Ausbildung für den Dienst in der Inneren Verwaltung und der Beruf selbst haben das Grundwissen für unser Heimatbuch geschaffen.

Die Arbeit an der Dokumentation für Kauffung war Freude und Verpflichtung.

Anschrift: Dr. Karl-Heinz Burkert,
7050 Waiblingen, Eichendorffstraße 10

Zum Überblick

Im Rahmen der mittelalterlichen deutschen Ostsiedlung wurde auch das obere Katzbachtal vor und nach 1250 von deutschen Bauern besiedelt. Ihrer Herkunft nach aus Franken, Thüringen und der Mark Meißen. Gefördert vom Piastenherzog Heinrich I. und seinen Nachkommen. Waldrodung, Gemarkung vom Bach/Talgrund ausgehend eingeteilt in 100 m breite Streifen, genannt Hufe. Je Bauern eine solche Hufe = 25 ha. Daher wurden diese Ansiedlungen 'Waldhufendörfer' genannt. Land des Herzogs oder von ihm dem Zisterzienserkloster Leubus für Anlage von Dörfern überlassen. Urkundlich in damaliger Schreib- und Sprechweise belegt sind außer Kauffung neun Dörfer und die Stadt Schönau im oberen Katzbachtal sowie angrenzende Dörfer im oberen Bobertal. Bei Kauffung ist zusätzlich Woycesdorf zu nennen, worüber besonders berichtet wird. Die Anlage als deutsche Dörfer ist bestätigt, durch die Einteilung in Hufen, Pfarrland, Erbscholtiseien mit mehreren Hufen, betragsmäßig festgelegten Bischofszehnten.

Dorfkirche in Kauffung um 1300 im Stil der frühen Gotik. Zugehörig zum deutschen Kulturkreis und 100 Jahre später auch zum Reich. Etwa ab 1300 entstehen zu Lasten der Bauern fast in jedem Ort ritterliche Grundherrschaften, Dominien genannt. In Kauffung deren neun! Kleinbetriebe bilden sich, in der Talaue werden Häusel gebaut; Gärtner und Häusler sagte man. Schon um 1600 eine beachtliche Anzahl; um das Jahr 1700 in Kauffung 270 solcher Gärtner/Ackerhäusler und Häusler. Über Wohlstand wird berichtet. Spinnen und Weben. Häuslerland und Schleierweberei. Aber 6 Furten durch die Katzbach! Wege längs des Flußes. Meilenlanges Dorf mit 1600 Einwohnern um das Jahr 1800.

Geistig von der Reformation erfaßt; Einwohnerschaft und Dorfkirche evangelisch. In der Gegenreformation Kirchen rekatholisiert, aber die Einwohner blieben im Tal evangelisch, obwohl 90 Jahre ohne Kirchen und Pastoren. Mit preußischer Zeit, 1742, ev. Bethäuser in den Dörfern und Stadt Schönau gebaut; 2 Kirchen überall. Kath. Pfarrgemeinde in Kauffung ab 1853.

Pest und andere Seuchen, Kriege, Hungersnöte, Dorfbrände, Überschwemmungen waren zu ertragen und durchzustehen.

Frühzeitig hatte man Kalkgestein gebrochen und gebrannt. Auf Betreiben des großen Königs wurde Marmor gewonnen.

Kurz vor 1900 begann der Aufbau der Kalkindustrie durch Bahnbau, weitläufige Werksanlagen mit Ringöfen und 15 um 40 bis 60 m hohen Schornsteinen. Starke Zunahme der Einwohnerschaft, Wohnungsbau, um 1500 Beschäftigte und Lebensunterhalt für 4000 Personen. Tagesförderung bis zu 150 Eisenbahnkalkwagen! Kauffung stand im Versand in Niederschlesien an 9. Stelle. Vom meilenlangen Gebirgsdorf zur ländlichen Industriegemeinde. Lebendig, wirtschaftlich selbständig, in sich geschlossen. Volksschulen im Ober- und Niederdorf. Selbstwählen im örtlichen Fernsprechnetz schon 1913.

Am Ende des 2. Weltkrieges auf deutscher Seite der Front. Unzerstört. Zuflucht suchen und Rückkehr. Von den 4000 Einwohnern Ende Mai 1945 wieder über 2000 und im Herbst 1945 2.500 im Ort mit eigener Gemeindeverwaltung und deutschen Geistlichen. Deutsche Insel unter Roter Armee und Polen als Verwaltungsmacht. Eindringen und ansiedeln von Polen. Deutsche Einwohnerschaft ausgewiesen Sommer 1946 bis 1947. Verstreut über das restliche Deutschland. Jährliche Treffen reihum im Norden, Westen und Süden. Wiedersehen mit Kauffung bei persönlichen und gemeinsamen Reisen.

Kauffung,
gelegen zwischen Liegnitz und der Schneekoppe. Skizze Seite 259.

Aufgliederung des Inhalts und Quellenverzeichnis am Schluß des Buches.

I.M.

16

»Die« Katzbach

entspringt auf den Bleibergen bei Ketschdorf – lernten wir in den ersten Jahren der Volksschule. Leicht eingefaßte Quelle vor einem Waldrand am Hang. Dann ein Wiesenbächlein, nur so schmal und tief wie eine Handspanne. Beliebtes Ziel für Schulausflüge! Habt Ihr das in Kindheitstagen entstandene Bild noch vor Augen? Und auf der Zunge? Wir tranken doch alle das klare kalte Wasser. Aus dem Bächlein wird der munter dahinspringende Bach von den Bergen ins Tal, längs Eisenbahn und Straße von Nimmersath nach Ketschdorf, dem obersten Ort im Katzbachtal, 415 m Höhe. In der Nähe des Hotels, das um 1900 der Eisenbahn folgend gebaut wurde, kommt ein Bächlein vom 'Rosengarten' und der 'Feige' (523 m), dem Paß ins Bobertal, hinzu und ein weiterer Bach aus Seitendorf. Die junge Katzbach läßt (ostwärts der Straße Ketschdorf-Seitendorf) den rotbraunen *Kretschamstein* zurück, einen einzelstehenden Felsen, der seit der Urzeit mitten in der Landschaft 25 m breit und 20 m hoch zweigipfelig wie ein Riff aus der Erde ragt.

Ab gehts nach Norden im breiten Tal zwischen Äckern und Wiesen zum Durchlaß eines Staudammes. Der wurde 1929 für 700.000 RM gebaut, um Hochwasser zurückzuhalten. Das war damals viel Geld, wenn man bedenkt, daß ein Häusel um 15.000 bis 18.000 RM kostete. Vor dem Bau stand dort allein eine Getreidemühle, zu deren Betrieb das Wasser der werdenden Katzbach so gerade ausreichte. Die Mühle mußte weichen. Dafür brachte der sommerliche Badebetrieb im kleinen Weiher munteres Leben. Nach dieser Talsperre wird das Tal enger; Rodelandberge, Uhustein und großer Mühlberg im Osten, Keller- und Kitzelberg im Westen.

Katzbachpforte heißt diese Verengung. Die Katzbach erreicht Ober-Kauffung, wird vom Bach zum Fluß. Vorbei ist's mit der gut schlesischen 'Bache', vorbei mit der Freiheit. Der Mensch zähmt den Wasserlauf durch Begradigen und Befestigen der Ufer mit Weidenbündeln und Mauern. Das Flußbett wechselt zwischen natürlich gebliebener flacher Breite und künstlich tiefer Schmalheit. Die höheren Ufer machen Brücken möglich und nötig:

Holzstege für Fußgänger,
auf T-Eisen ruhende Stämme und Balken für landwirtschaftliche Fahrzeuge,
einige Brücken für Lastkraftwagen bei den Kalkwerken,
die fünf großen Steinbrücken schließlich im Zuge der Haupt- und Durchgangsstraße; davon ist noch zu berichten.

Es gab soviel solcher Brücken, daß wir sie in unserem, fast eine Meile = 7 km langen Straßendorf niemals zählten.

Das Wasser weiß so wenig wie der Mensch, was ihm bevorsteht. Von den Bergen fließt Verstärkung. Der Seiffen von den Hängen zu Kammerswaldau und der Erlenbach von der Eisenkoppe und dem Ort Altenberg im Oberdorf; manch kleinerer Bach im Mitteldorf, Niemitzbach und Viehring im Nieder-

Die Katzbachquelle in den Bleibergen bei Ketschdorf

dorf. Forellen fühlen sich im schnellfließenden Wasser heimisch und lassen sich bei der geringen Tiefe und Klarheit gut beobachten. Der Fischfang stand kraft schlesischen Auenrechts einigen Gütern zu. An breiten, das Ortsbild belebenden Wehren werden Mühlgräben ab- und nach der Mühle wieder eingeleitet; im Oberdorf einer, im Niederdorf zwei, dann wieder an der Gemarkungsgrenze zu Altschönau am »Letzten Heller«, dem nun nicht mehr stehenden ländlich stillen Gasthaus.

Bei den Wiesen in der Nähe des Lehnguts hatte sich eine tiefe Stelle gebildet. Von Jungs zum Baden ausgenutzt.

Die Katzbach eilt nach Schönau. Von den Nachbardörfern Tiefhartmannsdorf und Klein Helmsdorf kommen von Westen der *Lauterbach,* der vom Raubschloß zu berichten weiß, und der im Osten der Kauffunger Markung unter dem Märtenstein entspringende *Helmsbach.*

Unterhalb Schönau fließt die Katzbach nahe der *Johanniskirche* unter der ersten Eisenbahnbrücke durch. Solche Bogenbrücken folgen im Katzbachtal flußab noch mehrere. Die Fahrt über diese Brücken war immer irgendwie ein kleines Erlebnis.

»Oberes Katzbachtal« nennt man das nüchtern. Im Lexikon steht:

»Katzbach, linker Nebenfluß der mittleren Oder, Niederschlesien, entspringt in 500 m Höhe östlich von Hirschberg im Riesengebirge, mündet unterhalb von Liegnitz und Parchwitz. 98 km.« Mündung bei 85 m NN.

So harmlos die Katzbach im Allgemeinen plätschert und fließt, so wild und ungebärdig kann sie in der Schneeschmelze, bei Dauerregen und nach einem Wolkenbruch Hochwasser führen. Randvoll bis an die Brücken und über die Ufer. Ein gewaltiges Naturschauspiel!

'Jahrhunderthochwasser' haben schwere Schäden verursacht; im Jahre 1608 geradezu eine Katastrophe für das Katzbachtal (beschrieben im Abschnitt: Schrecknisse – Wassersnot).

Aus der neueren Zeit sei nachstehend das 1926 erlebte Hochwasser beschrieben, auch nach Erinnerung von Willi Schlosser, Ober-K., 1981. 1926 gingen in der Frühe eines Julitages schwere zusammenhängende Wolkenbrüche nieder über Seitendorf im weiteren Quellbereich der Katzbach und ostwärts von Ober-Kauffung in dem Nebental, das sich zur Eisenkoppe hinzieht. *Zwei Flutwellen* folgten... Gegen 7.00 Uhr heulten die Sirenen der Kalkwerke *Alarm,* so auffällig, daß man sofort begriff: *Gefahr!*

'Hochwasser, Überschwemmung', sprach sich schnell herum. Zuerst erreichten die Wassermassen von der Eisenkoppe her durch das Erlenbachtal das mittlere Ober-Kauffung, jedoch konnten der Erlenbach und sein Mühlgraben die Flut nicht fassen. Einen halben Meter hoch wurde die hochliegende Dorfstraße, von Bauer Doms / gegenüber Tschirnhaus an, überflutet; das Wasser suchte sich seinen Weg durch ein Haus zur Katzbach.

Holzbrücke über die Katzbach zum Widmuthweg bei Bauer Berndt in Nieder-Kauffung. Im Hintergrund der Ambrich.

Als diese Flut vorbeigeströmt war, hatte die vom Seitendorfer Wolkenbruch kommende Flutwelle Ober-Kauffung erreicht. Schon gegen halb neun Uhr flutete das Wasser im Eck am Widmuthweg vor der oberen Kirchbrücke *einen* Meter hoch über die Ufer, überschwemmte das Land in breitem Strom so weit, daß die Anwesen am Widmuthweg und das Kriegerdenkmal umschlossen waren; ergoß sich quer über die Hauptstraße, den Mühlgraben daneben und flutete schließlich unterhalb des Wehres in die tief eingeschnittene Katzbach. Der Damm des Mühlgrabens wurde weggerissen. Ich habe diese Flutwelle selbst kommen sehen, weil wir an der Schmiede standen. Die Straße war auch vom Wehr her schon überschwemmt. Der *Landrat* fuhr mit dem Dienstwagen gerade noch hindurch, um sich im Oberdorf den Schaden zu besehen. Der war groß, unser Vorstellungsvermögen übersteigend. Alle Stege und landwirtschaftlichen Brücken waren fortgeschwemmt, die T-Eisen der Brücken nahezu rechtwinklig hochgebogen und aus den Verankerungen gerissen, Uferbefestigungen und leichte Uferwege weggespült. Ein in der Talaue gelegenes Haus war durchflutet. Nur die steinernen Straßenbrücken hatten unbeschädigt überstanden. Die Hochflut war bald vorüber. Schon gegen Mittag floß die Katzbach wieder friedlich dahin. Ein Gebirgsfluß! Menschen sind nicht zu Schaden gekommen. Für die Kinder war es eine aufregende Sache. Die betroffenen Eigentümer runzelten die Stirn und packten an.

Eigens um die schlesischen Gebirgsflüsse in den Griff zu bekommen, war 1907 ein preußisches Gesetz ergangen, das den Bau von Rückhaltebecken einleitete. Damals schon! In anderen deutschen Ländern ist dies erst in den letzten Jahrzehnten geschehen. Aufgrund dieses Sondergesetzes wurden die Staudämme zwischen Ketschdorf und Kauffung (1928) und nördlich von Schönau für den Steinbach (1910) gebaut.

1978 führte ein Dauerregen von einer Woche zu ungewöhnlichem Hochwasser. Der Viehringbach 1 m über dem Ufer.

Die Straße

»Ich floß vor Urzeiten schon hier, hunderttausende von Jahren vor Euch«, murmelt der Katzbach, ähnlich wie die Schneekoppe im 'Bergkrach' von Paul Keller, und meint *Straße* und *Eisenbahn*. Recht hat sie ja als Erstgeborene, aber alle Drei, Fluß, Straße und Bahn, stehen im Dienste des Menschen.

Wir müssen uns vorstellen: Erst wurde die fruchtbare Ebene besiedelt, dann drangen Einzelgänger ins Gebirge vor, folgten dem Flußlauf, in oder neben ihm, begannen sich anzusiedeln, zogen durchs Tal, schauten über den Paß ins Bobertal und seitlich Richtung Bolkenhain. Erst allmählich entstanden Pfade,

*Katzbach und Straße in Ober-Kauffung mit Blick zur Katzbachbrücke
beim Gasthaus Schnabel und Lest-Schloß (Katzbachpforte).*

wurden feste Wege neben dem Fluß und viel später Brücken gebaut. Als
Übergänge benutzte man *Furten,* denn Flüsse und Ströme flossen wild dahin,
waren noch nicht eingefaßt, also breiter und flacher, nicht so schmal und tief,
wie wir sie kennen. Vergleichsweise ist z.B. für uns unvorstellbar, daß der
Main im heutigen Frank*furt* einst zu Fuß durchquert werden konnte. Im
entstehenden Kauffung waren die bäuerlichen Anwesen beiderseits der Katzbach angelegt worden; der Verbindungsweg verlief entweder beiderseits der
Bache oder bald hüben, bald drüben, in Furten den Fluß überquerend. Ganz
im Oberdorf sei, erzählte mir in den 1920er Jahren ein steinalter Mann, in
alter Zeit (womit er wohl vor 1850 meinte) streckenweise das Bett der
Katzbach als Weg benutzt worden. Etwa vom »Geisler Kretscham«/Ober-
bahnhof an, verlief der Dorfweg talwärts zunächst links der Katzbach, etwa
bis zur Blümelgasse/Silesia, dann auf die rechte Seite zum Röhrsberg herüber,
bis zum Widmuthweg, dort wird er sich gegabelt haben – rechtsseitig zur
Brauerei, – Kirche(n), – Schulzengasse.
Linksseitig Richtung kleiner Mühlberg – am Paradies vorbei – bis zur Abzweigung am Niederbahnhof,
Vereinigung erst wieder oberhalb des unteren Wehres.
Nach einem alten Bericht mußte, wer vor Zeiten Kauffung durchfuhr, *siebenmal* die Katzbach durchqueren.

In den 1920er und 1930er Jahren waren die einstigen Furten noch erkennbar, z.T. benutzt:
Im Oberdorf beim Kretscham sowie beim Stöckel- und Heilandhof schon seit langer Zeit durch Brücken ersetzt.
Im Niederdorf oberhalb vom Niemitzhof und gegenüber der Abzweigung zum Niederbahnhof noch dann und wann benutzt;
dagegen wurden die Furten ostwärts des Niemitzhofs und am Niedergut noch von landwirtschaftlichen Fahrzeugen durchfahren, jetzt ist nur noch die Furt beim Niemitzhof durchfahrbar. Flußränder grob gepflastert.

Die herkömmlichen Wege entsprachen kaum den vormaligen innerörtlichen Bedürfnissen des volkreichen Dorfes, trugen aber weder dem überörtlichen Verkehr noch dem Umstand Rechnung, daß ein Teil der Bevölkerung im gewerblichen Bereich sein tägliches Brot verdiente und auf Verkehr von Ort zu Ort angewiesen war.

Die Beförderung der Kohle zu den alten Kalköfen – der Wanderweg aus Richtung Waldenburg vom Paß beim 'Rosengarten' zum Kitzelberg hieß im Volksmund noch *Kohlenstraße* – und die Abfuhr von Marmor und Kalk muß sehr beschwerlich gewesen sein. Flachs, Garne, Leinwand wird man zur und nach der Heimarbeit auf Rückengestellen getragen haben. Immerhin waren vor 1850 schon einige, wenn auch kleine Steinbrücken vorhanden, wie aus einer Aufzeichnung über Zerstörung durch Hochwasser 1852 hervorgeht. Zum Straßen- und Brückenbau im Großen werden Dorf und Kreis finanziell damals nicht in der Lage gewesen sein.

Die Handels- und Heerstraßen führten an Kauffung vorbei. Auf einer Karte sind um 1818 als *Landstraßen* eingezeichnet
– von Goldberg, bzw. Jauer kommend
  Schönau/Alt-Schönau – Tiefhartmannsdorf – Hirschberg
– Striegau – Seitendorf – Ketschdorf über den Paß nach Hirschberg
  Bolkenhain – Nimmersatt – Ketschdorf
Für Kauffung gab es zu den Nachbarorten nur Feldwege.
Unwegsam. Bester Schutz in Kriegszeiten vor durchziehenden Heeren.
Nach 1850 begann in Kauffung eine neue Zeit: Zusammenschluß des Ober- und Niederdorfes, Straßenbau. Zerstörendes Hochwasser 1852.

»Noch 1852 wurde mit dem Bau der Kunststraße begonnen, die innerhalb des Dorfes auf 5 Brücken den Fluß überschritt und 1854 vollendet wurde.« Das waren/sind die Brücken zwischen Elbel- und Lest-Kauffung beim Gasthof »Drei Tauben«, beim Geisler Kretscham/Oberbahnhof, in der Ortsmitte beim »Hirsch«, sowie die obere und untere Kirchbrücke. Aus Feldbruchsteinen gemauert mit gekrümmten Hauptträgern. Für die Ewigkeit, wie man so sagt. Die Straße erhielt gehörige Breite und eine möglichst geradlinige Führung. Grundstücke wurden zerschnitten, wie an den Eigentumsverhältnissen erkennbar blieb. Manche Anwesen erhielten Brücken zur neuen Hauptstraße.
»Durch den Bau der Chaussee von Schönau nach Ketschdorf wurde der

früher sehr ungünstige Weg durch unser Dorf den Ansprüchen der Zeit entsprechend gestaltet. Der Ort hat dadurch ein schmuckes Aussehen und den Eindruck größerer Wohlhabenheit erlangt.« (Stockmann, S. 50 und Winkel, S. 21). Um 1900 werden die alten Wegeverhältnisse in Vergessenheit geraten sein. Das Dorf hatte nicht nur sein Gesicht gewandelt, sondern war von 1854 an auch dem überörtlichen Verkehr angeschlossen. Ein nicht meßbarer Fortschritt. Trockenen Fußes konnte man nun nach der Kreisstadt Schönau gelangen.

Der Anschluß an das oben beschriebene überörtliche Straßennetz, das zunehmend ausgebaut wurde, war hergestellt

— bei Schönau an die Durchgangsstraße Liegnitz–Hirschberg
— über Ketschdorf ins Bobertal, nach Landeshut–Böhmen
— nach Bolkenhain.

Voraussetzung, auch um an der damals in der Frühzeit der Industrialisierung einsetzenden Entwicklung von Handel und Gewerbe teilnehmen zu können. Die Einwohner verstanden die Möglichkeiten wahrzunehmen. Bauplätze an der neuentstandenen Straße wurden in den folgenden Jahrzehnten für gewerbliche Zwecke und zu Wohnbauten ausgenutzt, neben und mit der sich entwickelnden Kalkindustrie.

Unsere Dorfstraße hat die weitere Entwicklung vom Pferdefuhrwerk zum schnellfahrenden Motorfahrzeug mitgemacht.

Anfang der 1920er Jahre wurde die Straße im Oberdorf von Lastkraftwagen mit Hartreifen, die Kalksteine von dem nach dem 1. Weltkriege wiedereröffneten Röhrsbergbruch zum Oberbahnhof fuhren (!), völlig zerfahren.

Der Unterbau der Straße wurde allmählich für den Verkehr mit Lastkraftwagen verstärkt.

Die aufkommenden Autos ließen bei Trockenheit eine Wolke von Staub hinter sich; für Menschen, Tiere und Gärten mehr als eine Belästigung. So erhielt die Straße um die Mitte der 1920er Jahre die üblich werdende *Teerdecke*. Die herkömmlichen Gassen und Wege sowie die Zufahrt zum Niederbahnhof wurden ausgebaut. – Von hier feste Straße nach Tiefhartmannsdorf um 1925. –

Von altersher waren die Wohnhäuser entsprechend der Wegeführung beiderseits der Katzbach ostwärts/rechts und westlich/links von ihr sowie nach der Zugehörigkeit zu den Gütern/Gutsbezirken (aufgelöst 1927) gezählt worden. Die Entwicklung verlangte neuzeitliche Einteilung. Statt Katzbach nun Straßen. 1932 erhielten die alten Wege und neuen Straßen Namen mit eigener Hausnummernfolge; Wohnhäuser an der nunmehrigen Hauptstraße talwärts links ungerade und rechts gerade durchgezählt.

Diese damals neuen Grundstücksbezeichnungen sind noch in den Grundbüchern eingetragen worden. Ein Stück Abschied von der Vorvergangenheit... Ob die Katzbach gekränkt war? 'Macht was Ihr wollt, Ihr Leute', hörte man vom Flußbett her raunen. 'Ärger Dich nicht, wir sind ja Nuppern', ließ sich die Straße vernehmen. 'Da fließe ich halt weiter' beschloß die Katzbach…

In der neuesten Zeit – um 1975 – wurde die Hauptstraße wiederum der Verkehrsentwicklung angepaßt. Krümmungen, insbes. beim Stöckel- und Heilandhof sowie unterhalb der Röhrsbergbahn beseitigt. Auch die winkelig angelegten Steinbrücken wurden begradigt und mit Beton umgestaltet; statt des malerischen Eindrucks nüchtern zweckmäßig.

Witterung

Schlesien liegt in einem Bereich, den man 'Ostdeutsches Binnenlandklima' nennt (oder nannte?), auf der Schwelle zwischen ozeanischen und kontinentalen Einflüssen. Zudem wirken sich klimatische Gegensätze zwischen Flachland und Gebirge aus, im oberen Katzbachtal verstärkt zu 'Mittelgebirgsklima'. Spanne zwischen Sommer- und Wintertemperatur in Schlesien höher als in Westdeutschland; kälter nach Graden und Dauer.
Talsohle in Kauffung 315 m bis 375 m über NN.
Umgebende Berge und Bergzüge von 450 m über fast 600 m im Osten des Oberdorfs und 667 m Kitzelberg ansteigend auf 723 m Schafberg mit 724 m Melkgelte als höchste Erhebung im Westen.
Der Frühling hält im oberen Katzbachtal mindestens *eine* Woche später Einzug als in der Liegnitzer Ebene, in der er an sich schon später kommt als in West- und Südwestdeutschland. Oft schneite es zum kalendermäßigen Frühlingsbeginn am 21. März. Was sogleich zum Klassenaufsatz »Frühlingsanfang in Kauffung« führte. Wir ließen dann die Stare als 'Frühlingsboten' vor ihren Nistkästen nur so zittern. Die Feldarbeit konnte erst nach Mitte März beginnen. Das Getreide wurde im Niederdorf eine Woche zeitiger reif als oberhalb der Dorfmitte, so daß die sommerlichen, sich nach der Ernte richtenden Ferien für die Volksschulen im Oberdorf eine Woche später begannen als in den Niederschulen. Ein Schnitt der Natur quer durchs Tal! Roggenernte und Ferienbeginn um den 20., bzw. Ende Juli. Andererseits herrscht in der Regel ein langer, sonniger und milder Herbst. Günstig für Kartoffel-, Rüben- und Zwischenfruchtanbau wie für die Herbstaussaat. Als große Ausnahme kam schon mal vor, daß wir bei der Kartoffelernte von einem verfrühten Schneetreiben überrascht wurden. Die Obsternte zog sich über den Oktober hin, späte Sorten gar erst zu Anfang November. Auf winterliches Wetter spätestens ab Martini, 11. November, richtete man sich ein. Bratäpfel auf der Herdplatte oder in der Ofenröhre. Frost und Schnee in den Wintermonaten,

besonders ab 2. Januarwoche bis Ende Februar, ansteigend zur klirrenden Kälte. Starker Regen verbunden mit oft schweren Gewittern und Wolkenbrüchen in den Sommermonaten. Die Gewitter hängen im Tal. Blitzableiter waren üblich. Der Landmann mußte verstehen, Vor- und Nachteile durch Anpassung und Fleiß auszugleichen.

Außergewöhnlich kalt verlief der Winter 1928/29. Geschlossene hohe Schneedecke von der 2. Novemberwoche bis weit in den März hinein. Dauerfrost und im Januar/Februar mit 15–20° Kälte und mehr. Brunnen zugefroren. Dem ungewöhnlichen Dauerfrost erlagen sogar Gewächse, die wie Süßkirschen, Lebensbaum, Flieder, Schneeball, Rosen, Walnuß aus südlichen Ländern stammen, aber doch seit unvordenklicher Zeit in unseren Breiten gedeihen; nicht voll angepaßt. Sauerkirschen hielten stand.

Die Landwirtschaft

bot in jeder Beziehung ein vielgestaltiges und doch wieder einheitliches Bild.

Gehöfte und Betriebe aller Größenordnungen

Stattliche *Bauernhöfe*, in fränkischer, mitteldeutscher Bauart als Vierkanthof.
Bei zweigeschossiger Bauweise oder ausgebautem Dachgeschoß mit großer Wohnung und dem Viehstall unter einem Dach; 2 oder 3 Wirtschaftsgebäude im Viereck um den geräumigen Hof.
Betriebsgröße 80 bis 100 preußische Morgen = 20–25 Hektar.
Bauern, 'Gutsbesitzer' sagte man auch seit 1900, Landwirt, wer modern sein wollte.

Landwirtschaftliche Anwesen, nur ein Gebäude – Einhausform – mit Wohnung und Wirtschaftsteil, für kleinere Betriebe,
oft noch in Fachwerk, vereinzelt als sog. Umgebindehaus.
Betriebsgröße 30 bis 40 Morgen = 8–10 Hektar.
Stellenbesitzer sagte man, in anderen Gegenden Halb- und Viertelbauern, im Unterschied zu den Vollbauern.
Anspannung mit Pferd und Kuh oder 2 Kühen. Ging man langsam voran, vor allem bergauf, beim Pflügen, mit Mistwagen und Erntefuhre; kamen aber auch ans Ziel. Der Milchertrag war geringer.

Ländliche Anwesen, auch Häusel, in weiten oder kleineren Gärten für Landwirtschaft als *Nebenerwerb*.

Gutshöfe, fünf an der Zahl, hektargroß wie ein ostdeutscher Ring/Marktplatz, mit Stallungen, Wirtschaftsgebäuden,

Schloß und weitflächiger Park, Gutsarbeiterhäuser im Umkreis. Über Anzahl und Entwicklung der *Güter/Dominien* ist in dem Beitrag: »Es waren einmal *neun* Güter« gesondert berichtet.

Die *bäuerlichen* Höfe lagen an der Katzbach oder nur durch die erst in der Neuzeit gebaute Hauptstraße etwas vom Fluß entfernt. Von Katzbach und Hof erstreckten sich die zugehörigen Felder in 100 m breiten, gleichbleibenden Flurstreifen bis zum Walde und an die Gemarkungsgrenze; mit Feldwegen am Rande oder inmitten des eigenen Streifens, dem Gelände angepaßt.

Die Handtuchlage des Flurstreifens als Betriebsfläche brachte mit sich
– eine zweckmäßige, wenn auch einseitig abgegrenzte Wirtschaftsfläche
– eine zufriedenstellende innere Verkehrslage.

Diese Einteilung der Flur ging wie die Bauart der Höfe auf die Ansiedlung als deutsche Waldhufendörfer zurück. Eine 700-jährige Vergangenheit! Jedem ansiedelnden Bauern war damals – nach 1200 – ein Streifen Land zur Rodung und Bebauung im Ausmaß einer fränkischen Hufe = 23,9 ha/auch 23–27 ha zugemessen worden.

> Gehöfte im Talgrund längs des Flußlaufes mit etwa 100 m Abstand. Stockmann hat bei der Forschung für seine Geschichte, S. 10/11, für Ober-Kauffung 16 Hufen, 7 östlich und 9 westlich der Katzbach, für die Niedergemeinde je 20–21 Hufen östlich und westlich der Katzbach ermittelt; zusammen 56 Hufen/bäuerliche Betriebe.
>
> Von Alters her bestand Anerbensitte für die bäuerlichen Betriebe, so daß diese geschlossen vom Vater auf den Sohn vererbt wurden und die wirtschaftlich ungute Aufteilung unterblieb. Von den drei Möglichkeiten des Ältesten- oder Jüngstenrechts oder des Wahlrechts des Vaters wurde in Kauffung bei bäuerlichen Betrieben im allgemeinen nach Ältestenrecht geerbt, d.h., der älteste Sohn übernahm zu Lebzeiten der Eltern oder als Erbe den Hof, bei gewisser Abfindung der Geschwister. War einziges Kind eine Tochter, so erhielt sie den Hof.
>
> Kleinere Betriebe wurden wohl lieber an den Jüngsten übergeben; hing auch mehr von der beruflichen Entwicklung der Kinder ab.

Der Fortgang des Lebens, verschiedenes Schicksal der Familien, die Entwicklung der wirtschaftlichen und sozialen Verhältnisse wie der Rechtsanschauungen haben trotz Anerbensitte Veränderungen bewirkt. Zu Lasten der bäuerlichen Betriebe bildeten sich größere Güter und kleinere Stellen. Die Flächen zwischen den Gehöften wurden zu Bauland für Wohnhäuser, Geschäfte und gewerbliche Betriebe. Mit der Industrialisierung entstand eine geschlossene Bebauung. Das Wegenetz wurde durch Straßen- und Bahnbau, verbunden mit fortschreitenden Uferbefestigungen der Katzbach, verändert und erweitert. Diese Maßnahmen griffen in die Flurstreifen am Ortsrand ein. In den 1920er und 30er Jahren waren fast 20 Betriebe erkennbar, die in ihrer Lage auf die Ansiedlungszeit zurückgingen. Erinnert Euch, oder versucht bei einem Besuch abzuschreiten:

Bruchmann, der Nachbar vom Geisler-Kretscham, Doms und Hielscher im Oberdorf. Pätzold gegenüber Silesia. Nickel/Kobelt, Friemelt östlich von Niemitz.

Das Freigut, der stillgelegte Hof am Beginn der Schulzengasse.

Weiter in der Schulzengasse: Kambach – Heptner – Menzel – Weist/Hampel – Evler.

Links der Katzbach ab der oberen Kirchbrücke: »Kinder« – Friemelt – Pätzold Wilhelm = *Friedrich* – Pätzold Heinrich – Hellmann.

Das *Erbhofrecht* von 1934/35 brachte für Bauerndörfer mit *Anerbensitte* keine grundlegende Neuerung. Über 20 Betriebe waren als Erbhöfe anerkannt worden. Im Kern haben Dorfanlage und Einteilung der Feldflur die Jahrhunderte überdauert.

Zahl der land- und forstwirtschaftlichen Betriebe nach der *Volks*zählung von 1939 – ähnlich im Lastenausgleich erfaßt mit einer Betriebsfläche von:

	0,5 ha bis unter 5 ha	5 ha 10 ha	10 ha 20 ha	20 ha 100 ha	100 ha und mehr	
Betriebe	51	20	21	18	6	zusammen 116

Knapp 15%, also ¹/₇ der Einwohner, zählten zur Landwirtschaft.

Eigenbewirtschaftung war in allen Betriebsgrößen die Regel und selbstverständlich. Pacht durch familienfremde Dritte kam nicht vor.

Angebaut wurden alle Getreidearten
voran *Roggen*   für das tägliche Brot
        Hafer   für die Pferde
        Gerste
selten *Weizen*   bei ebener Lage im Niederdorf
        Raps   dann und wann
Kartoffeln und Futterrüben, selten Zuckerrüben
Feldfutter wie Kleearten (Schles. Gebirgsrotklee), Gemenge
Mais damals noch als erster Versuch.

Nicht zu vergessen: Eine Furche weithin leuchtenden *Mohn* für den schlesischen Mohnkuchen und den Spatzen zur Freude!

Wiesen in den Talauen der Katzbach – die Niederwiesen! – und ihrer Nebenbäche, wie dem aus Tiefhartmannsdorf kommenden bis Alt-Schönau plätschernden Lauterbach und einigen im Ort mündenden Wiesenbächlein. Im Niederdorf verhältnismäßig ebene Felder. Weiter talaufwärts steigen an den Hängen die Felder oft recht steil an, bis zu den bewaldeten Bergkuppen. In den Wäldern verlieren sich Flurstreifen und Wege... Für den Ackerbau war mancher Hang nicht mehr lohnend.

So wurde in der ersten Hälfte der 1920er Jahre im Bober-Katzbach-Gebirge *Weidewirtschaft* üblich, die sonst in Schlesien aus klimatischen Gründen hintanstand. Stark hängiges Ackerland wurde in *Dauergrünland* umgewandelt. Die Kühe kamen spätestens nach dem ersten Schnitt auf die Koppeln und blieben dort bis weit in den Herbst. Kleinere Herden wurden dann und wann in Hofnähe zum Melken hereingeholt, aber die aufwendige Stallarbeit blieb im Sommer gespart. Und der Ertrag lohnte. Dieser Weidebetrieb wurde bei Bauern und auf den Gütern üblich. Weiden und Vieh auf den Koppeln gehörten zum gewohnten Anblick.

Von der landwirtschaftlich genutzten Fläche waren Dauergrünland

	%		Acker : Grünland	
Im Reichsdurchschnitt	30			
in Schlesien	17			
Güter in Kauffung				
Stöckel	43	4:3	100:75 ha
Heiland	22	3:1	76:22 ha
Niemitz	33	2:1	110:53 ha

Eine große Umstellung! Der Reichsdurchschnitt war erreicht und sogar überschritten.

Kauffung a. d. Katzbach: Im Niederdorf, Blick auf den kleinen Galgenberg, auf die Weiden und den Ambrichsberg rechts im Hintergrund. Im Vordergrund Bittner-Wohnhaus und die Pohl-Mühle.

Die Ackerschläge richteten sich in Größe und Lage auch nach dem Gelände. Furchen möglichst quer zum Hang, um bei schweren Gewittern Sturzbäche und Abschwemmungen zu vermeiden.

Man hielt auf passende Fruchtfolge, Sauberkeit von Unkraut, pflegte Land und Tiere.

An *Vieh* wurde alles gehalten, was man sich früher auf einem Bauernhof vorstellte und heutzutage leicht tadelnd »Zoo« nennt, weil nicht arbeitswirtschaftlich und schwacher Ertrag. Also hielt man Pferde zum Zug, Kühe für das Milchgeld mit eigener Kälberaufzucht, Schweine und Federvieh aller Art: Hühner, Enten und Gänse für die Bettfedern (im Spätsommer gekonnt von Mädchen und Frauen zwischen die Knie geklemmt, Hals nach unten, Daunen gerupft). Tauben im Söller flogen ein und aus, mit amtlicher Taubensperre zur Saatzeit.

Den bei der Viehhaltung anfallenden Dünger sah man als unerläßlich für die Felder an. »Der Reichtum des Bauern ist am Düngerhaufen zu erkennen« war die Losung. Viehloser Betrieb und strohlose Düngung über Jahre hinweg wäre nicht für möglich gehalten worden. Neben dem Stallmist war die Verwendung verschiedener Kunstdüngerarten durchaus üblich.

Wieviele Tiere auf einem Hof von 20–25 ha standen?
    Immer ein paar Zugpferde (schweres Warmblut, auch Kaltblüter),
    Milchkühe (Schwarz- oder Rotbunt / dies überwiegend), früher Simmentaler,
    Schweine (mit Kartoffeln als Hauptfuttergrundlage).

Zum dörflichen Leben gehörte der 'Schweindlschneider'.

Vom *Tierarzt* war selten die Rede. Bei Seuchen mußte er geholt werden. Zu Pferden holte man ihn schon eher von sich aus.

Maul- und Klauenseuche ging noch um. Rotlauf bei Schweinen.

Bei Kühen und Kleinvieh halfen sich Nachbarn gegenseitig aus. Man holte auch den Schäfer Hermann *Haude* vom Niederwehr, der sich auf Tierheilkunde verstand. Seine Enkelin, die ihn auf dererlei Gängen begleiten durfte, hat mir davon erzählt.

Beliebt war »Schäfer Hartmann's Salbe«. Für freßunlustige Kühe galt Salz zum Schlecken als Appetitanreger.

Im übrigen: Schlachten! Freibank am Ort im Oberdorf/Mitteldorf.

Die *Ackerkrume* war nicht so tiefgründig wie im Flachland. Schiefersplitter gab's die Menge. Trotzdem war man mit der Ertrags- und Nutzungsfähigkeit des Bodens zufrieden. Hängigkeit und Höhenlage wollten halt gebührend berücksichtigt werden.

Die maßgeblichen Boden- und Klimaverhältnisse spiegelten sich in den steuerlichen Einheitswerten für das landwirtschaftliche Vermögen wieder. Früher waren »Grundsteuerreinerträge« maßgebend.

Einheitswerte sind erstmals bei der Bewertung nach den Verhältnissen von 1935 festgestellt worden.

Im Grundsatz auch maßgebend für die Schadensfeststellung im Lastenausgleich.

Und die Arbeit?

Mit weitem Handwurf säende Bauern, Sensen dengeln, Mähen von Hand, Garben binden, vor dem Frühstück eine Runde Dreschen im Takt der Flegel, Melken, Buttern, Pferde füttern! …Es war einmal…

Gekonnt, geleistet, nicht mehr gelernt, unbekannt geworden.

Gewiß stand auch in den zwei Jahrzehnten zwischen den beiden Weltkriegen die Handarbeit in Haus und Hof, Wiesen, Feld und Wald noch im Vordergrund. Aber Geräte aller Art waren im Vordringen, manche inzwischen von der Entwicklung wieder überholt: Zentrifuge für Buttern, Göpel, Sä-, Mäh- und elektrisch betriebene, ortsfeste Dreschmaschine, Kartoffelschleuder…

An Waschmaschine für den Haushalt und Schlepper statt der Pferde für Fahrzeuge und Ackergeräte war, jedenfalls in den bäuerlichen Betrieben, nicht zu denken und zwar weder vom Stand der technischen Entwicklung noch von der Bezahlbarkeit her. Die Anschaffungskosten hätten nicht aufgebracht werden können. Das aus Vieh- und Getreideverkauf eingenommene Bargeld wurde vorweg für landwirtschaftliche Geräte, Kunstdünger, Steuern und Abgaben, Kleidung und bescheidenes Taschengeld gebraucht.

Mitarbeit von Familienangehörigen, je nach Betriebsgröße, war selbstverständlich. Dazu kamen bei bäuerlichen Betrieben Knechte und Mägde; das waren aus kleineren Betrieben oder aus der Industriearbeiterschaft stammende Jungen und Mädchen, die sich nach der Schulentlassung auf bäuerlichen Betrieben verdingten, 'in die Landwirtschaft gingen'. Bis aus dem Waldenburger Industriegebiet. Man fing zu Neujahr, Lichtmeß, auch zu Ostern an. Blieb über den Winter. Für einige Jahre, nicht für Jahrzehnte. Bleibender Stamm von Landarbeitern nur auf den Gütern. Maurer und Zimmerleute halfen wintersüber beim Dreschen.

Entlohnung: Bett, Kost und etwas an Bargeld, oft nicht mehr als ein Taschengeld; man muß dabei bedenken, daß die Einkommen und das Preisgefüge – gemessen an jetzt – ohnehin niedrig lagen und daß der Wirtschaftskreislauf auf Sparen eingestellt war.

In kleineren Betrieben saßen Familien und fremde Helfer an einem Tisch, in größeren Betrieben Familie und Gesinde getrennt, dieses im Nebenraum. Das Wort 'Gesinde' kam nach dem ersten Weltkrieg außer Gebrauch. Vieh, Aussaat, Pflege, Ernte und Drusch, der Sonnenstand bestimmten den Kreislauf des Jahres und die Tageseinteilung. Der Gedanke, ob man

»den Schweinen den Hunger am Sonntag« abgewöhnen könne, wäre nicht einmal als schlechter Witz verstanden worden. Man war es gewohnt.

Bete und arbeite! – – – Es war immer a su, a su!

Auch das Steinelesen auf den Feldern! Wieviel haben wir aufgesammelt und an den Feldrain getragen. Und immer wieder kamen Steine hoch. Und werden weiterhin kommen... Die Erde ist kein Paradies...

Vermarktung

In den bäuerlichen Betrieben, nicht nur von den Gütern, wurde in Feld und Stall weit mehr erzeugt als für den eigenen Bedarf nötig war.

Der *Absatz* der landwirtschaftlichen Erzeugnisse war bei der Industriearbeiterschaft und anderen Berufszweigen am Ort sowie darüber hinaus im Waldenburger Industriegebiet gesichert. 'Markt vor der Tür'.

Das *Getreide* wurde für den eigenen Bedarf in den ortsansässigen Mühlen gemahlen oder von diesen aufgekauft. Gewiß auch für mit den Mühlen verbundene Bäckereien.

Das *Vieh* wurde an ortsansässige Fleischer oder an Händler verkauft. Milch und Eier gingen unmittelbar an Verbraucher; ab Mitte der 1920er Jahre verstärkt an Händler, man sah Milchkannen auf dem Niederbahnhof mit Ziel: Waldenburg. Die um 1930 einsetzenden Maßnahmen zur Ordnung des landwirtschaftlichen Marktes mit Kennzeichnung, Ablieferung über Sammelstellen, Verbutterung nur in Molkereien begannen. Regelungen, die damals erst mit Für und Wider eingeführt wurden, inzwischen aber aus verschiedenen Gründen für Erzeuger und Verbraucher selbstverständlich sind.

Einen etwaigen *Kartoffel*überschuß nahm eine Kartoffelflockenfabrik in dem 12 km entfernten flußab gelegenen Ort Willenberg auf.

Hausschlachtungen! Zwar mit viel Arbeit verbunden, aber ein ländliches Fest. Wurstsuppe tauschten, wie in anderen Landschaften wohl auch, die Nachbarn aus. Wellfleisch, Leber- und Blutwürste in Mengen. Pökeln, räuchern!

Bis gegen Ende der 1920er Jahre wurde auch Brot selbst gebacken; im Haus. Besondere Backhäuser waren nicht üblich.

Man sagt, daß jetzt unter polnischer Verwaltung die Betriebe
– in herkömmlicher Weise mit Vieh- und Ackerbau
– aber auch viehlos
bewirtschaftet werden. Manche bäuerlichen Betriebe sollen aufgeteilt sein. Einzelkuhhaltung fällt auf.

Auf den ersten Blick scheinen alle Felder bewirtschaftet. Bei genauerem Hinsehen entsteht der Eindruck: Mehr extensiv als intensiv. Wird soviel aus dem Boden herausgeholt wie zu unserer Zeit?

Gärtnereien

Über die ganze Länge des Ortes verteilt bestanden leistungsfähige Gärtnereien. Im Rahmen der damaligen Arbeitsweise.

Frühbeete – kleines Gewächshaus für Topfblumen.

Freilandgemüse und einiges an Blumen.

    Handarbeit.   Spaten.   Gießkanne...   Der Pfennig!

Entstanden aus Gutsgärtnereien

– Die Gärtnerei des Lesthofes am Ausgang des Oberdorfes mit dem Wasser des Seiffenbaches. Seit Ende der 1920er Jahre Ruhesitz von Heimatfreund und 'Katzbachpförtner' Heinrich Scholz. Von ihm in ein Blumenparadies umgestaltet.

– Gegenüber dem Kalkwerk Tschirnhaus, für die große Zahl der dort Wohnenden wichtig, eine weitangelegte Gärtnerei von Stöckel. Gärtner Nietzold.

– In Verbindung mit Niemitz, noch wohl mehr als Gutsgärtnerei vom Gärtner Flegel betrieben.

– Bei Aufteilung des Mittel-Kauffunger Gutes war eine großflächige selbständig geführte Gärtnerei gebildet worden. Beste Sonnenlage. Von alter Mauer umgeben. Gärtner Sallge wirkte trotz kriegsverletzten Beines unermüdlich.

– Ganz im Niederdorf wurde die zum Gut gehörige Gärtnerei gleichfalls selbständig geführt. Gärtner Schubert.

Familienbetriebe...

Der Absatz an Pflanzen, Blumen, Frischgemüse war im Ort mehr als gesichert.

Außer den Gärtnereien sorgten mehrere Grünzeughändler für Frischgemüse, aus dem Anbaugebiet um Liegnitz, z.T. mit Pferd und Wagen, geholt.

Haus- und Kleingärten

Ein gepflegter Garten gehörte zum Gehöft und zum ländlichen Anwesen wie zum Wohnhaus. Gemüse – Beeren – Blumen – Obst – Ziersträucher.

Man freute sich auf den ersten Salat aus dem Frühbeet. Noch *kein* Frischgemüse rund um's Jahr! Der Anbau der Tomate, um 1900 noch fast unbekannt, war schnell geläufig geworden. Gartenbrombeeren kamen erst auf.

Der Garten*ertrag* diente als willkommene oder sogar nötige Aufbesserung kleinerer und kleiner Einkommen. Diese soziale Aufgabe hatten z.B. die von Tschirnhaus zur Bewirtschaftung als Gemüsegärten überlassenen Flächen. Schrebergärten! Je 300 qm.

In diesem Zusammenhang sei erwähnt, daß auch Kaninchen und Ziegen als Einkommensquelle gern gehalten wurden.

Das Obsttal

Von alters her ist im Katzbachtal Obst angebaut worden. Im Jahre 1426 werden Kirsch- und Birnbaum im Altenteil erwähnt. Der rote Jungfernapfel, der schmackhafte Würzapfel sowie andere Landsorten und die Eierpflaumen gehörten zu jedem Hausgarten. Um 1900 ging man dann zu einem planmäßigen und Verdienst bringenden Anbau von Obst aller Art über. Tafel- und Wirtschaftsobst in allen Gärten, bei jedem Hausgrundstück: Äpfel, Birnen, Süß- und Sauerkirschen, Pflaumen und Reineclauden, Quitten, Walnüsse. Zumeist wie damals üblich Hochstämme, vereinzelt schon Büsche; Spaliere an den Hauswänden in U-Form und als Fächer bei Äpfeln und Birnen, Wein vor allem.

Pflege und Veredelung wurden geübt.

Absatz und Ertrag wurden bedacht. In den erwerbsmäßig bestimmten Bauerngärten wurden mehrere Bäume derselben Sorte gesetzt, um Pflege und Verkauf zu erleichtern. In den anderen Gärten lag der Ton auf der Vielzahl. Im (ev.) Pfarrgarten samt Kirchplatz standen an die 80 Bäume, einschließlich Spaliere. Die Feldwege der Güter waren mit Süß- und Sauerkirschen gesäumt.

Verkauft wurde

- unmittelbar an Verbraucher
- an Händler zum Weiterverkauf nach Waldenburg
- über eine genossenschaftsähnliche Sammelstelle für Tafelobst mit Abrechnung nach Weiterverkauf, weit nach Schlesien hinein.

Spritzmittel waren (noch) nicht üblich, Bäume und Früchte im großen und ganzen gesund. Freilich achtete der Verbraucher seinerseits nicht auf jeden kleinsten Fehler; bei der Sammelstelle mußte aber jedes Stück fehlerfrei sein. *Obstausstellungen* zum Wettbewerb gab es von Zeit zu Zeit.

Auspressen zu Apfelsaft begann erst Anfang der 1930er Jahre bekannt zu werden. Mancher versuchte sich mit eigenem Apfelwein.

An Sorten sind noch in Erinnerung:

Äpfel	*Birnen*	*Wein*
Ananasreinette	Bergamotte	Buksscher Frühwein
Baumann'Reinette	Blumenbach	(grün)
Berlepsch	Flaschenbirne	Blauer Wildbach
Bismarckapfel	Graue	Roter Fernando (spät)
Blenheim	Grießbutterbirne	
Boiken	Esperenz Herrenbirne	
Cellini	Gute Luise	
Cox Goldorange	Kongreß	
Graue Reinette	Liegel	
Jungfernapfel	Le Lektier	
Kanadareinette	Pastorenbirne	

Kassler Reinette
Landsberger Reinette
Langen
Lehm
Londoner Pepping
Mangsküchenapfel
Poitou
Prinzen
Schöner v. Boskop
Würz
Weinling u.
Rot-Französische Reinette

Stuttgarter Geißhirtl
Williams Christ Birne

In Pflege, Ertrag und Geschmack *gute Sorten!* Die Vielfalt war der auf Großabsatz bedachten Gegenwart überlegen. Das ½ Dutzend Sorten von heutzutage wirkt für uns kläglich.

Imkerei

Bienenstände mit 300 Völkern wurden von etwa 40 Imkern betreut.
In Tiefhartmannsdorf 70 Völker und 8 Imker.
Im Kreis Goldberg rund 8.000 (achttausend) Völker.
Jährlicher Ertrag je Volk 15 bis 20 Pfund Honig und 1 Pfund Wachs.
In Kauffung also 45 bis 60 Zentner *Honig* im Jahr.
Bienenkästen mit deutschen Normalmaß in Ganz- und Halbrähmchen.

Bienenweide/Honigherkunft verstärkt durch Ahornarten und Gebirgskräuter. Hohe Auszeichnungen für Kauffunger Honig auf Ausstellung in Leipzig 1937. Nach Kantor *Pilz* war ab 1934 Lehrer Arthur *Wehlte* der Obmann des Imkervereins, auch Kreisobmann für Zucht der Sklenarbienenrasse und von Königinnen.
Auf Anordnung der polnischen Verwaltung mußten am 9. Februar 1946, also mitten im Winter, sämtliche besetzten und leeren Bienenkästen abgeliefert werden; mit Rollwagen in den Park von Stöckel-Kauffung gebracht. Die Völker vertrugen Störung und Polterei nicht, erstarrten und kamen fast alle um. Auch Geräte usw. abgeholt. Durch Unverstand war die Bienenhaltung vernichtet.

(Verfaßt nach Bericht von A. Wehlte 1962)

Die Bahn

1884 war die Strecke Liegnitz – Goldberg eröffnet worden. Bald wurde die
Fortführung zu der seit 1867 durchgehenden Schlesischen *Gebirgsbahn* (Bres-
lau) – Waldenburg – Knotenpunkt *Merzdorf* – Hirschberg – (Görlitz) angestrebt. Der Kreis Schönau und der Eigentümer des im Aufbau befindlichen
Kalkwerkes Tschirnhaus brachten die Grunderwerbskosten auf. 1893 begann
der aufwendige Bau: 300 m Höhenunterschied, Windungen, Dämme, Einschnitte, Brücken, Wegekreuzungen aller Art. 1896 war *Kauffung* an das
Eisenbahnnetz mit der Strecke Liegnitz – Goldberg – Merzdorf angeschlossen.
Damit bestand eine gute Verbindung in alle Richtungen:
Zu der Hauptstrecke Breslau – *Liegnitz* – Berlin,
in das Riesengebirge, über Landeshut nach Böhmen,
ins Waldenburger Industriegebiet, die Grafschaft Glatz und in die Ferne.

Die *Elektrifizierung* der zweigleisigen Schlesischen Gebirgsstrecke wurde
bereits 1913 begonnen. Um 1920 sah ich auf dem Bahnhof Merzdorf die erste
elektrische Lok.
Mit der Bahn war eine Voraussetzung für den modernen Ausbau der Kalkin-
dustrie geschaffen.
Der Ort erhielt mit Nieder- und Ober-Kauffung zwei Bahnhöfe, die beide auf
Güterverkehr eingerichtet waren. Auf dem Niederbahnhof wurden (auch aus
Tiefhartmannsdorf) Vieh, Grubenholz und Stämme (mit Handwinde!) verla-

Bahnhof Nieder-Kauffung a. d. Katzbach. Rechts kleiner Mühlberg,
im Hintergrund der Kitzelberg.

Deutsches Kursbuch

Jahresfahrplan 1944/45

Gültig vom 3. Juli 1944 an bis auf weiteres

156 m   Liegnitz—Goldberg (Schles)—Merzdorf (Riesengeb)

Alle Züge 2. 3. Klasse

km	Zug-Nr RBD/Breslau Zug-Nr		
0,0	Liegnitz 1k5, 147 n. 156	an	
7,3	► Pohlowitz (Kr Liegnitz)		
11,3	► Wilschütz (Kr Liegnitz)		
16,2	► Kosendau		
20,1	ab Burgberg		
21,4	◄ Goldberg (Schles) 156 n, p	an
24,4	► Hermsdorf Bad		
29,6	► Neukirch (Katzbach)		
35,4	► Willenberg (Schles)		
37,5	► Schönau (Katzbach)		
41,5	► Alt Schönau		
43,7	► Nieder Kauffung (Katzbach)		
46,5	► Ober Kauffung (Katzbach)		
51,0	► Ketschdorf		
55,0	► Nimmersatt		
58,8	◄ Merzdorf (Riegb) 155,158	ab

156 n   Goldberg (Schles)—Löwenberg (Schles)—Greiffenberg (Schles)

Alle Züge 2. 3. Klasse

km	Zug-Nr RBD/Breslau Zug-Nr		
0,0	Goldberg (Schles) 156 m, n, p	an	
8,0	► Hermsdorf Bad		
8,6	► Pilgramsdorf		
13,4	► Hockenau		
15,2	► Neudorf (Bründlberg) 156 k	an
18,9	► Hartliebsdorf		
24,3	► Plagwitz		
27,3	◄ Löwenberg (Schles) 197 f	an
30,5	► Mois b Löwenberg (Schles)		
32,8	► Nieder Schmottseiffen		
40,5	► Ober Schmottseiffen		
44,3	► Liebenthal (Bz Liegnitz)		
47,1	► Krummöls		
50,3	◄ Greiffenberg (Schles) 156 q	ab

156 p   Reisicht—Haynau—Goldberg (Schles)

Alle Züge 2. 3. Klasse

km	Zug-Nr RBD Breslau Zug-Nr		
0,0	Reisicht 1k4, 1k5	an	
2,5	► Samitz (b Reisicht)		
5,2	► Bielau (b Liegnitz)		
8,0	► Haynau 160	an
14,0	► Baudmannsdorf		
18,7	► Sorau (b Liegnitz)		
23,2	► Adelsdorf (Schles)		
25,3	► Neudorf (Rennweg)		
29,3	◄ Goldberg (Schles) 156 m, n	ab

155 Hirschberg (Riesengeb)–Breslau Freib Bf

(Elektrischer Betrieb)

Hirschberg (Riesengeb) (Hptb) Hbf
Schildau (Bober)
Rohnstock
Jannowitz (Ksb)
Rudelstadt
Merzdorf (Ksb) 156 e. m.
Ruhbank
W. Trenbor (Kr Landeshut knti)
Rothenbach (Schles)
Gottesberg
Salzbrunn
Bad Salzbrunn
Weissstein–Dittersbach
Bad Salzbrunn
Nieder Salzbrunn 155 c
Freiburg (Schles)
Königszelt 156
Saarau
Ingramsdorf
Mettkau
Zobten
Schmolz
Lohnruck
Breslau Freib Bf

Busse der Reichspost

Hirschberg (Riesengeb)–Kauffung (Katzbach)
[Hirschberg (Riesengeb), F 3463 — RPD Breslau —]

Hirschberg Post
Tiefhartmannsdorf
Nieder Kauffung Bf
An Kauffung (Katzbach)

Hirschberg (Riesengeb)–Schönau (Katzbach)
[Hirschberg (Riesengeb), F 3463 — RPD Breslau —]

Hirschberg (Riesengeb) 6 Rpf je km
Hirschberg Post
Grunau (Riesengeb) 57 m
Langenau (Kr Löwenberg, Schles)
Johnsdorf (Bz Hirschberg)
Schonwaldau (Bz Liegnitz)
Falkenhain (Kr Goldberg)
Nieder Schönau (Katzbach) 47 b
An Schönau (Katzbach)

Bahnhof Ober-Kauffung a. d. Katzbach

den, ab der Mitte der 1920er Jahre regelmäßig Milch ins Waldenburger Industriegebiet.

Der Bahnhof Ober-Kauffung hatte 7 Gleise für den Güterverkehr der Kalkwerke mit Anschlußgleisen. Täglich mögen an die 5–6 Personenzugpaare verkehrt haben. 1920 wurden 62 896 abfahrende Personen (von beiden Bahnhöfen) gezählt (Winkel, S. 57/58).

Die *ab*gehenden Wagenladungen erreichten damals fast 250 000 t. Ein Güterzug mit Kalkwagen täglich. Kauffung stand in Niederschlesien bezüglich des Versandes an Wagenladungen an 9. Stelle, nach Breslau und den Orten des Waldenburger Industriegebietes.

Unsere Katzbachtalbahn ermöglichte gleichzeitig den Ausflugsverkehr aus dem Flachland, zumal aus Liegnitz ins Bober-Katzbach- wie in das Riesengebirge.

Pferd und Wagen blieben aber für Jahrzehnte das Verkehrsmittel zu den bahnabgelegenen Nachbarorten, wenn man nicht zu Fuß ging oder das um 1900 aufgekommene Fahrrad benutzte. Ich erinnere mich gern an Fahrten mit Pferdekutsche oder -schlitten nach Seitendorf, Hohenliebental und Tiefhartmannsdorf. Autos sah man erst nach der großen Inflation, also ab Mitte der 1920er Jahre öfter.

Zeitweise fuhr in den 20er Jahren ein Postauto von Schönau über Kauffung nach Hirschberg oder die 'Landkraftpost' nach Tiefhartmannsdorf.

Elektrizität

1904 bis 1911 Bau der *Bober*talsperre *Mauer*, flußab von *Hirschberg*. 50 Mill.
cbm Stauraum. Elektrizitätswerk mit durchschnittlicher Jahresleistung
von 20 Millionen Kilowattstunden.
Bau der Überlandleitungen.
Eigentümer und Betreiber war die Provinz Schlesien.

1912 erhielt Kauffung elektrischen Strom.
Nachtlichtl und Petroleumlampe hatten nach guten Diensten ausge-
dient. Man weinte ihnen keine Träne nach.
Die Leitungen wurden in den Räumen über Putz verlegt. Mit Lampen
und Steckdosen war man sparsam. Erst allmählich bekam jeder Wohnraum, Stallungen und Werkstätten *Strom*.
Beleuchtung in den Kirchen. Kraftstrom für die Kalkwerke.

Post

1913 wurde ein neues *Kaiserliches* Postamt eingeweiht: es war vom Kalkwerk Tschirnhaus gebaut und dem Reich/Postverwaltung verpachtet.

Zugleich *Selbstwählen* im Fernsprechortsverkehr. Ein großer Sprung!
In Berlin 1900 als Versuch.
Erst einige Orte in Schlesien. Jahrzehnte vor der allgemeinen Einführung des Selbstwählens.
Ab Mitte der 1920er Jahre bestand eine Nebenstelle/Agentur der Post
im Niederdorf.
Der Briefträger kam auch sonntags.
Zwischen Post und Oberbahnhof schoben die Postschaffner den Handkarren den halben Kilometer mit Paketen und Briefen. Bei der Abferti-
gung der Züge machte sich der Bahnhofsvorsteher bisweilen den Spaß,
die Kollegen von der Post zur Eile zu ermahnen. Was diese erboste und
die Fahrgäste erheiterte.

Und ein Naturereignis!
Das *Dach* des *Güterschuppens* in Ober-Kauffung wurde um 1930 von
einer Windböe erfaßt und fein säuberlich, ohne jede Beschädigung,
daneben gelegt (wie im Physikbuch beschrieben unter 'Windströ-
mungen').

Tatkraft

Mit *Straße* (1852), *Bahn* (1896) und *Strom* (1912) waren die Voraussetzungen für eine neuzeitliche Entwicklung geschaffen. »Infrastruktur« nennt man das heutzutage. Die Kalkwerke entstanden. Das Dorf hatte das Glück, in diesen Jahrzehnten um 1900, neben den Gemeindevorstehern, umsichtige Männer an der Spitze zu haben:

Pastor *Stockmann* 1. 10. 1884–1909
Sanitätsrat Dr. *Hellmann* 1897–1924
Landwirt August *Wende*, Jahrzehnte Rendant der zu Raiffeisen gehörenden genossenschaftlichen Spar- und Darlehenskasse.
Auch der Arzt und der Pastor wirkten im Raiffeisen, was gewiß manchen Leser verwundern wird, aber damals üblich war und erwartet wurde.
Alle drei Männer waren landkundig, angesehen und anerkannt. Mit der Selbsthilfe über Raiffeisen wuchs die wirtschaftliche Kraft der Mitglieder, der Bauern und Landwirte mit kleinen Betrieben, der Nebenerwerbslandwirte und Häusler, mittelbar auch der Handwerker.

Außer Ackerbau und Viehzucht wurde der Obstbau besonders gefördert. Man gründete einen Obst- und Gartenbauverein. Das *Obsttal.*
Auch auf Ziersträucher verschiedener Art wurde Wert gelegt.

Pastor Stockmann hat einen ausgesprochenen Sinn für geschichtliche und rechtliche Vorgänge entwickelt. Zunächst verfaßte er seine bekannte 'Geschichte des Dorfes und des Kirchspiels Kauffung', 1892. Um 1900 wurde eine Auseinandersetzung mit den großen Gütern, insbesondere wegen der Kostenanteile für Kirche und Schulen, unerläßlich, weil Schulbauten anstanden und die überkommenen Regelungen für die in der Industrialisierung begriffene Gemeinde nicht mehr paßten. (Im Einzelnen geschildert in den Abschnitten: Volksschulen und Ev. Kirchgemeinde.)
Dr. med. Hellmann war über seine Praxis hinaus bestrebt, die allgemeinen gesundheitlichen Verhältnisse zu heben.

Im Oberdorf wirkte jahrzehntelang als Hauptlehrer
Heinrich *Scholz,* der Katzbachpförtner,
vor allem im kulturellen Bereich mit Ausstrahlung auf den ganzen Ort und die Umgebung. Stellvertretender Kantor. Ehrenämter. Heimatkunde. Trachtengruppe. Heimatfeste. Riesengebirgsverein. Plaudereien unter »Lug in's Land« in der Heimatzeitung. Pflanzenkundig. Heil- und Gewürzkräuter. Kreisjugendpfleger. Ruhesitz in der ehemaligen Gärtnerei von Lest am Seiffenbach. Mundartpflege. 'Grüß Gott' zum Gruß.
Geb. 06. 08. 1862 in Niederlinda, Krs. Lauban
seit 01. 09. 1889 Lehrer in Ober-Kauffung
Zu seinem 80. Geburtstag wurde ein aus dem Bett der Katzbach geborener Granitfindling in der Nähe des Oberbahnhofs aufgestellt.
† 02. 12. 1945 noch in seinem Haus,
zum Begräbnis kaum Geleit...

Eingehende Würdigungen mit Bildern:
'Der Katzbachförtner' und 'Heinrich Scholz in memoriam', verfaßt vom Nachbarn und Förster Georg *Hein*, brachten die Goldberg-Haynauer Heimatnachrichten 1963 S. 105 und 1975 S. 141.

Vereinsleben

Der Mensch ist ein geselliges Wesen! In unserer ländlichen Industriegemeinde hatte sich eine rege Tätigkeit von Vereinigungen entwickelt. Vereine und Zusammenschlüsse entsprachen den verschiedenen ortsüblichen Tätigkeiten, Berufen und wirtschaftlichen Gegebenheiten sowie der Vielfalt von Ansichten, Meinungen und Neigungen. Hierfür brachte Kauffung nach seiner Einwohnerzahl wie nach seiner zu den Nachbarorten abgeschlossenen Lage alle Voraussetzungen mit. Genau gesehen boten die Vereinigungen ein getreues Spiegelbild der wirtschaftlichen und sozialen, der weltanschaulichen und politischen Verhältnisse unseres Volkes. Harte Wirklichkeit des Lebens, Fortbildung, Freizeitgestaltung...

So bestanden denn auch
– Zusammenschlüsse auf kirchlicher Grundlage
– Vereine zu *gemeinnützigen* Zwecken
– Vereine mit *wirtschaftlicher* Zwecksetzung
– *gesellige* Vereine für Turnen, Sport, Gesang, Musik.
– Ihr Gegenstück, die *politischen* Gruppen.

Vereine kommen und gehen. Sie haben ihre hohen Zeiten, ihre Blüte und ihren Stillstand; sie sind ein Kind ihrer Zeit, aus dem Geist der Zeit. So ist es auch unseren Kauffunger Vereinen ergangen. Entstanden seit der Mitte des 19. Jahrhunderts, hauptsächlich aber erst mit dem Aufbau der Kalkwerke und der Zunahme der Einwohnerschaft um 1900.

Sie *wechselten* mit den politischen *Einschnitten* nach dem 1. Weltkrieg und in der Mitte der 1930er Jahre. Sie hatten ihren Namen und ihre Fahnen, ihre Vereinsräume, Veranstaltungen und Feste. Ihre Satzungen, Beschlüsse, Beiträge; gewiß auch dann und wann Reibungen untereinander, personellen Ärger oder langjährige Vorstandschaften. Die Meilenlänge des Dorfes führte dazu, daß mancher Verein sowohl im Ober- wie im Niederdorf bestand, oder daß der Schwerpunkt in einem Ortsteil lag. Einige Vereine bestanden – wie früher üblich – getrennt für *Arbeiter* und 'Bürgerliche'.

Erinnern wir uns im Einzelnen!
In Gottesdiensten, bei Trauungen und bei Begräbnissen beider Bekenntnisse sangen die *Kirchenchöre* und wurden *Posaunen* geblasen. Aus dem Männer- und Jünglingsverein der Jahrzehnte vor dem ersten Weltkrieg wurde danach der *Ev. Jugendbund*, der dem damals tonangebenden CVJM (Christlicher Verein junger Männer) angeschlossen war. Trommeln und Pfeifen von der Schule übernommen.

Mädchen fanden sich in zwei Kreisen in Niemitz- und Stöckel-Kauffung zusammen.

Um die Mitte der 1920er Jahre entstanden als *denkbarer* Gegensatz ein Jugendbund für entschiedenes *Christentum* (jetzt EC) mit konservativer Ausgangslage und eine Gruppe der revolutionären *unkirchlichen* sozialistischen Arbeiterjugend.

An *gemeinnützigen* Vereinen sind vorweg die drei freiwilligen *Feuerwehren* (Ober- und Niederdorf, Tschirnhaus) zu nennen, bei denen die Bauern noch reihum die Gespanne zu stellen hatten. Besonderer Beitrag von G. Teuber liegt vor.

Dann der Vaterländische *Frauenverein* und die Sanitätskolonne vom Roten Kreuz, die *Arbeiterwohlfahrt* und die Arbeitersamariter; ab Mitte der 1930er Jahre *Rotes Kreuz* oder Volkswohlfahrt. Der Frauenverein war z.B. Träger des Altersheims.

Im Rahmen der ev. Kirchengemeinde wirkte die *Frauenhilfe* besonders zur Erhaltung der Diakonissenstation und für den Kirchenschmuck.

Um die *wirtschaftlichen* Belange ihrer Mitglieder zu fördern und zu vertreten waren entstanden
– ein landwirtschaftlicher Verein
– der Obst- und Gartenbauverein sowie der Imkerverein
– die Spar- und Darlehenskasse im Rahmen des Raiffeisenverbandes für die Landwirte mit Lager und Geräten im Freigut
– der *Konsum*verein mit Verkaufsstelle im Oberdorf, getragen von der Arbeiterschaft
– ein Beamtenkartell, Stenographenverein,
– ein Gewerbeverein und der Hausbesitzerverein.

Radfahrverein, schon um 1900 mit dem Aufkommen der Räder
Turnverein 1903, Festschrift von 1928 liegt vor
*Wintersport*verein um 1925 mit dem Heimischwerden des Skilaufs.
Dazu Jugendabteilungen und Kinderturnen.

Wer Gesang liebte, konnte sich dem Arbeiter- oder dem bürgerlichen *Gesang*verein anschließen.

Für Blasmusik: Die um 1925 gegründete *Tschirnhaus*kapelle, 30 Mann stark, mit Musikmeister Wilhelm *Kramer* und die Musikkapelle vom Werk Siegert mit Paul Knoblich als Dirigent. Trennung nach Arbeitern und Angestellten überwunden. Einheitliche Gewandung, also viel früher als sonst üblich.

Vom schwungvollen *Mandolinenclub* hat Willy Schlosser berichtet.

Der *Krieger*verein, der sich um 1930 'Militärbegräbnisverein' nannte, wahrte die alte Kameradschaft. Schützenverein mit Schießstand östl. Heilandgut.

Das *heimatliche* Brauchtum pflegte, wie im Beitrag Tatkraft beschrieben, im Oberdorf mit dem 'Katzbachpförtner' Heinrich *Scholz* seit der Mitte der 1890er Jahre eine Heimatvereinigung mit »*Trachten*gruppe und *Spinnstube*, ihrem Schulzen Wilhelm *Schlosser*, Schöffen und Gerichtsleuten«. Besonderer Beitrag von Willy Schlosser liegt vor.

*Riesengebirgs*verein wohl schon vor 1900; Georg *Hein* hat berichtet.

Dazu kamen eine Reihe rein *kirchlicher* Vereine.

Im *Schach*club trafen sich der Arbeiter und der Mann vom Adel, der Gewerbetreibende und der studierte Mann.

Die *sozialen* Auseinandersetzungen und die hohe *Politik* schlugen ihre hochgehenden Wellen bis ins Katzbachtal und umgekehrt.

Die Industriearbeiterschaft hatte um 1919 eine *Gewerkschaft* gebildet, um ihre wirtschaftlichen und politischen Belange zu vertreten und eine ihrer Stärke entsprechende Stellung im öffentlichen Leben durchzusetzen.

Skifreunde haben 'für den Sommer' um 1930 eine Segelflugabteilung gegründet mit Georg *Hein* als Vorsitzenden. Sein munterer Beitrag 'Der Segelflug in Kauffung' gibt davon Kunde. Fluggeländer an der Eisenkoppe und bei Altenberg.

Die *politischen Parteien* hatten ihre Mitglieder zum Teil zu festen oder losen *Ortsvereinigungen* zusammengeschlossen, so die SPD, die KPD und wohl auch das katholische Zentrum, jedenfalls in der Zeit der Weimarer Republik; für die Zeit vor 1920 liegen keine Angaben vor.

Von den großen in der Weimarer Zeit bestehenden *politischen Bünden* waren der *Jungdeutsche Orden*, das *Reichsbanner* und der *Stahlhelm* vertreten.

Werkskapelle des Kalkwerk Tschirnhaus in Kauffung a.d. Katzbach.
Gegründet 1925.

Trotz der Gegensätze, Unterschiede und auch Unfreundlichkeiten blieb man sich bewußt, in *einem* Ort zu leben...

Etwa ab 1930 hatte sich eine Ortsgruppe der NSDAP gebildet; nach und nach, besonders ab 1933 folgten ihre Gliederungen und Verbände.

Viele der hier genannten Vereinigungen fanden sich bei örtlichen Veranstaltungen im langen Festzug, der beim »Goldenen Frieden« begann, oder auf den Festplätzen zusammen. Dann überwog im fröhlichen Treiben die Gemeinsamkeit.

Erinnert Ihr Euch noch dieser Feste im Elbelbruch, am *Röhrsberg* und später in der *Ortsmitte* im Garten neben dem 'Hirsch' und auf dem gegenüber neu geschaffenen Sportplatz/Heilandwiese? Lassen wir die Gedanken zurückgehen...

Wieviel Arbeit und Mühe haben die Vorstandschaften ehrenamtlich auf sich genommen! Die Freude bei den Festlichkeiten brachte eine kleine Anerkennung.

Anschluß an überörtliche Verbände im Kreis oder an den Turngau bestand.

Vom Schulzen zum Bürgermeisteramt

Versteht sich, daß Kauffung wie jeder Ort *Ortsvorsteher* brauchte, »Schulze« genannt. Mancherorts auch »Scholz«. Im Einzelnen hat sich sein Aufgabenkreis im Laufe der Jahrhunderte gewiß geändert, verschoben, gewandelt, wechselweise verengt oder verbreitert. Unverändert blieb, daß der Ortsvorsteher in guten wie in schlechten Tagen, in mageren wie in fetten Jahren seinem Dorf vorzustehen hatte. Ruhige Zeiten werden dazugehört haben. Bei schlechten Ernten, wenn Seuchen wüteten, wenn Brände Anwesen vernichteten, wenn Kriege über Land gingen und zusätzliche Belastung mit mancherlei Drangsalen zu ertragen waren, dann hatten die Schulzen, neben ihrer Aufgabe für eigenen Hof und Herd zu sorgen, klaren Kopf für ihr Dorf zu bewahren und geradezustehen.

Es wird, wie man so sagt, schwache und starke Vorsteher gegeben haben.

> In *alter* Zeit war das Schulzenamt, wie in manchen Landschaften so auch im schlesischen Gebirge, an einen bestimmten Hof gebunden, in der Familie erblich. Dieser Hof hieß die »Erbscholtisei«.
> Ober- und Nieder-Kauffung waren vordem getrennte Dörfer, also mit eigenen Scholzen.
> Der Schulze übte zusammen mit mehreren Dorfschöffen die niedere Gerichtsbarkeit aus, 'Dorfgericht' und 'Dreiding' genannt. Zu dessen Zuständigkeit gehörten auch Maßnahmen, die wir Verwaltung nennen. Die Ortsobrigkeit stand der Grundherrschaft zu, die mit den Dominien/Rittergütern verbunden

war; dazu gehörte die sogenannte Patrimonialgerichtsbarkeit. Das Gewicht hat sich im Laufe der Zeit zur Grundherrschaft verschoben. Das weitere über Entwicklung und Zustand in den früheren Jahrhunderten ist in den geschichtlichen Abschnitten geschildert (Erbscholtiseien, Entstehen der Güter, Von der Gerichtsbarkeit). Die Zusammenarbeit mit mehreren Grundherren in beiden Teilorten wird für die Ortsvorsteher nicht immer ganz leicht gewesen sein. Die Familie des Grundherren unterstand nicht dem Schulzen und Dorfgericht. – So lebte man Jahrhunderte.

Um 1850 begann für die Verwaltung die *neue* Zeit.

Die Patrimonialgerichtsbarkeit und die herausgehobene Stellung der Grundherrschaften wurde zu dieser Zeit allgemein aufgehoben. Das Ober- und Niederdorf, ohnehin im Laufe der Jahrhunderte zusammengewachsen, wurden einvernehmlich am 1. April 1851 zu *einer* Dorfgemeinde vereinigt.

Die *Dominien* blieben außerhalb der Aufgaben von Dorf und Ortsvorsteher; man gab diesen Gütern eine Sonderstellung als *Gutsbezirke*.

> Die Gutseinwohner wirkten bei Gemeindewahlen nicht mit, entrichteten andererseits keine Gemeindesteuern. Die Entscheidungen des Ortsvorstehers und der gewählten Gemeindevertretung wirkten nicht unmittelbar gegenüber dem (Ritter)-gutsbesitzer, seiner Familie und den Gutseinwohnern.

In Kauffung bestanden um 1900 noch fünf Gutsbezirke. Für unerläßliche gemeinsame Aufgaben, wie z. B. für die örtlichen Volksschulen arbeiteten das Dorf und die Gutsbezirke/Gutsvorsteher zusammen; so bestand für die Schulen ein Ortsschulausschuß. 1927 wurden die Gutsbezirke durch preußisches Staatsgesetz aufgehoben und in die Gemeinden eingegliedert.

Für die Aufgaben der *Ortspolizei*behörde waren Dörfer und Gutsbezirke allgemein zu *Amtsbezirken* zusammengefaßt. Die *Amtsvorsteher* unterstanden der Weisungsbefugnis des Landrats. Ab 1874 bildeten Kauffung und Tiefhartmannsdorf samt ihren Gutsbezirken einen solchen Amtsbezirk. Dessen Amtsvorsteher, und zwar ehrenamtlich, waren bis 1900 die Inhaber einzelner Rittergüter; man kann darin einen Rest fortwirkender Grundherrschaft sehen. Von 1901 bis 1930 waltete hauptberuflich Otto *Reuthe* unangetastet von den damaligen politischen Veränderungen als Amtsvorsteher, im Gehöft unterhalb der im Oberdorf gelegenen Spielschule. In der Karte als 'Kobeltgut' bezeichnet. Es hieß, daß R. in seiner Jugendzeit Theologie studiert habe. »*Herr Reuthe*« war jedermann ein Begriff, durch und durch Beamter. Bald nach seinem Ruhestand wurden für Kauffung Amts- und Ortsvorsteher vereinigt.

Die *uniformierte* Staatsgewalt wurde vor dem ersten Weltkrieg von einem *Gendarmen*, später von zwei Landjägern dargestellt.

Das *Kirchspiel*, wie man früher sagte, hatte stets den ganzen Ort, beide Dörfer einschließlich der Grundherrschaften, umfaßt.

Das *Standesamt* wurde von Anfang an, 1874, für den ganzen Ort gebildet. Jahrzehntelang war Standesbeamter der Gemeinderendant Müller im Haus am Niederbahnhof, nach ihm der Gemeindevorsteher und schließlich der Verwaltungsinspektor im Gemeindeamt, August Specht.

Anstelle des überkommenen Ausdrucks *Schulze* trat ab 1881 die Bezeichnung *Gemeindevorsteher* und 1934 einheitlich im Reich *Bürgermeister*.
Der Schulze war vormals von der Gemeindeversammlung, d. h. allen Männern gewählt worden. Ab 1881 wurden von den Einwohnern Gemeindevertreter gewählt, die ihrerseits den Vorsteher wählten. Diese *Ortsvorsteher* haben in früheren Zeiten zum Kreis der angesehenen und tüchtigen Bauern gehört.
Gemeindevorsteher waren:
1874 bis 1886 Karl Ehrenfried *Weimann*, Stellenbesitzer
1887 bis 1893 Wilhelm *Langer*, Bauerngutsbesitzer,
anschließend bis 1896 dessen Sohn Heinrich *Langer*.
1896 bis 1917 Wilhelm *Heptner*, Bauerngutsbesitzer, in der wohl ihm zu Ehren genannten 'Schulzengasse', der Letzte der alten Zeit.
1917 bis 1930 Wilhelm *Weimann*, ein Sohn des Karl E. Weimann. (Auskunft des Sohnes Heinrich Weimann am 14. 12. 1985.)
Sein Betrieb lag genau in der Mitte des Dorfes, was sowohl seinen wirtschaftlichen Verhältnissen wie auch seiner geistigen Einstellung und Auffassung entsprochen haben wird. Zumindest hatte er auch für Forderungen der Arbeiterschaft und der Gewerkschaften Verständnis.
Gesicht und Haltung haben mich als Kind beeindruckt: Prüfender Blick, Klarheit, Würde, Güte, Entschlossenheit.

Das Vorsteheramt war in den alten Zeiten ehrenamtlich, bei bescheidener Aufwandsentschädigung. Seit 1920 wurde in Kauffung hauptamtliche Besoldung gewährt, Urkunde über Bestellung vorhanden. Bis Ende des ersten Weltkrieges stand dem Ortsvorsteher nur ein Gemeindeschreiber (früher Gerichtsschreiber genannt) und/oder Rendant = Kassenverwalter zur Seite. Etwa ab 1920 kam ein Gemeindeinspektor hinzu, der die laufenden Verwaltungsaufgaben erledigte. Dadurch wurde der Ausdehnung der gemeindlichen und staatlichen Aufgaben, aber auch der gestiegenen Einwohnerzahl und der Wandlung vom überwiegend landwirtschaftlich bestimmten Dorf zur ländlichen Industriegemeinde Rechnung getragen. Es entstand eine Gemeindeverwaltung mit *Gemeindeamt*. Bereits 1908 war hierfür ein Haus gebaut worden. Personal und Aktenbestand nahmen zu. So wurde in der Mitte der 1920er Jahre ein stattliches Gemeindehaus errichtet.

Bei allem Ernst war auch für Heiterkeit gesorgt. Hierzu trug als Persönlichkeit besonderer Art unser

Gemeindebote und Nachtwächter *Wilhelm Leupold*

in den 1920er und 1930er Jahren das Seine bei. Ausgerüstet wie seine Vorgänger mit als Stock benutztem *Spieß, Signalhorn* und *Sturmlaterne* schlurfte er die Dorfstraße herauf und herunter bis zu den Niederwiesen und wieder herauf.
Ein Bild für Spitzweg!

»Hört ihr Herren und laßt's Euch sagen,...
bewahrt das Feuer und das Licht...«

Kauffung a. d. Katzbach. Gemeindeamt und Gemeindesiedlung.
Rechts vorn Gasthaus »Zum Grünen Baum« Paul Schirner.
Im Hintergrund der Schafberg.

Das Dorf schlief derweil in Ruhe.

Immer überbrachte er Einladungen zu einer Sitzung mit den Worten:
»Ich bringe eine freundliche Einladung!«
Nach Empfang einer Zigarre verabschiedete er sich mit
»Auf ein fröhliches Wiedersehen!«.

Bekanntmachungen erfolgten schlicht dörflich
bis in die Mitte der 1920er Jahre in einem 'Gemeinde-Kastla', das von Haus zu
Haus weitergegeben wurde (Katzbach herauf/herunter)
– durch Ausrufen, das mit Ausschellen angekündigt wurde.
Wilhelm Leupolds Stimme trug weithin:
Amtliche Bekanntmachung!
Nichtamtliche Bekanntmachung!
Z.B. Impfen... Freibankfleisch!

Die *gewählten Gemeindevertreter* gehörten in der Zeit der Weimarer Republik
etwa je hälftig zur Arbeiterschaft oder zu bäuerlich-bürgerlichen Kreisen, mit
Übergewicht zu links. Gemeindevorsteher Weimann trat in den Ruhestand.
Die Arbeiterschaft setzte im April 1931 die Wahl eines der ihren, Gustav
Teuber, zum Gemeindevorsteher und seine Bestellung als Amtsvorsteher
durch. Sein Vater war als Häusler in Kauffung angesessen und Kalkarbeiter.

Schulzeit und Jugend sowie Schlosserlehre in Kauffung. Bis Ende der 1920er
Jahre Facharbeiter im Kalkwerk Tschirnhaus. Anschluß an die Gewerkschafts-
bewegung. Nach einem einjährigen Fernkurs besuchte er erfolgreich die Aka-

demie der Arbeit in Frankfurt/Main. Frühzeitig Gemeindeschöffe und Betriebs-ratsmitglied. Ein Jahr gewerkschaftlich im oberschlesischen Oppeln tätig. Ein besonderer Bildungsweg!

Sein Freund Ewald Seidel, seinerzeit Bruchmeister im Kalkwerk Silesia, schrieb zum 60. Geburtstag: »Da nun der Zug der Zeit die Kauffunger Arbeiterschaft zu einer Stütze der Gemeinde gemacht hatte, erging der Ruf an Gustav Teuber. Nach kurzen, zähen aber anständigen Auseinandersetzungen gelang es der Arbeiterschaft, ihn auf den Platz des Vorstehers zu bringen. Nach kurzen Geburtswehen in der Gemeindevertretung hatte er sich bald das Vertrauen der überwiegenden Mehrzahl aller Kreise, einschließlich Landwirt-schaft und Geschäftswelt, erobert! ...« Die Gewichte hatten sich von den Bauern zu den Steinbruch- und Kalkarbeitern verschoben. Zugleich trat die hauptberuflich besetzte Verwaltung in den Vordergrund. Der Industriestaat hatte in unserem Dorf endgültig seinen Einzug gehalten. *Teuber* begann sein Amt als Amts- und Gemeindevorsteher während der damaligen schweren wirtschaftlichen, sozialen und politischen Krise.

1933...

Als Amtsvorsteher/Ortspolizeibehörde wurde Teuber bereits im April 1933 beurlaubt und im Januar 1934 enthoben. Vorübergehend hatte Kalkwerksbe-sitzer Siegert dieses Amt übernommen.

Am 29. März 1934 mußte Gustav Teuber auch sein Amt als Gemeindevorste-her abgeben. Wieder in der Werkstatt im Kalkwerk Tschirnhaus.

Der Ortsgruppenleiter der NSDAP Alfred *Lachmann,* geb. 1886 in Görlitz, seit 1925 in Kauffung und zwar zunächst als Betriebsleiter im Kalkwerk Röhrsberg, dann im Werk Siegert, wurde Amts- und Gemeindevorsteher/Bürgermeister bis Ende März 1945.

Er blieb in Kauffung, wurde etwa zwei Monate in sowjetischen Gewahrsam nach Goldberg genommen, dann wie andere Männer zu öffentlichen Arbeiten im Dorf herangezogen. Er hat Kauffung im Sommer 1945 verlassen. Verstor-ben 30. Mai 1958 in Gotha.

Im April bis Anfang Mai 1945 amtierte Kalkwerksbesitzer Fr. W. Siegert als stellvertretender Bürgermeister.

Personelle Besetzung des Gemeindeamtes in den letzten Kriegsjahren:

Specht, August, Verwaltungsinspektor und Standesbeamter
Wiemer, Alfred, Kassensekretär
Tietze, Helene, Sekretärin und Renten
Joppe, Hilde, Einwohnermeldestelle
Drei Sachbearbeiterinnen für Lebensmittelkarten.
Zwei Schreibkräfte und vier Lehrlinge, dabei Hilde Müller, verh. Hartmann, die zu den Beiträgen für unser Heimatbuch beigetragen hat.
Schließlich für die Stromversorgung A. Marschall und A. Damelang.
Als *Schiedsmänner* sind Amtsvorsteher Reuthe, Kantor Pilz und Hauptlehrer Heinrich Scholz in Erinnerung, sie wirkten mit Erfolg für die gütliche Beilegung von Beleidigungen!
In einem Nachruf 'Der getreue Eckart' sind Stellung und die für die Gemeinde Kauffung geleistete Lebensarbeit von Inspektor Specht gewürdigt.

(Hubert Aust, in Heimatnachrichten, Dez. 1969)

Am Ende des zweiten Weltkrieges, am 8. Mai 1945 übernahm *G. Teuber* die *Bürde, dem Orte vorzustehen.* Bald darauf zogen Soldaten der Sowjetarmee ein.

»...Da gab's nun nichts zu bestimmen und zu verwalten, das machten bald die Russen und Polen. Trotzdem ist von ihm versucht worden, im menschlichen Sinne zu wirken...« (Ewald Seidel).

Teuber stellte zusammen mit A. Specht und Hilde Müller sowie einigen Männern, die meinten, es müsse etwas getan werden, einen Rest deutscher Gemeindeverwaltung dar, ...soweit diese Bezeichnung überhaupt noch unter der sowjetischen Kommandantur und der polnischen Besetzung zutreffend war. Teuber hat vermerkt »als einzigem Ort in der Umgebung«.

Schließlich trafen auch Hilde Müller am 26. 6. 1946, August Specht etwas später (verstorben in Riesa 1957) und schließlich auch G. Teuber die *Ausweisungsbefehle* der polnischen Machthaber.

Am Totensonntag, den 24. November 1946, hatte Gustav Teuber zusammen mit 834 anderen Deutschen sein und unser Kauffung im Güterwagen zu verlassen... Aufnahme zunächst in der Sowj. Besatzungszone.

Er fühlte sich weiter als Vorsteher verpflichtet, übernahm die Mühen des Heimatortsvertrauensmannes für den Lastenausgleich und der Kauffunger Treffen.

Geb. 7. 12. 1895 in Kauffung

verstorben 26. 6. 1963 in Hagen.

Nachrufe mit Bild in den Goldberg-Haynauer Heimatnachrichten 1963, Nr. 7, Seite 80.

Unter polnischer Verwaltung wurde Kauffung mit Tiefhartmannsdorf vereinigt und ab 1. Juni 1975 zu einer Stadt erklärt.

Wojcieszôw, wojew. Jelenia Góra. (Wojewodschaft Hirschberg)

Für Gesundheit und kranke Tage

Ärzte gab es vor Zeiten weder auf dem Lande noch in kleinen Städten. Man half sich selbst mit Heilkräutern und in der Küche zubereiteten Salben, versuchte sich zu helfen. Allzu stark schmerzende Zähne zog der Bader.

Krankheit bedeutete Not, Einschränkung. Man mußte den Notgroschen angehen, denn allgemeine Krankenkassen wurden erst ab 1880 eingerichtet. Keine Rede von Lohnfortzahlung im Krankheitsfall. Wie sollte man Arzt und Arzneien bezahlen?

Nur die »weise Frau« war immer schon vertreten, die Hebamme.

Bei einer Volkszählung im Jahre 1864 lebten im damaligen *Kreis* Schönau 5 Ärzte, 1 Wundarzt, 20 Hebammen und 1 Apotheker.

Kein Zahnarzt im Kreis!

Der *Wundarzt* war wohl von 1840 bis in die 1870er Jahre in Kauffung tätig. Wie der Name sagt, nur für Wunden, nicht für organische oder infektiöse Erkrankungen. Später fehlte auch dieser Wundarzt.

Ab 1885 konnte und mußte der in erster Hilfe ausgebildete Pastor Stockmann bei schweren Verletzungen einspringen, bis ein Arzt benachrichtigt und zur Stelle war. Man bedenke die dafür nötige Zeit. Schrittweise setzte die *neuzeitliche* Entwicklung ein!

Gemeindeschwestern   Ärzte   Krankenhaus

später Zahnarzt und Apotheke.

»Seit dem 1. Oktober 1887 ist hier eine Diakonissenstation für Gemeindepflege errichtet mit einer Schwester aus dem Lehmgrubener Mutterhause zu Breslau, welche schon in mancherlei Notfällen ihren Dienst an Armen und Kranken getan hat«, schreibt Stockmann S. 87. Das war der Anfang.

Um 1897 kaufte sich der praktische *Arzt Dr. Hellmann* in Nieder-Kauffung an. Von den Werken dringend erwartet. Er war ein Kauffunger Kind vom Elbel-Hof (von der Mutter, Frau Oberamtmann H. gepachtet) und hatte in den 1860er Jahren die Volksschule im Oberdorf besucht. Nach dem Studium praktizierte er zuerst im benachbarten Seitendorf, wo nahe Verwandte ein Kalkwerk betrieben. Zu seinem Bereich gehörte nicht nur das langgestreckte Kauffung; er wurde auch

Spielschule = Kindergarten. Erbaut 1900 durch das Kalkwerk Tschirnhaus, in Ober-Kauffung a. d. Katzbach.

nach dem abseits gelegenen Bergort *Altenberg* und dem Dorf *Kammerswaldau*, also schon ins Bobertal auf die Südseite des Bober-Katzbach-Gebirges gerufen; gewiß auch nach dem 3 km entfernten Tiefhartmannsdorf. Unterwegs mit Pferd und Wagen. Bisweilen von Bauern mit Kutsche abgeholt.
Seinen Zweispänner, einen *Landauer* habe ich noch – um 1920! – vor Augen. Ein richtiger Landarzt, ebenso hilfsbereit wie kurz angebunden.
Sein segensreiches Wirken wurde mit dem Titel »*Sanitätsrat*« anerkannt. 1924 zog er sich aus der Praxis – in der Bock'schen Villa gegenüber der Brauerei – zurück.
Nebenbei: Er wollte – Wunschtraum der Rosenfreunde – auf Eichenstamm eine schwarze Rose züchten; hat's mir selbst erklärt und gezeigt.
Den Ruhestand verlebte er in seinem Anwesen/Hellmann-Gut im Niederdorf mit großem blumen- und vor allem rosenreichen Garten. Geboren 1860, † 1. Oktober 1933.

1907 Vom Kalkwerk Tschirnhaus wird ein ansprechendes Krankenhaus gebaut, »um Verletzte und Kranke des Werkes aufzunehmen und bei Seuchengefahr die Erkrankten abzusondern«. Mehrere Krankenzimmer mit 12 Betten, täglich Verbandsstunde.
Desinfektionsraum. Besuche durch den Ortsarzt. Für damalige Verhältnisse gut ausgestatteter Operationsraum, jedoch erst später benutzt.

Um 1900 war in der Kreisstadt Schönau neben dem Bahnhof ein *Kreiskrankenhaus* gebaut worden. Um 1920 aufgelöst. In das Gebäude zog das damals neu gebildete Finanzamt ein. Seitdem war für Kauffung das Krankenhaus in Bad *Warmbrunn zuständig,* obwohl doch Goldberg verkehrsmäßig leichter zu erreichen gewesen wäre.
– Mit Bahn bei ein- bis zweimaligem Umsteigen fast 40 km.
– Auf der Straße über Tiefhartmannsdorf – Kapelle mit 613 m über NN – Berbisdorf – Hirschberg – an die 25 km bei einem Höhenunterschied von 2 × fast 300 m. Einige Jahre noch mit Pferd und Kutsche.

Berichtet wird von einem pferdebespannten Sanitätswagen. Eine gefährlich lange Zeitspanne. Etwa ab 1930 vielleicht mit Mietauto. Äußerstenfalls im Wagen des Arztes. Krankenwagen des Roten Kreuzes gab es ja erst kurz vor dem zweiten Weltkrieg und in Kauffung noch nicht.

1920 Ortsausschuß zur Bekämpfung der Tuberkulose, die damals noch viele Opfer forderte, gebildet.

1921 Dem Krankenhaus wird eine Liegehalle der Tuberkulosenstation angeschlossen. Diese Krankheit war 1928 noch stark verbreitet.

Um 1925 läßt sich erstmals ein Dentist bei uns nieder. Andere folgen.

1927 *Altersheim* in der Gemeindesiedlung eröffnet.

1929 wird im Oberdorf eine Zweigapotheke des Schönauer Apothekers eröffnet. Damals für ein 'Dorf' eine unerhörte Neuerung. Für die ländliche Industriegemeinde nicht nur Fortschritt, sondern lebensnotwendig.

1935 Vollapotheke mit Karl Hampel.
Man brauchte nun zu Zahnarzt und Apotheke nicht mehr mit Bahn, Fahrrad, Pferd und Wagen in die Kreisstadt zu fahren.

Krankenhaus in Kauffung a.d. Katzbach. Erbaut 1907 durch das Kalkwerk Tschirnhaus.

In und von dem Krankenhaus aus wirkten schließlich 4 Diakonissen des Mutterhauses Lehmgruben in Breslau. Je eine Diakonisse war als Gemeindeschwester im Ober- und Niederdorf tätig, ohne Unterschied der kirchlichen Zugehörigkeit der Pflegebedürftigen. Anfangs zu Fuß. Die Anschaffung eines Fahrrades wohl 1924 war eine große Sache!

Eine fünfte Schwester in der 1900 erbauten 'Spielschule' = Kindergarten. Auch das Altersheim wurde von einer Schwester betreut; Elfriede Berger wurde ortsbekannt! So arbeiteten in Kauffung *sechs* Lehmgrubener Diakonissen!

Die Kosten für die beiden Gemeindeschwestern/Schwesternstation – den heutigen Sozialstationen vergleichbar – wurden von der evangelischen Kirchgemeinde mit Zuschüssen der politischen Gemeinde und der katholischen Kirchgemeinde sowie aus Spenden aufgebracht. Für die Schwester im Niederdorf war jahrelang ein Mittagtisch bei einigen Familien eingerichtet; eine junge Schwester hatte da Schwierigkeiten, weil sie dazu neigte, außerhalb der Aufsicht des Mutterhauses nur von Schokolade zu leben...

Eine katholische Gemeindeschwester gab es in Kauffung nicht; Marienschwestern in Schönau.

Um 1920, nach dem Ende des ersten Weltkrieges, hatte sich im Oberdorf ein früherer Heeresarzt/Generalarzt Dr. Seeger niedergelassen, verstorben um 1936.

Die Arbeit der Ärzte und Schwestern wurde unterstützt und getragen von freiwilligen Helfern, Kirchen, karitativen Vereinen, der Gemeinde schlechthin.

52

Ab Mitte der 1930er Jahre: Deutsche Rot-Kreuz-Bereitschaft.

Vom Frauenverein kamen unter Leitung von Fräulein Marie-Luise von Bergmann immer wieder Anregungen, 'Denkanstöße', wie man jetzt sagt, z.B. der Ortsausschuß für Tuberkulosebekämpfung. Es gelang, überörtliche Mittel zu erhalten und einzusetzen.

Von Zeit zu Zeit wurden groß angelegte *Unfallübungen* in den Steinbrüchen am Kitzelberg durchgeführt.

Auf Sanitätsrat Dr. Hellmann folgten 1924/25

> Dr. Martin *Müller* und Dr. Wolfgang *Schultz.*

Fachärzte hatten noch Seltenheitswert. In Liegnitz oder Hirschberg...

Dr. Müller war ebenfalls Kauffunger Kind, Sohn des früheren Kantors, ortskundig und -verbunden. Praxis im elterlichen Anwesen beim Niederbahnhof. Deshalb gehörte neben Patienten im Ort besonders Tiefhartmannsdorf zu seinem Bereich. Im Frühjahr 1945 schloß er sich einem Treck an, hatte Schweres unter Tschechen durchzustehen. 1954 in Bayern verstorben.

Dr. *Schultz* stammte aus einer Liegnitzer Arztfamilie und war zunächst in Ketschdorf tätig gewesen. Er ließ sich im Schloß Mittel-Kauffung nieder, einem Gebäude von 'zarter Schönheit' wie eine seiner Töchter schreibt. Bereits mit Auto. Bald mit Familie ein Begriff. Lebendiger Teil des Katzbachtals.

Seit der Mitte der 1930er Jahre wurde von ihm und einem Krankenhausarzt aus Goldberg im Kauffunger Krankenhaus operiert. Von da an mußte nun nicht mehr wegen einer einfacheren Operation über Land gefahren werden. Lebensgefahr war gemildert.

Bitternis blieb Dr. Schultz nicht erspart. Letzter deutscher Arzt im oberen Katzbachtal, auch nach Vertreibung der Deutschen.

Er starb am 5. 4. 1956 in Kauffung und ist in Ketschdorf auf dem früheren deutschen Friedhof begraben...

Fritz Binner, Schlosser im Kalkwerk und Lektor der ev. Restgemeinde, der auch das Begräbnis gehalten hat, schrieb: 'Dr. med. Schultz war ein Helfer und Geber in der Not für viele und ein Halt für alle. Auch der letzte menschliche Schutz unserer ev. Kirche.' Nachruf in den Heimatnachrichten 1956, Nr. 5, S. 10 und 12.

Ringsum Wald

Der Blick traf auf bewaldete Berge. Jung und alt waren mit Wald vertraut. Zusammenhängende Waldgebiete, zumal von den Nachbarorten her ebenfalls Wald an den Gemarkungsgrenzen lag. Recht gute Standortverhältnisse mit Kalkuntergrund, altem Schiefer und ausreichenden Niederschlägen.

Wald der Güter und um die Steinbrüche, bäuerlicher Waldbesitz und katholische Pfarrwidmuth: 1000 ha = 10 qkm Waldfläche wurden überschritten. Bei einer Gemarkungsfläche von 31 qkm war mindestens ein Drittel mit Wald bedeckt, gegenüber 28, 4% in Schlesien und 27,2% im Reichsdurchschnitt.

…An der Katzbachpforte im Oberdorf fast bis an die Hausgärten.
…Beim Amrich und kleinen Mühlberg im Niederdorf in Ortsnähe.
…Ganz im Niederdorf wieder dicht an den Häusern.
…Im übrigen die Feldflur einrahmend, über die Berge hin…
Laubwald und Fichten in geschlossenen Beständen, aber auch Einsprengsel.

Schonungen/Niederwald, Stangenholz, Mittel- und Hochwald.
Buchen, Birken, bisweilen Ahorn, Lärchen, Eichen und Eschen.
Die überkommene Wetterregel ließ sich überprüfen.

> Blüht die Eiche vor der Esche,
> hält der Sommer große Wäsche.
> Blüht die Esche vor der Eiche,
> hält der Sommer große Bleiche!

Keine Weißtannen. Einzelne Kiefern, so auf dem Amrich, wo Wildtauben hausten und auf dem rästelhaften Sonnenhügel hinter dem Viehring; vielleicht ein Os, Überbleibsel aus der Eiszeit. (S. 71, in den Erläuterungen zur Geologischen Karte)

Laub-wald	ostwärts der Katzbach von Rodeland bis zum Großen Mühlberg, auch zwischen Amrich und Märtenstein nach Leipe zu, in der Nähe des Lehnguts im Niederdorf, im Westen vor allem am Freudenberg und am Raubschloß.
Fichten	längs des Kamms des Bober-Katzbach-Gebirges von den Kellerbergen zu Kitzelberg-Schafberg-Butterberg, sowie im fast ebenen, weitflächigen Brand bis vor Johannisthal.

Aber, wie gesagt, kleinere Bestände an Fichten im Laubwald und umgekehrt. Häufiger Wechsel Richtung Märtenstein und am Freudenberg. *Mischwald*, wie vor Zeiten üblich und jetzt wieder, war erst im Gespräch.

Reine Bestände nach Art und Alter. Kahlschläge!
Der Brennholzbedarf war mehr als gedeckt.
Nutzholz aller Verwendungsarten: Gruben- und Bauholz; Schnitt/Bretter, Faser- und Industrieholz. Ein Beweis des guten Leistungsstandes.

Vier Gutsförstereien, von denen eine jede ihr eigenes Gepräge hatte.

Im Seiffen am Weg zur *Feige* nach Seiffersdorf und nach Kammerswaldau. Ein ländliches Gebirgsanwesen.
Für die Kellerberge bis zum Kitzelberg (Güter Lest/Stimpel/Tschirnhaus).
Als Kind sah Chronist vor 1920 dort den Förster Semper, nicht nur weißhaarig, sondern das Sinnbild eines würdigen alten Mannes. Später dann unser Heimatfreund Georg *Hein*.

Im Erlenbachtal am Wege nach Altenberg. Neubau um 1900.
Für Rodeland – Uhustein – Großer Mühlberg (Güter Stöckel/Elbel), also ostwärts der Katzbach.
Bis in die 1930er Jahre Förster *Blunk*.
Dort hausten auch Siebenschläfer.

Im Mitteldorf zwischen Siegert und Niemitz. Ein Gehöft, das Berggut.
Für die zum Niemitz-Gut gehörenden Wälder, im Westen zwischen Kitzelberg und Tiefhartmannsdorf. Der Kleine Mühlberg. Auch östlich der Katzbach. Durch die Wohnlage waren Förster *Grasse* und seine Familie mit dem Ort verbunden.

Im Lehngut, also ganz im Niederdorf. Villenähnlicher Steinbau, etwas verwunschene Lage mit baudenkmalswertem Torbogen.
Für die ausgedehnten Waldungen des Niedergutes: Den Brand, ums Raubschloß, am Lauterbach, hinter dem Lehngut und sogar zum Märtenstein gen Leipe.
Hier regierte Förster *Katzer*, der eine beachtliche Schmetterlingssammlung zusammengetragen hatte.

Die Förster waren nicht nur wegen des grünen Rocks deutlich als Angehörige ihres Standes zu erkennen.

Von den ständigen Forstarbeitern ist der neben dem Lehngut wohnende Waldarbeiter *Sachse* in bester Erinnerung: Ein Mann für sich, groß, breit, urwüchsig. Wenn er weitab vom Dorf im Waldgebiet am Märtenstein seinen Eintopf wärmte, mag er noch mit den Göttern unserer germanischen Vorfahren verbunden gewesen sein. »Der letzte Heide von Kauffung«, schien mir. Aber am Weihnachtsabend kam auch er in die Kirche und nahm den ihm zustehenden Platz in der Loge des Niedergutes ein.
Auf der anderen Seite in der Loge gegenüber die Gutsherrin vom Heilandhof, die wohl auch ihre eigene Religionsphilosophie hatte.
Als nötige unverwüstliche Helferinnen gingen Frauen 'in a' Pusch', Schonungen auslichten...
Bäume fällen war noch harte Männerarbeit, von Hand mit Säge und Axt. Die Motorsäge war noch nicht erfunden. Reppeln von Hand. Schleifen der Stämme mit Körperkraft oder Ochsen. Abfuhr mit Pferd und Wagen. Winterarbeit für Pferde und Bauern. Waldwege noch Holzwege, kaum befestigt.
Holzabfuhrleute waren nicht gerade zartbesaitet.

Ernährung aus dem Walde...

Alle Zeit waren die Beerenstellen bekannt. Man wußte, wo es sich lohnte, Walderdbeeren zu suchen, wo Blaubeeren standen, die in Wasserkannen gepflückt wurden, wo Himbeeren in den Schonungen wuchsen und Brombeeren rankten. Immer hoffte man, daß der Förster mit seinem Frauengefolge Ruten und Ranken noch nicht entfernt haben möge.
Pilze gabs natürlich. Da waren die allseits bekannten Stellen und die Plätzlein, welche die Familien für sich behielten, wie das Pilzsammler zu tun pflegen. Pfifferlinge breitflächig wachsend, Rotkappen und Birkenpilze/Kapuziner im Birkengehölz, feuchte Butterpilze, dann und wann mal ein Ziegenbart oder Feld-, Wald- und Wiesenchampignons, die damals noch Seltenheitswert hat-

ten und nicht gezüchtet wurden, Steinpilze und der würzige Reizker in Fichtenschonungen. Versteht sich, daß man giftige und ungenießbare Pilze zu kennen hatte.

Um keine Irrtümer aufkommen zu lassen: Es war ein ganz Stück Wegs! Beeren und und Pilze sammeln ging nicht ohne Kratzer und Schrammen ab; Bremsen und Mücken suchten zu stechen, bisweilen las man einen Holzbock auf. Ameisen.

Meterhohe Fässer voller Waldhimbeeren, die von fleißigen Händen gepflückt waren, konnte man auf unseren Bahnhöfen zur Sommerszeit als Eilgut bewundern.

Die Vollständigkeit verlangt, die im Flachland wie im Gebirge heimische *Kreuzotter* zu erwähnen. Ihr Biß wirkt nach 1 Stunde tödlich, lernten wir in der Schule; es gab ein Lesestück mit Bild. Achtsamkeit im Wald und an steinernen Feldrainen war geboten. Jedes Jahr wurde in der Zeitung von einem Biß berichtet. Manche Gemeinde zahlte 50 Pfennig oder gar 1 Mark je abgelieferte Giftschlange. Ich erinnere mich an eine ganze Gruppe von Kreuzottern, die sich wie im Bilderbuch dickgerundet am Rande eines Kartoffelackers sonnten. Heute hört man, daß die Kreuzotter den Menschen nur anfalle, wenn sie sich angegriffen fühle. Woher soll die Otter aber wissen, daß man nicht auf sie treten wollte oder will? Bei einem Schulausflug zum Schafberg wurde eine Kreuzotter vom Kantor neben uns Kindern erschlagen. Über den Stock gehängt habe ich sie selbst ein Stück zur Schule getragen. Dort wurde sie in Spiritus gelegt, als Beutestück. Das ist gewißlich wahr!

Wild für Hege und Jagd. Treibjagden mit Jungs als Treiber.

Hasen   Rehe   Füchse
Iltis   Marder
Waidmanns Heil!

Ein Tageslauf
– mit Glocken, Sirenen und Zügen –

Die Sonne leuchtet über die Berge im Osten.

Glockengeläut weckte bis in den ersten Weltkrieg hinein in der Morgenfrühe – war's um 5 Uhr? – das Niederdorf. Freilich: Die Pferde wollten 2 Stunden vor Arbeitsbeginn gefüttert sein. Die Kühe warteten auf's Melken. Die Haustiere gaben den Ton an, bestimmten die Tageseinteilung.

Wiehern und Muhen. Gackern, Schnattern, Krähen, Vogelzwitschern. Auch einmal ein Pfauenruf.

Frühzüge rollen zu Tal nach Schönau – Goldberg – Liegnitz, schnaufen bergan zum Oberbahnhof-Ketschdorf-Merzdorf, dem großen Umsteigebahnhof.

Wißt Ihr noch den Spruch für die Güterzüge?

»Nu halft ock scherga, halft ock schirga,
daß wir nuff nach Katschdorf wirrga.«

6.30ʰ Kalkarbeiter radelten aus Alt-Schönau und dem Niederdorf zu den Werken; mehrere Kilometer bergan *vor* der Arbeit, eine Anstrengung für sich.

Sirenengeheul, durch's ganze Tal zu hören, teilte den Tag ein.
Um 7ʰ Arbeitsbeginn, 9ʰ Pause, um 12/13ʰ Mittag, 17ʰ Feierabend.
Mehrmals am Tage hörte man auch die warnenden Trompetensignale vor den Sprengungen und die Entwarnung danach.
Kinder eilten auf Nebenwegen und der Hauptstraße zu den 4 Schulen, Fahrschüler zur Bahn nach Schönau und Goldberg. Zu Fuß!

Jedweder ging seiner Arbeit nach:
Auf Feldern – beim Handwerk – im Steinbruch und im Werk – im Geschäft – in Haus, Hof und Garten – im Büro und Amt.
Der Briefträger, die Gemeindeschwester mit Rad.
Dann und wann Pferdefuhrwerke, Fußgänger und Radfahrer, Autos/Lastwagen.

9–10ʰ manchen Tags *Läuten* für Verstorbene, 1 Puls zu 10 Minuten, bis zu 4 Pulse waren üblich.
10ʰ kurzes Gedächtnisläuten zum einjährigen Todestag.
12ʰ *Mittagläuten.*
Die Schule ist aus, Kinder gehen in Scharen nach Haus.
Das Katzbachtal liegt in voller Sonne.
Bauern kommen mit den Gespannen von der Feldarbeit zurück.
Nach der Mittagspause beginnt das Arbeitsleben wieder.
Züge dampfen zu ihren Planzeiten vorbei.

Trauungen um 14ʰ mit großem Geläut und Brautschaun wie eh und je. Verstorbene werden in feierlichem Trauerzuge, voran Kreuzträger und Kinderchor mit dem Kantor, dann der Pastor/Pfarrer vor dem Sarg, von der letzten Wohnung zur letzten Ruhe geleitet. Wenn der Zug die obere/untere Kirchbrücke erreicht hatte, begann das Trauergeläut.
Gegen ½4ʰ nachmittags kamen die Fahrschüler von der Bahn.
Am Spätnachmittag sah man Kalkarbeiter straßab nach Hause radeln.
Feierabend. Die Sonne versinkt hinter Schafberg und Hogolje.
Noch Handgriffe in Haus und Garten.
Vereinsabende – Geselligkeit – Sitzungen – Ausruhen im Familienkreis.
Der Nachtwächter schlurfte durch's Dorf.
Dann und wann hörte man Hunde bellen.
Einen Hahnenschrei... Kikeriki!

Kauffung a. Katzbach vom Kalkwerk Röhrsberg gesehen.
Im Hintergrund Steinbrüche Silesia – Siegert.

Nieder-Kauffung mit Katzbach. Blick auf Kath. Kirchturm.

Evgl. Schule Ober-Kauffung (Aufnahme 1986).

Kath. Schule Ober-Kauffung (Aufnahme 1986).

Die Volksschulen

Vier Schulgebäude gehörten zum Ortsbild, *je eine* evangelische und katholische Schule im Ober- und Niederdorf. Besucht laut letzter Volkszählung 1939 von zusammen 620 Kindern im Alter von 6–14 Jahren. Zehn Klassenräume standen damals zur Verfügung. Der Unterricht begann im Sommer um 7.00, im Winter um 8.00 Uhr und dauerte bis zur Mittagszeit; Anfänger teils am Nachmittag.

Die Kinder *gingen* zur Schule, Fahrrad kaum vor 12. Lebensjahr. Die Schulleiter wohnten in ihrer Schule als ihrem kleinen Königreich, die anderen Lehrer wohnten in der Nähe. Kinder wie Lehrer lebten mit dem Dorf, unter seiner ständigen Beobachtung, aber auch unter seinem Wohlwollen. Vom Ort getragen. Gegenseitiger Gruß von Kindern und Erwachsenen war selbstverständlich; die Lehrer achteten auf Wunsch der Eltern darauf, daß die Schulkinder zuerst grüßten.

Schule, Kirche, Dorf bildeten in früheren Jahrhunderten eine Einheit. Die Aufspaltung und das Beschreiten getrennter Wege hat erst allmählich in den Jahrzehnten vor 1900 begonnen.

Schule und Schulpflicht haben sich etwa seit 1500, also in vier Jahrhunderten, entwickelt und konnten auf eine eigene Geschichte zurückblicken. Es war gewiß ein weiter Weg vom schlichten ABC, dem Beherrschen des Katechismus mit 10 Geboten, Glaubensbekenntnis und Vaterunser, der Kenntnis des Einmaleins zur 8 jährigen Schulpflicht mit stets zunehmendem Lehrstoff; vom Einklassenraum zur mehrklassigen Schule, vom Einzellehrer und Kantor zum Lehrkörper mit Rektor. Vor den neuen Schulbauten um 1900 müssen wir uns Klassen mit 100 Schülern vorstellen, was wiederum voraussetzte, daß der Lehrer Jungen wie Mädel am Bändel hatte.

    Geschildert werden:
    Über 100 Jahre Frühzeit der Schule 1550 bis 1666
    Kinder ohne Schule 1667–1742
    Neubeginn in friderizianischer Zeit
    Die Schulgebäude
    Kantoren und Schulmeister
    Kirche und Schule
    Schulkinder
    Aus dem Alltag der Schule
    Besuch anderer Schulen
    Die letzten Jahre

Der Beitrag ist zusammengestellt aus den Schriften von Pastor Stockmann, dem Bericht von Lehrer Filke (kath. Schule Oberdorf) '32 Jahre Lehrer in K.' in den Heimatnachrichten 1962 Nr. 5, 6 und 7, und seinen handschriftlichen Aufzeichnungen über die Schulen im Oberdorf.

Geläufiges Lesen, Schönschreiben, fehlerfreie Rechtschreibung, Satzbau, klare Ausdrucksweise, allgemeines Grundwissen wurden vermittelt. Rechnen!

Genauigkeit – Pünktlichkeit – Sauberkeit – Anstrengung – üben, üben, üben. Nicht nur vermitteln von Wissen, Erziehung fürs Leben. Erkennen von Fehlern, zuerst bei sich selbst.

Ich habe stets bewundert und bewundere nach wie vor, daß Frauen und Männer mit Volksschulbildung nach Jahrzehnten harter Arbeit in praktischen Berufen immer noch deutlich lesbar schreiben, frei von Fehlern in der Rechtschreibung, in klarer Ausdrucksweise. Auch auf der Grundlage der deutschen Volksschule ist unser Industriestaat aufgebaut worden. Volksschule und Handwerk gingen Hand in Hand. Der Begriff 'Deutsche Wertarbeit' ist nicht vom Himmel gefallen.

Über *100 Jahre* Frühzeit der Schule
1550 bis 1666

Zu Beginn des 16. Jahrhunderts bestanden in den Städten kleine Lateinschulen, so auch im 20 km entfernten Goldberg. Volksschulen in unserem Sinne waren weder in den Städten noch auf den Dörfern vorhanden. Etwa ab 1500 war man über die wenigen gelehrten Berufe hinaus bestrebt, lese- und wenn möglich schreibkundig zu werden. Zum Gedankengut der Reformation (1517) gehörte, die Bibel selbst in deutscher Sprache lesen zu können; ebenso Katechismus und Choräle. Die Entwicklung des Wirtschaftslebens vermehrte den Schriftverkehr. Rechnen galt noch als besondere Kunst.

(Rechenmeister Adam *Riese,* 1492–1559)

Es ist anzunehmen, daß man auch in *Kauffung* zumindest im Lesen unterrichten lassen wollte, als die Einwohnerschaft des Katzbachtals mit ihren Kirchen zwischen 1520 und 1550 evangelisch geworden war. Nützlich zugleich, lese-, schreib- und rechenkundig zu sein, für das Schöffenbuch (Inhalt: Grundstückskaufverträge, Niederschriften des Gemeinderats), beim Verkauf von Kalk, späterhin für das gewerblich ausgeübte Spinnen und Weben.

Schule zu halten oblag dem Kirchschreiber, Organisten und Glöckner in einer Person. Spätestens ab 1550 wird ein solcher in Kauffung vorhanden gewesen sein; namentliche Angaben fehlen.

Für die Jahre um 1630 nennt der Kauffunger Pastorensohn Rausch in seinem Tagebuch als »*Kirchschreiber* und Organisten Georg Stritzken, bei dem mein Vater, der Pastor, mich hat in die Schule gehen lassen, bei dem ich fertig lesen, schreiben, declinieren und conjungieren gelernt.« Rechnen ist nicht genannt! Stritzke erlag 1633 der Pest. Sein einzig überlebender Sohn David hat kurze Zeit vertreten. Nach mehr als einem Jahr »ist von Langenwaldau bei Liegnitz der Kirchschreiber Caspar Schnieber nach Kauffung angezogen«, hat 16 Jahre, vor allem in den fortwährenden Drangsalen des 30jährigen Krieges, geamtet, † 29. 4. 1651.

1654 erfolgte der Einschnitt der Gegenreformation. Die Dorfkirche wurde der evangelischen Einwohnerschaft entzogen, ev. Prediger wurden nicht geduldet. Kirchschreiber und *Schulhalter* behielten vorerst ihr Amt. Als solcher ist in Kauffung 1655 ein Christof *Rabe* aus Böhmen, seines Alters 19 Jahre, genannt und zwar in einer damals in dem Turmknopf eingelegten Urkunde. Wie lange wohl? Im Jahre 1664 vermerkt Pastor Rausch jun. in seinem Tagebuch: »Den 1. Oktober ist hinkommen – zu mir nach Wiesa am Queis – George Raupach, des Schusters Sohn zu Kauffung, welcher zum allda zu besetzenden Schul- und Organistendienst sollen und wollen befördert werden.« Dieser Raupach ist für die damalige Zeit der letzte ev. Schulhalter in Kauffung gewesen. Nur für zwei Jahre.

Kinder ohne Schule – Schule ohne Kinder 1667 bis 1742, also 75 Jahre!

Denn im Jahre 1666 wurden auf kaiserliche Anordnung die 'unkatholischen Schulhalter abgeschafft'.

Brachte Ärger und Aufregung in evangelische Dörfer und Städte. Die örtlichen Grundherrschaften sollten katholische Schulhalter bestellen, damit die Nichtunterrichtung der Jugend nicht dem Mangel an Schulmeistern beigemessen werden könne (aus Berg 'Wegnahme', S. 125 bis 133).

Dementsprechend sollten die Kinder zum Besuch angehalten werden. Man wird sich für die unerwünschte Bestellung Zeit gelassen haben, konnte aber den Schulhalter auch gebrauchen als Kirchschreiber (z.B. für Gebühren bei Amtshandlungen) und täglich mehrfach als *Glöckner*.

Ein katholischer Schulhalter war mit dem evangelischen Bekenntnis der Einwohner nicht vereinbar, da Lesenlernen und Religionsunterricht miteinander verbunden waren. Religion als 'Kernfach'! Indes bestand noch keine 'Schulpflicht'. Nur wenige Eltern werden ihre Kinder geschickt haben, zumal man an evangelischen Gottesdiensten, Taufen und Trauungen, Abendmahl festhielt.

Im Jahre 1677 hatte eine *Visitation* der katholischen Kirchen im schlesischen Gebirge stattgefunden. In den Visitationsberichten für den (kath.) Bischof in Breslau (herausgegeben 1908 von J. Jungnitz) sind weder Schulhalter noch Kirchschreiber oder Organisten erwähnt; jedenfalls weder bei Kauffung noch bei den Nachbarorten. Für Kauffung wird das Haus des Schulhalters/Kirchschreibers als Haus für den Kaplan bezeichnet: Offenbar kein Schulhalter vorhanden.

'Und die Schule ward einem katholischen Schulhalter übergeben', ist nur für Hohenliebenthal und Tiefhartmannsdorf in den Jubelbüchern von 1793, Seiten 8 bzw. 9 angegeben; Jahr und Namen sind nicht genannt.

Eine gewisse Entspannung brachte die *Altranstädter* Konvention vom 1. 9. 1707 König Karl XII. von Schweden und dem Kaiser in Wien über die Religionsangelegenheiten der evangelischen Schlesier. Von da an durften Kinder in auswärtige Schulen geschickt oder durch Lehrer zu Hause unterrichtet werden. Kein Zwang mehr zum Besuch von Schulen, deren 'Schulbediente' von katholischem Bekenntnis waren, aber auch keine Einrichtung von Schulen mit evangelischen Schulhaltern.

Manche Eltern und Großeltern werden sich bemüht haben, ihren Kindern ein Mindestmaß an Lesen und Schreiben zu vermitteln, vielleicht lückenhaft, aber immerhin. Auf den großen Gütern wird man sich mit Hauslehrern geholfen haben. Für das benachbarte Tiefhartmannsdorf ist im Jahre 1737, also noch zur österreichischen Zeit, ein evangelischer Informator privatus genannt (Jubelbuch von 1893, Seiten 11 u. 55).

Eine Schulstube befand sich in Kauffung in dem Anwesen für den Schulhalter/ Kirchschreiber usw., das samt großem Garten zum Bereich der Dorfkirche gehörte; gelegen südlich der Kirche bei der alten Dorflinde. Beim Dorfbrand 1753 ist dies Anwesen mit abgebrannt; wiederum aufgebaut. Um 1800 als Glöcknerhaus bezeichnet. 1852 abgebrochen und dort das uns bekannte kathol. Pfarrhaus gebaut.

Die 'Schule' war formell vorhanden. 'Schule halten' stand aber auf dem Papier, am Beharren der Einwohnerschaft auf dem evangelischen Bekenntnis gescheitert.

Unsere große Dorflinde ist vermutlich auch bald nach dem Dorfbrand von 1753 gesetzt worden.

Als (katholischer) Schulhalter ist für Kauffung mit einem Abstand von 50 Jahren *dreimal* derselbe Name Knöffel/Knefel genannt worden.

1695 in einem Kirchenbuch von Tiefhartmannsdorf der 'ehrenfeste kunstreiche Christoph Knöffel in Kauffung' (Jubelbuch 1893, S. 55)
1753 auf der nach dem Brand aufgezogenen neuen Glocke: 'Zur Zeit Schulmeister Joh. Ernst Knefel'
'1800 waren in Kauffung nur drei katholische Familien, nämlich die des Schullehrers Knefel... Ersterer schickte seine Kinder und Enkel in die ev. Schule' (1850/60 aufgeschrieben vom ev. Kantor Pohl). An anderer Stelle wird dieser Knefel als Glöckner bezeichnet; dazu paßt die gleichzeitig gebrauchte Bezeichnung *'Glöcknerhaus'.*

Vermutlich waren die Drei: Großvater, Sohn, Enkel!

Von den Aufgabenbereichen Schulhalter, Kirchschreiber, Organist und Glöckner war nur der Letztere verblieben.

Als in preußischer Zeit 1742 sofort von der Gemeinde eine evangelische Schule eingerichtet wurde, entfiel der Besuch evangelischer Kinder beim katholischen Schulhalter ohnehin. Angaben über die Zahl der Kinder, die bei diesen Schulhaltern Knefel zur Schule gegangen sind, fehlen. Wohl nur wenige.

Kirchschreiberei fiel weg, als die evangelische Kirchgemeinde sich bildete und nach einigen Jahren an den katholischen Pfarrer Gebühren nicht mehr zu entrichten waren.

Als katholischer Organist wenig in Anspruch genommen.

Aber *Glöckner* für das ganze Dorf.

Kath. Schulhalter in evang. gebliebenen Orten wie Kauffung werden nicht gerade betont katholisch unterrichtet haben, weil sie sich dadurch mit der bewußt evangelischen Einwohnerschaft überworfen hätten. Der Ort hatte den verordneten katholischen Schulmeister 'eingegliedert'. Im Ergebnis ist, schulisch gesehen, die um 1500 einsetzende Entwicklung zur allgemeinen Schulbildung 150 Jahre später in Teilen Schlesiens, so auch in Kauffung, aus

Bestrebungen zur Gegenreformation für 75 Jahre, also drei Generationen, verlangsamt und unterbrochen worden.

Neubeginn in friderizianischer Zeit ab 1742

Bald nach der Besitznahme Schlesiens durch Preußen im Jahre 1742 wurde in Verbindung mit dem neuen ev. Bethaus im Niederdorf eine Schule eingerichtet mit Nebenschule im Oberdorf. Der Schulhalter war auch Organist/Kantor und Kirchschreiber.

An Schulutensilien sind nach der Kirchenrechnung im Jahre 1742 eine Tafel und fünf Bänkel gekauft worden. Bereits im April 1742 wurde der *Bauplatz* für ev. Bethaus, Pfarrhaus und Schulhaus vom Eigentümer des Gutes Mittel-Kauffung unentgeltlich hergegeben und die Zufahrt käuflich erworben. Das *Schulhaus,* Wohnung und Schulraum, wurde im Jahre 1750 mit 25 Ellen Länge = 17 m im Pfarrgarten zwischen ev. Pfarrhaus und nachmaliger Kirchhofsmauer gebaut, brannte aber schon drei Jahre später bei einem Großbrand im Dorf wieder ab.

> Stockmann berichtet, daß er um 1890 von den Grundmauern noch einige Fuder Steine ausgerodet habe. Als um 1925 bei der Aufstellung eines Schaukelgerüstes im Pfarrgarten der alte Zimmermann *Kittel* auf Reste der Grundmauer stieß, rief er mir zu:
> »Heinz, – wennsde und du tisst amoal ufschreiba, woas de olles derlaabt hust, dann schreib och au mitte, doas mir beeda beim Groaba uff die Grundmauer vu derr aala Schule gestußa sein.«
> Diesen Auftrag habe ich hiermit ausgeführt. Kittel sprach in so reiner gebirgs-schlesischer Mundart, wie sonst kaum noch zu hören.

Der *Schulhalter* kaufte eine Brandstelle und baute ein Haus für sich und den Schulraum. 'Schule' = *ein* Klassenraum.

Die *Schulpflicht* gab es damals erst im Grundsatz; die Ausgestaltung nach Jahrgängen, Jungen und Mädchen, Sommer und Winter stand offen, ebenso Stundenzahl und Lehrstoff. Noch lange Zeit war Mitarbeit Zwölfjähriger im Betrieb, im Sommer sogar von jüngeren Kindern durchaus üblich, oft sogar wirtschaftlich notwendig. Im Allgemeinen werden im 18. Jahrhundert und darüber hinaus die 10- bis 12jährigen zur Schule gegangen sein.

> Der um 1800 berufene Schulhalter war verpflichtet:
> »Im Sommer von ½7 Uhr, im Winter von ½8 Uhr an bis 12.00 Uhr öffentlich Schule zu halten, wozu im Sommer von ½1 Uhr bis 2.00 Uhr die Hirtenschule trat. Das *Schulgeld* betrug: Für 1 Kind, welches das ABC lernt, buchstabieret und lieset, wöchentlich 6 Denar oder 2 Gröschel, wenn ein Kind zugleich schreiben lernt, wöchentlich 8 Denar oder 2 Kreuzer, tritt das Rechnen hinzu, so sind 3 Kreuzer oder 1 Silbergroschen zu zahlen. Für Privatstunden in Musik und Rechnen ist herkömmlich wöchentlich 1 Silbergroschen, 6 Denar bezahlt worden« (Stockmann, S. 83).

Uns Heutige mag dies rührend ankommen, mancher wird über *die* Art Schule lächeln. Indes, es ist noch nichts vom Himmel gefallen!

Bei der Volkszählung im Jahre 1871 wurden die über 10 Jahre alten Einwohner erfaßt, die nicht lesen und schreiben konnten. 123 in K.! Der sich errechnende Anteil von 9% lag unter dem Durchschnitt in Schlesien. Bis 1900 werden gewiß alle Einwohner des Lesens und Schreibens kundig gewesen sein. Übrigens: Bei den Landarbeitern auf den Gütern nur einzelne Analphabeten.

Die Schulgebäude

Bestimmend waren Meilenlänge des Ortes, kirchlicher Bekenntnisstand und schließlich starke Zunahme der Einwohnerschaft um 1900.
Die alten *einklassigen* Schulen mit Wohnung für den Schulhalter/Alleinlehrer. Vielleicht ein junger Mann als Hilfslehrer. Mehrere Lehrer an einer Schule wohl erst in den Jahrzehnten vor 1900.
Für das *Niederdorf* ist von 1773 bis 1842 in einem vormaligen Baderhause – unterhalb des Kirchplatzes gelegen – Schule gehalten worden. 1842 verkauft und Bau der uns bekannten Schule mit Kantorat. Türmchen für Feueralarm. *Ein* niedriger Klassenraum.
Für das *Oberdorf* war 1793 ein schlichtes, anheimelndes Gebirgshaus als Schule gebaut worden, am Fuße des großen Mühlbergs, einige 100 m oberhalb Stöckel. Im oberen Oberdorf unserer Zeit. Benutzt bis 1903 bzw. 1909, also stattliche 116 Jahre. Dann abgebrochen...
1853 wurde eine *katholische* Volksschule in dem alten Haus nördlich der kath. Kirche – bis 1654 Pfarrhaus des Dorfes – eingerichtet mit Kantorat. Eröffnet mit 16 Kindern aus der (ev.) Schule im Oberdorf und 14 Kindern aus der Schule im Niederdorf. *Einklassige* katholische Schule geblieben bis 1938.

Die drei Schulbauten ab 1900

Ev. Schule im Niederdorf zuletzt 4 Klassenräume und Kantorwohnung
1900 Anbau der beiden Klassenräume für je 60 Schüler, nachdem zuvor behelfsweise auch in einem Bauernhaus unterrichtet wurde.
In den 1930er Jahren Ausbau eines weiteren Klassenzimmers im Erdgeschoß.
Ev. Schule im Oberdorf drei große Klassenräume, 2 Lehrerwohnungen
1904 Neubau gegenüber dem Gut Stöckel an der Katzbach.
Als die Räume ab Mitte der 1930er Jahre nicht ausreichten, wurde zusätzlich in der Tschirnhauskantine und in der Spielschule unterrichtet.
Kath. Schule im Oberdorf zwei Klassenräume, zwei Lehrerwohnungen
Von 1904 bis 1909 wurde im alten Schulhaus des Oberdorfes unterrichtet.
1909/1911 Neubau in zwei Abschnitten an der Poststraße.
Baulich ein Sorgenkind: Wasserführende Schicht nicht beachtet. Bald drang Bergquetschwasser ein. Betonböden im Keller platzten. Deckeneinbruch.

Die Schulgrundstücke waren großflächig angelegt mit Pausenhöfen und Lehrergärten. Nur das Grundstück der kath. Schule im Oberdorf war mit 50 a verhältnismäßig klein. 'Gärtlein'. Der Schulverband/Bauherr war arm, erinnerte sich Lehrer Filke.

In den 1920er und 1930er Jahren waren wiederholt Erweiterungen oder Neubau erwogen worden, um dem Raummangel abzuhelfen. Man kam nicht über Kommissionen hinaus. Schließlich wurde 1940 ein großzügiger Neubau im Anschluß an die Poststraße und zwar am Kirchsteg geplant...

Von unseren vier Schulgebäuden wird jetzt nur die vormalige ev. Schule im Oberdorf für Schulzwecke benutzt.
In beiden katholischen Schulen Wohnungen und Religionsunterricht.
Ev. Schule im Niederdorf ist Schullandheim.
Neu gebaut wurde eine vielklassige Schule im Oberdorf/Erlenbachtal.
Schule wird auch gehalten im Schloß des Niedergutes.

Kantoren – Schulhalter – Schulmeister – Lehrer – Hauptlehrer

»So haben wir Grundherrschaften der hiesigen evangelischen Kirche und Schulen zum evangelischen Cantore, Organisten und Kirchschreiber bei hiesiger evangelischer Kirche, ingleichen zum Schulhalter bei der hiesigen Niederschule bestellt...«, hieß die Urkunde vor 200 Jahren. Ob die Grundherrschaften sich zuvor mit dem Pastor, dem Dorfschulzen und Schöffen beraten haben? Späterhin wurde das Regierungspräsidium, Abteilung für Kirchen und Schulen, zuständig.
Fast alle Lehrer stammten aus benachbarten Kreisen und blieben früher ihr Leben lang, 30–40 Jahre! Im Amt bis ins hohe Alter. Ruhestand gab's noch nicht. So kamen auf 100 Jahre drei Lehrer, abgesehen von ev. Schule Oberdorf 1870 bis 1890. Die Namen werden nachstehend genannt. Sie haben es gewiß verdient. Manches läßt sich dabei denken.

1742–1770 Gottlieb *Konrad,* er hat auch die Nebenschule im Oberdorf mit besorgt... Wie wohl?

Ev. Schule im Niederdorf
1770–1793 Gottfried *Zobel,* gab wegen Geistesschwäche auf, lebte noch sechs Jahre in Schönau mit 30 Talern Pension jährlich!
1793–1846 Johann Gottlieb *Fischer,* 1837 in Tiefhartmannsdorf, 1840 in K.
1846–1883 Ernst Wilhelm *Pohl,* Handschriftliche Aufzeichnung!
1883–1917 Ernst *Müller,* zuvor sieben Jahre Schule im Oberdorf, also 40 Jahre Lehrer im Ort! Bei ihm ist der Chronist eingeschult worden. Mein erster Lehrer! Ich sehe sein eindrucksvolles Gesicht noch vor mir.
1917/18   ...*Teich*
1919–1938 † Karl *Tänzer* kam aus dem an Polen abgetretenen Lissa, Provinz Posen.

1939–1945 Wilhelm *Liebs,* in Tiefhartmannsdorf ab Ende 1927, verstorben 1966 in Suhlendorf, Krs. Ülzen.

Ev. Schule im Oberdorf
1770–1773 Gottlieb *Geisler,* dann bis 1783 durch Adjuvant der Niederschule
1783–1830 Johann Gottfried *Aust,* zugleich Gemeindeschreiber; für beide Ämter 1811 ein Gehalt von 160 Talern jährlich. † im Amt 77jährig.
1830–1870 Karl Friedrich *Hoppe,* Stelleneinkommen auf 243 Taler erhöht.
1870–1889 Drei Lehrer je 6 Jahre
1889–1927 Heinrich *Scholz,* der Katzbachförtner, † Dez. 1945.
1927–1930 Heinrich *Bokermann*
1930–1940 Paul *Grosser*   Rektoren!
1941–1945 *Hiller*

Kath. Schule im Niederdorf
1853–1859 August *Hanke*
1859– um 1900 Ferdinand *Stacher*
Um 1900–1913 *Kleineidam*
1914–1945 Alfred *Pilz,* in Weimar 1953 verstorben.

Kath. Schule im Oberdorf
1904–1913 Ernst *Nakel,* ab 1912 Alfred Rind (vermißt 1915)
1913–1945 St. *Filke* (ab 1940 stellv. Rektor, 1976 in Gersfeld/Rhön verstorben.

Schulkinder

1811 werden für die Schule im Oberdorf 109 (davon 4 kath.) und für die Schule im Niederdorf 165 Schulkinder (Abgrenzung zwischen Ober- und Niederdorf damals etwas anders als zu unserer Zeit) genannt. Insgesamt also 274 Schüler!
Unterrichtet im Jahre 1845 im Oberdorf von *einem* Lehrer und im Niederdorf einem Lehrer mit Adjuvant (Jung-/Hilfslehrer).
Leider fehlen für andere Jahrzehnte jegliche Angaben.
Um 1900 z. Zt. der Industrialisierung und der Neubauten mag die Zahl der Schulkinder auf fast 500 gestiegen sein und zwar nunmehr mit höherem Anteil im Oberdorf (Abgrenzung unserer Zeit).
Unterrichtet von je drei Lehrern an den beiden ev. Schulen und dem Kantor an der einklassigen kath. Schule. War der Herr Kantor durch Kirchendienst in Anspruch genommen, so führte seine Frau die Aufsicht in der Klasse. Auch bei Frau *Pilz,* Mutter von fünf Jungen, noch der Brauch.
Bis 1920 hat die Schülerzahl weiter zugenommen. Dann jedoch ergab sich wegen der geburtenschwachen Jahrgänge aus dem 1. Weltkrieg vorübergehend ein Rückgang; starker Anstieg in der Mitte der 1920er Jahre.

Für die 'Schulkinder' von den 1920er Jahren bis 1945 seien hier die Namen anderer Lehrer zur Erinnerung genannt.

An der Schule im Niederdorf: Frl. Bahr/verh. Bratz, Frl. Bothe und Lehrer Schmichen (der nach Theologiestudium noch Pastor wurde, dann gab's ein Ehepaar), Lehrer Weimann aus dem Ort, die Fräuleins Brethauer, Zühlsdorf, M. Gloge, Zippel, Wandrach, Maschke; die Brüder Ruge. Ferner die Lehrer Jendral und Neubauer.

Im Oberdorf: Binder, Scherk, Sukob, Spachowski, Wehlte und Meergans.

Seit 1938 als technische Lehrerin an allen Schulen Hildegard Larisch.

Schon Ende der 1920er Jahre fuhr eine Lehrerin ein Autole HANOMAG.

Die Schulen beteiligten sich, wie üblich, an den Reichsjugendwettkämpfen. In Wertung der vier Schulen hat die kleine Wettkampfgruppe der dreistufigen kath. Schule im Oberdorf einmal die Siegerurkunde des Reichspräsidenten v. Hindenburg erworben.

1939 Oberdorf ev. 300–320 Schüler

  kath. 80–100 Schüler (für 1915 nach Filke)

  Niederdorf ev. um 180 Schüler (je 2 Jahrgänge in 1 Klasse)

  kath. um 40 Schüler

  Nach Volkszählung 620 Schüler im Alter von 6–14 Jahren.

Kirche und Schule

Die Alleinlehrer und später 1. Lehrer an der ev. und kath. Schule im Niederdorf waren, wie schon gesagt, zugleich *Kantoren* bei ihren Kirchen: »Organisch verbundenes Kirchen- und Schulamt« (Fachsprache).

Vorsingen und *Orgel*spielen wurden vorausgesetzt. Mitwirken an Gottesdiensten und kirchlichen Amtshandlungen, Trauungen und Begräbnissen zumal war selbstverständlich. Daraus ergab sich stetige Verbindung zwischen dem Geistlichen und dem Kantor/Lehrer. Bisweilen Spannungen.

Bauliche Unterhaltung des Kantorats und Besoldung waren auf Grundherrschaften und Dorf aufgeteilt, später zwischen politischer und Kirchengemeinde vereinbart. Noch in der Mitte der 1920er Jahre ergaben sich bezüglich des ev. Kantors entsprechende Auseinandersetzungen nach alten Urkunden.

Kantoren und Chorkinder gehörten zum Gemeindeleben. Nicht wegzudenken aus den Dörfern und den Kleinstädten Schlesiens, wie wohl in den meisten deutschen Landschaften auch. Blieb so bis in die letzte deutsche Zeit. Eine gewachsene und überlieferte Ordnung.

'Die Schule ist die Tochter der Kirche.'

Die Kirchen haben die Schulen aus der Taufe gehoben.

Auch wenn öffentliche Gemeinwesen oder Grundherrschaften für Bau, Unterhaltung, Besoldung sorgten, so blieben die Schulen vom christlichen Gedankengut getragen. Auf diesem Hintergrund ist die Schulinspektion zu sehen, die in der längst vergangenen Zeit den Ortsgeistlichen oblag. Die Schulbauten um 1900 sind wesentlich von Pastor Stockmann betrieben worden. Er hat angemessene Mitfinanzierung durch die Güter aufgrund von

Aktenstudien, historischen Kenntnissen und sozialem Stehvermögen durchgesetzt.

1918 fand die geistliche Schulinspektion ein Ende. Zwei Jahrzehnte später wurden mit der Zusammenführung der Volksschulen auch die durch die Bekenntnisschulen gegebenen Unterschiede von der Entwicklung, der Verweltlichung, überrollt. Die groß gewordene Tochter Schule verließ die Mutter Kirche. Von manchen für gleichgültig angesehen, von den einen bedauert und als schmerzlich empfunden, von den anderen begrüßt. Der Tochter Schule blieb keine Zeit mehr, sich im Ort zu bewähren.

Allerlei aus dem Alltag der Schule

»Willst Du hinaus in die weite Welt,
vergiß den *Schulsack* nicht,
um den uns der Erdkreis beneidet.«
Max *Eyth* 1836–1906

Schiefertafel und -stift, Lesebuch und Rechenbuch, Biblische Geschichte und Katechismus, erst nach einigen Schuljahren Schreibheft und -feder. Der Ranzen (Schultornister) wirkte mit dem außen baumelnden Tafellappen lustig. Umsomehr hatte der Kopf für Lebenszeit Rückengepäck aufzunehmen. Begreifen und Nachdenken, Lernen und Wissen. Und Stillsitzen, aufmerksam sein; Zuhören will gelernt sein...

Schulbänke zu Dreien mit eingelassenem Tintenfaß.

Lesen, Schönschreiben – so daß jedweder das Handgeschriebene lesen konnte, Rechnen. Immer wieder Lesestücke aus dem lieben alten Lesebuch, dessen Inhalt Geschwistern, Eltern und Großeltern vertraut war.

Auswendig lernen gehörte dazu: Die zehn Gebote mit dem ganzen Katechismus, Gedichte, Choräle, Volkslieder.

Aufsagen von biblischen Geschichten und kleinen Lesestücken.

Wissen von Flüssen, Städten, Landschaften und Ländern in Deutschland, Europa und den anderen Erdteilen samt ihren Stämmen und Völkern.

Geschichte von Heimat und Staat, der Herrscher, Kriege und Schlachten, Änderungen der Gebiete. Sitten und Gebräuche.

Und das *Kopfrechnen*. Zusammenrechnen und Abziehen, Malnehmen und Teilen. Kein rechnen mit Buchstaben, Mengenlehre war noch nicht Lehrstoff. Etwas Raumlehre. Kleines und großes Einmaleins, Bruchrechnen, Dreisatz und Prozent. Um die Wette: 'Ganze Klasse auf! Wer zuerst die Lösung weiß, setzt sich.' Manchmal sogar ändern der Sitzplätze.

Einiges über Pflanzen und Tiere, vom Menschen, aus Chemie und Physik; verglichen mit dem, was seit den 1950er Jahren gebracht wird, wenig.

Turnen, Spiele, Handarbeit, Singen (nicht 'Musik'), Zeichnen.

Erziehung zu Anstand und Sitte, Arbeit und Gesundheit, Anforderungen an sich selbst. Es gab auch Zurufe von Einwohnern an die Lehrer, wenn ein Junge oder Mädel noch nicht tat, was sich gehört.

»...Die alte Schule im Gleichmaß ihrer Ruhe,
die neue Schule mit ihrer Unruhe...«
Filke Heimatnachrichten 1962 Nr. 7.

Rückblick auf die 1920er Jahre

Der Herr Lehrer, das Fräulein...
Die trotz der vier Schulen wenigen Lehrer waren in Freud und Leid mit dem Ort verbunden, ihn mitprägend und umgekehrt.

> »Ich lernte die Anliegen des schwer arbeitenden Volkes in seinen ursächlichen Verhältnissen kennen, aber auch die Bedrängnisse des menschlichen Lebens in Not, Mangel, Sorge und Schuld! ... Interessant wurde die Entwicklung der Arbeiterorganisation in Gewerkschaften und den konfessionellen Arbeitervereinen, an derem einen ich mitwirkte... Für meine Lehrerarbeit in einem Industrieort war die freie Mitarbeit in Vereinen und für die schulentlassene Jugend ein gediegenes Vorfeld meiner internen Schularbeit.
> ...Besichtigungen durch die Kreisschulräte wechselten von Glanz und Gloria mit Niederlagen, denn die Jahrgänge der Kinder sind vergleichbar mit der Güte des Weines in seinen Jahrgängen« aus Filke '32 Jahre Lehrer in K.' Heimatnachrichten 1962 Nr. 7.

Die *Pausen* wurden weidlich zum Ausgelassensein und zum Spiel, zum Herumtoben und seitens der Jungen gelegentlich zum Herumbalgen ausgenutzt. Wie es sich gerade ergab, auch gesellig oder gar geordnet.

Fangen. Kästel- und Schneckehopsen, Nippen mit Kugeln. Ballspiele.

Die Tiroler sind lustig...	Alle meine Entchen schwimmen...
Der Plumpsack geht rum...	Und die größeren *Mädchen:*
Wer fürchtet sich vor'm schwarzen Manne?	Ist die schwarze Köchin da?
Hört und seht Ihr noch die *'Kleinen':*	Rote Kirschen eß' ich gern
Häschen in der Grube	Wir reisen nach Jerusalem
Zeigt her Eure Füße	Mariechen saß auf einem Stein...

Die Jungen: Dritten abschlagen, Barlauf, Barren und Reck (diese Turngeräte sind vor dem 1. Weltkrieg offenbar mehr benutzt worden als danach).

Von all dem höre ich, dicht bei einer Schule mit über 20 Klassenräumen wohnend, so gut wie nichts. Nur muntere Unterhaltung und gelegentliches Fangen. Ich finde, wir waren gelöster, mehr Fröhlichkeit, Geselligkeit. Die Nachbarn waren's gewohnt und fanden dererlei kindliches Treiben natürlich.

> *Oft* wurde *gemeinsam* aufgesagt
> (Dies oder die Stille zeigte vorbeigehenden Dorfeinwohnern, daß der Lehrer die Klasse am Bändel hatte und daß diese was lernte.)

Für die Oberklasse in der ev. Niederschule war das gemeinsame Aufsagen verbindlicher Auftrag, wenn die drei Lehrer über die Pausenzeit 'konferierten'. Wir konnten wählen: z. B. den ganzen Katechismus, also die fünf Hauptstücke, einschließlich Luthers Erklärung,

– die linken Nebenflüsse der Oder: Oppa, Zinna, Hotzenplotz, Glatzer Neiße, Ohle, Lohe, Weistritz, Katzbach, Bober mit dem Queis, Görlitzer Neiße (dem späteren Schicksalsfluß!)

– die deutschen Ströme, die anderer Länder vom Ob, Jenissei, Lena in Sibirien, zum Amazonas und Mississippi in der Neuen Welt

– die Preußischen Provinzen – im Takt: Ostpreußen, Westpreußen, Pommern, Posen, Schlesien, Brandenburg, Sachsen, Hessen-Nassau, Rheinprovinz, Westfalen, Hannover, Schleswig-Holstein

– die Regierungsbezirke mit ihren Städten in Preußen, Bayern, Sachsen, die Württembergischen Kreise u. dgl.

– Südamerikanische Länder

– Mittelalterliche deutsche Kaiser
– Brandenburg-Preußische Herrscher samt Regierungszeiten

– Selbstverständlich gehörten die drei um Schlesien zwischen Preußen und Österreich, Friedrich dem Großen und Maria Theresia, geführten Kriege zum Wissen. Schließlich Choräle und Lieder, bis die 'Lehrerkonferenz' beendet war!

– Nur die damals 48 Staaten von Nordamerika lernten wir auf diese Weise nicht, so fehlen mir ihre Namen, trotz mancherlei Anläufen nachzuholen, heute noch beim Kreuzworträtsel. 'Was Hänschen nicht lernt, lernt Hans nimmermehr'. Das Gelernte saß fest.

Diesen Schulbericht kann ich nur abschließen mit einer *persönlichen Anmerkung*. Wie manche alten Kauffunger sich erinnern werden, bin ich die vollen acht Jahre in Nieder-Kauffung in die Volksschule gegangen und nebenher von meinem Vater, Pastor Burkert, in den Gymnasialfächern Latein, Mathematik, Griechisch, Physik (drei Jahre mit drei anderen Jungens aus dem Ort) unterrichtet worden. Englisch gab's bei einem Fräulein im Ort. Drei Jahre bei Kantor Tänzer in der Oberklasse mit einigen Auserwählten vorzeitig dorthin versetzt wegen der Klassenstärke. Von einigen Stunden befreit, aber viel Freizeit blieb nicht mehr. Als Landkind war ich froh, im Ort bleiben zu können; kam erst nach der Konfirmation in die Obertertia, damals 5. Klasse eines Gymnasiums.

Im Rechnen rief Kantor Tänzer mir meistens zu: »Heinz, rechne Du mit der Klasse.« Dann stand ich mit meinen 13 Jahren vor den rund 60 Mitschülern von Jungen und Mädchen! Aufgabe überlegen, ausrechnen, sagen und die nächste überlegen. Es waren einige flinke Rechner dabei, da gab's keine Pause. Wollen wir es nochmals versuchen? 2/3 + 5/7; 3/5 − 1/3; 4/5 × 7; 3/8 × 2/9; 3/4 : 3; 5/6 : 11/12; 17 : 3½…?

Schlichte Grundrechenarten mit höheren Zahlen
7 Kühe fressen 13 Ballen Heu in 5 Tagen. Wieviel Tage reicht der Vorrat für 9 Kühe?
Prozentrechnung.
Hat mich sehr geübt. Im späteren Berufsleben war ich oft schneller als andere Sitzungsteilnehmer, die schriftlich rechneten. Auf dem Gymnasium bin ich mit meinem Volksschulwissen in den Nebenfächern mitgekommen, mußte halt Lücken füllen. Ein Lob der deutschen Volksschule von ehedem. Dankbare Erinnerung auch an Kantor Tänzer.
Einziges Rückengepäck das jedweder unbegrenzt mitnehmen konnte, als Vermögen in Schutt und Asche sank oder zurückgelassen werden mußte und Berufe nicht ausgeübt werden konnten.

Theateraufführungen von Zeit zu Zeit.
Fröhliche *Kinderfeste* nach Umzug durchs Dorf
    für das Oberdorf zumeist im Stimpelgarten, ab 1930 auf der Wiese am Tschirnhaushof
    für das Niederdorf auf den Wiesen zwischen Lauterbach und Raubschloß.
    Spiele, Belustigungen, Wettbewerbe, Kletterbaum.
    Bei Dämmerung Fackelzug ins Dorf.
Heimatkundliche Gänge auf die Mühlberge, zum Galgen, zum Raubschloß, zu den Werken und Steinbrüchen.

Und die *Schulausflüge* mit Wanderliedern, Spielen, Einkehr. 10 Pfennig als Taschengeld für eine farbige Brauselimonade!
Ganz früher: Mit pferdebespannten Leiterwagen, die mit Birkengrün geschmückt waren; zu Anfang der 1920er Jahre ging's zu den Burgen bei Bolkenhain. Eine der schönsten Kindheitserinnerungen.
Wanderungen zur Katzbachquelle und dem Rosengarten, zum Schafberg, zur Kapelle, nach Altenberg mit der berühmten Baßgeige!
Mit Eisenbahn zum Bolzenschloß und ins Riesengebirge...
Am 22. 6. 1938 Tagesfahrt der Schulen des Kreises Goldberg bis Pirna an der Elbe, oberhalb Dresden, und mit Schiff bis in die Sächsische Schweiz.

Besuch anderer Schulen
    Berufsschulen entstanden wohl allgemein erst nach 1900 und verstärkt nach dem ersten Weltkriege.
    In Kauffung wurde um die Mitte der 1920er Jahre eine 3-klassige, ländliche und gewerbliche Berufsschule gebildet. Aufbau und Leitung durch Lehrer Filke im Nebenamt. 'Delikate Aufgabe' schrieb er. Mitarbeiter die Lehrer Bokermann, Grosser und Weimann. Anfang der 1930er Jahre in eine Kreisberufsschule überführt.

    Besuch *weiterführender* Schulen
    In früherer Zeit, auslaufend in den 1920er Jahren, wurde
    – auf den Gütern durch Hauslehrer
    – durch den Pastor/Pfarrer
    auf den Besuch des Gymnasiums ab einer mittleren Klasse vorbereitet.

Künftige Volksschullehrer gingen von der Volksschule über die Präparanden-anstalt auf ein Lehrerseminar. »Noch heute preise ich meine seminaristische Vorbildung aus der Praxis für die Praxis, die dem heutigen akademischen Junglehrer vorenthalten wird, indem er auf dem uferlos gewordenen Gebiet pädagogischen und didaktischen Wissens sich erst Pfade zum hilflosen Kind bahnen muß«, sagte Lehrer Filke, der ein allseits als herausragend tüchtig erkannter Lehrer gewesen sein muß. Er war schon mit 30 Jahren zum Mitglied der Prüfungskommission für die zweite Lehrerprüfung berufen worden. Dieses Amt legte er 1932 nieder.

Fahrschüler gab es ab Mitte der 1920er Jahre.

Jungen und Mädchen fuhren recht zahlreich mit der Bahn, 7–16 Uhr
– nach Schönau zur neusprachlichen Privatschule Frl. v. Gfug, Sexta bis Obertertia/5.–9. Schuljahr
– nach Goldberg auf's Gymnasium/Oberschule.

Im übrigen wurden mit Schülerpension, Internat, Aufnahme bei Verwandten, Gymnasien oder andere Lehranstalten in Hirschberg oder Liegnitz besucht.

»Die Schule solle die Jugend zu guten Menschen, zu guten Christen und zu guten Patrioten heranbilden.«

Mit diesem Leitwort hat 1905 Freiherr v. Zedlitz und Neukirch als (freikonser-vativer) Abgeordneter des Katzbachtals im Preußischen Landtag die Erzie-hungsaufgabe der Schulen umrissen.

Einige Gedanken aus den Aufzeichnungen von Lehrer Filke:
»Was die 'viel verhöhnte Lernschule' nicht im Schulraum dem Kinde beibrach-te, war vom Elternhaus nicht zu erwarten.«
»Die Kinder von gestern kamen mit leichtem Schulranzen (kaum Sachbücher) zur Schule. Heute sind die Taschen und Ranzen schon im 4. Grundschuljahr eine kleine Bücherei geworden, mit dem Ergebnis, daß damals die Kinder mit dem Gedächtnis bleibende Kenntnisse aufnahmen, heut aber siebartig Kennt-nisse entschwinden. Zumindest ist Gründlichkeit, die durch zähes Üben und Wiederholen in Geduld erlangt wurde, verloren gegangen.«

Nachruf

Lehrer/Rektor Paul *Grosser*, in Kauffung von 1909–1940, trat im Gegensatz zu Hauptlehrer Heinrich Scholz, dem Katzbachpförtner, wenig in der Öffent-lichkeit in Erscheinung. Er war der helfende Schaffer, im Dienst der pflicht-treue Lehrer und Erzieher der Dorfjugend. Anerkennung, die auf Leistung sich gründet, bleibt bei den meisten Lehrern verborgener Ruhm, der zumeist im Geschrei des Tages übersehen wird. So ging sein Leben schlicht und lautlos im Dienst der Menschen dahin. Alle Kinder, die ihm zu Füßen saßen und denen er als treuer Sohn seiner ev. Kirche religiöse Grundanschauungen mit auf den Weg gab, bewahren ihm ein bleibendes Andenken. Ich erinnere mich gerne, wenn uns an sonnenhellen Sonntagen Frau Grosser, umgeben von ihrer Kinderschar, auf dem Kirchgang als ein Muster einer deutschen Frau und Mutter begegnete. An ihrer Seite erlebte Paul Grosser so manche Tragik, die sie tapfer mit ihm trug. Er ist 1958 in Hameln verstorben.

Verfaßt von (kath.) Lehrer Filke 1959

Die letzten Jahre

1940 wurden die ev. und die kath. Volksschulen zu Gemeinschaftsschulen – nur Religionsunterricht noch getrennt – zusammengeführt:

Im Oberdorf zu einer 8-klassigen Schule (zeitweise 7./8. Jahrg. gemeinsam).
Im Niederdorf zu einer 6-klassigen Schule (1.–4., 5./6. u. 7./8. Jahrgang).
Dies brachte viel Umstellung und Umgewöhnung mit sich für Eltern, Kinder und Lehrer. Verwaltungsaufgaben wurden einfacher.
Nach dieser Zusammenführung gehörten den Lehrerkollegien an
im Oberdorf: Rektoren Grosser/dann Hiller, die Lehrer Filke, Scherk, Spachowsky und Wehlte, Frl. Wandrach
im Niederdorf: Die Kantoren Liebs und Pilz, die Lehrer Jendral und Neubauer (in der Pfalz, hat mit Angaben beigetragen).
Aus Einberufungen zum Wehrdienst ergaben sich Änderungen und Lücken.
1944 ab Herbst Schulbetrieb lückenhaft.
1945 Anfang *Februar* kam der Schulunterricht infolge des Kriegsgeschehens zum Stillstand.

Von Ende *Mai* 1945 an konnte auf Betreiben von Ortsvorsteher Teuber mit Billigung des russischen Kommandanten wieder Schule gehalten werden. 2. Hälfte *August* von polnischer Verwaltungsmacht untersagt. Die Kinder blieben ohne Schulunterricht, bis sie mit den Angehörigen Ende Juni/November 1946 das heimatliche Kauffung verlassen mußten...

Am Weihnachtsabend

'Still erleuchtet jedes Haus'

Das Dorf traf sich beim Kirchgang. Früher hatte man Wachslichter oder gar kerzenbesetzte, kunstvolle Holzpyramiden mitgebracht. Ein gutes altes Stück habe ich noch gesehen. Dieser Brauch wurde ab 1936/37 wieder aufgenommen.

In der ev. Kirche *Christnacht*feier am Spätnachmittag. Die überlieferte örtliche Christnachtordnung ist um 1950 nachgedruckt worden und wird in Hand vieler sein. Zur Besonderheit gehörte im schlesischen Gebirge ein Weihnachtslied, das von den älteren Schulkindern, die auf den zwei Emporen beiderseits verteilt waren, im Wechsel der vier Gruppen nach der Melodie des Quempas 'Den die Hirten lobeten sehre'/'Kommt und laßt uns Christum ehren' gesungen wurde. Fröhlichkeit!

72

Singt ihr heiligen Himmelschöre,
Singt zu Gottes Preis und Ehre!
Und du Erde nimm zu Ohren:
Gottes Sohn ist Mensch geboren.

Zions König der Gerechte,
Kommt in der Gestalt der Knechte;
Sünder, Er kommt euretwegen.
Er kommt euch zum Heil und Segen!

(Junge Mädchen im Altarraum oder Chor und Gemeinde)
Gottes Sohn, Gottes Sohn, Gottes Sohn ist Mensch geboren.

Nunmehr ist das Flehn gestillet
Nunmehr ist die Zeit erfüllet
Gott hält, was er einst geschworen
Gottes Sohn ist Mensch geboren.

Mit viel Millionen Welten
könnt ich dir das nicht vergelten,
daß du uns die Gnad erzeigest
und vom Thron ins Elend steigest.

(Chor und Gemeinde) Gottes Sohn,...

(Chor und Gemeinde) Gottes Sohn,...

Dieses Kind im finsteren Stalle
Heilt die Welt von Adams Falle
Der Erlöser ist auf Erden,
Wer nur glaubt, kann selig werden.

Jauchzt ihr Völker, jauchzt ihr Heiden:
Über dieses Kind der Freuden.
Christen, jauchzt in allen Toren:
Gottes Sohn ist Mensch geboren!

(Chor und Gemeinde) Gottes Sohn,...

(Chor und Gemeinde) Gottes Sohn,...

Der verheißne Schlangentreter,
Der erhoffte Trost der Väter,
Den Gott selbst zum Heil erkoren:
Gottes Sohn ist Mensch geboren.

(Chor und Gemeinde) Gottes Sohn,...

In der *kath.* Kirche wurde um Mitternacht eine lateinische *Messe* gefeiert. Der
Kirchenchor sang die Gollermesse oder die Filkemesse, die Solis mit herrlicher
Stimme Frau Kantor *Pilz*.
Ausklingend im Transeamus mit dem großen *Gloria*.

Sterne hoch die Kreise schlingen,
Aus des Schnees Einsamkeit

Steigts wie wunderbares Singen –
O du gnadenreiche Zeit!

(Aus dem Gedicht 'Weihnachten' von Eichendorff, 1788–1857)

Die Kauffunger Kalkindustrie

Aufgebaut um 1900 auf ergiebigem für Jahrhunderte reichenden
Kalklager
von Unternehmern mit Weitblick, Können, Kapital
als die Bahn durchs Katzbachtal eben gebaut war
mit tüchtigen Handwerkern und Technikern
mit kräftiger, gewandter Arbeiterschaft
nahe zur Steinkohe aus Waldenburg
für Bedarf und Absatz von Schlesien bis zur Ostsee!

Geschildert werden
 1. Alte Kalk- und Marmorbrüche
 2. Grunderwerb für die Kalkwerke und deren Frühzeit
 3. Kalk-, Marmor- und Dolomitwerke im Überblick

Kalksteinbruch bei Kauffung.

*Alte Zeichnung eines Kalksteinbruches bei Kauffung a. d. Katzbach
mit alten Kalkbrennöfen.*

4. Der Aufbau der vier Werke
   mit Beschreibung von Ring- und Schachtöfen
5. Kalkwerk Tschirnhaus
   Werksanlagen
   Abbau in den Steinbrüchen am Kitzelberg
   Eigentümer und Werksleitung
   Soziale Wirksamkeit
6. Marmorkalkwerk Silesia
7. Kalkwerk Röhrsberg
8. Marmorkalk- und Dolomitwerke Promnitz & Siegert
9. Erzeugung und Absatz
10. Von der Arbeiterschaft
11. Zum Gedenken

»Von den einzelnen Gruppen der Arbeiterschaft treten die *Steinbrecher* zu
nächst hervor. Sie treiben die Bohrlöcher in das Gestein, entzünden die
Sprengmasse, brechen die teilweise gelösten Felsblöcke aus den Wänden...
Angeseilt arbeiten sie in schwindelnder Höhe an fast senkrechter Marmor-
wand,... um drei Sprengungen täglich vorzubereiten!« (Aus Zum Winkel 'Das
Kalkwerk Tschirnhaus' 1923).

Steinsetzer und *Kalkbrenner* bei den Ringöfen
Betriebsleitungen und Kontore
Eigene Belange und Gemeinschaftsgeist.
»Ein Stück von unserem Leben und unserem Fleiß und der Achtung, die wir
uns weit über die heimatlichen Grenzen hinaus erworben hatten«.
(Teuber, Heimatnachrichten 1957, Nr. 8 S. 4)

Alte Kalk- und Marmorbrüche

Kalkgestein ist seit dem späten Mittelalter, wohl schon in den ersten 100
Jahren nach der deutschen Besiedlung auf Kauffunger Markung gebrochen
und zu Baukalk gebrannt worden. Jedenfalls wurde zum Bau steinerner
Kirchen im Katzbachtal schon im 13. Jahrhundert Kalk als Mörtel verwendet.
Gebrannt wurde damals mit Holz, wie bei der Verarbeitung von Erzen auch.
In Verträgen von 1529 und 1562 (Stockmann, S. 58/59) werden Kalköfen
genannt:
»...verkauft...das Vorwerk zu Ober-Kauffung mit dem...*Kalkofen* im breiten
Pusch, zusamt der Halde oder Stelle, da man das Holz aufstellt...«.
»...verkaufen die...(Grund) Stücke an dem Mühlberg samt *Kalkofen* und der
Halde daselbst zu Kauffung...«.

1585 werden zwei *Kalkbrüche* am Mühlberg mit verkauft:

> »…verkauft sein Gut und Vorwerk zu Kauffung…
> dann frei Kalksteine brechen aufm Viehwege unterm Mühlberge, dgl. am
> Mühlberge und frei Abfuhr…«.

1596, 1602 und 1609 wird in Kaufverträgen das Kalkbruchrecht am Mühlberge genannt.

1619 heißt es in einem das Gut Heiland-Kauffung betreffenden Vertrage:

> »…ihr Gut und Vorwerk zu Kauffung auf der Seite nach *Leipa* und die andere
> Seite nach dem Beckenstein bis an den *Kalkofen* unter dem *Eisenberge*…«.
> (Also genau die Gegend, in der seit um 1900 die Kalksteinbrüche der Werke
> Silesia und Siegert betrieben werden!)

Der *Friedrichsbruch* und der *Königs*bruch an der Südwestseite des Kitzelbergs erinnern an die Ausbeutung der Kauffunger *Marmorlager* in der Zeit Friedrich des Großen. Die zum Friedrichsbruch führende im Meßtischblatt eingezeichnete *Kohlenstraße* soll der Überlieferung nach in friderizianischer Zeit angelegt worden sein. Bereits der junge König ließ sich in seinen ersten Regierungsjahren Proben schlesischen Marmors vorlegen und durch seinen Oberbaumeister Boumann 1747 bei Kauffung Marmor brechen. Diese Arbeit wurde durch drei Steinmetzen und neun Gehilfen besorgt.

> »Der Stein aus jenen Brüchen hatte schönes rötliches Geäder und schien sich
> sowohl zur Bildnerei wie zur Ausschmückung von Innenräumen vorzüglich zu
> eignen. In der Tat verwandte der König zu dem über 20 m hohen *Obelisken*,
> den er um 1755 auf dem Alten Markt zu Potsdam vor dem Stadtschloß
> errichtete, starke Blöcke aus Kauffunger Marmor, welche Anfang der 1890 er
> Jahre und zum zweiten Male 1908 aus den gleichen Brüchen erneuert worden
> sind« (aus: Zum Winkel 'Kalkwerk Tschirnhaus' S. 10).

Im Jahre 1771 wurde der Steinmetz Johann Jakob *Gehl* nach Kauffung gesandt, um für die Innenausstattung des eben gebauten *Neuen Palais* bei Potsdam Marmor zu besorgen. Ganz besonders scheint der König auf eine Gattung, die als jaspisartiger Marmor bezeichnet wird, Wert gelegt zu haben, wie aus einer Kabinetts-Ordre von 1771 hervorgeht (Stockmann S. 45).
Aus Oekomische Nachrichten, 1777, S. 244/245

> 'Der große König sendete unter Anführung eines Ingenieurs (Marmorier Gehl)
> eine Anzahl Marmorbrecher hierher, welche den Kitzelberg an zwei Seiten,
> von oben an bis auf seine Grundfläche durchschnitten, die Seitenwände stehen
> ließen und dann im Inneren von den Marmorsteinen ausleerten. Zwei ebene
> Eingänge für sechs- bis achtspännige Wagen wurden bereitet. Man sah in dem
> aufgedeckten Berg die Steinkolosse wunderbar und vielfältig aufeinandergesetzt…
> An allen Bergwänden klebten Menschen, welche bohrten, hämmerten, sprengten und mit äußerster Arbeit die Steinklumpen aus ihrer Verbindung herauswälzten. Eine mit Steinmetzhütten und Schmiedewerkstätten bedeckte Wiese

(wohl im Westen des Kitzelbergs; 'Grüß Gott Wiese' unserer Zeit) wimmelte von arbeitenden Menschen und Pferden.

In dem langen Herbergschuppen gab das Zimmer des Ingenieurs dem Auge das seltenste Schauspiel. Dieser hatte aus den ausgesprengten Höhlen die kleinen und schönsten Nachbildungen natürlicher Gestalten von *Tropfstein* ausgezogen und an den Wänden auf Brettern seines Zimmers aufgestellt. Im Inneren des Berges hatte man die Menge und Schönheit dieser Figuren nicht so bemerken können. Nun sind die Eingänge der Höhle verschüttet.

Mit jedem Grade der Tiefe hat man den Marmor von schönerer Weise und hellroteren Flecken befunden. Der innere Bau des Berges bleibt eines der seltensten und sehenswertesten Dinge.'

Am 23. August 1777 hat Friedrich der Große die Kauffunger Marmorbrüche persönlich besucht, geleitet von einem Landrat von Zedlitz. Der Fahrweg hieß seitdem *Friedrichsstraße,* im Meßtischblatt nordwestlich des Kitzelberges eingetragen. Gehl erhielt zugleich eine zeitlich befristete Konzession auf Achat und Jaspis.

Zur Erinnerung an den Besuch des Königs wurde 1937 im Königsbruch ein angesägter Marmorblock mit Inschrift aufgestellt.

Für 1786 wird in einer Beschreibung von Schlesien berichtet: »Hier in Kauffung ist ein Marmorbruch von rötlichem Marmor, aus welchem viel nach Potsdam gebracht worden.« Marmorier Gehl hat mit Familie noch um 1800 in Kauffung gewohnt. An jene Blütezeit der Verwendung von Kauffunger Marmor erinnern ein sicherlich von Gehl gefertigter Sarkophag in der Nieder-Kauffunger Gruft und mehrere Gedenksteine, darunter derjenige für Gehl selbst in der kath. Kirche. Mit seinem Tode dürfte der Abbau von Marmor für Bildhauerei zurückgegangen sein, zumal bei dem sich damals herausbildenden Baustil des Klassizismus farbiger Marmor nicht verwendet wurde. Der Abbau für *Baukalk* muß dagegen damals schon erheblich gewesen sein, denn Gneisenau hat nach dem Erwerb des Gutes Mittel-Kauffung seinem Kreditinstitut 1805 geschrieben, »..., daß 22 Kalköfen mit (Kalk)Steinen und *Holz!* von den Kauffunger Bauern befahren werden müssen...« Bei dieser hohen sonst nicht genannten Zahl von 22 Öfen hat es sich gewiß mehr um Meiler, wie sie Zum Winkel S. 6 beschreibt, als um steingemauerte Öfen gehandelt.

Für die Jahre um 1830 wird über 'vortreffliche Marmorbrüche, Kristallgruben und Kalkbrüche' bzw. sechs Kalk- und Marmorbrüche am Mühlberg und am Kitzelberg berichtet sowie über mehrere von den Gütern betriebene und unbetriebene Kalköfen (Zedlitz in »Staatskräfte« und bei Knie »Beschreibung von Schlesien«).

Der gebrannte Kalk wurde im Ort verwendet und nach anderen Orten verkauft, z.B. nach Landeshut. Mit Pferdefuhrwerken! In den weiteren Jahrzehnten des 19. Jahrhunderts wurde die Kalkbrennerei von den Dominien Stöckel bzw. Elbel in drei Schachtöfen am Mühlberge betrieben und zwar bis zum Aufbau der Kalkindustrie.

An Arbeiten aus *Marmor* sind für die Jahrzehnte nach 1900 das Erbbegräbnis der Familie Siegert, einzelne Grabsteine sowie der 1911 in der ev. Kirche neu aufgestellte *Taufstein* in Erinnerung.

Zeugen der jahrhundertelangen Kalkgewinnung waren bis in die jüngste Zeit der *Elbelbruch* am Fuße des großen Mühlbergs, der *Friedrichs-* sowie der *Königs*bruch und der alte *Röhrsberg*bruch mit feldsteingemauerten Kalköfen alter Art.

Röhrsberg-, Elbel- und Königsbruch wurden gern zu Heimatfesten benutzt. Schon der Aufstieg war ein kleiner Ausflug. Weite ebene Flächen. Die aufragende Wand als prächtiger Hintergrund. Felsbrocken. Zgl. romantische Erinnerung an frühere Zeiten und harte Handarbeit.

Grunderwerb für die Kalkwerke und deren Frühzeit

Unternehmensgeist   Boden-Arbeit-Kapital

Die *Kalk-* und *Marmorlager* in den Bergen beiderseits des oberen Katzbachtals, in Sonderheit am Uhustein und großen Mühlberg im Osten sowie dem Kitzelberg samt Schnaumrich im Westen von Kauffung waren weithin bekannt.

Das Land gehörte zu im Laufe der Jahrhunderte entstandenen Rittergütern und zu bäuerlichen Betrieben, die seit der Ansiedlungszeit im 13. Jahrhundert

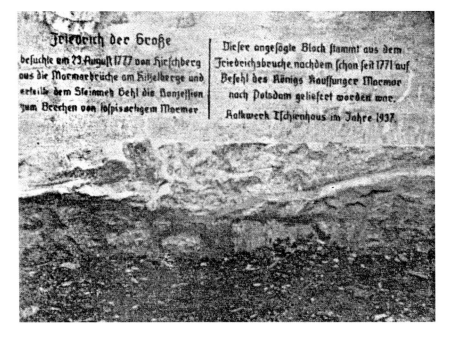

Friedrich der Große
besuchte am 23. August 1777 von Hirschberg aus die Marmorbrüche am Kitzelberge und erteilte dem Steinmetz Gehl die Konzession zum Brechen von kolossischem Marmor.

Dieser angesägte Block stammt aus dem Friedrichsbruche, nachdem schon seit 1771 auf Befehl des Königs Kauffunger Marmor nach Potsdam geliefert worden war.
Kalkwerk Tschirnhaus im Jahre 1937.

ihren von der Katzbach bis zur Gemarkungsgrenze reichenden Flurstreifen –
eine fränkische Hufe – gewahrt hatten.

Das 1. Werk Siegert und seine Entwicklung

1869 erwarben die aus der nahen Stadt Jauer stammenden Herren Berg-
werksdirektor *Promnitz* und Friedrich *Siegert* in Ober-Kauffung nahe dem
späteren Ober-Bahnhof mit zwei nebeneinander liegenden Bauergütern, dem
Bruchmanngut und dem Rosegut, für harte Taler Teile des *Kitzelbergs*. Der
Verkauf des Bruchmanngutes wurde auf Drängen des Bauern rückgängig
gemacht bis auf den Kitzelberg und den Friedrichsbruch. Aus diesen Brüchen
wurden Marmorblöcke und das Gestein für die Erzeugung von Marmormehl
gewonnen. Mit pferdebespannten Wagen, streckenweise mit Schlitten, bis
zum Bahnhof Merzdorf (15 km) an der seit 1867 fertigen schlesischen Gebirgsbahn (Breslau) – Waldenburg – Hirschberg – (Görlitz) gefahren. Absatz
nach Waldenburg, Breslau, sogar nach Schweden und dem benachbarten
Polen.

Bei dem Abbau von Kalkgestein in den beiden alten Brüchen ergaben sich
rechtliche Schwierigkeiten, weil ein anderes Gut, Stöckel-Kauffung, seit 100
Jahren vorrangig abbauberechtigt war. Die Firma konnte daher nur auf dem
Gelände des Rosegutes Kalkstein gewinnen, dessen Güte auf die Dauer nicht
voll wettbewerbsfähig war. Schließlich erlangte Promnitz & Siegert von der
Gutsverwaltung Stöckel/Tschirnhaus eine Berechtigung zum Abbau von
Kalkstein an anderer Stelle des Kitzelberges. Pacht! 1886 werden der erste
kleine *Ringofen* sowie eine Kalk- und Marmormühle errichtet. 1895/96 folgt
ein Dreiflügel-Ringofen.
Um 1888 übernahm Sohn *Emmo* Siegert die Leitung. Er hat den Umständen
folgend dieses erste industriell betriebene Kauffunger Kalkwerk nebst allen
Baulichkeiten wie Ringofen, Villa, Werkstätten 1908 an das Kalkwerk
Tschirnhaus verkauft und an anderer Stelle vorher neu begonnen.

Für das Werk Tschirnhaus werden

1884 die Rittergüter Elbel, Stöckel und Tschirnhaus in Ober-Kauffung mit den
    genannten Bergen und Kalklagern von einem vermögenden und unter-
    nehmenden Manne – Stadtrat von Korn in Breslau – erworben. Des-
    gleichen talwärts an Tschirnhaus angrenzende Ländereien, z.B. die
    »Blümelei«. Die industrielle Ausnutzung der Kalklager wird vorbe-
    reitet.
1891 Übergabe an den Schwiegersohn Richard von *Bergmann*, Major a.D.
1893 Das Unternehmen *Kalkwerk Tschirnhaus* entsteht am Kitzelberg. Fach-
    männisch aufgebaut von *Carl* Elsner.
1908 wird der 1. Betrieb Siegert übernommen.

1917 Tschirnhaus erwirbt von Bruchmann die Südhälfte des Kitzelbergs. In der Schule lernten wir, daß sich Bruchmann die Nutzung der Ackerkrume vorbehalten habe.

1925 Das Lest-Gut geht in Eigentum von Tschirnhaus über. Acker verpachtet.

Für die Werke *Silesia* und das verlegte Werk *Siegert* werden in den 1890er Jahren unterhalb der Ortsmitte und westlich der Katzbach Bauernhöfe aufgekauft (Namen Mehwald- und Exnergut sind überliefert). Die Flurstreifen dieser beiden Güter dehnten sich bis zum *Eisenberg* an der Gemarkungsgrenze zu Tiefhartmannsdorf. Dort, wo bereits um 1600 ein Kalkofen betrieben worden war, entstanden die Kalkbrüche für die genannten beiden Werke.

In der Folgezeit werden, wie es sich ergab, kleinere landwirtschaftliche Betriebe oder Flächen sowie Hausgrundstücke von den Werken hinzuerworben. Auf einer Strecke von 1,5 km reihen sich westlich der Bahn Ringofen an Ringofen und industrielle Anlagen. Zwischen diesen und den Steinbrüchen bleiben weite Flächen land- und forstwirtschaftlich genutzt.

Für das Werk *Röhrsberg* wird ostwärts der Katzbach, auch in der Ortsmitte, nach 1900 ein Bauerngut erworben.

Insgesamt gibt Kauffung ein Musterbeispiel für den Übergang von Landwirtschaft zur Industrie. Ohne Enteignung. Freier Erwerb.

Kauffung a. d. Katzbach: Im Vordergrund alter Kalkbrennofen am Röhrsberg. Im Hintergrund Kalkwerk Tschirnhaus mit Kitzelberg.

Das Dorf wandelte sein Gesicht, eine ländliche Industriegemeinde entstand. Leider ist nicht überliefert, wie lange Zeit die verkaufenden Bauernfamilien auf ihren Höfen gesessen hatten und wie sich ihre weitere wirtschaftliche und berufliche Entwicklung gestaltet hat.

Eine Familie erwarb einen Bauernhof anderen Orts im Bobertal. Ob der klingende Barerlös immer passend verwendet worden ist?

Einzelheiten: Teuber 'Wanderung' in den Heimatnachrichten, 1958, Nr. 5, S. 5.

Kalk-, Marmor- und Dolomitwerke im Überblick

Zum Ortsbild nach 1900 gehörten

- die vorwiegend an der Bahnstrecke gelegenen vier Werke mit den 15 um 45−60 m hohen *Schornsteinen* der Ringöfen
- Schachtöfen, Entladestationen der Seilbahnen, Betriebsgebäude
- die Steinbrüche am Kitzelberg mitsamt den hoch über dem Tal thronenden Bruchhäusern und den Bremsbergen
- sowie der Röhrsbergbruch nahe der Ortsmitte gegenüber im Osten.

Die zehn Steinbruchterrassen an der Talseite des Kitzelbergs sowie weitere am Nordhang und dem vorgelagerten Schnaumrich (570 m) stehen vor Augen. Diese Steinbruchstufen/Etagen erreichten senkrechte Wände von 18−25 m Höhe. »Sorgfältiger Abbau. Etage um Etage sauber und ordentlich von fachgerechten Händen bearbeitet, in gefahrvoller und mühseliger Arbeit. Nichtsdestoweniger aber für Hunderte von Menschen ihr Berg und ihr Werk, worauf sie stolz waren und noch heute mit Recht auf das Geschaffene sind« (Teuber, Heimatnachrichten 1954, Nr. 6).

Manche Ortsfremde empfanden die eigenartige Reihe der Schornsteine als störend im romantischen Tal und würden jetzt wohl nach Landschafts- und Naturschutz gerufen haben. Für uns, die Ortsbewohner, gehörten Werke und Schornsteine zum alltäglichen Leben, zur Stätte, an der die Arbeiterschaft ihr tägliches Brot verdienen konnte. Wir waren uns bewußt, daß weite Landstriche in Schlesien und darüber hinaus im Reich mit Bau- und Düngekalk versorgt wurden. Auch die Verwendung für andere Zwecke, wie bei der Erzeugung von Feinglas, Zucker, Chlorkalk, Leuchtgas und Soda war bekannt.

- Von der polnischen Verwaltung wurden die Ringöfen mit den hohen Schornsteinen abgebaut. Leider ist kein Ringofen samt hohem Schornstein als Bau- und Industriedenkmal erhalten geblieben. Durch das Fehlen der 15 aufragenden Schornsteine hat sich das Ortsbild erheblich geändert. Jetzt sind nur noch Schachtöfen in Betrieb.

Wir stellen die Werke vor.

Kalkwerk *Tschirnhaus,* KG. der Familie von *Bergmann,* mit Elbelbruch, *Kitzelberg,* Schnaumrich.

Das Gestein wurde mit vier Seilschwebebahnen sowie mit drei Drahtseil-Schrägbahnen, kurz Bremsbahnen genannt, zu Tal gefördert.

Marmor-Kalkwerk *Silesia,* aufgebaut von Familie *Plank* um 1896. Steinbruch 2 km westlich nahe dem Kammerberg;

Drahtseilbahn vom Steinbruch zum Werk.

Jahrzehnte geleitet von den Gebrüdern Plank.

Marmorkalk- und *Dolomit*werke Promnitz & *Siegert,* um 1900 Verlegung/ Neuanfang durch *Emmo* Siegert.

Mit Steinbrüchen ebenfalls 2 km westlich und ab Mitte der 1920er Jahre am Beckenstein für Dolomit.

Drahtseilbahnen von beiden Steinbrüchen.

Letzter Eigentümer Friedrich Wilhelm Siegert.

Kalkwerk Röhrsberg der Gebrüder *Gruschka,* im 1. Weltkriege vorübergehend stillgelegt.

Steinbruch und Werk unmittelbar nebeneinander.

Alle Werke mit Anschlußgleisen an die Hauptbahn, Tschirnhaus mit zwei eigenen Verschiebeloks. Röhrsberg seit 1923 Werkbahn.

»In den Werken werden die Gesteinsmassen entweder zum Brennen in die Ringöfen befördert oder in die durch Wasser- und Dampfkraft betriebenen Mühlenwerke, die den Kalkstein in Marmormehl, den gebrannten Stückkalk in Kalkmehl verwandeln. Die sich beim Brennen ergebenden Rückstände werden entweder unter dem Namen Kalkasche als Düngemittel verwendet oder in einem besonderen Werk in Kalkhydrat übergeführt, das sich zur Herstellung von Putz und Mörtel sehr gut eignet.« (Heimatnachrichten 1957, Nr. 7, S. 5)

	Beschäftigte aus K. u. Umgebung		tägliche Erzeugung ab Mitte der 1930er Jahre
	1928	*1939*	
Tschirnhaus	826	850	80–100 Güterwagen zu 15 t
Silesia	150	200	20– 30 Güterwagen Marmor- und Graukalk
Siegert	210	380	30– 40 Güterwagen Kalk Sinterdolomit bis 80 t
Röhrsberg	60	80	20 Güterwagen

Bahnversand also täglich an die 150 Güterwagen und mehr.

Unmittelbare Erwerbsquelle für Angestellte und Arbeiterschaft, mittelbar für andere Berufe und Wirtschaftszweige.

Steinbrecher   Kalkbrenner   Bruch- und Sprengmeister

Absatz in Ostdeutschland, ostwärts der Linie Dresden – Berlin – Stralsund: Niederschlesien, östl. Mark Brandenburg, Pommern bis zur Ostsee. Vor dem 1. Weltkrieg entfielen von der Kalkerzeugung im Reich:

Auf Niederschlesien knapp 4%, auf Kauffung 2%, auf Tschirnhaus 1%.

1938

Die vier Werke sicherten den Lebensunterhalt einschließlich der Familienangehörigen für 4.000 und mehr Personen aus Kauffung und benachbarten Orten.

Beschäftigte 1928 aus 'Die Riesengebirgskreise' S. 291
Beschäftigte 1939 und damalige Erzeugung nach Erinnern von Ortsvorsteher Teuber und anderen Wissensträgern.

Der Aufbau der Werke

Die Streckenführung der Eisenbahn von Liegnitz – Goldberg über Kauffung nach Merzdorf an der Hauptstrecke Waldenburg – Hirschberg und die baulichen Anlagen für die Kalkwerke wurden aufeinander abgestimmt. Nach den natürlichen Verhältnissen war gegeben:

Kalkwerk Tschirnhaus in Kauffung a. d. Katzbach mit Kitzelberg und Steintransportbahnen und Kalkbrennereibetrieb mit Kalk- und Steinmühlen.

Werksanlagen bergseitig auf der den Steinbrüchen zugewandten Westseite der Hauptbahn,
Verwaltungen und Wohnungen wie ortsüblich im Tal.

Der Höhenunterschied zwischen Werken und dem Tal ist beachtlich. Die Kalkwerksbauten wurden so angelegt, daß die Verbindung mit den Steinbrüchen, dem Werk mit Öfen und Mühlen sowie den Verladestellen denkbar kurz und zweckmäßig war. Bei den Kalköfen wurde beachtet, daß die Erzeugnisse auf gleicher Höhe und unmittelbar in die auf dem Anschlußgleis herangefahrenen Güterwagen verladen und ebenso die Steinkohle entnommen werden konnte. Die aus Waldenburg und Oberschlesien bezogene Steinkohle wurde unmittelbar an die Kohlenbunker herangefahren, um dort durch elektrisch betriebene Aufzüge auf die Wölbung der Öfen gehoben oder in den Bunkern gestapelt zu werden (nach Zum Winkel, S. 36). Diese allgemeine Schilderung gilt für alle drei an der Bahn gelegenen Werke, also auch für Silesia und Siegert, ist aber schon rein zeitlich von und für Tschirnhaus, insbesondere von Direktor Carl Elsner entwickelt worden.

Vom *Berg* zum *Werk*
Für die *Weiterbeförderung* der Gesteinsmassen von der Sprengstelle in den entfernten Brüchen zu den Werken an der Bahn wurden, wie bei Steinbrüchen üblich, gebaut und angelegt

- *Senkwerke,* in denen wie bei einem Aufzug beladene Kippwagen von einem oberen Bruch zur tiefer liegenden Bergstation von Brems- und Seilbahn herabgelassen werden
- *Hebewerke,* auch Lufthaspel genannt, zur Anhebung des Gesteins nach höher liegenden Bergstationen
- *Bremsbahnen*/Drahtseilschrägbahnen, kurz Bremsberg genannt
- Drahtseil*schwebe*bahn.

Es versteht sich, daß so umfangreiche industrielle Anlagen laufende Instandhaltungen mit sich brachten und auch Neuanlagen selbst ausgeführt wurden.

Dies bedingte werkseigene Handwerksbetriebe

- Hauptschmiedewerkstatt
- Reparaturschmieden in den Brüchen und bei den Beladestationen
- Stellmacherei, Schlosserei, Bauhandwerker in großer Zahl
- Schachtarbeiter für Wege und Brücken
- Lager für Betriebe, Baustoffe und Geräte.

Wasserversorgung und Kanalisation für Betriebsanlagen, soziale Einrichtungen, Wohngebäude.
Ableitung herabströmenden Oberflächenwassers!

Ringöfen (aus: Zum Winkel, S. 32/33)

Diese Ringöfen waren langgestreckte Tonnengewölbe (a), die wie die Rennbahn eines Stadions ringförmig in sich zurückkehrten, aus Ziegeln erbaut, innen mit Schamotte verkleidet, außen zum Teil durch einen Mantel von Bruchsteinen umhüllt. In diese ringförmigen Gewölbe führten mannshohe Türen (b), Schluffken genannt, durch welche die Kippwagen das Brenngut einführten. Drinnen schichteten die Steinsetzer die Blöcke so aufeinander, daß am Fußboden 4−5 Luftkanäle, in der Längsrichtung des Gewölbes parallel verlaufend, ausgespart wurden, um den Flammen 4−5 Gassen durch den Ringofen zu öffnen. Diese Flammen erzeugte man erstmalig auf einer »Feuerbrücke«, einer Querwand mit 4−5 Einzelrosten, auf denen Kohlen entzündet wurden, deren Flammen jene Kanäle durchlohten und durch 4−5 Reihen senkrechter Luftschächte (c), die man über den Kanälen in bestimmten Abständen ausparte, genährt wurden. Diese Schächte mündeten nämlich in ein »Schüttloch« der Wölbung aus, so daß der Brenner, der oben auf dem Gewölbe des Ofens den Dienst versah, stets Kohle einschütten und den Zug der Flamme nach Bedarf regeln konnte.

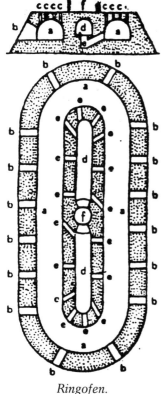

Ringofen.
Unten Grundriß, oben Querschnitt.

In der Längsachse dieses Ringofens, baute man den »Rauchsammler« (d), einen mannshohen, geradlinigen Kanal, in welchem durch Einzelkanäle (e) aus dem Ringofen, »Füchse« genannt, Rauch und Gase geleitet wurden, um sie weiter in den Schornstein (f), der in der Regel in der Mitte der Längachse stand, überzuleiten.
Wenn der Ofen gefüllt war, so schloß der Maurer die Türen mit Schamottemauerwerk ab, die Feuerbrücke wurde in Glut gesetzt, und die Flamme ergriff die zunächst gelegene »Kammer«, um durch jene Längskanäle zugleich die benachbarten vorzuwärmen; der Brenner konnte dann von oben einerseits durch Einschütten der Kohle, andererseits durch Aufziehen der Schieber, die

den Luftzug der »Füchse« regelten, das Fortschreiten der Glut beschleunigen, so daß der erste Umbrand eines Ofens nach etwa 20 Tagen beendet war und schon nach 8 Tagen mit dem Ausfahren des ersten gebrannten Kalkes begonnen werden konnte.

Sämtliche Öfen wurden mit weit ausladenden Dächern überspannt, so daß auch die Umfahrten überdacht waren.

Die Bauten konnte man vom Dorf aus nicht oder kaum sehen. Die Schornsteine wurden so hoch gebaut, daß Abgase und Rauch auf die Luft im Dorf nicht einwirkten.

Neuzeitliche Schachtöfen

Beschickung des Schachtes von oben. Zuführung von Gestein und Koks im Aufzug am Außenmantel. Entnahme des gebrannten Kalkes unten, so daß Steine und Koks nachrutschen. Rauch- und Gasabzug durch einen 10 m hohen Blechmantelkamin, seitlich neben der Einfüllöffnung angesetzt. Je 3 solcher Öfen bei Tschirnhaus und Siegert, 1 Ofen am Röhrsberg.

Kalkwerk Tschirnhaus in Kauffung a. d. Katzbach.
Die Ringöfen 6–7 und 10 und Schachtofen 2 mit Seilbahn. (Teilansicht)
Im Hintergrund der Steinbruch des Röhrsberges.

KALKWERK TSCHIRNHAUS
AKTIENGESELLSCHAFT

HYDRATFABRIK

SACKKALK ZUM BAUEN UND DÜNGEN

MARKE: TSCHIRNHAUS TROCKEN

—

VERWALTUNG u. VERKAUF

LIEGNITZ, FRIEDRICHPLATZ NR. 4

FERNRUF 227

DRAHTANSCHRIFT: KALKWERK
TSCHIRNHAUS LIEGNITZ

REICHSBANK - GIRO - KONTO LIEGNITZ

POSTSCHECK-KONTO BRESLAU 7269

BETRIEB OBER-KAUFFUNG A. D.
KATZBACH

RINGOFEN - BRENNEREIEN
FÜR
BAU- UND DÜNGEKALK

HERSTELLUNG VON
MERGEL- U. KALKMEHL
ZUM DÜNGEN

MARMORMEHL
FÜR GLASFABRIKEN

VERSAND VON
MARMOR-ROHSTEINEN
FÜR CHEMISCHE- UND ZUCKER-
FABRIKEN, FÜR TECHNISCHE UND
GEWERBLICHE ZWECKE

Das 1893 begründete, 1895 eröffnete Kalkwerk Tschirnhaus umfaßt die Werke 1 und 2 mit 10 Ringöfen. zum Teil mit mehreren Feuern. 4 Bremsberge und 4 Seilbahnen vermitteln den Transport des Rohmaterials (Marmor) nach den Oefen und den Verladegleisen. 4 Krupp'sche Kugelmühlen, 1 Rohrmühle dienen der Herstellung von Marmormehl und Kalkmehl. Ferner ist das Werk ausgerüstet mit einer Hydratfabrik, elektrischer Licht- und Kraftanlage, Akkumulatoren, Transformatoren. Preßluftanlage und einem Holzsägewerk, Bahnanschlüssen mit 2 Rangierlokomotiven, Wasserversorgung. Kanalisation, Wohngebäuden für 260 Familien, Krankenhaus. Badeanstalt. Kinderschule. Witwenhäusern. Tuberkulosestation, Leichenhalle und anderen sozialen Einrichtungen. Die Zahl der Arbeiter und Angestellten beträgt 800.

in 'Das schöne Katzbachtal' Prof. Zum Winkel Industrie-Verlag Berlin 1925

Kalkwagen. Turm von Schloß Stöckel. Großer Mühlberg.

Die örtliche Betriebsleitung wurde in dem Hof des früheren Gutes Tschirn-haus, zu dem auch der Kitzelberg gehört hatte, gelegt. So entstand der Name des Werkes.

Werksanlagen auf 15 ha Fläche

1893 als die Streckenführung der Bahn feststand, wurde für *Tschirnhaus* mit dem Aufbau der Werksanlagen begonnen. Jenseits der am Tschirnhaus-hof vorbeiführenden Hauptbahn entstanden zunächst zwei *Ringöfen*. In schneller Folge wurden bis 1906 sieben Ringöfen gebaut. »Die Öfen waren derart angelegt, daß Ofen 1, 2, und 6 mit der Hauptachse quer zur Bahnlinie, Ofen 3–5 mit ihr gleichlaufend, Ofen 7 dagegen aus zwei gestreckten Ringöfen in Form einer I zusammengesetzt, in beiden Richtungen gebaut wurden; so entstanden sieben Ringöfen mit sieben Schornsteinen und acht Feuern« (Zum Winkel S. 31). Das war Tschirn-haus Werk I.

1908 –1910 wurde durch Erwerb des ersten Werks von Promnitz & Siegert sowie Bau eines weiteren Ringofens das Tschirnhaus Werk II mit zwei Ringöfen und vier Feuern entwickelt.

1910 waren neun Ringöfen mit neun Schornsteinen und 12 Feuern vorhan-den, dazu Aufzüge und Ascheschuppen.

1925 wurden 10. Ringofen und Schornstein gebaut.

Ferner wurden für Tschirnhaus geschaffen:
sofort ein Gebäude mit drei Krupp'schen Kugelmühlen zwischen den Öfen und der Bahnstrecke

1895 Maschinenhaus mit zwei Kesseln und einer Dampfmaschine mit 65 PS für zwei Kugelmühlen

1897 Betriebseigenes Elektrizitätswerk, genannt 'Station zur Erzeugung elektrischer Kraft', Akkumulatorenhaus und Schalttafel

1899 Neubau für Betriebsverwaltung
Entstaubungsanlage für Kalkmühle

1901 Zusätzliche 55-pferdige Zwillingsmaschine

1904 Umbau einer alten Wassermühle zu einer Kugelmühle für Marmormehl, betrieben mit Wasser- und Dampfkraft, Sägewerk

1910 Umformeranlage für den vom Provinzialelektrizitätswerk bei der damals eben fertiggestellten Bobertalsperre Mauer (westlich Hirschberg) bezogenen Strom

1911 Kompressoranlage, weil vom Handbohren der Sprenglöcher zum Bohrmaschinenbetrieb übergegangen wurde

1914 Kalkhydratwerk

1922 Neubau der werkseigenen Katzbachbrücke zum Tschirnhaushof, von Werksbüro und Fuhrwerkswaage für Abholungen von Kalk

1925 Neubau der Hauptwerkstatt für alle Handwerker wie Schmiede, Schlosser, Klempner, Maler, Zimmerleute

1926 Bau des Laboratoriums in Tschirnhaushof

1927 / 28 Montage einer Gleichrichter-Station für Umwandlung von Gleich- auf Drehstrom, auf den die Stromversorgung umgestellt wurde. Umsetzung der Kugelmühle für Marmormehl von der alten mit Wasserkraft betriebenen Obermühle nach dem Werk II mit Elektroantrieb

Ende der 1920er Jahre wird die Ringofenbefeuerung von Bruchsteinkohle auf Kohlenstaub umgestellt; dieser wurde naß der Feuerung zugeführt

1927 Im *Elbelbruch* Umbau der alten Schachtöfen; (1988 nicht mehr vorhanden) zur Erhaltung des Brennrechts vorübergehend in Betrieb genommen

1929 Bau einer Verschiebebühne für Güterwagen und Lok am Ende der Werkgleisanlagen bei Ringofen 7

1943 Umstellung der Sprengtechnik von Sprengschnur auf größere Sprengungen mit elektrischer Zündung.

Bau neuzeitlicher *Schachtöfen – Abbildung nach einigen Seiten*
1927 1. Schachtofen zwischen Ringöfen 2 und 3, Mauerwerk erstellt durch die ortsansässigen Firmen Jäckel und Werner

1938 / 39 2. Ofen in Werk I
   3. Ofen in Werk II beim Oberbahnhof
   Diese Öfen erhielten einen Metallmantel und eine Innenausmauerung
   mit Feuerfestmaterial der Firma Didier (Hochfeuerfestausmauerung).
Von polnischer Verwaltung bisher *ein* Schachtofen gebaut.

Aus einer Schrift zum Gedächtnis von Generaldirektor *Elsner:*

Was kennzeichnet nun das industrielle Wirken des Mannes?

Vom ersten Entwurf des Werkes bis zum letzten Ausbau der Stein=
bruchterassen eine staunenswerte Großzügigkeit. Man muß die Anlagen
der Steingewinnung, der Abförderung zu den Verarbeitungsstellen, der
Verarbeitung, der Verwertung der Abfälle, der Verladung und Versen=
dung in ihrem engen und unübertrefflich zweckmäßigen Ineinandergreifen
eingehend mustern, um die tiefgründige Gedankenarbeit des Schöpfers
zu würdigen. Sein Denken nahm den ganzen Mann in Anspruch, es war ein
Grübeln über die größtmögliche Einheit in der größten Mannigfaltigkeit,
es war eine unabläffige Vertiefung in alle Einzelheiten der Ausführung, der
Unfallverhütung, der sozialen Arbeit, der zweckmäßigsten Verwendung der
Mittel und Kräfte. Er wollte das ganze wie das einzelne selbst umfassen,
und er war stolz darauf, beim Rundgang im Werke jeden Arbeiter lobend oder
mahnend erinnern zu können, auf persönliche Verhältnisse Bezug zu nehmen.

Abbau in den Steinbrüchen am Kitzelberg (667 m Höhe)
1895 begann *Tschirnhaus* mit eigenem Abbau und zwar in dem Bruch, den
zuvor Promnitz & Siegert für ihr erstes Werk aushilfsweise am Kitzelberg
gepachtet hatten. Bald eröffnete man 12 m tiefer einen zweiten Bruch, aus
dem das Gestein durch Motorbetrieb auf ansteigender Bahn heraufbefördert
wurde, um ebenfalls von der Sole des oberen Bruchs abbefördert zu werden.
Es folgte die Anlage weiterer Brüche, jeweils in der vorhandenen Wand,
übereinander terrassenförmig am Ostabhang aufsteigend, so daß anfangs der
1920 er Jahre neun Terrassen, von denen die beiden untersten seit 1915 schon
wieder stillgelegt waren, zur Höhe des Werkes emporführten. Durch Abraumhalden nach beiden Seiten erweitert. Durch Treppen und Geländer
verbunden.
In dem nördlich vorgelagerten Schnaumrich (570 m Höhe) mit vortrefflichem,
stellenweise fast weißem Marmor, wurden nacheinander 3 Brüche eröffnet.
Ferner stieß man durch einen Tunnel westlich vor und legte dort zwei weitere
Brüche an.
1923 umgaben 18 Brüche, einschließlich der stillgelegten, den Kitzelberg und
Schnaumrich, nagten an diesen.

Seit Mitte der 1920er Jahre wurde der Abbau nach der Westseite des Kitzelbergs und am Schnaumrich vorangetrieben.

Ausmaße der *Terrassen*/Etagen/Stufen:
Längs am Berg 100 m   Tiefe bis zu 30 m   Höhe 18–25 m.

Die gesprengten Steine wurden von Hand durch »Steinlader« auf Kippwagen/ Loren verladen und auf Feldbahngleisen zu den Senkwerken oder Bergstationen der Seilbahnen geschoben. Erst in den 1930er Jahren wurden für einen Teil der Brüche drei Triebwagen mit Benzinmotor eingesetzt.

Im Laufe der Jahrzehnte waren angelegt worden:

Mehrere *Senkwerke*, bei den Wandhöhen, also 20–25 m hohe Bauten, oft brückenähnlich mit starken Verstrebungen

Drei *Hebewerke* nach der Mitte der 1920er Jahre

Drei *Bremsbahnen* bis 1899
und vier von 1925–1935
Drei Draht*seilschwebe*bahnen 1904, 1909, 1921 vom Kitzelberg
eine 1926 vom Schnaumrichbruch
1943 Baubeginn für eine Seilbahn 5 von der Südseite; nicht fertiggestellt.

100 ha Steinbrüche und Lagerstätten.

Anmerkung
Bis auf eine Bahn sind die *Bremsbahnen* von der polnischen Verwaltung stillgelegt worden. Auf einer an der Südseite des Kitzelbergs angelegten Straße wird das Gestein mit Lastkraftwagen abgefahren...

Eigentümer und Werksleitung von Tschirnhaus
Ahnherr ist der Breslauer Stadtrat von *Korn,* der 1884 die drei Güter Elbel, Stöckel und Tschirnhaus erwarb und 'durch führende Stellung im Leben Schlesiens und durch bedeutende Mittel in der Lage war, die Erschließung der Kauffunger Kalkvorräte in größerem, dem industriellen Maßstabe, in Angriff zu nehmen'. Für den Grunderwerb zur Eisenbahnstrecke durch das Katzbachtal stellte er dem Kreis Schönau 100.000 Mark zur Verfügung! Seine Tochter und Schwiegersohn Richard von *Bergmann* prägten mit ihren Persönlichkeiten Werk und Ort.

Von Korn war wirtschaftlich weitblickend und erkannte zudem in Carl *Elsner,* geb. 1856 im Kreis Goldberg, den richtigen Fachmann für den Aufbau des Werks.

Nach Schulbesuch bis zur mittleren Reife war dieser in der 'Breslauer Metallgießerei' technisch und kaufmännisch ausgebildet worden. Bereits mit 20 Jahren leitete der junge Techniker den Bau von Kessel- und Wasserleitungsanlagen und wurde dann Betriebsinspektor bei einem 1.000-Mann-Kalkwerk in Oberschlesien, arbeitete Gutachten und Entwürfe für Kalkwerke aus. Er war im Vollbesitz fachmännischer Kenntnisse und Erfahrungen, sowohl im kaufmännischen wie im technischen Bereich und im Umgang mit Menschen aller Berufsgruppen.

Nachdem ihm zuvor schon die Bauleitung übertragen worden war, übernahm er im besten Mannesalter am 7. Oktober 1893 die Direktion des neuen Werkes. Kalkwerksdirektor Carl Elsner.

Aus den erworbenen Gütern wurden der Tschirnhaushof, der Kitzelberg sowie der Schnaumrich herausgelöst und das Unternehmen mit dem Namen *Kalkwerk Tschirnhaus*, mit dem Zusatz 'Inhaber Richard von Bergmann', am 26. Juli 1895 in das Handelsregister des Amtsgerichts Schönau eingetragen.

1899 Die Hauptverwaltung wird nach Liegnitz verlegt.
Die Betriebsleitung bleibt in Kauffung.

1905 Als Betriebsdirektor wird Alfred *Nowack* bestellt;
1923 im Ruhestand.

1906 Nach dem Tode von Stadtrat von *Korn* und von Richard v. Bergmann ist dessen Witwe *Luise* von *Bergmann* Eigentümerin.
Direktor *Elsner* wird Teilhaber.

1910 Carl *Elsner* wird zum Königlichen *Kommerzienrat* ernannt, eine hoch-verdiente Ehrung, denn er ist der Schöpfer des Werks.

1919 Bankdirektor *Otto Weigel* wird kaufmännischer Leiter.

1920 Am 2. 12. wird das Unternehmen in eine Kommanditgesellschaft umge-wandelt, mit Carl Elsner, Sohn Heinrich von Bergmann und Direktor Weigel als persönlich haftenden Gesellschaftern.
Frau Luise von Bergmann und ihre anderen acht Kinder bleiben als Kommanditisten beteiligt.

Einweihung des Denkmals für Kommerzienrat Carl Elsner, dem Erbauer des Tschirnhaus-Kalkwerkes in Kauffung a. d. Katzbach, am 29. 9. 1927.

Von 1923 bis in die Mitte der 1930er Jahre bestand neben der vorgenannten KG die »Kalkwerk Tschirnhaus Aktiengesellschaft«.
1924 Walter *Witschel* wird neuer Betriebsdirektor.

Am 25. September 1925 verunglückte Kommerzienrat Carl *Elsner* mit 69 Jahren tödlich am Kitzelberg. Auf einer Bremsbahn stehend wurde er beim Unterfahren einer Brücke tödlich am Kopf getroffen. Man hatte ihm, wie üblich, an Stelle des vordersten Kippwagens ein Bänkchen herrichten wollen. Er hatte abgelehnt, um den laufenden Betrieb wie den Arbeitslohn nicht zu beeinträchtigen.

Otto *Weigel,* beim Unglück leicht verletzt, wird sofort neuer Generaldirektor. Die Hauptverwaltung bleibt mit 15 Beschäftigten in Liegnitz.
Die Betriebsleitung wurde unterstützt

- in den Steinbrüchen durch Inspektor *Buch* von 1897 bis zu seinem Tode 1942,
- Nachfolger war Paul *Töpelt* bis 1945, verstorben 1971 in Hagen
- bei den Ring- und Schachtöfen sowie den Mühlen durch Werkmeister *Perschke,* verstorben um 1935,
- dann durch Ingenieur *Amsberg* bis kurz vor Kriegsende, danach gewohnt in Kemnath (Fichtelgebirge), verstorben 1946
- in den Werkstätten durch Werkmeister *Blase* und etwa ab Ende der 1920er Jahre Werkmeister *Meinhardt;* dieser blieb nach dem Mai 1945 noch einige Zeit im Kalkwerk tätig. Ausgewiesen 1947, verstorben in Leipzig
- in der Verwaltung am Ort durch Inspektor *Blase* (Bruder).

Wald, Landwirtschaft, Sägewerk und manches andere war Förster *Hein* anvertraut. † mit 91 Jahren, Dez. 1986 in Hellenthal/Eifel.
Laborleiter Wilhelm *Kramer* war auch Dirigent der 1925 unter tatkräftiger Mitwirkung von Direktor Witschel gegründeten Tschirnhauskapelle. † mit 75 Jahren 1960 in Kamen.
Walter *Witschel* ist am 26. Mai 1953 in Wallenstädt bei Hannover gestorben. Nachruf im Rundbrief Nr. 22 vom Aug. 1953.
Otto *Weigel* verstarb am 15. Juli 1957 in Göttingen (Nachruf in den Heimatnachrichten 1957 Nr. 8).

Soziale Wirksamkeit

Beim Aufbau der Werke entstand für die von auswärts zuziehenden Arbeitskräfte und ihre Familien ein Wohnungsbedarf, der im Ort weder aus vorhandenen Wohnungen noch aus bald einsetzenden Mietwohnungsbau der Einwohner gedeckt werden konnte. Sozialer Wohnungsbau galt damals noch nicht als öffentliche Aufgabe. Als Folgemaßnahmen des Betriebsablaufs wie der dichten Bebauung ergaben sich gemeinnützige Einrichtungen. Die Finanzkraft des Dorfes hätte nicht ausgereicht, zumal die großen Güter erst ab 1927 nach der Eingliederung der Gutsbezirke unmittelbar zur Gemeinde gehörten. So wurden zugleich mit den Werken betriebseigene Wohnungen gebaut, samt Wegen, Zufahrten und Kanalisation; ab 1910 Einbau elektrischer Leitungen. Einfache Wohnungen im Verhältnis zu der seitdem entwickelten Art. *Tschirnhaus* hat in einem Wohngebiet geschaffen:

Betriebsgemeinschaftshaus des Kalkwerk Tschirnhaus

1896/97 Drei umfangreiche Mehrfamilien-Wohnhäuser
1899   Wasserleitungen
1900   Mehrfamilienhäuser im Landhausstil (sog. 'Dreihäuser')
1913/14 Zwei Witwenhäuser
1920/21 Einzelbauten und Elsner-Siedlung mit Mehrfamilienhäusern
Bis 1922 Ankauf von 20 Einzelhäusern für Werksangehörige

Insgesamt entstanden bis 1923 über 200 Wohnungen für Angestellte und Arbeiter von Tschirnhaus, 260 Wohnungen im Jahre 1925.

          Kantine mit Versammlungsraum – später Betriebsgemeinschaftshaus
1900   *Kleinkinderschule*, damals Spielschule genannt, später zusätzlich darin Kochschule eingerichtet
1901   Badeanstalt (Kalkstaub!)
1902   Leichenhalle
1907   *Krankenhaus* (Absonderung bei Seuchengefahr, Unfälle)
1918   Haus für Konsumverein
1921   Tuberkulosestation. Diese sowie Spielschule und Krankenhaus konnten von allen Dorfeinwohnern benutzt werden.

Betriebskrankenkasse   Pensionskasse   Unterstützungskasse/Todesfälle

1913 wurde auf Werkskosten das Postamt gebaut.

Außerordentliche beispielhafte Beiträge für ev. und kath. Kirchengemeinde, Eigentümer und Werksleitung hatten auch sonst eine offene Hand.

All dies wäre ohne soziale Einstellung der Werksleitung nicht durchführbar gewesen. Man darf sagen, daß die Werke, insbesondere Tschirnhaus, in ihren kleineren Rahmen so handelten, wie KRUPP mit Wohnungsbau und Gemeinschaftseinrichtungen im Großen.

Anmerkung zum Wohnungsbau ab Mitte der 1920er Jahre
Um 1930 sind bis dahin gewerblich genutzte Räume in der Nähe des Tschirnhaushofs zu Wohnungen umgebaut worden.
Neue Werkswohnungen wurden kaum noch gebaut. Dieser Bedarf war gedeckt. Der aus öffentlichen Mitteln geförderte soziale Wohnungsbau lief an. Die Gemeinde baute erstmals einige Mietwohnungen. Vor allem baute man selbst. Konnte sich dies zutrauen.

von Bergmann Kommanditgesellschaft
vormals Kalkwerk Tschirnhaus Aktiengesellschaft

Diese vorgenannte Aktiengesellschaft hat von 1923 bis etwa 1937 neben der KG bestanden

Zur Erinnerung
An Werktage,
wenn auch im Tal die Arbeitsgeräusche zu hören waren, wenn die Werkssirenen zu Arbeitsbeginn und -ende, zu den Pausen und Sprengzeiten weithin über Berg und Tal schallten!

Verwaltung und Verkauf:

Liegnitz, Thebesiusstraße 13
Fernsprecher 2217

Drahtanschrift:
Kalkwerk Tschirnhaus Liegnitz

Reichsbank-Giro-Konto Liegnitz 824

Postscheck-Konto Breslau 17269

An Feiertage,
wenn man durch Werksanlagen schlenderte, den
Steinsetzern bei den Ringöfen zusah, auf deren
warme Wölbungen zu den Kalkbrennern herauf-
stieg, einige Worte wechselte, sich die 8–12 stün-
dige Arbeitszeit vorzustellen versuchte, in die
Steinbrüche kletterte... vielleicht schönen Marmor fand.
Hand auf's Herz! 'Wer hat nicht mal die Loren auf
den Gleisen geschoben?'
Die durch den Abbau bedingten Änderungen an
den Bergen und in den Brüchen wurden vom Dorf
aus mitbeobachtet.
»Wunden, der Natur geschlagen, um die Kultur
zu fördern«.
Erläuterungen zum Bild
Unterhalb der Brüche sind fast geometrische *Abraumhalden* erkennbar. Landschaftsändernd. 'Ob
man aus dem Abraum in späterer Zeit weitere
Rohstoffe gewinnen wird?' Fragten wir uns.
Die in der Bildmitte ins Tal zu den Werken führenden hellen Bänder sind die Bremsbahnen. Auf
ihnen rollten Flachwagen, auf denen zwei 'Plät-
ten' je 10 Kipploren tragen konnten, beladen
herab und zugleich leer herauf.
Suchbild: Wo schweben die vier Seilbahnen?

Betrieb:

Ober-Kauffung a. d. Katzbach

Herstellung von
**Mergel, Mischmergel und
Kalkmehl** zum Düngen

Marmormehl für Glas-Fabriken

Versand von Marmor-Rohsteinen
für Chemische– u. Zuckerfabriken,
für technische u. gewerbliche Zwecke

Kalkhydrat zum Bauen u. Düngen

Marke: Tschirnhaus Trocken

Zementkalk Marke: Magnet

Marmorkalkwerk Silesia
Gebrüder Plank
Unternehmensleitung früher in Hirschberg

Auch dies Industrieunternehmen bot im Werk vielen Kauffungern und im
entfernt gelegenen Steinbruch wegen dessen Ortsnähe den Tiefhartmannsdorfern eine bleibende Arbeitsstätte. Der um 1896 errichtete Betrieb schloß sich
an das Kalkwerk Tschirnhaus talabwärts an. Werksanlagen wie bei Tschirnhaus oberhalb und abseits des Dorfes unmittelbar westlich neben der Hauptbahn, Werkswohnungen unterhalb zwischen Bahn und der Ortsstraße im Tal,
mit Katzbach nebenan.
'Der Marmorkalkstein mit einem kleinen Vorkommen von Dolomit wurde in
vier Etagenbrüchen im 2 km entfernten Eisenberg gewonnen und mit einer
Seilbahn nach den Ringöfen befördert. Mit seinen drei Ringöfen, die mit

Ober-Kauffung a. d. K.

sieben Feuern betrieben werden konnten, lieferte das Werk neben seinen Erzeugnissen aus einer eigenen Kalk- und Marmormühle täglich etwa 20–30 Güterwagen Marmor – und Graukalk bei etwa 200 Beschäftigten.' (Teuber, Heimatnachrichten 1958 Nr. 2, S. 4).

Zwei mehrgeschossige Werkswohnhäuser mit über 30 Wohnungen, eine Betriebsleitervilla sowie ein weiteres Haus an Hang gaben einem großen Teil der Belegschaft die notwendige Wohnmöglichkeit und dazu den Vorzug der sehr nahen Arbeitsstätte. Die Wohnhäuser waren breit angelegt, in Backstein gehalten mit großen Höfen, umgeben von Wirtschaftsteilen und dergleichen. Ein Witwenheim war für anfangs der 1940er Jahre geplant.

Fast alle Werksangehörigen waren über Jahrzehnte beschäftigt, was auf das gute Einvernehmen zwischen den Besitzern und der Belegschaft zurückzuführen war. Bei Erreichen der Altersgrenze oder vorzeitiger Invalidität zahlte der Betrieb eine Werkspension, die sich nach der Dauer der Zugehörigkeit richtete.

Die Unternehmensleitung/Verwaltung befand sich in Hirschberg. Betriebsleiter Hermann stellte als Gemeindevertreter und Mitglied der Baukommission seine ganze Kraft, auch ehrenamtlich, in den Dienst der Gemeinde. Neben seinem Namen tauchen in der Erinnerung diejenigen der Familien auf, die nie in ihrem Leben daran gedacht hätten, 'Silesia den Rücken zu kehren'. Verstreut. Die Namen *Reimann* Wilhelm, *Seidel* Ewald, *Skowronnek*, *Blümel*, *Arnold*, *Wiesner*, *Braun*, *Bühn* u.a. sind gegenwärtig. Mit deren Söhnen und Töchtern hat der Schreiber dieser Zeilen die Volksschule besucht.

Der Steinbruch wird noch betrieben, Kalkbrennerei stillgelegt.
Direktor Walter *Plank* ist 1963 verstorben.
Zu Richard *Plank* fehlen Nachrichten.

Kalkwerk Röhrsberg

Gegründet nach 1900 von Otto Dehmisch, Nieder-Ludwigsdorf bei Görlitz. Spätere Eigentümer Gebr. *Gruschka*.
Firma: Niederschlesische Kalkwerke zu...Ober-Kauffung... Otto Demisch GmbH Hauptkontor in Görlitz
Einziges Werk auf der Ostseite der Katzbach; zu erreichen über die Brücke gegenüber den Wohnhäusern von Silesia. Steinbruch und Werk mitten im Ort vor den Haustüren. Deshalb waren wir mit unserem Röhrsberg besonders verbunden. An die 80 Beschäftigte; darunter einige Fußgänger aus Klein-Helmsdorf und sogar aus Leipe, die auf Schriemwegen durch Feld und Wald bei jedem Wetter gingen. Der in unmittelbarer Nähe des Betriebes gelegene Steinbruch lieferte für einen Schacht- und Ringofen das erforderliche Rohmaterial. Nach dem Brennen Versand in viele Gegenden des Reiches. In den ersten Jahren sogar Herstellung von Edelputz, der auch in Kauffung einer ganzen Reihe von Häusern in seiner Farbigkeit ein freundliches Aussehen verlieh.
Erschwerend wirkte sich aus, daß ein unmittelbarer Bahnanschluß fehlte. Deshalb wurden gebrannter Kalk und Kalkmehl in den Jahren vor dem 1. Weltkriege und danach in einem Lastkraftwagen mit klapprigem Anhänger, dem *ersten* auf der Kauffunger Dorfstraße, zum Oberbahnhof gefahren und dort in Güterwagen umgeladen; Kohle entsprechend.
Lange vor dem 1. Weltkrieg war nicht nur ein Auto eine Sehenswürdigkeit; der Fahrer des Wagens, Bruder eines Sattlermeisters aus dem Ort, war nach damals landläufigen Begriffen ein 'hohes Tier', erinnerte sich Gustav Teuber. 1922/23 betriebseigener Anschluß für Werkbahn mit Damm und Hochbrücke über Katzbach und Straße in Höhe der Hausdächer zur Hauptbahn geschaffen.
Wahrzeichen industrieller Notwendigkeit. Wie würde man sich jetzt zu einem solchen Bauvorhaben verhalten? Geduldet? Bürgerinitiative dagegen? Die Anlieger der Dorfstraße freuten sich, die Staubbelästigung – Straße noch nicht geteert – los zu sein. In der Mitte der 1920er Jahre ereignete sich ein Unfall besonderer Art. Ein Sprengsatz hatte sich nicht entzündet. Nach langer Wartezeit beugte sich Sprengmeister Neudeck darüber, da... und wird 9 m hochgeschleudert. Wie durch ein Wunder blieben nur die bekannten grün-blauen Tupfen im Gesicht zurück.

Um 1958 ist das ausbeutungsfähige Kalkgestein zu Ende gegangen. Der Betrieb ist seitdem stillgelegt. Hochbrücke der Werkbahn abgebrochen.
Hans Gruschka betrieb nach 1945 in Einbeck einen Baustoffgroßhandel. Josef Gruschka, geb. 1904, wurde Geschäftsführer bei den Rheinischen Kalksteinwerken und den Dolomitwerken in Wülfrath, Krs. Mettmann, wo er noch wohnt.

Kauffunger Marmorkalk= und Dolomitwerke
PROMNITZ & SIEGERT
Büro und Geschäftsleitung: Hirschberg=Cunnersdorf in Schlesien
Betrieb und Versand: Kauffung a. d. Katzbach mit Bahnstation Ober=Kauffung a. d. Katzbach
Begründet 1869

Friedrich Siegert, der sich 1869 zusammen mit dem Teilhaber *Promnitz* in
Kauffung ankaufte und ein Kalkwerk aufzubauen begann, ist der *Begründer*
der Kauffunger Kalkindustrie. Seine Nachkommen, Sohn *Emmo* und Enkel
Friedrich Wilhelm haben, sich bewährend, das Werk fortgeführt und zu einem
namhaften, volkswirtschaftlich nötigen Unternehmen entwickelt. Entstehung
und die ersten vier Jahrzehnte des Betriebs sind in dem vorangehenden
Beitrag 'Grunderwerb und Frühzeit' geschildert. Schwierigkeiten sind gemei-
stert worden. Neuland wurde mit Erfolg betreten.
Der 1900/1908 verlegte und neu aufgebaute Betrieb entsprach in der Anlage
Tschirnhaus und Silesia, an das er sich talabwärts anschloß. Seilbahnentlade-
stelle, Ring- und Schachtöfen sowie Kalkmühle unmittelbar westlich der
Bahn; diesseits von ihr an der Ortsstraße eigene Villa im Stil von 1910 und
Werkswohnungen. Die sich gabelnden Drahtseilbahnen zum 2 km entfernten
Beckenstein und Eisenberg wurden schon erwähnt.
Besonderheit des Unternehmens war die Verarbeitung von *Dolomit*gestein zu
*Sinter*dolomit für Hochöfen. – Im Lexikon wird Dolomit als farbloses, weißes
oder bräunliches Mineral aus Calcium-Magnesium-Karbonat beschrieben. –
Sinterdolomit hatte die ost- und mitteldeutsche Stahlindustrie früher vom
Ausland bezogen. Als diese ausländischen Bezugsquellen während des 1.
Weltkrieges 1914/18 versagten, nahm die Firma die Ausnutzung eigener
Dolomitläger aus den Kalksteinbrüchen auf. Über die weitere Entwicklung
des Unternehmens hat Gustav Teuber in den Heimatnachrichten 1958 Nr.
5 + 6 berichtet; man darf annehmen, daß diese genauen Angaben von der
Familie Siegert stammen; nachstehend in etwa im Wortlaut wiedergegeben.
Mit der Herstellung von Sinterdolomit zur feuerfesten Ausfütterung für Stahl-
öfen wurde zunächst im Ringofen begonnen. Dieser litt bei den hohen
Temperaturen im Gewölbe sehr und mußte deshalb laufend erneuert werden.

Nach dem 1. Weltkriege, also ab 1919, wurden Spezialöfen für Sinterdolomit gebaut, welcher in erster Linie an Stahlwerke in Berlin und Mitteldeutschland geliefert wurde. Die vorherigen Abnehmer in Oberschlesien waren in dem an Polen abgetretenen Gebiet ansässig.

Damals begann Friedrich Wilhelm S. im Betrieb tätig zu werden. Er hatte an der Akademie für Industrie und Technik in Chemnitz (Sa.), technische Chemie studiert und mußte sich zeitbedingt schneller als erwartet den betrieblichen Aufgaben widmen. Seine Hauptarbeit im Betrieb galt bald der Weiterentwicklung von Sinterdolomit. Diese Bemühungen wurden im Jahre 1926 gekrönt durch den Abschluß von Abbauverträgen mit den Eigentümern am Beckenstein.

Der Beckenstein lieferte nicht nur guten Kalkstein, sondern auch ebensoguten Dolomit. Zu diesem Zweck wurde dann an dieser Stelle eine zweite Seilbahn gebaut. Zur Sicherung des Materialbedarfs wurde im Jahre 1938 gleichfalls ein Abbauvertrag über die am Butterberg in Tiefhartmannsdorf lagernden Rohmaterialien mit dessen Besitzern abgeschlossen. Zu diesem Zweck war beabsichtigt, eine weitere Seilbahn vom Eisenberg zum Butterberg, ca. 1100 m lang, zu bauen. Das Projekt war bereits vermessen und bei der bekannten Seilbahnspezialfirma Bleichert in Leipzig in Auftrag gegeben. Die Ausführung scheiterte jedoch durch den zweiten Weltkrieg. Für ca. 200 Jahre wäre damit die Rohstoffversorgung in Kalkstein und Dolomit gesichert gewesen.

Für die Erzeugung von Kalk waren am Ende des Zweiten Weltkrieges ein Ringofen, Tagesleistung ca. 100 t, sowie 3 Schachtöfen, Tagesleistung ca. 130 t, vorhanden. Für Sinterdolomit waren 2 Schachtöfen, mit Entleerungsrost, davon einer mit automatischer Beschickung, Leistung beider Öfen ca. 120 t, im Betrieb sowie ein im Jahre 1939 errichteter Drehrohrofen, Leistung ca. 60 t, vorhanden.

Außerdem verfügte die Firma über eine Kalkmahlanlage für Hydrat, gemahlenen Düngekalk sowie Marmormehl und Mergel mit entsprechenden Vorratssilos.

Weiterhin war eine Zerkleinerungsanlage und Absiebanlage für Sinterdolomit, ebenfalls mit den entsprechenden Silos, errichtet worden.

Seit 1937 wurden feuerfeste, lagerungsfähige, hochgepreßte Steine aus Sinterdolomit hergestellt, die vornehmlich in Anbetracht des Engpasses in Magnesit als Ersatz für Magnesitsteine in den Stahlöfen Verwendung fanden. Das Absatzgebiet lag vornehmlich in Ost- und Mitteldeutschland, Österreich, Ungarn usw. An dieser Entwicklung ist vom Besitzer und seinen Mitarbeitern mehr als 10 Jahre gearbeitet worden. Das Ergebnis dieser Arbeit drückte sich in einer Tagesleistung von ca. 80 t aus. Eine für 1937 gewiß beachtliche Höhe, wenn man bedenkt, wieviel Mühe auch im Westen aufgewendet werden mußte, um zur Herstellung von wirklich feuerfesten Steinen dieser Art zu gelangen. Damit allein ließe sich die Vielseitigkeit der Kauffunger Kalk- und Dolomitindustrie und ihre Leistungsfähigkeit und Bedeutung für die deutsche Wirtschaft im allgemeinen und besonderen beweisen.

Dreihundertachtzig Kalkwerker aus Kauffung und Umgebung hatten hier wie in allen anderen Kauffunger Betrieben eine Arbeitsstätte, in der sie seit Jahrzehnten arbeiteten und die sie nicht zu verlieren hofften. Eine große Zahl von Werkwohnungen und eine Pensionskasse für die Beschäftigten des Betriebes seien als soziale Einrichtung der Firma genannt.

Friedrich Wilhelm Siegert konnte sich, wenn auch unter großen Schwierigkeiten, zusammen mit seinem Sohn Dipl.-Ing. Günter S. und einer ganzen Anzahl seiner früheren Mitarbeiter aus Kauffung in Düsseldorf mit einem Beton- und Mörtelmischwerk einen eigenen Betrieb aufbauen.
Geboren 7. 10. 1895 in Kauffung   † 29. 4. 1977 in Düsseldorf
Todesanzeige Heimatnachrichten Juni 1977
Sohn Günter, geb. 1926 in Kauffung, ist 1978 tödlich verunglückt.

Werk in Kauffung einschließlich der Dolomitverarbeitung seit 1956 geschlossen. Bald drei Schachtöfen abgebaut.
Steinbrüche noch in Betrieb.
(Einzelheiten Bericht von Binner in Heimatnachrichten 1957 Nr. 12, S. 9.)

Erzeugung und Absatz

Die Kalkwerke wurden in einer Zeit allgemeinen wirtschaftlichen Anstiegs gegründet. Damals, um 1900, nahm zugleich der Bedarf an Marmor und Kalk stark zu, im Baugewerbe, zum Düngen, für technische und industrielle Zwecke. Diese Marktlücke bot sich, bei den sonst kalkarmen Gegenden Ostdeutschlands, den neuen Kauffunger Kalkwerken.
Gute Absatzmöglichkeiten für alle Erzeugnisse.

Marmorrohsteine für Eisenwerke, für Papier-, Zellulose-, Zucker- und chemische Fabriken
Marmormehl für Glas- und Porzellanherstellung sowie als Dünger
Zum Bauen und Düngen: Aus weißem, grauem und schwarzem Marmorkalk.
Gebrannten und gelöschten Kalk/Kalkhydrat in Stücken und gemahlen.
Kalkasche.

Später kamen Roh-*Dolomit* und gesinterter Dolomit hinzu. Der Wettbewerb hielt sich in Grenzen, wurde in Grenzen gehalten... »Man arbeitete flott und verdiente gut«, hat Zum Winkel bemerkt. Entgegen unserer Vorstellung von 'der guten alten Zeit', daß die wirtschaftliche Entwicklung in den Jahrzehnten vor dem 1. Weltkriege stetig verlaufen sei, kam es mehrfach zu Rückgängen im Baugewerbe, Krisen, Stockungen. Andererseits nahm die Anwendung von Düngekalk laufend zu. Die Werksleitungen verstanden, sich auf geänderten

Bedarf umzustellen, so daß sich die Gesamtumsätze nur vorübergehend verminderten. 1913 waren als jährlicher Gesamtumsatz in Kauffung erreicht 125.000 t Rohkalk und 252.000 t Ätzkalk.

Durch den 1. Weltkrieg, die folgende große Inflation und innere Unruhen war die Bautätigkeit fast für ein Jahrzehnt, 1915/23, zum Erliegen gekommen, mindestens gelähmt. Die Gebietsabtretungen an Polen wirkten ebenfalls absatzmindernd. Erst 1924 waren die tiefen Absatzrückgänge aus Krieg und Nachkrieg überwunden und die Vorkriegsumsätze wieder erreicht. Zahlenangaben finden sich bei Zum Winkel S. 39/40.

Dann setzte sich der frühere Aufstieg fort. Tschirnhaus hat 1910 200.000 t und 1928 350.000 t Absatz erzielt.

Die um 1930 einsetzende allgemeine Wirtschaftskrise erfaßte sowohl gewerbliche wie landwirtschaftliche Betriebe, verminderte Absatz und Verbrauch, traf in Kauffung die Kalkwerke und in der Folge andere Betriebe im Ort. Die Werksleitungen haben versucht, den Betriebsablauf allgemein zu drosseln, um Stillegungen von Steinbrüchen und Öfen möglichst zu vermeiden. Ab Mitte der 1930er Jahre ist der Absatz wieder kräftig angestiegen und wird wohl 800.000 t Kalk jährlich aus unseren Bergen und Werken erreicht haben. Im 2. Weltkriege haben nach dem Wissen früherer Mitarbeiter die Kalkwerke bis zum Jahreswechsel 1944/45 voll weitergearbeitet. Kein Absatzrückgang. Weder Steinbrüche noch Öfen stillgelegt.

Erzeugung und Absatz waren getreuliches Abbild unserer volkswirtschaftlichen Entwicklung. Teil unserer Geschichte.

Von der Arbeiterschaft

Im volkreichen Kauffung konnte ebenso wie in den benachbarten Gebirgsorten die Landwirtschaft nicht mehr die hauptsächliche und alleinige Erwerbsquelle darstellen. Für Kleinlandwirte, Häusler, nachgeborene Bauernsöhne boten die neuen Kalkwerke die Möglichkeit, in der Heimat das tägliche Brot zu verdienen, ihr Häusel zu erhalten. Insoweit fand die werdende Kalkindustrie Arbeitskräfte vor. Darüberhinaus wurden für den Aufbau der Betriebe in der Kalkgewinnung erfahrene Männer benötigt. Diese Facharbeiter kamen vor allem aus Oberschlesien und der damaligen Provinz Posen, teils herangeholt von dem Leiter des Tschirnhauswerkes, der dort tätig gewesen war. »... Von denen ist indes ein Teil, da es manchem schwer wurde, sich einzugewöhnen, später zurückgewandert.« (Zum Winkel S. 41). Die anderen wurden in Kauffung seßhaft. Bald bildete sich ein Kern von Familien heraus, aus dem sich die Belegschaften der Betriebe ergänzten. Es gab einen eisernen Bestand von Werksarbeitern. Im Herbst *1922* standen *bei Tschirnhaus* (keine Zahlen für die anderen Werke greifbar) von den über 600 Arbeitern und Angestellten fast die Hälfte langzeitig im Dienst: 155 Beschäftigte über 10 Jahre, 77 über 20, 47 über 25 Jahre, also seit der Aufbauzeit.

125 Arbeiter stammten von Eltern, die ebenfalls im Werk gearbeitet hatten oder noch darin arbeiteten.

Familienstand: 53 v.H. Ehemänner, 12,5 v.H. mitarbeitende Ehefrauen, 2 v.H. Witwer, 2,5 v.H. Witwen und 29,2 v.H. ledige Personen.

Frauen und Jugendliche unter 16 Jahren durften in Steinbrüchen bereits seit 1892 nicht beschäftigt werden. In den anderen weit verzweigten Betriebsteilen arbeiteten 100 Frauen, also ⅙ der Belegschaft.

Durchschnittliches Lebensalter: Bei der Bruchbelegschaft 35,5 Jahre
im übrigen 39 Jahre.

Wie sich an den Zahlen zeigt, wirkte sich aus, daß junge und jüngere Männer als Soldaten im 1. Weltkrieg gefallen waren.

Es standen noch Männer über 65 Jahre und zwar bis zum 73. bzw. 76. Lebensjahr in Arbeit. Das Rentenalter von 65 Jahren war noch nicht allgemein üblich und verbindlich. Erst im Laufe der 1920er Jahre!

Die Hälfte der Gesamtbelegschaft arbeitete in den Steinbrüchen.

Die *Kalk*arbeiter waren fast ausschließlich in Kauffung ansässig, während die *Steinbruch*belegschaft zur Hälfte aus den benachbarten Orten kam: Aus Kammerswaldau zum Kitzelberg, aus Tiefhartmannsdorf zum Eisenberg.

Tägliche Arbeitszeit vor dem 1. Weltkrieg 10, danach 8 Stunden. An den Öfen für die Kalkbrenner durchgehende Schichten, 8 bis zu 12 Stunden.

Entlohnung: Im Steinbruch herrschte Akkordarbeit in Kolonnen vor.

Angaben über die Stundenlöhne sind nicht übermittelt.

Zum Gedenken

Herr *Emmo Siegert*
hat das vom Vater 1869 gegründete erste Werk von der Mitte der 1880er Jahre bis um 1920 geleitet und das uns bekannte Unternehmen aufgebaut. Er war lange Zeit Vorsitzender der Industrie- und Handelskammer *Hirschberg* im Riesengebirge. Schon als man noch mit Pferd und Wagen über Berg und Tal fuhr. Eine Unternehmerpersönlichkeit.

Herr *Carl Elsner*, Kalkwerksdirektor und Kommerzienrat, hat das Kalkwerk *Tschirnhaus* ab 1893 verantwortlich aufgebaut und bis zu seinem tödlichen Unfall am Kitzelberg im Jahre 1925 geleitet. Schöpfer und Gestalter des Werks. Wohltäter des Dorfes. Einflußreich bei der Industrie- und Handelskammer Liegnitz sowie in Spitzenverbänden der Deutschen Kalkindustrie.

Aus einem Aufruf an die Belegschaft nach dem Tode von Carl Elsner:
»…Gemeinsame und gleiche Trauer verknüpft… uns alle

um den klugen, gütigen Mann, der ein
Führer der Industrie und zugleich ein warmherziger Mensch war.
In dem Werk wie im Leben gab er jedem Vertrauen um Vertrauen,
er versprach nicht, was undurchführbar war, aber er stand zu seinem
Wort, wenn er den Weg zur Erfüllung gefunden hatte. In klarer
Erkenntnis sozialer Pflicht wußte er, daß zur Blüte des Werks die
Leitung des Arbeiters bedarf, aber auch der Arbeiter der Leitung;
nur die Zusammenarbeit aller sichert allen Arbeit und Arbeitsertrag.
Der Geist, in welchem Carl Elsner das Werk ein Menschenalter
hindurch führte, die Gesinnung, die ihn mit seinen Mitarbeitern
von ersten bis zum letzten verband, müssen in dem Werk und in uns
allen lebendig bleiben. Arbeit verbindet die Kräfte der Menschen:

Mit dem heutigen Tage geht die Leitung des Werks über auf die
Herren Generaldirektor O. Weiael und Betriebsdirektor W. Witichel.

Glückauf zu gemeinsamem Wirken!
Kauffung, den 29. September 1925.
Der Aufsichtsrat.
G. Thilenius.   C. von Butler.   H. von Bergmann.
+   1927

Zu Lebzeiten der beiden Herren hat sich das ehemalige Gebirgsdorf Kauffung
zur ländlichen Industriegemeinde, zu einem selbstbewußten Gemeinwesen
entwickelt. Beide Männer konnten ihre im vielgestalten Ort gesammelten
Erfahrungen im größeren, überörtlichen Rahmen verwerten und haben sich in
andauernden Bemühungen um die Belange der aufstrebenden Industriegemeinde verdient gemacht. Gemeinnütziges Wirken!
Zu Ehren von *Carl Elsner* ist seinerzeit vor dem Krankenhaus mitten im Ort,
am Ufer der Katzbach, und der von ihm mitgeschaffenen Umgebung ein
Obelisk aus Kauffunger Marmor errichtet worden. (Bild Seite 92)
Wir wissen, daß dieser Gedenkstein seit 1946 nicht mehr steht.
Den alten Kauffungern bleiben die Männer von damals im Gedächtnis.

Vom Gewerbe

Geschildert werden Entstehen und Entwicklung von Handwerk und Handel im Allgemeinen und bis 1800 an Hand der Stockmann'schen 'Geschichte des Dorfes Kauffung'. Erst von 1800 an stehen auch andere Bücher zur Verfügung. Stockmann hat den Schwerpunkt auf die Entwicklung der bäuerlichen Betriebe und der Güter, insbesondere auf deren Besitzverhältnisse gelegt. Angaben über Handwerker sind Zufallstreffer; gewiß sind in den alten Urkunden darüber mehr Angaben zu finden gewesen, als Stockmann in seiner Geschichte bringen konnte. Man darf aus den verhältnismäßig wenigen Angaben nicht zu viel folgern. Die ersten urkundlichen Erwähnungen sind auch nicht gleichzusetzen mit den Jahren der Anlage.

Von der Ansiedlungszeit bis um das Jahr 1800

In der frühen Zeit verstand man, sich selbst zu helfen, mußte dies auch. Zudem waren Bedürfnisse und Möglichkeiten geringer, als in den Jahrhunderten der Neuzeit, geschweige denn jetzt. Unerläßlich waren in jedem Dorf aber einige Handwerke sowie für alle Bauern und Güter zugängliche Einrichtungen: Schmied, Zimmermann, Getreidemühlen, Brettschneiden, Schuster und Schneider. Andere Erwerbszweige blieben damals den Bürgern in den Städten vorbehalten.
Man brauchte *Schmiede* für die eisernen Pflüge, für Sicheln und Sensen, für die Reifen der Wagenräder, für den Hufbeschlag. So werden Schmiede die

Bäckerei und Conditorei Café Niedlich in Kauffung a. d. Katzbach

105

ersten Handwerker in den neuen Bauerndörfern gewesen sein. Erste urkundliche Erwähnung 1534 »...die Schmiede mit allem Schmiederecht auf dem ganzen Dorfe Kauffung...«

Getreide mußte gemahlen werden, *Baumstämme* waren in Balken und Bretter zu schneiden. Die *Mühlberge* im Ober- und Niederdorf deuten auf *Windmühlen* in der ersten Zeit nach der Ansiedlung hin; dann nutzte man die Wasserkraft der Katzbach, des unterhalb Stöckel vom Osten zufließenden Erlenbachs und des von (Tief)-hartmannsdorf herkommenden Lauterbachs. Nach Urkundenauszügen waren – und gewiß schon lange vorher – im Betrieb

1401 »...*Mühlen* im Oberdorf...«
1426 »...eine *Brettmühle*, gelegen auf dem Niedervorwerk zwischen Tiefhartmannsdorf und Kauffung an dem Wasser...« Die Feldmühle! (Dies Land gehörte entsprechend der ursprünglichen Einteilung der Feldfluren bis 1870 zu Kauffung)
1484 »...die Mühle im Oberdorfe...«
1508 »...zu Oberkauffung mit der Brettmühle...«
1525 »...die Brettmühle unterhalb Hartmannsdorf...Käufer darf auch eine Mahlmühle daneben bauen...«

Über die Jahrhunderte werden mindestens je eine Mühle und Brettschneide für das Ober- und Niederdorf bestanden haben. Und die Feldmühle vor Tiefhartmannsdorf.

Bier wollte man trinken! Nicht nur Wasser und Milch!

Die *Brauerei* (zum damaligen Gut Mittel-Kauffung gehörend und wie dieses in der Nähe der Dorfkirche liegend, außerhalb der Bannmeile der Stadt Schönau) wird sicher seit 1500 bestanden haben (Stockmann, S. 19).

Hopfen gewann man im Eigenbau wie das vor Zeiten weit und breit ausweislich der »Hopfenberge« üblich war, Hopfenberg in Kauffung 1,5 km ostwärts der Ortsmitte. Nachkömmlinge des Kauffunger Brauerhopfens dürften die Hopfenranken gewesen sein, die noch in den 1920er Jahren in der Hecke ostwärts der Parkmauer von Mittel-Kauffung wuchsen. Das *Wasser* hat man später aus der stark schüttenden, klaren Quelle oberhalb der Viehringhäuser genommen und dafür sogar eine Leitung, wohl aus ausgehöhlten gehälfteten Baumstämmen, zur Brauerei gelegt.

Ausschank nur im Kretscham, der in Schlesien üblichen Bezeichnung für das Dorfgasthaus. In Kauffung gab es zwei, schließlich deren drei: Im Ober- und Niederdorf, um 1750 auch einen Mittel-Kretscham. Der Ober-Kretscham war zugleich Stätte für Gemeinderat und Dorfgericht = Gerichtskretscham. Dem Wirt war jahrhundertelang vorbehalten, bei festlichen Anlässen, wie Kirmes und Hochzeiten, Weizenmehl zu verbacken. Aus den Urkunden

1525 »...den Bierschank und Pfennigwerth-Backen von Roggen und Weizen (d.h. Backrecht für den Einzelverkauf) zu Ober-Kauffung. Wo aber der Scholz zu Ober-Kauffung oder sonst jemand... auf eine Kirmes, Fastnacht, Dreiding oder sonst zu einer notwendigen Gerichtsversammlung ausschenken und weißes Brot dabei verkaufen wollen, so...«

Gasthaus und Fleischerei Robert Schnabel in Kauffung a. d. Katzbach
»Zu den Drei Trauben«

1560 »...verkauft zu Kauffung den Kretscham mit dem Malzhause, Brauhaus, Schlachten, Backen und aller anderen Zugehorung...«
1568 »...den Kretscham im Niederdorfe, den Schenken/Ober-Kretscham mit Mälzen, Brauen, Schlachten, Backen, ferner die Mühle...«
1694 »...der Besitzer des Ober-Kretschams ist berechtigt: Bier und Branntwein aus der Brauerei und der Brennerei vom Gut Mittel-Kauffung sowie Wein zu schenken (vermutlich aus Ungarn) und zum Verkauf... Roggenes und Weizenes (Semmeln) zu backen...«
Man brauchte *Kleidung* und *Schuhe*.
1540 wird ein Bauer mit dem Zusatz »der Schuster« genannt
1544 ...Schneiderhandwerk

Über *Handel* ist für die frühen Jahrhunderte nichts berichtet. Die nötigen Rohwaren werden in der Stadt Schönau oder entfernteren Städten geholt worden sein. Salz brachten Fuhrleute mit.

Durchziehende Händler... gewiß selten in Anbetracht der 6 Furten! Erst im 18. Jahrhundert werden im Ober- und Niederdorf je ein Kramer/Krämerei und um 1750 eine Fleischerei in der Nähe der Kirchen genannt. Die Brauerei hat in den Jahrzehnten vor 1900 ihren Betrieb eingestellt. Die genannten Gewerbe blieben über Jahrhunderte, bis nach 1800 im Rahmen der preußischen Reformen der Zunftzwang mit Bindung an die Städte aufgehoben und die Gewerbefreiheit auch für das flache Land eingeführt wurde.

Handwerksbetriebe und Geschäfte

nach Angaben im Buch von Knie 1845 »Geograph. Beschreibung Schlesien«
und nach dem Reichsadressbuch von 1940

1844 bei 2.200 Einwohnern	*1940 bei 4.000 Einwohnern*
4 Wassermühlen mit 8 Gängen je 2 im Ober- und Niederdorf	2 Getreidemühlen im Niederdorf (Erlenmühle vor 1914 eingestellt Heimatnachrichten 1956/6 S. 4 – Filke)
1 Roßmühle	
1 Sägemühle (1830: 2 Brettschneiden) Ölmühle/Ölstampfe (bei Niemitz)	2 Sägewerke
	–
	1 Bahnamtl. Rollfuhrunternehmen mit einem Gespann Kaltblüter
1 Brauerei	
2 Brennereien (Stöckel u. Mittel-K.)	–
	–
–	2 Autovermietungen und Reparaturen
5 Bäcker	8 Bäcker
9 Maurergehilfen	2 Baugeschäfte
2 Steinmetzen	4 Betonwaren- und Werksteinhersteller
6 Böttcher	1 Böttcher
–	2 Buchhandlungen
Schindelmacher – Strohdachdecker (nicht genannt, aber gewiß vorhanden)	2 Dachdecker
–	1 Drogerie
–	2 Elektroinstallateure
	4 Fahrradhandlungen
4 Fleischer	7 Fleischer
2 Bader (nicht genannt, aber anzunehmen)	5 Friseure
–	1 Klempner
1 Korbmacher	
–	–
Mehrere Viktualien-Lebensmittelhändler/Krämer	Konsumverein (im Oberdorf)
	16 Geschäfte für Lebensmittel, Glas, Geschirr, Textilien, Eisenwaren
–	2 Landwirtsch. Maschinen
–	2 Maler
	1 Mineralwasser/Obst- und Gemüsehandel
	3 Putz- und Modewaren
–	3 Sattler/Polsterer/Tapezierer
2 Riemer	2 Schlosser
–	3 Schmiede (tw. für Schlepper)
8 Grobschmiede	–
1 Kupferschmied	

18 Schneider	5 Damenschneiderinnen
	3 Herrenschneider
19 Schuhmacher	8 Schuhreparaturwerkstätten
	(2 mit Geschäft)
2 Seiler	–
–	1 Spediteur, Kohlen
7 Stellmacher	2 Stellmacher
6 Tischler	6 Tischler
–	1 Töpfer/Ofensetzer
–	1 Uhrmacher
1 Landzimmermann – 11 Gehilfen	1 Zimmermeister
6 Getreidehändler (wohl nebenbei)	–
6 Wirtshäuser	12 Gasthäuser und Wirtschaften
1 Ziegelei (bei Stöckel)	–

Spar- und Darlehnskasse seit etwa 1890
Zweigstellen der gewerblichen Genossenschaftsbank u. d. Kreissparkasse
Die wirtschaftliche und die technische Entwicklung wie die Änderung der
Lebensverhältnisse sind deutlich.

Handwerk und Handel

entsprachen, wie die vorangehende Übersicht zeigt, in allen Bereichen den
alltäglichen Bedürfnissen der Einwohner wie ihrer Berufe und Erwerbszweige. Um 100 selbständige Gewerbetreibende sind im Reichsadressbuch der
Ausgabe 1940 für Kauffung genannt. Dieser Bestand hatte sich seit der
Gewerbefreiheit nach 1800 und verstärkt durch den Aufbau der Kalkwerke
um 1900 entwickelt und wird im Gesamtzuschnitt schon vor dem 1. Weltkriege erreicht gewesen sein. Zeitgemäße Veränderungen. Fast 70 Handwerks-
meister, 2% der Einwohner.

Für die *Landwirtschaft* von alters her
Getreidemühlen für Mehl, Schrot und Kleie, betrieben mit Wasserkraft vom
Mühlgraben und Turbine – verbunden mit Bäckerei
Huf- und Wagenschmiede   Stellmacher/Wagner   Sattler
Schmied und Stellmacher arbeiteten Hand in Hand.
Man konnte Geräte und Wagen entstehen sehen.
Sägewerke, je 1 mit Tschirnhaus und Hanke/Schmidtmühle verbunden.

Für die *Ernährung*
Mehr als ½ Dutzend Bäcker und Fleischer
Freilich war das Angebot geringer als heutzutage. *Eine* Brotsorte. Semmeln
gab's, jedenfalls in den 1920er Jahren, nur am Sonnabend. Feineres die Woche
über damals im Café Niedlich. Frischfleisch ab Wochenmitte und nur einige
Wurstsorten.

Für *Kleidung* und *Schuhe*
    Schuhmacher/Schuhreparaturwerkstätten, zwei mit Geschäft,
    Mehr Damen- als Herrenschneider,
    dazu 3 Geschäfte für Putz- und Modewaren, woraus zu ersehen ist, daß die
    weibliche Welt auf sich hielt.
    Arbeitsgewand und Sonntagskleidung

Für die *Schönheit*
    Friseure zum Haarschneiden und Rasieren
    Etwa ab 1930 auch ein Damenfriseur, als die Zöpfe von Bubikopf und
    Dauerwellen verdrängt wurden.

Für *Haus* und *Hof*
    Maurer/Baugeschäfte   Zimmerleute/Zimmermeister   Dachdecker
    Betonwarenhersteller: Hohlblocksteine, Platten, Grabsteine

Für *Außen-* und *Innen*arbeiten wie für den *Hausrat*
    Klempner und Schlosser, Maler, Tischler (auch für Fenster und Türen)

Für die *Kachelöfen* und *Herde* den Töpfer

Für die *Pünktlichkeit* die Uhrmacher

für die *Elektrotechnik* und für *Kraftfahrzeuge*
    haben sich erst seit Anfang der 1920er Jahre die eigenen Handwerkszweige
    der Elektriker und der Autoschlosser entwickelt. Im Ort noch bis um 1925
    Arbeitsbereich der Schlosser. Um diese Zeit wollten Jungens zumeist Auto-
    schlosser werden.

Haus von Stellmacher Gustav Seidel in Kauffung a. d. Katzbach
im Mitteldorf

Zu bedenken ist, daß die Anwendung von arbeitssparenden Geräten und die Massenanfertigung von Dingen des täglichen Bedarfs zwar im Gange war, aber gemessen an der Entwicklung seit den 1950 er Jahren in den Anfängen steckte. Einzelfertigung von Tisch und Schrank, Ackerwagen, Maßschuh und -anzug waren noch üblich und bezahlbar.

Unsere ersten Skier aus Eschenholz fertigte um 1924 der Stellmacher an. Für 20 Mark! Er und wir waren stolz.

*Einmann*betriebe kamen vor, waren aber selten. Im Allgemeinen arbeitete der Betriebsinhaber/Meister mit Lehrling und Gesellen. Und die *Meisterin* nicht zu vergessen! Familientisch! Es war einmal... Fast 30 *Kauf- und Geschäftsleute* sowie einige Handwerker mit Geschäft sorgten dafür, daß die für Leben, Hausrat, Arbeit nötigen Dinge bequem eingekauft werden konnten. »Lauf mal schnell zum Kaufmann...!«

Ihre auf den Bedarf zugeschnittenen und entsprechend sortierten Geschäfte führten zumeist die damals noch üblichen, jetzt nicht mehr geläufigen Bezeichnungen wie Kolonialwaren, Manufakturen, Gemischtwarenhandlung. Man bekam dort

Lebensmittel – über Back- und Fleischwaren hinaus – aus den Schubläden in Tüten verpackt und abgewogen
Kleineisenwaren wie Nägel, Krampen, Draht usw. ⎫ diese Waren
Gläser- und Geschirr ⎬ nicht in
Textilien, sowohl Fertigwaren wie Stoffe ⎭ jedem Geschäft

Milch, Butter und Eier konnte man auch beim benachbarten Bauern holen.

Handwerker und Geschäfte hatten sich über die ganze Länge des Ortes verteilt, so daß man nur zu Fachgeschäften das Fahrrad brauchte.

Hierzu gehörten die nach 1925 eröffnete Drogerie in der Ortsmitte und die Buchhandlung in »Kauffung städtisch«.

Auch im Niederdorf gab es schon der Schulkinder wegen ein Papierwarengeschäft. Die Berliner Illustrierte war zu haben.

Mehrere Fahrradhandlungen. Etwa ab 1930 auch zwei Mietwagenunternehmer. Die zum Heizen benötigten Kohlen und Briketts lieferten der Spediteur und später ein anderer Händler.

Alle Geschäfte waren Familienbetriebe, das heißt, tatkräftige Mitarbeit der Frau und anderer Familienangehöriger; zumeist eigenes Grundstück. Wohnung, Werkstatt, Laden unter einem Dach. Oft große Gärten.

In den Handwerksbetrieben werden über 200 Personen zuzüglich der personalstarken Bau- und Zimmerergeschäfte und im Handel wohl fast 100 Personen tätig gewesen sein.

Nach Lebensführung, Können und Leistung beispielgebend im Ort.

Waren, die im Ort nicht geführt wurden, kaufte man in Schönau, Goldberg, Liegnitz oder auch in Hirschberg. Der Ort versorgte sich weitgehend selbst.

Ältere Meister erzählten noch von ihren Wanderzeiten bis ins Rheinland.

Unsere Gasthäuser:

Gaststube, Vereinsraum, Saal, Beherbergung
Zu den Drei Tauben
Fleischerei Kirmes

Zur Goldenen Kanne
mit Kino einstmals

Der *Gerichtskretscham*
Zum Schwarzen Adler/Geisler
Fleischerei Spinnstube Erntefeste

Dann die drei Wirtschaften:
Die *Bahnhofswirtschaft* Ober-K.
Cafe *Niedlich*
Bäckerei/Konditorei
Schnaumbrichklause
(seit Mitte der 1920er Jahre).

Zum Hirsch in der Ortsmitte
Großer Saal Sitzungen

Zum Katzbachstrand
Sommerfrischler Sitzungen
Hier und im Hirsch Mittagstisch

Zum Grünen Baum
Saal: Gewerkschaften und Kino

Zur Brauerei
Veranstaltungen vom Niederdorf

Zum Goldenen Frieden
Einkehr Besprechungen

Mit dem *Letzten Heller*
dicht an der Gemarkungsgrenze zu Alt-Schönau
war das Dutzend voll!

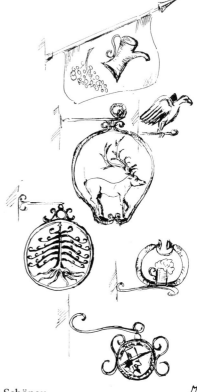

Auf je 600 m Ortsstraße und auf je 300 Einwohner eine Gaststätte. Mit
Ausnahme des Geisler-Kretschams, jetzt 'Gospoda', werden alle diese Gast-
häuser als solche nicht mehr betrieben. / Geschlossen.
Letzter Heller abgebrochen, desgleichen Brauerei.   Es war einmal!

Jetzt außer Geisler 'Gospoda' neu: Gaststätte im Tschirnhaus-Hof, Möglichkeit
zum Übernachten in einer neuen Anlage vor der Försterei von Stöckel im Bau.
Im Schloß Stöckel ein Reiterhotel.

112

Von den Häusern und Anwesen

457 *Wohnhäuser* füllten nach der letzten Hausnummernfolge den Ort, gelegen beiderseits der Hauptstraße, an den alten Wegen längs der Katzbach, im Seiffen und im Viehring, an neuen Wohnstraßen. Bruchhäuser! Herkommend aus der ländlich weiten Bebauung, aufgelockerte, nur bei den Werken dichtere Bauweise. 'Kauffung städtisch' sagte man zu einem Straßenstück im Oberdorf mit Laden an Laden, ein Vorreiter von Einkaufszentrum und Fußgängerzone.

Freistehende Häuser mit Vorgärten und Gärten, Freiflächen, große Höfe bei den Miethäusern.

Eingebettet in das Tal, umgeben von Obstgärten und Feldern.

Gebäude in Steinen, vereinzelt noch Fachwerk und Holz. Eine Vielfalt von Gebäuden steht vor Augen.

Vielfältig in Bauart und Zweck, zum Wohnen und zum Wirtschaften.

Häusel, Häuser und stattliche Anwesen

> Mit ein, zwei, auch drei Geschossen
> und herkömmlich gegliederten Fenstern, bisweilen sogar recht kleine Fenster! (Die großen Fensterflächen waren noch nicht üblich.)
> Zumeist gelb verputzt. (Kaisergelb, sagt man in Erinnerung an österreichische Zeiten.)
> Satteldächer beherrschten das Ortsbild, 50° Neigung wegen Schnee, vereinzelt verkürzte oder volle Walmdächer,
> gedeckt mit gebrannten Biberschwanzziegeln, ab den 1920er Jahren kamen Zementziegel auf.
> Einige wenige Flachdächer mit Teerpappe
> Gelegentlich Ausbau von Mansarden im Dach

Landwirtschaftliche Gehöfte in weiten Gärten

> als Eindachhäuser, mit Wohnteil, Stall, Scheune unter einem Dach
> Bauernhöfe mit Ställen und Scheunen im Vierkant, oft noch nach fränkischer Art mit dem Wohngiebel zur Straße.

Schlösser und Gutshöfe
Handwerkshäuser mit offenen Werkstätten der Schmiede und Stellmacher

Kaufläden und weiträumige Gastwirtschaften | mit Wohnungen,
Mühlen und Sägewerke | Gärten und Wirtschaftsteil

Öffentliche Gebäude mit Wohnungen:
Schulen, Bahnhöfe, Post, Gemeindeamt

Villen aus der Zeit um 1900: Für die Direktoren der Werke, bei Niemitz, Bock'sche Villa, Kaufmann Frommhold im Niederdorf, Schlößchen beim Niedergut; schließlich Alterssitz von Kantor i. R. Müller am Niederbahnhof und Inspektorhaus auf dem Niedergut. (Beide vor dem 1. Weltkrieg begonnen, vier Jahre stillgelegt und danach zu Ende gebaut.)

Wohnbereich von Tschirnhaus, gebaut vor und nach 1900, am Tschirnhaushof, Mehrfamilienhäuser, 'Dreihäuser' im Landhausstil, Elsnersiedlung.

Werkswohnungen von Silesia und Siegert
Die Gemeindesiedlung von 1928 als Sackgasse zum Altersheim
Zwei neuzeitliche Holzhäuser am Röhrsberg und im Niederdorf
Zwei Kleinsiedlungen vor 1930 bzw. in der Mitte der 1930er Jahre

- Die Randsiedlung mit 10 fast typengleichen Doppelhäusern auf je 1.000 qm Land. Abweichungen um *einen* Meter und zweiten Keller. So sparsam war man damals! Für je zwei Häuser ein Brunnen mit Handpumpe, allmählich ins Haus gelegt. Dazu ein Wirtschaftsteil.
Gebaut von der Schlesischen Heimstätte nach dem Reichsheimstättengesetz von 1919 (Bodenreform).
- Am Kirchsteg 15 freundliche Häuser (bergseitig der Post).

Oberdorf beherrscht von Werksanlagen und der Schornsteinreihe.
Niederdorf überragt von den beiden Kirchtürmen.

Die alte und die neue Zeit

Das *Alter* der Gebäude ließ sich bestimmen
zum einen aus den bekannten Jahren von *Bränden* und folgendem Wiederaufbau
zum anderen aus dem Bau der Hauptstraße/unserer Dorfstraße zu Beginn der 1850er Jahre, dem Bahnbau und der Industrialisierung um 1900.

Großen Bränden sind in den Jahren 1753, 1791 und 1899 lange Ortsteile zum Opfer gefallen. Von 1800 bis 1863 brannten 14 Anwesen in verschiedenen Teilen des Dorfes ab.

Aus den Bränden ist zu folgern, daß unterhalb der Ortsmitte kaum Häuser aus der Zeit vor 1750 gestanden haben und daß die Anwesen unterhalb der unteren Kirchbrücke überwiegend 1900 gebaut worden sind.

Die Hauptstraße erschloß neue Bauplätze. Die Bahn brachte Auftrieb. Durch die Industrialisierung wurden die Gebäude zwischen Oberbahnhof und Ortsmitte weitgehend abgebrochen, aber auch in größerer Zahl und Dichte neu gebaut. Aus der ursprünglich *weiten* Bebauung, je Gehöft in Breite der fränkischen Hufe von etwa 100 m, wurde ein geschlossener neuzeitlicher Ort, auch insoweit eine ländliche Industriegemeinde.

Einige besondere Gebäude, bei denen die Baujahre bekannt sind, seien genannt:

Geisler-Kretscham 1906/08, Bahnhofshotel 1900, Postamt im Biedermeierstil 1913, Drogist Stief in Ortsmitte um 1927/28, neue Siegert-Villa um 1935, Sallge-Gärtner 1895, Gasthaus 'Goldener Frieden' nach 1870, Lehngut-Schlößchen 1858.

Die sechs Schlösser und einstens neun Gutshöfe werden an anderer Stelle beschrieben. Bei Stöckel, Niemitz, Mittel-K./Dr. Schultz und Nieder-Kauffung liegen die Anfänge der Schlösser in früheren Jahrhunderten. Die Baujahre der flachdächigen Schlösser Lest- und Heiland-Kauffung lassen sich zwischen 1870 und 1880 ansetzen.

Einiges zur Bauweise in früheren Jahrhunderten
Der *Holzbau* war vorherrschend.
Schrotholz (behauene Balken) und *Fachwerk* mit Lehmfüllung.
Dächer mit Schindeln oder Stroh gedeckt.
Später hat sich eine Mischform von Holzbau und Mauerwerk entwickelt. Wohnräume Schrotbau, Stallung Feldsteinmauerwerk, Scheune Fachwerk mit Bretterwand am Giebel, Oberstock Fachwerk (schwarz geteert), Strohdach. Man darf annehmen, daß wegen Kalk- und Bruchsteinen am Ort das Mauerwerk frühzeitig Eingang gefunden hat.
Ältestes Haus dieser Art in Kauffung war das frühere Inspektorhaus von Stimpel mit Altane (balkonartig) über der Tür und rotem Anstrich des Gebälks.
Musterbeispiel mit Scheune das Friebe'sche Anwesen im Oberdorf (beide abgebildet in Zum Winkel S. 10 und 11). Auch in dem Album 'Kauffunger Heimatbilder' von K. A. Vogel sind Fachwerkhäuser der verschiedenen Art abgebildet.
Dielen und Geschoßdecken aus Holz. Offenes Feuer. Undichte Schornsteine. Aus der Feueranfälligkeit entstanden öfter große Brände. So wird für das benachbarte Schönau von einem Stadtbrand am 20. Mai 1762 berichtet: »Die zum großen Teile aus Holz gebauten und mit Schindeln oder Stroh gedeckten Häuser...« Noch in friderizianischer Zeit entstanden Gedanke und Tat der gegenseitigen Feuerversicherung.

> »Das Bauen mit Holz wurde durch die Gründung der Feuersozietäten im Jahre 1790 und durch einengende Vorschriften vom Massivbau verdrängt und konnte nur noch in waldreichen Gebieten auf dem Lande fortgeführt werden. Das Schindel- und Strohdach wurde durch das Ziegeldach ersetzt...« aus Loewe S. 6.

Die evangelische Kirche erhielt 1799 ein Ziegeldach, das ev. Pfarrhaus erst 1890. Also bei alten Bauten Stroh- und Schindeldächer vorherrschend. Um 1920 sah man nur noch vereinzelt Strohdächer, die aber schon wegen höherer Feuerversicherungsprämien bald durch Ziegel ersetzt wurden.
Eine besondere Art der Holzbauten waren die *Umgebinde*häuser, bei denen der Wohnteil zurückgesetzt war und das überhängende Obergeschoß durch Ständer abgestützt wurde. Auch freitragendes hängendes Fachwerk kam vor. In dem Raum zwischen den Fenstern wurden Holzscheitel gestapelt; wärmte schon beim Anblick.

Eine umfassende Beschreibung der Schrotholz- und Fachwerkbauten im schlesischen Gebirge bringt das Buch von Karl Loewe: Schlesische Holzbauten, Werner Verlag Düsseldorf, 1969.

In neuerer Zeit war man, wie in anderen Landschaften, dazu übergegangen, die Holzteile zu verputzen und zu übertünchen.
Im Übergang zum Massivbau wurde das Erdgeschoß ganz gemauert.

Brände

Blitzschlag   Unachtsamkeit   Brandstiftung
haben gewiß immer wieder, wie allerorts, zu Feuer, zum Brand von Häusern und Ställen, zu Dorfbränden geführt. Kauffung kann davon auch in früheren Jahrhunderten nicht verschont worden sein; zudem war man nach Ausbruch eines Feuers machtlos, schon seine Verhütung schwieriger, auch der Blitzableiter noch nicht erfunden. Pastor Stockmann hat über Brände in früherer Zeit offenbar keine Berichte entdeckt, aber, man höre und staune, wir haben für die Jahre 1753 bis 1863 handschriftliche Aufzeichnungen.
Angefertigt nach Urkunden und seit 1846 aus eigenem Erleben vom damaligen Kantor Pohl. Den Wortlaut über zwei Dorfbrände hat Pastor Stockmann in seiner Geschichte des Dorfes auf S. 43 und 83 wiedergegeben.

>Am *4. März 1753,* Sonntag morgens unter der Predigt... ohngefähr um 10.00 Uhr, kam bei... etwa in der Ortsmitte... Feuer aus, wobei binnen fünf Stunden zwei herrschaftliche Höfe (die Güter Mittel- und Nieder-K.)... mit kath. Kirche, Pfarr- und Schulgebäuden, ev. Bethaus mit Pfarr- und Schulgebäuden, Brau- und Branntweinhaus, Kretscham, Mühle, Fleischerei, 15 Bauern, 30 Gärtner, 68 Häusler in Asche gelegt wurden und sind an verunglückten Personen gewesen mit Mann, Weib, Kindern und Hausleuten 648 Personen.«

123 Häuser und Familien; ∅ fünf Personen je Haus.

>*1791, den 25. Februar,* abends ½ 9 Uhr brach auf dem Dominium Mittel-K. Feuer aus, welches den Hof nebst sämtlichen Vieh, sowohl Rindvieh, als Schafvieh und noch sechs Wohnungen (Brauerei, Fleischerei, Haus des Kramer Schmidt, Krause, Speer, Gebauer) verzehrte, und wobei die Kirchengebäude in größter Gefahr waren.«

1753 ist das ganze Niederdorf in seiner Länge von fast 3 km abgebrannt. Mehr als die Hälfte seiner bäuerlichen Betriebe sowie fast ⅓ der Einwohner mit großen Gärten waren betroffen. Nur das Niemitz-Gut blieb, wohl wegen seiner höheren Lage, verschont. Auf königliche Kabinettordre wurde eine allgemeine Kollekte in Schlesien ausgeschrieben. Zum Wiederaufbau der Häuser wurden Hilfsgelder gewährt. Trotzdem waren einige Besitzer nicht mehr in der Lage, ihre Häuser aufzubauen; ihre wüsten Brandstellen wurden mit den zum Wiederaufbau gewährten Hilfsgeldern verkauft! Das ev. Pfarrhaus wurde erst 1764 bis 1767 wieder aufgebaut. Das ev. Bethaus wurde sofort wieder aufgebaut und zwar in Stein. Die Dachziegel wurden von den Bauern im 50 km entfernten Liegnitz geholt (1799).

Den Umfang eines Brandunglücks in früherer Zeit können wir Heutigen kaum ermessen. Oft war die Familie verarmt. *Abgebrannt!*

Aus dem Volksschul-Lesebuch ist die traurige Erzählung vom Büdner-Bauern, dessen Anwesen durch Blitzschlag abbrannte, und der mit Familie abziehen mußte, in Erinnerung. Schiller im Lied von der Glocke:

»Einen Blick nach dem Grabe seiner Habe
wendet noch der Mensch zurück,
greift hurtig dann zum Wanderstabe«.
Neues Leben wuchs aus den Ruinen!

Einzelbrände von 1787 bis 1863 nach den Aufzeichnungen

1787 zündete ein Blitzstrahl die Püschelsche Stelle in Nieder-K.

1790 brannte das jetzt Menzelsche Bauergut (früher einem gewissen Renner gehörig) nieder. Vernachlässigung war die Entstehungsursache.

1793 brannte die obere Seite des Dominii *Niemitz-K.* nieder. Ein Blitzstrahl fuhr bei einem heftigen Gewitter herab und zündete.

1804 den *3. März,* vormittags 10.00 Uhr brannte die Gärtner Mehwaldsche Stelle (früher Krause) in Mittel-Kffg. nieder. Das Feuer war verwahrlost (so sagte man damals für Unachtsamkeit) und kam im Kuhstalle aus.

1808 verzehrte das Feuer das jetzt Kramer Blümelsche Haus in Ober-K.

1816 den *15. Dezember,* wurde das Dominium Niemitz-Kffg. abermals ein Raub der Flammen. Das Feuer kam in einer Scheuer aus und war von boshafter Hand angelegt. Es wurden noch neun Wohnungen in Asche gelegt.

1822 eines Abends ging das Dominium *Stimpel-*Kffg. in Flammen auf. Ein Schäfer bewohnte zur Zeit dasselbe. Zimmerleute, welche dort gearbeitet, waren unvorsichtig mit Feuer umgegangen.

1833 brannte die Klingner-*Mühle* nieder bei völliger Windstille und starkem Nebel, so daß die Bewohner des Oberdorfes nichts davon gewahr wurden. Die Entstehungsursache wurde nicht ermittelt.

1834 brannte die Bittner Rosesche Stelle in Ober-Kffg. nieder, wobei die Frau des Hauses mitverbrannte. Das Feuer war verwahrloset.

1850 den *20. September,* verzehrte, durch boshafte Hand angelegt, eine Feuersbrunst die Wirtschaftsgebäude von *Stöckel-Kffg.*

1850 den *1. Oktober,* wurde die Gärtner Weimannsche Stelle ein Raub der Flammen. Es wurde nicht ermittelt, ob das Feuer durch Vernachlässigung oder Brandstiftung entstanden war.

1851 den *28. April,* 9.00 Uhr, brannte die *Erlenmühle* nieder. Das Dienstmädchen legte mutwillig im Stallgebäude Feuer an.

1853 den *30. August,* früh in der 3. Stunde brannte die *Brauerei* und der Kretscham ab; wobei ein Mädchen von 5 Jahren mit verbrannte. Die Entstehungsursache blieb unermittelt.

1855 den *14. Februar,* früh in der 4. Stunde wurde das Grügersche Haus in Nieder-Kffg. ein Raub der Flammen. Das Feuer war wahrscheinlich durch Nachlässigkeit entstanden.

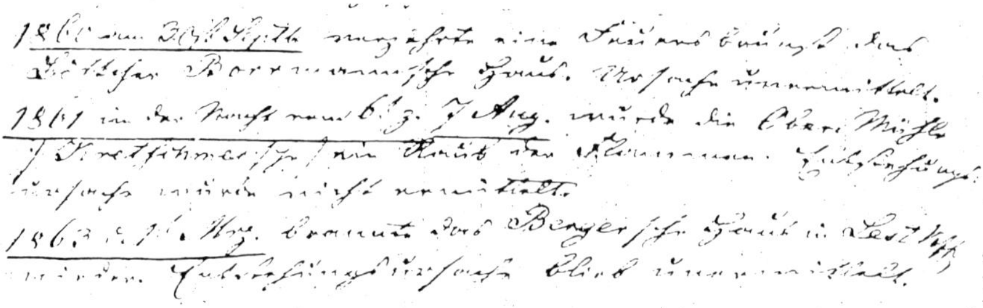

Leider ist nichts berichtet, ob dieselben Familien wieder aufgebaut haben oder was aus ihnen wurde.

Von 1863 an bis zur Gründung der Feuerwehr im Jahre 1888 fehlen Aufschriebe. Dann schließt der Bericht von Gustav Teuber über die Feuerwehr und die Brände an.

Erinnerungen an den großen Brand am 7. März 1899

Seit Tagen hauste ein Föhnwind das Tal entlang, der alles austrocknete. Aus dem Schornstein der Hankemühle (Nähe kath. Kirche/Schmidtmühle) sprühten Funken, wurden über die Katzbach auf das Strohdach eines Stellmachers gejagt und zündeten. Jetzt war kein Halten mehr. Durch Fenster, Türen und Luken trieb der Sturm alles brennbare. Massive Häuser brannten von innen heraus, weil der Sturm Holzscheite, Speckseiten, Schindeln durch die Fenster jagte. Wie durch Wunder blieben einige kleinere Häuser verschont, weil sie etwas außer der Feuerlinie lagen. Beim »verderschten« Pätzold brannten Ställe, Scheune und das zweite Wohnhaus ab. Das andere Wohnhaus hat der Besitzer dadurch gerettet, daß er das eindringende Feuer mit den Händen ausdrückte, der Sturm hob die Schieferplatten des Daches. Im zweiten Wohnhaus war eine Klasse der Niederschule untergebracht, die auch mit aller Einrichtung abbrannte. In der Sakristei der Kirche ist dann Unterricht gehalten worden, bis ein neuer Raum gerichtet wurde. – Meine Mutter erzählte von dem Brandtage: »Auf der weißen (unteren) Kirchbrücke kam uns ein junger Mann mit seiner Mutter entgegen ‘ich habe die Mutter grade noch von der Kellertreppe gerafft, sonst wäre sie verbrannt.’ Die alte Mutter… stand händeringend vor ihrem Hause: ‘Dos is mei Tud, dos is mei Tud und noch dazu hoa ich keene Jacke an!’ Sie ließ sich auch nicht beruhigen, aber das Häuschen der alten Leute blieb verschont. Die Feuerspritze mußte zur Sicherheit in die Katzbach gefahren werden, sonst wäre sie verbrannt. Ein Feuerwehrmann tauchte ein kleines Mädel in die Katzbach, da ihr Kleidchen brannte. Mein Vater (Pastor Stockmann) ließ sich seine Gartenspritze bringen, mit der verschiedene Entstehungsbrände gelöscht wurden. In der schwarzen Gasse/Schulzengasse saß der (Orgel)Balgentreter Hindemith auf seinem Dache, Frau und Tochter trugen ihm Wasser zu und er goß, wo sich das Feuer einnisten wollte. 'Herr Pastor', schrie er 'sorgen Sie bloß, daß mein Nachbar Haude nicht brennt, sonst sind wir alle verloren'. Dort guckte das Heu aus der Bodenluke, Vaters Spritze reichte bis zum Giebel und das Dach konnte eingeweicht werden.

Das Feuer raste bis zum Niederhofe, übersprang einige Häuser und Gehöfte und wurde dann durch die großen Kastanien und die Bäume des Parks aufgehalten. Doch brannten einige uralte Linden von innen heraus wie Fackeln. Die Baronessen Zedlitz waren auf ihrem Dachboden und gossen das Feuer aus. – Der Sturm jagte den Rauch und Qualm bis nach dem 5 km entfernten Schönau, dort meinten sie erst, es brenne in der Oberstadt. Die Pferde vor den Spritzen der Nachbarorte waren nicht vorwärts zu bringen, aber am späten Nachmittag kam Hilfe, und tagelang mußten Brandwachen gestellt werden. Eine Gnade war es, daß das Unglück bei Tage war, kein Menschenleben war zu beklagen.

Vieh war wenig verbrannt, indes erstickten einige Pferde. Die Männer vieler Anwesen arbeiteten auf dem Felde oder anderwärts, da mußten die Frauen, wie sie gingen, oft nur in leichten Kattunjacken, sich selbst helfen. An 100 Personen wurden obdachlos, sie fanden aber bis zum Abend bei Verwandten oder Freunden Aufnahme. Viele kleine Heldentaten sind an diesem Tage geschehen; alle die zugreifen konnten, beteiligten sich am Rettungswerk. Am nächsten Tage nähte meine Mutter mit der Gemeindeschwester warme Barchentjacken (aufgerauhte Baumwolle), die nötig für die Frauen gebraucht wurden. Man sagte: »Keine wilde Wohltätigkeit«. Die Sache blieb meinen Eltern und ihren treuen Helfern überlassen. Gleich wurden Aufrufe in die verschiedensten Zeitungen gebracht und dann kam überwältigend viel Hilfe von allen Seiten. Kleidung, Wäsche, Schuhe wurden vom Pfarrhaus aus verteilt, dabei halfen einige ältere Frauen, die die Familien kannten, auch wußten, was die einzelnen noch gerettet hatten. Möbel wurden ausgegeben, Getreide und Futtermittel kamen auch reichlich ein. Beinahe 25.000 Mark kamen ein durch Büchsensammlung und durch die Post überwiesen. Das Geld wurde beim Gemeindeschreiber aufbewahrt, bis es durch eine Kommission von 12 Herren nach bestem Ermessen verteilt wurde. Am Sonntag nach dem Brande kamen viele hunderte von Menschen aus den Nachbarorten, um sich die Unglücksstätten zu betrachten, viele brachten Geld, Lebensmittel und Sachen mit. Es war eine bewegte Zeit mit viel Arbeit. Im Laufe des Sommers wurde fast alles wieder aufgebaut; manche Besitzer konnten gesündere helle Häuser errichten, aber manch schönes, altschlesisches Fachwerkhaus hatte leider der Brand vernichtet. Der damalige Gemeindevorsteher Heptner hat sich in der schweren Zeit sehr bewährt, er war wie ein Vater um seine Leute besorgt.

(Verfaßt von Hilde Wolgast geb. Stockmann)

Durch dies Großfeuer vom 7. März 1899 wurden im Niederdorf auf 800 m Länge mit wenigen Ausnahmen 29 Wohnhäuser und Wirtschaftsgebäude vernichtet. Betroffen waren 19 Besitzer. Das vom Südwind getriebene Feuer wütete von etwas unterhalb der Kirchen bis zum Ende der geschlossenen Bebauung. Eine Ansichtskarte mit Blick von der unteren Kirchbrücke auf die Brandstätten ist noch vorhanden. Bewundernswert zügiger Aufbau. Nach den auf der Karte angegebenem Namen haben aber auffällig oft *nicht* die früheren Besitzer wieder aufgebaut...

Zusätzliche Bauplätze wurden vergeben. Im Zusammenhang mit der Industrialisierung entstand aus dem Unglück ein Aufbruch. Die Großbrände haben zahlreiche Familien schwer getroffen, manche an den Bettelstab gebracht, besondere Leistung abverlangt. Das Dorf hat bestanden.

Die Entwicklung des Feuerlöschwesens

Das verträumte Spritzenhaus zwischen Kirche und Schule im Niederdorf...
*Horn*signale von Meldestelle zu Meldestelle
Pferdebespannt im Galopp...
Motorspritze schon 1931!

»Durch der Hände lange Kette fliegt der Eimer,...«
so wie Schiller im »Lied von der Glocke« für seine Zeit das Feuerlöschen beschrieben hat, ging es noch in Kauffung vor 100 Jahren zu. Wenn der Ruf »Feuer im Ort« erscholl, lief jeder zur Brandstelle und half nach Kräften, aber Alarm, Ausbildung, Geräte waren unzureichend. So ging man in der Mitte der 1880 er Jahre an die Bildung einer wohl vorbereiteten Feuerwehr. Geldsammlungen und Spenden schufen den finanziellen Grundstock. Anfang 1887 wurde bei der Hirschberger Firma Draber eine Feuerspritze gekauft, feierlichst mit Pferdezug eingeholt und am 8. Febr. 1887 der 'Freiwillige Feuer-Rettungsverein' in Kauffung mit 50 Mitgliedern gegründet. Der Verein übernahm die Löschpflicht in der Gemeinde:
Bei Feuergefahr Leben und Eigentum der Bewohner von Kauffung und nächster Umgebung nach Kräften zu schützen. Zu den Gründern gehörten Inspektor Seidel, Bauerngutsbesitzer Heinrich Langner, H. Hoferichter, F. Stacher, Friedrich Wende, Wilhelm Püschel, Traugott Bruchmann u. a. Für das Ober- und Niederdorf wurde je eine Abteilung gebildet. Der Abteilung des

120

Werkfeuerwehr des Kalkwerk Tschirnhaus in Kauffung a. d. Katzbach.

Oberdorfes wurde schon 1888 vom Breslauer Stadtrat von Korn, der das Gut Stöckel u. a. gekauft hatte und mit dem Aufbau des Kalkwerks Tschirnhaus begann, eine Feuerspritze zur Verfügung gestellt. So besaßen Dorf und Wehr schon 1888 zwei *Handdruck*spritzen als der damaligen Technik entsprechenden Ausrüstung.

Zur Gestellung der Gespanne waren die Bauern reihum verpflichtet, mußten sich also darauf einstellen. Versteht sich, daß ungeachtet der Pflicht der Nächstliegende zuerst zur Stelle war.

Die Wehr hatte sich bald bei Einzelbränden im Ort und der Umgebung zu bewähren; Klein Helmsdorf und Hohenliebenthal werden genannt. Bei dem Zeitbedarf für Verständigung/Alarm und Pferdezug war die Aufgabe auswärts wohl vorzüglich, das Ausbreiten eines Brandes zu verhindern. Im Folgenden sind nicht alle Löschhilfen/Brände erfaßt; manche Jahre sind übersprungen.

1892 27. 5. Löschhilfe bei Großfeuer im abgelegenen Bergstädtchen *Altenberg*. 23 Besitzungen wurden ein Raub der Flammen. Trotz und gerade wegen der schlechten Wasserverhältnisse hat die Wehr ihre Feuerprobe bestanden.

1893 Erfahrungen ausgewertet und Ausbildung vertieft.

1894 Steigerturm nahe beim alten Gemeindehaus eingeweiht.

1895 /98 Mehrfach zu Einsätzen in Nachbarorten gerufen: Hohenliebenthal, Röversdorf, Alt-Schönau, Tiefhartmannsdorf. Auch am Ort selbst. Ferner Neu-Stechow bei Schönwaldau 12 km und Blasdorf bei Liebau/Schömberg im Kreis Landeshut 25–30 km; Beim Einsatz in Blasdorf muß es sich um ein außergewöhnliches Vorkommen gehandelt haben, da die Wehren in der entfernten Kreisstadt Landeshut und anderer näher gelegener Orte nicht ausreichten. Brandwache über mehrere Tage?

1899 7. März Großbrand im Niederdorf, '...bei dem innerhalb einer Viertelstunde viele Gebäude im Niederdorf brannten... Mutiges Vorgehen des seinerzeitigen Obersteigers Ernst Tschentscher. Die ungeheuren Anstrengungen der Wehr und der auswärtigen Wehren wurden von der Bevölkerung wie den Behörden voll anerkannt. Noch größeres Unglück konnte verhütet werden.'

1901 / 02 Einsätze außerhalb des Ortes

1904 Anschaffung einer fahrbaren und tragbaren Schiebeleiter, deren richtiges Handhaben viele Übungen erforderlich machte. Löschhilfe in Ketschdorf und Klein Helmsdorf.

1905 15. 8. Brand der Siegert'schen Holzremise
19. 11. Brand des Dominiums Alt-Schönau

Um 1915 Brand eines Anwesens im Niederdorf; zündelnde Kinder! Der Junge hat's mir selbst erzählt.

Nach dem ersten Weltkriege zählte die Wehr 350 aktive und passive Mitglieder.

Um 1920 Brand eines Häusels am Berghang neben altem Gemeindehaus.

Um 1925 Brand eines Anwesens neben dem Lehngut.

1928 Mannschaftswagen erhalten

1929 15. 12. Oberabteilung übernimmt Gerätehaus mit Steigerturm neben Domsbauer (nach 1945 wegen Straßenbau abgerissen).

Ende 20er Jahre Waldbrand im Siegert'schen Steinbruch

1930 Das Jahr der Brände
2. 7. Schloß Stöckel – K.
15. 9. in Alt-Schönau (Glaubitz)
20. 9. Schuppenbrand im Seitendorf
21. 12. Schachtofen im Kalkwerk Tschirnhaus
Diese Brände waren Anlaß zur Modernisierung.

1931 15. 3./22. 7. Die Niederabteilung übernimmt die von der Firma Schubert in Hartau bei Hirschberg gelieferte Motorspritze und anschließend den Motorzugwagen.

1931 4. 9./14. 2. 1932 Brände auf Dominium Heiland-Kauffung

1933 Anfang wird der Motorisierung folgend zur besseren Löschwasserversorgung unterhalb des Ortsteils Viehring ein Löschwasserbecken geschaffen.

1936 30. 6. Die Werksfeuerwehr des Kalkwerks Tschirnhaus wird als dritter Löschzug mit eigener Motorspritze in die freiwillige Feuerwehr eingereiht.

1937 Feier des 50jährigen Bestehens,
zugleich Dank für Dienstfreudigkeit und Einsatzbereitschaft der Wehrmänner wie für Umsicht und Fleiß der Brandmeister und Vorsitzenden. Laufend Übungen, auch im überörtlichen Rahmen, z.B. bei Kreisfeuerwehrfesten. Geselligkeit gehörte wie überall dazu...

»Die Freiwillige Feuerwehr Kauffung hat aufgehört zu bestehen. Wieviel Opfer an Zeit und Geld vom Einzelnen in diesen fast 60 Jahren gebracht worden sind, läßt sich nicht ermessen. Immer und zu jeder Zeit durften die Kauffunger stolz sein auf ihre Wehr und deren Leistungen.« Möge die ehrenamtliche Tätigkeit (es gab damals weder Feuerwehrabgabe, noch ein Aufwandsgeld) ein Ansporn für die Enkel sein!

– Dieser Beitrag beruht auf einem mehrseitigen Erinnerungsbericht des früheren Gemeindevorstehers Gustav *Teubner* –

Bei dem Brand des Stöckel-Schlosses am 2. 7. 1930 kam Guiseppe/Josef *Licci* als freiwilliger Feuerwehrmann ums Leben. Er gehörte zu einigen um 1900 beim Bau der Kalkwerke/Schornsteine zugewanderten Italienern und arbeitete als Bohrer in den Steinbrüchen am Kitzelberg.

Last und Bewährung

Im 1. Weltkrieg 1914–1918

Bei seinem Beginn zu Anfang August 1914 war die Ernte im Katzbachtal noch im vollen Gange. Bald standen nicht nur die jungen Männer, sondern zumindest die Landwehr bis 35 Jahren im Felde. Frauen übernahmen Männerarbeit. Großeltern, Jugendliche, Kinder halfen verstärkt. Die Arbeitstage waren lang; zudem im Verlauf des Krieges die Uhren auf Sommerzeit gestellt wurden. Kein langer Feierabend. Trotzdem blieb Manches ungetan; Behelf, Einschränkung, Rückgang, Stillstand wie bei den Kalkwerken. Kriegswirtschaft…

Aus den Erinnerungen von Lehrer Filke: »Während des 1. Weltkrieges lastete die ganze Arbeit in der kath. Oberschule mit 80–100 Kindern allein auf meinen Schultern. Eine Art ziviler Kriegsdienst. Der Schulleiter stand von Anfang an im Felde, vermißt, Todeserklärung erst 1918. Im November 1915 wurde als Hilfe eine Kindergärtnerin aus Breslau zugeteilt. Die kath. Niederschule wurde 1917 einige Zeit und meine Schule 1918, als ich vorübergehend eingezogen war, geschlossen. Die Väter der Schulkinder waren zum Heeresdienst eingezogen, zu 98% Kalkarbeiter; die Mütter gingen zum größten Teil für die Väter ins Kalkwerk arbeiten. Deshalb wurde die Betreuung der Kinder auch außerhalb des Schuldienstes verbindliche Pflicht. Ferner hatten sich die Lehrer der schulentlassenen Jugend anzunehmen. Von den Schulen wurde gesammelt: Arzneikräuter, für Feldpostpakete, Laubheu für Futterzwecke, Brennesseln für Leinwand. Leseabende, Schul- und Gemeindeabende schlossen die Heimatfront zu einer großen Familie zusammen.«

Kriegsbetstunden und Trauerfeiern für Gefallene in den Kirchen.
Der Verfasser erinnert sich an:

Die Abnahme zweier Bronzeglocken vom Turm der ev. und einer Glocke vom Turm der kath. Kirche.
Ausbau und Ablieferung von Orgelpfeiffen wegen des Zinns,
Tausch der Kupferplatte des Blitzableiters am Turm sowie
kupferner Waschkessel und Küchengefäße in Eisen und anderes;
an Drahtspiralen statt Gummischlauch und Mantel an den Fahrrädern.

Als Ende November 1918 die Soldaten zurückkehrten, wurde ein feierlicher Gottesdienst gehalten. Ich habe die feldgrauen Männer am Eingang der Kirche noch vor Augen.

Im Herbst 1921 wurden in der ev. Kirche zwei Ehrentafeln mit den Namen der Gefallenen und Vermißten eingeweiht. 113 Männer.

Auch in der kath. Kirche wurde eine Gedenktafel angebracht. 1924 hat die Gemeinde ein würdiges Kriegerdenkmal aus Marmorkalksteinen und Granit errichtet. Gekrönt von einem Adler mit gesenkten Flügeln.

Namen der Gefallenen auf Granitplatten eingemeißelt.

Hier fanden die Gedenkfeiern am Volkstrauertag statt.

Das Denkmal *stand* im Niederdorf 300 m straßauf der Kirchen und ostwärts der Straße gegenüber dem Katzbachwehr mit Grünanlagen in einer Breite von 50 m. Bild und Bericht von Teuber in Heimatnachrichten *1959*, Nr. 3, S. 8. (Abbildung S. 249)

In der großen Inflation 1923

Die Verminderung des Geldwertes hatte mit allmählichen Preissteigerungen um Pfennige begonnen, vor dem ersten Weltkriege im Zuge der industriellen Entwicklung, dann verstärkt durch Krieg und Nachkrieg; *schleichend*, wie die Volkswirtschaftler sagen.

Ab Frühjahr 1923, besonders im Herbst, 'Galoppierende Inflation'. Löhne, Gehälter, die Gelder in der Ladenkasse, Bareinnahmen der Bauern waren wenige Tage nach Erhalt wertlos. Verkauf von Sachwerten wäre verschenken gewesen. So erging es der allseits beliebten Frau v. Busse, als sie um 1920 ihr Rittergut Lest-Kauffung (seit 1859 im Familienbesitz) verkauft hatte und dann in 'bitterer Armut' (Teuber) starb. Der Käufer zahlte eine Restschuld aus einem Holzeinschlag... Die Hochbrücke vom Röhrsbergwerk zur Hauptbahn ist inmitten der Inflation mit *Dollar* gebaut worden.

Ein währungspolitisches Anschauungsstück im Dorf.

Die *Mark* hatte ihren Tauschwert verloren.

Ergebnis für Kauffung: Die Landwirte hatten volle Scheuern.

                    Die Arbeiterschaft hatte Hunger.

Bei Beiden ging es um die Existenz!

Persönliche Erinnerungen: Das meinem Vater über Postscheckkonto zugehende Gehalt war bei Empfang im Oktober 1923 wertlos. So mußte er dem Stromkassierer erklären, daß er die Stromrechnung nicht bezahlen könne. Ich sehe den alten Meister Heller noch sitzen.
Meine Mutter schickte mich zu einer benachbarten Bäuerin nach einem halben Brot. Der Blick, mit dem mir Frau Kambach das Brot und eine dicke Butterstulle für mich gab, gehört bis heute zu den Kindheitserinnerungen. Kinder aus dem im Januar 1923 von Frankreich besetzten Ruhrgebiet und aus Berlin wurden vorübergehend von bäuerlichen Familien aufgenommen.

Am 20. Oktober 1923 kam es zum Zusammenstoß zwischen Arbeitern und Landwirten im Ort. Tätlichkeiten – Schutzpolizei aus Liegnitz... 'Der schwarze Tag'.

»Auch besonnene Arbeiter verloren die Nerven. Als Kommerzienrat Elsner, der Generaldirektor vom Kalkwerk Tschirnhaus, Schweine schlachten und Brot austeilen ließ, trat bald Ruhe ein«, erinnerte sich Lehrer Filke.

Der Lohn wurde nun nicht mehr in Milliarden oder Billionen Mark, sondern in Gutscheinen für *einen* Zentner Kalk ausgezahlt. Kaufleute und Bauern erhielten von den Werken bei Vorlage den jeweiligen Tagespreis des Kalkes. Ich sagte mir als bald 13jähriger: »Warum ist der rettende Gedanke erst *nach* dem Unglück gekommen.« Dies war mir und gewiß vielen anderen eine Lehre für's Leben, Belange aller Volksschichten zu bedenken.

Am 19. November 1923 war dann mit der Umstellung eine Billion Mark = 1 Renten- bzw. Reichsmark der Höllenspuk vorüber. Freilich allen Zeitgenossen blieb die große Inflation in den Knochen stecken. Auch bei uns gab es Einwohner, die um ihre als Altersversorgung gedachten Ersparnisse gebracht waren: 'Kleinrentner', arm dran...

Während der Massenarbeitslosigkeit um und nach 1930

Arbeitslose gab es bereits in den 1920er Jahren. So auch in Kauffung. Im Deutschen Reich 1926: 2 Mill. 1927/28 1,3 1930: 3,1 1933: 4,8. Zahlen für Kauffung sind nicht mehr zu erhalten. Nach Erinnerung von Kauffungern in der allgemeinen Wirtschaftskrise zu Beginn der 1930er Jahre: »Viele, viele!« Mit Bestimmtheit mehrere Hundert Arbeitslose. Das bedeutet bei fast 1000 Haushaltungen im Ort rechnerisch in jedem 2. Haushalt ein Arbeitsloser. Die Werke, jedenfalls Tschirnhaus, waren bemüht, jahrelange Arbeitslosigkeit, bei der sich wie jetzt die Unterstützung verminderte, zu vermeiden. In diesem Sinne wurde im Wechsel, gewissermaßen schichtweise, gekündigt und wieder eingestellt. Trotzdem entstand *über ein* Jahr hinausgehende Arbeitslosigkeit. Gustav Teuber, damals Ortsvorsteher, wußte noch, daß eine große Anzahl

»Wohlfahrtsunterstützungsempfänger sich Woche für Woche ihre kärglichen Pfennige von der Gemeinde zahlen lassen mußten, um wenigstens das nackte Leben fristen zu können.« 'Wohlu' waren Arbeitslose, die wegen längerer

Arbeitslosigkeit keine Leistungen mehr aus der erst seit Anfang der 1920er Jahre bestehenden Arbeitslosenversicherung erhielten und deshalb vom Wohlfahrtsamt (jetzt Sozialamt) unterstützt wurden.

»Mein Mann war zu der Zeit arbeitslos, und es gab die Woche sechs R-Mark Stempelgeld, und das war unser Anfang. Trotzdem sind wir so alt geworden«, schrieben Goldene Hochzeiter jetzt über Anfang 1933.

Zu bedenken ist, daß damals die Männer zumeist Alleinernährer der Familien waren, weil Hausfrauen selten gleichzeitig eine außerhäusliche Berufstätigkeit ausübten. Man sprach dann sogar erbost von Doppelverdienern. Gewiß werden unter den Arbeitslosen auch ledige, in der Familie lebende Söhne und Töchter gewesen sein. Insgesamt traf Arbeitslosigkeit damals die Familien ungleich schwerer als jetzt. Man versuchte zu helfen: Durch öffentliche Arbeitsbeschaffung und irgendeine allgemeine Fortbildung oder sonstige Beschäftigung der arbeitslosen Jugendlichen. In 'Produktiver Erwerbslosenfürsorge' wurden Wege und Straßen gebaut. Im Rahmen einer solchen Maßnahme wurde die in der Ortsmitte beginnende Blümelgasse über die Elsnersiedlung hinaus als richtige Straße bis zur Gemarkung Kammerswaldau ausgebaut. Bei Fortführung bis zu diesem benachbarten Gebirgsdorf wäre die Straßenverbindung nach Hirschberg um 8 km verkürzt worden. Wurde aber nicht weitergebaut.

Kauffung a. d. Katzbach.
Dreihäuser und Mitteldorf mit Blick auf den großen Mühlberg.

Förster *Hein* gründete damals den *Segel*sportverein, in dem Jugendliche und junge Leute viel Möglichkeit für Werkarbeiten geboten wurde. Lehrer gaben arbeitslosen Jugendlichen Anregungen mit Sport, Spiel und Wandern. Auch mehrtägige Unterbringung in Heimen mit Vorträgen, z. B. geschichtlicher Art; warmes Essen! Geistliche beteiligt. Letztlich bedeuteten diese Hilfen Tropfen auf den heißen Stein. Allgemeiner Stillstand des Wirtschaftslebens in allen seinen Zweigen, auch in Handwerk, Handel, Landwirtschaft...

Es waren einmal neun Güter

Elbel, Lest, Stimpel, Stöckel, Tschirnhaus, Heiland, Niemitz, Mittel- und Nieder-Kauffung mit Lehngut
                 – Dominien = Rittergüter –
Schlicht dörflich: 'Uffm Hofe'

> Größere landwirtschaftliche Betriebe, im Laufe der Zeit entstanden. Zumeist mehrere 100 ha Felder, Wiesen, Wald, in geschlossener Lage. Erheblicher Bestand an Pferden, Rindvieh, Schweinen, Federvieh. Weitflächiger Hof mit Ställen, Scheunen, Werkstätten. Gutsarbeiter, Vogt, Inspektor. Herausgehobene soziale Stellung des Eigentümers oder Pächters. Erzeugung von Getreide; Vieh, Milch, für Städte und Industriegebiete. Schloß, Häuser und Wohnungen für die Gutsarbeiter, Inspektorenhaus.

Mir träumte, mit meinen Enkeln durch Kauffung zu wandern (mit zweien war ich vor Jahren dort). Wir kamen von der Katzbachquelle oder vom Rosengarten und dem 'Feige' genannten Paß zwischen Bober- und Katzbachtal beim Seiffenbach herein, an der Bussegruft vorbei. Standen auf dem weiten *Lesthof*. Ich erzählte vom früheren Tun und Treiben, als noch Pferde und Kühe in den Stallungen lebten, Schweine grunzten, Federvieh sich auf dem Hof tummelte und Tauben gurrten. Wir betrachteten das wohl um 1870 gebaute Schloß in seiner wuchtigen quadratischen Bauweise. Ich erinnerte mich an die hohen Buchen, die noch um's Jahr 1920 im Park standen, an Frau von Busse als damalige Gutsherrin, die sich beim Verkauf nur ein Stück vom Kellerberg mit der Gruft behielt.

Elbel zeigte ich und sprach vom längst verschwundenen *Stimpel*. Zugehöriges Land: Bis zur Katzbachpforte, den Kellerbergen und den Hängen nach Kammerswaldau.

Wir kamen zu *Stöckel* am Fuße des großen Mühlberges mit Blick zum Kitzelberg. Freuten uns an der Heiterkeit seines aus dem 18. Jh. stammenden Schlosses. In einer aquarellierten Radierung aus der Biedermeierzeit vom Künstler F. A. *Tittel* (1770 bis 1830) festgehalten. Ein eingezeichnetes schmales Nebengebäude mit schmuckvollem barockem Türmchen darf man als Hauskapelle deuten.

Das *Schloß* wurde 1890 im Stil der deutschen Renaissance mit hoher Turmspitze umgebaut. Nach einem Brand 1930 bald wieder ähnlich, jedoch der Turm mit Zeltdach, aufgebaut. Efeuumrankt. Weiter Park und Wirtschaftshof mit großen Stallungen (nach einem Brand 1850 gebaut) fielen auf. Die Felder lagen zumeist im Erlenbachtal Richtung Altenberg, aber auch am Hange des Kitzelbergs. Wir suchten die Gruft der Familie von Bergmann am Waldrand auf. Weiter ging's am *Tschirnhaushof* vorbei. Von der Landwirtschaft zur Industrie. Der Name blieb in und trotz der völlig veränderten Umwelt. Wie würden sich die Altvorderen wundern!

Der Gutshof von *Heiland,* sein flachdachiges Schloß, ist wohl auch um 1870 gebaut worden und ähnelt mehr einer damals üblichen

großbürgerlichen Villa; inmitten der Kalkwerke vom Röhrsberg, Kitzelberg und Silesia. Auch dieses große Grundstück mauerumgeben. Wir gingen ein Stück nach Osten auf die Felder hinaus den kalksteinigen Weg, auf dem bis zum Straßenbau um 1852 *vier*spännig Getreide nach Jauer gefahren wurde. »Viel Steine gabs und wenig Brot«, kam uns in den Sinn.

Nun waren wir in der Mitte des Dorfes angelangt. Bei der langen Wegstrecke durch das Niederdorf kamen Fragen auf:

In der Regel hatte doch jedes Dorf nur – *ein* – sein Gut, allenfalls zwei oder auch drei Dominien mit kleinerer Fläche. Wie erklärt sich die ungewöhnliche und einmalige Tatsache von *neun* Gütern in Kauffung neben einem zwar verminderten, aber immer noch beachtlichen Bestand von über 20 bäuerlichen und zahlreichen kleineren landwirtschaftlichen Betrieben?
Wann sind diese Güter entstanden?
Durch wen? Wer hat dort gelebt, gewirtschaftet, gearbeitet?
Wie war's mit dem Land?
Wie sind die Namen entstanden?

Dann sahen wir auf leichter Anhöhe westlich von Katzbach und Dorfstraße Schloß *Niemitz,* ansehnlich und doch schlicht. In der Grundanlage aus der Zeit vor 1800 stammend, nach einem Brande 1816 samt einigen Wirtschaftsgebäuden in jetziger Gestalt aufgebaut (Bericht F. v. Gersdorff um 1960). »1863/64 sehr verschönert, mit Schieferdach versehen und einen Turm darauf gebaut, in dessen Knopf Urkunden eingelegt wurden« (Aufzeichnung Kantor Pohl). 1913 Wasserleitung! Ein richtiger Landsitz. Weitläufiger, planmäßig angelegter Wirtschaftshof, von Gebäuden dicht umschlossen, offen zu den im Westen angrenzenden Feldern und zum kleinen Mühlberg; Land auch ostwärts der Katzbach zum Amrich hin.

Früherer Gutshof Tschirnhaus und die späteren Werkshäuser des Kalkwerk Tschirnhaus

Weiter ging's die Straße herab. Von der oberen Kirchbrücke aus sahen wir in voller Breite den weiten Park von Schloß *Mittel*-Kauffung mit dem Rundturm.

GESCHICHTSTRÄCHTIG: Im 14. Jahrhundert befestigter Rittersitz mit Zugbrücke, wie im geschichtlichen Abschnitt beschrieben. Rundtürme als Wahrzeichen des ausgehenden Mittelalters, aus dem auch Grundmauern und Bogengewölbe des Schlosses stammen. Uralte Mauern aus Feldsteinen (Schilderung von Karin Schaefer-Schultz in Heimatnachrichten 1976, Nr. 7, S. 76/77).

Das uns bekannte Schloß/Haus Dr. Schultz wird aus der lebensfrohen Barockzeit um 1700 stammen. Von den großen Dorfbränden 1753 und 1792 wurde das aus Stein gebaute und etwas abseits gelegene Schloß nicht berührt.

Auch Häuser haben ihre Schicksale:

Jahrzehnte nach dem 30jährigen Kriege lebte hier der vormals Kaiserliche Rittmeister von *Sack,* der im Auftrag des schlesischen Adels mit zwei anderen Herren beim Kaiser in Wien Religionsfreiheit für die Evangelischen erwirken sollte.

Nach 1800 war hier der große *Gneisenau* (später Feldmarschall) ansässig. Vielleicht sind die alten Buchen von ihm gesetzt worden. Bauliche Maßnahmen am Haus hat er nicht erwähnt.

Schließlich Eigentum Dr. Schultz, dem letzten deutschen Arzt im Katzbachtal...

Wir gingen zur angerähnlich verbreiterten Straße, dem Mittelpunkt des Dorfes, obwohl nach den Entfernungen (2 km talab, aber 5 km bergan) nicht in der Mitte gelegen. Brauerei, Mühle, beide Kirchen, Schulen, Pfarrhäuser. Auch hier *Berge ringsum.*

Endlich das *Niedergut* mit alten und neuen, wohl um 1900 nach dem großen Brand errichteten Wirtschaftsgebäuden. Manche verwinkelt, geeignet für den Skizzenblock. Der Maler-Onkel öffnete mir den Blick für dererlei. Inspektor- und Landarbeiterhaus. Die Kastellanei am Eingang zum Schloß deutet schon vom Namen her in die Vergangenheit. Das Schloß in den Grundanlagen, ebenfalls aus dem 18. Jahrhundert stammend, wie im *Märchen*, mit Zinnentürmchen und Teich, wie bei einer Wasserburg.

»In den Jahren 1858 bis 1860 wurde dies Schloß sehr verschönert, mit Türmen versehen, der Hof ganz verändert und herrliche Gartenanlagen gemacht«, ist zeitgenössisch aufgezeichnet.
Felder und Wiesen im Westen bis zum 'Brandwald' und über die Katzbach nach Osten.
Wir machten einen Abstecher zur früheren Grablege hinter dem westlich gelegenen Raubschloß, jenseits des Lauterbachs, mitten im Wald. Noch in den 1920er Jahren wurde dort eine Baroness aus dem auch in Kauffung ansässig gewesenen Geschlecht von Zedlitz beigesetzt.
Kurz vor Alt-Schönau das *Lehngut*, auf einer Anhöhe oberhalb der Niederwiesen. Steinbogenbrücke über die Katzbach und Torbogen verdienen Denkmalschutz. Schwungvoll, wie das im Landhausstil 1858 gebaute Schlößchen.

Anmerkung: Einige Angaben sind entnommen: Zedlitz 1828 'Staatskräfte', S. 289: »Kauffung hat mehrere Schlösser und herrschaftliche Wohnhäuser«. Knie 1830 'Schlesien', S. 323 und Ausgabe 1836, S. 59: »Vier herrschaftliche Schlösser«. Die von Zedlitz genannten herrschaftlichen Wohnhäuser waren vermutlich die Vorläufer der Schlösser von Lest und Heiland-Kauffung.
Die Angaben über Baujahre, Brände und bauliche Maßnahmen von 1780 bis 1864 beruhen auf den handschriftlichen, zeitgenössischen Aufzeichnungen des damaligen Pastors und des Kantors. Die uns bekannten Schlösser von Lest und Heiland sind darin noch nicht erwähnt.
Die Wirtschaftsgebäude aller Güter dürften zumeist aus dem 19. Jahrhundert stammen.

Nun sind wir über die Reihenfolge längs der Katzbach wie über die Ansichten der sechs Schlösser im Bilde und es bleibt von der Geschichte der Dominien zu erzählen. Elbel, Stimpel, Tschirnhaus gehören der Vergangenheit an; ihre Gutshöfe und Wohnbauten bestehen seit langer Zeit nicht mehr oder sind anders verwendet.
Wir waren zurückgegangen, saßen am Hang östlich der Kirche, die Berge in aller Schönheit vor uns: Den Amrich nach Südosten, großen Mühlberg und Kitzelberg mit den Steinbruchterrassen als Landmarke nach Süden, den Schafberg im Südwesten, kleinen Mühlberg, Hogolie, Freudenberg im Westen, Hügel und Berge nach Norden.
Berge ringsum. Als Aussichtsplatz ist auch die Südostecke des Parks von Mittel-K./Dr. Schultz zu empfehlen, man hat dort den Kitzelberg unmittelbar vor Augen.

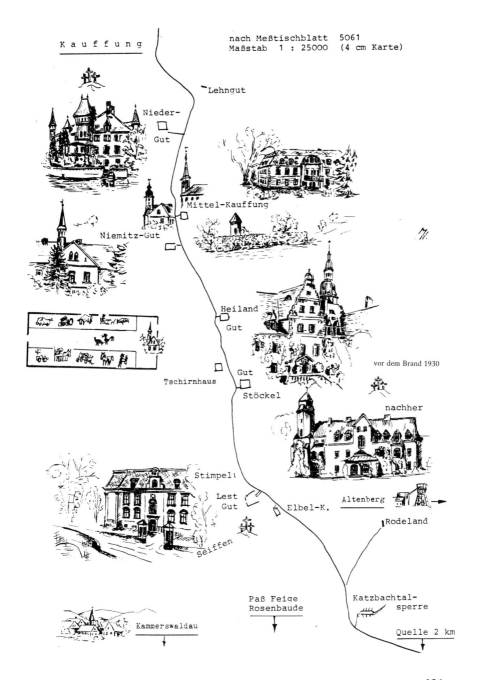

K a u f f u n g

nach Meßtischblatt 5061
Maßstab 1 : 25000 (4 cm Karte)

Lehngut

Nieder-

Gut

Mittel-Kauffung

Niemitz-Gut

Heiland

Gut

vor dem Brand 1930

Tschirnhaus

Gut

Stöckel

nachher

Stimpel

Lest

Gut

Elbel-K.

Altenberg

Seiffen

Rodeland

Paß Feige
Rosenbaude

Katzbachtal-
sperre

Kammerswaldau

Quelle 2 km

131

Kauffung a. d. Katzbach. Schloß Nieder-Kauffung.

Mittel-Kauffung könnte als *Rittersitz* auf die Ansiedlungszeit im 13. Jh. zurückgehen. Die anderen Dominien waren zwischen 1300 und 1500 entstanden.
Manche haben oft den Eigentümer gewechselt. Ein Geschlecht von *Redern*
lebte 300 Jahre in Kauffung. Die Entwicklung ist in dem geschichtlichen
Abschnitt 'Entstehen der Güter' geschildert. Schließlich blieb ein Familienna-
me oder anderes Merkmal am Gute haften, wurde zu seinem Namen und
schließlich dem des Ortsteils. Über die Herkunft dieser Namen hat Stockmann
in der 'Geschichte des Dorfes', S. 9, berichtet.

Elbel »Es heißt nach einer Familie, die es nach 1600 besaß«

Lest »nach einem Besitzer um 1675«

Stimpel »nach der alten, beim Obergut schon 1391/1437 genannten Familie«

Stöckel »der Name rührt aus der Bezeichnung 'das Stöckel' (seit 1549) her,
worunter wir uns ein Bildstöckel vorzustellen haben«, bei dem die
Bewohner des Oberdorfes wegen der weiten Entfernung zur Kirche
(2½ km) ihre Andacht verrichten konnten.

Tschirnhaus »nach dem Besitzer um 1680 genannt«

Heiland »nach dem Besitzer um 1755«

Niemitz »einst um 1680 im Besitz der Frau Barbara Niemitz, geb. v. Zedlitz«

Mittel-Kauffung

Niedergut

Lehngut »1645 genannt, von Mittel-Kauffung abgezweigt«; lehnsrechtlich
übergeben, also nicht zu Eigentum, aber frei von Abgaben und Diensten. Ab 1720 mit dem Niedergut verbunden.

132

Als Eigentümer dieser Dominien erscheinen bei häufigem Wechsel die Namen *v. Seidlitz, v. Zedlitz, v. Bothmer, v. Beuchel, v. Scheel* und manche andere; seit 1800 und später *v. Busse, Fitzner, v. Bergmann, Hoßmann, Reisner, v. Üchtritz, v. Gersdorff, Niebelschütz*
Wie in allen Zeitläufen üblich, gab es Änderungen der Besitzstände. Mancher bäuerliche Hof wurde noch aufgekauft. Wüstungen?

Entwicklung der Güter/Dominien ab 1750

Ab Mitte des 18. Jahrhunderts werden Güter mit anderen Dominien vereinigt oder hören im 19. Jahrhundert und später auf zu bestehen.
Häufiger Wechsel fällt auf. Nur *Niemitz* verbleibt ab 1803 in der Hand einer Familie.

1753 *Tschirnhaus* wird mit Stöckel vereinigt.

1794 *Stimpel* mit Lest vereinigt. 1822 brennt der Gutshof von Stimpel ab und wird nicht wieder aufgebaut.

1831/33 kommen die Güter *Heiland* und *Mittel*-Kauffung zur Versteigerung; dabei werden für Mittel-Kauffung nur 30.610 Taler erlöst.

1837 *Mittel-K.* wird aufgeteilt 'auf 42 in- und auswärtige Wirte'; gewiß auch an die kleinbäuerlichen Betriebe und Häusler im Viehring, wie nach Klein Helmsdorf.
Sein Schloß mit Park wechseln mehrfach den Eigentümer und haben seit Mitte der 1920er Jahre dem Arzt Dr. *Schultz* gehört, so daß gerade dieser Besitz gut bekannt war.

1840 *Elbel* gleichfalls mit Stöckel in einer Hand (von Oberamtmann Hellmann, bzw. dessen Witwe gepachtet).

1862 Die Güter Stöckel mit Tschirnhaus und Elbel werden vom Großherzog von *Oldenburg* erworben. Verpachtet!

1885 werden diese drei Güter von dem Breslauer Stadtrat *v. Korn* gekauft und einige Jahre später seinem Schwiegersohn Richard von *Bergmann* übergeben.
In der Folge wird der *Kitzelberg* mit dem nötigen Land im Ort, so auch dem Tschirnhaushof, herausgelöst und das Unternehmen *Kalkwerk Tschirnhaus* gebildet.

Um 1925 *Lest* wird mit Tschirnhaus verbunden. Acker verpachtet an R. Ulke. 213 ha, davon 60 ha Acker, 31 ha Wiesen/Weiden, 109 ha Wald zu Stöckel.
Der bis dahin noch bestehende Gutshof Elbel wird aufgegeben und gewerblich genützt. Bereits um 1900 einige Flächen an Bauern übereignet.

1921 Das *Niedergut* mit dem Lehngut wird von der Familie *v. Bergmann* erworben.
426 ha, davon 150 ha Acker, 45 ha Wiesen/Weiden, 217 ha Wald. Nach Mitte der 1920er Jahre Landwirtschaft an Hellmann (Sohn), an Nickel u.a. verpachtet. 1936 Land ostwärts Katzbach an langjährige Pächter verkauft.

Da waren's nur noch *Drei!* Ist man versucht zu sagen.

Stöckel   *Heiland*   *Niemitz*

Die Ursachen der Aufgaben werden verschiedener Art gewesen sein

- Persönliche Gründe, z. B. mangelnde Eignung oder andere Berufsvorstellungen
- Krankheit, Tod
- Wirtschaftliche Gründe, weil das Gut als Dominium in der heraufziehenden neuen Zeit zu klein, für einen bäuerlichen Betrieb aber zu groß war.
- Industrialisierung
- Sog einer Wirtschaftskrise. Grenzertragsböden.

Die Ritterschaft hatte ihren öffentlichen Dienst getan.

Umgekehrt werden besondere Neigung zur Landwirtschaft oder wirtschaftliche Überlegungen den Erwerb eines weiteren Gutes veranlaßt haben.

Verbliebene Rechte und Pflichten

Schlesisches *Auenrecht*

Herkömmlich gehörte zum Dorfgut/Dominium die *Talaue,* also Bach oder Fluß mit Uferrändern und anliegendem Land – meist ungenutzt, oft überschwemmt – bis zum Dorfweg/Straße oder den Gehöften. Daraus ergab sich z. B., daß der Fischfang im Fluß dem Gut zustand – in Kauffung auf die verschiedenen Dominien aufgeteilt – und daß zum Hausbau in der Talaue die Zustimmung der Grundherrschaft nötig war. In Kauffung sind darüberhinaus von der Katzbach entfernte Häuser, z. B. in der Nähe des späteren evangelischen Kirchplatzes, als *Auenhäuser* mit laufender Abgabe/Pachtzins an die Grundherrschaft bezeichnet worden. Vermutlich waren dies vom Gut überlassene Bauplätze. Ein Großteil der kleinen Anwesen der Häusler, immerhin um 1740 etwa 130(!), wird auf der Talaue gestanden haben.

Auf das Auenrecht konnte von der Grundherrschaft nicht verzichtet werden, weil damit die öffentlich-rechtliche Belastung des Patronats verbunden war.

Patronat und Kollatur

Ebenfalls mit dem Dominium/Rittergut war von altersher zumeist das *Kirchenpatronat* verbunden, d. h. die Verpflichtung für die Erhaltung der Kirche zu sorgen und andererseits die Berechtigung, Rechnungslegung zu fordern sowie bei der Berufung der Geistlichen und anderer Kirchenbediensteter mitzuwirken.

Wegen der früheren Verbindung von Kirche und *Schule* hat sich das Patronat auch auf die Schule bezogen.

Baulasten waren nach festgelegten Anteilen vom Patronat und den übrigen Dorfeinwohnern aufzubringen, soweit das Kirchenvermögen nicht ausreichte.

Eine Abwandlung vom Patronat war die Kollatur für evangelische Bethäuser/ Bethauskirchen im schlesischen Gebirge. Diese Bethäuser waren von der Einwohnerschaft der Dörfer und Städte zusammen mit den Besitzern der Güter gebaut worden; die Grundherrschaften übernahmen die Mitträgerschaft.

Patronat und Kollatur galten unabhängig vom Bekenntnis des Eigentümers des Dominiums und minderten sich durch Abverkauf von Flächen nicht.

In Kauffung oblag den Dominien/Rittergütern gemeinsam
– das Patronat über die katholische Kirche
– die Kollatur über die evangelische Kirche. Baulast ⅔ das Dorf,
  ⅓ die Güter

Hierzu hat der Gerichtsschreiber 1844 berichtet:
»Das Kirchensystem, sowohl evangelisches wie katholisches, ist observanzmäßig ein verschmolzenes, dergestalt, daß sämtliche Gemeindeglieder zu beiderlei Bauten ⅔, die Dominien hingegen ⅓ der Kosten beitragen« (bei Stockmann, 'Geschichte', S. 85).

Die Abgrenzung von Rechten und Pflichten im Einzelnen hat sich im Laufe der Jahrhunderte und der Jahrzehnte um 1900 verschoben. Änderungen ergaben sich, als 1853 eine katholische Pfarrgemeinde entstand und als 1875 für die evangelischen Kirchengemeinden in Preußen stärkere Mitwirkung/ Selbstverwaltung eingeführt wurde. Daraus und im Zusammenhang mit den Schulbauten infolge der Industrialisierung um 1900 entstanden finanzielle Fragen und ernste Meinungsverschiedenheiten. Der damalige Pastor Stockmann hat sich sehr damit befassen müssen; dargelegt in zwei Schriften.

Die Verpflichtungen für die Schulen wurden erst um diese Zeit neu geregelt. Wer sich näher damit befassen will, muß sich in die früheren Lebensverhältnisse hineindenken.

Zu den drei ab Mitte der 1920 er Jahre noch selbst bewirtschafteten *Gütern:*

Stöckel stand seit 1885 im Eigentum der Familie v. Bergmann. Nach dem Tode von Heinrich v. Bergmann führte seine Witwe Johanna Sylvia v. Bergmann, geb. Freiin v. Forstner den Betrieb weiter.
474 ha, davon fast 100 ha Acker, 34 ha Wiesen, 41 ha Weiden und fast 300 ha Wald.
Stammherde des schwarzbunten Niederungsviehs und des deutschen Edelschweins. Bullen- und Eberverkauf.
Unter russischer und polnischer Besetzung arbeitete Frau v. Bergmann im Milchkeller des Guts und in der Küche des Krankenhauses. Ausweisung 7. Mai 1947. † 26. Mai 1970 in Esslingen.
Heiland nach dem 1. Weltkrieg von einem Ehepaar *Reißner* erworben und ab Mitte der 1920 er Jahre von Frau Carla Reißner, geb. v. Kaltenborn, allein und tatkräftig wie ein Mann bewirtschaftet.
118 ha, davon 76 ha Acker und je 11 ha Wiesen und Weiden (mit Wasserleitung), 15 ha Wald.

Schwarzbuntes Niederungsvieh (Herdbuch). Saatgutvermehrung. Deutsches Edelschwein. Bullen-, Eber- und Zuchtschaf-Verkauf. Württembergische Schafe, eine Herde von 300 Stück, hütete für die Weidgenossenschaft der Schäfer *H. Haude.*
Karger Boden. Als *Erbhof* anerkannt. Frau Carla R. gab als Beruf »Bäuerin« an.

Aus besonderen Umständen war der Hof in den letzten Kriegsjahren *pacht*weise von einem Landwirt im Ort bewirtschaftet worden.

Frau Reißner war bis zum Sommer 1945 in Kauffung, danach zunächst in München, verstorben Ende 1974 in Traunstein/Obb.

Niemitz gehörte sei 1806 den Familien v. Üchtritz und Steinkirch/Niebelschütz/v. Gersdorff. Der um 1900 lebende v. Gersdorff war noch zugleich »königlicher Regierungsrat« am Regierungspräsidium in Liegnitz; also die damals oft übliche Verbindung zwischen höherem Verwaltungsdienst und Rittergut.

370 ha, davon 110 ha Acker, 31 ha Wiesen, 22 ha Weiden, rund 200 ha Wald.

Stammherde des rotbunten Niederungsviehs. Bullenverkauf, Schweinezucht und -mast. Beteiligung am Kalkwerk Siegert.

Der letzte Eigentümer *Rudolf* v. Gersdorff war als tüchtiger Landwirt (so auch seine Berufsbezeichnung) bekannt und um die öffentlichen Belange in Ehrenämtern bemüht. Um 1930 war er eine zeitlang Kreisdeputierter = Vertreter des Landrats. Rudolf v. Gersdorff war auch während der russisch-polnischen Besetzung im Ort geblieben. U. a. Schlepperfahrer auf polnischen Befehl. Ausweisung 28. Juni 1946.

Er ist 1962, nach zwischenzeitlicher Verwaltung eines Gutes bei Trier als Stiftsamtmann in Fischbeck/Weser gestorben. Nachruf in Heimatnachrichten 1962, Nr. 12, S. 12.

Die Angaben zu Flächen und Viehhaltung sind dem Schlesischen Güter-Adreßbuch von 1937 entnommen.

Alle Güter bewirtschaftet unter eigener Leitung mit Inspektor und Vogt, Gutsarbeitern, Hofefrauen. Entlohnung, hauptsächlich in *Deputat* = Naturalien, die soweit nicht für den eigenen Bedarf benötigt, verkauft wurden. Der kleinere Teil des Lohnes wurde in bar gezahlt.

Wohnung zumeist in gutseigenen Häusern. Bei Arbeitsspitzen, in der Getreide- und Kartoffelernte zumal, arbeiteten Familienangehörige der Gutsarbeiter sowie sonst nicht außer Haus tätige Frauen verstärkt mit. Längere Arbeitszeit. Zuverdienst. Keine ortsfremden Kräfte/Schnitter. Betagte Gutsarbeiter lebten im Familienverband.

Rittergüter und Bauernland

Gemarkungsfläche von Kauffung 3.100 ha = 31 Quadratkilometer. Davon gehörten vor der Industrialisierung um 1900 über die Hälfte, 1760 ha, zu den Gütern/Gutsbezirken. Ab Mitte der 1920er Jahre wurden mit den drei vorgenannten Gütern nur noch fast 1000 ha = 10 qkm = ⅓ der Gemarkung von den Eigentümern der Güter selbst bewirtschaftet. Neuentwickelt hatte sich die herausragende wirtschaftliche Kraft der vier Kalkwerke. Eine große Anzahl von Hauseigentümern mit Gärten, etwa 80 kleinere landwirtschaftliche Betriebe und mehr als 20 Erbhofbauern bewirtschafteten einen gewichtigen Anteil der Gemarkung. Das wirtschaftliche und gesellschaftliche Gleichgewicht war gewahrt. Keine erdrückende Stellung der großen Güter und ihrer Eigentümer. Die *Dominien* waren gewiß große Güter, aber nicht in dem Sinne wie »Großgrundbesitz« gemeinhin verstanden wird. Einzureihen zwischen Großbauern und Großbesitz. Ortsverbunden wie auch und gerade zeigt, daß die letzten deutschen Eigentümer im Frühjahr 1945, zur Zeit der russischen Besetzung und der Inbesitznahme durch Polen im Ort geblieben sind. Bis zur Vertreibung...

In den ersten Jahren nach der Inbesitznahme durch Polen haben Verwendung und Bewirtschaftung gewechselt.

Gut *Stöckel* wird als Staatsbetrieb bewirtschaftet. Alle anderen Güter unterstehen einer gemeinsamen Verwaltung, die in einem Gebäude unterhalb des Niedergutes untergebracht ist. Auf allen Gütern wird Ackerbau und Viehzucht betrieben.

Auf dem *Lesthof* wird in großem Umfang Quellwasser vom großen Mühlberg abgefüllt und als Tafelwasser versandt: Wojcieszowianka.

Schloß Stöckel: Steinmuseum, Hotel für Lodz'er Professoren und Reiterferien
Schloß Heiland: Bücherei und Wohnungen
Schloß Niemitz: Kinderwaisenheim aus Erträgen des Gutes
Schloß Dr. Schultz: Waisenheim
Schloß Niedergut: Als Schule benutzt.

Gedenksteine an der Dorf (Kath.) Kirche

Im Kreislauf des Jahres

Man soll die Feste feiern,
wie sie fallen!

Denkt mal zurück:

An die Heimat-, Turn- und sonstigen *Feste* im Garten vom 'Hirsch', dann am Sportplatz gegenüber, im Röhrsberg – und im Elbelbruch.

An die vorangehenden Umzüge der Vereine und Gruppen, mit geschmückten pferdebespannten Leiterwagen, zu Fuß, oft verbunden mit allerlei Späßen, vom 'Goldenen Frieden' im Niederdorf bis weit ins Oberdorf die drei bis fünf Kilometer. Jung und alt war auf den Beinen. Ob sich immer jede Bevölkerungsgruppe angesprochen fühlte?
Die Festschrift zum 1. August 1926 ist noch vorhanden.

An die von Heinrich Scholz, dem Lehrer, Volksmann und Naturfreund angeregten Wanderungen um die Mittsommerzeit zum Sonnenaufgang auf den Schafberg, einer der höchsten Erhebungen
unseres Bober-Katzbach-Gebirges.

An die *Feuer* zur Sommersonnenwende…

An die Freude von Kindern, wenn sie im Herbst Belohnungen erhielten für die Pflege der Pflanzen, Blumen zumal, die sie im Frühjahr als Setzlinge von Heinrich Scholz erhalten hatten.

An die *Dorfkirmes* nach Ernte und Feldbestellung.
Mit Wild- und Geflügelessen. Mit Musikkapelle und Tanz
in den Gaststätten reihum: In den 'Drei Tauben' u.d. 'Goldenen Kanne'
Im Adlerkretscham und der Bahnhofswirtschaft
Am Mittwoch bei Arndt im großen Saal
Am Donnerstag im 'Grünen Baum'
Schließlich in der Brauerei und im 'Goldenen Frieden'.
Kam keiner zu kurz. [E bissel was mecht schun sein!]

An die *Winterfreuden*
Rodeln auf den verschiedenen Schlittenbahnen beiderseits des Ortes mit dem munteren Treiben von Kindern und Jugendlichen.
Manchmal sogar während der Schulzeit. Die Lehrer
sorgten sich noch nicht vor der Haftung.
Schlittschuhfahren auf der Dorfstraße und der Katzbach.
Nicht zu vergessen der Dorfjungen, die auf den Schlittenbahnen halsbrecherisch bergabglitten. Nichts für schwache Gemüter.

An *Skifahrten* in hellen Nächten mit Pechfackeln
die Hänge bergab.

Die Kauffunger

Fläche der Gemarkung 31 qkm

Das waren 3.855 deutsche Einwohner im Jahre 1939, ansteigend auf über 4.000, – 1.179 Haushaltungen, also rund 1.100 Familien.

Frauen und Männer. Jedwedes Alter.

Das waren die in den verschiedenen Beiträgen geschilderten Angehörigen vielfältiger Berufsgruppen:

Die Bauern und Landwirte, die Handwerker und Kaufleute, Hausfrauen, mitarbeitende Familienangehörige, anderweitig tätige Frauen, Landarbeiter und Steinbrecher, Arbeiter in den Kalkwerken, Geistliche, Lehrer und Schulkinder, die Bahner und Postler, Buchhalter und andere Büroberufe, Kinder, Lehrlinge und Direktoren, mancherlei Einzelne, Nachtwächter wie Rittergutsbesitzer.

Im Grunde ein Querschnitt durch unser Volk, eine in der langgestreckten Talsiedlung entwickelte Arbeits- und Lebensgemeinschaft.

> Geburtsheimat   Wahlheimat

Wir wußten, daß die Einwohnerzahl mit dem Aufbau der Kalkwerke um das Jahr 1900 innerhalb eines Jahrzehnts von knapp 2.000 auf über 3.000 Einwohner – 1890: 1.900, 1905: 3.300 – angestiegen war. Woher kam die Zunahme in dieser kurzen Zeit?

Zu bedenken ist, daß damals der Bevölkerungszuwachs nicht mehr ausreichend Arbeit in der Landwirtschaft fand, und daß industrielle Arbeitsplätze begehrt waren. Männer aus dem Ort, die sonst abgewandert wären, fanden nun Arbeit. Ebenso wanderten Arbeitskräfte aus Nachbarorten zu. Zum Dritten wurden in einer gewissen Zahl erfahrene Kalkarbeiter aus Werken in Oberschlesien – Raum Oppeln/Gogolin – und einige auch aus dem Posen'schen herangeholt. Preußisch/deutsche Staatsangehörige, wenn auch etwelche zunächst Schwierigkeiten mit der deutschen Hochsprache hatten. Man gewöhnte sich ein. Die herkömmliche gebirgsschlesische Mundart ließ etwas nach. Klang und Ausdrucksweise, die Lebensart blieben gut schlesisch. Deutsch ohnehin.

Aus der fernen Vergangenheit ist im geschichtlichen Teil berichtet.

Über die Entwicklung in den letzten beiden Jahrhunderten 1740–1945

> Anzahl der Familien   Häuser   Einwohner

geben die folgenden Übersichten Aufschluß.

Dann folgen:

50 Jahre vor der Kalkindustrie 1840 bis um 1900

Vom Leben und Sterben

Geburten – Heiraten – Tod – Säuglingssterblichkeit – Alter

Zur *Herkunft* Familiennamen

Als Abschluß ein Bericht zur *Lebensart.*

Familien Häuser Einwohner von 1740 bis 1945
Auf diesem Zahlenwerk beruhen die Ausführungen zu 'Die Kauffunger'.
Einteilung und Lücken ergaben sich aus den Fundstellen. Leider fehlen Zahlen
für die ersten drei Jahrzehnte nach 1800. Sämtliche Zahlen sind für ganz
Kauffung berechnet, also Dorf, einschließlich früherer grundherrschaftlicher
Anteile und Gutsbezirke.

Fundstelle	Jahr	Bauern Gärtner Häusler[1]	Feuer- stellen[2]	*Häuser* Wohn- gebäude[3]	*Haushaltungen* Allein- Fami- stehend lien		Einwohner- zahl[4]
1	2	3	4	5	6	7	8
Stockmann (St.) S. 40	1740	298	313				1.400?
Beschreibung[5]	1776	348	365				1.630
St. S. 40	1798	346	361				1.630
Knie 1831	1830			381			1.930
St. S. 50	1840						2.200
St. S. 40	1849	357	373				2.167
St. S. 40 Volkszählungen	1864	346		380			2.169
	1867						2.061
	1871			374	66	481	1.970
	1885						1.943
	1890						1.894
	1895[6]			343	55	470	2.255
	1905[6]			360	69	631	3.299
	1925			389	941		3.681
	1939			464	1.179		3.855

1943 wurden von der Gemeindeverwaltung 4.142 Einwohner erfaßt.   ·

Anmerkungen
[1] Gärtner und Häusler von ehedem sind in der Sprache unserer Zeit: Kleinbauern, Nebenerwerbsstellen und Kleinsiedlungen, Häusel.
[2] Berechnet aus Spalte 3 + Güter + Wassermühlen u. ä. + Pfarr- und Schulhäuser. Schlösser und Güter sind nur mit einer Feuerstelle angesetzt.
[3] In den alten Büchern werden Häuser und Schlösser getrennt gezählt; hier zusammengefaßt. Ob Pfarr- und Schulhäuser 1830 mitgezählt wurden, ist offen. Ab Volkszählungen: 'Wohngebäude'.
[4] Ob bis 1830 Pastoren und Schulhalter mitgezählt worden sind, erscheint fraglich.
[5] Das Buch Beschreibung Schlesien ist 1786 erschienen, die Zahlen stammen aus 1776.
[6] Rein rechnerisch hätte die Zahl der Häuser in diesen Baujahren nur um 17 zugenommen, also keineswegs im Verhältnis zum steilen Anstieg der Einwohnerschaft. Es werden aber zuvor viele Häuser abgebrochen worden sein.

140

50 Jahre vor der Kalkindustrie 1840 bis um 1900

Um das Jahr 1840 war für Bevölkerungszahl und Wohnhäuser in Kauffung zunächst eine Spitze erreicht, wie in Nachbarorten des oberen Katzbachtals auch.

Danach setzte für Jahrzehnte Stillstand und ab der Mitte der 1860er Jahre eine schwach rückläufige Bewegung ein, die erst durch den Aufbau der Kalkindustrie abgefangen wurde. Die Abnahme war nicht auf Kauffung beschränkt, sondern weithin eine Allgemeinerscheinung. Für den Rückgang der Einwohnerzahl in ländlichen Orten bildete sich Ausdruck und Begriff der *Landflucht.* Der Sog der Städte und Industriegebiete beginnt.

1840: 2.200 Einwohner   1890: 1.900 Einwohner

Die Volkszählung von 1871 bringt Überraschungen, die auf erhebliche Bewegung schließen lassen.

1. Nur ⅗ der Ortseinwohner werden als *ortsgebürtig* erfaßt, d.h. mit anderen Worten ⅖ der Einwohner, etwa 700 von zusammen 1.970 Personen sind aus anderen Orten zugezogen und fast ebensoviel fortgezogen. Es war dies bei allen Gemeinden im Kreis der Fall, auch bei der damaligen Kreisstadt Schönau.

   Warum?   Woher?   Wohin?

2. Die Zahl der Familien ist gegenüber dem Jahre 1849, also innerhalb von zwei Jahrzehnten über 100, von 373 auf 481 angestiegen! Die Gleichung: Haus = Feuerstelle = Familie = Haushaltung stimmt nicht mehr. Wie erklärt sich dieser große Unterschied? Ist er echt oder lagen die Verhältnisse vorher doch anders als mit der Gleichung angenommen?

Irgendwelche Erläuterungen sind weder für die Ortswechsel noch für die Zunahme der Familien vorhanden. Es ist auch unbekannt, ob es sich um eine Entwicklung über Jahrzehnte oder um einen begrenzten Vorgang handelte. Die Ortswechsel waren gewiß durch Suche nach Arbeitsplätzen und durch Heiraten bedingt. Aber warum das Hin und Her bei allen Orten? Wollte man sich nur verändern?

Für Kauffung besonders ist denkbar, daß im Zusammenhang mit dem arbeitsaufwendigen Straßen- und Brückenbau von 1852−54 Arbeiter zugezogen und 'hängen'geblieben sind, wie man landläufig sagt.

Bezüglich der Zunahme der Familien sind Vergleiche mit anderen Orten mangels Unterlagen für die Jahre vor 1871 nicht möglich.

Vielleicht lag die Ursache darin, daß sich die großen Güter nach 1848 auf fremde Arbeitskräfte umstellen mußten, weil die ortsansässigen Bauern nicht mehr zu gewissen Hofarbeitstagen verpflichtet waren. Die Güter könnten ortsfremde Arbeitskräfte herangezogen und untergebracht haben. Immerhin entfielen 28 Wohngebäude und 49 Familien auf die großen Güter, also je Haus zwei Familien.

Vermutlich haben aber noch andere uns nicht geläufige Umstände vorgelegen. Was kann z.B. Personen katholischen Bekenntnisses veranlaßt haben, zuzuziehen und plötzlich in beachtlicher Zahl weiterzuziehen?

1834: 84   1866: 290   1871: 227   kath. Einwohner!

Offensichtlich eine Wanderungsbewegung, wie der Statistiker sagt. Im Hintergrund der Zahlen auch Verschiebungen...

Bis in die Mitte des 19. Jahrhunderts, etwa die 1840er Jahre, hat jede Familie in einem eigenen Haus, und sei es nur einem Häusel, gewohnt. Schon 1871 überwiegt bei etwa gleichbleibender Zahl der Häuser die Zahl der Familien bzw. der Haushaltungen beträchtlich und zwar um ¼.

1871 374 Häuser bei 481 Familien mit mehr als zwei Personen und 66 Alleinstehenden

1895 343 Häuser bei 470 Familien und 55 Alleinstehenden

1905 360 Häuser bei 631 Familien und 69 Alleinstehenden

1925 389 Häuser bei 941 Familien.

1905 fast zwei und 1925 deutlich mehr als zwei Familien je Wohnhaus.

Entgegen der verbreiteten Meinung waren die Familien vor 1800 und im 19. Jahrhundert im Durchschnitt nicht kinderreich. Je Familie und Haus errechnen sich fünf Personen, zu denen doch wohl mindestens *ein* Großelternteil gehört haben wird. Trotz Geburtenhäufigkeit wurden die Familien im Allgemeinen wegen der hohen Säuglingssterblichkeit nicht kinderreich.

1871 je Familie 4 Personen
1905   5 Personen
1925   4 Personen
1939   knapp 4 Personen.

Das Dorf hat sich statistisch gesehen im Rahmen von zwei Kindern je Familie gehalten. Der Rückgang der Sterbefälle wirkte sich aus.

Zum Vergleich im Durchschnitt je 1000 Einwohner

Jahr	Lebendgeborene	Gestorbene	Geburtenüberschuß
1860 Kauffung	30	30	–
Schlesien	39,6	24	15,6
Deutschland	36,3	23,3	13
1900 Kauffung	üb. 40	?	10 ?
Schlesien			
Deutsches Reich	34	20	14
1955 Deutschland (BRD)	16	11	5
1981 Bundesrepublik D.	10,1	11,7	−1,6

Wir kannten alle – außerhalb des Rahmens der Statistik – kinderlose Ehen, Einkindehen sowie umgekehrt Familien mit 8–10 Kindern...!

1985 Deutsche Demokratische Republik (DDR)	13,7	13,5	+0,2

Vom Leben und Sterben

Vom Leben und Sterben — Geburten – Heiraten – Tod

Wir haben das unwahrscheinliche Glück, daß Urkunden aus den letzten zwei Jahrhunderten die Zeiten überdauert haben, gerettet sind.

Für erhebliche Abschnitte dieser Zeit werden Häufigkeit der Geburten, Säuglings- und Kleinkindersterblichkeit, Heiraten, erreichtes Alter deutlich. Dabei zeigt sich, daß Taufen und Trauungen in einigen Jahren weit über oder unter dem Durchschnitt liegen, ohne daß die Ursache für uns erkennbar wäre. Dagegen ist ein Anstieg bei Sterbefällen gewiß durch Seuchen bedingt gewesen. Die Häufigkeit der Geburten in früherer Zeit ist für uns unvorstellbar hoch. Erschütternd die Säuglingssterblichkeit. Noch 1886–1888 starb 1/3, sogar die Hälfte, der Neugeborenen. 1886 starben sogar so viele Neugeborene wie Personen über zwei Jahre zusammen. Bedenken wir auch die äußeren Umstände: Geburten zu Hause, im Häusel oder der bescheidenen Wohnung, von jedem Familienglied miterlebbar und zu hören. Vor 1800 war die Ausbildung der Hebammen erst im Werden. Bis um 1890 kein Arzt im Ort oder erreichbar. Wieviel Kraftaufwand, Enttäuschung, Leid.

Aus Aufzeichnungen von 1753–1860 und Tagebüchern 1885–1909

Anno	Taufen Anzahl	Taufen auf 1000 Einwohner	Trau-ungen	Begräb-nisse	Geburtenüberschuß	
1753	74	45		71	+ 3	
1763	55	35	23	80	− 25	(letztes Jahr des
1773	63	40	16	74	− 11	7jähr. Krieges)
1783	72	45	12	102	− 30	gewiß eine
1793	72	45	18	69	+ 3	Seuche!
1800	70	35	26	54	+ 16	
1810	74	37	15	63	+ 11	Anmerkung für
1820	92	46	11	73	+ 19	Trauungen:
1830	62	31	20	67	− 5	je 1.000 Einw.
1840	80	40	13	57	+ 23	zwischen 5,5–15
1850	67	33	16	87	− 20	
1851/60	66	31	16	59	+ 7	
1885	60	34	14	44	+ 16	(Todesfälle nach
1886	62	34	14	70	− 8	Alter auf beson-
1887	56	30	19	50	+ 6	derem Blatt)
1888	69	40	16	59	+ 10	
1889	70	40	16			Anmerkung für
1890/93	55	27	15			Trauungen:
1894/97	70		16			je 1.000 Einw.
1898–1900	95		21			zwischen 6–10
1901/02	84		13/19			
1903	99	40	22			
1904	112	44	16			
1905	98	40	18			
1906/07	108		17			
1908/09	98/91		23/27			

Einwohner 1600 / 2000 *(für Zeitraum 1753–1851/60)*

Ev. Einwohner 1800 / 1900 / 2500 *(für Zeitraum 1885–1908/09)*

Säuglingssterblichkeit

Der Tod hat unter den Neugeborenen reiche Ernte gehalten. Zwischen 1860 und 1870 wurden jährlich 60–70 Kinder geboren, in diesen 10 Jahren also über 600 Kinder. Bei der Volkszählung im Jahre 1871 lebten in Kauffung nur 393 Kinder unter zehn Jahren, mindestens ein *Drittel* der 600 waren früh gestorben. So wird es wohl auch in den 100 Jahren zuvor gewesen sein (zahlenmäßige Angaben fehlen) und blieb es bis nach 1900.

Erkenntnis für Kauffung:
Zwar viele Geburten, aber hohe Sterblichkeit der Neugeborenen.
Daher keine kinderreichen Familien.
Geringer Überhang der Geburten über die Todesfälle oder sogar deren Überwiegen.
Die Bevölkerung konnte aus eigenem Nachwuchs nicht zunehmen.

Aus dem Tagebuch für die ev. Kirchenbücher 1885–1909 können wir für einige Jahre das *Alter der Verstorbenen* entnehmen.
Es *starben*

im Jahr	an Lebensschwäche bald nach Geburt	2–20	21–40	41–60	61–79	80–89	90 u. älter	insgesamt
1885	14	4	3	4	16	2	(90) 1 Mann	14 + 30
1886	34	4	5	9	16	2		34 + 36
1887	21	4	4	5	15	2	(91) 1 Mann	21 + 31
1888	20	4	5	11	16	1		20 + 37

Die verstorbenen Kinder und Jugendlichen von 2–20 Jahren waren überwiegend Mädchen. Sonst keine auffälligen Unterschiede zwischen Frauen und Männern.

Hohes Alter

Trotz aller Gefährdungen, Schwierigkeiten und einfacher Lebensweise – oder auch deswegen – wurden Frauen wie Männer alt und betagt, lebten im Familienkreis der drei Generationen, bei größeren Bauernhöfen mit Altenteil im Auszüglerhaus.

Für die *Jahre 1821–1863* sind in einer Aufzeichnung die *hundert* Einwohner genannt, die das biblische Alter erreicht und überschritten haben.

Alter beim Tod	Männer	Frauen
80–84 Jahre	38	36
85–86 Jahre	7	3
87–89 Jahre	9	4
90 Jahre u. älter	1 (94)	3 (90, 93, *98*) s. Anm.
	55	46

Allgemein wurden Männer damals älter als Frauen. Z. B. Kindbettfieber! Auch vor hundert Jahren, 1885–1888, haben wie die obere Übersicht zeigt, einige Männer und Frauen das Alter von 80 und sogar 90 Jahren erreicht und überschritten.

Anmerkung aus Schlesische Provinzialblätter, Jhrg. 1829, S. 406:
»Zu Mittel-Kauffung verstorben am 25. März 1829, verw. Amtmann Maria Dorothea Schirner, geb. Koch, 98 Jahre, 19 Tage. Sie hat 11 Kinder geboren, von denen 3 leben, von denen sie 41 Enkel und 13 Urenkel sah.«

Zur Herkunft

Zum Menschen gehört sein Name, der auch einiges über seine Herkunft aussagt. Deshalb werden nachstehend die Familiennamen genannt, die Stockmann in seiner 'Geschichte des Dorfes K.' aus Urkunden erwähnt. Die Träger der Namen sind durchwegs Bauern, Ausnahme ein Gärtner.

Im Jahre

1486	Friemelt	Beher	Blümel/Blimel				
1500	Willer	Heyne	Raupach	Krause	Geisler	Lange	
1540	Bruchmann	Adam der	Schuster	Grieger	Mehwald	Frieben	
	Merten	Fabig	Baumann	Tilisch	Kobelt	Ansorge	
	Doms	Adolph					
1550	Pätzold	Langer	Raupach				
1556	Renewald	Geisler	Winter				
1584	John	Kadenbach	Blümel	Pätzold	Frübe	Freche	
1640	Mehwald	Junge	Seiffert	Blümel			
1650	Streubel	Hoffmann					
1682	Johnen	Meuern					
1742	Stief						

In den Gemarkungsnamen *Kitzel*berg (vom Familiennamen Kitzold), Röhrsberg, Reppricht, Ambrich, Hornigsberg lebten die Namen ihrer einstigen bäuerlichen Eigentümer fort. – Einen Ort Amrichshausen gibt es noch jetzt in der Nähe des fränkischen Städtchens Künzelsau.
Fast alle diese Namen sind bis in die Neuzeit erhalten geblieben, als gut schlesisch und deutsch bekannt.

Namen der etwa 1740 bis 1780 Geborenen, die mit über 80 Jahren zwischen 1820 und 1863 gestorben sind:

Ansorge	Aumann	Aust	Beer	Berger	Börner
Blümel	Braun	Conrad	Dittrich	Exner	Fehrl
Fende	Fiebig	Freche	Friebe	Friese	Gasner
Gebbert	Geisler	Gottschling		Gräbel	Gräser
Hamann	Heptner	Heidrich	Heilmann	Hielscher	Hoffmann
Holzbecher	Hübner	Härtel	John	Kahl	Koch
Köbe	Krause	Kuhnt	Langer	Lehmgrübe	Mäuer
Mehwald	Menzel	Müller	Neumann	Pätzold	Pohl
Raubbach	Reimann	Rüffer	Rüger	Schirmer	Schwarzer
Schubert	Seidel	Seidelmann	Siebenschuh		Simon
Speer	Sommer	Töpelt	Tschentscher		Walter
Walpert	Weist	Wittig			

Einige dieser Namen sind mehrfach vertreten, Geisler und Pätzold häufig.

Familiennamen derer, die 1900 evangelisch getauft worden sind, soweit dieselben Namen nicht schon in den beiden oberen Gruppen vorkommen:

Alde	Brendel	Baier	Burghardt	Bischoff	Beyer
Bähr	Damelang	Depold	Evler	Eckert	Ernst
Friedrich	Fliegner	Franz	Fischer	Frömberg	Frommhold
Fritsch	Fiedler	Finger	Floth	Gruhn	Gottschild
Grüttner	Gogler	Hornig	Heinrich	Hampel	Holz
Hanke	Hansch	Horn	Hoferichter	Höher	Hermann
Hoensch	Joppe	Jentsch	Jäckel	Kügler	Käse
Krain	Keil	Kindler	Kittelmann	Krügler	Kriegler
Kessel	Kutsche	Klein	Kelch	Kühn	Lochmann
Lienig	Lachmann	Lüssenbach	Lindner	Leuschner	Menz
Merkel	Münster	Neudeck	Nier	Püschel	Pause
Paul	Pfaffe	Queiser	Reinert	Rastner	Rothe
Ridke	Ritter	Röder	Schiller	Schröter	Schreiber
Scholz	Schmidt	Schaar	Schlosser	Schwanitz	Scharf
Schnabel	Sachs	Sallge	Seliger	Stendler	Teuber
Tost	Überschär	Urban	Ullmann	Warmbrunn	Wiesner
Weihrauch	Winkler	Wecker	Worbs	Ziegert	Zobel

Den um 1900 aus *Oberschlesien* beim Aufbau der Kalkwerke zugezogenen erfahrenen Kalkarbeitern, die gut katholisch waren, wird das Einleben in einem Gebirgstal und unter einer evangelischen Bevölkerung nicht leicht gefallen sein. Ein Teil wanderte in die Heimat zurück. Andere entwickelten sich zum Stamm der Arbeiterschaft oder ergriffen handwerkliche Berufe, wurden Kauffunger mit in Oberschlesien üblichen Familiennamen. Aus ihren Familien stammen die Toten, deren Grabsteine nach 1945 in die Umfassungsmauer des katholischen Kirchhofs eingefügt worden sind (Heimatnachrichten 1980, NR. 9, S. 103). – Hier darf angemerkt werden, daß Oberschlesien wie Schlesien überhaupt nach einer Übergangszeit von 200 Jahren längstens seit dem 14. Jahrhundert (1335) zum Reich gehörte. – Als Trägern solcher Namen nach 1947 polnischerseits das Angebot gemacht wurde, in Kauffung, im neuen polnischen Bereich, zu bleiben, haben sie davon kaum Gebrauch gemacht und sich für Deutschland entschieden. 1945 gewiß keine Lockspeise. Die Gesamtheit der *Familiennamen* in den Jahrzehnten nach 1900 bis zu den letzten deutschen Jahren ist ersichtlich aus:

– Dem 1943 erschienenen *Einwohnerbuch* für die Stadt und den Kreis Goldberg (wie ab Seite 149 abgedruckt)
  Genannt sind für Kauffung fast 600 Familiennamen.
– Der Übersicht über die *Hausnummernfolge* in K., jedoch nur die Namen der Hauseigentümer
  (Heimatnachrichten 1960, Nr. 6, 9 und 10
  1961, Nr. 1, 3, 5 und 8)
  Zusammengestellt nebst Einleitung von G. Teuber.

Das *Reichsadreßbuch* Ausgabe 1940 enthielt auch für K. außer den amtlichen Angaben die Namen der Gewerbebetriebe und der Freiberuflichen.

Lebensart

Arbeitsam gingen von der Schule an die Jahre und Jahrzehnte dahin. Feierabend und Sonntage wurden eingehalten. Rechtschaffen wie Eltern, Großeltern und Vorfahren zu leben, war man bemüht. Richtschnur, bewußt und unbewußt, waren Luthers und der kath. Kirche Erklärungen zu den zehn Geboten, in der Schule gelernt, im Konfirmandenunterricht vertieft, bis ins Alter auswendig gewußt.
Die eigenen wirtschaftlichen Belange wurden gewahrt. »Die Butter nicht vom Brot nehmen lassen!« Aber der Wettbewerb hielt sich in Grenzen. Im Allgemeinen ging man zu 'seinem' Kaufmann und Handwerker in der Nachbarschaft; die Entwicklung der Preise wurde genau beachtet. Löhne mußten im Betrieb durchgesetzt werden.
Meinungsverschiedenheiten zivilrechtlicher Art hat man wohl unter der Hand bereinigt. Große Prozesse dieser Art sind nicht in Erinnerung. Dann und wann haben sich Nachbarn über Wegerechte gestritten.
Strafbare Handlungen? Seit Menschengedenken sind keine Verbrechen verzeichnet worden. Kleine Vergehen und Übertretungen sind vorgekommen. Schließlich können 3.000 bis 4.000 Einwohner keine Engel sein. Ehescheidun-

gen waren noch nicht üblich; nur deren zwei wohl um's Jahr 1930 in 'gehobenen Kreisen'.

Auch über Skandale läßt sich nicht berichten. Falls grob Ungehöriges vorgekommen wäre, so hätte man nicht darüber gesprochen. Verfasser hat erst vor wenigen Jahren erfahren, daß eine ihm bekannte Kauffungerin eine krankhafte Neigung zu unbezahlten Waren hatte und deshalb kaum ihr Haus verließ. Beim Vater (Pastor) galt die Amtsverschwiegenheit. Und das Dorf hielt dicht. Getreu der Erklärung zum 8. Gebot: »Du sollst... nur Gutes von Deinem Nächsten reden ... nicht bösen Leumund machen«.

In Beruf und Tätigkeit waren, meine ich, Frauen wie Männer ihren Aufgaben gewachsen, verstanden ihr Handwerk, waren tüchtige Arbeiter, Landwirte, Hausfrauen. Gar manche(r) hätte bei den nunmehrigen Schulverhältnissen weiterführende Schulen besucht, (Fach)Abitur gemacht, studiert. Und was dann? So kamen die Begabungen praktischen Berufen zugute. Entwicklung, Regsamkeit und Wohlstand im Ort beruhten gewiß auch darauf, daß kluge Praktiker am Werk waren. Durchschnittliche Kräfte fanden ihr Auskommen, auch weniger Begabte irgendwie ihr Plätzchen. Einzelne suchten in der Ferne eine Existenz, 'machten' nach Berlin. Nach der Volksschule gingen Jungen weit überwiegend in eine Lehre; in der Mitte der 1920er Jahre war Autoschlosser der Traumberuf. Mädchen: Haus- und Landwirtschaft, Lehre als Schneiderin u.ä., allmählich Büroberufe. Die Ortsbewohner hatten ihr Gesicht, äußerlich und innerlich. Darüber hinaus entwickelten sich ausgeprägte Persönlichkeiten, bereicherten das Dorfleben. Originale sorgten für Verwunderung und Heiterkeit.

Kauffung a. d. Katzbach. Dorfmitte mit Röhrsberg im Hintergrund.

Einwohner von Kauffung
nach dem Einwohnerbuch des Kreises Goldberg – von 1943 –

A

Abend Alfred, Schlosser, Hauptstr. 71
– Karl, Rentner, Hauptstr. 13
Adam Karl, Arbeiter, An den Brücken 12
Adler Fritz, Fleischermstr., Hauptstr. 84,
F. 251
– Heinrich, Kutscher, Tschirnhaus 2
– Paul, Rentner, Tschirnhaus 4 a
Adolf Gustav, Arbeiter, Hauptstr. 15
Adolph Alfred, Arbeiter, Hauptstr. 7
– Hermann, Arbeiter, Tschirnhaus 2
Alt Erika, Witwe, Hauptstr. 88
Gerhard, Kaufm., Hauptstr. 96, F. 275
Amtsberg Fritz, Ingenieur, Dreihäuser 1,
F. 203
Anders Bruno, Werkaufseh., Hauptstr. 48
– Heinrich, Arbeiter, Gemeindesiedlg. 6
– Paul, Arbeiter, Am Bahnhof Ob. Kauf-
fung 1
Ansorge August, Bauer, Schulzengasse 8
Arich Paula, Witwe, Hauptstr. 25
Arndt Helene, Gastwirtschaft, Hauptstr.
119, F. 294
Arnold Bruno, Steinbrech., Hauptstr. 204
– Heinrich, Arbeiter, Hauptstr. 12
– Josef, Arbeiter, Hauptstr. 125
– Karl, Arbeiter, Hauptstr. 125
– Reinhold, Kalkarbeiter, Hauptstr. 7a
Aust Erika, Witwe, Seiffen 6
– Gerhard, Maurer, Viehring 9
– Gustav, Arbeiter, Seiffen 6
– Gustav, Arbeiter, Widmuthweg 4
– Herbert, Melkermeister, Niemitz 4
– Hubert, Verwaltungsangestellter, Ge-
meindesiedlung 1, F. 230
– Paul, Arbeiter, Bahnhof Ober Kauf-
fung 1
– Paul, Fleischermeister, Hauptstr. 112,
F. 204
– Richard, Fleischermeister, Hauptstr.
112, F. 204

B

Baar Wilhelm, Arbeiter, Dreihäuser 9
Bachmann Klara, Arbeit., Hauptstr. 251

Bähr August, Bremser, Hauptstr. 127
– Heinrich, Arbeiter, Hauptstr. 121
Baier Franz, Arbeiter, Randsiedlung 19
– Josef, Schumachermeist., Hauptstr. 34
Bannert Hermann, Bademeister, Am
Kirchsteg 2
Baron Josef, Schmied, Hauptstr. 79
– Maria, Witwe, Hauptstr. 155
Baumann Willi, Arbeiter, Hauptstr. 121
Baumert Emma, Rentn., Hauptstr. 229
Becker Arthur, Arbeiter, Seiffen 1
– Pauline, Rentnerin, Randsiedlung 2
Beer Friedrich, Kraftfahrer, Hauptstr.
230, F. 321
Beier Fritz, Melkermeister, Stöckel 3
– Paul, Rb.-Oberlokheizer, Gemeinde-
siedlung 3
Benedix Meta, Wirtin, Hauptstr. 22
Bergel Berta, Rentnerin, Widmuthweg 3
Berger Fritz, Sattler, Hauptstr. 102
– Helmuth, Büroangest., Hauptstr. 102
– Pauline, Hausbesitzerin, Hauptstr. 102
Bergmann Joachim von, Rittergutsbesit-
zer, Stöckel 2, F. 206
– Johanna-Silvia, Rittergutsbesitz., Stök-
kel 2, F. 206
– Marie-Luise von, Rodeland 1, F. 207
Bergs Martha, Rentnerin, Gemeindesied-
lung 8
Berndt Adolf, Bauer, Hauptstr. 253
– Richard, Landwirt, Widmuthweg 4
Berner Gerhard, Rangierer, An den Brük-
ken 21
Bettermann Paul, Arbeiter, Dreihäuser 7
– Wilhelm, Kutscher, Hauptstr. 203
Beyer Bertold, Zementwarenfabrikant,
Hauptstr. 257
– Ernst, Arbeiter, Eisenbergsiedlung
– Hermann, Bruchhilfsmeister, Hauptstr.
232, F. 203
– Paul, Arbeiter, An den Brücken 4
– Paul, Maurerpolier, Stimpel 3
Bieda Paul, Arbeiter, Hauptstr. 196
Binder Anita, Ww., Am Bahnhof Ober
Kauffung 1

149

Binner Auguste, Rentnerin, Hauptstr. 2
- Bertold, Rentner, Tschirnhaus 2
- Fritz, Schlosser, Hauptstr. 67
- Hermann, Arbeiter, Hauptstr. 190
- Wilhelm, Arbeiter, Hauptstr. 182
Birkenkampf Ernst, Arbeiter, Pochwerk 2
- Martin, Arbeiter, Hauptstr. 35
Blase Alfred, Buchhalter, Poststr. 4
- Ernst, Werkmeister a. d., Viehring 7
- Maria, Schneiderin, Am Kirchsteg 2
Blümel Anna, Witwe, Hauptstr. 56
- Artur, Rb.-Arbeiter, Hauptstr. 79
- Gustav, Arbeiter, Hauptstr. 56
- Hermann, Arbeiter, Hauptstr. 19 a
- Ida, Witwe, Hauptstr. 28
- Willi, Seiffen 1
Blunk Wilhelm, Revierförster, Hauptstr. 7
Bodem Martha, Witwe, Hauptstr. 166
Boehmelt Martha, Schwester (Alters-
    heim), Gemeindesiedlung 8, F. 297
Börner Oswald, Arbeiter, Hauptstr. 40
Bohatschek Rosalie, Hauptstr. 104
Bonkosch Johann, Arbeiter, Tschirnhaus 3
Borbe Erika, Hauptstr. 182
Borrmann Margarete, Ww., Hauptstr.
    148
- Martin, Fleischer, Gemeindesiedlung 4
Braatz Gerh., Werksbeamter, Tschirn-
    haus 4, F. 203
Braun Anna, Witwe, Hauptstr. 121
Brauner Henriette, Rentnerin, Schulzen-
    gasse 4
Breile Karl, Arbeiter, Hauptstr. 205
Breiter Gustav, Arbeiter, Dreihäuser 19
- Heinrich, Forstarb., Am Bahnhof Ober
    Kauffung 1
- Mathilde, Witwe, Hauptstr. 92
- Robert, Arbeiter, Poststr. 5
- Wilhelm, Maurer, Hauptstr. 104
Brendel Bruno, Bautechniker, Hauptstr.
    186, F. 215
- Gustav, Zimmererpolier, Gemeinde-
    siedlung 7
Brosig Helene, Witwe, Hauptstr. 95
- Josef, Aufseher, Dreihäuser 8
- Paul, Arbeiter, Dreihäuser 8
Bruchmann Berta, Arb., Hauptstr. 117
- Ernestine, Arbeiterin, Hauptstr. 44
- Gustav, Arbeiter, Hauptstr. 117

- Gustav, Kfm., Hauptstr. 190, F. 384
- Hermann, Landwirt, Hauptstr. 75
- Karl, Arbeiter, Tschirnhaus 2
- Konrad, Friseur, Hauptstr. 190, F. 384
- Minna, Hausverwalterin, Hauptstr. 44
- Paul, Bauer, Hauptstr. 265
- Wilhelm, Arbeiter, Hauptstr. 176
- Willibald, Arbeiter, Pochwerk 3
Brückner August, Arbeiter, Hauptstr. 58
- Max, Oberpostschaffner, Hauptstr. 70
Brunnecker Rich., Rb.-Arb., Hauptstr. 25
Brunz Paul, Sattler, Hauptstr. 218
Brunzlik Elsa, Arbeiterin, Hauptstr. 190
Buch Anna, Ww., Am Bahnhof Ober
    Kauffung 5
Bühn Ida, Arbeiterin, Hauptstr. 127
- Robert, Maurer, Hauptstr. 178
Bürgel Berta, Witwe, Widmuthweg 3
- Emil, Arbeiter, An den Brücken 12
- Fritz, Tischler, Hauptstr. 185
Bürger Oskar, Fleischermeister, Hauptstr.
    143
Büttner Reinhold, Tischlermstr.,
    Hauptstr. 239

C

Chowanski Paul, Arbeiter, Hauptstr. 121
Cienskowski Ida, Witwe, Hauptstr. 164 a
- Johann, Brenner, Hauptstr. 58
- Marie, Arbeiterin, Tschirnhaus 1b
Czaja Auguste, Am Bahnhof Ober Kauf-
    fung 3

D

Damelang Fritz, Angestellter, Schulzen-
    gasse 12 a
- Pauline, Rentnerin, Hauptstr. 175
Dannert Frieda, Ww., An den Brücken 8,
    F. 265
Deunert Otto, Arbeiter, Hauptstr. 44
- Paul, Arbeiter, Hauptstr. 16
- Richard, Arb., Am Bahnhof Ober
    Kauffung 3
Dienst Alfons, Arbeiter, Hauptstr. 8
- Bernhard, Arb., Bahnhof Ober Kauf-
    fung 6
- Johann, Arbeiter, Dreihäuser 7
- Josef, Arbeiter, Hauptstr. 42
Dinter Margarete, Hauptstr. 125

Dittmann Ida, Witwe, Hauptstr. 26
Dittrich Hermann, Leitungsaufseher, Ge-
meindesiedlung 12, F. 253
– Josef, Landwirt, Viehring 2
– Marie, Witwe, Hauptstr. 127
Döhring Bruno, Arbeiter, Hauptstr. 2
Dörfer Otto, Müller, Hauptstr. 182
Döring Emma, Witwe, An den Brücken 7
Doms Otto, Bauer, Hauptstr. 64
Dorn Karl, Melker, Hauptstr. 149
Dramm Erich, Kassenverwalter,
Hauptstr. 67, F. 203
Dreßler Paul, Arbeiter, Gemeindesied-
lung 5
Dudek Anton, Arbeiter, Hauptstr. 125
– Paul, Büroangestellter, Hauptstr. 121
Dumke August, Kutscher, Niemitz 5
Dzierzawa Johann, Brenner, Dreihäuser 3

E

Eberhardt Elisabeth, Hauptstr. 96
Eckert Eduard, Arbeiter, Dreihäuser 15
– Karl, Arbeiter, Tschirnhaus 1a
– Paul, Aufseher, Am Kirchsteg 2
Effenberg Wilhelm, Brettschneider,
Hauptstr. 211
Eichborn Marianne von, Hauptstr. 13
Eichner Alfred, Arbeiter, Hauptstr. 233
– Ida, Rentnerin, Hauptstr. 233
– Selma, Witwe, Hauptstr. 121
Emmler Emanuel, Arbeiter, Poststr. 5
– Paul, Arbeiter, Poststr. 5
Engelmann Willi, Tischler, Hauptstr. 228
Ermer Karl, Arbeiter, Hauptstr. 168
Ernst Adolf, Arbeiter, Hauptstr. 140
Evler Richard, Landwirt, Hauptstr. 256
Exner Anna, Dreihäuser 9
– Artur, Arbeiter, Dreihäuser 6
– Karl, Arbeiter, Hauptstr. 56
– Richard, Arbeiter, Tschirnhaus 5
– Walter, Hauptstr. 28

F

Faustmann Robert, Arbeiter, Hauptstr.
42
Fehrl Gustav, Arbeiter, Viehring 12
Feige Charlotte, Witwe, Am Kirchsteg 2
– Reinhold, Forstarbeiter, Hauptstr. 56

Feilhauer Erich, Bremswärter, Elsnersied-
lung 1
– Otto, Werkschmied, Dreihäuser 10
Felgentraeger Marie, Rentn., Gemeinde-
siedlg. 5
Fende Anna, Bäuerin, Viehring 1
Fiebig Bertold, Arbeiter, Randsiedlung 15
– Wilhelm, Arbeiter, Randsiedlung 8
Filke Stanislaus, Lehrer, Poststr. 2
Finger Emilie, Witwe, Hauptstr. 90
– Erich, Maurer, Hauptstr. 195
– Fritz, Bruchmeister, Hauptstr. 72
– Gustav, Arbeiter, Hauptstr. 79
– Robert, Rangiermeister, Kirchsteg 1
– Willi, Arbeiter, Hauptstr. 238
Fischer Ernst, Schlossermeister, Dreihäu-
ser 17
– Paul, Arbeiter, Hauptstr. 24
– Pauline, Witwe, Hauptstr. 200
– Richard, Lokführer, Hauptstr. 200
Fitzner Friedrich, Badewärter, Randsied-
lung 16
Flade Emma, Witwe, Hauptstr. 56
– Magdalena, Witwe, Am Kirchsteg 5
Flegel Alfons, Gärtner, Hauptstr. 174
– Alois, Gärtner, Hauptstr. 187
– Wilhelm, Arbeiter, Hauptstr. 52
Fleßner Liesbeth, Kindergartenleiterin,
Hauptstr. 50
Floth Karl, Kohlenhändl., Hauptstr. 154,
F. 224
– Oswald, Versicherungs-Angestellter,
Hauptstr. 161
Förster Alfred, Kalkausfahrer, Gemein-
desiedlg. 1
– Paul, Gemeindearbeiter, Hauptstr. 155
– Paul, Landarbeiter, Hauptstr. 243
– Richard, Kraftfahrer, Rodeland 2
– Selma, Witwe, Hauptstr. 26
Föst Hermann, Arbeiter, Hauptstr. 28
Franke Hugo, Nachtwächter, Hauptstr.
153
Franz Adolf, Landwirt, Hauptstr. 244
– Hermann, Masch.-Schlosser, Am
Kirchsteg 15
Freche August, Kalkbrenner, Stimpel 4
– August, Rentner, Hauptstr. 20
– Anna, Witwe, Stimpel 4
– Gustav, Brenner, Dreihäuser 6

- Heinrich, Brenner, Dreihäuser 17
- Heinrich, Landwirt, Hauptstr. 27
- Hermann, Arbeiter, Hauptstr. 42
- Reinhold, Rentner, Hauptstr. 148
- Wilhelm, Gärtner, Hauptstr. 77
Frentzel Fritz, kfm. Angest., Hauptstr. 62
- Minna, Witwe, Dreihäuser 5
- Reinhold, Schmiedemstr., Hauptstr. 131

Freudenberg Berta, Witwe, Pochwerk 2
- Bruno, Arbeiter, Pochwerk 2
Freund Otto, Gastwirt, Hauptstr. 139

Friebe Ernestine, Witwe, Hauptstr. 28
- Gustav, Tischlermeister, Hauptstr. 104
- Gustav, Zimmerer, Hauptstr. 138
- Heinrich, Arbeiter, Dreihäuser 6
- Ida, Bäuerin, Hauptstr. 267
- Ida, Hauptstr. 21
- Maria, Witwe, Widmuthweg 7
- Oskar, Tischler, Am Kirchsteg 3
- Otto, Landwirt, Hauptstr. 43
- Richard, Forstarbeiter, Pochwerk 4
- Robert, Arbeiter, Am Kirchsteg 9
- Robert, Kutscher, Niedergut 3
- Ruth, Pochwerk 4
- Wilhelm, Landwirt, Hauptstr. 43
Friedrich Gerh., Kastrierer, Hauptstr. 224, F. 264
- Hermann, Gastwirt, Hauptstr. 224
- Paul, Schlosser, Hauptstr. 104
- Richard, Bauer, An den Brücken 19, F. 288
Friemelt Heinrich, Bauer, An den Brücken 17
- Heinrich, Landwirt, An den Brücken 17
- Hermann, Bauer, Hauptstr. 216
- Ida, Bäuerin, Widmuthweg 5
- Otto, Bauer, Widmuthweg 5
Fritsch Wilhelm, Kutscher, Hauptstr. 85
Fröhlich Adolf, Schmied, Hauptstr. 202
Frommhold Fritz, Klempner, Hauptstr. 193
- Fritz, Schuhmachermstr., Hauptstr. 111
- Hermann, Arbeiter, Hauptstr. 69
- Karl, Reisender, Hauptstr. 187
- Paul, Zimmermann, Hauptstr. 195

- Wilhelm, Schumachermeister, Hauptstr. 111
- Willi, Kaufmann, Hauptstr. 164

G

Gärtner Elfriede, Damenschneidermeisterin, Hauptstr. 203
- Fritz, Schmied, Hauptstr. 81
- Ida, Witwe, Hauptstr. 81
Galinski Ignaz, Melker, Hauptstr. 248
Gebauer Hermann, Arb., Hauptstr. 245
Geisler Anna, Witwe, Hauptstr. 90
- August, Hilfsaufseher, Hauptstr. 58
- Auguste, Rentnerin, Hauptstr. 190
- Emma, Rentnerin, Viehring 5
- Erich, Schmiedemeister, Hauptstr. 38
- Franz, Arbeiter, Tschirnhaus 2
- Fritz, Arbeiter, Schulzengasse 12
- Fritz, Schmied, Randsiedlung 6
- Fritz, Gastwirt u. Fleischermeister, Hauptstr. 79, F. 228
- Heinrich, Arbeiter, Hauptstr. 58
- Hermann, Landwirt, Hauptstr. 258
- Hermann, Maurer, Tschirnhaus 3
- Hulda, Witwe, Hauptstr. 140
- Meta, Witwe, Hauptstr. 92
- Oskar, Forstarbeiter, Schulzengasse 8
- Otto, Bauer, Hauptstr. 258
- Paul, Auto-Fuhrunternehmer, Hauptstr. 228, F. 277
- Pauline, Witwe, Dreihäuser 9
- Richard, Arbeiter, Hauptstr. 19 a
- Richard, Tischlermeister, Randsiedlung 10
- Walter, Melker, Hauptstr. 97
- Willi, Arbeiter, Hauptstr. 90
- Wilhelm, Arbeiter, Randsiedlung 10
- Wilhelm, Arbeiter, Hauptstr. 237
Gellert Alfred, Steinbrecher, Am Kirchsteg 2
- Paul, Arbeiter, Poststr. 4
Gerhardt Paul, Waldarbeiter, Am Bahnhof Ober Kauffung 1
Gerlach Paul, Arbeiter, Hauptstr. 15
Gersdorff Elfriede von, Niemitz 1, F. 242
- Rudolf von, Landwirt, Niemitz 1, F. 242
Giesemann Ernst, Betriebsleiter, Hauptstr. 137, F. 302

Girbig Ernestine, Arbeiterin, Hauptstr. 125
Gläser Elli, Hauptstr. 160
Glatthar Wilhelm, Arbeiter, Elsnersiedlung 1
Glatz Walter, Ing.-Angestellter, Hauptstr. 128, F. 273
Glauer Oswald, Arbeiter, Hauptstr. 141
Gloge Marianne, Lehrerin, Hauptstr. 114
Glufke Artur, Arbeiter, Stimpel 2
Göhlich Alfred, Arbeiter, Hauptstr. 247
Görke Helene, Rentnerin, Hauptstr. 221
Görlitz Erich, Sattler, Hauptstr. 90, F. 345
Gottschild Ernestine, Witwe, Viehring 4
– Hedwig, Rentnerin, Hauptstr. 132
Gottschling Fritz, Steinarbeiter, Niedergut 7
Gräser Auguste, Köchin, Stöckel 2
Grasse Selma, Witwe, Hauptstr. 151
Grell Willi, Postschaffner, Am Bahnhof Ober Kauffung 1
Gröer Gerhard, Landarb., Hauptstr. 261
Groer Hermann, Arbeiter, Hauptstr. 90
Grünert Otto, Buchhalter, Hauptstr. 185
Grüterich Erich, Werkmstr., Hauptstr. 149a
– Julius, Laborant, Pochwerk 3
– Julius, Waschmeister i. R., Pochwerk 1
Grüttner Paul, Arbeiter, Hauptstr. 44
Grytz Edeltraut, Hauptstr. 226, F. 245
Guder Heinrich, Arbeiter, Tschirnhaus 3
– Martha, Handelsfrau, Hauptstr. 141
Günther Bruno, Bäckermstr., Hauptstr. 32
– Hermann, Klempner, Hauptstr. 28
– Hermann, Maurer, Hauptstr. 26
– Wilhelm, Arbeiter, Hauptstr. 223
Gürtler Hermann, Hilfsaufseher, Hauptstr. 69
– Richard, Arbeiter, Hauptstr. 69
Güttlich Hermann, Schuhmachermeister, Hauptstr. 245
Gutschker Paul, Kraftfahrer, Hauptstr. 62

H

Haasler Franz, Arbeiter, Hauptstr. 19a
Haberland Friedrich, Arbeiter, Gemeindesiedlg. 4
Habermann Martin, Böttcher, Am Kirchsteg 10
Habernoll Alfred, Arbeiter, Hauptstr. 180
Habilitschka Marie, Rentnerin, Gemeindesiedlg. 8
Hänsch Gerhard, Arbeiter, Dreihäuser 10
Härtel Oswald, Arbeiter, Hauptstr. 222
– Paul, Schmied, An den Brücken 15
Hahn Hermann, Rb.-Beamter, Bahnhof Ober Kauffung 4
Hain Hermann, Arbeiter, An den Brücken 15
Hainke Hermann, Arbeiter, Hauptstr. 23
– Richard, Bauer, Hauptstr. 241
– Wilhelm, Rentner, Hauptstr. 91
Hampel Alfred, Bauer, Hauptstr. 238
– Karl, Apotheker, Hauptstr. 78
– Martha, Arbeiterin, Gemeindesiedlg. 2
Handke Richard, Arbeiter, Hauptstr. 12
– Wilhelm, Arbeiter, Hauptstr. 12
Handschuh Wilh., Arbeiter, Hauptstr. 32
Hanke Alfred, Kraftfahrer, Hauptstr. 135
– Elfriede, Witwe, Am Bahnh. Ob. Kauffung 3
– Heinrich, Schmiedemeister, Hauptstr. 22
– Robert, Arbeiter, Hauptstr. 180
– Wilhelm, Schmied, Hauptstr. 22
Hannig Elli, Viehring 7
– Gustav, Gutsinspektor, Niemitz 2, F. 242
Hansch Gustav, Arbeiter, Hauptstr. 26
Hansel Karl, Schmied, Hauptstr. 42
Haude Fritz, Bauer, Schulzengasse 11
– Hermann, Arbeiter, Hauptstr. 106
– Paul, Arbeiter, Schulzengasse 3
Haugner Emil, Arbeiter, Hauptstr. 198
Hauptfleisch Gustav, Rangierarbeiter, Gemeindesiedlung 10
– Wilhelm, Maurer, Hauptstr. 229
Hausknecht Charlotte, Gemeindesiedlung 7
– Franz, Mag.-Verw., Hauptstr. 50
Hauschild Robert, Diener, Stöckel 2
Heep Christian, Arbeiter, Hauptstr. 218
Heiber Minna, Seiffen 1
Heidrich Alfred, Arbeiter, Dreihäuser 10
– Emma, Witwe, Hauptstr. 202

– Erich, Arbeiter, Tschirnhaus 7
– Ernst, Arbeiter, Hauptstr. 110
– Klara, Witwe, Hauptstr. 198
– Oskar, Hilfsmonteur, Gemeindesiedlung 12
– Pauline, Kinderfrau, Hauptstr. 90
Hein Berta, Rentnerin, Gemeindesiedlung 8
– Georg, Förster, Hauptstr. 28
Heine Heinz, Elektromont., Hauptstr. 145
Heinert Martin, Elektromeister, An d. Brücken 6, F. 295
Heinrich Erich, Arbeiter, Hauptstr. 201
– Gustav, Kalkbrenner, Gemeindesiedlung 6
– Martin, Arbeiter, Poststr. 5
Heinze Bruno, Wirtschafter, Hauptstr. 237
– Kurt, Bäckermeister, Hauptstr. 243
– Martha, Witwe, Viehring 4
– Pauline, Witwe, Hauptstr. 130
Heller Karl, Bäckermeister, Hauptstr. 32
Hellmann Margarete, Ww., Hauptstr. 235
– Paul, Bauer, Hauptstr. 235, F. 217
Hellwig Paul, Schriftsetzer, Am Bahnhof Ober Kauffung 2
Hennek Johann, Brenner, Dreihäuser 4
Heptner Gustav, Bauer, Schulzengasse 10
– Hermann, Arbeiter, Hauptstr. 80
– Otto, Arbeiter, Hauptstr. 138
Herrmann Anna, Witwe, Hauptstr. 125
– August, Arbeiter, Hauptstr. 182
– Erwin, Dr.-Ing., Hauptstr. 133, F. 333
Hertwig Fritz, Forstarbeiter, Niemitz 5
– Hermann, Forstarbeiter, Seiffen 1
– Paul, Kutscher, Hauptstr. 226
Heyne Else, Dentist., Hauptstr. 48, F. 210
– Reinhard, Klempnermstr., Hauptstr. 15
Hielscher Gustav, Arbeiter, Pochwerk 2
– Gustav, Bauer, Ortsbauernführer, Hauptstr. 68, F. 307
– Wilhelm, Auszügler, Hauptstr. 68
Hildebrand Hermann, Forstwart, Hauptstr. 151
Hilger Karoline, Landarbeiterin, Niemitz 5
Hiller Alfred, Landwirt, Hauptstr. 122
– Richard, Rektor, Hauptstr. 89
Hillmann Bruno, Arbeiter, Seiffen 2

Hilscher Martin, Ofenbaumeister, Am Kirchsteg 1
Hötzel Wilhelm, Arbeiter, Hauptstr. 85
Hoffmann, Adalbert, Rentner, Stimpel 3
– Anna, Arbeiterin, Hauptstr. 90
– Anna, Arbeiterin, Dreihäuser 5
– Anna, Witwe, Hauptstr. 15
– Berta, Rentnerin, Hauptstr. 119
– Else, Witwe, Hauptstr. 26
– Friedrich, Arbeiter, Tschirnhaus 7
– Gustav, Arbeiter, Hauptstr. 63
– Gustav, Arbeiter, Dreihäuser 15
– Gustav, Tischler, Hauptstr. 44
– Heinrich, Arbeiter, Hauptstr. 7
– Hermann, Arbeiter, Tschirnhaus 7
– Hildegard, Witwe, Hauptstr. 211
– Josef, Arbeiter, Hauptstr. 69 a
– Richard, Arbeiter, Tschirnhaus 1a
– Selma, Witwe, Hauptstr. 72
– Selma, Witwe, Dreihäuser 1
– Wilhelm, Arbeiter, Am Kirchsteg 4
– Wilhelm, Kaufm., Hauptstr. 93, F. 322
Hofmann Ferdinand, Arbeiter, Seiffen 5
Hohlstein Ernestine, Witwe, Tschirnhaus 2
– Heinrich, Arbeiter, Tschirnhaus 3
– Wilhelm, Arbeiter, Hauptstr. 38
Hohmann Kurt, Rb.-Angestellter, Am Bahnhof Nieder Kauffung 4
Holewa Helene, Tschirnhaus 5
Hollup Theodor, Arbeiter, Gemeindesiedlung 2
Holzbecher Fritz, Brunnenverleger und Kohlenhändler, Hauptstr. 198, F. 305
– Gustav, Handelsmann, Hauptstr. 180
– Robert, Zimmermann, Hauptstr. 41
– Willi, Landwirt, Hauptstr. 180
Hoppe Pauline, Rentnerin, Gemeindesiedlung 8
Horn Willi, Arbeiter, Kitzelberg 1
Hornig Bruno, Arbeiter, Widmuthweg 7
– Ernst, Arb., Am Bahnhof Ober Kauffung 5
– Oswald, Arbeiter, Widmuthweg 6
– Richard, Maurer, Randsiedlung 1
Hradetzki Ida, Bäckerei und Konditorei, Hauptstr. 66, F. 225
Hude Karl, Arbeiter, Seiffen 1
Hübner Hedwig, Witwe, Am Bahnhof Ober Kauffung 1

– Karl, Kaufmann, Hauptstr. 90
Hüttner Otto, Arbeiter, Hauptstr. 62

I

Israel Artur, Hauptstr. 185

J

Jäckel Berta, Witwe, Gemeindesiedlung 3
– Bertold, Tischlermeister, Hauptstr. 163, F. 241
– Franz, Hochbautechniker, Hauptstr. 163
– Herbert, Rb.-Hilfsweichenw., Gemeindesiedl. 3
– Klara, Witwe, Hauptstr. 165, F. 241
– Kurt, Fabrikbes , Hauptstr. 220a, F. 252
– Paul, Buchhalter, Hauptstr. 165, F. 241
– Reinhold, Landwirt, Hauptstr. 231
– Ursula, Sekret., Hauptstr. 108, F. 227
– Wilhelm, Betriebsleiter, Hauptstr. 165
Jänsch Gustav, Kutscher, Hauptstr. 56
Jäschock Fritz, Arbeiter, Poststr. 5
– Gustav, Brenner, Hauptstr. 67
– Gustav, Schmied, Widmuthweg 5
– Paul, Arbeiter, Gemeindesiedlung 2
Janke Fritz, Ofensetzer, Hauptstr. 28
Janoschke Marie, Rentnerin, Tschirnhaus 1b
Jendral Gerhard, Lehrer, Hauptstr. 220
Jerchel Herbert, Arbeiter, Hauptstr. 149
Jörgler Wilhelm, Melker, An den Brükken 12
John Berta, Witwe, Hauptstr. 99
– Ernestine, Arbeiterin, Dreihäuser 17
– Gerhard, Arbeiter, Eisenbergsiedlung
– Gustav, Arbeiter, Randsiedlung 12
– Henriette, Rentnerin, Hauptstr. 106
– Hermann, Arbeiter, Hauptstr. 50
– Kurt, Kraftfahrer, Hauptstr. 72
– Kurt, Landarbeiter, Hauptstr. 85
– Martin, Arbeiter, Hauptstr. 149
– Paul, Arbeiter, Elsnersiedlung 1
– Richard, Arbeiter, Hauptstr. 138
– Walter, Arbeiter, Gemeindesiedlung 6
Jopke Paul, Schmied, Tschirnhaus 7
Joppe Heinrich, Arbeiter, Seiffen 8
– Ida, Witwe, Hauptstr. 51

Jornitz Ernst, Kraftfahrer, Gemeindesiedlung 9
Jung August, Arbeiter, Dreihäuser 8
– August, Arbeiter, Dreihäuser 13
– August, Hausierer, Hauptstr. 200
– Bernhard, Schuhmacher, Hauptstr. 184
– Heinrich, Arbeiter, Hauptstr. 116
– Paul, Arbeiter, Hauptstr. 145

K

Käbisch Helm., Bäckermstr., Hauptstr. 114
– Ida, Witwe, Hauptstr. 114
Käse August, Arbeiter, Hauptstr. 212
– Hermann, Rb.-Bediensteter, Bahnhof 2a
– Oswald, Kutscher, Hauptstr. 145
Kahl August, Arbeiter, Hauptstr. 12
– Ernst, Arbeiter, Hauptstr. 160
– Gustav, Kutscher, An den Brücken 21
– Hermann, Kutscher, Hauptstr. 246
– Paul, Schlossermeister, Hauptstr. 198
– Reinhold, Rangierer, Hauptstr. 164
– Richard, Arbeiter, An den Brücken 21
Kahlert August, Steinbruchaufseher i. R., An den Brücken 14
Kambach Hermann, Arbeiter, Hauptstr. 57
– Otto, Bauer, Schulzengasse 2
Kamper Fritz, Forstarb., Hauptstr. 251
Kania Bartholomäus, Arbeiter, Dreihäuser 7
– Maria, Rentnerin, Hauptstr. 204
Kapitza Karl, Arbeiter, Tschirnhaus 1
Kaßner Ernst, Arbeiter, Niemitz 4
Katzer Paul, Förster, Hauptstr. 248, F. 292
Keil Alfred, Arbeiter, Hauptstr. 20
– Frieda, Witwe, Hauptstr. 61
– Fritz, Arbeiter, Hauptstr. 100
– Heinrich, Handelsmann, Hauptstr. 29
– Hermann, Melkermeister, Stöckel 2
– Paul, Schmied, Hauptstr. 178
– Reinhold, Obermelker, Schulzengasse 9
– Richard, Landarbeiter, Hauptstr. 37
– Wilhelm, Aufseher, Hauptstr. 28
Keller Karl, Arbeiter, Hauptstr. 174
Kieback Karl Ludwig, Inspektor, Stöckel 1, F. 206

Kiefer Heinrich, Arbeiter, Hauptstr. 162
– Paul, Arbeiter, Hauptstr. 172
Kiesling Hermann, Arbeiter, Hauptstr. 50
– Paul, Arbeiter, Hauptstr. 9
Kirchner Max, Wirtschaftsgeh., Hauptstr. 103
– Theodor, Rb.-Oberweichenwärter, Hauptstr. 84
Kirsch Josef, Handelsmann, Hauptstr. 95
Kitsche Paul, Arbeiter, Hauptstr. 200
Kittelmann Alfred, Arbeiter, Randsiedlung 20
– Paul, Bremswärter, Dreihäuser 2
Kittner Ernestine, Witwe, Hauptstr. 177
Klaar Karl, Gärtner, Hauptstr. 110
Klein Ernestine, Witwe, Viehring 8
– Friedrich, Arbeiter, Hauptstr. 49
– Gustav, Arbeiter, Hauptstr. 232 a
– Oskar, Böttcher, Viehring 8
– Reinhold, Auszügler, Viehring 6
– Richard, Bauer, Viehring 6
Kleinert Bruno, Kraftfahrer, Hauptstr. 62
– Erna, Witwe, Hauptstr. 228
– Georg, Schmied, Randsiedlung 7
– Martha, Witwe, Tschirnhaus 1b
– Wilhelm, Maurer, Tschirnhaus 1a
Klemm Robert, Klempner, Widmuthweg 1
Klemt Martha, Rentnerin, Dreihäuser 17
Kliem Wilhelm, Arbeiter, Hauptstr. 173
Klinkert Ernestine, Rentnerin, Am Kirchsteg 9
– Friedrich, Rentner, Tschirnhaus 7
Klose Emilie, Rentnerin, Hauptstr. 165
– Ernst, Arbeiter, An den Brücken 21
– Gustav, Arbeiter, Am Kirchsteg 14
– Martha, Postfacharbeiterin, An d. Brücken 12
– Pauline, Landwirtin, Hauptstr. 239
– Richard, Arbeiter, Hauptstr. 75
Kloß August, Arbeiter, Niedergut 7
– Konrad, Bez.-Oberwachtmstr., Gemeindesiedl. 7
Kluge Heinrich, Rb.-Assistent, Gemeindesiedlg. 11
– Paul, Arbeiter, Gemeindesiedlung 11
– Wilhelm, Arbeiter, Tschirnhaus 1a
– Willi, Kalkarbeiter, Tschirnhaus 1b
Kmuche Fritz, Arbeiter, Tschirnhaus 8
Knappe Paul, Rentner, Viehring 9

Knoblich Paul, Werkmeister und Kolonialwarenhandlung, Hauptstr. 109, F. 350
Knobloch Fritz, Dekorationsmaler, Am Bahnhof Ober Kauffung 1a
Knuth Ernst, Hauptstr. 189
Kobelt Gustav, Arbeiter, Dreihäuser 19
– Otto, Bauer, Hauptstr. 142
– Willi, Arbeiter, Dreihäuser 19
Kober Martin, Rb.-Bed., Hauptstr. 186
Köhler Wilhelm, Arbeiter, Hauptstr. 107
König Alfred, Melker, Hauptstr. 110
– Gustav, Arbeiter, Hauptstr. 56
Kollmann Wilhelm, Gend.-Hauptwachtmeister, Hauptstr. 191, F. 312
Kolzer Otto, Schmiedemstr., Hauptstr. 249
Konrad Alois, Melker, An den Brücken 19
– Anna, Arbeiterin, Dreihäuser 11
– Ida, Witwe, Viehring 11
– Oskar, Arbeiter, Hauptstr. 214
– Oswald, Bruchmeister, Viehring 11
Kottwitz Willi, Kolonialwarenhändler, Hauptstr. 53, F. 214
Krätzig Gustav, Arbeiter, Hauptstr. 10
Krain Hermann, Maurer, Hauptstr. 223
– Richard, Kraftfahrer, Schulzengasse 6
Kramer Paul, Arbeiter, Niedergut 7
– Paul, Bremsbahnführer, Hauptstr. 234
– Wilhelm, Werkbeamter, Hauptstr. 202
Krause Erich, Arbeiter, Gemeindesiedlung 6
– Gustav, Zementwarenfabr., Schulzengasse 4
– Otto, Landwirt, Hauptstr. 242
– Paul, Steinbrecher, Kitzelberg 1
– Wilhelm, Schneider, Hauptstr. 93
Krebs Emma, Arb., Hauptstr. 32
– Kurt, Maurer, Hauptstr. 94
– Selma, Witwe, Dreihäuser 12
Kreisel Willi, Arbeiter, Hauptstr. 2
Krella Karl, Arbeiter, Gemeindesiedlung 5
Kretschmer Klara, Rentnerin, Randsiedlung 20
Kriegler Ida, Arbeiterin, Hauptstr. 251
– Wilhelm, Kastellan, Niedergut 1
Kronlob Gertrud, Witwe, Hauptstr. 53, F. 214

Krügel Karl, Arbeiter, Poststr. 4
Krügler Heinrich, Friseurmeister und
 Fleischbeschauer, Hauptstr. 86, F. 293
Krusche Herbert, Melkermstr., Hauptstr.
 10
Kubik August, Arbeiter, Seiffen 8
Kubus Konrad, Arbeiter, Elsnersiedlung 1
– Paul, Arbeiter, Dreihäuser 4
– Theodor, Brenner, Elsnersiedlung 1
Kühn Otto, Arbeiter, Hauptstr. 7
Kühnel Gotthard, Bäckermeister, Haupt-
 str. 213 a
Kuhm Alfred, Arbeiter, Tschirnhaus 2
– Ernst, Arbeiter, Tschirnhaus 1
– Heinrich, Arbeiter, Tschirnhaus 1b
Kuhnt Anna, Witwe, Seiffen 4
– Fritz, Arbeiter, Seiffen 4
– Gustav, Zimmermann, Hauptstr. 46
– Heinrich, Brettschneider, Hauptstr. 16
– Hermann, Arbeiter, Hauptstr. 133
– Martin, Ofensetzer, Tschirnhaus 4 a
– Paul, Zimmermann, Hauptstr. 159
– Reinhold, Steinbrecher, Dreihäuser 13
– Richard, Arbeiter, Hauptstr. 106
– Richard, Zimmermann, Randsiedlung
 11
– Wilhelm, Zimmermann, Hauptstr. 76
Kunze Hermann, Aufseher, Hauptstr.
 113
– Otto, Arbeiter, Hauptstr. 26
– Walter, Schlosser, Hauptstr. 111
– Wilhelm, Kassenassist., Hauptstr. 113
– Wilhelm, Maurer, Hauptstr. 111
Kursawe Alfred, Arbeiter, Elsnersiedlung
 2
Kusber Otto, Landarb., Gemeindesied-
 lung 10
Kutsche Adolf, Arbeiter, Hauptstr. 24
– Pauline, Witwe, Hauptstr. 55

L

Lachmann Alfred, Bürgermeister, Haupt-
 str. 220, F. 306 und 230
– Hildegard, Postangestellte, Hauptstr.
 86, F. 220
Lange Adolf, Landarbeiter, Niemitz 5
– Alfred, Arbeiter, Dreihäuser 1
– Alfred, Wirtschafter, Hauptstr. 8
– Emma, Witwe, Viehring 9

Langer Anna, Witwe, Hauptstr. 259
– August, Bauer, Hauptstr. 37
– Bruno, Zimmermann, Am Kirchsteg 7
– Emma, Witwe, Seiffen 5
– Hermann, Rentner, Hauptstr. 152
– Hermann, Rentner, Gemeindesiedlung
 8
– Josef, Bäcker, Hauptstr. 259
– Karl, Arbeiter, Hauptstr. 125
– Karl, Arbeiter, Bruchhaus Silesia
– Martin, Arbeiter, Hauptstr. 55
– Robert, Bauer, Hauptstr. 59
– Wilhelm, Arbeiter, Hauptstr. 125
Langner Alfred, Arbeiter, Hauptstr. 141 a
Larisch Hildegard, techn. Lehrerin, Post-
 str. 6
Laube Oswald, Arbeiter, Hauptstr. 62
– Paul, Arbeiter, Tschirnhaus 2
Lehmann Paul, Triebwagenführer, Seif-
 fen 1
Lehmen Josef, Gastwirt, Hauptstr. 209,
 F. 243
Leiske Ewald, Arbeiter, Hauptstr. 35
Lenz Alfred, Kaufmann, Hauptstr. 95
Leppin Anna, Witwe, Hauptstr. 14
– Werner, Schuhmmstr., Hauptstr. 14
Letzner Heinrich, Aufseher, Poststr. 3
Leukert Paul, Lokführer, Am Kirchsteg 2
Leupold Emma, Häuslerin, Hauptstr. 173
– Hermann, Gemeindebote, Hauptstr.
 171
Liebig Wilhelm, Arbeiter, Dreihäuser 6
Liebs Artur, Brenner, Dreihäuser 15
– Richard, Klempner, Hauptstr. 94
– Wilhelm, Hauptlehrer, Hauptstr. 208,
 F. 267
Lienig Paul, Arbeiter, Tschirnhaus 5
Lindner Paul, Arbeiter, Hauptstr. 155
Linke Amalie, Witwe, Hauptstr. 124
Lisiecke Johann, Arbeiter, Niedergut 3
Lissel Auguste, Rentnerin, Hauptstr. 63
Lizzi Alwine, Gemeindesiedlung 2
Lobe Hermann, Arbeiter, Hauptstr. 13
Löffler Marie, Rentnerin, Hauptstr. 155
Löwe Margarete, Privatsekretärin, Drei-
 häuser 12
Lorenz Johann, Bremswärter, Elsnersied-
 lung 2

Loske Friedrich, Postverwalter, Poststr. 1, F. 220
Ludewig Wilh., Triebwagenführer, Hauptstr. 104
Ludwig Else, Witwe, Hauptstr. 103
– Ewald, Arbeiter, Pochwerk 3
– Frieda, Häuslerin, Hauptstr. 173
– Otto, Schmied, Poststr. 3
– Paul, Arbeiter, Hauptstr. 4
– Paul, Arbeiter, Hauptstr. 121
– Pauline, Rentnerin, Hauptstr. 90
Lüdke Robert, Arbeiter, Am Kirchsteg 8
Lüttich Anna, Arbeiterin, Hauptstr. 83
– Reinhold, Arbeiter, Stöckel 2
– Willi, Ackerkutscher, Hauptstr. 2
Lüttig Erna, Witwe, Hauptstr. 52
Lukas Karl, Schlosser, Hauptstr. 194
Luksch Johann, Arbeiter, Hauptstr. 1

M

Mäuer Marie, Auszüglerin, An den Brükken 2
Mai Gertrud, Witwe, Hauptstr. 65
– Pauline, Witwe, Hauptstr. 16
Maidorn Berta, Witwe, Hauptstr. 155
Maiwald Ludwig, Arbeiter, Widmuthweg 2
– Wilhelm, Schuhmachermstr., Widmuthweg 2
Malkusch Ignaz, Aufseher, Tschirnhaus 2
– Peter, Arbeiter, Hauptstr. 60
Marks Richard, Arbeiter, Randsiedlung 4
Marschall Alfred, Elektromstr., Gemeindesiedlg. 5
Mascherin Emma, Arb., Hauptstr. 199
Mattern Willi, Arbeiter, Hauptstr. 117
Mehwald Emma, Bäuerin, An den Brükken 1
– Friedrich, Bauer, Hauptstr. 76
– Heinrich, Landarbeiter, An den Brükken 1
Meier Pauline, Rentnerin, Hauptstr. 233
Meinhardt Max, Werkmstr., Tschirnhaus 8, F. 203
Meißner Paul, Lokführer, Gemeindesiedlung 5

– Wilhelm, Rb.-Betriebsassistent, Am Bahnhof Nieder Kauffung 5, F. 246
Mende Gustav, Arbeiter, Hauptstr. 230
Menz Wilhelm, Forstarb., Hauptstr. 2
Menzel Alfons, Arbeiter, Hauptstr. 30
– Alfred, Rangierer, Hauptstr. 130
– Anna, Wirtin, Hauptstr. 39
– Apollonia, Witwe, Am Bahnh. Ob. Kauffung 6
– Berta, Rentnerin, Hauptstr. 104
– Gustav, Arbeiter, Dreihäuser 4
– Hermann, Stellmacher, Gemeindesiedlung 10
– Paul, Arbeiter, Hauptstr. 149
– Siegfried, Maurer, Hauptstr. 88
Mertin Karl, Aufseher, Dreihäuser 15
– Konstanze, Witwe, Stimpel 3
Meuer Oskar, Zimmerm., Hauptstr. 225
Meusel Frieda, Diakonisse, Tschirnhaus 9, F. 281
Meyer Karl, Gemeindesiedlung 9
Michalke Bruno, Rb.-Arbeiter, Am Bahnhof Ober Kauffung 2 a
– Otto, Arbeiter, Hauptstr. 56
Mielchen Anna, Witwe, Hauptstr. 237
– Oswald, Arbeiter, Hauptstr. 53
– Oswald, Steinbrecher, Hauptstr. 33
Mlyneck Ida, Witwe, Hauptstr. 121
Möhnert Wilhelm, Arb., Hauptstr. 125
Morawietz Artur, Schlosser, Poststr. 6
Mrugalla Anton, Angestellter, Hauptstr. 67, F. 203
Müller Albert, Hilfsaufseh., Hauptstr. 15
– Artur, Schreiber, Am Kirchsteg 13
– Erich, Arbeiter, Gemeindesiedlung 6
– Fritz, Arbeiter, Hauptstr. 103
– Gustav, Schuhmacher, Schulzengasse 14
– Heinrich, Arbeiter, Randsiedlung 3
– Heinrich, Rentner, An den Brücken 10
– Hermann, Arbeiter, Hauptstr. 127
– Dr. Martin, Arzt, Am Bahnhof Nieder Kauffung 3, F. 260
– Rudolf, Gastwirt, Hauptstr. 20
– Wilhelm, Arbeiter, Hauptstr. 16
Münster Friedrich, Arbeiter, Tschirnhaus 1
Münzberg Alois, Steinbrecher, An den Brücken 5

N

Napel Alfred, Arbeiter, Hauptstr. 230
Neubauer Erwin, Lehrer, Hauptstr. 220
Neudeck Anna, Rentnerin, Hauptstr. 60
– August, Schachtmeister, Hauptstr. 155
– Hermann, Bruchmeister, Randsiedlung 5
Neumann Emma, Witwe, Hauptstr. 56
– Ernst, Tischler, Schulzengasse 5
– Martha, Witwe, Hauptstr. 6
– Robert, Forstarbeiter, Seiffen 5
Nickel Gustav, Landwirt, Niedergut 7
– Paul, Rb.-Arbeiter, Hauptstr. 116
Niederführ Pauline, Rentn., Hauptstr. 105
Niepel Franz, Fleischer, Hauptstr. 143
Nietzold Richard, Gärtner, Stöckel 4
Nippert Anna, Witwe, Hauptstr. 202
Noak Arno, Elektriker, Hauptstr. 87, F. 304

O

Opitz Alfred, Lokführer, Hauptstr. 30
– Fritz, Fleischermeister, Hauptstr. 214
– Klara, Witwe, Hauptstr. 229

P

Pätzold Anna, Witwe, An den Brücken 19
– Bruno, Bauer, Hauptstr. 122
– Gotthard, Rend., Hauptstr. 124, F. 205
– Gustav, Arbeiter, Hauptstr. 12
– Gustav, Arbeiter, Seiffen 8
– Gustav, Schmied, Hauptstr. 42
– Heinrich, Arbeiter, Hauptstr. 204
– Heinrich, Bauer, Hauptstr. 227
– Hermann, Bauer, Hauptstr. 129
– Karl, Schmiedemeister, Hauptstr. 184
– Pauline, Witwe, An den Brücken 13
– Wilhelm, Handelsm., Hauptstr. 150
– Wilhelm, Landwirt, Hauptstr. 227
– Willi, Arbeiter, An den Brücken 13
Paprotny Vinzenz, Arb., Gemeindesiedlung 4
Paul Gustav, Kaufmann, Hauptstr. 247, F. 209
Pause Heinrich, Arbeiter, Hauptstr. 91
– Hermann, Aufseher, Hauptstr. 4

– Oswald, Landwirt, Hauptstr. 5
– Wilhelm, Bremswärter, Schulzengasse 5
Pech Josef, Arbeiter, Hauptstr. 7
Peisker Oskar, Maurer, Hauptstr. 239
Perschke Helene, Kontoristin, Dreihäuser 1
Peschel Anna, Hauptstr. 74
– Artur, Postsekr. a. D., Hauptstr. 74
– Henriette, Rentnerin, Dreihäuser 12
Pfeiffer Alfred, Arbeiter, Hauptstr. 83
– Robert, Schneider und Kolonialwaren, Hauptstr. 185
Pförtner Robert, Kutscher, Rodeland 1
Pietschak Nikodemus, Brenner, Tschirnhaus 1b
Pietz Karoline, Witwe, Hauptstr. 7
Pilger August, Arbeiter, Dreihäuser 12
– Ernestine, Witwe, Stimpel 1
– Ernst, Arbeiter, Stimpel 1
– Heinrich, Arbeiter, Hauptstr. 12
– Heinrich, Zimmermann, Randsiedlung 2
Pilz Alfred, Lehrer und Kantor, Hauptstr. 217
– Ursula, Witwe, Am Bahnhof Ober-Kauffung 5
Pinkawa August, Werkmaler, Dreihäuser 4
– Georg, Maurer, Dreihäuser 2
– Johann, Aufseher, Tschirnhaus 3
– Josef, Aufseher, Tschirnhaus 1b
– Richard, Arbeiter, Tschirnhaus 3
– Viktor, Rangierer, Hauptstr. 95
Plagwitz Paul, Arbeiter, Hauptstr. 149
Planck Richard, Betriebsleiter, Hauptstr. 123, F. 201
Pohl Erich, Steinfahrer, Hauptstr. 7
– Richard, Mühlenbes., Hauptstr. 226
Pohla Blasius, Arbeiter, Tschirnhaus 1
– Pius, Arbeiter, Tschirnhaus 1a
Priesemuth Felix, Dentist, Hauptstr. 79
Prost Max, Arbeiter, Hauptstr. 199
Püschel Bruno, Schlosser, Hauptstr. 116
– Ewald, Aufseher, Am Kirchsteg 2
– Hermann, Arbeiter, Hauptstr. 7
– Marie, Witwe, Gemeindesiedlung 8
– Reinhold, Kalkbrenner, Hauptstr. 118
– Wilhelm, Kalkbrenner, Hauptstr. 118

Puschmann Reinhold, Arbeiter, Tschirnhaus 3
Putzler Gustav, Kalkarb., Hauptstr. 19a

R

Rämpel Fritz, Arbeiter, Hauptstr. 25
– Richard, Arbeiter, Randsiedlung 17
Raupach Alfred, Landarbeiter, Niemitz 3
– August, Arbeiter, An den Brücken 8
– Erich, Zimmermann, Hauptstr. 188
– Ernestine, Hebamme, Hauptstr. 171
– Ernst, Tischler, Hauptstr. 259
– Frieda, Witwe, Widemuthweg 4
– Fritz, Gemeindesekr., Gemeindesied-
lung 2
– Fritz, Schlosser, Hauptstr. 62
– Hermann, Arbeiter, Hauptstr. 62
– Heinrich, Arb., Am Bahnh. Ob. Kauf-
fung 3
– Heinrich, Kutscher, Niemitz 5
– Heinrich, Landarbeiter, Am Bahnh.
Ob. Kauffung 3
– Hermann, Arbeiter, Widmuthweg 9
– Paul, Arbeiter, Hauptstr. 145
– Paul, Arbeiter, Gemeindesiedlung 10
– Richard, Arbeiter, Hauptstr. 237
– Richard, Arbeiter, Hauptstr. 44
– Richard, Wirtschaftsgeh., Hauptstr. 47
– Wilhelm, Kalkbrenner, Hauptstr. 47
– Willi, Rb.-Betriebswart, Hauptstr. 106,
F. 317
Reichelt Emilie, Witwe, Hauptstr. 204
Reichstein Albert, Arbeiter, Seiffen 5
– Johannes, Schuhmacher, An den Brük-
ken 2
– Karl, Arbeiter, Niedergut 7
Reimann Alfred, Arbeiter, Dreihäuser 6
– Fritz, Arbeiter, Hauptstr. 100
– Heinrich, Melker, Tschirnhaus 1b
– Hermann, Arbeiter, Tschirnhaus 1a
– Johannes, Arbeiter, Elsnersiedlung 1
– Oswald, Arbeiter, Dreihäuser 2
– Paul, Arbeiter, Dreihäuser 12
– Richard, Arbeiter, Schulzengasse 3
– Richard, Arbeiter, Tschirnhaus 5
– Wilhelm, Arbeiter, Hauptstr. 121
– Wilhelm, Aufseher, Tschirnhaus 2
Reinsch Heinrich, Rb.-Arb., Hauptstr.
187

– Ida, Witwe, Hauptstr. 47
– Karoline, Witwe, Hauptstr. 134
Reinschüssel Luise, Rentnerin, Widmuth-
weg 9
Reißig Artur, Schlosser, Hauptstr. 32
Reißner K., Bäuerin, Hauptstr. 108,
F. 227
Rempel Gustav, Arbeiter, Dreihäuser 6
– Pauline, Arbeiterin, Hauptstr. 25
Renner Emma, Arbeiterin, Hauptstr. 125
– Ewald, Maler, Niedergut 3
– Henriette, Witwe, Dreihäuser 11
Reuthe Martha, Rentnerin, Hauptstr. 7
Richter Erwin, Arbeiter, Gemeindesied-
lung 10
– Max, Schlosser, Hauptstr. 159
Riedel Ottilie, Witwe, Hauptstr. 36
– Walter, Schlosser, Hauptstr. 147
Rittau Antonie, Witwe, Hauptstr. 215
– Georg, Pfarrer, Hauptstr. 215
Ritter Erich, Friseurmeister, Hauptstr.
179
– Otto, Gastwirt und Fleischbeschauer,
Hauptstr. 139
– Wilh., Signalwerkführer, Hauptstr. 148
Röder Fritz, Schmied, Hauptstr. 45
– Gustav, Arbeiter, Dreihäuser 17
– Julius, Arbeiter, Hauptstr. 45
Roeßner Joh., Wiegemeister, Hauptstr.
185
Rose Anna, Witwe, Hauptstr. 110
– Josef, Schmied, Tschirnhaus 1
– Martin, Arbeiter, Hauptstr. 46
Rosenberger Adolf, Arbeiter, Poststr. 5
Rossol Franz, Brenner, Hauptstr. 125
– Franz, Maurer, Randsiedlung 13
– Hans, Arbeiter, Poststr. 4
– Johann, Brenner, Tschirnhaus 1b
– Peter, Aufseher, Poststr. 4
Roßdeutscher Wilhelm, Postschaffner,
Am Bahnhof Ober Kauffung 1
Rothe Ernestine, Aufwärt., Hauptstr. 185
Rudolph Josef, Arbeiter, Hauptstr. 54
Rücker Bruno, Arbeiter, Hauptstr. 261
– Emil, Kutscher, Hauptstr. 83
Rüffer Ernestine, Rentnerin, Gemeinde-
siedlung 8
– Hermann, Arbeiter, Hauptstr. 135
– Ida, Witwe, Tschirnhaus 1a

– Willi, Zimmermann, Hauptstr. 67
Ruff Pauline, Renterin, Hauptstr. 183
Ruffer Paul, Landwirt, Hauptstr. 207
Ruschin Paul, Arbeiter, Tschirnhaus 1a
Ryfczinski Boleslaus, Arbeiter, Tschirn-
haus 1a
– Franz, Arbeiter, Gemeindesiedlung 4
– Hedwig, Arbeiterin, Tschirnhaus 5
– Wladislaus, Arbeiter, Tschirnhaus 3

S

Sachse Oskar, Forstarbeiter, Hauptstr.
248
Sähn Kurt, Schlosser, Hauptstr. 69 a
Sallge Johannes, Gärtner, Hauptstr. 192
Sauer Emma, Witwe, An den Brücken 3
– Robert, Landwirt, Hauptstr. 189
Seherr Thoß Luise von, Stöckel 2, F. 206
Seidel Ewald, Arbeiter, Hauptstr. 121
– Fritz, Arbeiter, Tschirnhaus 7
– Fritz, Schmied, Hauptstr. 121
– Gustav jun., Stellm.-Mstr., Hauptstr.
120
– Gustav sen., Stellm.-Mstr., Hauptstr.
120
– Pauline, Rentnerin, An den Brücken 5
– Reinhold, Schneidermstr., Hauptstr.
137
– Richard, Sägewerkführer, Hauptstr. 30
– Walter, Angestellter, Hauptstr. 169
Seidelmann Ida, Wirtin, Hauptstr. 229
– Oskar, Arbeiter, Elsnersiedlung 1
Seifert Albert, Bäckermeister, Hauptstr.
170, F. 258
– Bernhard, Wirtschafter, Hauptstr. 110
– Emilie, Rentnerin, Hauptstr. 7
– Helene, Witwe, Hauptstr. 28
– Hermann, Arbeiter, Tschirnhaus 2
– Hermann, Maurer, Hauptstr. 259
– Walter, Kutscher, Hauptstr. 154
Sellesnick Erich, Arbeiter, Gemeindesied-
lung 6
Sellig Artur, Bauer, An den Brücken 9
Siegert Friedrich Wilhelm, Fabrikbesit-
zer, Hauptstr. 145 a, F. 202 und 333
Simon Artur, Kraftfahrer, Hauptstr. 70
– Bruno, Bauer, Hauptstr. 197
– Helene, Rentnerin, Niemitz 5
– Paul, Kaufmann, Hauptstr. 101, F. 345

Sindermann Alexander, Arb., Dreihäuser
10
– Marie, Rentnerin, Tschirnhaus 8
Skowronek Johann, Arb., Hauptstr. 121
Slawik Hermann, Kutscher, Niemitz 4
– Konrad, Arbeiter, Hauptstr. 53
Smykalla Bertold, Arbeiter, Hauptstr. 7
– Josef, Arbeiter, Tschirnhaus 3
– Paul, Arbeiter, Tschirnhaus 1
Sobania Fritz, Bahnhofswirt, Am Bahn-
hof Ober Kauffung 2
Sobiech Anna, Rentnerin, Hauptstr. 145
Söllner Alfred, Arbeiter, Hauptstr. 212
– Gustav, Arbeiter, Hauptstr. 198
– Pauline, Arbeiterin, Hauptstr. 148
– Regina, Köchin, Hauptstr. 155
Soika Franz, Arbeiter, Niemitz 5
Sommer Gustav, Arbeiter, Hauptstr. 172
– Rudolf, Arbeiter, Dreihäuser 8
– Wilhelm, Arbeiter, Dreihäuser 8
Spachowsky Fritz, Lehrer, Hauptstr. 89
Specht August, Verwaltungsinspektor,
Hauptstr. 206, F. 230
Speda Jakob, Arbeiter, Poststr. 5
Springer Gustav, Arbeiter, Hauptstr. 113
– Martin, Rb.-Arbeiter, Seiffen 7
– Oswald, Rentner, Hauptstr. 90
– Paul, Arbeiter, Hauptstr. 155
Suckel Agnes, Witwe, Schulzengasse 7
– August, Arbeiter, Hauptstr. 65
– Josef, Arbeiter, Schulzengasse 7
– Martha, Arbeiterin, Hauptstr. 157
Suhn Hermann, Hilfs-Betriebs-Assistent,
Am Bahnhof Nieder Kauffung 5,
F. 246
Sulkowsky Irmgard, Verk., Hauptstr. 206
Sygor Georg, Gesteinsbohrer, Am Kirch-
steg 3
Szimansky Georg, Arbeiter, Hauptstr. 99
– Paul, Kutscher, Gemeindesiedlung 3
– Paul, Rentner, Hauptstr. 90
Szymanski Alfred, Arbeiter, Am Bahnhof
Ober Kauffung 1

Sch

Schaar Richard, Arbeiter, Schulzengasse 1
Schäfer Alfred, Kutscher, Hauptstr. 213a
Schampera Albert, Brenner, Tschirnhaus 5
– August, Aufseher, Dreihäuser 10

- Johannes, Maurer, Tschirnhaus 1
- Josef, Maurer, Hauptstr. 182
- Martha, Witwe, Tschirnhaus 1 b
- Richard, Arbeiter, Tschirnhaus 5
Scharf Hermann, Kutscher, Niedergut 3
Scheike Ida, Rentnerin, Hauptstr. 243
Scherk Georg, Lehrer, Poststr. 2
Schibilla Anton, Sattler- und Tapezier-
    meister, Hauptstr. 161
Schiefer Martha, Hauptstr. 53
Schiller Frieda, Dreihäuser 8
- Pauline, Witwe, Dreihäuser 6
Schinke Alexander, Arbeiter, Hauptstr.
    31
- Emil, Arbeiter, Tschirnhaus 1 a
- Paul, Arbeiter, Dreihäuser 10
Schirner Paul, Gastwirt, Hauptstr. 181,
    F. 238
- Willi, Friseur, Gemeindesiedlung 4
Schleicher Heinrich, Steinbrecher,
    Hauptstr. 250
- Paul, Maurer, Hauptstr. 7
- Wilhelm, Arbeiter, Dreihäuser 14
Schlieben Karl, Hüttendirektor, Am
    Bahnhof Nieder Kauffung 2
Schlosser Anna, Witwe, Hauptstr. 70
- Erich, Fleischer, Hauptstr. 7
- Wilhelm, Landwirt, Hauptstr. 72
- Willi, Bauer, Hauptstr. 72
Schmidt Arno, Ingenieur und Mühlenin-
    haber, Bäckerei, Hauptstr. 213, F. 239
- Artur, Schlosser, Hauptstr. 60
- Bruno, Kutscher, Am Kirchsteg 12
- Elisabeth, Rentnerin, Niemitz 3
- Hermann, Arbeiter, Hauptstr. 107
- Oskar, Landwirt, Schulzengasse 9
- Otto, Telegraphen-Leitungsaufseher,
    Am Kirchsteg 2, F. 257
- Robert, Arbeiter, Hauptstr. 168
- Robert, Kutscher, Hauptstr. 155
Schnabel Heinrich, Fleischermeister,
    Hauptstr. 11, F. 219
- Julius, Arbeiter, Hauptstr. 252
- Robert, Fleischermeister und Gastwirt,
    Hauptstr. 11, F. 219
Schneider August, Arbeiter, Tschirnhaus 2
Schönfeld Alfons, Maurer, Am Bahnhof
    Nieder Kauffung 1

Schöps Oskar, Schmiedemeister, Haupt-
    str. 144
Scholz Anna, Arbeiterin, Gemeindesied-
    lung 1
- Fritz, Schlosser, Hauptstr. 19 a
- Gustav, Arbeiter, Gemeindesiedlung 2
- Gustav, Maurer, Tschirnhaus 7
- Heinrich, Hauptlehrer a. D., Hauptstr.
    17, F. 325
- Heinrich, Rangiermeister a. D., Seiffen 3
- Helene, Witwe, Tschirnhaus 1 b
- Josef, Arbeiter, Hauptstr. 239
- Maria, Witwe, Hauptstr. 189
- Paul, Landwirt, Schulzengasse 15
- Reinhold, Arbeiter, Hauptstr. 56
- Wilhelm, Auszügler, Schulzengasse 15
- Wilhelm, Rb.-Aufs., Am Bahnhof Ob.
    Kauffung 4
Schrader Emma, Arbeiterin, Hauptstr.
    121
- Heinrich, Arbeiter, Hauptstr. 74
Schreiber Franz, Bäckermstr., Hauptstr.
    255
Schröder Walter, Pastor, Hauptstr. 210,
    F. 218
Schröter Alfred, Arbeiter, Hauptstr. 125
- Anna, Witwe, Hauptstr. 199
- Hermann, Arbeiter, Hauptstr. 106
- Pauline, Arbeiterin, Hauptstr. 199
Schubert Alfred, Gastwirt, Hauptstr. 105
- August, Arbeiter, Hauptstr. 97
- Ernst, Müller, Hauptstr. 113
- Gerhard, Schmied, Hauptstr. 188
- Gustav, Maschinist, Viehring 10
- Karl, Arbeiter, Hauptstr. 6
- Kurt, Büroangestellter, Hauptstr. 104
- Kurt, Gärtner, Niedergut 6, F. 236
- Paul, Kutscher u. Arb., Hauptstr. 243
- Paul, Weichenw., Am Bhf. Nieder
    Kauffung 5
- Paul, Stellwerksmeister a. D., Hauptstr.
    230
- Pauline, Witwe, Viehring 10
- Richard, Arbeiter, An den Brücken 11
- Willi, Arbeiter, Hauptstr. 60
Schudy Gustav, Arbeiter, Hauptstr. 241
- Paul, Arbeiter, Hauptstr. 187
Schütz Martha, Rentnerin, Viehring 9

Schultz Dr. Wolfgang, prakt. Arzt, Hauptstr. 194, F. 244
Schulz Joachim, Pastor, Hauptstr. 165, F. 241
Schwarz Marie, Witwe, Hauptstr. 137

St
Stache August, Ofensetzmstr., Hauptstr. 158
Stanislaus Bruno, Dachdecker, Hauptstr. 7a, F. 318
– Martin, Klempner, Randsiedlung 13
Steier Johann, Arbeiter, Hauptstr. 125
– Konrad, Arbeiter, Hauptstr. 219
Steinbrich Hans-Joachim, Geschäftsführer, Hauptstr. 54, F. 266
Steiner Robert, Kontorbeamter i. R., Stöckel 4
Stenschke Emilie, Witwe, Hauptstr. 135
Stenzel Karl, techn. Rb.-Inspektor, Am Bahnhof Ober Kauffung 4, F. 317
Stief Alfred, Drogerie, Hauptstr. 115, F. 308
– Heinrich, Landwirt, Viehring 3
– Hermann, Landwirt, Hauptstr. 225
– Hermann, Mechaniker, Hauptstr. 224
– Hildegard, Witwe, Hauptstr. 95
– Martha, Rentnerin, Hauptstr. 238
Stolarz Roman, Landarb., Hauptstr. 85
Stramma Dorothea, Laborantin, Hauptstr. 50, F. 203
Strecker Otto, Oberwachtmstr., Stöckel 2, F. 285
Strehlow Karl, Arbeiter, Hauptstr. 198
Strohauf Martha, Witwe, Tschirnhaus 1b
Stumpe Wilhelm, Schuhm., Hauptstr. 91

T
Täubner Richard, Schmied, Hauptstr. 15
Taube Gerhard, Kaufm., Hauptstr. 195
Tauch Georg, kfm. Angestellter, Schulzengasse 4
Teschner Julius, Kutscher, Stöckel 1
– Paul, Arbeiter, Hauptstr. 137
Teuber Gustav, Schlosser, Hauptstr. 98
– Klara, Arbeiterin, Hauptstr. 98
– Pauline, Witwe, Hauptstr. 164
Thamm Paul, Heizer, Hauptstr. 159

Thiel Auguste, Rentnerin, Gemeindesiedlung 4
– Ida, Rentnerin, Hauptstr. 246
– Paul, Tischler, Hauptstr. 157
– Reinhold, Arbeiter, Hauptstr. 241
– Rosina, Rentnerin, Hauptstr. 200
Thilenius Helene, Rentnerin, Hauptstr. 13, F. 233
Thomas Otto, Arbeiter, Gemeindesiedlung 2
Tietze Willi, Arb., Am Bahnhof Ober Kauffung 5
Tillmann Johann, Brenner, Hauptstr. 121
Titze Gustav, Kutscher, Hauptstr. 229
– Hermann, Arbeiter, Schulzengasse 13
– Karl, Maurer, Hauptstr. 61
– Max, Förster, Pochwerk 4, F. 208
Tkotz Nikoklaus, Brenner, Dreihäuser 6
– Paul, Brenner, Dreihäuser 14
Tobschall Oswald, Steinbrecher, Kitzelberg 1
– Richard, Schuhmacher, Hauptstr. 7
– Wilhelm, Arb., Am Bahnhof Ober Kauffung 6
Töpelt August, Landwirt, Viehring 13
– Herbert, Arbeiter, Hauptstr. 198
– Paul, Bruch-Aufseher, Kitzelberg 2
Töppich August, Arbeiter, Tschirnhaus 5
– Erna, Hauptstr. 118
Traeger Agnes, Witwe, Dreihäuser 17
– Alfons, Bürogehilfe, Am Kirchsteg 11
– August, Laborant, Dreihäuser 17
Trause Ernst, Hauptstr. 199
Trautmann Johann, Landwirt, Hauptstr. 197
Treske Fritz, Bäcker, Hauptstr. 213
Trölenberg Rosalie, Witwe, Hauptstr. 110
Trogisch Oskar, Arbeiter, Tschirnhaus 3
Tschentscher Ernst, Steinbrecher, Hauptstr. 39
– Oskar, Arbeiter, Hauptstr. 82
– Richard, Arbeiter, Hauptstr. 3
Tscheuschner Alfred, Arbeiter, Tschirnhaus 1a
– Fritz, Arbeiter, Hauptstr. 103
– Karl, Aufseher, Dreihäuser 8
Tschirner Paul, Arbeiter, Hauptstr. 94
– Richard, Arbeiter, Hauptstr. 42
Tschörtner Anna, Witwe, Tschirnhaus 1

- Paul, Rentner, Tschirnhaus 1a
- Reinhard, Arbeiter, Widmuthweg 3
- Walter, Arbeiter, Dreihäuser 9
Tujek Franz, Laborant, Tschirnhaus 5
- Rosalie, Arbeiterin, Tschirnhaus 1

U

Überall Anna, Rentnerin, Tschirnhaus 1
- Hermann, Arbeiter, Dreihäuser 7
- Ida, Arbeiterin, Elsnersiedlung 2
- Robert, Brenner, Tschirnhaus 3
Überschär Gustav, Bauer, Widmuthweg 3
Ulber Wilhelm, Arbeiter, Hauptstr. 28
Ulbrich Heinrich, Kfm., Hauptstr. 131,
    F. 309
Ulke Ernst, Arb., Am Bahnhof Nieder
    Kauffung
- Hermann, Arbeiter, Hauptstr. 160
- Martha, Witwe, Am Bahnh. Ndr. Kauf-
    fung 1
- Richard, Landwirt, Hauptstr. 19
- Wilhelm, Arbeiter, Hauptstr. 202
Ungelenk Alfred, Aufseher, Tschirnhaus 7

V

Vogel Albert, Elektromeister, Randsied-
    lung 14, F. 304
- Alfred, Arbeiter, Hauptstr. 28
Vogt Paul, Arbeiter, Dreihäuser 11
Vulpius Max, Arbeiter, Randsiedlung 18

W

Wabnitz Ernst, Autofuhrunternehmer,
    Hauptstr. 169, F. 282
Wagenknecht Berta, Witwe, Gemeinde-
    siedlung 3
Wagner Fritz, Kutscher, Hauptstr. 119
- Fritz, Müller, Am Bahnhof Ober Kauf-
    fung 1
Walprecht Alfred, Maurer, Randsiedlung 9
- Erich, Kontorist, Hauptstr. 67
- Heinrich, Aufseher, Seiffen 7
- Robert, Aufseher, Hauptstr. 160
- Wilhelm, Arbeiter, Gemeindesiedlung 5
Walter Wilhelm sen., Arbeiter, Viehring
    12
- Wilhelm jun., Arbeiter, Viehring 12
Wandel Wilhelm, Rb.-Inspektor, Am
    Bahnhof Ober Kauffung 2, F. 222

Warmbrunn Franz, Arbeiter, Stimpel 2
- Gustav, Arbeiter, Hauptstr. 20
- Karl, Arbeiter, Hauptstr. 12
- Paul, Arbeiter, Haupstr. 41
- Paul, Arbeiter, Hauptstr. 257
- Richard, Arbeiter, Hauptstr. 25
Wahsner Otto, Arbeiter, Hauptstr. 31
- Willi, Arbeiter, Hauptstr. 28
Weber Anna, Konfektionsgeschäft,
    Hauptstr. 88, F. 248
- Fritz, Maurer, Hauptstr. 103
- Georg, Verkäuf., Hauptstr. 88, F. 248
Weberschock Gustav, Arb., A. Bhf. Ob.
    Kauffung 6
- Pauline, Witwe, Gemeindesiedlung 4
- Wilhelm, Arbeiter, Gemeindesiedlung 4
Wehlte Artur, Lehrer, Hauptstr. 177
Weidmann Gustav, Arbeiter, Dreihäuser 5
Weimann Ida, Witwe, Hauptstr. 117
Weinrich Marie, Renterin, Hauptstr. 55
Weist Friedrich, Rentner, Hauptstr. 254
- Fritz, Bauer, Hauptstr. 236
- Hermann, Arbeiter, Schulzengasse 16
- Oswald, Arbeiter, Hauptstr. 102
Weißig Otto, Arbeiter, Gemeindesied-
    lung 6
Wende Gustav, Landwirt, Hauptstr. 212
Weniger Gerhard, Arbeiter, Hauptstr. 55
Werner Felix, Landwirt, Hauptstr. 52
- Frieda, Hauptstr. 48
- Heinrich, Melker, Gemeindesiedlung
    10
- Robert, Arbeiter, Hauptstr. 168
Werseck Franz, Rentner, Hauptstr. 206
Wiener Alfred, Kassensekretär, Hauptstr.
    175, F. 230
Wiesner Anna, Witwe, Hauptstr. 125
- Karl, Arbeiter, Tschirnhaus 1a
- Oswald, Arbeiter, Schulzengasse 12a
Winkler Hedwig, Hauptstr. 221
- Katharina, Arbeiterin, Tschirnhaus 1
- Valeska, Arbeiterin, Tschirnhaus 1
Witschel Walter, Direktor, Hauptstr. 71,
    F. 203
Wittek Ignaz, Brenner, Dreihäuser 3
Wittig Emma, Aufwärterin, Hauptstr. 90
- Fritz, Arbeiter, Gemeindesiedlung 2
- Gustav, Arbeiter, Gemeindesiedlung 3
- Hedwig, Arbeiterin, Dreihäuser 5

– Richard, Arbeiter, Gemeindesiedlung 5
– Theodosia, Witwe, Dreihäuser 5
– Wilhelm, Arbeiter, Elsnersiedlung 1
Wittig Wilhelm, Arbeiter, Gemeindesiedlung 10
Wittwer Gertrud, Zeitungsausträgerin, Hauptstr. 118
– Josef, Arbeiter, Tschirnhaus 3
Wodni Ernestine, Witwe, Widmuthweg 3
Wolf Fritz, Arbeiter, Hauptstr. 186
– Willi, Rb.-Sekretär, Bahnhof Nieder Kauffung 5, F. 246
Worbs Ernst, Landarbeiter, Niemitz 4
Würfel Martin, Rb.-Sekr., Am Bhf. Ob. Kauff. 4

Z

Zahn Alfred, Maurer, Bruchhaus Silesia
– Gustav, Brenner, Hauptstr. 127
Zanetti Albin, Arbeiter, Tschirnhaus 1a
– Benjamin, Arbeiter, Dreihäuser 11
– Josef, Arbeiter, Dreihäuser 11
Zange Joh., Rb.-Arbeiter, Hauptstr. 104

Zegula Gustav, Arbeiter, Gemeindesiedlung 3
Zeisberg Paul, Arbeiter, Hauptstr. 18
Zeisig Richard, Stellmachermeister, Hauptstr. 191
Ziegert Luise, Pflegerin, Hauptstr. 139
Zimmer Heinrich, Arbeiter, Gemeindesiedlung 5
– Paul, Arbeiter, Viehring 1
Zimmerling Robert, Maschinist, Elsnersiedlung 2
Zingel Gustav, Bruchaufseher, Hauptstr. 133
Zinnecker Georg, Bäckermeister, Hauptstr. 73, F. 226
– Walter, Bäckermeister, Hauptstr. 73
Zirkler Emil, Arbeiter, Hauptstr. 44
Zobel Auguste, Arbeiterin, Hauptstr. 90
– Gertrud, Witwe, Hauptstr. 95
– Gustav, Arbeiter, Hauptstr. 28
– Helene, Witwe, Poststr. 5
– Henriette, Witwe, Hauptstr. 66
– Richard, Arbeiter, Niedergut 3
– Wilhelm, Arbeiter, Hauptstr. 24

MK

Kunterbunte Nachlese

»Das Jahr 1775 war merkwürdig

1. durch großen Schnee und grimmige Kälte außerordentlicher Winter
2. durch erstaunliche Ungewitter und Wasserfluten fürchterlicher Sommer
3. durch entsetzliche Erderschütterungen erschrecklichen Herbst«.

(Aus alter Aufzeichnung)

Die früher *Blattern,* auch (Kuh-)Pocken genannte lebensgefährliche Erkrankung forderte viele Opfer. Auch in den alten Kauffunger Sterbebüchern war oft 'Blattern' als Todesursache angegeben. Erstmalige Impfungen in napoleonischer Zeit um 1800. Im Deutschen Reich Pflichtimpfungen seit 1873. Es gab aber einen *Vorläufer* in Kauffung!

»In unseren Tagen – um 1800 – ist auch die wichtige Entdeckung durch die Kuhpockenimpfung gemacht worden, die jetzt in allen Ländern benützt wird und auf Befehl des preußischen Königs im Jahre 1807 in der ganzen Monarchie eingeführt wurde. Der ehemalige Herr vom Mittelgut Graf von Gneisenau, damals noch Kompanie-Chef in benachbarter Stadt, hat in Verbindung mit mir diese wohltätige Erfindung schon im Jahre 1805 bei unserer Gemein eingeführt und dadurch viele Menschenleben erhalten.«

(Handschriftliche Aufzeichnung von Pastor Kieser)

Der Pastor und eine Ausnahmeerscheinung wie Gneisenau waren also in der Lage, die schwerwiegende Pockenimpfung einzuführen.

Bedeutende *Ananaszucht* ist beim Gut Nieder-Kauffung im Handbuch des Grundbesitzes für 1880 vermerkt. Vor 100 Jahren!

– Damals gab es bei uns noch keine oder kaum Südfrüchte zu kaufen. Deshalb leistete man sich auf großen Gütern eine *Orangerie,* zog sich Orangen/Apfelsinen, aber auch Zitronen und Feigen selbst. In der Gutsgärtnerei von Nieder-Kauffung also sogar Ananas.

Etwa 8 Gewächshäuser, von zwei Feuerungsanlagen beheizt (an Zentralheizung nicht zu denken). Das größte mit 60 qm Fläche; Glasscheiben 80–100 cm lang; an deren Stoß Tropfenfangrinnen, weil die Tropfen Fäulnis erzeugten. Man pflanzte in Buchenlauberde vom Stöckelgut. Dreijährige Anzucht. Die Ruinen habe ich 1931 nach Übernahme der Gärtnerei abgebaut. Die Ananasfrüchte wurden mit der *Schubkarre* vom Vater unseres Klempners Klemm nach dem Bahnhof *Merzdorf* gebracht. Man bedenke: Die Karre hatte keine Gummibereifung, war eisenbeschlagen, die Straßen waren nicht asphaltiert. 18 km. Streckenweise bergauf! Und zurück!

(Nach Erinnerung von Gärtner Kurt Schubert, 4. 5. 1983)

Besondere *Berufe* um 1900 nach Kirchenbüchern
Ausgehend: Bleichermeister, Gerber, Zigarrenmacher
Neu: Buchhalter, Fabrikinspektor, Maschinenführer, Streckenarbeiter.

Im *Elbelhof* wurden nach Mitte der 1920er Jahre eine *Wurstfabrik* für 'Kauffunger Würste' und vom Buchhändler Tychsen eine *Druckerei*

eingerichtet. Beide Betriebe überstanden die große Krise um 1930 nicht.

In der Druckerei erschien eine eigene 'Kauffunger Zeitung'. Davor und danach als 'Kauffunger Nachrichten' innerhalb der Schönauer Zeitung.

Das *älteste Haus* von Kauffung stand in den 1920er Jahren im Stimpel. Mit Söller über der Tür, rotem Anstrich des Gebälks und leuchtendem Kalkputz der Lehmfüllungen einst ein ansehnliches Inspektorhaus (Zum Winkel, Kalkwerk Tschirnhaus, S. 10 u. 14).
Von einem steinalten Mann bewohnt. Er nannte sich Kanarienvogelnesterunterlagenfabrikant!

Aus der guten alten Zeit

Frühere Lebensumstände sind zu schildern, um das richtige Bild zu bekommen. Den Älteren zur Erinnerung, den Jüngeren zum Wissen.

Es war einmal...

Das *Wasser* kam noch nicht aus der Wand.

Man pumpte es aus dem »Brunnen vor dem Tore« oder auf dem Hof in füllige Kannen, trug es in Haus und Stall.
Zum Küchenvorrat hatte man eine »Stande«/Faß.

Die *Milch* holte man nicht pasteurisiert in der Wegwerfpackung beim Kaufmann, sondern beim Bauern, *kuhwarm* in die Milchkanne – emailliert, später aus Aluminium – gefüllt.
Nicht entrahmt versteht sich, ausnahmsweise als Magermilch.

Wärme, Kochen und Heizen, begann nicht mit 'Einschalten', sondern setzte Feuermachen voraus. Das mußte gekonnt sein: Papier Aufzündeholz geschichtet, Scheitelholz, Kohle/Briketts!
Das hieß: Abends vorbereiten, früh aufstehen, im Winter zunächst kalte Küche und kalte Räume. Das bedeutete auch zeitiger mit Kochen anfangen, Feuer in richtiger Stärke unterhalten.
Warmwasser gab es nur im »Schiff«, einem vom Herdfeuer mitgewärmten Behälter.

Das *Tageslicht* hat Arbeits- und Freizeit unserer Vorfahren bestimmt und war auch noch in unser Jahrhundert hinein maßgebend. Ein mühsamer Weg vom Herdfeuer und vom Kienspan über die Wachskerze zum Stearin, zur Petroleumlampe bis zum elektrischen Licht und Herd – mit Schalter an, Schalter aus!

Hühner belebten Höfe und Gärten, legten die Eier ins Strohnest. Massentierhaltung, Hühnerfarm, 'industrielle Eierproduktion' waren noch nicht erdacht.

Der *Zeitungs-* und Zeitschriftenwald war im Entstehen begriffen, Rundfunk kam erst in der Mitte der 1920er Jahre auf. Fernsehen eine Utopie.

Wer *Musik* wollte, mußte singen und musizieren. Hilf dir selbst! Der Gesang der Mädchen bei der Hausarbeit klingt noch in den Ohren!

Frisches Fleisch gab es nicht jeden Tag.

Semmeln/frische Backwaren nur zum Sonntag, Brot nach Bedarf. Die Wassersemmel am Sonnabend zur Vesperzeit ist mir in guter Erinnerung. Nix mit Schleckerei an jedem Tag. Aber die Zähne krankten nicht an Süßigkeiten.

Schuhe und Kleidung wurden noch oft nach Maß gefertigt. Kinder im Sommer barfuß.

Auch Handwerker, Geschäftsleute, Beamte, bauten bei Bauern einige Furchen Kartoffeln für den eigenen Bedarf an. Der Landarbeit verbunden.

Man sang: Was frag ich viel nach Geld und Gut, wenn ich zufrieden bin.
Gibt Gott mir nur gesundes Blut, so hab ich frohen Sinn
und sing mit dankbarem Gemüt, mein Morgen- und mein Abendlied.

Im 2. Weltkriege

vom 1. 9. 1939 bis 8. Mai 1945

Einberufungen zum Wehrdienst sind schrittweise erfolgt, entsprechend den Feldzügen in den Jahren 1939, 1940, im Frühjahr 1941 und dem Krieg mit Rußland/der Sowjetunion sowie der Entwicklung des Krieges überhaupt. Die zu Kriegsbeginn anlaufenden kriegswirtschaftlichen Maßnahmen waren darauf abgestellt, die Leistungsfähigkeit der Volkswirtschaft weitgehend zu erhalten und die Lebensführung des Volkes nicht mehr als unvermeidbar zu beeinträchtigen. Zugrunde lag das Bemühen, insoweit im 1. Weltkriege eingetretene gefährliche Entwicklungen zu vermeiden. Sommerzeit.

Nach Maßgabe dieser Einschränkungen hat auch das Leben in Kauffung in seinen verschiedenen Wirtschaftszweigen, der Landwirtschaft, den Kalkwerken, in Handwerk und Handel seinen Fortgang genommen. Landwirtschaftliche Erzeugnisse und Kalk waren gleicherweise lebens- und kriegswichtig. Die einberufenen Männer wurden in den landwirtschaftlichen Betrieben z. T. durch Fremdarbeiter und in den Kalkwerken durch Kriegsgefangene ersetzt. In den Werken wurden keine Betriebsteile stillgelegt. Einschränkungen ergaben sich im geselligen Leben von selbst…

Mehr Arbeit lastet auf Frauen, Jugendlichen, Großeltern und den nicht einberufenen Männern. Im Unterschied zum 1. Weltkriege übernehmen aber Frauen nicht Männerarbeit in den Werken, weil der sozialrechtliche Arbeits- und Mutterschutz inzwischen weiter entwickelt worden war.

168

Zahlreiche Sammlungen werden mit Hilfe der Schulen, viele einheitlich im Reich, durchgeführt. Der Lehrer einer Schule an anderem Ort nennt über 20 solcher Sammlungen. Lehrer und Schulkinder sammeln

Heil- und Teekräuter in 25–30 Arten;
Bücher für Lazarette und Wehrmachtsbüchereien;
Altstoffe und Schrott, Buntmetall, Knochen, Lumpen, Papier;
Reisig als Anmacheholz für die Schulöfen;
Spinnstoffe, Stiefel, Flaschen, Schaufeln und Hacken.
Herausragend war die Sammlung von Pelz- und Winterbekleidung sowie von Skiern im Dezember 1941 für die Soldaten der Ostfront.

Für Kauffung sind die Sammelergebnisse nach Gewicht und Anzahl und damit die nebenbei geleistete Arbeit nicht mehr zu erfahren.

Schulkinder suchen die damals neu auftretenden Kartoffelkäfer, sammeln Getreideähren, helfen bei der Hackfruchternte.

Von Luftangriffen und Kampfhandlungen ist unser Ort verschont geblieben. 550 bis 650 Männer werden zur Wehrmacht eingerufen gewesen sein (geschätzt 20 Jahrgänge zu 30 Mann). Dazu etwa ab 1942 einzelne Jungen ab 15 Jahren als Flakhelfer.

Nachrichten über *Gefallene* und *Vermißte* tragen Leid und Trauer in Familien und Nachbarschaften. Anfangs vereinzelt, seit dem Rußlandkrieg und den Kämpfen im Westen ab Sommer 1944 immer zahlreicher.

Für die Toten werden Gedenkkreuze beiderseits des Kriegerdenkmals aufgestellt. Fast 230 Männer sind namentlich erfaßt als gefallen, in Kriegsgefangenschaft verstorben, als Vermißte für tot erklärt. Trotzdem bleibt das Wort *vermißt*. Kriegsbedingte Einschränkungen und Entbehrungen treten in den Hintergrund.

In das arbeitsame und stille Tal – Arbeitsgeräusche und Sirenen der Werke, wie die Gesteinssprengungen, empfanden wir nicht als Ruhestörung und Lärm – kommen 1943 als Vorboten verschärften Kriegsgeschehens Frauen mit Kindern aus Köln und Berlin, Gymnasiasten aus Bochum.

Im Herbst 1944 folgen Deutsche aus dem Donauraum und Ende Januar 1945 Schlesier von der rechten Oderseite.

Unser Katzbachtal wird zur *Herberge* und zum Fluchtweg.

Erst seit Anfang 1945 gehen Erzeugung und Absatz in den Kalkwerken zurück. Männer aller Altersgruppen aus dem Katzbachtal als *Volkssturm* im Kampf um den Oderübergang *Steinau* eingesetzt. Mit Gewehr und Panzerfaust. Unbewaffnete kehren bald heim. Tote und Verwundete. Während Flüchtlinge noch im Dorf vorübergehend Herberge finden, fahren Kauffunger schon einzeln und in Gruppen mit der Bahn westwärts.

Auflockerung = Abreise von Frauen mit Kindern und 'unseren Alten' wird vorbereitet. Mitte Februar bricht ein Großteil der Kauffunger auf. In Flüchtlingszügen und Trecks. Über Landeshut – Trautenau. Aufnahmegebiete sind das Sudetenland an der Eger, Böhmerwald, Oberpfalz, nördlich Passau.

Fülle und Leere.
Im mittleren Katzbachtal bildet sich nach Mitte Februar eine neue Front. Nur
12 km entfernt. Kauffung wird rückwärtiges Front- und Kriegsgebiet mit
2½ Monaten verhältnismäßiger Ruhe. Einige Hundert bleiben im Ort.
'Im Märzen der Bauer...' Unter dem Lärm der Front werden die Felder
bestellt. Am 7. und 8. Mai löst sich die Front auf.
Die Waffen schweigen. Siegreiche russische Truppe zieht am 8. Mai ein.
In Windeseile kehren mit anderen Schlesiern Kauffunger zurück. Suste nischt
ock heem. Zu Fuß, mit Bahn, mit Pferd und Wagen.
Die Geschehnisse werden in nachstehenden Beiträgen geschildert.

>1939 bis 1944/45
>*Herberge*
>Evakuierte aus Berlin und Köln, Schüler aus Bochum, Donauschwaben, Flücht-
>linge von ostwärts der Oder
>Tagebuch 1945
>*Volkssturm* in Steinau
>Selbst *Zuflucht* gesucht: Abreise – Auflockerung – Räumung
>Letzte Kriegsmonate im heimatlichen Katzbachtal
>Die beiden letzten Kriegstage am 7. und 8. Mai 1945
>Spielball im Nachkrieg mit Kartenskizze

Besondere Einsätze und Belastungen

Junge Mädchen und Frauen

>Über den Reichsarbeitsdienst für die weibliche Jugend hinaus als Frauenar-
>beitseinsatz freiwillig, dienst- oder notdienstverpflichtet, als Wehrmachthelfe-
>rin, im Kriegshilfsdienst.
>(Zusammengestellt nach Mitteilung von Kauffungerinnen und der allgemeinen
>Darstellung im Buch: 'Frauen im Kriegsdienst, 1914 bis 1945', insbesondere ab
>Seite 50, 60, 68, von Dr. phil. Ursula von Gersdorff, verwitwet gewesene
>Gräfin Vitsthum bis 1947 in Tiefhartmannsdorf.) Das Buch erschien 1969 bei
>der Deutschen Verlagsanstalt.

Vereinzelt wurden Frauen zu Kriegsbeginn einberufen als Schwesternhelferin
zum Roten Kreuz oder später als Nachrichtenhelferin, Stabshelferin, 'Blitz-
mädel'. Als im Sommer 1941 die Dienstpflicht im Arbeitsdienst der weiblichen Jugend von sechs auf zwölf Monate verlängert wurde, waren auch die
Kauffunger Mädchen etwa der Jahrgänge 1924 bis 1926 betroffen. Im ersten
halben Jahre ihres Arbeitsdienstes wurden 1944 die Mädchen noch Bauern
zur Hilfe zugeteilt. Das weitere Halbjahr war Kriegshilfsdienst in gewerblichen Betrieben (Rüstung), in öffentlichen Verkehrsbetrieben oder als Arbeits-
dienst/RAD – Flakhelferinnen, im Fernsprechdienst oder an Scheinwerfern.
Nicht an Geschützen. Oft außerhalb Schlesiens. Genannt werden ein Rü-
stungsbetrieb im Berliner Raum und eine Flakstellung bei Hamburg (kurz vor

Kriegsende 'beurlaubt'). Keine Verwundeten oder Tote oder in Kriegsgefangenschaft.

Unternehmen Bartold

– Name nach dem tatkräftigen Mann im Roman 'Vogt Bartold' von Hans Venatier. Neudruck 1968 im Klosterhaus-Verlag Lippoldsberg –

Jungen und Männer

Ab August 1944 wurden Verteidigungsstellungen beiderseits der Oder vorbereitet, von noch nicht wehrpflichtigen Jugendlichen und nicht einberufenen Männern (16 bis 60 Jahre). Auch Kauffunger wurden zu zwei Einsätzen herangezogen.
(Dokumentation Band I/1 S. 11 E; Kaps 'Tragödie' S. 94)

Zum *längeren Einsatz* sind am 11. 8. 1944 eine Hundertschaft Kauffunger, darunter fünf Lehrer (beide Kantoren), die arbeitsverpflichteten Franzosen und Fremdarbeiter mit der Bahn nach Gutendorf/Krs. Glogau gefahren. Links der Oder wurden Laufgräben und Auffangstellungen angelegt. Einige Teilnehmer waren nur fünf Tage dabei, andere bis Mitte September und Dezember. Im September wurde die Schanzabteilung auf die rechte Oderseite nach dem Kreis Fraustadt verlegt; Panzergräben von 6 m Breite und 4 m Tiefe waren auszuheben. Lehrer Wehlte blieb mit wenig Deutschen, aber 500 Arbeitern verschiedener Nationalität bis Mitte Januar 1945 im Einsatz. In der Nacht vom 21./22. 1. zurück auf die linke Oderseite bei 20–30° Kälte. Im fünftägigen Fußmarsch bei eisigen Schneestürmen nach Kauffung und teils weiter bis Hirschberg (Bericht Lehrer Wehlte, vom 12. 2. 1962).

Eintägiger Einsatz Mitte November 1944
Sonntag früh um 4.00 Uhr mit Sonderzug. Zustieg auf allen Bahnhöfen bis Goldberg. Insgesamt 1.000 Männer sowie einige Frauen und Mädchen (freiwillig). Zielort Schlichtingsheim ostwärts Glogau. Panzergräben und Stellungen am Oderufer ausgehoben.

Jungen der Jahrgänge 1928/29 im Herbst 1944 notdienstverpflichtet zum Stellungsbau ostwärts Breslau, Mitte Januar 1945 zum Arbeitsdienst; im April einige zur Wehrmacht und zur Gemeindeverwaltung K. für besondere Aufgaben.

Kauffunger Männer in Kriegsgefangenschaft

Ein Großteil der Männer, die am Ende des 2. Weltkrieges deutsche Soldaten waren, wird in Kriegsgefangenschaft geraten sein. Aus amerikanischer und englischer Gefangenschaft wurde 1945/46 entlassen, von den anderen Mächten zumeist 1948 bis Frühjahr 1950, von der Sowjetunion auch später.
Für die Kauffunger sind weder die Gesamtzahl derer, die in Kriegsgefangenschaft gerieten, noch Kriegsschauplätze und Gewahrsamsmächte, noch die Dauer bekannt, auch nicht wieviel Männer in Kriegsgefangenschaft verstorben sind. In den von Pastor Schröder versandten Kauffunger Rundbriefen

sind Heimkehrer aus französischer, jugoslawischer und vor allem russischer Kriegsgefangenschaft genannt, gewiß nicht vollständig, aber doch ein Anhalt.

Anzahl

1946   3 (Rundbrief vom 30. 8. 46)
1947 14 (Rundbrief Nr. 6)
1948 73 (Rundbriefe Nr. 7 bis 10)
1949 18 (Rundbriefe Nr. 11 bis 13) ferner sechs aus polnischer Haft
1950   5 (Rundbriefe Nr. 15 bis 16)

   113

Entlassen nicht mehr in die schlesische Heimat, sondern in eine der vier Besatzungszonen bzw. in die Deutsche Demokratische Republik und die Bundesrepublik Deutschland.

Als Letzter Curt-Ullrich von Gersdorff, Generalstäbler, Ritterkreuz.
Mit der Kurlandarmee am 9. Mai 1945 in Gefangenschaft.
Als Generalmajor im Generalslager ... bei Moskau.
Entlassen am 6. Oktober 1955, also über ein Jahrzehnt in Gefangenschaft.
Er verfaßte die Schrift (Olzog Verlag München, 1957):
    ...SOBALD ER DIE HEILIGE FREIHEIT VERLIERET.

Männer fremder Staatsangehörigkeit in Kauffung

Kriegsgefangene – geschlossen untergebracht – haben in landwirtschaftlichen Betrieben, in Steinbrüchen und Kalkwerken gearbeitet. Herkunftsland, Arbeitsstelle und Unterkunft änderten sich mit den Jahren. Bekleidung: Uniform und Arbeitszeug, oft zerschlissen. In etwa:

Franzosen (um 50) auf dem Lesthof, auch in Stöckel und Niemitz. Vorwiegend in landwirtschaftlichen Betrieben. Sie konnten sich ziemlich frei bewegen. Ein junger Lehrer arbeitete in der Buchhaltung von Tschirnhaus, einige in der Werkstatt. Manche sprachen besser schlesisch als die Kölner.
Einer fuhr die Hochzeitskutsche in Livree ... wie im Märchen.
Engländer (um 60) Hydratfabrik von Tschirnhaus. Nur kürzere Zeit, da unbefriedigender Arbeitserfolg.
Russen/Rote Armee (um 50) erst beim Werk Siegert, dann Kitzelberg. Einige in der Landwirtschaft; dabei 'Freigänger', z.B. sonntags Kameraden besuchen.
Im Februar 1945 bei Annäherung der Front strebten Kriegsgefangene mit oder ohne Bewachung, wie die Kauffunger, Richtung Westen.
Franzosen, die mit Bauern getreckt waren, kehrten mit diesen im April nach Kauffung zurück.
40 bis 50 Franzosen und Russen haben, ziemlich frei, bis Anfang Mai 1945 noch im Kalkwerk Tschirnhaus gearbeitet.
Vielfältiges Schicksal im Geschehen zu Ende des Krieges und im Nachkrieg.

40 *arbeits*verpflichtete Franzosen – *ohne* Bewachung – wohl Jahrgang 1922, kamen im August 1943. Als Freiwillige angekündigt. Empfanden sich selbst als

Zwangsarbeiter, 'Deportierte', daher geringer Arbeitswille. Unterkunft in der 'Goldenen Kanne', von Frau Müller 'bemuttert'.

Körperlich nicht kräftig. Ungewohnte Arbeit in den Steinbrüchen am Kitzelberg. Hoher Krankenstand, echt und vorgetäuscht. Ungute Erinnerung. Versuchten karge Verpflegung durch Forellenfang, nächtliches Melken von Kühen und dergleichen aufzubessern. Gelegentlich Theateraufführungen.

Von August 1944 bis 19. Januar 1945 Stellungsbau an der Oder im Unternehmen Bartold. 20. 1. – Ende Januar 1945 Rückmarsch. Eines Morgens ohne Bewachung. Ab dem Ort Reisicht die letzten 50 km aus eigenem Entschluß mit Bahn, zu Fuß, auf Schlittenkufen nach Kauffung in die bekannte Unterkunft. Anschließend Stellungsbau am Stauweiher für Artillerie und an der Straße nach Ketschdorf – Hirschberg.

14. Februar Aufbruch mit einem von zwei Ochsen/'Fleischmassen' gezogenen Wagen mit Gepäck. Gedanke: Auf nach Frankreich! Von Volkssturmmännern bis Hirschberg begleitet, dann allein weiter zu Fuß über das Riesengebirge durch das Sudetenland. In Karlsbad in Arbeitsplätze eingewiesen.

Einige der Franzosen, auch ein Russe, schrieben jahrelang an Kauffunger.

Fremdarbeiter – Anzahl nicht mehr bekannt – in Sonderheit aus dem früheren Ost-Polen, waren vorwiegend landwirtschaftlichen Betrieben zugeteilt.

Für den 10. Mai 1945 wurde den in Schönau zusammengekommenen Fremdarbeitern die Plünderung leerstehender Wohnungen freigegeben.

(Nach verschiedenen Berichten)

Herberge

Schlesien galt als Luftschutzkeller des Reichs. Die Front im Osten verlief 1943 noch tief in Rußland, etwa bei Smolensk und in der Ukraine bei Kiew am Dnjepr. Mindestens 1000 km und mehr entfernt. Im Westen standen die deutschen Truppen am Atlantik. Aber der Luftkrieg hatte schon 1942 begonnen, Städte und Industriegebiete im Westen Deutschlands, auch Berlin, zu erfassen und zu zerstören.

Ab 1943 kamen ausgebombte Familien, »Evakuierte«, Frauen mit Kindern aus Köln, anderen Orten des Ruhrgebiets und aus Berlin ins Katzbachtal. Ihre Unterbringung ging nicht immer reibungslos vor sich. Der Aufenthalt war für die Frauen urlaubsähnlich. Kölner strebten ab Ende 1944 wieder nach Westdeutschland zurück, obwohl – oder weil? – die Front damals bereits zwischen Aachen und Köln verlief. Köln am 7. März 1945 von amerikanischen Truppen besetzt.

Erst in einem Aufruf vom 26. 1. 45 wird freigestellt, sich weiter westlich zu begeben. Manche der trotzdem in Kauffung verbliebenen Evakuierten schlossen sich im Februar/März abfahrenden Kauffunger Gruppen an; z. B. Kölner dem Flüchtlingszug vom 13. 2. nach dem Böhmerwald und Ende Mai dann von dort mit Lehrer Filke weiter zu Fuß nach Westdeutschland.

Kinderlandverschickungslager (KLV)
(Buch 'Der Zug der Kinder' von Klaus Larass, Meysterverlag München, 1983)
Jugend/Schüler(-innen) aus Gebieten mit Luftangriffen wurden auf der Grundlage der Freiwilligkeit in ruhige Gebiete gebracht, unter anderem auch nach Schlesien.

Von 1943 bis Januar 1945 waren 50 bis 60 Schüler eines Gymnasiums aus Bochum – Langendreer in Kauffung untergebracht. Zwei Gruppen/Klassen im Alter von 16–18 Jahren, die eine im Schloß Lest-K. mit Leiter Studienrat Balter und die andere im Schloß Nieder-K. mit Studienrat Vogelsang. Dieser führte beim Zusammenbruch der Ostfront nach Mitte Januar 1945 beide Gruppen zurück nach Bochum (besetzt Mitte April). Studienrat Balter wurde Kompanieführer beim Volkssturm für Kauffung. Er blieb im Mai unbehelligt im Ort, wurde aber, als er bei der russischen Kommandantur um einen Reiseschein nach Bochum vorsprach, festgesetzt und ist im Sommer 1945 in Kriegsgefangenschaft bei Goldberg verstorben (nach Mitteilungen von Förster Hein).

Deutsche aus dem Donauraum flüchteten im Herbst 1944, als die Rote Armee sich ihrem Siedlungsgebiet näherte, ins Reich, fanden auch in Schlesien Unterkunft.
Mit Pferd und Wagen kamen 200 bis 250 Deutsche in Gruppen aus der *Batschka* (zwischen Donau und unterer Theiß); sowohl aus dem nördlichen zu Ungarn wie aus dem südlichen zu Jugoslawien gehörenden Anteil.

Ihre Planwagen wurden im Niederhof abgestellt. Pferde und Familien vor allem auf Bauern verteilt; eine Gruppe im Gasthof Arndt untergebracht. Ihr Ortsvorsteher wohnte bei Familie Lehrer Wehlte (dieser selbst bei Schanzabteilung an der Oder).
»Wir beherbergten damals zwei Familien und haben unsere Gäste gerne aufgenommen. Es waren liebe Menschen in Not«, hat Kantor Liebs berichtet. Eine Gruppe stammte aus einem Dorf ostwärts der Kreisstadt Sombor a. d. Donau (Jugoslawien). Diese Gruppe hat Kauffung bei Annäherung der Front verlassen, scheute aber die Fahrt über die Gebirgspässe (aus dem Flachland stammend) und fuhr in Richtung Westen längs unserer Berge. Dies wurde zum Verhängnis, da die Gruppe bei Zobten am Bober (zwischen Lähn und Löwenberg) am 14. 2. 1945 in den Bereich vorstoßender russischer Truppen geriet. Unter Zurücklassung der gepäckbeladenen Fahrzeuge kamen die Familien nur mit dem, was man in der Hand tragen konnte, nach Saaz im Sudetenland. Schriftwechsel wurde vereinzelt einige Zeit gehalten. Dann verlieren sich die Spuren.
Eine Familie (ohne Mann) kam aus dem ungarischen Anteil. Ihr Schicksal ist unter Nennung des Ortsnamens Kauffung als Zufluchtsort in der Dokumentation »Die Vertreibung der deutschen Bevölkerung«, Bd. II, S. 67, Bericht Nr. 26, geschildert. Einzige Nennung von Kauffung in dem mehrbändigen Werk, daher der Erlebnisbericht in Stichworten.
»Ich bin mit meiner Mutter und Sohn am 10. 10. 1944 aus Katymar in Ungarn geflüchtet... mit zwei Wagen und vier Pferden. Wir kamen nach Kauffung/Krs. Goldberg in Schlesien. Im Februar, als die Russen sich in Schlesien näherten,

flüchteten wir in die Tschechei nach Kajatiz. Dort blieben wir bis zum Zusammenbruch... Dann wieder nach Ungarn zurück... auf dem Heimweg von ... beraubt.
An der ungarischen Grenze ein Wagen weggenommen... Endlich in unserem
Heimatdorf... Dort plünderte man uns aus... In Internierungslager bei Bačsalmàs
getrieben... fast verhungert... krank heraus... Zur Flucht entschlossen. Nach
vielen Gefahren gelangten wir nach Wien...«   Frau L. A.

Flüchtlinge von ostwärts der Oder

Im großen Kriegsgeschehen war die Rote Armee im Spätsommer 1944 bis an
den großen Weichselbogen in Polen vorgedrungen. Vorsorglich wurden Maßnahmen für vorübergehenden Weggang der Bevölkerung aus den rechts der
Oder gelegenen Kreisen Schlesiens eingeleitet. Im geheimen Räumungsplan
wurden Aufnahme-/Auffangkreise und Zielorte links der Oder festgelegt. Die
Aufnahmekreise und -orte waren darüber im Bilde; die Wohnungen bestimmt.
Beteiligte Behörden: Bürgermeister, Landräte, Regierungspräsidenten. Maß-
geblich entscheidend: Politische Leiter der NSDAP. (Allgemeine Darstellung in
'Die Vertreibung...' Band I/1, Seiten 10E–13E)

Ab 12. Januar 1945 Großoffensive der Roten Armee aus dem Weichselbogen.
Zusammenbruch der geschlossenen deutschen Front.

Am 20. 1. Russische Panzer an der Reichsgrenze südostwärts Breslau. Stoß-
richtungen zur Oder, Breslau, Steinau...

Die Bevölkerung in den ostwärts der Oder gelegenen Kreisen flieht vor dem
Kriegsgeschehen oder wird zum Weggang veranlaßt, soweit dies bei der
überraschenden Schnelligkeit und Wucht, mit welcher die russischen Panzer-
verbände vorstoßen, zeitlich überhaupt noch möglich ist. Räumungsbefehl und
Freigabe zum Treck oder Entschluß zur Flucht werden oft zu lange hinausgezö-
gert, kommen zu spät. Ergebnis: Unvorbereitete und überstürzte Flucht.
Zuwenig Eisenbahnzüge. Zu Fuß, mit Pferd und Wagen aller Art, kaum mit
Autos, versucht man, über die Oder zu kommen, die Bahn und die oft nur
zugerufenen Zielorte zu erreichen. Stauungen vor den Oderbrücken, an denen
Sprengkommandos warten. 20° Kälte. Vereiste und verschneite Straßen. Was
wurde aus dem Vieh?

Russische Panzer treffen Bevölkerung noch an oder überholen die Trecks.
(Einzelheiten im Buch »Die Flucht Niederschlesien 1945« Kreis Wohlau S. 47
und Kreis Goldberg S. 251)

Krieg und Flucht brechen mit der Gewalt eines Naturereignisses herein. Für
den Kreis Wohlau war unser Kreis Goldberg als Aufnahmekreis vorgesehen.
Tatsächlich werden beim Gemeindeamt in Kauffung Trecks aus den Kreisen
Groß-Wartenberg, Trebnitz und Wohlau angemeldet. Geschlossene Dorfge-
meinschaften, versprengte Gruppen und Einzelgänger treffen ein. Insbeson-
dere sind es Einwohner aus dem Land- und Schifferstädtchen *Auras* an der
Oder mit 1700 Friedenseinwohnern. Ihre vorübergehende Unterbringung in
Kauffung erfolgt mit Vorbedacht: Pfarrer im Pfarrhaus, Juristenfamilie bei
Dr. Schultz und der Direktor einer Oderschiffswerft bei Direktor Witschel.

Im Zusammenhang mit der Besetzung von Liegnitz am 9. 2. kommen auch Flüchtlinge aus dem flachen Land um Liegnitz. Nach den Kämpfen um Goldberg und seine Umgebung ziehen Trecks aus den frontnahen Orten Pilgramsdorf und Neukirch durch. Auch Viehherden.

In einem *Aufruf* vom 26. Januar 1945 bezeichnet es der Kreisleiter zunächst als Aufgabe aller Einwohner des Kreises Goldberg

- mit allen Kräften bei der schnellsten Durchschleusung der ankommenden Trecks behilflich zu sein
- Straßen von Schnee freizuhalten, für Sandsäcke zu sorgen
- Heißgetränke und warmes Essen auszugeben
- Klein- und Kleinstkinder zu betreuen
- Vorspann und Bremshilfe zu geben (Pferdewagen aus der Ebene ohne Bremsen, ohne Gebirgserfahrung). Vorspann haben Kauffunger Bauern besonders auf der ansteigenden Straße über Ketschdorf und die Pässe ins Bobertal geleistet, bis 200 m Höhenunterschied.

Erschwerend, daß bei den Trecks wegen der Einberufungen oder dem Volkssturm verhältnismäßig wenig Männer mitgefahren sind.

Die Trecks werden zumeist in den großen Gutshöfen untergebracht. Säle und Schulen als Notquartier. Jedes Haus beherbergte um die Monatswende Januar-Februar 1945 Flüchtlinge. Die meisten blieben nur 2–3 Nächte. Strömen weiter. Zur Eile gemahnt. Treckleitstellen... Viel eigener Entschluß: Manche verweilen länger, versorgen Vieh und bestellen Felder. Von Ortseinwohnern wird Hilfe aller Art geleistet.

Das Gebirge im Süden hält einen Fluchtweg offen, bietet einen Streifen vorläufiger Sicherheit...
So ziehen die Trecks über das ihnen unbekannte Gebirge, zumeist wohl über Landeshut – Trautenau in das Sudetenland weiter. Was ist aus ihnen geworden?
Nach Anfang Februar rollt die 2. sowjetische Angriffswelle.

Die im Kreis untergebrachten Bewohner aus den Kreisen rechts der Oder ziehen im Allgemeinen am 9. Februar weiter; in Kauffung jedoch z.T. erst mit den Kauffungern am 13. 2. (»Die Flucht« S. 257 u. Tagebuch Paul Hellmann). Nochmalige letzte Aufforderung am 28. Februar. Der Ort platzt aus allen Nähten. Im Höhepunkt des Durchzugs leben über 8.000 Personen (achttausend) in Kauffung und finden Herberge, also doppelt so viel wie im Frieden (Zahl nach Angaben von Kantor Liebs und Frau Hilde Hartmann geb. Müller, seinerzeit im Gemeindeamt). Die Gesamtzahl der Durchziehenden wird bei 7.000 bis 10.000 gelegen haben.
Einzelne der aus Köln und Berlin Evakuierten sowie der Flüchtlinge sind in Kauffung geblieben; es waren dies aus Kauffung Gebürtige oder solche, die hier Verwandte hatten, aber auch andere Personen. Sie teilen das Schicksal der verbliebenen Einwohner.

Ein kleiner Treck steht noch am 8. Mai im Stöckelhof; seine Planwagen werden geplündert.

Im Gemeindeamt bestand durchgehende Dienstbereitschaft. Dort, einschließlich der Kartenstelle bei Jäckel, herrschte Tag und Nacht Hochbetrieb. Ein Kommen und Gehen.

Polizeiliche Meldungen   Lebensmittelmarken   Quartierzuweisungen.

Die Versorgung mit Lebensmitteln ist offenbar sichergestellt gewesen, jedenfalls sind keine besonderen Engpässe in Erinnerung. Die Flüchtlinge brachten einen gewissen Vorrat mit oder erhielten über die Treckführer Lebensmittelmarken und hatten die Möglichkeit des Einkaufs.

Tagebuch 1945

– wie Kauffunger seinerzeit das Geschehen erlebt haben –

Montag 1. Januar	. . . .
Sonnabend 13. 1.	Die deutsche Front am Weichselbogen ist durchstoßen. Wie weit werden die sowjetischen Truppen jetzt vordringen? Durchgehende Dienstbereitschaft im Gemeindeamt angeordnet.
Sonnabend 20. 1.	*Volkssturm* aufgerufen! Schwierige Auswahl. Wer wird hier benötigt? Wer soll mitgehen? Einsatz?
Sonntag 21. 1.	Eben Nachricht eingegangen, daß Flüchtlinge von ostwärts der Oder zu erwarten sind. Vorbereitungen für Aufnahme der Einwohner von *Auras* Krs. Wohlau überprüft; Haushalte verständigt.
Di. 23. 1.	Eintreffen erster Flüchtlinge. Eingewiesen.
Ab Do. 25. 1.	Durchzug von Trecks. Hilfe mit warmer Verpflegung, Vorspann. Es kommen auch Trecks aus anderen Kreisen als erwartet.
Freitag 26. 1.	Gerüchte... Die Volkssturmmänner sollen in Steinau zum Einsatz gekommen sein. Schwere Verluste? Ein Aufruf des Kreisleiters für Auflockerung, d.h. Abreise von Frauen und Kindern wird bekannt. Kauffunger noch nicht.
27. 1.	Einzelne Volkssturmmänner kommen aus Steinau zurück. Gustav Teuber bringt als Sanitäter Verwundete mit. Tausende von Flüchtlingen ziehen durch, bleiben auch zwei bis drei Nächte. Alle Häuser belegt. Haustüren auf.
Donnerstag 1. Februar	Einzelne Frauen mit Kindern fahren ab. Weitere Volkssturmmänner aus Steinau melden sich. Nicht fragen! Was ist gewiß über die Toten? Trauerfeier?
Do. 8. 2.	Frauen und Kinder, 'unsere Alten' sollen Abreise vorbereiten.
9. 2.	Liegnitz besetzt. Kann man das verstehen? Unser Liegnitz!

10. 2.	Gemeinden im oberen Katzbachtal zur Auflockerung aufgerufen.
So. 11. 2.	Gruppe von Frauen mit Kindern auf Bahn zum Böhmerwald.
Di. 13. 2.	Goldberg gefallen, Kämpfe im Katzbachtal.
	Die Gebirgsstrecke über Lauban – Görlitz – Dresden ist nicht mehr frei. Es bleiben nur Straßen und Bahnstrecken über die Gebirgspässe ins Sudetenland nach Böhmen.
	Flüchtlinge kommen jetzt auch aus dem unteren Katzbachtal. Truppenfahrzeuge begegnen in Richtung Front, katzbachabwärts.
	Zustand allgemeiner Auflösung... Einwohnerkartei verbrannt.
	1. Zug mit Flüchtlingen (Lehrer Filke) nach Stockau Krs. Bischofteinitz abgefahren.
	Bauerntreck Richtung Trautenau; Hielscher mit Gut Stöckel und Friemelt.
	Gespanntreck vom Niemitzgut und Hellmanntreck.
Mi. 14. 2.	Zweiter Flüchtlingszug von Schönau kommend mit Kantor Liebs bis Dux – Bilin.
Do. 15. 2.	Dritter Flüchtlingszug mit August Schampera. Personen auch aus anderen Orten. Durch Nordböhmen (Eisenbahner ausgestiegen) bis *Kemnath* (Oberpfalz), Ankunft am 22. Febr.
	In diesen drei Tagen haben etwa 2.000 Kauffunger den Ort verlassen.
Ab Mitte Februar	Katzbachabwärts, südlich Goldberg, bei Neukirch neue Front. Infolgedessen wollen mehr Bewohner bleiben, besonders im oberen Oberdorf. Aber kaum noch durchziehende Flüchtlinge. Viehherden. Wehrmachtsfahrzeuge durchfahren in beiden Richtungen. Frontlärm zu hören.
	Nachts Leuchten der Geschosse zu sehen.
Freitag 23. 2.	Nur kleinere Gruppen fahren noch ab.
Mittwoch 28. 2.	Wehrmachtsstellen dringen auf Räumung. Es ergeht entsprechender Befehl der Feldgendarmerie. Lebensmittel nur noch an Personen mit Aufenthaltserlaubnis, die begehrt ist.
Freitag/Sa. 2./3. März	Wer mag noch in der Lage sein, Zielorte zu bestimmen? 2 Gruppen abgefahren. Es heißt in Richtung Passau/Bayer. Wald.
Di. 5. 3.	Weitere Gruppe abgefahren. Ankunftstelegramm aus Kronach, 10. 3.
Do. 22. 3.	Wieder Gruppe ab. Telegramm aus Braunau am Inn!
Ostersonntag 1. April Anfang April	Einzelne Bauern kommen vom Treck bei Trautenau zurück. Wehrmachtsstellen sorgen für Gespanne zur Felbestellung. Die Front hält. Gefallene zum Soldatenfriedhof am Denkmal.
Sonntag 6. Mai	Aufruf zur vollen Evakuierung... Dienst im Gemeindeamt eingestellt.

178

	2 letzte Güterwagen mit Kalk fahren Richtung Merzdorf ab. Deutsche Soldaten ziehen von der Front ins Sudetenland.
Dienstag 8. 5.	Noch 400–500 Kauffunger im Ort. G. Teuber wagt die Aufgabe als *Ortsvorsteher*. Einige mit Pferd und Wagen über die Berge. Früh letzter Zug zur Gebirgsbahn nach Liebau; für den, der mitfahren will. Mittags zieht sich auch der Volkssturm zurück. Spätnachmittag Einzug erster sowjetischer Truppen.
Mittwoch 9. 5.	Im Gemeindeamt Zusammentreffen des sowj. Ortskommandanten und G. Teuber als Ortsvorsteher nebst Verwaltungsinspektor Specht u. a. Einwohnern. Deutsche Ortsverwaltung aufrechterhalten. Sowj. Kommandantur gegenüber Gemeindeamt. Gewalttaten... Drei Gespanne kommen zurück.
Ab 10. 5.	Flüchtlinge kommen in großer Zahl wieder. Auch Durchzug von Flüchtlingen in ihre Heimatorte. Altersheim als Gefängnis. 2.000 russische Soldaten mit 800 Pferden im Ort.
Pfingstsonntag 20. 5.	Einwohnererfassung angeordnet.
27. 5.	Pastor Schröder mit Familie zurück. Wieder ev. Gottesdienste. Kath. Stadtpfarrer aus Schönau vertritt in K.
Donnerstag 31. 5.	Gezählt 2.053 Deutsche im Ort. Einwohnerkartei neu angelegt. Immer wieder Gewalttaten. Russen unberechenbar.
Ende Mai	*Schul*unterricht im Ober- und Niederdorf wieder aufgenommen.
Im Juni	Polen aus Krakau beginnen die Leitung der Kalkwerke zu übernehmen. Immer noch kommen Einwohner zurück. Wiedersehensfreude...
Ende Juni	Abzug eines Großteils der sowjetischen Soldaten.
Juni/Juli	Polen kommen mit und ohne Uniform. Was bedeutet das?
1. Juli	Ein Pole gibt sich als Ortsvorsteher aus. Frau v. Bergmann arbeitet im Milchkeller. Dr. med. Schultz ist uns eine Stütze.
Dienstag 24. 7.	Rückkehr Engelmann und Nachbarn.
So. 29. 7.	Konfirmation von je über 20 Jungen und Mädels (1930/31).
Anfang August	Kaplan Eckelt übernimmt Aufgaben des katholischen Ortspfarrers.
2. Hälfte August	Unsere Schulen von Polen geschlossen. Gewalttätigkeiten. Weiter Rechtsunsicherheit.
17. 8. Spätsommer	Polen ergreifen Besitz von Häusern, Höfen und Betrieben.
Juni bis Herbst	sind noch mehrere 100 Kauffunger zurückgekommen.
Anfang Oktober	Kaplan Eckelt als Pfarrverweser eingesetzt. Waren dürfen nur noch gegen polnische Zloty verkauft werden.

Als Volkssturm im Einsatz

Das letzte Aufgebot! Wie in dem bekannten Bilde von Defregger...

Aufgestellt ab Ende September 1944, als die Fronten sich in Ost und West dem Reichsgebiet näherten. Männer von 16 bis 60 Jahren, soweit nicht ohnehin bei der Wehrmacht: Frontsoldaten aus dem 2. Weltkriege, jüngere, aber gediente Männer und solche mit körperlichen Schwächen ohne jede Ausbildung.

Allgemeiner Bericht und Schilderung besonderer Kampfeinsätze im Buch von H. Kissel, seinerzeit Chef des Führungsstabes: Der Deutsche Volkssturm 1944/45, Mittler-Verlag, 1962.

Dieser Beitrag ist zusammengestellt:
– Aus der Berichtsfolge von C. Kunkel 'Schicksal und Einsatz des Schönauer Volkssturms' in den Heimatnachrichten Okt. 1956 bis Febr. 1958.
– Aus dem in Nummer 4 und 5 von 1957 enthaltenen Bericht von G. Teuber für die Kauffunger im Volkssturm.
– Aus persönlichen Mitteilungen, insbesondere von Kurt Schubert (1983), dem Kompanieführer des Kauffunger Volkssturms zu Haus und in den ersten Einsatztagen in *Steinau*/Oder.

Im Katzbachtal war das Volkssturmbataillon 13 Goldberg gebildet.
1. Kompanie *Kauffung* mit Tiefhartmannsdorf, Ludwigsdorf, Ketschdorf, Seitendorf
2. Kompanie *Schönau* mit Umgebung, wie Klein Helmsdorf, Hohenliebenthal, Reichwaldau, Konradswaldau
3. Kompanie *Neukirch* mit Umgebung
4. Kompanie *Goldberg* (teilweise).

Ausbildung: An acht Sonntagvormittagen ist versucht worden, Gelände und MG-Ausbildung aufzufrischen, den ganz Ungeübten etwas davon beizubringen. Schubert selbst in einer Pionierkaserne in Breslau als Führer einer Panzer-Nahkampf-Kompanie ausgebildet, so daß er Kompanieangehörige einüben konnte.»Im Dezember 1944 wurden wir vom Kauffunger Volkssturm, größtenteils ehemals gediente Soldaten aus dem 1. Weltkrieg mit Dienstgraden, im Bunkerbereich der Oder, bei Leubus, von erfahrenen jüngeren Soldaten recht gut ausgebildet. Nach Steinau wurden dann leider auch unausgebildete, z.T. kranke Männer mitgegeben, während Ausgebildete nicht aufgerufen waren. Der Ausbildungsstand der Kompanien kann verschieden gewesen sein« (Schubert).
Einsatz: Der Volkssturm aus dem Katzbachtal kam Ende Januar/Anfang Februar 1945 bei den Kämpfen um *Steinau* an der Oder – zwischen Breslau und Frankfurt – und ab Mitte Februar 1945 im heimatlichen Katzbachtal selbst als nun rückwärtigem Frontgebiet zum Einsatz.

Nach dem Vorstoß der Roten Armee bis zur Oder waren die deutsche und die sowjetische Führung um Brückenköpfe bei Steinau bemüht,
– deutscherseits um ostwärts der Oder Gelände zu halten und den Übergang der Roten Armee Richtung Westen zu hindern, zu verzögern
– sowjetischerseits um Steinau mit weiterem Gelände westlich der Oder zu

erkämpfen als Ausgangsstellung für die Fortsetzung der Offensive nach Niederschlesien hinein.

Der Kampfverlauf im Allgemeinen ist in dem Buch von Wolf O. Becker 'Niederschlesien 1945' S. 47 und vor allem 52/53 geschildert.

Im Kriegstagebuch des Oberkommandos der Wehrmacht ist der Kampf um Steinau vom 27. Januar bis 4. Februar 1945 täglich erwähnt (im Buch 'Die Niederlage' innerhalb der Seiten 112 bis 141).

Zur Bildung und Verteidigung des Brückenkopfes wurden Urlauberkompanien, die Unteroffiziersschule Jauer und *Volkssturm* aus den Kreisen Liegnitz und *Goldberg* eingesetzt. In die Bresche gesprungen!

Ein Erlebnisbericht »Steinaus Ende« von Dr. Ludwig Boer als Augenzeuge ist im Steinauer Heimatboten, 15., 16. und 17. Rundbrief, März, Mai und Juli 1950, veröffentlicht worden. Volkssturm ist genannt, aber Kauffung nicht namentlich. Im Nachfolgenden wird versucht, die Umstände zu beschreiben, welche die *Kauffunger* betreffen.

1945

20. Januar: Volkssturm in den Orten des Katzbachtals aufgerufen

21. Januar: Ein Sonntag des Vorbereitens

22. Januar: In aller Frühe *Abfahrt* mit der *Bahn* von Ober- und Nieder-Kauffung. Keine Begleitung von Angehörigen, keine allgemeine Verabschiedung, weil verlautete, daß es zum Schanzen ginge!

125 Mann aus Kauffung und Umgebung

Überwiegend Arbeiter und Angestellte aus den Kalkwerken, von diesen für den Einsatz freigestellt, einige Geschäftsleute. Mitten aus dem alltäglichen Berufsleben heraus. Zu einem kleinen Teil dem Kompanieführer persönlich bekannt.

Mit Kurt *Schubert*, Gärtner im Niederdorf, als Kompanieführer
mit Lehrer Fritz *Spachowski* als Spieß und nach Verwundung von K. Schubert als Kompanieführer.

Mit Gustav *Teuber*, früherer und künftiger Ortsvorsteher, als Sanitäter.

Derbe Alltagskleidung und Mäntel. Rucksäcke. Mit und ohne weiße Armbinde mit dem Aufdruck 'Volkssturm'. Keine Ausweise, die als Soldaten kenntlich machen. Keine Stahlhelme. Unbewaffnet.

In den Kompanien Unterschiede: Irgendwelche Uniformmäntel, einzelne Gewehre 98.

Auf den Bahnhöfen von Schönau bis Goldberg steigen die Männer der anderen Kompanien hinzu. Es heißt, sie sollten in Steinau als Sanitätshelfer eingesetzt werden.

»Die an der Bahnlinie nach Liegnitz entlang führende Straße ist mit Menschen belebt. Pferdegespanne, darauf vermummte Menschen mit ihren Habseligkeiten und wieder Pferdegespanne, dazwischen Frauen und Kinder zu Fuß, ein müder Menschenstrom ohne Anfang und Ende, dem scharfen Ostwind preisgegeben. Deutsche, die der Krieg von Heim und Herd jagte… Ein Weg ohne Gnade«, (Kunkel).

Auch im Bahnhof Liegnitz Menschen auf der Flucht.

Am Abend ist *Steinau* erreicht.

Unterkunft in der überfüllten Stadthalle auf Strohlager mit Flüchtlingsfamilien aus Orten ostwärts der Oder.

Kein geschlossener Einsatz der Kompanien, geschweige des Bataillons. Ausgabe von Verpflegung erst nach Tagen, weil »wir nicht erwartet waren«. Teilweise von Feldküche Jauer mitverpflegt.

22./23. Januar: »Schon in der ersten Nacht wurde ich beauftragt, mit 60 Mann und zwar je 20 Mann von drei Kompanien, die Oderbrücke zu überschreiten und mich dem Kampf-Einsatzleiter (ein bereits verwundeter Offizier von der Unteroffiziersschule Jauer), zur Verfügung zu stellen – 'Schubert und seine Mannen halten Brückenkopfstellung'. Verschiedenste Gewehre, aber kaum passende Munition. Ich fand Panzerfäuste mit einer weiten Tragweite vor, aber niemand konnte diese Waffe schußbereit machen. Dies war also meine wichtigste Aufgabe.« (Schubert)

23. Januar: Noch kein Einsatz der anderen Männer. Ausgabe von Spaten, weiteren Panzerfäusten, begrenzter Anzahl von Gewehren. *Vorstoß* einiger russischer Panzer, um die Brücken im Handstreich zu nehmen. Durch Panzerfäuste sechs Panzer vernichtet, worauf sich der Russe zurückzieht.

'Wir haben für die tapferen Männer der Unteroffiziersschule Stellungen gebaut' hat P. Krause vom Kitzelberg berichtet.

Im Einsatzbereich der Kauffunger Männer erscheinen drei russische Erkundungspanzer.

»Noch immer rollen Trecks durch die Straßen, manchmal in Doppelreihen… Wir Volkssturmleute wissen nicht einmal, wo sich die Kampffront befindet. Wir sehen nur frierende Menschen mit ihren Kindern vorbeiziehen, die dem kommenden Unheil ausweichen… Mit einem hochbeladenen Karren voller Gepäckstücke ziehen ohne jede Bewachung auch französische Gefangene vorbei, sie benehmen sich genau so wie die flüchtenden deutschen Menschen…«, (Kunkel).

23./24. Januar: In der Nacht werden zusätzliche Panzerfaustgruppen, dann weitere mit Gewehren ausgestattete Gruppen der Kauffunger und der Schönauer Kompanie zur Verstärkung der Infanterie im Brückenkopf ostwärts der Oder eingesetzt. Schützenlöcher müssen erst geschanzt werden. Bei den Panzerfaustgruppen übernimmt ein Feldwebel der Unteroffiziersschule das Kommando, »eisern und furchtlos« bis zum Tod.

24. Januar Im Morgengrauen greifen 30 russische Panzer T34, begleitet von Infanterie mit hurrä, hurrä an. Vier der ersten Panzer werden durch die Panzerfaustgruppen abgeschossen, einige erst nach Überqueren der Brücke. Ein Stalinpanzer dringt bis zur *Stadthalle* vor. Durch einen Schuß

seines Geschützes sterben fünf Männer aus *Kauffung* und zwei aus Tiefhartmannsdorf. Begraben auf dem nahen kath. Friedhof an der Friedhofsmauer. Teuber in Heimatnachrichten 1957 Nr. 4, S. 7.

»Von der Unteroffiziersschule Jauer habe ich in der Stellung nur sieben Überlebende gesehen.

Ich wurde beim Abschuß eines Panzers mehrfach verwundet, blieb vorerst bei der Kompanie, von Teuber und Amsberg betreut. Wir hatten weder Ärzte noch Transportmittel«, schreibt Schubert.

»Die Männer der Kauffunger Kompanie, die kurz vor der Brücke in ihren Schützenlöchern liegen, sind z.T. verwundet. Russische Infanterie kämpft sich trotz Abwehrfeuer heran. Nach Aufbrauch der Panzerfäuste ziehen sich die Gruppen über die Eisenbahnbrücke zurück. Westlich der Oder werden einige Männer durch Beschuß verwundet«, (Kunkel).

In der Stadt tagsüber sowie in der Nacht zum 25. 1. Feuerüberfälle mit der Stalinorgel und Artillerie.

Der Wehrmachtsbericht meldete: »Eine bei Steinau über die Oder gesetzte sowjetische Kampfgruppe mit 30 Panzern wurde nach Abschuß von 24 Panzern zurückgeworfen.«

Indes ist dabei die Oder zur Kampffront geworden.

25. Straßenbrücke deutscherseits über die Oder gesprengt.
   Trotz allem sind indes am 24. Januar noch drei Räumungszüge vom Bahnhof Steinau abgefahren (1. Steinauer Rundbrief vom 1. Mai 1946).
   Das einstige Kloster in Steinau war rettende Insel für versprengte Infanterie.

25. Auf dem Marktplatz in Steinau begegnen sich, denkbar unerwartet, Vater und Sohn, Alfred und Walter *Ungelenk* aus Kauffung. Der Vater beim Volkssturm, der Sohn als Soldat/Infanterie von rechts der Oder kommend.
   – Eine Kauffungerin erhielt sogar Postkarte ihres Mannes, daß er in Steinau angekommen sei. »Ich habe alle Tage geschrieben...« –

25. Januar Panzersperren in der Stadt angelegt und gesichert. Immer noch Verpflegung aus dem Lande, abgesehen von der Feldküche der Unteroffiziersschule. Abends erste Verpflegungsausgabe.
   Je acht Mann der Kompanien zur Zuckerfabrik, um dort die Front verstärken zu helfen.
   »In den nächsten Tagen verstärkt sich der Druck der Russen gefährlich. Wir werden alle in den Strudel der Abwehrkämpfe hineingezogen. Am Abend erster Kampf um die Zuckerfabrik.
   Kampfgruppen außerdem am Westhafen, am Bahndamm, im Kloster.
   Kampftruppenkommandeur im Kloster. Bunkerstellung.

26. Januar Rege Gefechtstätigkeit längs der Oder.

Der Mannschaftsbestand wird auch dadurch kleiner, daß »einige Füße Heimweh bekommen«.

27. Januar Harte Angriffe der Russen, die auch Behelfs- und Kriegsbrücken schlagen. – Einige Männer der Schönauer Kompanie, darunter der berichtende C. K., geraten in Gefangenschaft.

28. Januar Nachtangriff der Russen.

Diese schwirren überall im Hinterland herum.

Die Volkssturmkompanien sind auch durch den gruppenweisen Einsatz aufgesplittert.

Aus den Wehrmachtsberichten:

29. Januar: »Bei Steinau gewann der Feind trotz hartnäckiger Gegenwehr auf dem Westufer der Oder Gelände«.

30. Januar: »Im Raume von Steinau zerschlugen unsere Verbände starke Kräfte des Gegners und stellten die Verbindung zu der sich zäh verteidigenden Besatzung des Ortes wieder her«.

31. Januar: »...beiderseits Steinau wurden die aus dem Oderbrückenkopf angreifenden Bolschewiken nach wechselvollen Kämpfen im Gegenangriff aufgefangen«.

4. Februar Übergabe der Kampfgruppen und Verwundeten im Kloster.

»Viele Männer haben über das Für und Wider des auf die Dauer aussichtslosen Kampfes an der Oder gestritten. Mangelnde Ausrüstung an Waffen, Hunger und ein erbarmungsloser Feind verlangten eine übergroße Selbstverleugnung.«

Aus dem Wehrmachtsbericht vom 5. 2. 1945: »In Schlesien haben seit dem 14. Januar zahlreiche Volkssturmbataillone ... dem feindlichen Ansturm ... standgehalten und damit durch ihre vorbildliche Einsatzbereitschaft und Tapferkeit entscheidenden Anteil an dem Aufbau einer gefestigten Abwehrfront«.

Auch die Zivilbevölkerung gewann Zeit und damit oft Leben und Gesundheit.

> Der für seine Hausaltäre
> kämpfend, ein Beschirmer fiel –
> Krönt den Sieger größ're Ehre,
> Ehret ihn das schön're Ziel!
> (Aus dem Gedicht »Das Siegesfest« von Fr. Schiller)

Verluste beim Kauffunger Volkssturm

Verwundet   Vermißt   Gefallen

Über die *Verwundeten* der ersten Tage und seine Tätigkeit als Sanitäter hat Teuber in den Heimatnachrichten 1957 Nr. 4 und 5 berichtet.

»...Die Nacht vom 24./25. Januar 1945 war wegen Feuerüberfällen schrecklich... Wir marschierten im Morgengrauen in Richtung Lüben einem auf einer Höhe liegenden Dorfe zu. Dort hatten sich in der Zwischenzeit so viele Verwundete zusammengefunden, daß ich nicht mehr in der Lage war, sie allein zu versorgen... Am 26. 1. setzte ich mich befehlsgemäß mit einem Schwerverwundeten aus Tiefhartmannsdorf – auf einem Sportschlitten festgebunden – und acht Leichtverwundeten in Richtung Lüben in Marsch... Von einem Offizier erhielt ich den schriftlichen Auftrag, die Verwundeten nach Liegnitz zu bringen, aber weder in Liegnitz noch in Goldberg konnte ich die Männer in einem Lazarett unterbringen. Erst im Kauffunger Krankenhaus fanden die Kameraden Aufnahme und Pflege. Unterdessen war es später Abend am 27. Januar geworden.« Wieviel wohl von den mindestens 80 km zu Fuß, mit Fahrzeug oder Bahn zurückgelegt wurden?

Kurt Schubert schreibt:»In einer Ortschaft Richtung Lüben hatten wir kurz einen Feldarzt. In Lüben war das Lazarett schon geräumt. Mit 13 kranken!? Männern zu Fuß, bin ich dann von Kameraden auf einem Schlitten gezogen, bis Haynau gekommen (40 km). Unterwegs sahen wir Jugendliche eifrig schanzen...«

Bei den Kämpfen in den nächsten Tagen werden weitere Kauffunger verwundet worden sein. Über Anzahl und Versorgung fehlen Nachrichten. Zu den *Toten* erinnert sich Teuber in der 'Wanderung durch Kauffung' (Heimatnachrichten 1957, Nr. 12, S. 9):

»Gemeinsam fuhren wir in den Januartagen des Jahres 1945 bei klirrender Kälte an die Oder und ein Dutzend und mehr lieber Menschen blieben zurück.«

Namentlich sind zwölf Kauffunger als beim Einsatz in Steinau geblieben bekannt, einschließlich der damals *Vermißten*. Angehörige waren über das Schicksal, ob gefallen, Gefangenschaft, vermißt, länger im Unklaren.

Später, im Frühjahr, ist noch ein Volkssturmmann am Sargberg gefallen. Im Ganzen haben aus den Reihen des Kauffunger Volkssturms 13 Männer ihr Leben gegeben und sind gewiß 15–20 verwundet worden.

Von den 125 nach Steinau abgefahrenen Männern sind, wie man annehmen darf, 113 zurückgekehrt und zwar zu verschiedenen Zeitpunkten. Manche haben sich auf eigene Faust bald nach Haus begeben. Andere hielten im Kampfgeschehen aus und kehrten erst nach Anfang Februar zurück.

Die Zurückgekehrten wurden durch den Kreisbeauftragten für den Volkssturm in ihre Heimatorte entlassen und wieder den örtlichen Einheiten zugeteilt.

Im Ort keine Trauerfeier, keine allgemeine Begrüßung der Heimkehrer. Die Ereignisse überstürzten sich ... Flüchtlinge zogen durch ... Die Front näherte sich. Der eigene Aufbruch begann.

Zuflucht suchen

Abreise   Auflockerung   Räumung

»In unserem Kreis Goldberg werden vorläufig ... nur Vorbereitungen für eine sogenannte *Auflockerung* getroffen. Danach haben sich ... alle Frauen und Kinder und unsere Alten für den Abtransport in weiter westlich gelegene Gebiete vorzubereiten ... Die zum Volkssturm aufgerufenen Männer von 16–60 Jahren bleiben hier und haben zu gegebener Zeit besondere Aufgaben zu erfüllen« (aus dem Aufruf des Kreisleiters vom 26. 1. 1945, s. Seite 195). Ebenfalls am 26. 1. wird vom Oberkommando der Wehrmacht nach Beratung in den Ministerien und mit der Parteiführung festgelegt, wann wegen zu erwartender Kampfhandlungen Orte zu räumen sind.

»Die Räumung soll dort, wo eine einigermaßen feste Front besteht, in einer Tiefe von 30 km eingeleitet werden, wo nur eine stützpunktähnliche oder keine Front besteht, in einer Tiefe von 60 km von den feindlichen Panzerspitzen... Vieh wird bei glatten Straßen an Ort und Stelle bleiben müssen...« (aus 'Niederlage – Kriegstagebuch OKW' vom 26. 1. 1945, S. 110/111).

Freilich führt der Weg nach dem Westen bald nur noch über das Gebirge ins Sudetenland und sind die Aufnahmegebiete auf dieses, deutsche Sprachinseln in Böhmen und Mähren sowie angrenzendes Bayern beschränkt.

Die durch das Katzbachtal ziehenden Flüchtlinge aus den Kreisen an der Oder und aus Breslau lösen banges Ahnen aus. Auch Kauffunger beginnen sich auf Abreise, Flucht und Treck einzustellen. Bereits ab Ende Januar sind Einzelne, vorwiegend Frauen mit Kindern, mit der Bahn zu Verwandten und Bekannten im Raum Görlitz und weiter westlich nach Sachsen und Thüringen gefahren. Man will kommendem Unheil ausweichen.

Zu Ende Januar 1945 verläuft die Front, soweit dies Wort überhaupt angebracht ist, an der *Oder* und bei Breslau schon auf der linken Oderseite. Am 7. und 8. Februar setzt die zweite sowjetische Angriffswelle mit voller Wucht ein.
Am 9. 2. wird *Liegnitz* besetzt, am 12. 2. *Jauer.*
Am 13. 2. fällt nach stärkeren Kämpfen *Goldberg.*

Mit dieser zweiten Angriffswelle und erst recht dem Fall von Liegnitz wird das Ahnen zur Wirklichkeit. Die Gemeinden katzbachaufwärts von Goldberg werden am 10. Februar zur Auflockerung aufgerufen, also zur Abreise von Frauen und Kindern sowie nicht volkssturmpflichtigen Männern. In Kauffung fahren Flüchtlings-/Räumungszüge und Trecks am 13. und 14. Februar mit etwa 2.200 Bewohnern ab im Rahmen der Anordnung des OKW. Wie weit die Durchführung zwischen Partei und Behörden abgesprochen war, ist nicht bekannt.

Genau in diesen Tagen kommt der russische Angriff im Gebirgsvorland zum Stehen, bildet sich eine feste Front 'am Nordrand der Sudeten', im Katzbachtal nördlich von Kauffung. 'Die Russen haben Winterquartier bezogen, scheuen das Gebirge', ging die Rede. Aber Berlin und Elbe waren das Ziel.

Als die Bevölkerung den Stillstand zu Mitte Februar merkt, wandelt sich die Neigung zur Abreise ins Gegenteil. Noch nicht abgefahrene Bauern bleiben. Frauen sind bemüht, ein festes Arbeitsverhältnis nachzuweisen, weil sie dann nicht zur Abreise gedrängt werden.

Schwankende Überlegungen:
Angesichts des Elends durchziehender Flüchtlinge für Bleiben. Wegen des Frontlärms im Ohr für Aufbruch.

Die Bevölkerungsbewegung ist teils von Partei- und Heeresstellen (Feldjäger!) gelenkt, also auf Anordnung, teils aus eigenem Entschluß erfolgt.

Die Gemeindeverwaltungen waren eingeschaltet; so wurden z.B. spätestens ab Mitte Februar von Flüchtlingen, die aus anderen Orten kamen, polizeiliche Anmeldungen nicht mehr angenommen, mit der Folge, daß an diesen Personenkreis auch keine Lebensmittelmarken ausgegeben wurden. Die Abbeförderung mit der Bahn ist teils in Personenwagen, wesentlich aber in mit Stroh ausgelegten Güterwagen erfolgt. Auch die eigentümlichen Kalkwagen, kurz Kalkloren genannt, wurden benutzt, wobei eine Deckklappe mit Balken hochgestützt wurde.

Für die Flüchtlingszüge werden Fahrstrecken, vielleicht auch Zielorte genannt. Doch erfolgen schon unterwegs Ausladungen. Zunächst Unterbringung in Notunterkünften auf Strohlager. Danach, manchmal auch bald, auf Aufnahmeorte verteilt. Wohnungen/Unterkünfte nicht mehr, wie für die Bewohner der rechten Oderseite, vorbereitend bestimmt. Flüchtlinge und Aufnehmende hoffen auf nur vorübergehenden Aufenthalt. Über den Ernst der Lage bisweilen nicht im Klaren. Man ahnt nicht, was noch an Schicksal bevorsteht. Die Kauffunger, denen Fortgang nahegelegt ist, und die sich, wie sie meinen, zum vorübergehenden Verlassen des Ortes entschließen, werden überwiegend von der Eisenbahn befördert. Es sind dies Frauen mit kleinen Kindern, alte Frauen und ältere Männer. Nur ein kleinerer Teil, nämlich einige *Bauern* mit Angehörigen und Freunden, trecken mit Pferd und Wagen oder Schlepper. Aufbruch des größeren Teils kurz vor Mitte Februar, kleinere Gruppen anschließend bis in den März hinein. Seit dem Beginn der Kämpfe um Goldberg, also etwa seit dem 11. Februar, fuhr die Bahn im Pendelverkehr zwischen Schönau – Kauffung – Merzdorf. Wer nicht gleich mitkam, wartete auf den nächsten Zug. Aus Aufzeichnungen, Berichten und Gesprächen ergibt sich nachstehendes Bild.

Zu *Anfang Februar* sind Familien noch mit fahrplanmäßigen Zügen zu Verwandten und Freunden in Richtung Westen nach der Umgebung von Görlitz, Sachsen, Thüringen, auch Bayern gefahren. Manche in Kraftfahrzeugen der Wehrmacht mitgenommen bis Hirschberg oder weiter.

Am *8./9. 2.* sollen einige K. mit durchkommendem Flüchtlingszug mitgefahren sein.

Am *11. Februar* machen sich Gruppen von Müttern mit Kindern und jungen Mädchen aus dem Oberdorf und anderen Ortsteilen auf die Reise. Steigen in einen aus Schönau kommenden Flüchtlingszug zu. Über die Gebirgsstrecken und Reichenberg in Böhmen bis kurz vor Dresden. Hier mußte der Zug wegen des bekannten Luftangriffs abdrehen. Über Aussig bis westlich von Pilsen. »In Aussig stand unser Zug in der Nacht vom 13./14. Februar. Der Himmel im Norden war blutrot. Dresden brannte«, so die Berichte von den Post-Schmidt-Töchtern und Christian Dannert. Mehrzahl im Kreis Mies, Ort Pscheheischen untergebracht. »Wir Mädel weiter nach Altenburg in Thüringen und zurück nach Kauffung etwa Ende Februar. Abenteuerlich!«

Am *12. Februar* über Hirschberg – Reichenberg – nach Schüttenhofen im Böhmerwald. (Sch. damals Protektorat Böhmen und Mähren)

Durch zahlreiche Flüchtlingszüge aus Schlesien Unterkunft und Verpflegung sehr beengt. Tieffliegerangriffe.

(Im Buch »Der Zug der Kinder« von Larass, S. 183–198, insbes. 193)

Am *13., 14., 15. Februar* großer Aufbruch mit Bahn und Treck.

Am *13. 2. Flüchtlingszug* mit 500 Kauffungern: Bericht Lehrer Filke 1959

»Mir wurde am 13. Februar früh der Auftrag zuteil, 500 Personen sofort aus Kauffung herauszuführen. Ich erhielt beim Gemeindeamt den Reisebrief. Mit Überstürzung packten wir wenige Habseligkeiten in Koffer. Auf dem Bahnhof Ober-Kauffung erwarteten mich die Flüchtlinge in schmutzigen offenen und geschlossenen Kalkloren. Um 16.00 Uhr fuhren wir ab. Zum Tal hinaus. Die treckenden Menschen der Landstraße in einer Elendswettfahrt überholend. Über Landeshut – Trautenau – Pilsen nach dem Böhmerwald. Am 16. 1. in Ronsperg ausgeladen, 12 km vor der Bayerischen Grenze wurden wir auf mehrere Ortschaften zerstreut untergebracht. Ich tat nochmals Schuldienst in *Stockau*/Krs. Bischofteinitz. – Bis hierher drangen amerikanische Truppen Anfang Mai vor.«

Am 14. Februar *Flüchtlingszug* mit 1.500 Personen, Kantor *Liebs* hat niedergeschrieben:

»Früh 5.00 Uhr erhielt ich den Befehl, mittags 12.00 Uhr einen Flüchtlingszug zu übernehmen. Vornehmlich mit *Frauen* und *Kindern*, dazu das *Krankenhaus* und das *Altersheim*. Das Einladen dauerte bis nachmittags 5.00 Uhr. Dann setzte sich der Zug in Ober-Kauffung in Bewegung. Auf der Straße fuhr ein Treck von Bauern. Grau und finster der Himmel. *Nacht...* Zunächst ohne Zielbahnhof wurden wir, etwa 1.500 Menschen, ins Ungewisse geschickt...« Über Aussig (Elbe) bis Dux-Bilin.

Kantor Liebs hat in Preschen bei Dux unterrichtet.

Am 15. Februar ein aus Schönau kommender Flüchtlingszug mit 1.500 Personen aus verschiedenen Orten. Verantwortung übertragen an August Schampera. In Nieder- und Ober-Kauffung Wagen für Kauffunger angehängt. Fahrt durch Nordböhmen/Egertal bis Kemnath (Oberpfalz); am 22. 2. angekommen. Verteilt auf Kreis Kemnath. Eisenbahner blieben im Sudetenland. (Nach Mitteilungen von Alfred Abend und Marta Gärtner)

Bauerntreck in vier Gruppen

Zugleich mit den Bahnfahrern wurden die Bauern zum Treck mit Pferd und Wagen aufgerufen. Treckführer von amtswegen eingeteilt. Wagen mit Planen und Teppichen überdeckt.

Nach Erinnerung brachen im Treck 240–260 Personen auf mit 28 Pferdegespannen, mehreren Schleppern, einigen Kühen und Ochsen, Handwagen, Fahrrädern. Bauern aus dem Oberdorf unterhalb Stöckel und aus dem Niederdorf, dazu Güter Stöckel und Niemitz. Manche Gespannführer und Hausväter haben sich, als im Zeitpunkt der Abfahrt die Bildung einer Front 12 km katzbachabwärts bekannt wurde, zum Bleiben entschlossen – trotz schon beladener Wagen. Wollten erst im Oberdorf herausfahren, wenn der Russe im Niederdorf hereinfuhr.

Fahrt allgemein über Ketschdorf – Landeshut – Trautenau.

Quartiermacher für Unterkunft und Verpflegung voraus.

Am 13. 2. *Treck Hielscher*
10 Pferdegespanne, 1 Kuhgespann, 1 Schlepper, der Holzgastrecker von Stöckel, 71 Deutsche, davon 15 Hofeleute von Stöckel, 7 Kriegsgefangene (5 Franzosen, je 1 Pole und Russe), insgesamt um 80 Personen.
Das Vieh hatten wir Nachbarn anvertraut. Wir hielten Verbindung zum Ort. Zwischendurch wurde zum Rechten gesehen. Im Frühjahr wurden Männer und Gespanne allgemein zur Feldbestellung im rückwärtigen Kriegsgebiet angefordert. Frau von Bergmann und Hielscher setzten aber für uns den Einsatz in Kauffung durch. Auch wir, Frauen und Mädchen, haben uns noch im April auf Nebenwegen (weil an sich untersagt) nach Hause begeben. Freilich fanden wir unser Vieh nicht mehr vollzählig vor. Aber auch fremde Tiere.
(Nach Bericht von Frau Gertraud Friemelt, geb. Heptner)
Ebenfalls am 13. 2. der *Friemelttreck*
6 Pferde-, 2 Ochsengespanne, 15–20 Deutsche, 6–8 Polen/Ukrainer. 3 Familien Friemelt, Kobelt, 2 Wagen Tschirnhaus. Verbindung zu Treck Hielscher verloren. Bei Brüx im Dorf Hareth geblieben. Ende März ein Gespann zurück. Rückkehrerlaubnis für alle Gespanne. Anfang April bis auf einige Frauen mit Kindern und Alte zurück. Diese wohl z.T. später nach Bayern.
(Bericht Frieda Müller geb. Kobelt)
Am 14. 2. folgte der *Treck* vom *Niemitzgut* mit Frieda v. Gersdorff († 22. 11. 1983 mit 92 Jahren in Fulda)

»4 Pferdegespanne mit Wagen, 2 Fohlen bei Fuß, Schlepper mit Anhänger und Kutschwagen. Mit Kind und Kegel 35 Personen. Fahrt über Trautenau bis Mittelsberg bei *Marienbad*. Dort am 5. März 1945. Kein Betriebsstoff mehr für den Trecker. Pferde und Menschen kraft- und mutlos. Noch *einen* Tag weitergefahren, da wären wir nach Bayern gekommen. Erst in Schulklassen untergebracht, dann auf Häuser verteilt. Am 8. Mai zogen die Amis ein.«

(Bericht von Ruth Hannig)

Am 14. 2. um 12.00 Uhr fuhr der *Hellmanntreck* ab.
22 Pferde = 11 Gespanne, 1 Ochsenwagen, 5 weitere Ochsen, 2 Milchkühe, 1 Trecker. Um 105 Personen.
Trotz Schneeregen die ganze Nacht gefahren. Früh 5.00 Uhr vor Landeshut. 8.00 Uhr Unterbringung, 13.00 Uhr weiter. Auf der weiteren Fahrt fünfmal die Grenze zum tschechisch besiedelten Protektorat gekreuzt. Oft sehr steile Straße. Vorspann nötig. Über Jung-Bunzlau – Hirschberg am See – das Elbtal – Leitmeritz – Saaz – Richtung Karlsbad.
Am 3. März im Bauerndorf *Schaab* geblieben, weil Straßen völlig überfüllt. Zumeist in Schule bei recht guter Verpflegung untergebracht.
Unser Gespanntreck war beendet; rund 300 km fast ganz zu Fuß.
Ein Teil des Trecks lag zunächst im Dorf Skytal, 12 km auf Karlsbad zu, kam am 28. März zu uns. Untergebracht im Nachbarort Dolanka. Wir hatten recht abgenommen, erholten uns aber sichtlich.
Unterwegs mußten die beiden Milchkühe und 2 Ochsen verkauft werden. Vom 16.–20. März Besuch vom Landwirt Friedrich aus Kauffung mit Pkw. Brachte großen Fleischvorrat für Niemitz-Treck, den wir gemeinsam suchten. Vergeblich; wegen Benzinmangel nach 300 km Fahrt Suche aufgegeben.
Einige Treckleute waren mit Rädern in Kauffung und brachtem am 24. 3. viel Post von dort mit. Am 28. 3. zwei Gespanne zurück nach Kauffung zur Frühjahrsbestellung. Am 31. 3. Brief und Geld aus Kauffung. Ich habe hier am Treckort Beerensträucher und anderes verschnitten. Am 5. 4. der Trecker wieder in die Heimat.
(Aus mehrseitigem Tagebuchbericht von Paul Hellmann;
Ende April/Anfang Mai Erkundungsfahrt mit Rad nach Kauffung, geschildert am Schluß dieses Abschnitts.)

Und wieder mit der *Bahn*
Am 20. *Februar* fuhr die Frau vom Post-Schmidt mit jüngster Tochter im Flüchtlingszug von Hirschberg nach Neuhaus bei *Brünn*. Dort von anderer Tochter aus K. besucht. Telegrammwechsel mit Lehrer Filke im Böhmerwald und die 300 km nach Stockau gefahren. Wohl Ende April! Nachrichtennetz und Eisenbahn also noch in Ordnung.
Am 22. *Februar* kleine Gruppe in Güterwagen bis Trautenau. Untergebracht in Schule, dann geteilt. Einige weitergeleitet nach *Amplatz* nördlich Bischofteinitz; Tschechen im Ort.
Wir anderen wurden über *Iglau* in die südöstlich davon gelegene Stadt Trebitsch gebracht. Von dort auf Lastwagen wieder zurück in Richtung Iglau bei strenger Kälte über Berg und Tal 30 km ins Dorf Oppatau (Opatav).

(Bericht von I. Rokitte)

Am *23. Februar* eine Gruppe mit der Bahn nach *Dux* und dem weiter westlich liegenden *Kaaden* an der Eger.

Dr. med. Müller fuhr mit Pkw nach.

Ende Februar kleinere Gruppe von Kauffung und Nachbarorten im Eisenbahngüterwagen bis Trautenau. »Drei Tage und Nächte auf Kinostühlen gesessen. Gepäck unter Laubengängen abgestellt. In überfülltem Zug, wir im Vorraum, über Deutsch-Brod nach der deutschen Sprachinsel *Iglau* in Mähren. Längere Zeit in einem Kino, Strohlager. Dann weiter; unser Zug wurde aus dem Wald heraus beschossen. Aussteigen. Ließen unser Gepäck im Stich. Mehrere Wochen waren wir bei deutschen Bauern in Hohentann untergebracht. Erhielten Essenmarken wie Einheimische. Oft schenkten uns die Dorfleute noch etwas dazu.«   (Nach Bericht von Peschel, Postsekretär a. D.)

Es wurde also das von Tschechen umgebene *Iglau* in die Zufluchtsorte einbezogen; vermutlich waren die Orte im geschlossenen deutschen Sprachgebiet überfüllt.

Im März dann sogar in den entfernten Bayerischen Wald.

»Eine weltabgeschiedene Gegend, wo man nichts vom Krieg wußte. Alte Damen saßen am Webstuhl. Bauern beim Schafscheren. Wir gut behandelt!«

Friemelt- und Hellmann-Treck begegneten sich am 25. 2. in Hirschberg am See auf der Fahrt nach Leitmeritz. Dort überholte Dr. Müller mit dem Pkw auch den Friemelt-Treck. Er schreibt: »Das war eine große Freude. Wir halten. Der Treck hält auch. Lebhaftes Gespräch. Wir begrüßen... Sie wollten wissen, wie es in Kauffung aussehe; was das Vieh mache. Wer noch daheim sei u. a. mehr.«

Andere Kauffunger begegnen im westlichen Sudetenland Flüchtlingen aus dem Kreis Wohlau, die Ende Januar/Anfang Februar durch Kauffung gezogen waren.

Am 24. od. 26. Februar soll eine weitere Gruppe in Viehwagen nach Iglau bzw. Trebitsch gebracht worden sein. Über 30 Kauffunger kamen schon am 18. 4. wieder heim.

Das Verharren der Front in immerhin 12 km Entfernung einerseits wie ihre unüberhörbare Nähe andererseits, hatten sich ausgewirkt. Nach der auflockernden Abfahrt von wohl fast 2.500 Bewohnern konnten sich bis Ende Februar nur kleinere Gruppen, zumeist befreundete Familien, zum Aufbruch ins Ungewisse entschließen. Fast 1.000 Bewohner werden um den Monatswechsel Februar/März noch in K. gelebt haben.

Wehrmachtsstellen drängten auf weitere Räumung. Daher erging nachstehener *Befehl* der Feldgendarmerie.

```
Evakuierungsstab                        Kauffung, 28.2.1945
der Wehrmacht


              Befehl zur Evakuierung

Die Bevölkerung von Kauffung hat dem Befehl des Bürgermeisters
und Ortsgruppenleiters der NSDAP, den Ort zu räumen, nur teil-
weise entsprochen.

Eine weitere Verzögerung ist unzulässig. Dem Befehl ist unver-
züglich zu entsprechen. Die Trecks haben bis spätestens
2. März 1945    8.00 Uhr    den Ort zu verlassen.

Wer dem Befehl nicht entspricht, hat Zwangsmaßnahmen zu erwar-
ten und läuft Gefahr, daß er sein Gepäck nicht mehr mitnehmen
kann.

Da die bisher angebotenen Fahrgelegenheiten in keiner Weise aus-
genutzt wurden, hat jeder für sein Fortkommen selber zu sorgen.

Personen, die hier zu verbleiben haben, erhalten besonderen
Befehl. Für die Angehörigen des Volkssturmes gelten die Anord-
nungen ihres zuständigen Führers.

Angehörige ortsfremder Trecks, die hier untergezogen sind, haben
bis spätestens morgen (1.3.1945) 8.00 Uhr   den Ort zu verlassen.

Bei Nichtbefolgung dieses Befehls werden Zugtiere und Fahrzeuge
beschlagnahmt. Lebensmittel dürfen an solche Personen nicht
ausgegeben werden (ausgenommen lt. Bescheinigung vom Arzt oder
Tierarzt).

f.d.R.
D o h r n                             gez.  Hönel
Leutnant                        Major der Gendarmerie
```

> Soldaten gingen von Haus zu Haus, empfahlen, woanders Zuflucht zu suchen.
> So gingen denn weitere Bewohner auf die Reise.

Zwar mit Bahn, aber im Unterschied zu den Flüchtlingszügen Mitte Februar
nun ohne das Ziel zu kennen. Dem Zufall überlassen, unvorhersehbaren
Umständen. Dahin, wo man noch Aufnahmefähigkeit vermutet. Auf Bombenabwurf und Tieffliegerangriffe gefaßt sein. Auf Massenunterkünfte. Sanitären
Behelf. Warten...
Manche waren schon für Tage unterwegs gewesen, wollten nicht zu weit
wegfahren, kamen zurück. Hin und her. Neuer Anlauf. Allgemein zunächst
nach der Kreisstadt Trautenau südöstlich der Schneekoppe, das sudetendeutsche Gegenstück zu Hirschberg auf der schlesischen Seite des Riesengebirges.
Beide Städte mit 'Lauben' am Ring wie Freudenstadt im Schwarzwald und
von Wanderungen und Skifahrten her bekannt. Nun war das stille Trautenau
ein Durchgangsort für Flüchtlinge aus Schlesien und ein Umsteigebahnhof
geworden.

Mancher kam schnell mit, andere mußten Tag und Nacht warten. Mühe mit Gepäck. Gruppen aus demselben Ort verloren sich aus den Augen. So verlor man auch den Überblick zur Anzahl. Allmählich dann grobe Richtungsangabe, bis sich ein Zielbahnhof für den Lokführer fand. Oder der bahnamtliche Ruf:»Zug endet hier. Alles aussteigen!« Der Winkel Bayerns nördlich Passau zwischen Fluß Ilz, Ausläufer des Böhmerwaldes und Donau, wurde für Kauffunger zur rettenden Insel. Vor allem waren es Ober-Kauffunger, die nun auf die 'Reise' gingen.

Am 2. März ein Zug mit mehreren Wagen, an die 150–250 Kauffunger. In einem Viehwagen gezählt 58 Personen. Von Trautenau über Prag – Budweis – Passau vier Tage und Nächte bis zum 6. März unterwegs. In verschiedenen Orten ausgeladen, z. B. in Soifing, in Hauzenberg.

(Bericht Ruth Pelz geb. Steier, Passau)

Am 3. März mit einem wohl aus Schönau kommenden Flüchtlingszug, vielleicht der letzte von dort. 200–300 Kauffunger, besonders aus den Dreihäusern. Mit Personenwagen Trautenau Pilsen – Bayerisch-Eisenstein – Passau am 7. März. Verteilt auf Fischhaus, Waldkirchen, Freyung, Bierhütte und... bei Fuchs und Has.

(Berichte Gerda Heptner, Bochum, und Heinz Reichstein, München)

Am 5. März eine Gruppe aus der Randsiedlung, der Erlenmühle und andere Ober-Kauffunger. Mit Bahn in den Kreis Kronach (Oberfranken). Wir kamen in den Ort Teuschnitz.

»Unser Vater war beim Volkssturm, das Kleinvieh blieb bei den Siedlungshäusern zurück. Wir fuhren mit Bahn über Trautenau (nachts im Gasthof) durchs Sudetenland bis Prag; im riesengroßen Tunnel gestanden, denn da war Fliegerangriff in der Nacht. Als das vorbei war, durften wir ein paar Minuten aus dem Zug, denn am Bahnsteig gab es eine warme Mahlzeit. Als wir zwei Frauen vor dem Abteil standen, wurden wir von einem Tschechen belästigt. Wir wieder ins Abteil; keine traute sich mehr heraus, Essen zu holen. Lange Weiterfahrt. Am Sonnabend abends, den 10. März in Kronach (Oberfranken) ausgeladen. Wir mußten zu Fuß durch hohen Schnee und auf sehr schlechten Wegen bis nach der Kleinstadt Teuschnitz laufen; 20 km bei 300 m Höhenunterschied (Kronach Bahnhof 315 m, Teuschnitz Rathaus 615 m). Die erste Nacht in einer Schule. Sonntagvormittag in die Quartiere eingewiesen...«

(Bericht für obere Häuser, Randsiedlung).

Am 22. März schließlich noch etwa 20 Kauffunger. In Trautenau zerstreut. Unsere Familie mit anderen aus verschiedenen Orten in verschlossenem D-Zug-Wagen und SS-Schutz (wegen Tschechen) durch Böhmen nach Passau. Von da am 26. März weiter nach Ober-Österreich und zwar in den Kreis Braunau am Inn! Ankunft in Friedburg am Ostersonntag, 1. April 1945.

(Bericht J. Hanke)

30 km Südost von Braunau und 25 km nordostwärts von Salzburg.

Insgesamt werden im Februar und März um 3.000 Kauffunger und zunächst dagebliebene Evakuierte aus Köln/Berlin sowie Flüchtlinge aus anderen Orten Kauffung mit Bahn und Treck oder Mitfahrgelegenheiten verlassen haben.

Nach Mitte März schlägt das Pendel um. Seßhafte wollen oder müssen bleiben. Abgereiste streben zurück. Vielleicht hat hierzu auch beigetragen, daß selbst im Sudetenland, z.B. für die große Stadt Reichenberg, Ende Februar/Anfang März wegen befürchteter Luftangriffe Abreise von Frauen und Kindern in Richtung westlichem Sudetenland empfohlen wurde.

Anfang Mai haben sich noch einige gebliebene Männer aufgemacht und versucht, Frauen und Kinder zu erreichen. Wurden von sowjetischen Truppen eingeholt, fanden sich in tschechischer Gewalt.

Allen Beschränkungen zum Trotz hat sich eine Art Pendelverkehr zwischen Zufluchts- und Heimatort entwickelt. Man hält durch mutige Kundschafter Verbindung, sieht zum Rechten, erfährt wie es zu Hause und an der Front steht, wie es den Familienangehörigen geht.

Manche entschließen sich sogar trotz Frontnähe zur Rückkehr. Auf 100–150 Einwohner wird die Zahl derer geschätzt, die von Ende März bis Anfang Mai 1945 zu Fuß, mit Bahn, mit Gespannen zurückgekehrt sind, sich wieder häuslich niedergelassen haben.

Die Bahnfahrten waren beschwerlich, da Fahrkarten nur bis 20 km Entfernung ausgegeben wurden und man dann bis zum jeweils nächsten Bahnhof laufen mußte.

Diese 'Reisen' von jungen Mädchen, Frauen, älteren Männern zeigen ungebrochenen Unternehmungsdrang, wirken fast abenteuerlich, waren aber von vollem Einsatz für Familie, Haus und Hof bestimmt.

»Jeder schlug sich durch so gut es ging«, heißt es in einem Bericht.

> Ein solch besonderes Unternehmen war auch die *Radfahrt* von Paul Hellmann mit Frau und zwei Kauffungern vom Treckort *Schaab* (Raum Podersam/ Karlsbad) nach Kauffung zu Ende April/Anfang Mai 1945.
>
> 29. 4. Wir (meine Frau und ich, Adam und Günther Kahl) beschlossen eine Radfahrt nach Kauffung; auch um die Erlaubnis einzuholen, den Treck zurückzuführen. Saaz – Brüx – Elbe – Deutsch-Gabel – Reichenberg – Tannwald/Isergebirge, 60 km und Gebirgsstrecken. Mit Bahn bis Petersdorf. Meine Frau vorweg mit Rad nach K.
>
> 3. 5. Ich und Adam nach Buchwald im Riesengebirge, wo acht meiner Kühe in Pension sein sollten; erfuhren, daß die Kühe wieder auf unseren Koppeln in Kauffung waren. Wir radelten über Seiffersdorf zur Schafbergbaude; hier Einkehr mit Kaffee und Butterschnitten wie eh und je. Gegen Abend über Blümelgasse nach Kauffung.
>
> 4. 5. Viele Gänge durch Hof, Felder, Besuche im Ort.
>
> 5. 5. Wieder Gänge, letzte Telefonrechnung bezahlt. Meine Frau säuberte die Räume. – Unser Haus und Hof voller Leute. Vorräte verschwunden. Bauer aus Pilgramsdorf betreut restliches Vieh.
>
> 6. 5. In den Wald. Noch einiges Rehwild. Ich schoß eine Wildtaube. Aufregende Nachricht »die Front sei nur noch 48 Stunden zu halten; sofort abfahren«.

7. 5. Mit Erlaubnis, den Treck zurückzuführen, abgefahren. Meine Frau mit Bahn und Rad, Tankauto, Tieffliegerbeschuß. Wir Männer mit Rad und zu Fuß durch die Wälder. Von jungen Tschechen ausgeplündert.

9. 5. Auch für den Treck beim Zusammenbruch schwere Tage. Größter Teil unserer Habe verschwunden.

10. 5. Erschöpft und hungrig wieder im Treckort Schaab.

(P. Hellmann)

(Abdruck zu Seite 186)

Der Kreisleiter der NSDAP   Goldberg, den 26. 1. 1945

An alle Einwohner des Kreises Goldberg.

Ausgelöst durch die in weiter ostwärts liegenden Kreisen für notwendig erachteten Sofort-Evakuierungsmaßnahmen durchschwirren eine Unzahl von Gerüchten nunmehr unsern Kreis.

Ich will Euch ganz ungeschminkt und wahrheitsgemäß Aufklärung geben. Die in den vorgenannten Kreisen im Gang befindlichen Maßnahmen haben für den Kreis Goldberg keine Geltung.

In unserem Kreis werden vorläufig keine Evakuierungsmaßnahmen getroffen, sondern nur die Vorbereitungen für eine sogenannte Auflockerung. Danach haben sich in ruhiger und besonnener Art alle Frauen und Kinder und unsere Alten für den Abtransport in weiter westlich gelegene Gebiete vorzubereiten.

Die zum Volkssturm aufgerufenen Männer von 16 bis 60 Jahren bleiben hier u. haben zu gegebener Zeit nach meinen Befehlen besondere Aufgaben zu erfüllen.

Die Hauptaufgabe aller Einwohner des Kreises Goldberg, wie auch den in unserem Kreis evakuierten Volksgenossen und -genossinnen aus dem Kreis Wohlau besteht z. Zt. darin, mit allen Kräften bei der Durchschleusung der ankommenden Trecks behilflich zu sein.

Es sind folgende Einsatzmaßnahmen vorgesehen:

1. Sämtliche Durchgangsstraßen müssen schon von den frühesten Morgenstunden an vom Schnee freigehalten werden und mindestens 3 mal am Tage mit einer ausreichenden Sanddecke zu versehen, um damit eine Beschleunigung der Transporte durch unsern Kreis zu sichern.

2. Wir alle müssen die Hoheitsträger der NSDAP., die Be-ordenleiter, Ortsbauernführer und sonst beauftragten Personen in jedem Sinne unterstützen, daß die Trecks allerschnellstens den Kreis durchlaufen. Deshalb muß ein Teil der bei im Kreis ansässigen Frauen bereitwilligst im Ehrendienst der NS.-Frauenschaft u. NSV. mitarbeiten, um jeweils schnellste Versorgung der Trecks mit Heißgetränken und gegebenenfalls warmem Essen sicherzustellen. In jedem Fall muß Vorsorge für die Betreuung der Klein- und Kleinstkinder getroffen werden.

3. Alle Straßen des Kreises, besonders gefährliche Gefälle u. Steigungen, sind in Ablösung mit Hilfsmannschaften zu besetzen, die jeweils beim Abbringen der Wagen oder beim Vorspann aktiv tätig sein müssen. Der gesamte Sanitäts- und Hilfsdienst für Unglücksfälle usw. steht in dauernder Alarmbereitschaft innerhalb der jeweiligen Durchgangsstraßenzüge.

4. Jungvolk und Jungmädel, HJ. und BDM. stehen vorbehaltlos für den Kurierdienst und sonstige Hilfeleistungen zur Verfügung.

Die Befehlsgewalt über diese Maßnahmen liegt unzweideutig in den Händen der zuständigen Ortsgruppenleiter. Kreiseinwohner, wie auch Treckangehörige haben sich im allgemeinen Interesse liegenden Befehlen widerspruchslos zu fügen. Nach Erfüllung dieser Aufgaben erfolgt Aufruf der einzelnen Gemeinden mit der Zeitangabe des Treckbeginns und der einzuhaltenden Marschroute.

Es ist selbstverständlich, daß auf den schnelfersten und bequemeren Fahrzeugen der Trecks in erster Linie Mütter mit Kleinstkindern, werdende Mütter

Kleinkinder und Gebrechliche transportiert werden. Wer irgendwie gut bei Fuß ist, muß zur Erleichterung des Marsches neben dem jeweiligen Wagen mitgehen. Es ist stets die rechte Straßenseite einzuhalten. Irgendwie auseinander gerissene Trecks müssen sich schnellstens wieder zusammen finden. Es ist deshalb notwendig, daß der Treckführer vor Beginn des jeweiligen Tagesmarsches das voraussichtliche Ziel und auch die einzuschleuße Nutzzeit bekanntgibt. In den Trecks werden gemeinsam die Einwohner der Kreise Goldberg und Wohlau erfaßt.

Ich stelle ab sofort allen wegen des Bombenterrors in weitere Jahren aus anderen Reichsgebieten zu uns Evakuierten frei, sich sofort zu Verwandten oder Bekannten weiter westlich zu begeben. Die Ortsgruppenleiter werden Reisebescheinigungen ausstellen, wegen der notwendigen Evakuierungs- und Auflockerungsmaßnahmen die Inhaber der Scheine berechtigt sind, jedes Verkehrsmittel der Reichsbahn zum angegebenen Ziel zu benutzen.

Die Einwohner der Städte werden voraussichtlich zum größten Teil mit Sonderzügen befördert. Es erfolgt jeweils der Aufruf durch den zuständigen politischen Leiter.

Wenn wir alle Ruhe bewahren, vernünftig sind und den nun einmal notwendigen Befehlen gehorchen, dann kann dieser Treck unter Umständen uns für alle Zeiten ein großes, wenn auch schmerzliches Erlebnis werden. Die bevorstehenden Maßnahmen haben nur den Zweck, das Leben der Nichtkämpfer zu erhalten. Wir alle wissen, daß wir in voller geläuterter Zeit wieder in unsere Heimstätten zurückkehren, um dann nach dem siegreichen Beendigung des Krieges unser Leben neu aufzubauen.

Folgende Sachen sind vordringlich mitzunehmen:

Für Kleinkinder: Kinderwagen, genügend Wäsche, Windeln, warmes Einsch'agtuch, Milchflasche, Zwieback, wenn möglich eine Thermosflasche mit Tee, Badetuch, Badelappen und Seife.

Für Kinder: Warme Kleidung und Wäsche, derbe Schuhe, Betten, Decken, Rucksack oder Schultasche. Unter der Kleidung ein Namenschild umhängen!

Erwachsene: Ausweise, Wertpapiere, Lebensmittelmarken, Betten, Decken, warme Kleidung und Kleidung (hiervon nur die besten Stücke und die zweckmäßigsten), derbe Schuhe, Nähzeug, Verbandszeug, Handtücher, Seife, Gasmaske, einige zweckmäßige Töpfe. Je Familienmitglied Eßgeschirr, Trinkbecher, Löffel, Messer und Gabel (jederzeit griffbereit).

An Verpflegung: Alle im Haus vorhandenen, verderblichen Lebensmittel. Verpflegung für mehrere Tage. Für jede Person eine Flasche mit Tee oder Kaffee.

Sämtliche Gepäckstücke müssen Anhänger haben, auf denen der Name, Heimatort und Wohnung angegeben sind.

Ich hoffe, daß der nun einmal notwendige Marsch in voller Disziplin verläuft und die Zeit bis zum Antritt des Marsches nicht unnötig durch Gerüchtemacherei und Panikstimmung erschwert wird.

Die Partei wird alles tun, um in jedem Falle zu helfen.

Euer Kreisleiter.

195

Letzte Kriegsmonate 1945 im heimatlichen Katzbachtal

Gelassenheit zwischen Furcht und Hoffnung

Nach der Eroberung von *Goldberg* am 13. 2. durch sowjetische Truppen kommt es noch zu Kämpfen um einige katzbachaufwärts in Richtung Kauffung gelegene Orte wie Wolfsdorf und Neukirch. Ein russischer Vorstoß Richtung Hirschberg wird aufgefangen (Tragödie S. 115). Im Kriegstagebuch des Oberkommandos der Wehrmacht wird Goldberg in der zweiten Februarhälfte fast täglich genannt. Bereits am 17. 2. allgemeiner Verlauf der (Front)Linie Löwenberg – Goldberg – (Jauer). Vom 21.–28. Febr. 'Kämpfe bei Goldberg'. Schließlich verläuft die Hauptkampflinie (HKL) von Harpersdorf (Niemandsland) – Steinenberg – Neukirch/Katzbach – hier durch die Ortsmitte an der Bahnlinie entlang – einen Kilometer nördlich Herrmannswaldau – Konradswaldau nach den im Krs. Jauer gelegenen Herrmannsdorf – Kolbnitz. Im März heißt es dann 'nur örtliche Kämpfe'. Heftig wird um den nördlich von Konradswaldau gelegenen *Sargberg* (481 m) gekämpft. Die Höhe wechselt bis vor Mitte März siebenmal den Besitzer (seinerzeitiger Kriegsbericht »Das schwere Ringen um den Sargberg« in Heimatnachrichten 1958, Nr. 10, S. 5). Die Front wird gehalten. Bis zur Kapitulation bleiben Katzbachtal und Berge in deutscher Hand. (Aus 'Die Flucht', S. 242, 251; 'Die Niederlage – Kriegstagebuch OKW', S. 172–259 und v. Ahlfen 'Der Kampf um Schlesien', Lagekarten). Eingesetzt, zumeist nur Kampfgruppen und in Teilen:

Mitte Februar 408. Inf.Div.

Anschließend im Rahmen 48. Panzer-Korps/17. Armee 10. Panzer Gren.Div. Ab Mitte März bis 15. April 17. Inf. D. 31. SS Freiw. Gren. (Volksdeutsche aus rumän. Banat).

Ab April Reste 20. (estnische) SS. Div.

Mit der Besetzung von Liegnitz und Goldberg war die Katzbachtal*bahn* nach Norden abgeschnitten. Zur schlesischen Gebirgsbahn fuhren ab Schönau Truppenzüge, ab Ober-Kauffung allgemeine Züge zum Umsteigebahnhof Merzdorf und weiter. Die Gebirgsbahn, von elektrischen Triebfahrzeugen wieder überwiegend auf Dampfbetrieb umgestellt, bildete mit den Neben- und Anschlußstrecken zum Sudetenland die Hauptnachschublinie der nördlich vor ihr liegenden Front. Der Bahnbetrieb blieb – nur bei Lauban 13.2.–9. 3. unterbrochen – aufrecht erhalten; streckenweise auch nach dem 8. Mai 1945 – soweit Brücken nicht gesprengt. ('Leistungen der Reichsbahn' in »Kampf um Schlesien«, S. 170).

12 km Luftlinie ist die Front von Kauffung entfernt. Hier, in dem meilenlangen Dorf, leben nach der 'Auflockerung', der Abreise von etwa 3.000 Einwohnern noch einschließlich der Männer beim Volkssturm einige hundert Kauffunger mit Evakuierten aus Großstädten und Flüchtlingen aus dem schlesischen Flachland. Gemeindeamt auf. Das obere Katzbachtal ist frontnahes rückwärtiges Kriegsgebiet geworden.

»Das schaurig-schöne Schauspiel einer nahen Front mit seinem licht und verderbenbringendem Feuerspiel war zu beobachten« (Teuber).

Im Anschluß an das Kriegerdenkmal für die Gefallenen des 1. Weltkrieges werden 120 an der Front im Katzbachtal gefallene deutsche Soldaten mit militärischen Ehren oder still beigesetzt. Holzkreuze mit Namenstafeln. Ein Soldatenfriedhof, der auch nach Kriegsende von Kauffunger Jugend gepflegt wird (Bild S. 200).

> Unablässig rollen Wagenkolonnen; Panzer und schwere Kriegsfahrzeuge zerfahren Dorfstraße und Wege. Wasserlachen. Ein 'Tiger'-Panzer verliert eine Kette und drückt auf mehr als 50 m die Parkmauer vom Dominium Stöckel ein. Radfahren nicht mehr ratsam. Mitfahrgelegenheit!

Im Schutze der Front geht das Leben der verbliebenen Bevölkerung mit den gegebenen Einschränkungen weiter, werden die vielfältigen Anforderungen gemeistert. Männer, deren Arbeit für den Mindestwirtschaftsablauf in Handwerk, Landwirtschaft und den Kalkwerken nötig ist, sind vom

> unmittelbaren Dienst im Volkssturm freigestellt, z.B. Bruchmeister Töpelt für die Arbeit am Kitzelberg, Alfred *Abend*, als stellvertretender Werkmeister für die Werkstatt von Tschirnhaus und Heeresaufträge. Vieh wird versorgt. Herdbuchvieh ist nach dem Riesengebirge gebracht. Aus frontnäheren Orten werden Viehherden durchgetrieben. Bäckereien und Fleischereien arbeiten, sind auf.
> Der Aufruf des Volkssturms um den 20. Januar und die 'Auflockerung' im Ort ab 10. 2. ließen die Kalkwerke fast zum Stillstand kommen.
> Steinbrüche wirken verlassen. Kalköfen still. Nach Bildung der Front um Mitte Februar kam wieder mehr Leben in die Werke. Bei Tschirnhaus arbeiten 60 Mann (einige Deutsche, kriegsgefangene Franzosen und Russen). In einigen Kalköfen ist durchgehend Kalk gebrannt worden. Marmormehl wird an Glasfabriken, Stückkalk an Zuckerfabriken mit Güterwagen über die Gebirgsbahn geliefert. Freilich keine Güterzüge mehr.
> Liesel Schmidt aus der Buchhaltung ist am 4. April 1945 mit der 'Equipage' vom Stöckelgut, also zweispännig mit Kutscher, nach der **15 km** entfernten Stadt Bolkenhain gefahren, um Bargeld für Betrieb und Lohn zu holen. (Persönlicher Bericht) Fahrstrecke über Land etwa gleichlaufend 15 km zur Front.

Die *Felder* werden unter dem Lärmen der Front im Frühjahr von daheimgebliebenen Landwirten, von Flüchtlingen, von den im Februar getreckten und zur Feldbestellung zurückgekehrten Bauern bestellt.

'Wir konnten dabei den Sargberg sehen, wo gerade so heftig gekämpft wurde', erinnerte sich Frau Lotte Hampel.

> Wechselnde Einquartierungen und Belegungen in Gehöften und Gebäuden, z.B. Instandsetzungsstaffel/Nachschublager, Feldjäger in Stöckel, Panzerrep.-Werkstatt.
> Der *Volkssturm* wurde nach den Kämpfen um Steinau und Goldberg aus Männern der Orte, die auf deutscher Seite der Front lagen, wieder zusammen-

gestellt; zudem mit volkssturmpflichtigen Männern aus Trecks – durch Feldjäger – aufgefüllt. Die Kauffunger Männer lagen als Einheit im »Schwarzen Adler« in Schönau. Rudolf v. Gersdorff, Hauptmann d. R., als Bataillonsführer. Studienrat Balter aus Bochum (Kinderlandverschickung) als Kompanieführer, Förster Hein nach einem 14 tägigen Lehrgang an panzerbrechenden Waffen als Zugführer. Unterstellt und versorgungsmäßig dem am Sargberg kämpfenden Truppenteil zugeteilt. Aufträge im Katzbachtal als rückwärtigem Gebiet: Panzersperren bauen und besetzen, Brücken bewachen, Stellungen vorbereiten, z. B. am Waldrand des großen Mühlbergs und gegenüber am Kitzelberg. Im Februar waren Trecks durchzuleiten. Geräumte Orte von Zivilbevölkerung freihalten. In Schönau unerlaubt auftauchende Bewohner mit Lkw nach Hirschberg gebracht.

In Kauffung selbst fand keine Kampfhandlung statt, im April ein Bombenabwurf beim Nieder-Bahnhof auf Militärzug. Nur einmal ging, bei kurzen Feuerstößen von zwei Tiefffliegern, Fensterglas zu Bruch, erhielt ein Mann die Feuertaufe. An den Frontlärm, insbesondere der Artillerie, an klirrende und zitternde Fensterscheiben hatte sich die verbliebene Bevölkerung gewöhnt. Besucher freilich waren verwundert bis erschrocken.

Sirenen und Glocken schweigen…

Die beiden letzten Kriegstage im Mai 1945

Die bedingungslose Kapitulation stand vor der Tür. Am 5. Mai wurde den deutschen Armeen an den Fronten in Schlesien und Mähren der Befehl zum Rückmarsch gegeben mit dem Ziel, sich dem russischen Zugriff zu entziehen und die Westseite der bekannt gewordenen Demarkationslinie, möglichst die deutschen Landesteile westlich des Böhmerwaldes, zu erreichen. 'Es ist beabsichtigt gewesen, die im schlesischen Gebirge verbliebene deutsche Bevölkerung mitzuführen. Diese Absicht gelangte aber nicht mehr zur Ausführung, da die Bevölkerung nicht in der Lage war, sich in den schnellen motorisiert durchgeführten Rückzug der deutschen Armee einzugliedern. Am Tage der Gesamtkapitulation, am 8. Mai, rollten die deutschen Nachhuten bei …Landeshut – Liebau, bei Oberschreiberhau – Polaun…über die Gebirgspässe nach Böhmen, in dem sich die Waffenniederlegung vollzog…Doch die Amerikaner schlossen in West-Böhmen ihre Linien' (aus »Tragödie Schlesiens«, S. 128/129 und Tippelskirch »Geschichte des 2. Weltkrieges«, S. 584).

In *Kauffung* wird, mit der Räumungsabsicht übereinstimmend, als *Handzettel* nachstehender Aufruf zur Evakuierung mit weiteren Anweisungen über das Verhalten im Ort ausgegeben.

Kauffung/Katzbach, den 6. Mai 1945

1. Innerhalb von 48 Stunden sind alle Frauen und Kinder zu evakuieren.
2. Für den Volkssturm ergehen besondere Befehle durch die Kreisstabsführung.

3. Ein Zwang wird bei der Evakuierung nicht ausgeübt. Allen Frauen ist jedoch eindringlichst mitzuteilen, welchen Gefahren sie und die Kinder ausgesetzt sind, wenn sie der Evakuierung nicht nachkommen.
4. Marschrichtung ist Hirschberg/Polaun, westwärts den Amerikanern entgegen. Es sind reichlich Lebensmittel mitzunehmen und Futter für die Trecktiere.
5. Alle Betriebe werden sofort geschlossen.
6. Zerstörungen werden nicht vorgenommen. Keine Häuser anzünden.
7. Ausländer bleiben zurück und werden durch den Volkssturm bewacht.
8. Die Reichsbahn kann nur äußerst beschränkt eingesetzt werden.
9. Am Montag ist kein Dienststellenbetrieb mehr.
10. Unsere Truppen werden solange kämpfen bis Frauen und Kinder in Sicherheit sind. Die Truppe wird sich dann kämpfend absetzen.
11. Ganz Niederschlesien, das Sudetenland und das Protektorat werden evakuiert.

(Keine Unterschrift)

Dieser Aufruf ist nach Inhalt und Wortlaut gewiß von einer übergeordneten Stelle vorbereitet und zwischen Heeres-, Zivil- und Parteistellen abgesprochen gewesen.
Ein allgemeiner sofortiger Aufbruch der im Ort verbliebenen Einwohner, zu Fuß oder mit Pferd und Wagen, ist nicht erfolgt. Lok/Wagen am 7. Mai.
– Nach verschiedenen Berichten, Gesprächen und dem Bericht von Teuber in den Heimatnachrichten Juli 1955, S. 105 »Der 8. Mai 1945 in K.« –
Vom 7. Mai an gehen die deutschen Truppen zurück. Die Front löst sich auf. Kleinere Trupps bleiben zur Sicherung des Rückzugs am Feind. In den Orten hinter der bisherigen HKL hat der *Volkssturm* dies undankbare Amt zu übernehmen. In Erinnerung ist, wie am 7. Mai deutsche Soldaten in Reih und Glied mit Feldküche von der Front kommend, durch den Ort marschieren. Frische Brötchen werden vor einer Bäckerei verteilt.
Die Landser fragen: »Was macht Ihr noch hier?«
Mädchen rufen: »Hoffentlich bleibt Euch die Gefangenschaft erspart!«
»In der Nacht vom 7. zum 8. Mai nahm das Rollen und Knirschen von Fahrzeugkolonnen kein Ende... Am 8. Mai von früh 3.00 Uhr bis gegen Mittag kamen die deutschen Soldaten durch. Ausgemergelte Truppen, die seit Wochen in Stellung gelegen hatten, abgekämpft, noch mit leichten Waffen, aber ohne jedes Geschütz... Näher und näher kamen deutlich vernehmbare Sprengungen, in immer kürzeren Zeitabständen... Die Straßenbrücke am 'Letzten Heller' lag bereits zur Hälfte in der Katzbach... Sprengung aller Brücken und der Eisenbahnlinie nach Merzdorf war beabsichtigt«, schreibt Teuber.
Die zurückgehenden Truppen wollten Abstand von der Roten Armee erhalten. In Verhandlungen mit einem Sprengkommando hat G. *Teuber* begonnen, das von 1931–1934 inne gehabte Amt als *Ortsvorsteher* wieder zu übernehmen. Die Straßenbrücken im Ort wurden dann nicht gesprengt.

In der Nacht zum 8. Mai hat der Bahnhofsvorsteher in Ober-Kauffung Bewohnern mit Fernsprecher zugerufen: »Der letzte Zug«!
Am 8. Mai früh hat dieser letzte Zug von Schönau kommend mit etwa 100 Kauffungern, aber *nicht* allen Ortsanwesenden, und zwei Güterwagen mit Hausrat von Eisenbahnern den Bahnhof Ober-Kauffung verlassen. Danach

wurde die Eisenbahnbrücke bei Werk II gesprengt. Der Zug fuhr über Merzdorf – Landeshut bis Liebau. Auf diesem Bahnhof mehrere Züge. »Deutsche und russische Soldaten standen sich mit der Waffe in der Hand gegenüber, bis schließlich der Bahnhof von russischer Truppe besetzt wurde.« Eine Gruppe junger Mädchen ist noch am Abend des 8. Mai vom Bahnhof Liebau die fast 30 km nach Kauffung zurückgelaufen, ihr Handgepäck auf einem Karren der Bahn ziehend. Andere mitgefahrene Kauffunger hingegen haben die nächsten Tage in und vor dem Zuge auf dem Bahnhof Liebau unter russischer Bewachung verbracht. Am 10. Mai sind sie nach dem Zuruf 'Matka kann nach Hause gehen' zurückgelaufen. Waren also in den ersten Tagen der Besetzung nicht im Ort!

Das örtliche Selbstwähl-Fernsprechnetz blieb in Betrieb, bewährte sich als unbeaufsichtigte Verständigungsmöglichkeit. Als Fachmann war 'Post-Schmidt' vom Stab des deutschen Befehlshabers Schörner verpflichtet worden, auf dem Posten zu bleiben; blieb auch bis September 1947.

Der Volkssturm zog sich – unter Mitnahme von Zivilkleidung – in Richtung Süden und Gebirge zurück. »Als die Russen in Nieder-Kauffung einrückten, zogen wir von Lest-Kauffung ab über die Feige – Janowitz – Schmiedeberg – Kamm des Riesengebirges. Vor Marschdorf erhielten wir nochmal Wehrmachtsverpflegung, sogar Sekt, und wurden aufgelöst. In einem Arbeitsdienstlager blieben wir zwei Tage, obwohl die Russen bereits in Nachbarorten einzogen. Wir schlossen uns zurückziehenden Trecks an und gelangten unbehelligt wieder über den Kamm nach Kauffung«. (Nach Förster Hein)

Waffen auf dem Hinweg in Schmiedeberg abgelegt, wohl fast zur Stunde des Waffenstillstandes.

Teuber begegnete einer russischen Fahrzeugkolonne in der Nähe des Gemeindeamts, brachte sie zum Halten. Man trifft sich anderntags im Gemeindeamt. Erstes Gespräch.

Die Ereignisse der letzten Kriegsmonate erscheinen zu bewegt und vielfältig, widersprechend, ja verworren. Im Grunde und genau besehen hat die Bevölkerung jeweils überlegt und Zug um Zug gehandelt.

Gedenkstätte für die Gefallenen des 2. Weltkrieges
beim Kriegerdenkmal.

Spielball im Nachkrieg

Vae victis!
Wehe den Besiegten!
Zuruf des Siegers an die besiegten
Römer im Jahre 387 vor Chr.

Eine *Zuflucht* meinten die Flüchtlinge im deutschbesiedelten Sudetenland, in Sachsen, Thüringen und Bayern, also im alten Reichsgebiet, in Österreich, gefunden zu haben und den Rückweg zu kennen. Ruhe war allenfalls zwei Monate, im März und im April, vergönnt. Dann sahen sie sich Anfang Mai 1945 von heute auf morgen nicht nur ohne Schutz der deutschen Verwaltung, Polizei und Wehrmacht, sondern nach der Kapitulation einer harten Wirklichkeit und Willkür gegenüber. Selbst die Geltung des Genfer Rote-Kreuz-Abkommens und der Haager Landkriegsordnung wurden infrage gestellt.

Die deutsche Verwaltung gelähmt oder zusammengebrochen.
Militärische Demarkationslinie durch Deutschland/Mittel-Europa.
Besatzungszonen entstehen, wechseln.
Die Tschechoslowakei lebt wieder auf.
Vergegenwärtigen wir uns, daß am Ende des 2. Weltkrieges die Deutsche *Wehrmacht* im alten Reichsgebiet nur noch im *Gebirgsstreifen* von *Sachsen* und *Schlesien*, aber geschlossen im Sudetenland, in Böhmen und Mähren, im angrenzenden Österreich steht.
Am 5. Mai erfaßt eine *tschechische* Aufstandsbewegung fast ganz Böhmen und Mähren. Nachrichtenverbindungen zum Teil unterbrochen (letzter Wehrmachtsbericht vom 9. Mai 1945 und Lagevermerk vom 10. 5. 45 in dem Buch 'Die Niederlage' S. 404/438). »Seit dem Tage der Kapitulation sind heftige Kämpfe zwischen deutschen Truppen und tschechischen Aufständischen im Gange« (aus dem Buch 'Letzte 30 Tage' S. 107 und 127).
Die *amerikanischen* Armeen erreichen am 6. Mai 1945 die *Demarkationslinie* Chemnitz (Sachsen) – in Westböhmen Karlsbad – Pilsen – Budweis – in Österreich Linz an der Donau. Vorgeschobene Truppen und eine bis Prag vorgestoßene Abteilung werden bald zurückgenommen.
Sowjetische Truppen besetzen ab 8. Mai Inner-Böhmen und Prag, wenden sich dann nach Westen und treffen am 12. Mai an der Demarkationslinie auf die amerikanische Armee.
(Angaben aus der Große Atlas zum 2. Weltkrieg von Peter Young/Christian Zentner. Deutsche Ausgabe 1974 im Fackel-Verlag Stgt. S. 221)
Eine provisorische *tschechische* Regierung beginnt auf sowjetischer Seite die Macht zu übernehmen mit Revolutionsgarden, Militärkommandaturen, Volksgerichten.
Im Laufe von Sommer und Herbst verlassen sowjetische und amerikanische Truppen die Tschechoslowakei. Zug um Zug!
Deshalb ziehen sich die Amerikaner teils erst Anfang Dezember 1945 auf die alte Reichsgrenze (Bayern/Tschechei) zurück. Dementsprechend dehnen sich

der sowjetische Bereich vorübergehend und der tschechische Machtbereich aus (Dokumentation Bd. IV/1 S. 32 und 36 Anm. 5).
Die Amerikaner überlassen den Einfluß der Sowjetunion
– ab 1. Juli 1945 Vogtland, Thüringen, Westsachsen
– wohl bis Mitte Juli das nördlich der Donau liegende Gebiet Österreichs bis zur bayerischen Grenze (ostwärts Passau).

Dieser Lage und Entwicklung entsprechend befinden sich die nach dem deutsch besiedelten Sudetenland sowie nach Böhmen und Mähren gebrachten Schlesier zwar außerhalb des alten Reichsgebietes, aber kurz vor dem Ende der Kampfhandlungen am 8./9. Mai 1945 noch im deutschen Machtbereich; dann aber für verschiedene Zeit teils auf amerikanischer, teils auf russischer Seite der für diese Armeen geltenden vorläufigen Demarkationslinie. Betroffen hiervon etwa 2.000 *Kauffunger*. Diese Flüchtlinge kommen nicht nur im tschechisch besiedelten Böhmen und Mähren, sondern auch im Sudetenland neben der russischen mehr und mehr unter tschechische Gewalt. Von Ende Mai bis Herbst 1945 betreiben die Tschechen im sowjetischen Bereich 'Wilde Aussiedlung' der Sudetendeutschen. Nach der Potsdamer Konferenz folgt nach Februar 1946 die 'Organisierte Zwangsaussiedlung'. Flüchtlinge aus Schlesien werden jeweils mit erfaßt.

Kauffunger, die aus dem tschechischen Bereich nach Österreich weiterziehen oder nach dem Zusammenbruch dorthin flüchten, werden von den Russen eingeholt und eilen weiter nach Bayern.

Nur die nach Bayern und Oberösterreich südlich der Donau gebrachten Schlesier, darunter um 900 Kauffunger, befinden sich durchgehend im westlichen Bereich.

Im *Reichsgebiet* muß man sich mit *Besatzungszonen*, ihren Besonderheiten, zurechtfinden.
Bayern: Amerikanische Zone
Zuerst Ostsachsen, dann auch Mitteldeutschland bis zu Werra und Harz mit Wartburg und Brocken: Sowjetisch besetzte Zone (SBZ).

Soviel über den Wechsel der Machtträger.
Erlebnisse nach Machtbereich und Aufenthaltsort verschieden.
Da und dort Luft- und Tieffliegerangriffe; gewaltsame Besetzung zu überstehen. Gewalttaten, Ausschreitungen sowjetischer Soldaten und von Tschechen. Erste Bekanntschaft mit amerikanischen Truppen und ihren farbigen Soldaten.

Unter tschechischer Staatsgewalt sahen sich die Deutschen, Flüchtlinge aus Schlesien wie einheimische Sudetendeutsche in rechtlosem Zustand, Unsicherheit, Bedrängnis. Es heißt: »Die Reichsdeutschen waren der Willkür der Tschechen überlassen«. Die Tschechen drängten auf sofortigen Abzug der Flüchtlinge, gewährten aber keinen Rechtsschutz. Bei »Durchsuchungen« wurde oft letzte gerettete Habe eingebüßt. Großgepäck konnte nicht mitgenommen werden.

Schilderung der allgemeinen Zustände:

Dokumentation Band IV/1, S. 28 ff
Will Berthold, Der große Treck, Heyner Verlag München 1975, S. 131
Helga Prolius, Flucht aus Prag 1945, Herderbücherei Nr. 771, 1980.

Allen Gewalten zum Trutz
sich erhalten!   Goethe

Keine deutsche Staatsgewalt
Anordnungen deutscher Behörden nicht zu erwarten
Allenfalls Ortsvorsteher...
Erschwernisse durch die Besatzungsmächte
Straßenverkehr behindert durch Militärposten, gesprengte Brücken
Eisenbahnverkehr weitgehend eingestellt.
Weite Entfernungen nach Schlesien, beschwerliche Gebirgswege.
Trotz alledem wollen bald nach dem Ende der Kampfhandlungen die Flücht-
linge aus Schlesien, so auch Kauffunger, in ihre Heimatorte zuruckkehren,
weil sie diese nur verlassen hatten, um den unmittelbaren Kampfhandlungen
auszuweichen. Wie man sich in früheren Zeiten in den Wäldern verbarg. Man
will sich zugleich der Gewalt der Tschechen entziehen und muß ihrem Druck,
Böhmen und das Sudetenland zu verlassen, nachgeben.
Für die Schlesier im angrenzenden Sudetenland, in West- und Nordböhmen,
in Bayern und Sachsen, sind sechs/sieben Handlungsweisen und Auswege zu
verzeichnen. Entsprechende Berichte von Kauffungern liegen vor.

Von südlich des Riesen- und Isergebirges wie des Erzgebirges strebt man an
Tschechen und Russen vorbei, wie gekommen, über die Gebirgspässe zurück
nach Schlesien.
Aus dem sowjetisch besetzten Ober-Österreich nach Bayern.
Aus West-Böhmen und dem Böhmerwald flüchtet man vor tschechischer
Gewalt ins nahe Bayern, bleibt vorerst dort, zieht später weiter ins Innere
Deutschlands.
Andere nehmen, das Ziel Heimat – Kauffung – vor Augen, den Umweg nach
Bayern in Kauf, schlagen sich durchs Vogtland in Sachsen über die zur Grenze
werdende Görlitzer *Neiße* nach Schlesien und dem Heimatort durch.
Andere schließlich bleiben im Sudetenland/Tschechoslowakei, bis sie 1946,
allenfalls 1947, von den Tschechen mit den noch in ihrer Heimat lebenden
Sudetendeutschen nach der amerikanischen oder sowjetischen Besatzungszo-
ne, ins Alt-Reich ausgewiesen werden.
In Bayern und Sachsen, amerikanische und sowjetische Zone, untergebrachte
Flüchtlinge streben nach Hause oder bleiben, mindestens vorerst, am Unter-
bringungsort, sofern man nicht, wie mancherorts geschehen, die Aufenthaltser-
laubnis entzog und Lebensmittelmarken verweigerte.
Wie gingen diese '*Rückreisen*' vor sich?
Wagnis und Abenteuer! Keine Reise im herkömmlichen Sinne.
Überwiegend macht man sich zu Fuß auf den Weg. Einige können mit einem
Rückkehrerzuge oder angehängt an 'Ostarbeiter-Züge' fahren. Für kurze

Strecken mit Güterzügen. Im Kohlentender über die Neiße. Stets lange Strecken, oft in bergigem Gelände durch Dörfer und zerstörte Städte laufen, laufen... Mit Handwagen. Mit Kindern, Alten und Kranken. Umwege machen. Häufige Durchsuchungen von russischen Soldaten, von Tschechen und an der Neiße von Polen über sich ergehen lassen, ertragen. Durchsuchende in und ohne Uniform, mit und ohne Auftrag aber bewaffnet. Plünderer! Letzte Habe einbüßen. Wochenlange Fußmärsche mit schlechter Unterkunft und Verpflegung.

Diese *Ziehenden*/Treckwanderer waren auf sich gestellt, auf Bitten und Milde angewiesen. »Nomadenhaftes Lagerleben« (Filke). Man muß sich klar machen: Weder genug Geld noch Gasthäuser, noch ausreichend Lebensmittel vorhanden. Kleidung und Schuhe nicht zu ersetzen. Außer Handwagen auch Kuh-, Ochsen-, Pferdegespanne, Lkw und Schlepper, Bus.

Unterkunft in Scheunen, Ställen, leerstehenden Betrieben, Ruinen; ausnahmsweise in Schulen und Gasthäusern.

Ortsvorsteher, auch Pfarrer und Lehrer wurden um Geld, Lebensmittel, Bezugsmarken angegangen. Tränen!

Einzelberichte zur Rückkehr nach Kauffung

Einzelne Soldaten schlugen sich an der Gefangenschaft vorbei oder sich selbst aus dieser – oft mehrmals – entlassen, nach Hause durch.

»Unser Regiment lag bei Prag. In der Nacht vom 8./9. Mai 1945 Zuruf des Kommandeurs: 'Kapitulation! Jeder mag versuchen, die amerikanische Linie zu erreichen.' Wir ritten los. Russen sperrten Brücke. Zu Fuß bis Bautzen. Von Russen aufgegriffen. Mit 1.000 deutschen Männern Richtung Lauban marschiert. Entwischt. Zu Mehreren auf Nebenwegen Richtung Gröditzburg – Probsthainer Spitzberg. Über Schönwaldau – Brandwald am Mittwoch nach Pfingsten zu Haus.« (Bericht Bruno Friemelt)

»Am 2. Mai von Berlin in Zivil zu Fuß Richtung Süd-Osten. Bald von Russen vereinnahmt, wieder freigelassen. Einige Tage bei Verwandten; Schwierigkeiten durch Nachbarn.

Am 9. 5. weiter Cottbus – Görlitz – Lauban (gesamt um 300 km zu Fuß).

Am 17. 5. in kleinem Dorf von Russen, wie alle Männer zwischen 16 und 60 Jahre aufgegriffen und nach Hirschberg in ein Sammellager gebracht.

18./19. Mai Marsch nach Goldberg. Hier wurde sortiert; dabei 20 Mann vom Schönauer Volkssturm; einer als Soldat ab in Kriegsgefangenschaft. Für diesen ich eingereiht und so die 20 Mann wieder aufgefüllt, zurück nach Schönau und *entlassen*. Kauffung am Pfingstsonntag, 20. Mai, mittags, erreicht.« (R. Liebs)

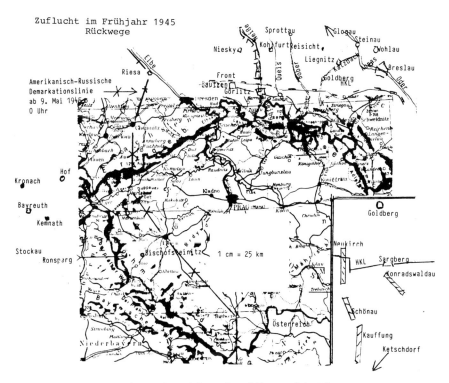

Zuflucht im Frühjahr 1945
Rückwege

1 cm = 25 km

Zu seiner Gemeinde machte sich auch auf *Pastor* Schröder.
Zuvor Wehrmacht Verwundung Lazarett Truppe
Aus *Ostsachsen* (Ebersbach) südlich Löbau zog die Pastorsfamilie heimwärts.
Ankunft in Kauffung am 27. Mai 1945.

Aus dem *Sudetenland* mit Bahn und zu Fuß.

»Unseren Zufluchtsort *Aussig* mußten wir, wie alle Flüchtlinge, bald nach dem
8. Mai verlassen. Mit Zug – nach Irrfahrt über Prag – Mitte Mai an alte
Reichsgrenze/Südspitze Grafschaft Glatz.
Wir durften den Zug in 24stündiger Plünderungszeit nicht verlassen. Endlich
bei Mittelwalde über die Grenze. Zu Fuß weiter; genauso leere Trecks überhol-
ten uns. Gegen Zigarren zweirädrigen Karren erhalten. Gepäckrest und 85jäh-
rige Oma (aus Zuflucht-Altenheim in Dux abgeholt) drauf. Liefen jeden Tag
20 km. Kamen völlig erschöpft vor Ende Mai in K. an.« (Geschwister Dannert)

»Im Egertal hatte unsere Familie Zuflucht gefunden. Vom Lazarett kommend
war ich Ende April dazugestoßen. Beim Einmarsch der Roten Armee wurde
diese von Tschechen begeistert begrüßt, gemeinsam gefeiert, dann teilnehmen-
den Tschechenfrauen Gewalt angetan. Daraufhin schützten sich die Tschechen
mit Waffen vor dererlei Verbrüderung und zugleich uns Deutsche. Die Tschechen förderten unsere Abfahrt mit Bahn. Wir trafen mit Kantor Liebs und
anderen Kauffungern zusammen.« (Bericht von Walter Schirner)

»Wir gingen auf den Bahnhof (Dux?) am Sonntag, den 13. Mai, zur Heimfahrt. Noch 260 Kauffunger. Bis Sonnabend vor Pfingsten lagen wir auf dem Bahnhof, eine Woche. Schließlich sammelten sich gegen 400 Deutsche. Mit der Bahn bis zur tschechischen Grenze an der Elbe. Es ist mir eine große Genugtuung gewesen, durch mancherlei Fährnisse diese vielen Leute dann über die Grenze zu bringen nach *Seidenberg* (ostwärts der Neiße/südlich Görlitz). Hier löste sich alles auf, jeder ging seiner Wege. Plünderung durch Polen begann. Mit Familie Schirner, einer 80jährigen und einer 70jährigen Muttel, tippelte ich in vier Tagen/etwa 70 km nach Kauffung. Fast alles verloren, auch meine Papiere von Russen zerrissen. Samstag, den 26. Mai, waren wir zu Hause. Auf dem Kirchplatz trafen sich mein Sohn und ich. Wir hatten seit Februar nicht voneinander gehört.« (Bericht von Kantor Liebs)

»Wir sind in der Nähe von *Dux* (Briesen, Preschen) am 14. Mai mit der Bahn abgefahren. Von Russen öfter untersucht, Uhren und Anderes abgenommen. Auf der Elbebrücke vor Aussig aus dem Wagen gejagt. Gepäck verloren und gestohlen. Die Nacht über am Bahnhang gelegen. Todesangst ausgestanden infolge von Schießereien. In der Morgenfrühe zum Bahnhof Aussig gelaufen. Über Bodenbach – Reichenberg – Paß des Riesengebirges – Schreiberhau bis Hermsdorf am Kynast gefahren; hier an am 18. 5. Großmutter Schwächeanfall erlitten. Unsere Jugend bald mit Hirschberger Talbahn und zu Fuß nach Kauffung. Wir Alten einige Tage Rast. Dann von Hirschberg in Abschnitten gelaufen. Am 1. Juni in K.«
(Bericht Bäckermeister Heller, † Herbst 1946 in Osterode/Harz)

Vom Sudetenland über *Dresden* – Görlitz

Zuflucht in Beimersdorf bei Kaaden (Eger)

»Fünf Eisenbahnwagen. Ab Aussig in Mitte eines Ostarbeiterzuges. Endstation ein Bahnhof in Dresden; Hier wurden wir gejagt und ausgeraubt. Schreie und Hilferufe waren keine Seltenheit. Uns verblieb nur noch so viel wie wir in beiden Händen tragen konnten. Über unzerstörte Brücke »Blaues Wunder«. Ab dritten Pfingstfeiertag 10 Tage zu Fuß. Als Letzte über die Neißebrücke in Görlitz. Täglich 20 km, besonders beschwerlich für meinen Mann mit Fußleiden vom 1. Weltkrieg und wegen der drei kleinen Kinder meiner zweiten Tochter im Alter von 4, 3 und 1½ Jahren. Am 31. Mai in Kauffung. Ein Mann der Gruppe brach am Ortsrand zusammen, wurde von seinen Söhnen heimgetragen und starb in seiner Stube.« (Aus Bericht von Frau Hilda Binner)

Aus Oberfranken durch Sachsen – Dresden – Görlitz zu Fuß

Zuflucht in Teuschnitz Krs. Kronach

»Bald nach der Besetzung durch amerikanische Truppen, noch vor Kriegsende, machten wir uns, sobald wir auf die Straße konnten, am 1. Mai 1945 mit unserem Hab und Gut nebst Handwagen auf die Beine. Richtung Heimat. Wir waren zwei Familien, d. h. die beiden Mütter, zwei Mädel, ein Vetter; ohne Väter. Unsere Mutter hieß es nicht mehr. 'Was ist mit dem Vater', der beim Volkssturm war, als wir Kauffung verließen? Unser Kleinvieh beim Siedlungshaus... Haben alle Strapazen auf uns genommen. Zu Fuß an der Stadt·Hof vorbei – Adorf – Zwickau – Oelsnitz – Chemnitz – Freiberg. Von dort 40 km mit einem Güterzug bis Dresden gefahren, an 16. Mai. In zertrümmertem Hauptbahnhof übernachtet. Am anderen Tag über Notbrücke/Elbe bis Dresden-Neustadt. Russen nahmen uns ein Fahrrad weg. In Heilstätte richtig waschen und in Militärbetten schlafen. Wir bekamen auch warmes Essen und für den nächsten Tag Verpflegung. Über Bautzen sollten wir nicht, es hieß, da wären Plünderer und Banditen. Wir sind dann über Löbau bis Görlitz gelaufen, vier Tage, an am 20. 5. Pfingstmontag ging es weiter über Lauban nach Langenöls. Dort einer Frau einen Brief übergeben, den uns ein deutscher Soldat bei Plauen aus einem amerikanischen Auffangslager mitgab. Sie freute sich sehr, da monatelang keine Nachricht. Dienstag, den 22. 5. bis Spiller (westlich Hirschberg) gelaufen, letzte Übernachtung. Tags drauf, am 23. Mai, über Hirschberg – Janowitz – Ketschdorf nach Hause. Bei der Talsperre sahen wir die roten Dächer unserer Häuser in der Randsiedlung und haben uns da auf die Straße gekniet und unserem Gott gedankt. Gegen 19.00 Uhr waren wir zu Hause; alles durchwühlt und unser Vater nicht da. – Er hatte sich auch aufgemacht, war an dem Tage nach Teuschnitz gekommen, als wir wieder in Kauffung ankamen und hat nach einigen Tagen Rückweg angetreten. Aber schon bei Bautzen angehalten. Nahm Arbeit auf im Uranbergbau in Aue.«

Bericht Renate geb. Kittelmann)

Aus *Böhmer-* und *Bayerischen Wald* nach Kauffung

»Wir waren am 13. 2. 45 mit dem Flüchtlingszug (Lehrer Filke) in den Böhmerwald gekommen. Untergebracht in Fuchsberg, Krs. Bischofteinitz. Unser Ort um den 8. Mai von Amerikanern besetzt. Wir, eine kleine Gruppe von Frauen und jungen Mädchen aus dem Niederdorf (4 Mütter und 3 Kinder), entschlossen uns zur Rückkehr zu Fuß. Aufbruch am 10. Mai. Wir hätten schon zwischen Taus und Furth im Wald über die Grenze nach Bayern gekonnt, aber von dort hörten wir schreckliche Gerüchte. Freundliche Leute schickten uns weiter nach Süden. Wir zogen dann über Bayerisch-Eisenstein – Furth im Wald – Waldmünchen – Eslarn; bekamen von Farbigen aus der amerikanischen Feldküche eine erste warme Mahlzeit, Kartoffelsuppe mit Wurst, war ein Festessen. Weiter gings durchs Vogtland; in Oelsnitz lagen wir eine Woche wegen Erschöpfung. Marienberg im Erzgebirge; von dort schickten uns Amerikaner zurück nach Stollberg in Sachsen. Eine Woche Halt vor damaliger Demarkationslinie. Als am 1. Juli die Amis nach Westen abzogen und die Russen vorrückten, durften wir weiter. Über Dresden, keine Züge. Zu Fuß bis Niesky. Einige geschlagen und geplündert. In der Nacht in einem Kohlentender über die Neiße. Nach drei Tagen zu Fuß kamen wir am 24. Juli in K. an. Sonntags drauf war meine Konfirmation.«

(Edith Eckert, geb. Engelmann)

»Aus der Weltabgeschiedenheit des Bayerischen Waldes brachen wir Mitte Juli auf. Mit Lkw bis Regensburg. Von da teils zu Fuß, teils mit Güterzügen bis vor den Übergang in die SBZ bei Hof gebracht. Hinüberzukommen war sehr schwer; wir fielen einer russischen Streife in die Hände. Wir Jungen hatten Feldtornister und anderes. Eine Charge/Unteroffizier oder mehr trank unsere Flasche Kölnisch Wasser aus und gab unsere übrigen Sachen frei. Weiterfahrt über Dresden in Kohlenzügen. Zwei Tage in Görlitz in einer Schule, verlaust und verwanzt. In russischen Beutezügen über die Neiße. Mehrfach von Polen geplündert. Sprangen bei Bunzlau von langsam fahrenden Zug und wanderten Richtung Kauffung. An Mitte August.«

(Bericht von Walter Geisler, Düsseldorf)

»Unsere Großmutter ist vom Bayer. Wald mit einigen Anderen zurück nach Kauffung gelaufen. Handwagen dabei. Im Mai 1945 wieder zu Hause.«

(Gerda Heptner, Bochum)

»Aus dem Böhmerwald schlug sich meine Frau durch. Kam am 26. 8. 45 an.«

(Förster Hein)

Noch im *Oktober 1945* zurück nach Kauffung

– Vom Sudentenland/Zuflucht bei Kaaden/Eger – Torgau (SBZ) – K.

»Am 26. Mai wollte ich mit meinen zwei Tieren abfahren, da erklärte der nun tschechische Bürgermeister, daß die Zugtiere beschlagnahmt seien. Wir entschlossen uns trotzdem, die Tschechoslowakei zu verlassen. Nur mit je einem Rucksack, unter Zurücklassung des größten Teils unserer bescheidenen Habe. Am 31. 5. verließen wir das Lager nach bewegtem Abschied von Schaab in Richtung Kaaden. Erster Tag 28 km. Konnten Gepäck zeitweilig auf Fahrzeug legen. Durch eine tschechische Grenzwache schnell kontrolliert. Kamen glatt nach Pretsch bei Torgau zu Verwandten. Anfang September meine Frau mit einer Bekannten nach Kauffung; am 11. Oktober zurück mit Erlaubnis der polnischen und russischen Behörden zur Heimkehr nach K. 15. 10. Abreise in Pretsch. Acht Tage später in Kauffung. An der Neiße Jacke mit beiden Erlaubnisscheinen weggenommen.«

(Tagebuch Paul Hellmann)

– Aus Niedersachsen/Zuflucht bei Celle durch die SBZ nach Hause –

»Auf Brief des Mannes, ohne schriftliche Erlaubnis von Russen oder Polen. Aus britischer Zone beim damaligen Übergang Friedland in die SBZ. Durch diese mit Bahn an die Neiße. Trotz polnischer Posten im Güterzug bis Sprottau am Bober. Von da zu Fuß 80 km über Haynau nach Kauffung, wo ich am letzten Montag im Oktober 1945 einmarschierte. Eine Woche unterwegs.«

(Brief von Frau Else Liebs)

Flucht aus der Zuflucht – Sprachinsel *Iglau* in Mähren

– Die Front verlief seit Ende April westlich Brünn – Wien, 50–60 km von Iglau entfernt –

Zurück ins Riesengebirge – K.

»Auf Veranlassung deutscher Soldaten wurden wir aus unserem kleinen Ort von tschechischen Bauern Ende April zum Bahnhof Iglau gefahren. Dort einige Tage gelagert. Auf eigene Faust zurück nach Trautenau. Nach Kriegsende an die Grenze und zu Fuß nach Landeshut... Im August wieder in Kauffung.«

(Bericht I. Rokitte)

Über Österreich nach Bayern (Kauffung versperrt)

»In Hohentann bei Iglau untergebracht, wurden wir im April vor Feindseligkeiten der Tschechen gewarnt. So zog man weiter. Beim Abschied machten uns Bauersfrauen noch ein schönes Essen. Unser Bauer rüstete seinen Wagen selbst zur Flucht. Wir versuchten, mit Bahn und zu Fuß nach *Österreich* zu kommen. Gerieten in den Strudel des Zusammenbruchs. Deutsche Soldaten kamen auf unserer Straße in Gefangenschaft. Frau mit sechs Kindern und Pferdewagen führte das Pferd am Halfter; der Wagen hatte keine Bremse, wir halfen. Sahen uns inmitten sowjetischer Truppen und bewaffneter Tschechen. Am Schlimmsten waren die 15- bis 18jährigen Tschechen mit roter Armbinde. Die alten Leute waren ruhiger und bedauerten uns gar mitunter. Da haben uns Russen

geschützt vor den Tschechen und uns begleitet bis an die österreichische Grenze.
In Ober-Österreich waren erst Amerikaner. Wir lagen in Rohrbach (Nordwesten von Ober-Österreich) einige Zeit in Turnhalle. Dann Einteilung der Besatzungsgebiete geändert. Es kamen sowjetische Truppen. Auch einheimische Österreicher flüchteten. Wir zogen weiter. Nächte haben wir auf freiem Feld verbracht. Nicht mehr viel Gepäck. Nach langem Fußmarsch kamen wir endlich nach *Passau*. In großem Lager leidlich untergebracht.«
(Nach Bericht von Postsekretär a.D. Peschel)

Aus dem Böhmerwald nach Bayern

»Aus der Gegend von Bischofsteinitz wurden wir in den letzten Kriegstagen unter Kanonendonner von Tschechen mit Pferd und Wagen zur Grenze bei Furth im Wald gebracht.«
»Von Schüttenhofen (Böhmerwald) wurden wir am 9. Juni 1945 von der amerikanischen Armee mit Lastwagen nach Nürnberg gefahren. Hier neun Jahre im Wohnlager Schafhof gelebt.« (Bericht Elli Gärtner)

Aus dem Böhmerwald durch Bayern nach Hessen

Die Anfang Mai 1945 bis in unseren Zufluchtsort Stockau vorgedrungenen Amerikaner (Granateinschläge) zogen sich hier bald zurück. Dann erschienen junge Tschechen, zwar in Zivil, aber bewaffnet, trommelten die Leute zusammen und erzwangen Herausgabe von Geräten, Fahrrädern... In höchster Bedrängnis ob dieser Partisanenüberfälle brachen wir am 29. Mai 1945 erneut auf. Insgesamt 45 Personen:
7 Kauffunger (Familien Filke und Schmidt),
mehrere Familien aus Köln und Düren, die nach Kauffung evakuiert gewesen und im Flüchtlingszug mitgefahren waren,
Flüchtlinge aus dem Raum Oppeln in Ober-Schlesien.
Mit vier pferdebespannten Leiterwagen an die Grenze nach Bayern. Auf einsamer waldiger Paßhöhe warnte man uns. Ein in tschechischer Sprache mitgeführter Grenzübertrittschein rettete uns am Schlagbaum von Haselbach vor drohender Plünderung. Weiter über Waldmünchen (Bay.) – ...Man sagte uns: »Amerikaner bringen euch nach *Hof* und von dort fahrt ihr nach Schlesien«. Es kam alles anders. Von Tag zu Tag und von Ort zu Ort mußten wir uns durchschlagen. Am 2. Juli bei Hof angekommen, hieß es: »Schlesien ist für uns endgültig verloren«. Auch unser Zwischenziel Altenburg in Thüringen schied zugleich aus, weil eben die Amerikaner abzogen und auch Thüringen von den Sowjets besetzt wurde.
Zehn Tage Halt. Dann bekamen wir einen Paß nach dem in 'Preußen' gelegenen *Gersfeld* (Rhön) und zogen südlich an Thüringen vorbei nach Hessen. Volle zwei Monate waren wir unterwegs. In 20 Orten haben wir übernachtet und 41 mal das Gepäck umgeladen.
Wir erfuhren Hilfe von armen Volksteilen, selten, daß 'Geben Sache der Reichen sei'. Jung und Alt verstanden sich in allen Sorgen und Nöten des Tages ausgezeichnet. Immer wieder dachten wir an das Bibelwort: »Fürchte Dich nicht, Du kleine Schar, Ich bin bei Dir«. Am 29. Juli erreichten wir Gersfeld in der Hohen Rhön und faßten mühsam Fuß. (Nach Aufzeichnungen Lehrer Filke)

Aus *Österreich* nach Bayern/Oberfranken

»Wir waren unmittelbar von Kauffung im Kreis Braunau am Inn gelandet. Im Herbst 1945 wurden die Reichsdeutschen aus Österreich ausgewiesen. Abwechselnd sollten Züge in alle vier Besatzungszonen fahren. In Bayreuth wurde unser am 19. 10. 1945 abgefahrener Güterwagenzug durch die US-Armee gestoppt, durfte nicht weiterfahren. Wir wurden in Oberfranken auf Notlager verteilt.« (Bericht Joachim Hanke, Goldkronach)

1945 aus der CSSR/Sudetenland nach Sachsen/SBZ

Die mit dem Flüchtlingszug vom 14. 2. mitgenommenen etwa 25 Insassen des *Altersheims* wurden in Dux untergebracht. Auf tschechische Veranlassung nach dem Zusammenbruch wieder in Eisenbahnwagen verladen und zunächst, wie damals oft vorgekommen, ziellos hin- und hergefahren, schließlich wieder auf reichsdeutsches Gebiet nach *Zittau* in Sachsen. Hier in einem Gasthaus untergebracht. Mehrere bereits auf der Fahrt Dux – Zittau (Strecke geschätzt 100 km) gestorben. In Zittau erlagen sechs einer ausgebrochenen Seuche. Ruhr oder Thyphus? Fünf Frauen und ein Mann in Zittau begraben. Ihre Namen sind in den Rundbriefen Nr. 3 vom Oktober 1946 und Nr. 7 vom Mai/Juni 1948 genannt. Einer Kauffungerin, die im Sommer 1945 ihre Großmutter suchte, zeigte man Massen- und Einzelgräber. Es hieß, daß von den Kauffungern zwei oder drei Alte überlebt hätten und in Zittau in ein Altenheim aufgenommen worden seien.
Über Todesfälle auf der Fahrt Kauffung – Dux und in Dux ist nichts berichtet.

1946 in 'organisierter Aussiedlung' aus der CSSR/Sudetenland nach der Sowjetischen Besatzungszone

»Nach Abzug der Amerikaner aus der Gegend von Marienbad Ende Juni 1945 wurde alles von Tschechen verwaltet. Weder Zeitung noch Radio, so lebten wir für uns hin. Nur die Parole: 'Es geht heim'! Sonntags hielt Frl. v. Gersdorff Gottesdienst. Stand Jedem mit Rat und Hilfe zur Seite. Anfang August 1945 nahmen die Tschechen Schmuck, Silber und Schriftstücke ab. (v.G. Anfang 46 zu Verwandten nach Weserbergland geholt). …Im Juli 1946 wurden wir nach *Kuttenplan* ins Lager gebracht. Dann mit der Bahn hin und her gefahren, schließlich in die SBZ. 14 Tage Quarantäne. In *Naumburg* (Saale) und Umgebung verteilt. Da kam erst das Elend. Hunger und Kummer!«
(Aus Bericht über Treck von Niemitzgut)

1946 aus der CSSR/Sudetenland nach der amerikanischen Zone/Bayern

»Wir (Frau, Tochter, ich) befanden uns bei der Besetzung des Sudetenlandes durch die Rote Armee in Kaaden (Eger). Pkw eingebüßt; ebenso bald Geld, Dokumente, Koffer bei einem Raubüberfall. Ich erhielt ärztliche Praxis in Pürstein; Besserung der Lage. Aber fünfmal Wohnungswechsel, Bewegung wie Tätigkeit streng überwacht. Am 22. 6. 46 in Aussiedlungslager Kaafen zum ärztlichen Dienst versetzt. 4. 11. 46 erneuter Raubüberfall: Fahrrad, Brieftasche, Habseligkeiten weg.
22. 11. 46 mit 17 Personen auf Lkw und Bahn nach Furth im Wald. In einem Einödshof, Krs. Eggenfelden (Niederbayern) untergebracht.«
(Dr. med Müller, † 22. April 1953 in Schönau, Krs. Eggenfelden)

210

Um 1600 Kauffunger haben sich im Verlauf des Mai 1945 wieder zu Hause eingefunden. Zum großen Teil Rückkehrer aus den Zufluchtsorten im Sudetenland. Aber auch aus Sachsen und Bayern kommend. Jedoch wird die Rückkehr aus dem alten Reichsgebiet nach dem angestammten Schlesien mehr und mehr erschwert. *Polen sperrt* noch im Mai, in Görlitz Ende Mai, 'seine neue Grenze' längs der Görlitzer Neiße und der Oder, schließlich ab Anfang Juli 1945 die Gebirgspässe von der wiedererstandenen Tschechoslowakei nach Schlesien. *Vor* der im Juli bis 2. August 1945 tagenden Potsdamer Konferenz. Der Übergang über die Neiße nach Schlesien hinein wird zum Wagnis.

Bis Pfingsten 1945 kommen noch rückkehrende Kauffunger herüber,

dann geraten sie in den Stau, werden von der Sperre betroffen. Trotzdem schlagen sich, berechnet an der Zahl der 1946/47 bei den Ausweisungen in Kauffung lebenden Deutschen, um 400 – vierhundert – irgendwie über das Gebirge und die Neiße durch, treffen den Sommer über, ja bis in den Herbst hinein, in K. ein.

Zehntausende rückkehrwilliger Schlesier stauen sich infolge der Sperre westlich der Neiße, insbesondere bei Zittau-Görlitz-Penzig. Zugleich kommen die ersten Schübe Deutscher, die von Polen aus Schlesien ausgewiesen sind, ziehen nach Westen. Ausgewiesen schon im Juni 1945.

Keine Lebensmittel		Kein Obdach
Hunger	Umherirren	Oft der Tod †††

Aus dem Bericht eines Augenzeugen in »Tragödie Schlesiens 1945/46« S. 130/134:

»...Auf meinem Wege um Mitte Juni 1945 nach Schlesien traf ich auf den Straßen durch Bayern, Thüringen und Sachsen große Trecks heimkehrender Schlesier... Während die in Richtung Schlesien ziehenden Trecks voller Hoffnung waren, kam von Schlesien her ein Elendszug von Ausgewiesenen...«

Bekanntmachung in Görlitz:

Görlitz steht vor der Hungersnot! ...Mit einer Öffnung oder Lockerung der jetzigen Sperre nach dem Osten ist nicht zu rechnen. Rückwanderer und Flüchtlinge sucht sofort andere Orte auf, in denen diese Not nicht herrscht...
Görlitz, den 21. Juni 1945   Stadt- und Kreisverwaltung.
Niemand war da, der die Flüchtlingsströme leitete...«

In Mitteldeutschland, im Fichtelgebirge und in Oberfranken, im Bayerischen Wald verbleiben Gruppen von Kauffungern, damals vermutlich über tausend, welche die Heimat nicht wiedersehen.

Das bittere Ende

Weinend um das eigne Leiden
in des Reiches Untergang.
(Aus dem Gedicht 'Das Siegesfest'
von Schiller)

Waffenstillstand um Mitternacht vom 8. zum 9. Mai 1945.
Schlesien wie ganz Ostdeutschland ostwärts Oder-Neiße unter russischer Besatzung, gehört aber nicht zur sowjetischen Besatzungszone.
Potsdamer Konferenz Ende Juli/Anfang August 1945 mit dem Beschluß über die Westverschiebung von Polen an Oder und Neiße. Im Herbst 1945 übergibt die Sowjetunion die Verwaltung an die Volksrepublik Polen.
Enteignung und Ausweisung der deutschen Bevölkerung 1945–1947.
Ansiedlung von Polen ab Sommer 1945.

Ohne ihr Zutun sehen sich die Kauffunger im polnischen Bereich.
Das Leben in dieser Zeit in Kauffung wird geschildert

einleitend allgemein
unter russischer Besatzung in der Übergangszeit
aber mit deutscher Gemeindeverwaltung
in einer Bestandsaufnahme des deutschen Kauffung im Sommer 1945
dann mit Polen als Verwaltungsmacht
Eindringen und Ansiedlung der Polen
Enteignung der Deutschen.
Einige kurz zusammenfassende Beschreibungen
Ausweisung der Kauffunger/Deutschen.
Bei der Schilderung wird versucht, zu bedenken und zu berücksichtigen:
– Die außergewöhnlichen Ereignisse – rückwärtiges Kriegsgebiet – Waffenstillstand, Besatzung – bewirkten einschneidende Veränderungen
– Deutsche, Russen, Polen lebten nun nicht nur in *einem* Ort, sondern Rechtsstellung und Macht waren denkbar unterschiedlich
– Die Polen kamen nicht mit dem begrenzten Aufgabenkreis einer Besatzungsmacht, sondern – anfänglich im Gefolge der Roten Armee – als Eroberer mit dem Ziel, die Deutschen zu verdrängen und sich selbst anzusiedeln. Eine Landnahme im ältesten Sinne. Ein nahezu unentwirrbares Durcheinander entstand. Maßstäbe von Recht und Ordnung galten nicht. Zum Begreifen muß man sich gedanklich von den Verhältnissen eines Rechtsstaates lösen. Gewalt und Macht entschieden. Machtlos die Deutschen.

Von Polen aus gesehen könnte die Überschrift zu diesem Abschnitt heißen:

Kauffung in der Westverschiebung Polens.

»Vor Augen habe ich noch schaurig den schweigsamen, geordneten Marsch der deutschen Soldaten am 8. Mai 1945 herauf vom Niederdorf. Ich habe

manchmal darüber nachgedacht, wo sie trotz Waffenstillstand in Kriegsgefangenschaft geraten sein werden – Demarkationslinie in Westböhmen nicht zu
erreichen – und wer von diesen jungen Männern überlebt haben wird« (L.
Schmidt, L. Wehlte). Noch am Vormittag des 8. Mai zogen deutsche Soldaten
mit leichten Waffen durch. Verhallt waren die Sprengungen am Bahnkörper,
Hufeklappern und Wagenrollen. Für Stunden herrscht Stille. Die vier- bis
fünfhundert ortsanwesenden Kauffunger einschließlich einiger Flüchtlinge
bleiben zumeist in den Häusern. 'Geht nicht in den Wald, man könnte als
Partisan angesehen werden und des Todes sein!'
Einige Männer freilich wollen auf der Straße das Neueste hören, dabei sein.
Man versucht, sich auf die neuen Machthaber einzustellen. Bange Fragen:
Was ist nach Kriegsende zu erwarten? Wie wird es weit zerstreuten Angehöri-
gen, den Männern in der Kriegsgefangenschaft ergehen? Wie den Nachbarn,
den Kauffungern in der Ferne?

Schon am 8. Mai nachmittags durchfährt ein motorisierter Vortrupp der Roten
Armee den Ort. Am Kirchplatz Grußwechsel mit Kauffunger Männern auf
Fahrrädern. Gustav Teuber berichtet in Heimatnachrichten 1955, Nr. 7, S. 105
und 1959, Nr. 3, S. 8:
»Bei meinem erneuten Gang durch den Ort zur Peilung der Lage kam gegen
17.00 Uhr vollkommen unvermutet, in der Nähe des Gemeindeamtes, eine
russische Jeepkolonne. Anhalten war die Eingebung des Augenblicks. Ein Arm
hoch – Kreischen von Fahrzeugbremsen – Maschinenpistolen – 'Was Du
wollen?' ... 'Sprechen mit russischem Offizier. Dort Gemeindeamt.' Ein kurzer
russischer Befehl, dann wenden alle Fahrzeuge und die Russen, ein Oberst und
eine Anzahl unterer Dienstgrade betreten das Gemeindeamt. Dort selbst,
bereits in Anwesenheit einer Anzahl Kauffunger, eine kurze Erklärung meinerseits... Der russische Oberst ließ antworten: '...Die Bevölkerung soll ihrer
Arbeit nachgehen. Alles soll in Ruhe weitergehen – aber ohne Hitler.'
Noch während der Gespräche mit dem russischen Offizier waren die ersten
Botschaften eingetroffen. Unserem Freund E. Seidel nahm man am Eingang
zum Gemeindeamt seine Uhr ab, zwei weitere Boten teilten mit, daß ein junges
Mädchen vergewaltigt und an anderer Stelle einem Landwirt ein Pferd wegge-
nommen wurde. Ohne daß ich besonderen Eindruck auf den russischen Oberst
machen konnte, nahm dieser meine Beschwerden ohne Kommentar entgegen.
Seidel allerdings erhielt seine Uhr zurück. Mir hatte der erste Eindruck genügt.
– Ich war im Bilde. Beim Weitermarsch der russischen Truppe wurde uns noch
zur Kenntnis gebracht, daß wir jetzt noch etwa 8 Tage allein sein würden, und
dann käme als Besatzung eine Fronttruppe – 'und die nicht gutt', war die
Ankündigung. Und diese hat entsprechend gehandelt. Darüber könnte man
Bücher schreiben.«

Gustav Teuber
Geb. 07. 12. 1895gest. 26. 06. 1963
Ortsvorsteher der Gemeinde Kauffung
von 1931 bis 1934 und 1945 bis 1946.
Nach der Ausweisung Heimatortsvertrauens-
mann bis zu seinem Tode.

Am 9. Mai 1945 übernimmt Gustav Teuber – Gemeindevorsteher von 1931 bis Frühjahr 1934 – auf Drängen von Männern verschiedener politischer Einstellungen wieder das Amt als Ortsvorsteher/Bürgermeister.
Amtsübernahme in aller Form, wie das nachstehend wiedergegebene Protokoll zeigt. Die zwölf Unterzeichner verstehen sich als vorläufige Gemeindevertreter. Der Wortlaut enthält eine verwaltungs- und zivilrechtliche Vollmacht für G. Teuber als kommissarischen Bürgermeister, könnte auch vor einer eigenen deutschen Regierung standhalten und ist zugleich Ausweis gegenüber der Besatzungsmacht, die ihrerseits keinen Ortsvorsteher zu bestimmen braucht.
Kauffung war im Katzbachtal der einzige Ort, in dem eine solche Gemeindeverwaltung fortbestand, jedenfalls dieser Versuch gemacht wurde. Leben wie auf einer Insel. Auf sich gestellt. Es gab keine überörtliche, übergeordnete deutsche Behörde.

Ähnlich in manchen anderen Orten des schlesischen Gebirges. Im übrigen haben meist russische Kommandanturen Ortsvorsteher bestimmt.

Urkundlich

Anwesend: Gustav Teuber, Gustav Menzel, Ewald Seidel, Hermann Schröter, Wilh. Weberschock, Franz Ryfczinski, Reinhold Keil, Arthur Sellig, Willi Schlosser, Herm. Bruchmann, Oskar Geil, Richard Kuhnt.

Kauffung (Katzbach), den 9. Mai 1945
Heute fanden sich in den Vormittagsstunden obenstehende genannte Einwohner von Kauffung auf dem Gemeindeamt ein und trafen hier den Verwaltungsinspektor Specht an.
Es wurde festgestellt, daß der 1. Beigeordnete F. W. Siegert, als amtierender stellv. Bürgermeister, Kauffung verlassen und damit sein Amt aufgegeben hat.

Inspektor Specht gab an Hand eines von ihm vorgelegten Schreibens des 1. Beigeordneten bekannt, daß er mit der Führung der Gemeinde-Dienstgeschäfte beauftragt worden sei.

Der in den gestrigen Nachmittagsstunden in Kauffung erschienene russische Oberst der Roten Armee, hat nach Bekanntgabe der hiesigen Verhältnisse erklärt, daß

1. alles so wie bisher, aber ohne Hitler, weitergehen und

2. ein Bürgermeister von der Bevölkerung bestimmt werden soll.

Die augenblicklichen, recht schwierigen Verhältnisse verlangen, daß ein kommissarischer Bürgermeister sofort berufen werden muß. Die anwesenden Männer bringen einstimmig Gustav Teuber in Vorschlag und ernennen diesen zum kommissarischen Bürgermeister von Kauffung. Gustav Teuber erklärt sich bereit, das Amt in dieser schwierigen Zeit zu übernehmen und bittet um die Mitarbeit aller verantwortungsbewußten Kräfte.

Verwaltungsinspektor Specht gibt das eingangs bezeichnete Beauftragungsschreiben des I. Beigeordneten an den kommissarischen Bürgermeister Teuber zurück. Die Anwesenden sind einstimmig damit einverstanden, daß Inspektor Specht weiterhin im Gemeindedienst verbleibt.

Kom. Bürgermeister Teuber entläßt die Anwesenden mit dem Hinweis, daß er sie nach Bedarf zu Beratungen zusammenrufen wird.

In Kauffung hatte seit der Besetzung durch Truppen des französischen Kaisers Napoleon in den Jahren 1807 bis 1808 keim fremder Soldat gestanden. Damals, zu Beginn der Freiheitskriege 1813, ritten Kosaken als Verbündete Preußens durch das Katzbachtal.

Auch die ältesten Kauffunger hatten weder Krieg noch Besatzung im eigenen Land erlebt. Kauffunger Männer mit eigenen Erfahrungen über Besatzung im fremden Land waren zumeist nicht ortsanwesend.

Man kannte sich nicht aus.

Nach Monaten des Lebens im rückwärtigen Kriegsgebiet, Dableiben, Zuflucht suchen, zurückkehren, als Spielball im Nachkrieg behaupten, *hält man Waffenstillstand* für *Frieden*. Man hofft, die als vorübergehend anzunehmende russische Besatzung ertragen zu können und meint, das Leben werde bald wie vordem in Frieden weitergehen. Um gute und schlechte Erfahrungen reifer will man mit Tatkraft zupacken!

Statt Frieden kamen mit und nach den Russen die Polen. Kauffunger Männer und Frauen verschiedener Schulbildung und Berufe haben mir bei Fragen oft geantwortet, daß zuviel auf sie eingedrungen sei, um es im Gedächtnis behalten zu können. Ein völliges Durcheinander. »Wir hatten Mühe, uns und unsere Kinder Tag und Nacht durchzubringen. Einzelheiten blieben selten haften«, sagte mir Gräfin Vitsthum.

Ohne Nachrichten und *Post*

»Die Deutschen im Machtbereich der Sowjets sind von der übrigen Welt abgeschlossen« (Kriegstagebuch vom 14. Mai 1945 in dem Buch 'Letzte 30 Tage', S. 117). Die Deutschen in Schlesien bleiben ohne amtliche deutsche Nachrichten, ohne Postverkehr, ohne deutsche Zeitungen, ohne Rundfunk. Auf Gerüchte und Hörensagen angewiesen! Später allenfalls Zettel und Briefe, die von Pfarramt zu Pfarramt weitergegeben werden oder die Einzelgänger mitnehmen und -bringen. Über die Neiße!
Kundschafter im eigenen Land. Schwierigkeiten meisternd, Lebensgefahr ausgesetzt. Dies gilt auch nach dem Abzug der russischen Truppen und unter polnischer Verwaltung. Erst etwa ab Mai 1946 ist der Briefverkehr auf dem Postwege nach und von den vier Besatzungszonen wieder aufgenommen. Solche Erinnerungen von Kauffungern decken sich mit einer Auskunft des Bundespostmuseums.
Die *Strom*versorgung von der Bobertalsperre in *Mauer* westlich Hirschberg war *nicht* unterbrochen.
Örtliches Fernsprechnetz mit Selbstwählen durchgehend in Betrieb.
Von der mehr als *einer Million Schlesier,* die nach Ende des 2. Weltkrieges aus den Zufluchtsorten in ihre Heimat zurückstreben, müssen *Tausende* durch das *Katzbachtal* gekommen sein.

Um 1.600 Kauffunger kehren binnen drei Wochen bis Ende Mai zurück. Russische Soldaten, vielleicht in Regimentsstärke, im Ort. Ein unvorstellbares Durcheinander von durchziehenden Schlesiern, zurückkehrenden Kauffungern, von russischen Soldaten mit um 1.000 Pferden, Kriegsgerät, Fuhrwerken, Pkw und Lkw; dazu Handwagen und Ähnliches von Deutschen, dann und wann Pferdegespanne...

Deutsche Gemeindeverwaltung – Russische Kommandantur – Kauffunger
hatten sich zu bewähren!

| Rauschende Siegesfeier | Sorgen und Schmerz |
| der russischen Truppe | der Kauffunger |

Russische *Ortskommandantur* gegenüber dem Gemeindeamt, im Hausgrundstück von Ofensetzmeister Stache. In Schönau bestand eine Kreiskommandantur. Für zivile örtliche Sachen und als Dolmetscher war ein Kriegsgefangener eingesetzt, der bei Landwirt Nickel im Niederdorf gearbeitet hatte und als 'Freigänger' Kauffung etwas kannte; von Beruf Lehrer, tätig etwa bis zum Auftreten eines polnischen Ortsvorstehers.

G. Teuber hat über die *Kommandantura* in den Heimatnachrichten 1958, Nr. 10, S. 11, heiter erzählt:

»Wer jeweils meistenteils mit banger Sorge das Haus betreten mußte, erinnert sich sicherlich noch an den Clubsessel vor der Haustür, in dem der russische Posten saß, und an den Regulator an der Außenwand des Hauses. Dazu die unvermeidliche Maschinenpistole des Postens. Ein Bild für Götter. Meister Stache hätte sich gewundert über die vielen fremden Möbelstücke in seinem Haus. Hier wurde jedenfalls 'Kultura' demonstriert, auch wenn gar nichts zu den Räumlichkeiten paßte.«

Die *Ortsschilder* Kauffung wurden übermalt und mit russischen Buchstaben beschrieben.

Anfänglich haben wohl alle Soldaten der Roten Armee Ausgang gehabt; ziemlich bald aber nur Unteroffiziere und Offiziere. Trotzdem waren stets russische Soldaten im Dorf, auf Feldwegen, selbst auf Feldern unterwegs. Suchend und nehmend! Manches Stück Hausrat wurde dabei schlicht mitgenommen, 'geliehen', in Unterkünfte gebracht.

Das naheliegende *Altersheim* wurde von den Russen als *Gefängnis* benutzt.

»Wurden doch nach dem 8. Mai 1945 zurückkehrende Flüchtlinge, die durch Kauffung ihren Weg in die Heimatorte nahmen, an der Gemeindesiedlung/ Kommandantura aufgehalten, von ihrer letzten Habe 'befreit' und in das Altersheim mit vielen Bewohnern, auch von Kauffung, gesperrt. Von hier aus haben Einheimische und Flüchtlinge am Samstag vor Pfingsten den 'Marsch nach Liegnitz' angetreten. Hungrig und mit zerschundenen Füßen zurückgekehrt« (Teuber in Heimatnachrichten 1958, Nr. 10, S. 11).

Es scheint sich um eine 'Einsammlung' deutscher Männer zwischen 16 und 60 Jahren für Arbeiten in der Sowjetunion gehandelt zu haben. Eine Maßnahme, die vielleicht örtlich verschieden gehandhabt worden ist und vermutlich auf einer *vor* der Kapitulation ergangenen Anordnung beruhte, aber aufgehoben wurde, als die deutschen Kriegsgefangenen zum Einsatz kamen. Für das benachbarte Tiefhartmannsdorf ist über diesen Marsch nach Liegnitz in den Heimatnachrichten 1974, Nr. 6, S. 65 berichtet. Wieviel Kauffunger dabei waren, ist nicht mehr in Erinnerung; nach dem Bericht vielleicht 40 Männer. Nach außerhalb zur Arbeit gebracht bzw. 'verschleppt' wurden keine Kauffunger.

Keine Festnahme von Gruppen, sei es nach Berufen, sei es nach Zugehörigkeit zu Organisationen, sei es nach Vermögen.

Mitte Mai wurden vier Männer, darunter der vormalige Ortsgruppenleiter der NSDAP und Bürgermeister, mit Bewachung nach Goldberg ins Gefängnis in Marsch gesetzt; Landwirt R. Friedrich bei 'Flucht' erschossen. Die anderen drei kehrten nach einiger Zeit zurück.

In den *Schulen* vom Ober- und Niederdorf konnte mit Einverständnis des russischen Kommandanten der Unterricht mit ortsanwesenden Lehrern Ende Mai/Anfang Juni wieder aufgenommen werden.

Gottesdienste und kirchliche Handlungen fanden statt und wurden nicht gestört.

Die Ortskommandantur ist zwischen August und Oktober 1945 aufgehoben worden. Die Kreiskommandantur in Schönau bestand wohl bis Februar 1946.

An russischen Truppen sollen um Mitte Mai *viertausend* Soldaten und *zweitausend* Pferde im Ort gewesen sein. Länger blieben zweitausend Mann und 800 Pferde. Erst Durchgangslager im Niemitzhof. Dann wurden im Niemitzpark feldmäßige Unterkünfte gebaut, wie bei der Roten Armee üblich, halb in die Erde. Pferdeställe und Koppeln bei der Schäferei und im Niederdorf. Wände der Unterkünfte zum Teil mit Teppichen behangen, Kunstvolle Vorgärtchen sind in Erinnerung.

Außerdem waren manche Häuser mit Offizieren und Stäben belegt, z. B. das Gasthaus Geisler-Kretscham beim Oberbahnhof, das neue Wehlte-Haus, Gehöft Landwirt Friedrich, Umgebung des Gasthauses 'Goldener Frieden'.

Offizierskasino in dem Gasthaus 'Zum grünen Baum', nahe dem Niemitzgut und Truppenlager. Spiegel an den Wänden ringsum!

Lazarette in der neuen Siegert-Villa und im Krankenhaus. Russische Truppenärzte haben manche Kauffunger ärztlich versorgt, auch einen deutschen Soldaten, Walter Schirner, dessen Wunde noch nicht verheilt war.

Beim Bau der Unterkünfte im Niemitzpark und den Pferdeställen wurden Kauffunger mitherangezogen, wie Willi Schlosser und andere berichtet haben. »Einrichtungsgegenstände stammten aus Häusern des Dorfes. Betten, Sofas, Tische und Stühle, auch Balken, Bohlen von Brücken wurden für die Zeit des 'Besuches' ausgeliehen! Durch dieses Lager nun führten in der Längsrichtung, also von der Hauptstraße zur Bahn, zwei Straßen. Eine davon durfte nur von den Offizieren – und vom Bürgermeister von Kauffung! – betreten werden. Etwa die Hälfte der Stammtruppe wurde bereits Mitte Juni abgezogen. Beim Abrücken wurde am 10. 6. 1945 ein Bestandsverzeichnis aufgenommen und der Bestand dem Bürgermeister Teuber zu treuen Händen bis zum Erscheinen der nächsten russischen Truppen übergeben« (Heimatnachrichten 1958, Nr. 11, S. 7).

Eindruckshalber ist dieser Übernahmebeleg anschließend wiedergegeben. Preußische Ordnung...

Kauffung/Katzbach, 10. 6. 1945
Übernahmebeleg
Verhandelt Dominium Niemitz
Laut Auftrag des Herrn Generalmajor, Kommandeur der 31. russischen Armee erscheint als Abgesandter
Gwardijetz-Hauptmann Jachlakow
der Herr Stellvertreter des Stabschefs der Einheit Feldpostnummer 73 927, Major Mojessenkow
Kriegskommandant von Kauffung

Leutnant Petrow und
Bürgermeister von Kauffung, Herr Teuber, besichtigen das Lager und übergeben dieses an den Bürgermeister zu treuen Händen zur Verwaltung bis zum Erscheinen der nächsten russischen Truppen. Zum Lager der Einheit Feldpost Nr. 73927 gehören folgende Gebäude und Inventarien, was alles von Bürgermeister Teuber übernommen wird:

1. Mannschaftsbaracken, aus Holz erbaut, mit Holzdach, für 25–26 Mann = 29 Stück
2. 4 Sommerspeiseräume für je 100 Mann mit Sperrholzdach
3. 1 Sommerspeiseraum für Artilleriemannschaften für 120 Mann
4. 3 Küchen, aus Sperrholz gebaut mit Sperrholzdach, 49 × 4 m groß
5. 1 Abwaschraum für Küche, aus Sperrholz gebaut, ohne Dach. 5 × 4 m groß
6. 2 Lenin-Aufenthaltsräume, voll eingerichtet
7. 1 Lenin-Aufenthaltsraum, nicht voll eingerichtet mit Sperrholzdach
8. 1 Klosettraum, aus Sperrholz gebaut, 6 × 4 m groß
9. 2 Lenin-Aufenthaltsräume, voll eingerichtet, 10 × 6 m groß
10. 9 Gewehrstände mit Putzraum, 7 × 3,5 m groß
11. 1 zweiseitiger Klosettraum, 10 × 3,5 m groß
12. 2 Wachräume
13. 8 Gewehrreinigungstische
14. 6 Rauchorte mit Bänken
15. 4 Munitionskeller
16. 4 Ehrenpforten, entsprechend geschmückt
17. 1 Sportplatz, voll eingerichtet
18. 1 Übungsplatz mit einem Graben 800 m lang mit Drahtverhau 600 m lang

Die vorseitig aufgeführten Räumlichkeiten und Gegenstände der Einheit Feldpost-Nr. 73927 wurden von Bürgermeister Teuber übernommen.
Abgeber:
Gwardijetz-Hauptmann Jachlakow
Stellvertreter vom Stabschef der Einheit
Feldpost-Nr. 73927,
Major Mojessenkow
Kriegskommandant von Kauffung,
Leutnant Petrow
Übernehmer:
Bürgermeister von Kauffung
Teuber

Zwischenzeitlich wurden andere russische Truppenteile nach Kauffung verlegt. Am 1. Juli, 26. August und im November 1945 wurden weitere Truppen abgezogen, der Rest im Februar 1946. Von da an waren keine russischen Truppen mehr im Ort.

Erinnerungen von Kauffungern an die russische Besatzung
Unberechenbarkeit der Russen ist ein ständig wiederkehrender Eindruck geblieben.

Man traute sich nicht auf die Straße, um Durchsuchungen, Beschlagnahme von Sachen, Ausschreitungen zu entgehen. Licht einzuschalten wurde vermieden. Nur nicht auffallen!

Man war von heute auf morgen sowohl Maßnahmen ausgesetzt, die einer Besatzungsmacht zustehen, als auch Gewalttaten…

Manche Bewohner haben sich getraut, nachher Beschwerden bei der Orts- und Kreiskommandantur vorzubringen. Das war möglich, wenn auch nicht immer von Erfolg; zudem konnte nur versucht werden, weiteren Gewalttaten vorzubeugen.

»Ich hatte eine leichte Panzersperre beiseite geräumt, stand noch an der Straße, als die ersten russischen Soldaten nach Tiefhartmannsdorf kamen. Teilweise deutsch sprechend:
'Wir möchten uns das Haus – gemeint war das große Schloß – ansehen'.
Danach: 'Danke, daß wir uns ein deutsches Bauernhaus ansehen konnten'. Einerseits konnte man mit den Russen klarkommen ('Du gute Frau!'), andererseits plötzlich nächtliche Durchsuchungen, Verwüstungen, Plündern. Gut und böse beieinander. *Unberechenbar.*«

So sagte mir 1983 Frau Dr. phil Ursula v. Gersdorff, als verwitwete Gräfin Vitsthum bis 1947 mit drei kleinen Kindern in Tiefhartmannsdorf, bis zu ihrem Tode im Juli 1983 in Freiburg noch wissenschaftlich tätig.

Aus dem Wäschebestand von Schloß Stöckel-Kauffung wurde Leinen *'gewünscht'*, um *dreihundert* Pferden für den Transport die Augen verbinden zu können. Wertvolle Ohrringe wurden als Andenken erbeten.

Über das heikle Geschehen der *Vergewaltigungen* ergibt sich aus schriftlichen und mündlichen Äußerungen: Frauen waren arg dran, vor aller Augen gejagt, gehetzt, auf Straßen, Feldern, in Häusern; bedroht, vergewaltigt. Freiwild. Nicht nur in den ersten Tagen nach der Besetzung; das ging so den ganzen Sommer 1945 über. Verstecke in Scheunen und Ställen, im Gebälk, im Taubenschlag, auf Ackerwagen (wenn es zur Feldarbeit ging), in Unterkünften in den Steinbrüchen des Kitzelbergs.

Selbst auf dem Gemeindeamt mußte ein junges Mädel am hellen Tage in der Doppeltür verschwinden, wenn 'dicke Luft war'. Wie stark die Bedrängnis war, läßt sich auch daraus entnehmen, daß im Niederdorf von einem Offizier der Roten Armee ein Schlafhaus für Frauen eingerichtet wurde, zu ihrem Schutz von russischen Posten bewacht. Warum nicht allgemein Schutz vor Vergewaltigungen gewährt wurde, ist nicht bekannt.

Lehrer Wehlte hat sich erinnert«: Zur Schule

»Der russische Ortskommandant mit dessen Genehmigung der Schulunterricht am 1. Juni 1945 in der Schule im Niederdorf wieder aufgenommen worden war, kam im ersten Junidrittel zu Besuch in die Schule und blieb drei Stunden als aufmerksamer Zuhörer beim Lesen, Schreiben und Rechnen in beiden Klassen. Er konnte dem Unterricht, da er selbst russischer Lehrer war und über deutsche Sprachkenntnisse verfügte, gut folgen«.

Meldung ehemaliger Soldaten wurde nicht verlangt.

»Die Russen waren mit vielen Pferden und Wagen gekommen. Etwa 400 bis 500 Pferde waren hinter dem Garten meiner Eltern, Haude, Schulzegasse 11, auf die Wiese von Heptner Bauer und den Koppeln von Kambach getrieben.

Von Russen bewacht, die in Zelten schliefen, ununterbrochen Gras und Heu heranfuhren, in der Katzbach getränkt, die dort oberhalb des Wehres flach und breit war. – Großer Stall gebaut; Bruchmann Bauer aus dem Oberdorf dazu herangezogen –.

Verletzte Pferde standen in den Stallungen der Bauern.

Der Kommandant, Offizier und wohl auch Stabsarzt, sehr gut deutsch sprechend, legte Wert darauf, der Georgier Volksgruppe anzugehören. Er war deutschfreundlich und hatte ein 'Schlafhaus' bei Oswald Wiesner, Schulzengasse 12 a, für Mädchen und Frauen einrichten lassen. Es wurde von russischen Soldaten bewacht, damit die Vergewaltigungen aufhören sollten. Bei Menzel Bauer, Schulzengasse und Gasthaus Friedrich waren Sanitätsstuben eingerichtet, wo leichte Operationen sorgfältig ausgeführt wurden. Meinem fünfjährigen Jungen wurde auf Veranlassung des Kommandanten, dort bei Menzel, ein großes eitriges Geschwür unterm Fuß operiert. Am anderen Tage nochmal gereinigt, neu verbunden, heilte der Fuß bald wieder.

Der Kommandant schrieb einen Passierschein und Kinderwagenerlaubnis, so fuhr ich mit einer Nachbarin über die Berge nach Kupferberg in meine Wohnung, 2 Liter Milch bekam ich, als wir wieder bei meinen Eltern in Kauffung eintrafen! Der Passierschein bewahrte uns vor üblen Belästigungen.

Der russische Kommandant ritt auf schnellen Pferden das Niederdorf ab. Für je eine Kuh hat er bei Familien mit Kindern gesorgt.

Im Schatten unserer großen Linde machte er oft Rast, trank Brunnenwasser und beobachtete das Hantieren der Soldaten mit den Pferden. Als 10jähriger war er aus dem Gebirgsdorf seiner Heimat in eine Kadettenschule gegeben worden. Dafür bekam sein Vater als Kleinstbauer Ödland und Wald vom Staat geschenkt. Seine Eltern durfte er bis Ende seiner Offiziersausbildung nicht sehen. Er warnte vor dem, was nach seinem Abzug an Plündern und Gewalttätigem auf uns Deutsche zukommen würde. So verschieden kann die Bürde eines verlorenen Krieges von Menschen dem Menschen auferlegt werden. Es war ein Stück Licht in der Zeit, wo alles grau in grau um uns zusammengebrochen war und verdient erwähnt zu werden; sonst alles negativ. Gebe Gott, daß viele solche Menschen an regierenden Stellen mit Herz die Geschicke der Völker lenkten« (Lina Hannich, geb. Haude).

Und eine Nachbarin berichtet: »Auf unserem Hof waren russische Soldaten und Frauen in Uniform einquartiert. Schneiderei. Für mich als junges Mädel zu unsicher; so verbarg ich mich auf einem anderen Hof, arbeitete aber mit Sichtschutz auf unseren Feldern und Wiesen. Kurz ehe diese Russen am 1. Juli 1945 abrückten, wurden meine Eltern in eine Stube gesperrt, Hof und Scheune leer geräumt, von 3 Pferden 2 mitgenommen, auch Kühe. Vater meinte: 'Ich komme mir wie abgebrannt vor'« (Gertraudt geb. Heptner).

»Vorherige 'Fremdarbeiter'/Zivilarbeiter waren von den Russen bald als Hilfspolizei eingesetzt worden! Kein Schutz für uns« (Hielscher).

Die ständigen Beschlagnahmen von Vieh waren mehr als besorgniserregend. Bestand weit unter dem Mindestmaß für Ernährung und Felderbestellung.

In den drei Monaten von Mai bis Juli 1945 der nur russischen Besatzung haben die Kauffunger in arger Bedrängnis gelebt, aber in ihre gewohnte Lebensweise als solche wurde nicht eingegriffen.

Erst von den Polen wurde die Lebensgrundlage der angestammten Kauffunger zerstört.

9. Mai bis <u>August 1945/November 1946</u>

Die deutsche Gemeindeverwaltung

und mit ihr *G. Teuber* als Bürgermeister hatten eine Doppelstellung (wie in besetzten Gebieten üblich):

a) Aufrechterhalten einer deutschen Restverwaltung mit dem Versuch, Belange der deutschen Bewohner zu vertreten

b) Übermitteln der Anordnungen

zuerst der russischen Besatzungsmacht/Kommandantur,

danach mehr und mehr der polnischen Ortsvorsteher.

Von den früheren Mitarbeitern blieben im Gemeindedienst Inspektor *Specht* und als jüngste Kraft Hilde Müller (verh. Hartmann). Als Dolmetscherin für Russisch sprang eine Baltendeutsche, Frau Seyboth ein, seit Jahrzehnten in Liegnitz und Kauffung ortskundig. Außerdem arbeiteten einige der Männer mit, die bei der Amtsübernahme von Teuber als anwesend genannt sind; ferner Teubers Nachbar, der Kaufmann Gerhard *Alt.*

Geringes Gehalt, je nach Eingang von an die Gemeindekasse entrichteten Steuern. Bäckermeister Heller hat in seinem Kontobuch eingetragen: »Am 6. August 1945 an Gemeindesteuern für April – Juni 1945 gezahlt 44,62 Reichsmark«.

Erfassung der *Einwohner*

Die Gemeindeverwaltung mußte für ein Tätigwerden zugunsten der Einwohner über deren jeweilige Anzahl, Alter und Berufe im Bilde sein. Mit Zustimmung des russischen Ortskommandanten ordnete Teuber als Bürgermeister bereits für Ende Mai 1945 eine Einwohnererfassung an.

Volkszählung und Meldepflicht! – Soll auch an anderen Orten geschehen sein.

Deutscher Einwohnerstand am 31. Mai 1945

	Erwachsene	Jugendliche	Kinder	
Normalverbraucher:	1.176	433	217	
Selbstversorger:	177	27	23	
Gesamtzahl:	1.353	460	240	= *2.053*

Bis zum Herbst 1945 stieg durch weitere Rückkehrer die Anzahl der deutschen Einwohner auf über 2.500 an. – Eine Zahl, die auch durch die Ausweisungen in den Jahren 1946/47 belegt ist. –

Nur 1.500 fehlten im Herbst 1945 zu den rund 4.000 Friedenseinwohnern. Berücksichtigt man die Gefallenen, so müßten sich im Spätherbst 1945 in den vier Besatzungszonen sowie im Sudetenland und noch in Kriegsgefangenschaft um 1.300 Kauffunger befunden haben.

Neue *Einwohnerkartei* angelegt.

Eine *Arbeitseinsatz*stelle eingerichtet.

Die russischen Kommandanturen hatten *Arbeitspflicht* ab 16 Jahren angeordnet, Frauen bis 50 und Männer bis 60 Jahren. Wegen Freistellungen sollte man sich bei der Kommandantur melden. Arbeit im eigenen oder fremden Betriebe und bei der Gemeinde. Deckungsgräben zuschütten, Straßen und Wege instandsetzen, Holzeinschlag im Walde.

Sicherstellen der *Ernährung* war vordringliche Aufgabe.

In Friedenszeiten wie im Krieg konnte die Einwohnerschaft aus den Erzeugnissen der örtlichen landwirtschaftlichen Betriebe ernährt werden. Es blieb sogar noch ein Überschuß. Diese Ausgewogenheit war durch die Ereignisse am Ende des 2. Weltkrieges, nämlich den Bedarf der deutschen Truppen mit 'Verpflegung aus dem Lande', die Fluchtbewegungen durch den Ort und aus dem Ort, die Erschwernisse im rückwärtigen Kriegsgebiet und schließlich die Entnahmen der russischen Truppen als Besatzungsmacht gestört und durcheinandergebracht.

Die landwirtschaftlichen Betriebe waren geschwächt, z.T. ohne Vorräte und mit wenig Vieh besetzt. ⁹⁄₁₀ der Einwohner waren auf Kauf von Lebensmitteln angewiesen. Die während des Krieges geltende Bewirtschaftung der Grundnahrungsmittel wurde in vereinfachter Weise und nach den örtlichen Gegebenheiten fortgesetzt. Die erforderlichen Lebensmittelbezugsabschnitte (Marken) wurden bei der Gemeindeverwaltung entworfen und mühsam vervielfältigt. Den Zuteilungen lagen der nach der Einwohnererfassung ermittelte Gesamtbedarf einerseits und andererseits die Ende Mai 1945 noch vorhandenen Vorräte sowie die erwarteten tierischen Erzeugnisse zugrunde. Berechnet auf die drei Monate bis zur neuen Ernte. Lebensmittellieferungen von außerhalb wurden nicht erwartet.

Diese vorsorglichen Berechnungen wurden durch Entnahmen russischerseits beeinträchtigt; Beschlagnahme/Requirierung von Vieh, wildes Holen von Mehl und Butter. Die Butter wurde bei Bauer Wilhelm Pätzold/Raiffeisen gesammelt. »Mehrmals holte bei dieser Buttersammelstelle ein in Schönau liegender Truppenteil in Blitzesschnelle mehrere Zentner Butter weg und verschwand damit; dadurch bekamen die deutschen Einwohner für entsprechende Zeit kaum Butter«, hat Lehrer Wehlte berichtet.

Aufschluß und Einblick in Schwierigkeiten und Engpässe, Arbeitsweise und Regelungen der deutschen Gemeindeverwaltung geben *nachstehende Anordnungen* und Schreiben des Bürgermeisters; gemeinsam mit Verwaltungsinspektor Specht und Männern der vorläufigen Gemeindevertretung vorbereitet:

1. bis 5. – – –
6. Anordnung vom 20. Mai 1945 – Pfingstsonntag – zur Einwohnererfassung:
»Jede Familie und jede selbständige Einzelperson füllt einen Personalbogen
aus. Die Personalbogen bilden die Grundlage für das aufzubauende Einwoh-
nermeldeamt, für die Lebensmittelkartenverteilung, für den Arbeitseinsatz
und für Belange der Besatzungsbehörde. Alle nach der Erfassung zuziehenden
und zurückkehrenden Personen müssen sich im Gemeindeamt wieder wie
früher anmelden. Abziehende Personen müssen sich vor dem Wegzug ab-
melden.
Die Personalbogen sind Freitag dieser Woche an die Familien zu verteilen und
Sonnabend und Sonntag ausgefüllt wieder einzusammeln. Sie sind vollzählig
am kommenden Montag, 28. Mai, zwischen 8 und 9 Uhr, im Gemeindeamt
wieder abzuliefern.«
(Es folgen vier Zählbezirke und der Personalbogen.)
7. Berechnung des wöchentlichen *Lebensmittel*bedarfs nach dem Bevölkerungs-
stand vom 31. Mai 1945.
Fleisch, Brot, Fett, Quark, Käse, Zucker, Marmelade, Nährmittel, Kaffee-
Ersatz, Kinderstärkemehl, Kunsthonig, Vollmilch, entrahmte Milch.
8. Berechnung der Versorgungsdauer mit *Brot* – Getreide nach den vorhandenen
Beständen vom 5. 6. 1945.
– An Mehl und Getreide noch tausend Zentner vorhanden. Brot muß also für
die drei Monate bis zur neuen Ernte Anfang September *gestreckt* werden.
9. Amtliche Anordnung vom 2. Juni 1945 zur *Lebensmittel*versorgung
– Kürzung der wöchentlichen Rationen von Brot um 250 g und Fett um 25 g.

Es erhalten demnach	Erwachsene über 18 Jahre	1.250 g Brot
	Jugendliche von 6–18 Jahren	1.750 g Brot
	Kinder bis zu 6 Jahren	750 g Brot
	Fett je Erwachsenen	100 g

Ob und in welchem Umfange Nährmittel, Zucker, Marmelade, Kaffee-Ersatz,
Kinderstärkemittel und Kunsthonig geliefert werden können, hängt von den
Beständen ab.
Aushang in den Lebensmittelgeschäften mit Anweisung an die Kaufmann-
schaft über die Ablieferung der Bezugsabschnitte an das Gemeindeamt.
10. Beimischung von 20–25% gekochter *Kartoffeln* in das zu backende *Brot* nach
Rundschreiben vom 5. 6. 45. –
Die Kartoffeln stammten aus den Mieten vom Niemitz-Gut (Teuber in Heimatnachrichten 1958, Nr. 11, S. 7).
»In den Räumen der Fleischerei von Fritz Adler im Oberdorf sind damals
Hunderte von Zentnern Kartoffeln gekocht und durch den Fleischwolf gedreht
worden, um den Brei als Streckmittel dem zu backenden Brot zuzusetzen«
(Heimatnachrichten 1957, Nr. 10, S. 3).
11. Übernahmebeleg (S. 158)
12. Rundschreiben vom 23. 6. 1945 an die vier Butterverkaufsstellen über Herab-
setzung der wöchentlichen Rationen an Jugendliche von 175 g auf 125 g sowie
über Bezugsabschnitte und Bestandsmeldungen.
– Die Angaben über den Anfall von Milch und Butter lieferten zwei deutsche
seit der Kriegszeit nach wie vor tätige Milchkontrolleure. Abrechnungsformu-
lare!

224

13. Schreiben vom 30. 6. 1945 an den russischen Kreiskommandanten in Schönau über die Requirierung von Vieh, Gerät, Ackerwagen und die Auswirkungen auf Ernährung und Felderbestellung.

»Das in den hiesigen Durchgangslagern einquartierte russische Militär hat... umfangreiche Requirierungen von Vieh und landwirtschaftlichem Gerät und Wagen vorgenommen. – Die erheblichen Entnahmen vor Mitte Juni sind zahlenmäßig noch nicht festgestellt. In den letzten vierzehn Tagen wurden entnommen: 61 Kühe, 20 Pferde, 70 Wagen... Bestand nur noch z.B. 13 Schweine... Mit dem vorhandenen Viehbestand kann die landwirtschaftliche Fläche nicht mehr bearbeitet werden... Schlachtvieh zur Fleischversorgung für die Bevölkerung ist nicht mehr vorhanden...Die Butterrationssätze mußten von Woche zu Woche herabgesetzt werden und betragen jetzt nur noch 75 g/Kopf und Woche... Ich bitte deshalb den Herrn Kommandanten, die hier einlagernden Truppen anzuweisen und auch den Herrn Ortskommandanten mit entsprechenden Weisungen zu versehen, daß weitere Requirierungen hier künftig unterbleiben«. Bürgermeister Teuber

Alle Achtung vor dem Mut!

14. Aufruf vom 3. Juli 1945: An alle Frauen in Kauffung!

– Bis zu 50 Jahren – über dringenden Arbeitseinsatz in der Landwirtschaft, damit die Feldarbeiten zur Sicherung der Ernährung zeitgerecht durchgeführt werden.

»Ich habe das Amt des Bürgermeisters in unserer Gemeinde unter der Voraussetzung wieder übernommen, daß ich von allen Bevölkerungskreisen in jeder Weise unterstützt werde... Es gibt zur Zeit wichtigere Aufgaben als Arbeiten in der Landwirtschaft nicht... Ich darf deshalb erwarten, daß alle Frauen in den Stunden der Not einsatzbereit und willig zum Aufbau sind.«

– Die nächsten Schreiben betreffen die Versorgung mit Kohle und Holz.

15. Schriftwechsel vom Juni/Juli 1945 mit dem niederschlesischen Steinkohlensyndikat in Waldenburg, Antrag vom 9. Juli 1945 an den Herrn russischen Kommandanten der Stadt Waldenburg und an das Steinkohlensyndikat vom 22. 8. 1945 wegen Zuweisung von Brennstoff an die Kohlenhändler; Jahresbedarf berechnet mit 2.915 t Hausbrand- und Schmiedekohle, Hausbrand- und Bäckereibriketts, Koks.

Als erwünschte Gegenleistung wurden 300 Zentner Kartoffeln angeboten, nach der Ernte Getreide.

Ein Erfolg ist nicht vermerkt.

16. Schreiben vom 17. 8. 1945 an den Herrn Forstmeister in Kauffung wegen Brennholzversorgung – wohl ein eingesetzter Pole, denn der Wortlaut ist in polnischer Sprache danebengeschrieben.

Einschlag in Selbstwerbung am 31. 8./6. 9. 1945 genehmigt.

Diese Maßnahmen hatten Erfolge.

Die Einwohner konnten sich trotz aller Einschränkungen leidlich ernähren.

Russische Stellen haben sich auch noch nach Einsetzung eines Polen als Ortsvorsteher an den deutschen Bürgermeister Teuber gewandt.

Zu seinem besonders belastenden und unerfreulich heiklen Aufgabenkreis werden Hinweise auf Übergriffe und Ausschreitungen von Russen und Polen gehört haben. Sich dagegen körperlich zu wehren, hat Teuber aus Sorge vor Folgen immer wieder gewarnt. Willkür und Gewalt abzustellen lag nicht in seiner Macht. Das Mögliche ist gewiß geschehen.

Dann kamen die Polen und das *Traurige Aus!*

Die Lebensmittelbewirtschaftung kam im September 1945 durch das Verhalten der Polen zum Erliegen. Die deutsche Restverwaltung blieb bis zur Ausweisung bestehen, aber Einflußmöglichkeit und Wirkung nahmen ab.

Der Bürgermeister

Geschäftszeichen: __T/Sp____

Kauffung (Ratzbach), den __2. Juli 1945.____
Fernsprecher: Nr 230
Postscheckkonto der Gemeindekasse: Breslau Nr. 56024

(brecht)

(5. Juni 1945)

Ausgewiesen am 24. November 1946

Bestandsaufnahme des Deutschen Kauffung

Sommer 1945

Die *Einwohnerschaft*

Die Kauffunger haben durch schnelle Rückkehr ihre Entschlossenheit gezeigt und als selbstverständlich angesehen, weiterhin im Heimatort zu leben und zu arbeiten. Mehr als die Hälfte der Friedenseinwohner sind ortsanwesend. Die noch fehlenden Kauffunger wären ohne die polnischen Sperren im Laufe des Sommers ebenfalls zurückgekehrt.

»Zweimal hatten Muttel und ich den Versuch unternommen, aus dem Erzgebirge nach Kauffung zurückzukehren. Es war zu spät. Hinter der Neiße wurden wir von Polen 'erleichtert' und zurückgejagt« (M. Alt).

Bäuerliche Familien mit wenigen Ausnahmen auf ihren Höfen.

Eigentümer der großen Güter auf dem Posten.

Kalk- und landwirtschaftliche Arbeiter sowie

Handwerker, Kaufleute, Lehrer für die wiedereröffneten Volksschulen, Büroberufler im Ort.

In den vielfältigen Erwerbszweigen konnte die Arbeit aufgenommen werden wie vordem.

Diakonissen im Krankenhaus; mit Dr. Schultz ein Arzt im Ort.

Kirchliche Versorgung durch die Rückkehr von Pastor Schröder und dann das Eintreffen von Kaplan Eckelt gesichert.

226

Genug Männer und Frauen im Ort, die nach Können und Ansehen ihren Aufgabenkreis auch unter den schwierigen Umständen meistern konnten.

Felderbestellung und *Ernte*
Wintereinsaat im Herbst 1944 wie eh und je.
Im Frühjahr 1945 Einsaat und Pflege durch die im Ort gebliebenen und die frühzeitig zurückgekehrten Landwirte hinreichend erfolgt; auch in nachbarschaftlicher Hilfe.
Heu geerntet, soweit die russischen Militärpferde noch Gras übrig gelassen hatten. Die Felder waren instand, als um die Zeit der Roggenernte *Polen* in die Betriebe kamen. Getreide noch überwiegend von Deutschen eingebracht, zum Teil unter Mitwirkung von Polen. – Kartoffelernte und Herbstbestellung 1945 bereits erheblich unter Beteiligung der Polen –.
Auch Gärtnereien wurden fortgeführt.

Handwerk und *Handel*
Einige Bäckereien, Fleischereien sind durchgehend betrieben worden, jeweils unter Anpassung an den Bedarf; größer bei Flüchtlingsströmen, kleiner während der teilweisen Räumung des Orts.
Schmiede, Tischler, Schlosser und andere Handwerker haben ihre Arbeit wieder aufgenommen. Einzelhandelsgeschäfte aller Art konnten freilich keinen Nachschub erhalten und nur aus dem zusammenschmelzenden Vorrat verkaufen.
Die *Kalkwerke* waren unzerstört. Direktor Witschel (März/April im Sudetenland) hat sich seit Mitte Mai mit einem Stamm der Mitarbeiter bemüht, die Anlagen für eine Wiederinbetriebnahme instand zu halten. Das Schotterwerk hat nach Erinnerung von Alfred Abend ohne Unterbrechung weitergearbeitet.
An Einrichtungen und Ersatzteilen in den Monaten vor und nach dem Zusammenbruch entstandene Lücken hätten sich mit der Zeit schließen lassen.
Gebäude und *Wohnungen* waren instand. Keine Zerstörungen! Hausrat vorhanden. An Wäsche und Kleingerät werden Soldaten und quartiernehmende Flüchtlinge ihren unmittelbaren Bedarf gedeckt haben. Der Eigentumsbegriff hatte sich gelockert.
Der *Viehbestand* war in den letzten Kriegsmonaten und unter russischer Besatzung starken Eingriffen ausgesetzt. Pferde zogen im Treck mit und zurück. Wertvolles Rindvieh wurde in frontfernere Gegenden getrieben; zum Teil im Frühjahr zurückgebracht. Von den Viehherden, welche aus dem Flachland durch das Katzbachtal getrieben wurden, ist vielleicht manches Stück im Ort geblieben. Über Entnahmen der deutschen Truppe zur Ernährung fehlen jegliche Angaben. Das russische Militär hat in erheblichem Umfange Vieh beschlagnahmt.

Bestand am 30. Juni 1945 laut Schreiben von Bürgermeister Teuber an den russischen Kreiskommandanten:
234 Kühe, 52 Pferde, 33 (Zug)Ochsen und ganze 13 Schweine. Jungvieh nicht genannt. Was mag wohl aus den 200 Schafen vom Heiland-Gut geworden sein?
Leider liegen von der letzten Viehzählung 1938/39 keine Zahlen mehr vor, so daß sich die Verluste zahlenmäßig nicht genau angeben lassen. Nach Erinnerung von Kauffunger Landwirten darf man annehmen, daß der Bestand an Großvieh im Sommer 1945 auf weit unter die Hälfte gesunken war. Federvieh wird in die Kochtöpfe gewandert sein.
Es würde Jahre gedauert haben und auch Zukauf von auswärtigem Zuchtvieh nötig gewesen sein, um den für die landwirtschaftliche Fläche von 2.600 ha bei damaliger Wirtschaftsweise angemessenen Bestand wieder zu erreichen. Keine Eingriffe von außen und keinen Schlachtviehverbrauch vorausgesetzt.
Die *Gemeinde*-Restverwaltung sorgte für ein Mindestmaß an Gleichschritt in den Lebensverhältnissen, unter Anruf des Bürgersinns. Polizei als Schutz des Bürgers fehlte...

> Viele Familien waren noch getrennt. Zum Beispiel Frauen mit Kindern in Kauffung und die Männer in Kriegsgefangenschaft oder danach irgendwo in Deutschland *oder* Männer in Kauffung und die Frauen mit Kindern in Zufluchtsorten. Man versuchte auf Umwegen Verbindung zu erhalten, z. B. mit dieser mitgegebenen und in Berlin abgesandten Postkarte: »Meine Lieben! Es ist zur Zeit nicht schön bei uns. Es muß sich hier erst alles klären. Wir sind von der Umwelt ganz abgeschnitten. Kauffung 28. 9. 45, Vater.«

Im Katzbachtal hatten sich die Eigentümer
der *großen Güter*, 'Dominien' in Schlesien, abgesprochen, auch beim Einzug der Roten Armee auf ihren Gütern zu bleiben. So geschehen. Frau v. Bergmann in Stöckel, Frau Reißner in Heiland, Rudolf v. Gersdorff in Niemitz-Kauffung und Gräfin Vitsthum im benachbarten Tiefhartmannsdorf waren bemüht, die notwendigen Feldarbeiten auf dem Laufenden zu halten. Hierzu haben außer den Gutsarbeitern die Frauen beigetragen, die aufgrund der allgemeinen Arbeitsverpflichtung mitarbeiteten; wird ihnen schwer gefallen sein, weil landwirtschaftliche Arbeiten ungewohnt.

> »Ich wurde in der 2. Junihälfte 1945 zum Arbeitseinsatz aufgerufen. Zwei Tage auf dem Niemitzgut. R. v. Gersdorff hatte die Aufsicht. Ich erinnere mich daran, weil er mir Distelziehen abnahm. Dann habe ich längere Zeit auf den Feldern von Stöckel gearbeitet. Wir begannen mit der Ernte von Flachs. Ein Pole mit Gewehr stand dabei. Frau v. Bergmann arbeitete in der Milch- und Hauswirtschaft des Gutes. Melkermeister Keil vertrat den Inspektor, teilte uns zur Arbeit ein« (U. Pilz geb. Buch).

> »An ihrem 50. Geburtstag, 11. Juli 1945 wohnte Frau v. Bergmann noch im Schloß; danach im Inspektorhaus, im Geisler-Kretscham, schließlich im Krankenhaus, wo sie in der Küche arbeitete bis zur Ausweisung« (L. Schmidt).

Auch an die Anwesenheit von Frau Reißner auf dem Heilandhof erinnern sich mehrere Kauffunger. Als um Mitte Juli 1945 Polen auf dem Hof erschienen und hineinregierten, ging es lautstark zu. Schließlich machte sich Frau Reißner auf den Weg zum früheren Reichstagsabgeordneten Löbe (SPD) in Berlin, um ihm zu berichten: »So kann nicht gewirtschaftet werden«. Aber die Zeit, da Deutsche zu bestimmen hatten, war vorbei.

Gräfin Vitsthum hat in Tiefhartmannsdorf die durch Handgranaten zerstörte Forellenzucht mit Forellen aus Bächen wieder aufgebaut.

Es verdient, hervorgehoben zu werden, daß R. v. Gersdorff im Ort blieb, obwohl er Reserveoffizier und Bataillonsführer des Volkssturms im Katzbachtal gewesen war und daß weder Russen noch Polen ihm die persönliche Freiheit genommen haben.

Mit fast 300 ha Acker sowie 150 ha Wiesen und Weiden trugen die drei Kauffunger Güter in Frieden und Krieg wesentlich zur Lebensmittelversorgung bei. Dies setzte aber fachkundige Leitung und Bewirtschaftung voraus. Damit war es vorbei. Teuber schreibt (Heimatnachrichten 1958, Nr. 11, S. 7): »Meine Hoffnungen, die ich auf Niemitz gesetzt hatte, mußte ich zum Teil begraben, weil sich auch dies stolze Anwesen kurze Zeit nach dem Einzug der Russen in einem geradezu schauderhaften Zustand befand. Der wundervolle Rasseviehbestand weggetrieben, gestohlen, geschlachtet. Alle wertvollen Maschinen auf freiem Feld Wind und Wetter und damit dem Verderben ausgesetzt...«

Die drei großen Güter in Kauffung und das Gut in Tiefhartmannsdorf waren bewirtschaftet und nicht herrenlos, als Polen die Administration ab Sommer, Niemitzgut ab 1. 12. 45 übernahmen.

Polen als Verwaltungsmacht

Juli/August 1945 bis November 1946

Polen kommen – verdrängen Deutsche/Kauffunger.

Schlesien, unser Katzbachtal mit Kauffung wird von der Weltpolitik erfaßt, in den Strudel gerissen.

Im Anschluß an die Kriegskonferenz von Jalta im Januar 1945 wird nach dem Ende des 2. Weltkrieges von den drei Siegermächten im Potsdamer Abkommen am 1. August 1945 die Westverschiebung Polens von vorher ostwärts Wilna – Pinsk – Lemberg zur Oder-Neiße-Linie beschlossen. Die Sowjetunion erhält das vorherige Ostpolen. Ostdeutschland bis zur Oder-Neiße wird Polen zugesprochen. 1,8 Millionen Polen siedeln um, vor allem aus Ostgalizien nach Westen, zumeist in einem Schub im Herbst 1945. ½ Million Ukrainer und Weißrussen ziehen vom verbleibenden Polen/Westgalizien nach sowjetischem Gebiet. Das nördliche Ostpreußen nimmt die Sowjetunion. 9,5 Millionen (neun Millionen und fünfhunderttausend) Deutsche sind betroffen. Das Gebiet des Deutschen Reiches ostwärts der Oder-Neiße-Linie gehört nicht zu den gebildeten vier Besatzungszonen und wird polnischer Verwaltung unterstellt.

Zug um Zug mit dem im wesentlichen 1945 erfolgenden Abzug der russischen Truppen übernehmen Staat und Volk Polen Macht und Land im deutschen Osten. »Polnische Verwaltungsmacht«. Im militärischen Gefolge der Roten Armee kommt eine neu gebildete ›Polnische Volksarmee‹ in die deutschen

Ostgebiete, mit der Aufgabe der Militärverwaltung und dem Auftrag, die deutschen landwirtschaftlichen Betriebe längs der Neiße zu übernehmen und mit Polen zu besiedeln.

Schon mit ersten russischen Truppen kommen einzelne Polen, auch Frauen, nach Kauffung, halten sich aber noch zurück. 'Als ein Großteil der Russen abgerückt ist, erscheinen noch im Juni einige Polen auf Fahrrädern, uniformiert fast wie deutsche Polizei, fordern beim Gemeindeamt die Deutschen auf, sofort alle Fahrräder abzugehen. Eine Menge Räder lagen dann auf dem Hof des Gemeindeamtes' (L. Licci).

Ende Juni reitet ein Trupp Polen, an viereckigen Mützen kenntlich, in Kauffung ein und besetzt das Gemeindeamt. Ein russischer Offizier bemerkt zu Deutschen: »Jetzt gehts Euch schlecht!« In der Fernsprechvermittlung sind zwei Polinnen (aus Inner- und Ostpolen) von deutschen Angestellten einzuarbeiten. Polnische Miliz/Polizei in Trupps im Ort. Mehr und mehr erscheinen Polen, in Zivil mit deutschen Uniformteilen, in russischer Uniform, mit und ohne Waffen. Nehmen mit, was ihnen gutdünkt an Kleidung, Wäsche und Hausrat. »Monatelang schafften die Polen kofferweise unsere Wäsche und Kleidung in ihre Heimat; leer kamen sie von dort zurück, um bald wieder mit gefüllten Koffern zu verschwinden«. (Lehrer A. Wehlte).

Kindermund
Als Mutter nach Hause kommt, liegt der Inhalt der Schubladen auf dem Fußboden. Frage: »Was soll das?« »Muttel, wir haben doch bloß plündern gespielt!« (Juli 1945).

Ab Juli/August fangen Polen an zu bleiben, beginnen sich festzusetzen in Bauernhäusern und Gehöften, in Wohnungen und Werkstätten. Ab Juli werden einzelne Geschäfte und Betriebe übernommen; ohne Vertrag und Entgelt versteht sich, zum Beispiel Kaufmann Paul, Auto-Geisler Anfang August, Cafè Niedlich am 28. August (zuvor hatten Russen dort gebacken, auch Klavier abgeholt)...

Aber das Kommen und Gehen überwiegt. *Allgemeines Durcheinander!*

Offenbar im Verfolg des Potsdamer Abkommens wird im Laufe des August 1945 die Übernahme durch Polen deutlich gezeigt.

Am 12. August übernimmt eine polnische Lehrerin das Schulhaus im Oberdorf. Die deutschen Volksschulen im Ober- und Niederdorf werden im Verlauf der zweiten Augusthälfte geschlossen. Deutsche Kinder erhalten keinen Schulunterricht. Polnische Schulen werden eingerichtet.

Am 15. August wird das Kalkwerk Tschirnhaus in polnische Verwaltung übernommen. Alle vier Kalkwerke werden zusammengefaßt. Drei Polen bestimmen in Buchhaltung und Lohnbüro. Deutsche Angestellte bleiben weiter tätig, bemerken mit Staunen, wie man die Buchhaltung auch führen kann.

Die deutschen Betriebsangehörigen, Schlosser Fritz Binner und Ing. Meinhardt werden nach Krakau geschickt, um Ersatzteile für Brems- und Seilbahnen zu besorgen.

230

Schon ab 1. Juli 1945 hat sich ein Pole, Pan Riethel, als Ortsvorsteher bezeichnet. Im August kommt ein anderer, der auch für die Angelegenheiten der Deutschen zuständig sein will; er stammt aus Lodz und bleibt zwei Monate. Bereits in einem Schreiben des deutschen Bürgermeisters vom 17. 8. 45 ist eine Übersetzung in polnisch daneben geschrieben mit dem Briefkopf: Burmistrz w Kauffungu!

Im Oktober 1945 erscheint ein Mann namens Grach aus Sachsen, bleibt zwei Jahre.

Leider ist nirgends beschrieben, wie sich das Nebeneinander des deutschen Bürgermeisters und des polnischen Ortsvorstehers gestaltet hat.

Über ihre Häuser, Grundstücke und Wohnungen dürfen die Kauffunger nicht mehr verfügen. Gelten als zugunsten Polen 'enteignet'. Eine Vermögenserklärung, wie an manchen anderen Orten verlangt, ist in Kauffung nicht gefordert worden; vielleicht wegen der großen Zahl deutscher Einwohner und eigener Gemeindeverwaltung. Wohnungsinhaber werden mehr und mehr nur noch geduldet; vereinzelt aus eigenem Haus und der Wohnung verwiesen. Ein polnischer Administrator mit Sitz im Niemitzschloß bestimmt; allmächtig. Es ist davon die Rede, daß auch für das Wohnen im eigenen Haus Miete zu zahlen sei. Nicht allgemein verlangt worden. Bäckermeister Heller hat als Letztes in Kauffung in seinem Tagebuch am 3. Dez. 1945 eingetragen: »Beim Referenten auf Niemitz eine Anzahlung gemacht auf Mietzins 60 Zloty«. Bauern werden zu Knechten, dürfen samt Familie noch mitessen, erhalten kein Bargeld. Die Deutschen werden zweitrangig, Polen bestimmen.

Entscheidend war die *Macht!* Und die lag bei den Polen.

Bekanntgabe von Verordnungen ist nicht in Erinnerung.

Weiße Armbinden mußten Deutsche ab Sommer 1945 tragen; in Kauffung mit Aufdruck der Arbeitsstelle (an anderen Orten Armbinde mit blauen Streifen). Wer außerhalb arbeitete, konnte an seinem Haus einen diesbezüglichen Zettel anbringen, was einen gewissen Schutz bedeutete. Die Eisenbahn durfte von Deutschen nicht benutzt werden; also mußten Deutsche laufen oder wagen, ohne die weiße Armbinde zu fahren. Ab August 1945 nahm die Anzahl der in Häuser und Betriebe eindringenden Polen zu. »Die besitzergreifenden Polen wiesen sich in keiner Weise aus. Wir haben nie erfahren, ob sie von einer polnischen Stelle angewiesen waren, oder sich auf eigene Faust ein Anwesen aussuchten. Wohl das Letztere. Manche kamen in Begleitung von Bewaffneten…

Hefteten einen Zettel mit ihren Namen an die Haustür; Manchmal erst einige Zeit später mit einem polnischen Stempel« (nach Erinnerung mehrerer Kauffunger). »Kam ein Pole auf unseren Hof und fragte den Vater: 'Wem gehört der Betrieb?' Vater antwortete: 'Mir'. Daraufhin erhielt der Vater Ohrfeigen und der Pole rief: 'Betrieb mir' (Tochter J. geb. Heinke).

»Setzten sich in die Landwirtschaften und spielten sich als Herren auf« (aus einem Brief W. Fiebig, Randsiedlung).

Willy Schlosser hat die Besitzübernahme so beschrieben: »Samstag kam ein Pole mit leerer Aktentasche unter dem Arm und suchte bei mir Arbeit; als ich ihm sagte, daß ich schon einen Kutscher hätte und ihn nicht gebrauchen könnte, zog er wieder ab. Zu meinem Staunen kam er Montag mit einem Milizsoldaten wieder, dieser erklärte mir nun, daß sein Begleiter der neue Besitzer sei und ich bei ihm arbeiten müßte. Auf die Frage, wo der Pole schlafen könnte, sagte ich ihm, die Dienstmädchenkammer sei frei; die Antwort darauf: 'Da Du schlafen und Pole in Deinem Schlafzimmer'. Somit war die Übernahme vollzogen. Meine Frau und ich hatten nur noch zu arbeiten und Befehle auszuführen. Auf diese und ähnliche Weise ist dann überall die Besitznahme erfolgt.«

»Als ein Großteil der Russen Ende Juni 1945 abgezogen war, konnten wir erstmals richtig aufatmen. *Aber*... zur Zeit der Roggenernte Ende Juli kamen die ersten Polen nach Kauffung und setzten sich fest. Wir waren am Ende unserer Kraft, wie wir das hörten. Die Polen blieben in den Häusern und Wirtschaften sitzen. Sie nahmen uns alles; wir wußten nicht, was wir essen sollten. Kleidung und Betten, Wäsche wurden auch jeden Tag weniger. Auch den Hausrat und Möbel, alles, alles nahmen sie uns weg. So ging es bis zur Ausweisung am 28. 6. 46«. (Aufgeschrieben April 1955 Klara Fende, Viehring)
Der Pole, der sich im Juli als Ortsvorsteher ausgegeben hatte, übernahm dann die 'Administration' des Stöckelgutes; Getreide wurde im Frühherbst in großen Mengen auf dem Oberbahnhof in Güterwagen verladen, woran sich mehrere Landwirte noch erinnern.

Auf Betreiben des 'Administrators' mußten im *Februar* 1946 alle im Ort vorhandenen *Bienen*stöcke in den Park von Stöckel gebracht werden. Mitten im Winter! Alle Einwendungen nutzten nichts.

»Von mir sind dorthin am 9. bis 12. Febr. 1946 auch 48 Bienenwohnungen gekommen. Bei der Kälte sind viele Völker eingegangen, weil sich die Wintertraube durch die unzeitgemäße Störung aufgelöst hatte.« (A. Wehlte)
Über Ablieferung und klägliches Ende der Bienenvölker hat auch Teuber in den Heimatnachrichten 1957, Nr. 9, S. 1, berichtet.
'Pan Riethel' soll, wie Wehlte 1950 hörte, zu 15 Jahren Gefängnis verurteilt worden sein; vermutlich ein 'Glücksritter'.

Polen hielten sich nicht an die eingespielte örtliche Regelung der Lebensmittelbewirtschaftung, sei es aus Gleichgültigkeit, sei es aus mangelndem Sinn für dererlei Organisation. Milch, Vorräte, Vieh wurden da und dort und dann und wann beschlagnahmt. So kam die deutsche Lebensmittelbewirtschaftung zum Erliegen, schlief ein.
Die *Hungerzeit* begann. Verstärkt durch die Einführung des Zloty als gesetzliches Zahlungsmittel.

Zur *Anpassung* an *Polen* erfolgen etwa Anfang Oktober 1945 drei einschneidende Maßnahmen:

Anordnungen und Bekanntgaben erfolgen nur in *polnischer* Sprache. Deutsch ist als Umgangssprache geduldet.
Die polnische *Währung Zloty* gilt als alleiniges gesetzliches Zahlungsmittel. Deutsches Geld außer Kraft.
Freier Markt wird auch für Lebensmittel verkündet.

Zur Währung Zloty
Eine amtliche Bekanntmachung über die Einführung des Zloty ist nicht in Erinnerung. Auch in der Ost-Dokumentation Bd. I,3 nicht erwähnt. Marknoten werden bei deutschen Staatsangehörigen *nicht* in Zloty getauscht; Münzen bleiben begrenzt im Umlauf.
Bei Einkäufen muß in Zloty gezahlt werden. Also können Deutsche von heute auf morgen keine Lebensmittel einkaufen, geschweige denn andere Dinge, soweit überhaupt vorhanden. Der alte Bäckermeister Heller hat in seinem Tagebuch vermerkt:

»Vom 5. 10. 1945 ab dürfen Brot und Mehl nur gegen Zloty verkauft werden. Sonst wird Geschäft geschlossen. Am 8. 10. 45 letztes Mal gebacken, weil mein Schwiegersohn nicht gegen Zloty verkauft hat. Seit 42 Jahren Bestehen der Bäckerei ist diese das erste Mal stillgelegt.«

Auch für Arbeit bekommen die Deutschen nicht oder kaum Zloty in die Hand. In landwirtschaftlichen Betrieben werden von Polen nur Naturalien bescheidenen Umfangs gegeben.

»Meine Tochter arbeitete beim polnischen Gärtner im Frühjahr 1946, verdiente je Stunde einen Zloty. Für einen kleinen Salzhering zu 70 Zloty mußte man also sieben Tage lang zu täglich 10 Stunden arbeiten« (A. Wehlte).

Der Zlotylohn in gewerblichen Betrieben war gering. Der Lebensunterhalt der Kauffunger/Deutschen war aus Arbeitsentgelt in Zloty nicht gesichert. Eine kleine Möglichkeit, RM in Zloty zu tauschen, bestand bei Kaplan Eckelt. Der Stromverbrauch wurde für die Zeit bis Ende Sept. 1945 in deutschem Geld abgerechnet, auch wenn erst später bezahlt wurde. Auch für Stromverbrauch mußte man dann Zloty haben.

Zum freien Markt für Lebensmittel
Eine Grundvoraussetzung jeden freien Marktes, die Ausgewogenheit von Angebot und Nachfrage, fehlte. Mangel bis zum Hunger und Schwarzer Markt, zumindest für die Deutschen, waren die Folge.

– Der durch die neu eintreffenden Polen/Ansiedler steigende Bedarf kann nicht gedeckt werden.
– Die deutsche Bevölkerung verfügt, wie dargestellt, nicht über Zloty, jedenfalls ganz unzureichend.
– Um Zloty zu erhalten, müssen wertvolle Sachen – soweit noch vorhanden – verkauft werden. Begehrt sind Pelze, Schmuck, Kristall. Man muß unter Preis verkaufen, um Waren über Preis zu erhalten.

233

Die *Ernährungslage* der deutschen Bevölkerung ab Herbst 1945 ist schlecht. »Ich selbst«, hat Lehrer A. Wehlte am 30. 6. 1950 aufgeschrieben, »wurde im Rahmen der allgemeinen Arbeitspflicht als Gemeindearbeiter beschäftigt, ohne Brot und Lohn. Wenn wir nicht noch Vorräte an vollen Weckgläsern gehabt hätten und meine Frau und Tochter Ährenlesen gewesen wären, so wären wir glatt verhungert. Die meisten Kauffunger versetzten ihre Wäsche und Kleidung, um das Leben zu erhalten.«

Besonders schlecht steht es um deutsche Rentner, die ja keine Rente erhalten, und um deutsche Frauen mit Kindern, deren Männer gefallen sind oder nicht am Ort waren: Zeitweise kein Brot. Ortsvorsteher Teuber und Pastor Schröder bemühen sich um stillschweigende Hilfe: Bei Vorzeigen eines Zettels 'Brotmarke' händigen zwei deutsch geführte Bäckereien Brot aus. Bei deutschen Gottesdiensten werden unter der Bezeichnung 'Caritas' und 'Innere Mission' Lebensmittel für Deutsche ohne Geld gesammelt. Einzelne Deutsche, die aus besonderen Gründen gut versorgt sind, geben ab.

Allgemeine Lebensverhältnisse 1946, dem Jahr der Ausweisung

Vorräte bei Einzelhandelsgeschäften erschöpft. Textilien und Schuhe im Ort nicht mehr zu haben. *Ausverkauft...*
Fortdauer der unzureichenden Nahrungsversorgung.
– Sowohl Mangel an Zloty wie an Waren –
Versorgung der deutschen Bevölkerung im Allgemeinen deutlich unterhalb derjenigen der Polen.
Mit der Inbesitznahme gewerblicher und landwirtschaftlicher Betriebe durch Polen kam die Bewirtschaftung ins Stocken; es ergab sich keine Anregung des Wirtschaftslebens.
Alle Gasthäuser, bis auf den Ober-Kretscham, wurden geschlossen (vielleicht auch um der Trunksucht vorzubeugen).
Es fehlte an Holz und vor allem an Kohle. Erzählt wird, daß damals bei übernommenen Anwesen Innentüren und Hausrat, Zäune und Obstbäume verheizt worden sind.

»Wir haben die Anzüge unserer beiden gefallenen Brüder an eine polnische Textilhändlerin veräußert, um dem Büttner-Tischler einen bescheidenen Betrag in Zloty für den Sarg unserer Mutter geben zu können« (Ruth geb. Krause).

Es gab keine Vereine oder Veranstaltungen von und für Deutsche.
Gottesdienste und kirchliche Handlungen mit den beiden deutschen Geistlichen fanden statt. Aber Unsicherheit auf der Straße. Ev. und kath. Einwohner rückten als deutsche Gemeinde näher zusammen. Ev. Kindergarten im kath. Pfarrhaus: Sept. 1945 bis Juni 1946! Zusammenwirken im Kirchenchor.

Änderung des Ortsnamens

Kauffung   Kupno   Wojcieszów

Polen sagten in wörtlicher Übersetzung zunächst *Kupno*, wie auch die Bahnhöfe in Kupno-Gorne (Ober-Kauffung) und Kupno-Dolny (Nieder-K.) umbenannt wurden.
Wohl schon im Herbst 1945 ist Wojcieszów als Ortsname eingeführt worden.

Zur Ansiedlung der Polen 1945/46

Die im Laufe des Sommers 1945, vorübergehend oder bleibend, erschienenen
Polen kamen als Einzelgänger. Manche zogen suchend von Ort zu Ort. Wie
weit sie einem öffentlichen Aufruf von Seiten der polnischen Regierung oder
Anregungen in Zeitungen und Rundfunk folgten, wieweit sie nur ihrem
Spürsinn nachgingen 'da ist was zu holen', war nicht ersichtlich.
Auf jeden Fall wurden sie durch Polizei und Miliz geschützt.
Im Oktober 1945 traf ein *Schub* von mehreren 100 Polen mit Handgepäck
ein, die *aus dem Lemberger Gebiet* umgesiedelt wurden. Schöne Wohnhäuser
waren für sie zu räumen. »Waren einfach da.«
Es ist anzunehmen, daß diese echten Umsiedler von einer polnischen Stelle
nach Kauffung eingewiesen worden sind.
Insgesamt ergibt sich über die Herkunft der Polen folgendes Bild:

> Sie kamen aus Stadt und Land, aus der Landwirtschaft, dem Handwerk, aus
> anderen Berufen. Manche waren ohne Beruf und suchten wohl eine Existenz
> schlechthin. Berufsfremde, die einen Handwerksbetrieb übernahmen, begehr-
> ten vom deutschen Meister angelernt zu werden, z.B. in der Pohl-Mühle.
> Sie kamen aus Inner-Deutschland, wohin ihre Eltern oder sie selbst zu ver-
> schiedenen Zeiten gezogen waren. Gewiß auch Opportunisten dabei! Manche
> werden in ihrem Bewußtsein polnisch geblieben sein.
> Sie kamen
> – aus Belgien und Frankreich (in 1920er und 1930er Jahren ausgewandert)
> – aus Inner-Polen, genannt wurden Radom, Warschau, Tschenstochau und
>   Umgebung, Lublin.
> – aus der Großstadt Lemberg und Umgebung, wie schon gesagt. Also aus dem
>   Gebiet, das bis 1918 als Ostgalizien zu Österreich-Ungarn gehört hatte und
>   im Rahmen der Westverschiebung Polens 1945 Teil der Sowjetunion wurde
>   (West-Ukraine).

Viele der polnischen Ansiedler verstanden deutsch. Manche auffällig gut.
Die Umsiedler aus Lemberg verwiesen auf die knapp drei Jahrzehnte zurücklie-
gende Zugehörigkeit zu Österreich/Ungarn mit Deutsch als Amtssprache. »Ich
war k.u.k.-Leutnant«, betonte ein Mitfünfziger.
Zum Jahreswechsel 1945/46 wird wohl in jedem Haus/Anwesen *ein* Pole, zum
Teil mit Familie, gelebt haben, indes noch nicht in jeder Wohnung. Bei rund 450
Wohnhäusern werden 700–800 Polen bereits in Kauffung gelebt haben.

Am 14. Februar 1946 fand in Polen eine *Summarische Volkszählung* statt, das heißt, es wurde nicht namentlich gezählt, sondern der Gemeindevorstand meldete die ihm bekannte oder von ihm geschätzte Einwohnerzahl; dabei war Volkszugehörigkeit/Nationalität anzugeben. Welche Zahlen damals der polnische Gemeindevorstand für Kauffung/W. genannt hat, ist unbekannt. Das Statistische Amt Polens hat in seinem Amtsblatt 1947 das Ergebnis veröffentlicht (Powszechny Summaryczny spis Ludnosci).

Bei den Wojewodschaften sind die Zahlen für Deutsche und Polen genannt. Für Gemeinde und Kreis sind aber nur die Gesamtzahlen veröffentlicht, ohne Trennung nach Deutschen und Polen; außerdem sind innerhalb der Kreise mehrere Dörfer zusammengefaßt. Für Kauffung allein sind keine Zahlen genannt.

Kreis Goldberg	Einwohner	Pow. Zlotorya
1939		1946
70.243		49.893

Anzusetzen wären im Februar 1946 für Kauffung über 2.500 Deutsche und wohl um 800 Polen.

Bis zum Frühjahr 1946 wurden Familienangehörige von Polen nachgezogen. Im Laufe des Jahres 1946 ist bis zur Ausweisung der Kauffunger im Sommer und November kein besonderer Zuzug von Polen in Erinnerung.

Einwohnerzahlen späterer polnischer Volkszählungen:
1950 nicht bekannt
1960 einschließlich Tiefhartmannsdorf 5.673 Einwohner.

Schutzlos vor Gewalttaten von Polen

Die deutschen Einwohner waren unter polnischer Verwaltung persönlichen Gefahren und Drohungen stärker ausgesetzt als zuvor unter russischer Besatzung. Aber keine Vergewaltigungen. Erschwerend wirkte sich aus, daß Angehörige der polnischen Miliz oft betrunken waren.

Gewalttaten waren an der Tagesordnung.

Jugendliche, Männer und Frauen wurden wegen Nichtigkeiten, unter Vorwänden oder um Angaben über versteckte Sachen zu erpressen, festgesetzt. *Viele, viele* ist in Erinnerung.

In Kauffung oder Tiefhartmannsdorf im Milizkeller eingesperrt.

Für Tage, Wochen oder länger in Goldberg gefangen gehalten. Ohne und mit schweren Mißhandlungen. Mancher grün und blau geschlagen.

>Wir Deutsche vermieden nach Möglichkeit, uns auf der Straße sehen zu lassen, aus Furcht angehalten, ausgeplündert und geschlagen zu werden. So hatten wir wenig Fühlung miteinander. Nur bei gemeinsamem Arbeitseinsatz und in der Kirche traf man zusammen. Beim Einkauf konnte man sich immer weniger sehen, weil die Geschäfte zum Erliegen kamen.«

Männer, die nach der Jahresschlußfeier 1945 von der ev. Kirche nach Hause gingen, wurden von Polen schwer geschlagen.

>Im März 1946 ergriffen mich beim Niemitzgut ein paar junge Polen, hieben mich ins Gesicht und schmissen mich beim alten Gemeindehause in die

Katzbach. Es hatte ein ganz schönes Wasser. Sie tunkten mich mit dem Kopf immer wieder unter, wenn ich wieder hochkam... Ein alter Pole kam mir im letzten Augenblick zu Hilfe.« So hat *Pastor Schröder* erzählt.

»Sie nahmen, was sie kriegen konnten, besonders Kleidung und Wäsche. Mutter, mein Bruder und ich waren auf Arbeit. Abends waren Kleidung und Wäsche gestohlen. Wir besaßen nur noch, was wir am Leibe hatten. Das war im Mai 1946« (Hilde geb. Müller).

»Wir wurden im Bruchhaus auf dem Kitzelberg im Mai 1946, nachts, von einer Bande, bei der wir Milizer erkannten, planmäßig und restlos ausgeplündert. Kauffunger, die davon hörten, brachten uns Wäsche und einige notwendige Sachen« (Ruth geb. Krause).

»Sehr viele zugezogene Polen plünderten, versklavten unsere Bauern, ließen sie mitunter in den Kellern der polnischen Miliz durchprügeln wegen geringfügiger Dinge. Arg zerschlagen und mißhandelt wurden... – zwei Namen –« (Bericht 30. 6. 1950 von A. Wehlte im Bundesarchiv Koblenz).

»Man machte mir, ..., zum Vorwurf, ein Motorrad versteckt zu haben. Als ich dies verneinte, wurde ich in einen Kellerverschlag von ungefähr 1 m mal 1,80 m ohne Sitzgelegenheit eingesperrt; dort habe ich drei Tage verbracht, ohne Essen zu bekommen, obgleich es meine Frau täglich zur Miliz brachte. Am zweiten Tage wurde Frau ... zu mir gesperrt. Gegen Mitternacht wurde ich dann heraufgeholt und auf einem Chaiselongue von zwei Milizern mit Ochsenziemern ausgeprügelt; dasselbe geschah mit Frau ... Diese wurde anderntags entlassen und mußte den Arzt aufsuchen. Mich behielt man noch einen Tag eingesperrt, da ich nicht verraten hatte, wo noch Sachen versteckt waren. Den anderen Tag sollte ich dann nach Goldberg gebracht werden. Was mir dort widerfahren wäre, hatte ich schon von meinem Mieter..., welcher blutverschmiert, verprügelt, mit zerrissenen Sachen vorher aus Goldberg zurückgekommen war, erfahren. So gab ich an, wo ich noch einen Koffer mit guten Textil- und Wertsachen versteckt hatte. Ich wurde sofort von der Miliz begleitet und da sich der Raub gelohnt hatte, freigelassen. Mußte sofort einen Arzt aufsuchen, da mein Kreuz und Buckel vollkommen grün und blau geschlagen war.« (Willy Schlosser)

Tanzmusik – Ähnlich in anderen großen Orten –

Die Polen hatten herausbekommen, wer *Musik* machen konnte und wo noch Instrumente versteckt waren. Also mußten wir!
Wir, das waren mit einem fast vollen Orchester
Pinkawa Horst mit Geige, Schirner Willi, der Friseur, am Klavier, Smykalla Bertold, Trompete, Smykalla Horst, Schlagzeug, Werner Otto mit Akkordeon! Einmal wurde meine Geige von einem Russen weggenommen. Ich in einen Keller der Sparkasse Schönau gesperrt und eine andere Geige 'besorgt', denn Geige war obligat. Dann holte man mich aus dem Verließ und weiter ging es zur nächsten Hochzeit. Die jungen Polen heirateten viel in dieser Zeit.
Die Polen verlangten von uns ab Herbst 1945, als Polinnen im Ort waren, fast jedes Wochenende zum Tanz, bei Hochzeiten und Namenstagen aufzuspielen. Dabei hatten wir die weißen Armbinden abzulegen.

Gespielt wurde in Kauffung im 'Grünen Baum', umbenannt in 'Restoracia Czenstochowska', in Alt-Schönau in der 'Forelle', in den Städten Schönau und Goldberg im 'Hotel Adler', in Kleinhelmsdorf, Röversdorf, Ketschdorf und Seitendorf. In Kauffung waren keine deutschen Mädel dabei, vereinzelt in anderen Orten.

Nach einiger Zeit wurde eine zweite Kapelle aufgemacht. Dabei Lehrer Fritz Spachowski, tagsüber Arbeiter in einer Steinmühle, mit Geige, Schampera Richard, Jäckel Bertold am Klavier, Hoffmann Fritz Schlagzeug. Als *Entgelt* gab es je Abend 20 bis 50 Zloty und Essen.

Am 4. Dezember 1945 wurde aus Anlaß des St.-Barbara-Tages (Schutzpatronin der Bergleute) in der kath. Kirche ein Festgottesdienst gehalten. Es ging mit Marschmusik – ein Herr Alexa aus Kattowitz hatte den Taktstock – mit 12–14 Musikern der ehemaligen Tschirnhauskapelle vom Tschirnhaushof zur Kirche und zurück (2½ km). Man bedenke, daß eben diese Kapelle auch für die SA-Standarte gespielt hatte...

Abends war im Tschirnhaussaal – Haus der Betriebsgemeinschaft (HdB) – ein großes Tanzvergnügen.

Der Bahnverkehr

- talabwärts Mitte Februar eingestellt als in Neukirch ein Stück des Bahnkörpers zur Hauptkampflinie wurde
- von Ober-Kauffung bis zum Knotenpunkt Merzdorf noch bis zum 8. Mai betrieben,

lag ab 8. Mai wegen Brücken-Signal- und Weichensprengungen sowie Zerstörungen an Stellwerken ganz still.

Der Arbeitseinsatz erfolgte nicht nach Berufen. 'Ich hatte gerade die Gehilfenprüfung im kaufmännischen Bereich abgelegt, bekam aber den Auftrag, Türschlösser und Fahrräder instand zu setzen. Anfang August 1945 kam ich zur Bahn in Ober-Kauffung. Ich hatte mich an Hand noch vorhandener Dienstanleitungen mit Signalen und Weichen vertraut zu machen; beim Elektrotechnischen Amt in Hirschberg Prüfung als Signalmonteur. Aufgabenbereich war die ganze Strecke der Bahnmeisterei Ober-Kauffung, also von Merzdorf bis Hermsdorf Bad an der gesprengten Oberau-Brücke (vor Goldberg).

Zuerst wurden Weichen und Gleise auf den Bahnhöfen, dann die Bahn-Brücken bei Werk II und über die Blümelgasse in Ober-K. sowie der Viadukt in Ketschdorf behelfsmäßig wiederhergestellt.

Teilstrecke Merzdorf-Ober-Kauffung mit Anschlüssen bis zu den Kalkwerken zwischen Ende Sept. und Mitte Okt. 45 wieder eröffnet. Zur Einweihung spielte ich im Geisler-Kretscham. Personenzüge 15.30 Uhr an und 21.30 Uhr an Ober-K.; Abfahrt nach Merzdorf am Abend und früh.

Bis zu meiner Ausweisung Ende Juni 1946 war die Teilstrecke talab Ober-Kauffung-Goldberg noch nicht wieder in Betrieb genommen; gewiß wegen mehrerer Katzbachbrücken und den kampfbedingten Schäden am Bahnkörper in Neukirch.'

Dieser Bericht beruht im wesentlichen auf Erinnerungen von Horst *Pinkawa*, Lehrer und Chordirektor in Niedersachsen.

Wohnungen – Hausrat 1945/46

Als viele Kauffunger Einwohner in anderen Orten Zuflucht gesucht hatten, standen ihre Häuser und Wohnungen – ja nach Fortgang – von der 2. Hälfte Februar/März bis Ende April/Mitte Mai oder auch darüber hinaus unbenutzt. Deutsche Soldaten quartierten sich ein, ab Mai auch russische Offiziere. Flüchtlinge aus anderen Orten fanden darin Unterkunft, blieben in Kauffung. Zurückkehrende Einwohner, die ihre Wohnungen besetzt fanden, bezogen anderer Leuts leere Bleibe.
Russische Soldaten durchsuchten und suchten. Polen drangen ein. Wäsche, Kleidung, Einrichtung wurden mitgehen geheißen.
Aber noch sauberhalten? Wenig... Kaum!
Bereits unter russischer Ortskommandantur, vielleicht ab 2. Hälfte Mai, als schon viele Kauffunger zurückgekehrt waren und die Russen ihre Unterkünfte einrichteten, wurden u. a. Möbel aus leerstehenden Wohnungen ausgeräumt, mitgenommen oder in den Nicmitzhof gebracht.
Teils dort in den Unterkünften benutzt,
teils in Wohn- und Wirtschaftsgebäuden untergestellt,
teils unter freiem Himmel liegen gelassen (auch Spiegelschränke, Hunderte von Matratzen, Bettstellen mit Federbetten).

Nach Abzug der Truppenteile aus dem *Niemitzhof* wurde dort ein *Magazin* eingerichtet und die Möbel in Verwahr genommen, wohl auch weiterer Hausrat aus noch leerstehenden Wohnungen hingebracht. Einbrüche! Daher wurden Wachen eingeteilt und hierzu auch Deutsche herangezogen. Walter Schirner hat noch seinen Passierschein. Der im Niemitzhof residierende polnische *Administrator* bestimmte über den hier gesammelten Hausrat sowie über Häuser und Wohnungen der Kauffunger.
Rundfunkgeräte, Nähmaschinen waren, soweit nicht schon einzeln mitgenommen, nach Schönau oder gar nach Goldberg zu bringen.
Klaviere wurden abgeholt, auch gegen Quittung! 'Geliehen!'
Anfang Oktober 1945, am Erntedankfest, sah man Lastkraftwagen talabwärts fahren. Es hieß nach Liegnitz oder sogar nach Breslau. Beladen mit Klavieren, Schreib- und Nähmaschinen...! Der Menge nach konnten diese Sachen nicht nur aus Kauffung stammen. Was daraus geworden ist?

Maßnahmen der polnischen Regierung

Geschehen und Entwicklung der Lebensverhältnisse in Kauffung waren – *abgesehen von der eigenen Gemeinderestverwaltung* – keine Einzelerscheinung, sondern deckten sich mit den allgemeinen Erfahrungen in Ostdeutschland, lagen im Rahmen dessen, was die Schlesier, wie die anderen Ostdeutschen, in den Ostprovinzen unter Polen als Verwaltungsmacht ertragen und über sich ergehen lassen mußten.

Die *Erinnerungen* der Kauffunger entsprechen den Maßnahmen der polnischen Regierungsstellen, den 1944–1947 ergangenen polnischen Edikten, Gesetzen und Verordnungen. Diese sind zusammengestellt in der 'Dokumentation der Vertreibung der Deutschen aus Ost-Mitteleuropa', kurz 'Ostdokumentation' genannt. DTV 1984, Band I,3 enthält auf 500 Seiten polnische Gesetze und Verordnungen 1944–1955. Den Deutschen/Kauffungern blieben die Anordnungen damals unbekannt, weil sie nur in polnischer Sprache veröffentlicht worden sind. Der Kern wird nachstehend kurz wiedergegeben.

Enteignung der Deutschen

Die ansässige deutsche Bevölkerung ist unerwünscht.

Die Reichsdeutschen, die im Sommer 1945 in den Oder-Neiße-Gebieten anwesend sind, werden wie lästige Ausländer behandelt (Ostdokumentation Bd. I,3, S. X). Unmittelbar wird dies aber in den Anordnungen der polnischen Regierung nicht gesagt.

Das *Vermögen* der Deutschen, auch der ortsanwesenden, wird als aufgegebenes Vermögen und als herrenloses Gut angesehen. Bereits in einem Gesetz vom 6. Mai 1945 (Ostdokumentation Bd. I,3, S. 65) heißt es in Art. 2 § 1: »...das Vermögen deutscher Staatsangehöriger ... ist aufgegebenes Vermögen...« Es geht mit Ausnahme unerläßlicher persönlicher Gebrauchsgegenstände – Gepäck bei der Ausweisung! – in das Eigentum des polnischen Staates über (Dekret vom 8. März 1946, Art. 2.1. – Ostdokumentation, S. 126). Man vermeidet die Ausdrücke Enteignung, Konfiszierung, Beschlagnahme. In Erlassen vom 5. und 14. Februar 1946 werden, auch in Vorbereitung der Ausweisungen, Anordnungen zur Erfassung, Übernahme und Sicherstellung von deutschem Vermögen getroffen, insbesondere auch von Hausrat, lebendem und totem Inventar, Werkstätten (Ostdokumentation, S. 106/111).

Übertragung des deutschen Eigentums auf *Polen*

Schon 1946 folgen Regelungen für den *Erwerb* dieses 'ehemals' deutschen Vermögens *durch* die neuen *polnischen* Besitzer und *Ansiedler* oder über anderweite Veräußerung (Dekret vom 6. 12. 1946 – Ostdokumentation S. 339).

Die willkürlichen Besitzergreifungen aus der Anfangszeit wurden nachträglich erfaßt.

Auf Landwirtschaften von mehr als 15 ha Nutzfläche können mehrere Siedlerfamilien angesetzt werden (Erlaß vom 22. 8. 1946 – Ostdokumentation S. 265).

Das Vermögen deutscher juristischer Personen des öffentlichen Rechts geht in das Eigentum entsprechender polnischer jur. Personen über (Erlaß vom 17.

Mai 1946 – Ostdokumentation S. 208). Also auch mit dem Vermögen der deutschen Gemeinde Kauffung einschließlich Schulen, Anlagen für die Feuerwehr und gemeindeeigenen Wohnhäusern geschehen.

Das Vermögen deutscher Kreditinstitute wird vom polnischen Ministerium der Finanzen übernommen.

Im Verlauf der Jahre 1945/46 wurden eingerichtet:

– Liquidationsämter für das ehemals deutsche Vermögen.
  In diesem Bereich amtete der Administrator auf dem Niemitzhof!
– *Örtliche* Kommissionen für das deutsche Vermögen zur Zeit der Repatriierung der Deutschen.
– Ein Staatliches Repatriierungsamt für *Polen* (Dekret vom 15. 8. 44/17. 7. 45 – Ostdokumentation S. 91). Aufgabenbereich: Bevölkerungsumsiedlung aus anderen Gebieten Polens in die wiedergewonnenen Gebiete.
  Regulierung eines planmäßigen Zustroms von Repatrianten und Umsiedlern, planmäßige Verteilung der Repatrianten und Umsiedler...
  (Dies Amt wird bei der Ansiedlung von Polen aus Belgien, Frankreich, Innerpolen und insbesondere bei der Umsiedlung aus dem Lemberger Gebiet nach Schlesien, also auch nach Kauffung, mitgewirkt haben.)
– *Bodenämter* nebst Bodenfonds.
– Kommissionen für die landwirtschaftliche Ansiedlung (Verordnung vom 31. 3. 1946 – Ostdokumentation S. 265).

Verwaltung

Die *deutschen Ostgebiete*/Oder-Neiße-Gebiete nennt *Polen* bereits 1945:
Die westlich und nördlich der Staatsgrenzen von 1939 gelegenen Gebiete, kurz die Wiedergewonnenen Gebiete.

Mit Dekret der polnischen Regierung vom 13. Nov. 1945 (Ost-Dokumentation Bd. I,3, S. 95) wird ein *Ministerium für die Wiedergewonnenen Gebiete* gebildet.

Aufgabenbereich u. a.:
Planmäßige Ansiedlung von Polen
Verwaltung des ehemals deutschen Vermögens.

Bereits ab April/Mai 1945 war ein Bevollmächtigter der polnischen Regierung für den Verwaltungsbezirk Nieder-Schlesien eingesetzt.

Ein Jahr später wurde die in Polen übliche Einteilung in Wojewodschaften – ähnlich Regierungsbezirken – auf Schlesien ausgedehnt. Der größte Teil Nieder-Schlesiens kommt zur Wojewodschaft Breslau, auch der Kreis *Goldberg* und damit Kauffung (Verordnung vom 29. Mai 1946 – Ostd. Bd. I,3, Nr. 60, S. 225).

1975 wurde die Verwaltung in Polen neu gegliedert. Seitdem gehört das obere Katzbachtal samt dem alten *Kauffung* – Wojcieszów – zur neuen woj. Jelenia Góra – Hirschberg im Riesengebirge.

Schlesien bildet jetzt unter polnischer Herrschaft keine politische und verwaltungsmäßige Einheit mehr.

Die von Kauffungern ab Sommer 1945 bis zur Ausweisung erlebte *Schutzlosigkeit* vor Plünderern wird allgemein belegt durch einen zur 'Aufrechterhaltung der Sicherheit' ergangenen Befehl der militärischen Spitze Polens vom 3. 12. 1945 und eine Verordnung des Ministers für die Wiedergewonnenen Gebiete vom 27. 2. 1946 (Ostdokumentation, Bd. I/3, S. 115). Beide Anordnungen richteten sich gegen Diebesbanden, Bandentum, Marodeure, die sich im Land ausbreiten, denen Polen – nicht nur Deutsche – ausgesetzt waren. Beschrieben von W. Gora in 'Volksrepublik Polen', S. 135, Warschau 1976, deutschsprachige Ausgabe (Ost)Berlin 1979. Eine Staatsgewalt mußte sich erst durchsetzen. Deutsche konnten zudem *nicht* wagen, sich irgendwie zur Wehr zu setzen; wäre tödlich gewesen.

Das in Kauffung im Sommer 1945 bemerkte Kommen und Gehen von Polen unter Mitnahme von Sachen muß verbreitet gewesen sein, denn am 19. 2. 1946 wurden Maßnahmen gegen die *Verwüstungen* von Wohnungen und Arbeitsstätten bekannt gegeben (Ostdokumentation Bd. I/3, S. 113):

> »Es kommen zahlreiche Fälle vor, daß Ansiedler (vorwiegend Umsiedler aus Zentralpolen) nach kurzem Aufenthalt in den Wiedergewonnenen Gebieten an ihre alten Wohnorte zurückkehren, willkürlich die ihnen zur Benutzung überlassenen Wohnungen, landwirtschaftlichen Höfe und Werkstätten verlassen und dabei das übernommene oder ohne Schutz zurückgelassene staatliche Vermögen verwüsten, wegführen oder veräußern…«

Die Worte *Repatrianten* und *Repatriierung* werden polnischerseits gebraucht sowohl für die Umsiedlung von Polen ins polnische Staatsgebiet und nach den Oder-Neiße-Gebieten wie für die Ausweisung der Deutschen aus den Oder-Neiße-Gebieten.
Wörtliche Übersetzung aus dem Lateinischen: Rückkehrer ins Vaterland.

Polen, Staat und Volk, halten im Großen und Kleinen auf Geschichte.

> Die Dorf- und *Haupt*straße in *Kauffung* wurde schon im Herbst 1945 'Boleslawa Chrobrego' genannt. Gewiß nach dem bedeutenden Piastenherzog Boleslaw I. Chrobry, um das Jahr 1000, später erster polnischer König.
>
> Polnische Veröffentlichungen befassen sich laufend mit Vergangenheit und Entwicklung Schlesiens seit 1945. Unter polnischer Sicht versteht sich. Genannt sei hier aus einer Schriftenreihe: 'Zasiedlanie…' von J. Kociszewski, erschienen 1983; zu Deutsch 'Die Besiedlung und Bewirtschaftung Niederschlesiens in den Jahren 1945–1949 unter besonderer Berücksichtigung des schlesisches Gebirges'.
> Leider steht keine Übersetzung dieser der Lage nach auch Kauffung einbeziehenden Schrift zur Verfügung.

In polnischer Gefangenschaft und Haft

Eine nicht mehr bekannte Anzahl von Kauffungern ist nach Auflösung der russischen Ortskommandantur, als die polnische Miliz allein bestimmte, von dieser zwischen Herbst 1945 und Juni 1946 'abgeholt' worden. Einige möglicherweise wegen Zugehörigkeit zur 'Partei'. Bestimmte Gründe oder 'Verurteilungen' wurden nicht bekannt. Frauen sowie manche Männer wurden nach Wochen oder Monaten entlassen, andere Männer befanden sich mehrere Jahre in den Gefängnissen von Jauer und Brieg, vielleicht auch anderenorts. Schlimme Jahre!

Fritz *Keil*, Hauptstr. 100, neben Berger-Sattler, war schon im Sommer 1945 von Polen 'abgeholt' worden. Viele Jahre Haft waren verkündet und wären der Tod gewesen. Auf kräftige Fürsprache von Dr. Schultz im Frühsommer 1947 aus dem Gefängnis Jauer entlassen. (Erinnerung der Tochter Lotte...)
Fritz *Seidel*, wie andere Männer ebenfalls im Juni 1946 'abgeholt', ist am 25. Mai 1949 in Breslau im Gefängnis verstorben. (Erinnerung Walter Seidel)
Sechs Männer sind erst 1949 entlassen worden, also drei Jahre nach der Ausweisung der Deutschen/Kauffunger, ihrer Angehörigen.
Paul *Schubert*, der sich im April 1949 noch in polnischer Haft befand, ist bald nach der Entlassung am 2. 7. 1949 in Arnsdorf (Sachsen) verstorben.
Fünf Männer wurden vom April bis Juli 1949 aus dem Gefängnis in Brieg entlassen (Rundbrief Nr. 13, S. 5).
Fritz Damelang am 3. 4. 1949
Wolfgang Grosser am 1. Pfingsttag   nach der sowjetischen
Förster Max Titze am 15. 7. 1949   und britischen Zone
Gärtner Richard Nietzold am 31. 7. 1949

Lokführer Paul Leukert 1949 nach Kauffung

Gärtner Nietzold war ohne Angabe eines Grundes Anfang Juni 1946 'abgeholt' worden, kurz vor der Ausweisung seiner Familie, kam als kranker Mann heraus und ist am 11. Nov. 1952 an den Folgen der Gefangenschaft gestorben. – Eine allgemeine Darstellung über Deutsche in polnischer (Kriegs)Gefangenschaft enthält das Sammelwerk »Zur Geschichte der deutschen Kriegsgefangenen des 2. Weltkrieges« und zwar Bd. IX *Polen*. Auf Seite 39 ff werden die harten Lebensbedingungen in polnischem Gewahrsam geschildert und 'Verurteilungen aus politischen Gründen' erwähnt; das Schicksal deutscher Straf- und Untersuchungsgefangener in polnischen Gefängnissen ist nicht beschrieben (S. 40 Abs. 3). –

Julius *Grüterich*, Labor Kalkwerk Tschirnhaus, ist von Polen schwer mißhandelt worden und an den Folgen am 8. 7. 1949 in Wuppertal verstorben. (Erinnerungen von Angehörigen)

Gewaltsamer Tod
Es gehört zu vermerken, daß sich nach schweren Mißhandlungen ein Kauffunger am 28. März 1946 das Leben genommen hat.

»Die polnische Miliz herrschte als 'Organ der öffentlichen Sicherheit' in den deutschen Dörfern und Städten... Von Ausnahmen abgesehen, hat diese von den polnischen Behörden aus dem Boden gestampfte Miliz eine für die deutsche Bevölkerung verhängnisvolle Rolle gespielt. Sie mißbrauchte ihre

Ordnungsgewalt zu zahllosen Plünderungen...« (aus Ostdokumentation Bd. I/1, ab Seite 109 E mit weiteren Berichten).

Man meint, daß die Schutz- und Rechtlosigkeit der Deutschen die beabsichtigten Ausweisungen vorbereiten sollte.

Übergang, Glück und Tod an der Neiße

Schlesien blieb seit dem Sommer 1945 von Deutschland westlich der Neiße abgesperrt. Es gab kein offenes Herüber und Hinüber. So versuchten Einzelne, auch junge Mädchen und Frauen, auf eigene Faust Angehörige, die westlich der Neiße in Sachsen und Thüringen lebten, persönlich aufzusuchen. Voran galten diese Unternehmen Vätern und Männern, die aus der Kriegsgefangenschaft dorthin entlassen worden waren. Manche(r) wollte erkunden, ob und wie verbliebene Wertsachen vor den Polen in Sicherheit gebracht werden könnten. Ein Wagnis und überaus anstrengend zudem. Deutsche durften ja die Bahn nicht benutzen. Also entweder zu Fuß oder entgegen Verbot mit der Bahn! Von Kauffung bis zur Neiße 70 km Luftlinie. Auf jeden Fall war *entgegen* den polnischen Vorschriften, nach denen die Deutschen den Wohnort nicht verlassen durften und stets weiße Armbinden zu tragen hatten, zu handeln.
Im Bereich der Neiße *nur* zu Fuß und wissen, an wen man sich wenden konnte. Das Gefährlichste: Posten an der Neiße umgehen; polnische im Osten, russische im Westen. In der sowjetischen Besatzungszone durchschlagen mit wenig RM.
Und dasselbe auf dem Rückweg nach Schlesien/Kauffung!

Bei einem solchen Unternehmen wurde die Tochter vom *Pohl*-Müller 'Pohl Trautel' am 13. April 1946 von einem russischen Posten nach dem Übergang über die Neiße auf deren Westufer *erschossen*.

Sie hatte ihren in Mittel-Deutschland vermuteten Mann suchen wollen. Begleitet von einer Kauffunger Freundin, die Verbindung mit Verwandten in Thüringen aufnehmen wollte. Zu Fuß mit Karte auf Nebenwegen, an Lauban vorbei bis flußaufwärts von Görlitz. Eine Nacht im Haus einer alten Frau. Anderntags Rast und Beratung bei einem Gärtner mit Verwandtschaft in Kauffung. Ein junges Mädchen und zwei junge Leute gesellten sich hinzu. Weiter über freies Feld! Vollmond zwang zum Hinlegen. Es schneite. Nach Mitternacht wagten schließlich die *Fünf*, die Neiße auf dem Kamm eines Wehres zu überqueren. Geschafft!
Da schoß ein russischer Posten in die Gruppe.
Waltraud Grytz geb. Pohl war tödlich getroffen, ein Mädchen und einer der jungen Burschen verwundet.
Der Kauffunger Freundin blieben traurige Aufgaben...

Unverhofft erwies sich ein Helfer als Kauffunger. Leider hieß es, daß eine Frau aus dem Ort die Übergangsstelle dem russischen Posten genannt habe. – Kind der Toten in Obhut der Großeltern in Kauffung.

Erinnerungen von Ursula G. geb. Jäckel

244

Ein anderes Unternehmen, etwa vom 20. bis 31. Mai 1946
»Am Morgen des Tages, an dem die Todesnachricht in Kauffung bekannt wurde, hatten wir uns, eine Freundin und ich, damals zwei junge Mädel, auf den Weg gemacht:
Zur Schwester in Dresden – ich, den Vater in Erfurt suchen! Dies gelang damals trotz Mühe nicht...
Zwischen Hirschberg/Rabishau und Lauban/Lichtenau wagten wir die Bahn – 'hin- und zurückzu' – *ohne* weiße Armbinde. Auf dem Weiterweg, mit Armbinde, von Polen zur Gebäudereinigung festgehalten.
Oberhalb Görlitz bei Moys-Exerzierplatz-Weinhübel, eine Sandbank ausnutzend, wurde die Neiße überquert; Einheimische zeigten den Weg. Mit Bahn westlich Görlitz – Dresden – Erfurt und zurück...
Dicht an der Neiße vor Aufpassern gewarnt.
Am hellichten Tage mit Zurufen Heu wendender Leute – ein Mann tauchte auf, schloß sich an – quer durch die Neiße. Beiderseits wenig Deckung, aber der Gartenstuhl des polnischen Postens war leer.
Das Wagnis gelang! Die Füße trugen schnell von der Neiße weg...
Noch eine Nacht im Getreidefeld. Wohlbehalten wieder zu Hause.«
Erinnerung von Hildegard H. geb. Müller

Lichtblicke

Einige freundliche Zurufe und Handlungen sind in der Erinnerung haften geblieben.
– So der Ausruf einer aus Lemberg nach Kauffung umgesiedelten Polin:
»Ihr Deutschen könnt Liegnitz haben so oft Ihr wollt. Wir wollen zurück nach Lemberg!«
– Eine Frau saß mit sieben Kindern unbeweglich am Bahnhof Ober-Kauffung. Kaum Gepäck. Wollte nicht in ein Haus hineingehen: »Gehört mir nicht!«
– Polnische Ansiedler fragten:
»Seid Ihr nun böse auf uns, weil wir in Euren Häusern wohnen? Wir können sowenig dafür wie Ihr.«
– Ein polnischer Bäcker ließ hungernden Deutschen Brot zukommen.
– Auf dem großen Bahnhof Kohlfurt standen zugleich Züge aus Schlesien ausgewiesener Deutscher und nach Schlesien umgesiedelter Polen. Eine Polin gab Milch von ihrer mitgenommenen Ziege an eine deutsche Frau für ihr Kind!

Rudolf von *Gersdorff* traf, selbst Schlepper fahrend, auf eine Trecker-Brigade mit polnischen Adligen als Fahrern. Die ehemaligen polnischen Herren bemerkten: »Wir wurden von deutscher Polizei besser behandelt, als Ihr von der polnischen Miliz!«
Und trotzdem eine *Tat* beim Brande des Gasthofs 'Zum Hirsch' im Spätherbst 1945. Deutsche Eigentümer: Die Geschwister Arndt.
»Als das Haus schon in Flammen stand, die Treppen brannten, rettete der deutsche Eigentümer vom Gut Niemitz-Kauffung, Herr Rudolf von Gersdorff, die polnische Gastwirtsfrau mit ihrem Säugling mittels einer am Hausgiebel angelegten Leiter.« So von Lehrer Arthur Wehlte im Juni 1950 berichtet.
Bald darauf, schon ab 30. November 1945, durfte R. v. Gersdorff nicht mehr auf seinem Hofe wohnen. Er fand in dem genannten Gasthof eine Bleibe.

Kinder

Das *Tauf*register der evangelischen Kirchengemeinde Kauffung ist bis zur Ausweisung im November 1946 geführt worden und vorhanden. Wie man aus den Taufen folgern kann, ist die Anzahl der Geburten während des 2. Weltkrieges bis zum Herbst 1945 unverändert geblieben, ausgenommen ein Rückgang 1942 um 1/10 und 1943 um 1/4.

Für 1945 keine Eintragungen von Taufen in den Monaten März, April, Mai, aber Nachholen von Taufen im Juni, als viele Einwohner zurückgekommen waren und mehr als die Hälfte der Kauffunger wieder im Ort lebten.
Ab Herbst 1945 ist die Anzahl der Taufen von vorher 5–6 im Monat auf 2, dann auf *eine* Taufe monatlich gesunken, ausgenommen Februar 1946 mit fünf Taufen.
Letzter Taufeintrag am 13. November 1946.

Krankenhaus und Altersheim 1945/46

Das 1907 gebaute *Krankenhaus* hatte den Kauffungern bei Unfällen, anstekkenden Krankheiten, einfachen Eingriffen und Operationen gedient.
Am 14. 2. 1945 wurden Patienten und Diakonissen in einem Flüchtlingszug mitgenommen.
Stand nicht lange leer. Verwundete deutsche Soldaten wurden gebracht. *Hauptverbandsplatz* für die deutsche Fronttruppe mit Truppenarzt, Sanitätern und zeitweise Wehrmachtspfarrer, wie beim deutschen Heer üblich. Am 7. und 8. Mai 1945 zurückgehende deutsche Truppen nahmen ihre verwundeten Kameraden mit.

Lazarett der *Roten Armee*. Beim Abzug ausgeräumt.
Ab Sommer 1945 wieder *Krankenhaus* für Kauffunger.

»Einige Ausstattung haben wir im Dorf gesammelt«, hat Pastor Schröder erzählt. Auch mit der Verpflegung war das so eine Sache.
»Meine Mutter wurde im Sommer 1945 von Dr. Schultz operiert. Er erbat sich als Gegenleistung sechs Säcke alte Kartoffeln für das Krankenhaus« (G. geb. Heptner).

Die Diakonissen Frieda und Martha kamen im Mai/Juni 1945 nach Kauffung zurück; im Krankenhaus tätig bis Februar 1946, im Ort bis zur Ausweisung im Mai 1947.
Ab Mai 1946 war das Krankenhaus nur noch von Polen belegt und verwaltet.
Zusammengestellt nach Berichten von Kauffungern.

Das 1927 gebaute *Altersheim*/Marie-Luisen-Heim im Niederdorf wurde mit dem Krankenhaus am 14. 2. 1945 von den etwa 25 Insassen geräumt.
Blieb einige Monate unbenutzt oder war Quartier von durchziehenden Flüchtlingen.
Vorübergehend ab Mai von der russischen Kommandantur als *Gefängnis* für kurz festgenommene Deutsche benutzt (Teuber, Heimatnachrichten 1958, Nr. 10, S. 11).

Einige Monate leerstehend.

Ab 10. Februar 1946 *Hilfs*-Krankenhaus für *Typhus*kranke.

Deutsche und Polen aus Kauffung und Umgebung. Ausgestattet mit restlicher Einrichtung der alten Leute.

Behandelnder Arzt: Dr. Schultz aus dem Ort.

Schwestern: Frau Erna Witschel (Schwägerin von Direktor Witschel und bis
1945 in der Leitung des DRK für Schlesien),
Ilse Dannert mit damals 18 Jahren als Hilfsschwester.

»Ich bekam ab und zu durch Vermittlung des Arztes 100 Zloty als Anerkennung, aber kein Gehalt«.

Hausmeister: Ein Ehepaar aus einem anderen Ort Schlesiens.

Verwaltung: Kantor *Liebs* bis zu seiner Ausweisung Ende Juni 1946.

Die Patienten machten sich mit Kuhglocken bemerkbar.

Anfang 1947 war der Typhus abgeklungen.

Danach besondere Verwendung.

Am 15. 4. 1947 als Hilfskrankenhaus aufgelöst.

Beide »Typhusschwestern« im April/Mai 1947 ausgewiesen.

Wesentlich nach Bericht von Ilse, geb. Dannert.

Die Friedhöfe

Die Toten des Dorfes sind wohl von der Ansiedlungszeit an auf dem Kirchhof um die Dorfkirche/kath. Kirche begraben worden; unberührt von Reformation, Gegenreformation und dem 1742 erfolgten Bau eines evangelischen Bethauses. An der Kirche waren Grüfte für die adeligen Familien eingelassen. Auch evangelische Geistliche fanden dort die letzte Ruhestätte.

Erst nachdem 1853 eine kath. Pfarrgemeinde gebildet worden war und zwei Kirchengemeinden, die evangelische und die katholische, im Ort bestanden, wurde im Jahre 1876 der uns bekannte ev. Friedhof angelegt. Er befand sich zwischen evangelischer Kirche und Viehringbach. Fläche über 3/4 ha mit etwa 75 m × 100 m im Geviert; mit einer Bruchsteinmauer eingefriedet. Längs der Mauer Erbbegräbnisse von Familien; innen die Reihengräber auf vier Feldern. Die Älteren werden sich noch an den hohen Lindenbestand erinnern. »Es war fast feierlich, wenn man in ihrem Schatten ging«, schrieb Pastor Schröder. Zur Blütezeit von Bienen fleißig aufgesucht. Sogar *Eulen* wohnten darin, sahen unbeweglich von oben herab auf uns, schwebten als Vögel der Nacht, vom Licht angezogen, um das Pastorhaus. Verklungene Romantik!

1937 sind die Linden, weil sie die Grabpflege zu sehr beeinträchtigten, gefällt und gerodet worden. Achtzig Rotdornbäumchen wurden längs der Wege gesetzt und stehen noch.

Nach der Ausweisung der Deutschen und Ansiedlung der Polen in den Jahren 1946/47 wurde von der polnischen Verwaltung zwischen 1948 und 1950 ein *neuer Friedhof* im Osten des vormaligen ev. Friedhofs *angelegt.* Ein Teil der

Gräber auf dem kath. Kirchhof ist bald für einen Andachtsplatz und breiteren Zugang zur Kirche eingeebnet und dieser Kirchhof dann ganz geschlossen worden. Begräbnisse der verbliebenen ev. Kauffunger fanden mit Ausnahmen weiter auf dem ev. Friedhof statt und zwar bis um 1970.

Fast alle Gräber auf beiden alten Friedhöfen waren nach den Ausweisungen verwaist. Für die Ausgewiesenen bedeutete die Unmöglichkeit, die Gräber der Angehörigen zu besuchen und zu pflegen, einen zusätzlichen Schmerz zum Verlust von Habe, Haus und Hof.

Zur Heimat gehören die Gräber. Die wenigen zurückgebliebenen Deutschen konnten nur starke Überwucherungen entfernen.

Schlosser Fritz *Binner,* von sich aus und im Auftrag der verbliebenen Deutschen um ev. Kirche, Pastorhaus und Friedhof besorgt, hat nach seiner Aussiedlung 1957 berichtet:

>»Vom 19.–25. Oktober 1953 wurden auf dem ev. Friedhof mindestens 2/3 aller Denkmäler umgeworfen und die Inschriften zertrümmert.
>Dies ist nach Goldberg und Breslau gemeldet worden. Wir haben durch Zeugen die Namen der polnischen Jungen festgestellt. Sogar der Junge war dabei, dessen Eltern (Polen) im Pastorhaus wohnten, und dessen Vater auf den Friedhof aufpassen sollte...«
>Zusammen haben sich damals andere Deutsche und F. Binner nach Kräften bemüht, die Grabsteine wieder aufzurichten.

Nach 1971 sind von der polnischen Verwaltung alle Grabsteine entfernt und abgefahren worden. Die Gräber wurden eingeebnet und die ganze Fläche mit Gras besät.

Der *neue* (polnische) Friedhof ist bereits belegt; deshalb finden seit Herbst 1984 alle Beerdigungen auf dem früheren ev. Friedhof statt.

Erstes Begräbnis: Die alte Frau *Strehlow.*

Beisetzungsstätten im Walde:
Die *Busse*gruft nahe dem Lesthof/Seiffen am Fuße des Kellerberges,
Erbbegräbnis der Familie v. *Bergmann* am Nordostrand des großen Mühlbergs,
Grablege v. *Zedlitz* nordwestlich des Raubschlosses, jenseits des Lauterbachs mitten im Walde, zum Niedergut gehörig. Alte Figurengrabsteine. Im Meßtischblatt nicht eingezeichnet.
Die Totenruhe ist 1945 und danach gestört worden.

Das Kriegerdenkmal

für die Gefallenen des 1. Weltkrieges.

Hier waren auch Gedenkkreuze für die im 2. Weltkriege gefallenen Kauffunger aufgestellt worden (Bild S. 200). In den Kämpfen um das Katzbachtal gefallene deutsche Soldaten fanden dort ihre letzte Ruhestätte. Denkmal, Kreuze und Soldatengräber überdauerten den Mai 1945. Eine der später vorbeimarschierenden russischen Einheiten hat mit 'Die Augen links' und

geschultertem Gewehr den Toten die Achtung erwiesen (Teuber in Heimatnachrichten 1959, Nr. 3, S. 8).

Von Polen wurde der schmückende und wachende Adler abgeschossen.
Bei der ersten polnischen Fronleichnamsprozession 1946 war dort ein Altar
aufgebaut; Blumenschmuck vom Sturm verweht... Gerüchte!
Daraufhin wurde im Sommer 1946, um die Zeit der ersten Ausweisungswelle,
das Denkmal abgetragen, der Sockel gesprengt, die Kreuze entfernt. Das
Grundstück ist jetzt Wiese.

*Ihren gefallenen Kameraden die dankbare Gemeinde. Kriegerdenkmal in
Kauffung a. d. Katzbach für die Gefallenen des 1. Weltkrieges.*

Die Vertreibung

Der Übernahme der deutschen Gebiete ostwärts von Oder und Neiße durch Polen als Verwaltungsmacht (und vom nördlichen Ostpreußen durch die Sowjetunion) folgte die *Ausweisung*/Zwangsumsiedlung der deutschen Bevölkerung, somit auch der Schlesier.

Potsdamer Abkommen vom 2. Aug. 1945 Abschnitt XIII:

»...Die drei Regierungen (Großbritannien, USA, Sowjetunion) erkennen an, daß die Überführung der deutschen Bevölkerung oder Bestandteile derselben, die in Polen ... zurückgeblieben sind, nach Deutschland durchgeführt werden muß. Sie stimmen darin überein, daß jede derartige Überführung, die stattfinden wird, in ordnungsgemäßer und humaner Weise erfolgen soll.« Was war mit 'Polen' gemeint?

17. Okt. 1945 *Ausweisungsplan* des Kontrollrates zur Überführung der deutschen Bevölkerung.

14. Febr. 1946 *Abkommen* zwischen britischen und polnischen Vertretern, »daß die Aussiedlung und Überführung der Deutschen in humaner und ordentlicher Weise durchgeführt werden« müsse. Fahrtrouten, Ausweisungsquoten für Zeitabschnitte... Bewachung der Transporte sowie Verpflegung und ärztliche Fürsorge...

Schon Ende Juni/Anf. Juli 1945, also *vor* dem Potsdamer Abkommen, waren deutsche Einwohner aus einem Landstreifen ostwärts der Oder und Neiße von bewaffneten Polen über die Neiße in das Gebiet der sowjetischen Besatzungszone getrieben worden. Nach Einstellung dieser Aktion teilweise zurückgekehrt. Andere wilde und gezielte Ausweisungen aus Ostdeutschland folgten im Herbst 1945. Ab Frühjahr 1946 begann die planmäßige Ausweisung der deutschen Bevölkerung; durchgeführt bis zum Herbst 1947.

In der Ostdokumentation Bd. I/1 ist »Die Ausweisung der deutschen Bevölkerung aus den Gebieten östlich der Oder-Neiße-Linie« auf den Seiten 136E bis 160E dargestellt, nebst Dokumenten in Bd. I/2, ab Seite 653.

Von der polnischen Regierung wurde die vollständige Aussiedlung der Deutschen ab Anfang 1946 durch verschiedene Verordnungen vorbereitet: Bezüglich *Vermögen* wurde am 14. 2. 1946 verfügt, daß unverzüglich nach der Entfernung der Deutschen ihr zurückgelassenes bewegliches und unbewegliches Vermögen sicherzustellen sei (Ostdokumentation, Bd. I/3, Seite 111). Hierfür wurden auch örtliche Kommissionen gebildet.

Bezüglich *Personenkreis* erging am 16. 5. 1946 eine Verordnung über die Kontrolle der Bewegungen der deutschen Bevölkerung. Zweck war, zu verhindern, daß sich Deutsche der Ausweisung entzogen. Man nannte das 'Sicherung eines ordnungsgemäßen Verlaufs der Repatriierungsaktion der deutschen Bevölkerung' (Ostdokumentation, Bd. I/3, Seite 206).

Über die übliche Meldepflicht hinaus wurde Aufenthaltsbeschränkung verfügt.

Die *Ausweisung* der Deutschen ist in den öffentlich bekannt gemachten polnischen Gesetzen und Verordnungen nirgendwo wörtlich genannt und ausschließlich auf dem Wege von Verwaltungsanordnungen gehandhabt worden (so Ostdokumentation, Bd. I/3, Seite XI).

Auch in *Kauffung* ist von polnischen Stellen die bevorstehende Ausweisung der einheimischen Kauffunger/Deutschen *nicht* allgemein angekündigt worden. Nur Gerüchte eilten voraus.
Am Abend zuvor wurde durch Boten des polnischen Ortsvorstandes ein Handzettel übergeben mit Namen und Angabe, wo man sich einzufinden habe, mit Gepäck. Der Zweck, die Ausweisung, ist nicht genannt.

Bevölkerungs-'Transfer'   Ausweisung   Aufnahme

sind 1946 und 1947 allgemein und für die Kauffunger in dem nachstehend geschilderten Rahmen abgelaufen.
In den Heimatorten hatten sich die namentlich zur Ausweisung bestimmten Deutschen an Sammelstellen zu früher Stunde einzufinden. Kontrollen.
Zu Fuß zu entfernten Verladebahnhöfen, obwohl mit Bahn ab K. möglich gewesen wäre.

In *Kauffung* 6 Marschgruppen 23 km nach Hirschberg
1 Gruppe über Hirschberg bis Löwenberg/Plagwitz
3 Gruppen nach Licgnitz (2 mit Lkw, 1 zu Fuß, 45 km)

Teils für eine Nacht oder mehrere Tage in Durchgangs-/Sammellager, teils bald mit *Bahn* weiter.
Zusammenstellung der Bahntransporte in Güterwagen.
Zur Mitnahme von *Gepäck.*
Allgemein 'soviel man tragen kann'. Bekanntgaben, wieviel Gepäck zulässig sei, sind in Kauffung nicht in Erinnerung. Man nahm daher soviel mit, wie man tragen und/oder in einem Handwagen befördern konnte. Voran Verpflegung für einige Tage, dazu Eßbestecke, Teller, Kochtopf; ferner Bekleidung, Wäsche und Betten, Urkunden.
Wiederholte 'Gepäckkontrollen' und Wegnahme von Sachen durch Polen in und ohne Uniform (Gepäckkontrollkommissionen und Plünderer)
1. an der Sammelstelle in Kauffung
2. auf dem Fußmarsch nach Hirschberg
3. vor dem Bahntransport
4. in den Zügen bis Kohlfurt
wurden als Ausplünderung empfunden, brachten die Ausgewiesenen um die letzte Habe. 'Was Gefallen fand wurde abgenommen'.
Erhalt von *Verpflegung* unterwegs ist nicht in Erinnerung, nur *Tee* in Kohlfurt. Bei langem Halt wurde auf dem Bahnkörper behelfsmäßig gekocht. Manche versuchten zu 'organisieren'.
Schwierig war die Versorgung mit *Handgeld.* Reichsmarknoten hatten abgegeben werden müssen, so war RM kaum noch in größeren Beträgen vorhanden. Zloty durften nicht mitgenommen werden. Dies bedeutete, daß man unterwegs und am Ankunftsort mittellos sein würde ...
Hausfrauen haben noch vorhandene deutsche Münzen in Brot eingebacken, nachts. Es wurde auch versucht, Sparbücher durchzubringen.

Alle *Bahntransporte* liefen über den Eisenbahnknotenpunkt *Kohlfurt* nordöstl. Görlitz und zwar sowohl in die *Britische Zone* wie ab November 1946 in die *Sowjetisch* besetzte Zone/SBZ. In *Kohlfurt* befand sich eine Britische Militärmission zur Übernahme der Transporte = Übernahmestelle.

Fachausdruck: Swallow operation = Unternehmen Schwalbe.
'Schwalbe' als Sinnbild für Zugvogel! Absicht?
Vorsorgehalber von amtswegen 'Entlausung'.
Es fiel auf, daß die englischen Offiziere Abstand zu den Polen hielten.

Von Kohlfurt Weiterleitung durch die SBZ – etwa 400 km – nach *Ülzen* (zwischen Hannover und Hamburg).
Hier verteilt auf Aufnahmekreise in Niedersachsen und Westfalen.
In den Kreisstädten/Ankunftsbahnhöfen verteilt auf Gemeinden.
Sowohl in Ülzen wie in den Kreisstädten und Orten Wartezeiten... von Stunden bis zu mehreren Tagen in Durchgangs- und Sammellagern. Einweisung in Wohnungen.

Transporte von *Kohlfurt* in die *SBZ* kamen 2–4 Wochen in *Quarantänelager*.
'Entlausung war Trumpf'.
Anschließend – zum Teil nach vier Wochen – Sammelunterkunft – auf Kreise, Orte, Wohnungen in *Sachsen* und *Thüringen* verteilt.

»Se joata ins naus. Woas mer do duchte, koan ma nie soan!«
– Pastor Schröder zur Ausweisung in einer Ansprache 1980 –
»Sie jagten uns heraus. Was wir dachten, kann man nicht sagen.«

Die *Ausweisungen* der Kauffunger erfolgten 1946 und 1947.

	1946		Anzahl	In Erinnerung
1.	Mittwoch,	26. Juni		Im Juni je Tag 250–300,
2.	Donnerstag,	27. Juni	1.000 bis	am Freitag 150. Man sagte:
3.	Freitag,	28. Juni	1.100	Fast die Hälfte der damaligen
4.	Samstag,	29. Juni		deutschen Bevölkerung.
5.	Totensonntag,	24. Nov.	834	Teuber in Heimatnachrichten
	1947			
6.	Montag,	28. April	115	Über Hundert
7.	Freitag,	16. Mai	170	150–200
8.	Freitag,	8. August	150	150 und mehr
9.	Montag,	1. Sept.	37	35–40
10.	Samstag,	27. Sept.	9	Post-Schmidt

1946/47 wurden insgesamt 2.300 bis 2.400 Kauffunger ausgewiesen. Die zahlenmäßigen Angaben über die 1945/46 in Kauffung lebenden Deutschen und über ihre Ausweisung decken sich in etwa.

2.053 waren bei der Einwohnererfassung Ende Mai 1945 gemeldet, zuzüglich der mehreren Hundert Kauffunger, die noch bis zum Herbst 1945 zurückkehrten und zuzüglich Deutscher aus anderen Orten, die bei der Rückkehr aus Zufluchtsorten in Kauffung blieben.

Im Rundbrief Nr. 2 vom August 1946, also nach den Ausweisungen von Ende Juni 1946, hieß es: »Ketschdorf und Seitendorf fast ganz leer, in Kauffung noch 1.278 Deutsche.« Denkbar wäre, daß danach noch weitere Deutsche aus anderen Orten nach Kauffung gekommen sind.

Nur Einzelne sind vor den allgemeinen Ausweisungen über die Neiße nach Westen gegangen.

Nachstehend ein *Ausweisungsbefehl*, ausgehändigt am 27. Juni 1946 abends.

= Hauptstraße

= Lesthof

Unser Auszug aus Kauffung!

November war's. Trübe, neblige kurze Tage. Alle bunte Pracht des Sommers war aus unserem Katzbachtal gewichen. Ein früher kräftiger Frost hatte das vielfarbige Laub zu Boden fallen lassen. So streckte nun auch die große Linde an der Ecke des katholischen Pfarrhofes ihre weiten Äste hinauf den Nebelwolken entgegen. Die Kuppen unserer Berge, selbst des kleinen Mühlbergs, hatten gar oft die Nebelhauben übergezogen.

Es war in der Woche nach unserem Kirchweihfest, das wir noch feierlich begangen haben. Unsere evangelischen Brüder rüsteten zum Gedenktag der Toten, für den Totensonntag. Da durcheilte unser liebes Kauffung die Meldung: Morgen wird evakuiert; 834 Kauffunger müssen ziehen.

Im Dämmern des Sonntags (24. Nov. 1946) knarrten und rollten die Karren und Wägelchen, beladen mit dem notwendigsten Bedarf fürs tägliche Leben, unser Dorf entlang zum Lesthof. So anders war's heut um uns. Viel Wehmut aber auch etwas Feierliches erfüllte unser Haus, als wir noch einmal die Räume durchschritten und dann den Fuß über die Schwelle setzten hinaus auf die Straße. Die Straße ist immer etwas Heimatloses, und das war unser Platz. Draußen hatte das Katzbachtal alle Nebel abgestreift und stand vor uns in seiner Schönheit. Freilich Novemberschönheit, und die ist herb, ohne alles Geranke. So klang auch das Plätschern der Katzbach entlang der Straße so gedämpft und anders als sonst. Es war ihr Abschiedslied, das sie uns sang. Einen vertrauten Blick noch zu unseren Kirchen rechts und links. »Lobe den Herren«, hatten wir dort in der Freude des Herrn gesungen, aber auch in aller Not die Bitten zu Ihm gerufen, wie er uns einladet: »Kommet alle zu mir, die ihr mühselig und beladen seid.« So sprachen wir vorbeiziehend eine große Bitte: Zieh mit uns. Führe uns zurück! – Dann blickten wir mit trüben Augen hinauf zum kleinen Mühlberg. Hinter dem Ambrich, dem Röhrsberg brach das Licht der aufgehenden Sonne hervor und ließ die Sterne des Kitzelberges rötlich aufstrahlen.

Halt! Wir sind im Menschen- und Gepäckgewühl des Lesthofes. Alles wird auf die Straße hin nach Ketschdorf geschoben. Das Feierliche, Erhebende des Katzbachtales ist zugedeckt von Aufregung und Schmerz. Vor uns stehen die Gewaltigen dieser Zeit in unserem Dorf. Große Listen und Bogen, viel Amtlichkeit über der Gemeinheit, Bürokratius. Stunde und Stunde verrinnt. Die Kellerberge mit den dunklen Fichten, der große Mühlberg mit den kahlen Laubbäumen schauen uns zu. Mittag war schon vorüber, als sich der lange Treck endlich in Bewegung setzt. Links zur Straße türmen sich die Körbe, Bettsäcke und Ballen; so manchem von uns Ausgewiesenen hat man die letzten Habseligkeiten noch vom Wagen geworfen und amtlich geraubt.

In vielen Windungen zieht sich die Straße hinauf nach Ketschdorf. Wir überqueren nochmal die nun kleinere Katzbach. Wir blicken rückwärts und schauen die Pforte zum heimatlichen Tal, den Mühlberg, die Kellerberge, die letzten Häuser von Kauffung, ein oder zwei Kalk-Schornsteine und dahinter die Terrassen des Kitzelberges, die so mancher in mühevollem Tagewerk mitgehauen hat. Dann gehts weiter bergauf am Stauweiher vorbei. Wer in Ketschdorf rückwärts schaut, sieht nur noch die Spitzen vom Kitzel- und Mühlberg; unser liebes Kauffunger Katzbachtal ist entschwunden. Aber weiter geht's mühsam und schwer, hinauf zur »Feige«. Endlich haben wir den Hain auf der Höhe erreicht. Da tut sich ein Wunder auf, wenn wir unter unseren Strapazen das Haupt noch heben wollen. Unsere schlesische Heimat bietet uns den Abschiedsgruß und läßt uns das Wahrzeichen Schlesiens, unser Riesengebirge, noch einmal schauen. Es steht im Süden greifbar vor uns.

Die Novembersonne war dahinter schon hinabgesunken. Im Osten links erhebt sich majestätisch die *Schneekoppe,* vom letzten Licht der Sonne bestrahlt. In klarer Linie dehnt sich der Kamm, im Westen rechts die Schneegruben und der Reifträger, links davor im Schatten der Vogelsberg und die Falkenberge.

Unser schlesisches Land mit dem lieben Riesengebirge. »...Das ist meine Heimat, da bin ich zu Haus.«

Wer recht hinüber zu schauen und hören verstand, der sah am Fuß der Koppe Berggeist Rübezahl herüberblicken. Er schüttelte sein Haupt mit finsterem Gesicht ob des Unrechts, das er nun schon durch Monate erlebte: »Das sind meine schlesischen Menschen mit ihrer gemütvollen Art, ihrer Gläubigkeit und Arbeitsamkeit. Aber ich bleibe in unseren Bergen, werde die Heimat hüten und warten, bis ihr wieder heimkehrt.«

Uns blieb keine Zeit zum Nachsinnen. Hastig führte uns der Weg hinab in die Hirschberger Senke, in das Dunkel des Waldes, während die Dämmerung uns mehr und mehr umfing; das alles gleichsam ein Bild unserer Zukunft. Doch droben funkelten bald die ersten Sterne.

Aber all das empfanden wir nicht, die wir müde vom Stehen am Vormittag und entkräftet vom langen Marsch waren. Doch spürten wir gar sehr die Kälte des Abends und den Hunger im Magen, als dann später unser Treck lange, lange auf der Straße vor dem Lager stockte.

Die Nacht war hereingebrochen und setzte dem Tag ein Ende, dem Tage, der für uns soviel Leid und Weh und Abschiedsschmerz bedeutete, der soviel Gemeinheit, Anstrengung und zerbrochene Karrenräder einschloß, ein Ende am Tag, der uns die Heimat nahm.

Verfaßt von Kaplan Georg Eckelt

Verwandte, Nachbarn, Freunde begleiteten zu den Sammelstellen, halfen Gepäck tragen, fanden sich dort ein, so auch besonders am ersten Tage Pastor Schröder, Dr. Schultz, Kaplan Eckelt. Manche gaben ein Stück Geleit aus dem Dorf heraus, bis zum Stauweiher. Im April 1947 sogar bis Hirschberg... Auch Essen hingebracht.

Sammelstelle für die Fußmärsche nach Hirschberg, also für die Ausweisungen von Ende Juni 1946 bis Mai 1947 war der *Lesthof* im Oberdorf. Der Vormittag ging über die Feststellung der Anwesenheit (Zählappell) und die Gepäckkontrolle hin.

Zu Fuß das Katzbachtal aufwärts über Ketschdorf mit 150 m Anstieg über den Paß 'Feige' – von Schulausflügen und Wanderungen bestens bekannt – ins Bobertal bis zum Flugplatz Hartau ostwärts Hirschberg oder unmittelbar zum Bahnhof Hirschberg. Kleinkinder, schwangere Frauen und alte Leute auf pferdebespannten Wagen; man versuchte, Gepäck darauf zu werfen. Berichtet wird, daß sich polnische Gespannführer samt Fuhrwerk mit Gepäck seitwärts in die Büsche schlugen.

Am *Abend* in *Hirschberg*. Anfangs eine Nacht im Freien, später Barackenlager. *Kontrolle...*

Zusammentreffen mit Vertriebenen aus anderen Orten.

Dann der *Bahntransport*
– Auf der Eisenbahnstrecke nach Westen war die Boberbrücke noch gesprengt. Deshalb fuhren die Züge im Sommer 1946 Richtung Osten ab. Besorgte Gesichter! »Wo geht die Reise hin?« – Die Fahrt ging auf Umwegen über Bolkenhain – Liegnitz nach *Kohlfurt*.

Die Marschgruppe von Samstag, 29. 6. 46 (Peter u. Paul), traf zusätzlich dreifaches Ungemach:

1. Bei der Ankunft in Hirschberg hieß es: »Weiter nach Löwenberg« 30 km
2. 5 Tage in früherer Irrenanstalt Plagwitz
   (Die Kranken waren von Russen andernorts untergebracht.)
3. 4 Tage Bahnfahrt auf Nebenstrecken bis Kohlfurt (Luftlinie 45 km)

Eine zuerst ankommende Teilgruppe konnte nach Bericht von Georg Hein in Hirschberg übernachten (Heimatnachrichten 1959, Nr. 8, S. 86). Im Übrigen erinnert sich Horst Pinkawa – sinngemäß von Walter Opitz bestätigt –: »Wir kamen um 18.30 Uhr in Hirschberg an. Da gingen die Schranken des Lagertores zu. Trotz Verhandlungen der polnischen Kauffunger Miliz mit der Lageraufsicht mußten wir weiterziehen, die Nacht durch, bis Löwenberg. Vier Pferdewagen dabei. Ankunft *Sonntagfrüh* in Löwenberg, Marktplatz. Nach längerer Wartezeit nach Plagwitz weiter. In den Zellen der Anstalt verbrachten wir die Tage bis Freitag.

Zum Bahntransport kamen Löwenberger Einwohner hinzu.«

Gepäckkontrolle, Leibesvisitation bei Frauen, Zloty abgenommen, desgleichen Sparbücher und persönliche Papiere. Da halfen weder Bitten noch Tränen (G. Hein).

Für den Nachtmarsch von Hirschberg nach Löwenberg hatten wir drei neue polnische Bewacher bekommen. Einer von diesen verhinderte, daß wir nachts auf eine Waldwiese abgeleitet wurden und dort sicher von anderen Polen ausgeplündert worden wären (W. Opitz).

In Hirschberg haben wir alle Geld und Schmuck gegeben, daß wir nachts eine Wache hatten. Ein anderes Mal, damit unser Transport weiterging. Die Sammler sagten, als eine Frau ein Silberarmband geben wollte: »Silber haben wir genug, wir brauchen Gold!« (Aufgezeichnet von Dr. Günter Stockmann 1961)

Diese vierte Gruppe von Kauffungern, Frauen, Männer, Kinder, Junge und Alte, ist an die 50 km innerhalb von 1–2 Tagen unterwegs gewesen und soweit nicht auf dem Pferdewagen gefahren werden konnte, gelaufen, besonders die jüngeren Leute. Verpflegung? Zum Abschluß dann die Bahnfahrt über *Gröditz* – Arnsdorf bei Liegnitz nach *Kohlfurt*, an am 9. Juli! Ülzen 10. Juli 46.

Ankunft der Kauffunger Transporte auf dem Bahnhof *Ülzen* – damals britische Zone –. Ende der Züge aus Hirschberg/Löwenberg – Kohlfurt. Verpflegung!

Aufenthalt von einigen Stunden oder mit einer Nacht in Nissenhütten (halbrunde Wellblechbaracken).

Ein Teil der Kauffunger im Transport vom 26. Juni mußte eine Woche warten, weil vom vorgesehenen Aufnahmekreis Schwierigkeiten für die Unterbringung geltend gemacht wurden. Massenlager – Nervenprobe!

Im Allgemeinen zügige Weiterleitung.

Beim Eintreffen nachfolgender Transportzüge unerwartete – daher große – Begrüßung von dort wartenden Kauffungern des Transports vom 26. 6. und bald wieder Abschied. Freude und Tränen. Blaubeeren pflücken.

Wer Angehörige wußte, zum Beispiel aus Kriegsgefangenschaft entlassene Männer, im Westen lebende Verwandte, konnte sich unmittelbar dorthin weiterleiten lassen.

In Kauffung ab	*Ankunft Ülzen*	*Aufnahmekreis*	*Dabei waren*
1. 26. Juni 46	28. 06.	a) Nienburg a. d. Weser	Friebe
		b) 5. Juli nach Siegen	Krause (Kitzelberg)
		Lager. Erst 10. 7.	Nietzold (Frau)
		in Orte.	
2. 27. Juni 46	29. 06.	*Osterode* (Harz)	Geisler, Riedel
3. 28. Juni 46		in Hirschberg geteilt	Frenzel, Krüger
	a) 04. 07.	Bielefeld	Grasse, Geisler-
	b) 05. 07.	Rheine (Westf.)	Kretscham
		Emsdetten	Pastor Schröder
4. 29. Juni 46	10. 07.	Alfeld/Leine,	Hein, H. Pinkawa,
		Burgstemmen	Dir. Witschel
		Gronau, Wallenstedt	
		Beim Transport	
		vom 28. 6.:	v. Gersdorff, Liebs.

– Es kann sein, daß in dem Zug nach Alfeld Nachzügler vorangegangener Transporte mitgenommen worden sind. –
Vier Marschgruppen ab Kauffung, fünf Züge ab Hirschberg/Löwenberg, sechs Züge ab Ülzen.

Beschreibung der *Transporte* Ende November 1946 und im Jahre 1947 *nach* der *sowjetisch* besetzten *Zone*/SBZ

In Kauffung ab	*Fahrt und Aufnahmekreis*
5. Am Totensonntag	Beim Bahnhof Hirschberg die Nacht verbracht.
24. Nov. 1946	Der Transportzug blieb zwei Tage in Kohlfurt.

Dann in *Königswartha* bei Bautzen (SBZ) fast vier Wochen im Quarantänelager, ab 29. 11.
Zu wenig Verpflegung, Hunger; in einer Zeitung wurde später von Unterschlagungen des Lagerleiters berichtet.
An den Weihnachtsfeiertagen mit Bahn nach *Glauchau* a. d. Zwickauer Mulde. Unterbringung dort und Umgebung.
Teilweise noch bis Ende Januar in Sammelunterkunft, Hohenstein-Ernsttal.
Diese Teilgruppe war zwei Monate unterwegs bis zur Einweisung in eine Wohnung.
Dabei Gustav Teuber, Familie Heptner, Kaplan Eckelt.

Damit waren der deutsche Bürgermeister und die Geistlichen beider Bekenntnisse ausgewiesen.

1947

In Kauffung ab	*Fahrt und Aufnahmekreis*
6. Montag, 28. April	(Dabei Alfred Abend, Frau von Bergmann) Einenhalb Wochen in Hartau/Hirschberg.

Am 10. Mai verladen und zwar zusammen mit Löwenbergern. Hierüber findet sich ein Bericht des letzten deutschen Bürgermeisters von Löwenberg im Heimatbuch des Krs. Löwenberg, 3. Aufl. 1959, S. 211–213. Auszugsweise nachstehend wiedergegeben.
»Am 11. Mai um 1.30 Uhr Abfahrt in Hirschberg über Löwenberg nach Kohlfurt... Unter anderem wurde uns eröffnet, daß wir in die russische Zone kämen; wohin erfuhren wir jedoch nicht. Weiter über Sorau – die zur Grenze gewordene Neiße – Forst in der Lausitz.
Am nächsten Morgen ging unser Transport, der aus 55 Wagen bestand und mit etwa 1.500 Menschen besetzt war, die außer aus Löwenberg, aus Schreiberhau, Krummhübel, Bad Warmbrunn und *Kauffung* ausgewiesen waren, weiter über Kottbus, Kirchhain, nach Falkenberg, wo ein längerer Aufenthalt vorgesehen war. In Altenburg wurde unser Zug auf ein Nebengleis geschoben. 2. Entlausung.
In *Meiningen* – Grimmental wurde ausgeladen...
14 Tage Quarantänelager in Meiningen/Obermaßfeld. Untergebracht in einer Kaserne. Registrierung, Untersuchung, 3. Entlausung mit Mühe abgewendet. Die Lagerleitung bestand leider aus unerfahrenen jungen Leuten. Aus unseren Reihen stellte sich bald eine Reihe Männer zur Verfügung...«
Soweit der Bericht des Bürgermeisters von Löwenberg.
Auch Frau von Bergmann schaltete sich ein, wurde zu Rate gezogen.

Die *Kauffunger* wurden auf Meiningen und Umgebung im westlichen Thüringen verteilt. Teils bis Sept. 1947 im Sammellager Eisenberg.

In Kauffung ab *Fahrt und Aufnahmekreis*
7. Freitag, 16. Mai (Dabei Geschwister Dannert)

>»In Hirschberg im Barackenlager einige Tage Aufenthalt. Für Essen pflügten wir einen Acker mit mehreren von uns als Pferdeersatz...«, d.h. die Menschen zogen den Pflug!
>Am 22. Mai Beginn der Bahnfahrt... Ebenfalls über Altenburg...
>Ausgeladen in *Hildburghausen* a.d. oberen Werra.
>*Vier* Wochen Quarantäne. Verteilt auf den südlichen Kreisteil.

Transporte über *Liegnitz* in die SBZ

8. Freitag, den 8. August (dabei Leo Licci) Ausweisungsbefehl in polnisch

Sammelstelle neuer Sportplatz unterhalb der Dorfmitte. Gegen 300 Zloty Fahrt mit Lkw nach Liegnitz. Nicht genug Fahrmöglichkeit an einem Tage. Wer nicht mitkam, mußte auf dem Niemitzhof übernachten.
In *Liegnitz* eine Woche in Sammellager. Kontrolle!
Mit Bahn Kohlfurt nach *Löbau* (Sa.).
Vier Wochen Quarantäne.
Dann in Sachsen auf die Kreise *Dresden* und *Flöha* verteilt.

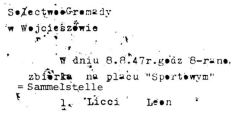

9. Einer Gruppe aus dem unteren Niederdorf (dabei E. Engelmann) wurde *Option* für Polen angeboten. »*Nein!*« Daraufhin zur Ausweisung aufgerufen. Am 21. 8. nach Hirschberg. Der Bahntransport fiel aus. Zurück nach Kauffung. Hin- und zurückzu mit einem vom polnischen Betriebsnachfolger gefahrenen Lkw. 10 Tage später erneuter Aufruf.

In Kauffung ab *Fahrt und Aufnahmekreis*
Montag, den 1. Sept. nach *Liegnitz* 45 km. Zu Fuß oder mit Lkw gegen Bezahlung; Fahrer verlangte in Goldberg Nachzahlung. Dann mit Deutschen aus dem Krs. Löwenberg mit Bahn nach *Erfurt*. Quarantäne. Danach auf Dörfer verteilt.
10. Samstag, 27. Sept. (dabei Post-Schmidt mit Anhang)
        Mit Lkw nach Liegnitz.
        Über zwei Wochen im Lager.

  Am 13. Oktober mit Bahn nach *Riesa* a.d. Elbe (Sachsen).

Anmerkung zu den Transporten
 5. vom 24. Nov. 1946 nach *Glauchau*
 6. vom 28. April 1947 nach *Meiningen*

Nur 12 km flußabwärts – von Glauchau liegt *Kaufungen* in Sachsen
– von Meiningen mündet eine von der Rhön kommende *Katzbach* in die Werra.

Getrennt   Zerstreut

Zur Ausweisung wurden die Bewohner eines Ortes in Wellen aufgerufen, selten ein Ort geschlossen.

Dementsprechend setzten sich die Bahntransporte aus Bewohnern mehrerer Orte zusammen.

Bei der Weiterleitung in Kreise und Gemeinden – erste neue Wohnorte – wurde so aufgeteilt wie es sich gerade ergab.

Keine Rücksicht auf Zusammengehörigkeit von (Groß-)Familien, Nachbarschaften und Wohnorte! Gleichgültigkeit oder Absicht?

Skizze zur Neiße und den Ausweisungen

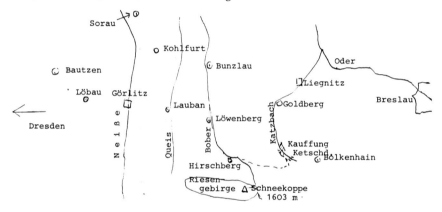

Bei der Überfahrt über die Neiße wurden, soweit noch getragen, die weißen Armbinden abgeworfen.

Von Ausweisung und Zerstreuung waren alle Kauffunger betroffen:
Bauern und Handwerker,
Arbeiter und Büroberufe,
Vermögende und Arme,

Eingesessene und im Rahmen der Industrialisierung zugewanderte Familien.
Von den vielfältigen menschlichen Eigenschaften ganz zu schweigen.
Christliche wie unkirchliche Familien und die wenigen aus ihrer Kirche Ausgetretenen.
Parteigänger aller Art, ohne Rücksicht auf die politische Einstellung.
Anhänger der NSDAP wie der KPD.
Entscheidend war: *DEUTSCH!*

Zwischen Ausweisung – Abmarsch aus Kauffung – und *Einweisung* in eine Unterkunft/Wohnung im Aufnahmeort lagen *zeitlich* selten weniger als 10

Tage, bei vielen Ausgewiesenen aber mehr. 4 Wochen, 6 Wochen, Monate, bis zu einem halben Jahr; *Lagerleben* unterwegs und im Aufnahmegebiet. Lager dort und Lager hier.

Massenunterkünfte als Puffer.
Wenn Züge (oder Loks?) für den Abtransport fehlten, abzuwarten waren, wenn Aufnahmekreise und -orte erst bestimmt werden mußten, wenn Unterkünfte im einzelnen von den örtlichen Stellen festzulegen oder zu beschaffen waren.

Mangel an Organisation, Unfähigkeit, Gleichgültigkeit.
Im Grund Schwierigkeiten bis zur Unlösbarkeit:
Millionen Menschen konnte und kann man nicht mit einem Knopfdruck verschieben, wie man ein Gerät bewegt, ein- und ausschaltet.

Stichwort in Britischer Zone: Aktion Schwalbe

Der Aufnahmekreis ist auf der Rückseite angegeben.
Bescheinigung über Abgabe des Fragebogens gesondert.

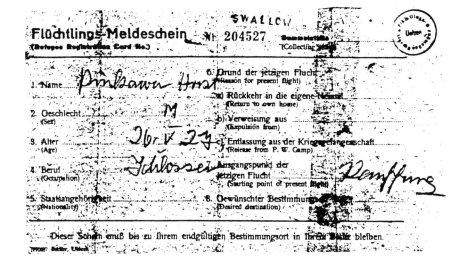

Versuchte Ordnung bei der Aufnahme!

Ein Blick zurück. Die kriegsübliche Bewirtschaftung der Lebensmittel, von Bekleidung und Schuhen erstreckte sich über die Währungsreform hinaus teilweise bis Ende 1948, in der SBZ länger. Von den Besatzungsmächten wurden Fragebogen zur Entnazifizierung ausgegeben.

Es wird versucht zu schildern:
Tun und Lassen in den Zuflucht- und Aufnahmeorten
Unterkünfte   Lebensunterhalt
Verhalten der Einheimischen
Verhalten der Kauffunger
Suche nach Arbeit und Wohnung
– in der Nähe   – in der Ferne
– ab 1953 Umsiedlung innerhalb der Bundesrepublik Deutschland aus mit Vertriebenen überbelegten Landschaften in aufnahmefähigere Gebiete.

Aufenthalt der Kauffunger im Herbst 1947

(Zahlen teilweise bekannt, teilweise errechnet)

Noch in Kauffung		über 150
In Bayern (Amerikanische Zone) seit Frühjahr 1945 und Sommer 1945/46 Passau, Bayr. Wald, Oberpfalz, Oberfranken		500 bis 600
In Sachsen, Thüringen (Sowj. Besatzungszone)		
seit Frühjahr 1945 und Sommer 1945/46	500 bis 600	
nach Ausweisung aufgenommen	1200 bis 1400	1900
In Niedersachsen, Westfalen (Britische Zone)	1000 bis 1200	1100
nach Ausweisung aufgenommen		
noch in Kriegsgefangenschaft	über 100 bis 150	150
	Insgesamt um	3800

Aufenthalt der Kauffunger um 1950

Zusammengestellt
– nach der vorseitigen Übersicht für Herbst 1947
– dem Anschriftenverzeichnis/Heimatortskartei für 1950, wie von Walter Ungelenk und Frau ausgewertet.

In dieser Kartei waren 2800 Kauffunger erfaßt, also bei Berücksichtigung von 200 Kriegstoten 3/4 der einstigen 4000 Bewohner.

		Personen
In Niedersachsen mit Schwerpunkten		
	Elze/Burgstemmen	386
	Harz	177
Westfalen	mit Schwerpunkten	
	Münsterland,	103
	Hagen, Siegen,	
	Bielefeld	605

Rheinland	mit Schwerpunkt			also 400 mehr als Herbst
	Düsseldorf/Moers	208	1479	1947, wesentlich durch
				Zuzug aus SBZ/DDR
Bayern	mit Schwerpunkten			
	Passau	109		Zuzug aus SBZ, Wegzug
	Bayerischer Wald,			nach anderen Ländern.
	Fichtelgeb., Oberpfalz	168		Daher gegenüb. Ges.-
	Franken/Nürnberg	182		Zahl von 500–600 im
	Nieder-Bayern	38	497	Herbst 1947 nur wenig
				verändert.

In anderen Ländern der Bundesrepublik Deutschland

Schleswig Holstein	16		
Hamburg-Bremen	31		
Hessen	86		
Rheinland-Pfalz	33		
Baden u. Württemberg (nördl. Teile)	104		zumeist seit Herbst
Berlin (West)	13		1947 zugezogen
		283	

In der SBZ/DDR/Deutschen Demokratischen Republik

Sachsen mit Schwerpunkten			
Glauchau/Hohenstein-Ernsttal	267		also um 1400 weniger
Thüringen	76		also im Herbst 1947.
Verstreut (auch Raum Görlitz)	182	525	Wohl 600–900 in den
			Westen!

Ausland				
Holland und Schweden	je 1 = 2			
Schweiz	2			
USA	6	10	10	
Namentlich erfaßt			2794	einstige Kauffunger

Noch in Kauffung und in Kriegsgefangenschaft über 200 Personen.

Die 900 bis 950 Kauffunger, deren Aufenthalt um 1950 unbekannt war, lebten vermutlich weit verstreut, mit einigen Hundert gewiß noch in der SBZ/ DDR.

Ortswechsel auch innerhalb der genannten Länder... Die Anzahl der Orts-wechsel ist nicht bekannt. Die Übersicht zeigt die Binnenwanderung zwischen den Ländern, nicht innerhalb der Kreise und Länder.

Kauffunger, zerstreut ab 1945/46/47
Heimatortskartei 1950

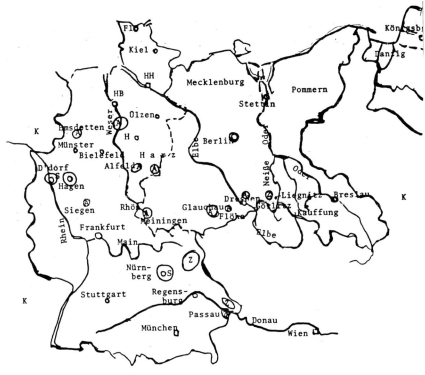

1000 Z *Zuflucht* gefunden seit Frühjahr 1945 und nach Monaten im Sudeten-
     land seit Sommer 1945

2600 A *Aufnahme* nach den Ausweisungen
     a) Britische Zone 1000 bis 1200 im Sommer 1946
     b) *SBZ*   1200 bis 1400
        Ende 1946 bis Herbst 1947

 800 S Aus Zuflucht- und Aufnahmegebieten kommend *Suche* nach Arbeit
     und Wohnung 1948 bis 1950

 200 K Noch in Kriegsgefangenschaft, 1945 geschätzt 200–300.
Die weit verstreuten kleineren Gruppen sind nicht eingezeichnet.

Familie Eckert/Engelmann,
die in der 4. Generation die »Schlesische Tracht« trägt.

Auf sich gestellt

Es fällt schwer, sich klar zu machen, daß so viele, ja fast alle zum Leben gehörenden Dinge, Umstände, Bindungen, Beziehungen, übliche Gegebenheiten fehlten.

Keine gehörige Wohnung, kein Arbeitsplatz, kein Hausrat, kaum Wäsche, selten Bettzeug, zur Bekleidung kaum mehr als man am Leibe trug, kein Fahrrad, für die abgelegenen Orte sehr fehlend, keine Ersparnisse, kaum Bargeld.

Keine deutsche Regierung!

Die jetzigen Länder und Länderregierungen erst im Werden.

Kontrollrat der Sieger. Besatzungsmächte mit Besatzungszonen. Beginnender Auseinanderfall der Westzonen und der Ostzone.

Zeit *vor* und *nach* der Währungsreform hüben und drüben am 21. bzw. 24. Juni 1948.

Flüchtlingsämter überlaufen.

Gemeindeverwaltungen und andere Behörden im Wirbel der Nachkriegszeit und der Entnazifizierung.

Zudem fanden sich die Kauffunger, wie die anderen Ostdeutschen, mit der Gewalt eines Naturereignisses bei deutschen Stämmen mit ungeläufigen Eigenschaften, Mundarten, Sitten und Gebräuchen, oft mit anderem kirchlichen Bekenntnis wieder. In vielen Orten Vertriebene aus anderen Herkunftsgebieten zwischen Ostsee und Schwarzem Meer.

Die Einheimischen sahen sich einer Art Sturmflut gegenüber, die ihnen im Grunde unbegreiflich war.

Landschaftlich lagen die Aufnahmegegenden für einen Teil der Kauffunger mit Harz, Oberpfalz und Bayerischem Wald im Gebirge, ähnlich wie zu Haus; ein gut Teil der Kauffunger war aber vom Gebirge ins Flachland mit ungewohntem Klima gekommen.

Erinnerungen von Pastor Schröder an die erste Zeit im Aufnahmeort (1946)
»Meine Familie und ich und mit uns ein ganzer Transport Kauffunger waren nach der Vertreibung... in Rheine in Westfalen 'ausgeladen' worden, ein paar Tage brachten wir in einer Kaserne zu. Dort schmolz die Schar der Kauffunger-...zusammen, weil bald diese bald jene weitergeleitet wurden. Ein Lkw brachte uns und einige Kauffunger Familien nach *Ochtrup*, nordwestlich Münster. Dort blieben wir im Saal eines Gasthauses und kamen nach etwa 14 Tagen in eine Wohnung: Zwei völlig leere Räume in einer großen Villa, weil der Besitzer alle Möbel – ausgenommen ein völlig unbrauchbares Sofa – in die ihm verbleibenden Räume transportiert und teils neben – teils übereinander gestellt hatte. So saßen wir nun neun Mann hoch mit unseren paar Habseligkeiten und gingen auf die Suche nach Stroh, nach einem Herd, nach Betten und all den vielen anderen Dingen, die man notwendig zum Leben braucht... Dann ging die Suche los nach den Anderen. Wo sind diejenigen, die bis zuletzt mit uns zusammen waren? Wir machten uns auf, teils zu Fuß, teils in der überfüllten Eisenbahn, um einander zu suchen. So tauchte der oder jener bei uns in Ochtrup auf, so fuhren wir in die Nachbarorte und fragen uns durch, bis wir wieder eine Kauffunger Familie entdeckt hatten. Jedes mal große Freude. Allmählich erfuhr man, wo in weiterer Entfernung dieser oder jener war... und wer noch in Kauffung geblieben war. In jener Zeit entstand der erste Rundbrief. Mein persönlicher Entschluß. Jener erste Rundbrief – handschriftlich auf schlechtem Papier geschrieben – war wirklich ein *Rund*brief: Ich sandte ihn ab mit der Bitte 'Lesen und Weiterschikken', damit er die Runde macht auch bei denen, deren Anschrift mir damals noch nicht bekannt war. Gleichzeitig bat ich alle Empfänger, mir ihre Anschrift mitzuteilen und von ihrem Ergehen zu berichten. Auflage wohl nur vier Stück. Dieser erste Rundbrief hatte den Erfolg, daß wir bald von vielen Kauffungern erfuhren, wo sie das Schicksal hinverschlagen hatte. So ging der nächste Rundbrief mit neuen Nachrichten nun schon an etwa 40 Empfänger heraus, wurde weitergereicht und weitergeschickt, bis wir im Laufe von Jahren die Anschriften der meisten Kauffunger kannten.
Wenig später begannen die ersten Kauffunger Treffen. Wir luden auch die Nachbardörfer aus dem oberen Katzbachtal ein...«
Arbeit und Sorge für Anschriftenverzeichnis und Rundbrief oblagen in den so arbeitsreichen ersten Jahren Ruth Krause; ab 1952 wesentlich bei Frau Schröder.
Aus einem Brief von Kaplan *Eckelt* vom 25. 11. 48 aus der SBZ:
»Beim Schreiben gibt es immer wieder einen Haken. Mein Füller ist kaputt; da schreibe ich stockernd mit einer Stahlfeder, denn mit Stahlfedern zu schreiben muß ich erst wieder lernen. Und das Farbband hat sich auch in Fetzen aufge-

löst... Ich lebe recht und schlecht; noch immer ohne endgültigen festen Sitz. Ihr Georg Eckelt (In Kauffung Aug. 45 – Nov. 46)
Herr E. nannte sich dann 'Koffer-Kaplan'.
»Über diese Zeit, 1947 und folgende Jahre in Thüringen, könnte man Romane schreiben. Aber lohnt es? Sie würden heute wie Märchen gelesen werden« (Ilse, geb. D. am 26. 8. 1983).

Gespräch in den Familien:
»Ein Stück Land müßten wir haben, um Gemüse und Kartoffeln anzubauen, Kaninchen halten. Vielleicht...«
Ziemlich als Erstes, Suche
  nach einem Stück Garten oder umzubrechender Wiese
  nach Kartoffelfurchen gegen Mitarbeit bei der Ernte.
Mit diesem Stückchen Garten begann man wieder auf eigenen Füßen zu stehen. Bei aller körperlichen und geistigen wie seelischen Belastung überwog wegen der unter den Polen erlebten Rechtsunsicherheit die bei Deutschen wiedergewonnene Rechtssicherheit und persönliche Freiheit. Ein Kauffunger hat diesen Gemütszustand wie folgt ausgedrückt:
»Wir waren von Polen so weich gekloppt, daß wir durch die Ausweisung nicht zusammengebrochen sind, sondern uns mit dem bescheidensten neuen Anfang zufriedengaben. Jeder wußte, daß es Jedem so ging. Aus der Gleichstellung aller auf unterer Ebene ergab sich eine allumfassende Solidarität.« Vergleichbar einem geretteten Schiffbrüchigen oder langjähriger Kriegsgefangenschaft, in der alle vorherigen Rangunterschiede durch gleiche einfache Unterkunft, 'Verpflegung' und Arbeit verwischt waren. Mancher war zu leistender, ungewohnter, schwerer Handarbeit und den Erfordernissen einer beruflichen Umstellung nicht gewachsen. Schon dieser Umstand erschwerte sowohl baldige wie endgültige Eingliederung. Ein Überblick etwa je Familie kann nicht mehr zusammengestellt werden. Es läßt sich auch nicht angeben, ob einzelne oder Familien am Schicksal zerbrochen sind.

Die Trennung überwinden
»An allen Durchgangsbahnhöfen waren unzählige Suchanschriften zu lesen. Meist mit Angabe eines Verbindungsortes.« Man vereinbarte Anschriften Dritter, an die Nachrichten zu geben wären.
Wer suchte wen?
Es suchten sich gegenseitig
– die seit Frühjahr 1945 westl. der Neiße lebenden Ostdeutschen *und* die 1946/47 Ausgewiesenen
– beide zuvor genannten Gruppen
  und die in den Besatzungszonen lebenden ehemaligen Soldaten, ohne oder mit Entlassung aus der Kriegsgefangenschaft
– die Ausgewiesenen untereinander
– die Freien *und* die immer noch Kriegsgefangenen.

Bürgermeister, Ortsgeistliche und Lehrer, rührige Bürger sammelten Anschriften, gaben diese mündlich und in Rundbriefen weiter. Untereinander eifriger Austausch von Anschriften, auch um Stützpunkte zu haben.
Die Suchdienste kirchlicher Stellen und des Deutschen Roten Kreuzes entstanden.

Für *Kauffung* waren betroffen
- 3.800 Friedenseinwohner mit fast 1.200 Haushaltungen
- davon etwa 400 Soldaten bzw. Kriegsgefangene
- Gefallene und Vermißte der letzten Kriegsmonate, soweit die Angehörigen noch keine Nachricht hatten.

Es ging schlicht um das Wiederaufnehmen der persönlichen Verbindungen zwischen den Einwohnern, die über das in Zonen aufgeteilte restliche Deutschland verstreut waren.

600 km Luftlinie zwischen holländischer Grenze westl. Münster und Passau an der Donau

500 km Luftlinie zwischen Siegerland und Görlitz a. d. Neiße.

Verstreut auf Weiler, Dörfer, kleinere Städte.

Fernsprechnetz noch nicht so ausgebaut wie seitdem.

Also hat man sich gesucht und erstaunlicherweise irgendwie früher oder später gefunden:

Die Männer (vom Volkssturm her in Kauffung geblieben), ihre Frauen und Kinder im Erzgebirge, Oberfranken/Oberpfalz, im Bayerischen Wald und in Passau.

Die Bäuerin mit Kindern fand ihren aus englischer Kriegsgefangenschaft entlassenen Mann an der Weser.

Männer, die erst später aus Kriegsgefangenschaft entlassen wurden, konnten nicht in den Heimatort zurück, sondern schlugen sich zur Familie in den Zufluchts- und Aufnahmekreisen durch. Trotzdem sagte man »Heimkehrer«.

Manche der getrennten Familien fanden sich erst nach Jahren: z. B. Frauen/Töchter, die nach der Ausweisung in Niedersachsen und Westfalen aufgenommen worden waren und ihre Männer und Väter, die beim Versuch nach Hause/Kauffung zu gelangen, westlich der Görlitzer Neiße angehalten worden waren.

Gesucht haben sich die Großfamilien.

Nachbarn und Freunde wollten wieder Verbindung miteinander aufnehmen. Geschäftsleute, Arbeitskollegen vermißten sich.

> »...gute Nachbarn, getreue Freunde und desgleichen.« nennt Luther in seiner Erklärung zur 4. Bitte des Vaterunsers als zum täglichen Brot gehörend.

Persönliche Fühlungnahme war nicht nur als solche sehr erwünscht, sondern diente auch dem Nachrichtenaustausch, der Aussprache und konnte Hinweise für Wohnungen, Arbeit, Einkauf bringen.

Rundbriefe und *Treffen* haben diesem Bedürfnis entsprochen, tatkräftig geholfen, die Lücken im Verkehr untereinander zu schließen. Anfangs ging ein Stück der Rundbriefe von Hand zu Hand; allmählich ein Stück je Familie. Auflage nach den Anfangsjahren bei 500 Stück geblieben.

Inhalt der Rundbriefe von Pastor Schröder, die bald zu Gemeindebriefen wurden:
Geistlicher Zuspruch
Rundfrage nach Anschriften und deren Weitergabe
Lebenszeichen und Heimkehr aus Kriegsgefangenschaft
Gefallen sind...
Aus Kauffung...
Familienereignisse aller Art, einschließlich schweren Erkrankungen, Unfällen, Prüfungen
Antworten auf Briefe (um 300 werden genannt in 5 Rundbriefen 1949)
Bestätigen von Spenden und Grüßen.

Das gemeinsame Dorferleben wurde rundbrieflich fortgesetzt.
– Mit den Jahren wird über Familienereignisse in den Goldberg-, Haynauer-Heimatnachrichten berichtet; daher etwa seit 1960 kaum noch in den Rundbriefen.

Inhalt der Rundbriefe von Kaplan Eckelt/Lehrerin H. Larisch:
·Geistlicher Zuspruch in Erinnerung an Kauffung, wie wenn die Leser sich dort in der Heimatkirche zur Andacht versammelt hätten
Neues aus Kauffung.

Daneben persönlicher Schriftwechsel mit Gemeindegliedern.

Beide Rundbriefe waren ein großer, mit viel Arbeit verbundener Dienst an den Gemeinden. – Zumeist mit Maschine geschrieben in DIN A 4 Größe; einige, 1949–1955, gedruckt in DIN A 5 Größe; einige Male schrieb Pastor Schröder mit Hand.

1947 Papier sehr knapp. Gebeten wird um Papier; finanziert aus Spenden. Ein Kauffunger *Album* mit 60 Heimatbildern wird im Herbst 1950 herausgegeben. Gedanke und verwirklicht von Elektromeister Albert *Vogel*, damals Obertraubling, SO Regensburg. Begleitworte von Ruth Krause im Harz: Bilderfolge beschrieben im Rundbrief Nr. 18 vom Dez. 1951, Auflage 500 Stück zu je 5 DM.

Ein *Dach* über dem *Kopf*
Ausweisung aus Kauffung Ende Juni 1946

>Am Montag, den 8. Juli 1946, abends, bei Herrn Karl Töpperwiese in Förste am Harz Nr. 131 in Logie gekommen als *Schlafgast*, Krs. Osterode, Regierungsbezirk Hildesheim«. (Aus Tagebuch Bäckermeister Karl Heller)
»...Wir waren hier auch nicht willkommen; das war sehr bitter. Ich habe *neun Jahre im Badezimmer* eines Bauern gewohnt, ehe es mir gelang, ein Baugrundstück zu erhalten; auch dies war sehr deprimierend, daß man uns Vertriebene des falschen Gesangbuches wegen nicht in meinem Wohnort einbürgern lassen ·wollte. Erst durch Rücksprache... wurde uns in einem anderen Ort ein Grundstück zugewiesen...« (Bericht Willy Schlosser, Bauer mit 15ha in Ober-Kauffung)
»Ein Mensch sieht allerhand, besonders wenn er Flüchtling ist. Auch wir haben in letzter Zeit viel gesehen und sehen täglich noch viel . Gutes und Böses...« (Pastor Schröder im 2. Rundbrief vom 30. 8. 1946)

Anmerkung:

Es bestand *kein* Überhang an Wohnungen. Zweit- und Ferienwohnungen waren nicht üblich. Überdies war freier Wohnraum bereits für Ausgebombte der zerstörten Städte in Anspruch genommen.
Wer hat schon gern,
- sich ohne finanzielle Notwendigkeit selbst räumlich einzuschränken
- wildfremde, beim Einzug arbeitslose Leute, mit wenig Gepäck aufzunehmen. Vielleicht auch noch Einrichtung zu stellen!
Die Heerschar der Ausgewiesenen konnte nur mit großen sachlichen und persönlichen Schwierigkeiten untergebracht werden:
In kleineren Städten und in Dörfern; abgelegen; in Räumen, die von einer größeren Wohnung abgezweigt waren; allenfalls in Altenteilen; in Nebenräumen, ausgeräumter Waschküche; getünchtem Schweinestall.
Gemeinsame Küchennutzung oder Behelf...
Oft nicht oder schwer heizbare Räume.
Einweisung durch Landratsamt/Flüchtlingsbeauftragter oder Bürgermeister war zum Begründen des Mietverhältnisses notwendig. An diesen öffentlich-rechtlichen Verwaltungsakt schloß sich das im übrigen zivilrechtliche Mietverhältnis an. –
Ausweisung am 27. 6. 1946
»Wir wurden dem Kreis Osterode im Harz zugeteilt. Kamen zunächst in das Lager Odertal bei Lauterberg. Dort haben wir sechs Wochen in recht dürftigen Verhältnissen gelebt. Mit Hilfe von Verwandten bekamen wir Mitte August Zuzugsgenehmigung für einen Ort bei Helmstedt... (Ida Elsner, 1962).

Ausgewiesen 27. April 1947
»Wir kamen nach drei Wochen Quarantäne von Meiningen in ein Sammellager nach Eisenberg (Thüringen). Im August gelang es meiner ältesten Tochter, für uns Zuzug nach Wurzen (Sachsen) zu bekommen.« (Hulda Binner, 11. 4. 55)
Anmerkung:

Was bedeutete *Zuzugsgenehmigung?*
Bei der mancherorts über Wohnungsnot hinausgehenden Überbelegung waren Amtsstellen dazu übergegangen und war in gewißem Maße unerläßlich, weiteren Zuzug zu steuern. Die Gemeinden galten als ermächtigt, den Zuzug auch bei nachgewiesener Wohnung/Unterkunft zu genehmigen oder nicht. Womit man auch den Zuzug 'Ortsfremder' hindern konnte. Gehandhabt bis mindestens 1949, als die Freizügigkeit wieder hergestellt wurde.
Ohne 'Zuzug' keine Wohnung! Ohne Wohnung keine Lebensmittelmarken!
»Auch das Flüchtlingsschicksal muß erst gelernt sein...« (Aus Rundbrief vom 6. 2. 47)

Erinnerungen an Weihnachten 1946:

»1946 war unser erstes Weihnachtsfest fern der Heimat. Soweit es die äußeren Umstände zuließen, waren unsere Gedanken gerade am Heiligen Abend erfüllt und getragen von einem fast unstillbaren Heimweh nach Kauffung. Dazu kam eine für viele quälende Ungewissheit: Wie mag es denen gehen, die noch nicht ausgetrieben waren? Von nächsten Angehörigen waren wir schon lange ohne

Nachricht. Sind sie tot? In Gefangenschaft? Wo mögen sie stecken? Werden wir sie wiederfinden? Umgekehrt war noch eine große Schar Kauffunger in Kriegsgefangenschaft und wußte nicht, wie es um Familie, Haus und Heimat steht. Für uns 'Flüchtlinge' – so hießen wir ja damals – kamen die vielen Nöte und Bedrängnisse jener Zeit. Es war ein besonders kalter Winter; eine der ersten und größten Sorgen war das Besorgen von Feuerung: Holz sammeln, wo nicht der Wald schon ganz rein gefegt war. Schlammkohle und Torf 'organisieren' und wie all die vielen Versuche waren, um wenigstens an Weihnachten eine warme Stube zu haben. In langem, schon ganz früh am Morgen beginnendem Anstehen vor den Läden versuchten die Hausfrauen etwas zu bekommen, was irgendwie nicht bloß sattmachen, sondern zum Fest auch gut schmecken möchte. Wer großes Glück hatte, bekam aus Spenden etwas Warmes zum Anziehen oder wurde von Einheimischen eingeladen, in deren Haus oder Wohnung er einquartiert war.

Viele unter uns erinnern sich auch an die manchmal armseligen, manchmal unwürdigen Räume, in denen die Christnacht und der Gottesdienst an den Feiertagen gehalten werden mußte. Das alles – ich kann es nur in ein paar Worten andeuten – ist heute ganz anders.

Es ist aber notwendig, sich daran zu erinnern...« (Pastor Schröder im Rundbrief vom Dezember 1971).

Bargeld? Kärglich!
– Reste geretteter Reichsmark
– selten Sparbücher
– aus geringem Verdienst, falls solcher vorhanden
– Unterstützung; besonders schmerzlich, denn man hatte gesicherte Berufe, Existenzen und Einkommen gehabt.

Aus *Briefen* von 1948–1951
an einen Kauffunger im Erzgebirge
Aus Hickerstall nordostwärts von Altötting, dem Wallfahrtsort in Ostbayern.

»Endlich habe ich durch den letzten Rundbrief wieder einen lieben Bekannten aus der Heimat gefunden... Wir sind (nach einigen Erlebnissen und Anstrengungen) im Herbst 1945 in einem großen Lager in Passau gelandet, wo wir weitere vier Monate zugebracht haben. 35 Personen im Raum, darunter 17 Kinder. Seit Weihnachten 1945 sitzen wir hier auf dem Dorfe bei einem Bauern. Bescheiden aber ausreichend in zwei kleinen Zimmern. Elektrisches Licht und sogar Wasserleitung auf dem Flur. Ernährungsmäßig leidlich. (21. 12. 1948 Arthur Peschel)

Aus Schiefweg, bei Waldkirchen im Bayerischen Wald

»Da ich es nun erfahren habe, wo Sie sind, muß ich gleich zur Feder greifen und ein Lebenszeichen geben... Schöne Gebirgsgegend, aber alles Landwirtschaft. Industrie ist hier keine... Waldkirchen wurde auch zu 50% durch Kriegseinwirkung zerstört. Da gibt es ja Arbeit. Ich gehe als Handlanger mit den Maurern... Familie beisammen. Schon im November 1945 aus dem Lazarett; Schwiergersohn August 1947 aus russischer Gefangenschaft. Hier in Waldkirchen sind wir sieben Familien von Kauffung, die anderen in der Umgebung bis 20 km... Zu Hause hatte man wenigstens eine schöne Wohnung, und hier sitzen wir in einem kleinen finstern Loche zu drei Personen, 10 qm groß. In dem Dorf, wo wir wohnen sind 200 Einwohner; es gibt ja gute und schlechte Leute auch hier in Bayern.« (23. 12. 1948 August Pilger)

Aus Berthelsdorf, Oberlausitz

»...Eine kleine Bitte, ich wollte gern wissen, auf welche Art Sie die kleinen Spenden für die Rundbriefe unseres Herrn Pastor Schröder nach Emsdetten schicken. Ich hatte es in einem Brief versucht und der ist hops gegangen. Nun noch drüben im Westen anderes Geld als hier. Die Sache mit den Rundbriefen ist bestimmt schön, und somit ist man bemüht, einen kleinen Anteil beizusteuern. Durch den Weihnachtsrundbrief 1948 kam ich zu Ihrer Anschrift und freute mich, daß es ein paar Kauffunger nicht allzuweit von hier hat. Wir sind hier auf dem Gut der Deutschen Brüder-Unität (Herrnhuter Brüdergemeinde) beschäftigt. Ich seit August 1945, Frau und Junge seit Dezember 1946...« (1. 1. 1949 Heinrich Bähr)

Aus Großthiemig, Krs. Liebenwerder (Sachsen)

»Durch einen Rundbrief erfuhren wir Ihre Adresse. Ich habe nun nichts Eiligeres zu tun, als an Sie mal eine Karte zu schreiben. Wir möchten doch gern wissen, wie es Ihrer Familie geht und ob Sie noch alle am Leben sind. Wir sind glücklich über alles hinweggekommen. Sind nun schon 3½ Jahre hier in Sachsen... Zuerst waren wir nach Bayern gekommen, sind dort durch die Kriegsereignisse abgebrannt. Wanderten dann auf Straße oder Bahn fast vier Wochen bis Görlitz und durften nicht heim. So sitzen wir in der Fremde. (Es folgen Nachrichten über Bekannte.) Von unserem Fritz hören wir nichts. Ist schon sechs Jahre vermißt. Ach wenn er nur noch leben möchte. Wir haben in den vier Jahren viel durchgemacht und Leute kennengelernt. Unser Wunsch ist nur noch heim... (16. 1. 1949 Wilhelm Sommer)

Aus Hummelmühle, bei Niedersedlitz am Südrand von Dresden

»...Für das Rundschreiben herzlichsten Dank... Schön in Gedanken mit all den Lieben aus der Heimat verbunden zu sein, zumal ich als Einzige hier in diesem Orte bin. Habe in einer kleinen Gaststätte Unterschlupf gefunden. Gefällt mir und die Gegend ist fast wie zu Hause. Im Vertrauen auf Gott wollen wir das Beste hoffen...« (24. 1. 1949 E. Renner)

Ruderting, nördlich Passau

»Durch Mitteilung unserer Nachbarin haben wir Ihre Adresse erfahren. So will ich Ihnen bald mitteilen, wo uns das schwere Schicksal hingebracht hat. Wir sind in Bayern 12 km von Passau gelandet mit etlichen aus Kauffung, aber in verschiedenen Orten untergebracht. Solche großen Dörfer wie bei uns sind es ja nicht. Manchmal drei Häuser ein Ort. In unserem Ort sind vielleicht 30 Besitzungen. ...Wir haben in einer Dachkammer Wohnung erhalten, genügt für uns beide, aber im Winter sehr kalt... Familie B. neben uns auch Dachkammer... Eheleute mit zwei Kindern und Großvater. In der Umgebung wohnen (es folgen 10 Namen von Tschirnhaus, Silesia, Viehring)... Viele sind in der Fleischwarenfabrik mit 60 Fleischern beschäftigt... Meist Flüchtlinge, darunter fünf aus Breslau und Umgebung. Ich als Maurer, andere als Hilfsarbeiter, Näherin. Meine Kinder 25 km entfernt. Manche sind im Sommer 1945 'weggemacht', um zu Fuß nach der Heimat zu kommen, aber nur bis Görlitz gekommen, überall zerstreut, mußten sich eine Unterkunft suchen. Einige sind nach Kauffung durchgekommen… 97 Familien sind unterwegs zerstreut worden. …Ich habe doch drei Söhne gehabt, zwei gefallen und von dem Großen seit 1944 keine Nachricht. Tochter und Sohn aus erster Ehe meiner Frau in Thüringen; Schwiegersohn noch in Waldenburg als Bergmann, weiterer Sohn in Berlin.

So leben wir jetzt als arme Bettelleute, denn wir hatten gar nichts mitgenommen (Sogar kein Bett). Da sie uns sagten, in etlichen Wochen kommen wir wieder heim. Wir haben die Hoffnung bald verloren. Und hier sind wir nur übriges Gesindel und… In der Oberpfalz sind auch viele aus Kauffung. Es sind schon viele, die in fremder Erde ruhen. …Heimat ist Heimat.

Direktor *Witschel* schrieb auch. Er wohnt mit Frau in einer Kammer von 12 qm, wo alles vorbereitet und hergerichtet wird (offenbar nur Küchenmitbenutzung). Kann auch nur ein Bett aufstellen und hat 62 Mark Wohlfahrt (jetzige Sozialhilfe). (3. 4. 1949 Karl Tscheuschner und Frau)

Aus Kauffung

»…freuten uns, wie wir einen Brief von Euch in Händen hielten; am 11. 2. geschrieben und am 23. 2. 1949 hier eingetroffen… Unsere beiden Todesfälle sind Euch gewiß durch die Rundbriefe bekannt… (Es folgen Familiennachrichten). Frau G. in Glauchau in ständigem Kampf mit den Behörden, wenn die Männer versagen, setzt sie sich durch… (Es folgen Beschreibungen über die Entwicklung in Kauffung). (25. 12. 1949 Familie Gustav Seidel)

Aus Kissenbrück i. Braunschweig

»…(Familienbrief) So hofft man, allmählich wieder etwas auf den grünen Zweig zu kommen. Wenn man es auch mit früheren Zeiten nicht vergleichen kann. (15. 1. 1950 Apotheker Karl Hampel)

Aus Weidenau an der Sieg

Den 26. Juni 1950: »Heut vor vier Jahren? Wissen Sie es noch? Ach, wozu diese Frage. Wer vergißt das wohl je im Leben (26. 6. 46 war die Ausweisung). …Die kurze helle Sommernacht war rasch herum ohne Schlaf, ohne Traum – mit Weh, daß es einem fast die Brust sprengte, mit Augen die tränenlos waren vor Gram. Diese Nacht, das Bindeglied zwischen einem Leben, was in zwei Welten nicht unterschiedlicher sein könnte… Vom Besitz zur jämmerlichen Bettlerarmut scheidet uns jene Nacht. Wenn wir das alle in seiner ganzen unheimlichen Gemeinheit wohl damals begriffen hätten – so mancher wäre wohl lieber tot in seiner Heimaterde geblieben, als bis an sein Lebensende den Jammer weiterzuschleppen als schief angesehener Bettler! Wer auf der Welt hätte uns beide vermißt. Niemand. Bei Ihnen lag es ja anders.

…Und das ist das 20. Jahrhundert…

Wir zählen eben jetzt wieder halbwegs zu den bürgerlich geltenden Menschen, denn wir haben eine Zeitung. – Jawohl, wir sind gestiegen, indem wir wieder laufend im Abonnement eine Zeitung halten, nach 5½ Jahren… Hier in Weidenau und Siegen ist ungeheuer viel gebaut… Nur noch wenige Ruinenplätze… Vor Tagen, als ich den Brief begann… und heute schon wieder ein ausgebrochener Krieg, siehe Korea––– (26. 6. 50 H. Görke und Schwester)

Aus Kauffung

»Glückwunsch zum Geburtstag, Schilderungen. Dein Haus soll wieder als großes Kaufhaus eingerichtet werden. Ende Oktober 1950 hatten wir eine Geldentwertung. Die kam wie der Dieb in der Nacht. 100 Zloty : 1 Zloty... (4. März 1951 Familie Gustav Seidel).

Über die Zonengrenzen

Bewachung und Verkehrsüberprüfungen waren verschieden und hörten innerhalb der drei westlichen Zonen in Abstufungen ziemlich bald auf, längstens wohl 1946.
Aber auch die 'Demarkationslinie' zur sowjetisch besetzten Zone war zumindest bis 1950 noch nicht 'dicht'. Allerdings erfolgte auch auf westlich/britischer Seite eine gewisse Überwachung des Grenzverkehrs. Durchkommen teils Glückssache.

Von der SBZ nach dem Westen

»...Von der am 1. September 1947 nach der SBZ ausgewiesenen Gruppe zogen einige Kauffunger Ende 1947 weiter nach dem Westen in die Britische Zone. Während anderen der Übergang glückte, wurde ich bei Eschwege von englischen Posten zurückgewiesen, weil mir die Zuzugsberechtigung fehlte. Also mußte ich zurück in den Aufnahmeort. Es gelang mir aber, einige Zeit später als Begleiterin für behinderte Kinder nach München zum Vater zu fahren, der dort vom Lazarett her geblieben war« (Edith geb. Engelmann).

Vom Westen nach der Russischen Zone (SBZ)

»Wir waren nach der Ausweisung in den kleinen Ort Härze im Krs. Alfeld gekommen. Bekamen dort keine Arbeit. Schließlich Briefverbindung mit dem Vater in Neukirch bei Bautzen (Sachsen) und einer Schwester in München. Mutter zum Vater und ich zur Schwester; nach zwei Jahren wir beiden Schwestern auch zu den Eltern. Dann hörte man, wie Bergleute gesucht wurden. Also machten sich mein Vater und ich auf zum Unternehmen 'Wismut' (Uranabbau); es gab dort mehr an Lebensmitteln und an Geld. Als die Schächte 1950/51 zugemacht wurden, zogen wir nach Sangerhausen in Thüringen, da hier auch Schächte sind. Bessere Bedingungen in allen Sachen. Wohne nun seit 1951 hier. Mein Gatte ist aus Röversdorf bei Schönau, stammt aus einer großen Landwirtschaft.« (26. 2. 84, Renate geb. Kittelmann)

Zerstreuung und Vereinzelung waren vollständig.

Bäckermeister *Heller* hat drei Monate nach der Vertreibung im Herbst 1946 die Anschriften von 12 nahestehenden und befreundeten Familien in seinem Tagebuch vermerkt. Verstreut auf 12 Orte und Gegenden, von der Unterelbe bis zum Bayerischen Wald, dazu Siegerland, Südharz, Riesa (Elbe)!
Eine andere Anschriftenliste – wohl vor 1950 – enthält 46 Namen in 40 Orten, verteilt auf viele Landschaften.

Kauffunger *Treffen* 1947 bis 1951
(zusammengestellt aus den Rundbriefen)

Wiedersehensfreude   Stärkung   Trost

Beim Jahreswechsel 1946/47 erstes Treffen aus verschiedenen Aufnahmeorten in *Burgsteinfurt*

1947 25. 1. in *Bielefeld*

1948 7. 4. *erstes großes Treffen in Hannover*-Limmer im Kurhaus. Mitzubringen waren: 100 g Brotmarken, 75 g Nährmittelmarken, 5 g Fettmarken, *Löffel*, Tasse, Teller...
Siebenhundert Kauffunger nahmen teil. Gekommen aus Bayern und von nahe der Holländischen Grenze, aus Niedersachsen samt Harz, aus Westfalen, aus der französischen und der russischen Zone.
Gottesdienst wie in der Heimat mit Predigt von Pastor Schröder, Organist Kantor Liebs und Kauffunger Kirchenchor!
»Danach setzten wir uns hübsch der Reihe nach an die Tische; von der Randsiedlung im Oberdorf bis zum Letzten Heller im Niederdorf.« (Bericht im Rundbrief, Nr. 7, von Ruth Krause)

1949 6. 1. in *Südlohn* an Holländischer Grenze (westl. Münster)
Im Februar, 15. Mai, im August in *Gronau* (Leine) südl. Hannover
13. 3. in *Nienburg* (Weser), abends zuvor in Groß-Varlingen, 120 Personen nahmen teil.
Im Frühjahr und Sommer in *Burgsteinfurt* und Burgstemmen
23. 4. in *Siegen*-Buschhütten. An diesem Treffen hat auch der katholische Stadtpfarrer von Schönau, Herr Göllner, teilgenommen und herzliche Worte als Gast gesprochen. Herr G. hatte in Kauffung von Mai bis Juli 1945 vertreten. (Bericht im Rundbrief Nr. 13 von R. Krause)
29./30. 4. in *Immenreuth* (20 km ostwärts Bayreuth) für die Kauffunger in der Oberpfalz bis zum Fichtelgebirge, Gottesdienst in Barackenkirche. Über 150 Teilnehmer, auch aus entlegenen Dörfern der Oberpfalz. Anschließend
1. 5. in *Nürnberg* im CVJM-Haus mit 120 Teilnehmern aus Franken, Niederbayern sowie vom *Schafhoflager* in Nürnberg. (Bericht über die beiden vorgenannten Treffen im Rundbrief Nr. 12 von Hannelore Jendral)
Im August in *Dorste* (zwischen Nordheim und Osterode (Harz) 'Sehr freundlich aufgenommen. Ein einheimischer Bauer stiftete für die etwa 150 versammelten Kauffunger das Mittagessen und der einheimische Bäcker lieferte die Brötchen dazu. Der Ortskaplan nahm von sich aus teil.'
Am Bußtag in *Bielefeld*
(Berichte für Dorste und das Bußtagstreffen im Rundbrief Nr. 14, S. 3)

1950 Mitte April einwöchige *Besuchsreise* von Pastor Schröder nach Mittel*franken* (Nürnberg mit Schafhoflager, Erlangen) und *Passau;* von ihm selbst im Rundbrief Nr. 15 beschrieben.
Anmerkung zum Schafhoflager:
Holz- und Steinbaracken, auch feste Bauten. Vom Juni 1945 bis um 1955 Sammelunterkunft für Ostdeutsche/Vertriebene. 12.000 (zwölftausend) Personen im Sommer 1945; damals 10 bis 12 Personen in kleinem Raum.
Kauffunger haben dort jahrelang – bis zu 10 Jahren – 'gewohnt'!

15./16. 4. allgemeines Treffen in *Nürnberg* im Schafhoflager Gottesdienst zusammen mit der Lagergemeinde

18. 4. (Dienstag) in *Passau* mit 120 Teilnehmern 'Ich fühlte mich ganz ins Oberdorf versetzt, nach Tschirnhaus, ins Haus der Betriebsgemeinschaft.'

1./2. 7. zweites großes Kauffunger Treffen in *Hannover*-Fasanenkrug. Gottesdienst im Walde mit Posaunenbläsern. Der Gastwirt stellte kostenlos Massenstrohlager.

Im Jugendheim nebenan konnten in zwei Räumen 40 bis 60 Personen gegen ein Schlafgeld von 50 Pfennig untergebracht werden. Decken waren mitzubringen. Essen 75 Pfennig bis 1,50 DM. (Bericht im Rundbrief 16 von 'Post' Schmidt, Oldenburg)

1951 hat anfangs des Jahres Pastor Schröder eine Rundfrage wegen der künftigen Treffen an fünfzig Kauffunger in die verschiedenen Landschaften geschickt: Kleine Treffen? Nur oder auch große Treffen? Wo? (Bericht zu den Antworten in Rundbrief 17) Es wurde versucht, den verschiedenen Wünschen gerecht zu werden.

Treffen

im Juni in *Burgensteinfurt* wie in Vorjahren

29. 7. in *Hagen*, ev. Gemeindehaus Eppenhausen

im Aug. in *Passau*, mit 150 bis 160 Personen

beim Kirchentag in *Berlin* eine kleine Schar

im Herbst in *Siegen*-Buschhütten

(Berichte für Hagen von Ilse Springer, für Passau von August Pilger, im Rundbrief Nr. 18)

Für den *Ablauf* hat sich bald ein fester Rahmen entwickelt.

Gottesdienst, möglichst mit der uns vertrauten Liturgie, in den ersten Jahren auch Abendmahl mit dem Kauffunger Kelch von 1748;

Heimatstunde mit Bekanntgaben des Heimatortvertrauensmannes, Berichten, Heimat- und Volksliedern, Mundartgedichten;

geselliges Beisammensein (bei zwei Tagen auch schon am Abend zuvor), allmählich mit Musik und Tanz. Kern des geselligen Teils stets die allgemeine Unterhaltung, der Nachrichtenaustausch; völlig zwanglos und wertvoll, weil man frei sprechen kann und keine Rücksicht auf überschneidende Belange zu nehmen ist.

An fast allen Treffen konnte Pastor Schröder teilnehmen.

Die Treffen wurden und werden von örtlichen Heimatfreunden vorbereitet.

Außer diesen überörtlichen Treffen fand man sich auch aus der Umgebung zusammen.

Nach einigen Jahren entwickelten sich *Kreistreffen,* wurde zu den großen *Heimattreffen* aufgerufen.

Schlesiertreffen auf Bundesebene ab 1951; zunächst jährlich, später alle zwei Jahre.

Am 11. September 1955 übernahm die Stadt *Solingen* die Patenschaft für den Kreis Goldberg in Schlesien. Gedacht als fester Mittelpunkt für das Leben in der Vertreibung. Im Stadtarchiv sind Unterlagen über die Heimatorte verwahrt; auch aus Kauffung.

Ab 1956 Heimattreffen des *Kreises Goldberg* in Solingen, etwa alle zwei Jahre. Gelegenheit, Bekannte und Freunde aus Nachbarorten zu treffen.

Sowohl an den Kreis- wie an den Schlesiertreffen haben Kauffunger in wechselnder Anzahl teilgenommen; soweit organisatorisch möglich, mit eigenem Teiltreffen.

Die Treffen der Kauffunger ab 1952 bis 1960 und ab 1961 sind gesondert dargestellt.

Um Arbeitsplatz und *Wohnung*

Aufnahmeorte und -gegenden zumeist ländlich bestimmt.

Daher dort nur Bedarf an landwirtschaftlichen Hilfskräften.

Kaum Angebot an Arbeitsstellen im gewerblichen Bereich:

Im Handwerk, Handel, Kleingewerbe, in Industrie und Büroberufen. Dazu kam ein allgemeines Atemholen nach dem 2. Weltkrieg und ein Stocken des Wirtschaftslebens, das erst mit und nach der Währungsreform auflebte. Den Ausgewiesenen fehlte zudem das bei der einheimischen Bevölkerung vorhandene Geld, von Waren ganz abgesehen. 1947–1949 verbreitet Arbeitslosigkeit. Im Rundbrief vom März 1949 schreibt Pastor Schröder:

»...Aus vielen Treffen und Besuchen erfahre ich, wieviele unter Euch arbeitslos sind oder infolge ihrer geringen Rente und Unterstützung sich in schwerer wirtschaftlicher Not befinden. Es tut mir weh, daß ich hierbei nicht helfen kann...«

Man mußte in weiterer Umgebung, größeren Städten, Industriegebieten suchen, lange Wegzeiten und Schmutzarbeiten auf sich nehmen, unter Können und Verstehen arbeiten, sich über den Durchschnitt anstrengen. Handwerker und Freiberufler fingen mit könnenden, aber *leeren* Händen an. An den eigenen Haaren aus dem Sumpf ziehen! Aber man wollte 'weg vom Bettelstab', wieder herauf, das Schicksal meistern. Fräulein Marie-Luise von Bergmann z.B. arbeitete 1949 in Herford in einer Fabrik und hatte doch zur vermögensten Familie von Kauffung gehört, war selbst wohltätig gewesen.

Nürnberg, München, Frankfurt, Hannover, Rhein und Ruhr waren damals bei den ausgewiesenen Kauffungern Ziele der Binnenwanderung: Erneute Trennung von der Familie war die Folge. Andererseits wollte man endlich nach den Jahren des Soldatseins, der Kriegsgefangenschaft, der Trennung nach Zufluchtsuchen und Ausweisung zusammenbleiben.

Oft zog einer den anderen nach, wenn es gelungen war, Fuß zu fassen: Familienangehörige, Freunde, Nachbarn. In Betrieben, die den Kauffunger Kalkwerken der Art nach nahestanden, fanden Kauffunger passende Arbeitsplätze.

So hatten beim Dolomitwerk in Hagen-Halden in den 1950er Jahren 31 fachkundige Männer aus Kauffung einen Arbeitsplatz; mit Familienangehörigen also Existenz für 100 Kauffunger. 7 davon erarbeiteten sich Meisterstellen, je 2 waren Vorarbeiter und in Angestelltenpositionen. Die meisten sind inzwischen altershalber ausgeschieden.

In dem von Wilhelm *Siegert* (einst Inhaber eines Kalk- und Dolomitwerkes in K.) in Düsseldorf aufgebauten Mörtel- und Betonwerk arbeiteten in den 1950er Jahren etwa 10 Kauffunger.

Über hundert *Handwerker, Kaufleute, Gastwirte* waren in K. selbständig gewesen (Aufstellung bei *Gewerbe*). Es ist leider unbekannt, wieviel in den ersten Jahren nach der Vertreibung versucht haben, wieder als Selbständige ein Gewerbe zu betreiben; geglückt dürfte dies allenfalls 15 bis 25 sein.

Arg waren *Bauern* und *Landwirte* dran, da sich allgemein nur selten die Möglichkeit zur Übernahme eines landwirtschaftlichen Betriebes oder einer Neusiedlung bot. Einige Kauffunger konnten Betriebe für befristete Zeit pachten. In Kauffung hatten – nach der Aufstellung 'Landwirtschaft' – etwa je 20 Betriebe mit einer Fläche (Eigentum und Pacht) von 5–10ha, von 10–20ha und von 20–100ha sowie vier Großbetriebe von mehr als 100ha bestanden. Davon waren 20 Betriebe als Erbhöfe anerkannt.

Keiner ihrer Eigentümer hat im Westen einen Betrieb zu Eigentum erworben, erwerben können. In der SBZ/DDR scheint kein Kauffunger Landwirt zunächst 'Neusiedler' und dann 'Genossenschaftsbauer' in einer LPG geworden zu sein.

Alle bäuerlichen, auch die alteingesessenen und im oberen Katzbachtal verwurzelten Familien sind aus dem landwirtschaftlichen Lebenskreis ausgeschieden. Eine Anzahl von ihnen hat mit Fleiß, Einschränkungen und einiger Förderung aus öffentlichen Mitteln landwirtschaftliche Nebenerwerbsstellen mit wenigen Ar Eigenland erhalten und geschaffen.

Der *Bedarf* an *Wohnungen* ließ sich nur durch Neubauten des bekannt großen Ausmaßes decken. Allmählich waren Mietwohnungen zu erhalten und konnten eigene Häuser geplant werden. Wieviel *Häuser* mit und ohne Garten zu Anfang der 1950er Jahre sowie in den folgenden Jahrzehnten von Kauffungern mit Tatkraft und gewiß mit viel Mühe gebaut worden sind, läßt sich wohl nicht mehr ergründen.

1945/46 bis 1950 waren Jahre des sich Zurechtfindens in den Aufnahmeorten und Landschaften. Es ging ums tägliche Brot. Allgemein, mit wenigen Ausnahmen, erwartete man damals eine Rückkehr in die Heimat.

»…1951 waren immer noch einige in Gefangenschaft und wir anderen waren zerstreut von Passau bis Cuxhaven, überwiegend in Notunterkünften und bauten langsam an dem, was zum täglichen Brot gehört: Häuser, Wohnungen, Möbel usw…«, erinnerte sich Pastor Schröder 30 Jahre später im Rundbrief vom Nov. 1981.

1950–1960 war das Jahrzehnt des Aufbaus und der Sicherung der Lebensgrundlage. Man beginnt von 'Eingliederung' zu sprechen. Zweispurig: Einerseits besteht die Hoffnung auf Rückkehr weiter, andererseits wird nicht in Untätigkeit verharrt, sondern hart gegen sich selbst zugepackt.

Arbeitsplätze herkömmlicher Handarbeit waren nicht genug zu finden. Also umschulen! Hinein in neue industriell-technische Berufe und solche in Büros wie im Bereiche der Dienstleistungen. Mehr anstrengen als Einheimische. An die Spitze der sich anbahnenden Entwicklung!

Zusammenhalt – Obmann

Gustav *Teuber* letzter deutscher Ortsvorsteher, im November 1946 ausgewiesen und nach Glauchau bei Zwickau (SBZ) gebracht, übersiedelt von dort im März 1949 in den Westen nach *Hagen*.

Pflichtbewußt kümmert er sich bald um Kauffunger, setzt gewissermaßen sein Amt als Ortsvorstehen fort; bemüht sich um den äußeren und inneren Zusammenhalt.

Anhand der seit Anfang 1947 entwickelten Anschriftenliste von Pastor Schröder und einer allgemeinen Frage im Rundbrief wird 1950 die Heimatortskartei erstellt. 2.900 Kauffunger, fast ¾ der Einwohner, sind erfaßt; auf das verbliebene Deutschland verteilt, wie Aufstellung und Skizze einige Seiten zuvor zeigen. Wegen vielfacher Ortsveränderungen und für den anlaufenden Lastenausgleich muß die Kartei schon 1953/54 auf neuen Stand gebracht werden. Eine Riesenarbeit.

Unter der Überschrift '*Wanderung* durch *Kauffung* a.K.' beschreibt G. Teuber den meilenlangen Ort, mit dem er von Kindheit an vertrraut ist, auch mit dem geschärften Blick des Ortsvorstehers: Berge und Tal, Katzbach mit Nebenbächen, Brücken und Stege, Wohnhäuser und andere Gebäude, Steinbrüche und Kalkwerke, landwirtschaftliche Gehöfte, Werkstätten, Schlösser und Kirchen, nennt Einwohner, erwähnt Sitten, Gebräuche und Besonderheiten; veröffentlicht in den 'Heimatnachrichten' von 1957, Nr. 3 – 1960 Nr. 4.

Ergänzt durch Beiträge von Lehrer *Filke* 'Die katholische Pfarrkirche zu Nieder-Kauffung' in den 'Heimatnachrichten' 1959 Nr. 2/3. Eine '*Haus*nummernfolge' für die Hauptstraße und alle Nebenwege wurde zusammengestellt und in den Heimatnachrichten 1960 Nr. 6, 9, 10 und 1961 Nr. 1, 3, 5 und 8 veröffentlicht; lückenlos für 457 Hausgrundstücke.

Und die Heimattreffen...

Der *Lastenausgleich* beginnt in der entstehenden Bundesrepublik Deutschland ab Sommer 1949 als 'Soforthilfe' anzulaufen. Denkbar bescheidene aber damals wichtige Leistungen für (versuchte) Flüchtlingssiedlung, für Erstanschaffung von Hausrat, für Unterhalt. Als Beispiel: Verfasser erhielt damals für seine Familie mit vier Kindern Hausrathilfe von DM 450,– in drei Raten zum Kauf einer Nähmaschine. Diese kam in Einzelteilen aus Sachsen (SBZ) und wurde in München zusammengesetzt. Marke Grützner. Näht noch...

Lastenausgleichsgesetz 14. 8. 1952. Entschädigungen Jahre später.

Keinerlei Lastenausgleich in der Deutschen Demokratischen Republik. Zu Beginn der 1950er Jahre konnten 'Umsiedler' Darlehen von 1.000,– Mark oder mehr für Kauf von Hausrat erhalten. In Erinnerung ist auch, daß da oder dort bei der 'Volkssolidarität' Geschirr billig gekauft und daß vom Bauhof Gerätschaften geholt werden konnten.

Teuber übernimmt die Bürde des Heimatortsvertrauensmannes (HOVM) für den Lastenausgleich.

Allgemeine Bekanntgaben dazu erfolgen seit Anfang der 1950er Jahre in den Goldberg-Haynauer Heimatnachrichten. 1954 wird zur Mitwirkung bei der Feststellung der Vertreibungsschäden eine Heimatortsvertrauenskommission gebildet. Stellungnahmen und Begutachtungen für Grund-, landwirtschaftliches- und für Betriebsvermögen sowie für besondere Hausratverluste sind zu erarbeiten und abzugeben. Die Namen der 13 sachkundigen Mitglieder sind im Heimatbuch für den Altkreis Goldberg – Haynau – Schönau, 1. Folge 1954, S. 101, genannt. Für die landwirtschaftlichen Betriebe verschiedener Größen und nebenberuflich bewirtschafteten Grundstücke sowie Kleinsiedlungen wird unter Mitwirkung von R. v. Gersdorff ein Gesamtverzeichnis aufgestellt.

Die 1950er Jahre gehen darüber hin.

1962 und 1963 bringen durch den Tod von R. v. Gersdorff (1892–1962) und von G. Teuber (1895–1963) einen schweren Einschnitt. Der sein Rittergut selbst bewirtschaftende Landwirt und der Betriebsschlosser, Gewerkschaftler und Vorsteher der Gemeinde verstanden sich, blieben bis zur Ausweisung in Kauffung, hatten sich gleicherweise allezeit dem Gemeinwohl verpflichtet.

Walter *Ungelenk*, geb. 1925 in Kauffung, tätig im Dolomitwerk Hagen-Halden, übernahm die *Obmannschaft* für den Heimatort Kauffung und wurde im Rahmen des Lastenausgleichs als Heimatortsvertrauensmann eingesetzt.

Kauffunger *Treffen* 1952 bis 1963

1952 3. 6. in *Neusorg* (Oberpfalz) 25 km ostwärts Bayreuth
22. 6. beim Schlesiertreffen in Hannover
3. 8. in *Hagen*
1953 11. 1. in *Stadtlohn* (Westfalen), westl. Münster
8. 3. in *Förste* bei Osterode (Harz)
in *Köln* beim Schlesiertreffen
1954 2. 5. in *Emsdetten* nördl. Münster im neuen Gemeindehaus bei Pastor Schröder
17./18. 7. in *Frankfurt* beim Schlesiertreffen: Feier des 200jähr. Jubiläums der Kauffunger ev. Kirche mit 200 Teilnehmern.
1955 22. 5. in *Burgsteinfurt* anläßlich Kreiskirchentag in Münsterland
1956 im Sommer Besuche von Pastor Schröder in *Glauchau* (nördl. Zwickau) SBZ/DDR
23. 6. in *Bielefeld* 750 Teilnehmer
10. 7. in *Herzberg* (Harz) sö. Osterode

1957 ab April vierteljährlich in *Siegen* (beim 1. Treffen 63 Teilnehmer)
     25. 8. in *München* im kleinen Kreis mit 20 Teilnehmern
     22. 9. in *Hagen* Großes Treffen mit Bericht von Fritz Binner nach seiner Aussiedlung von Kauffung
     1. 11. in *Burgsteinfurt* (kurz und schön)
1958   wieder in *Burgsteinfurt*
     19. /20. 7. in *Siegen* als Großes Treffen
1959 8./9. 8. in *Neutraubling* sö. von Regensburg

Hierzu Bericht in den Heimatnachrichten vom September 1959:
– Dieser Ort ist erst nach dem 2. Weltkriege auf einem Flugplatz entstanden durch Ansiedlung von Flüchtlingen/Vertriebenen. –
Das Treffen wurde eröffnet von dem Kauffunger Elektromeister Vogel und durchgeführt mit Patenschaft des Ortsverbandes der Landsmannschaft Schlesien. In Anwesenheit des Ortsbürgermeisters. Am Samstag Teilnahme am allmonatlichen Heimatabend der Landsmannschaft. Am Sonntag setzte bereits in den frühen Morgenstunden alle Erwartungen übertreffender Zustrom von Kauffunger Heimatfreunden ein. ...In der Hoffnung, viele Bekannte wiederzusehen. Wohl keiner enttäuscht; alte Erinnerungen ausgetauscht, in deren Mittelpunkt natürlich die Heimat stand. Diskussionen und z. T. scharfe Kritiken um den Lastenausgleich veranlaßten den vormaligen Bürgermeister Teuber von Kauffung zur Aufklärung und einschlägiger Beratung.
Nach dem Gottesdienst Begrüßung... der 200 Heimatfreunde aus Kauffung und Umgebung. Gustav *Teuber* hielt die Ansprache zum Gedenken der Toten... Sein anschließendes Rferat stand unter dem Motto: 'Freiheit der Völker!...'
Das Recht auf Heimat steht allen Völkern und damit auch uns zu. Teuber dankte den Kauffunger Heimatfreunden für den so eindeutigen Beweis der Verbundenheit und begrüßte auch die Teilnahme der Jugend. Betrüblich, daß viele Jugendliche nicht wissen, wo Breslau, Stettin oder Leipzig liegen.'

Sichtlich ergriffen sagte der Bürgermeister von Neutraubling: Meine lieben Kauffunger! Ich bin tiefbeeindruckt von Eurer Treue zur Heimat und freue mich außerordentlich, Euch hier in Neutraubling, einer der vier Flüchtlingssiedlungen in Bayern, begrüßen zu dürfen und wünsche dem Treffen viel Erfolg. Dann schilderte er den unter schwierigsten Verhältnissen vollzogenen Aufbau der Siedlung und das Anwachsen zur heutigen Größe, 1946: Ein zu 80 Prozent zerstörter Flugplatz, mit 20 Einwohnern, 1939: Der größte Ort des Landkreises Regensburg mit über 30 größeren Industriebetrieben aller Branchen, mit ca. 4.000 Einwohnern davon ca. 20 Prozent Schlesier. Dazu kommen zahlreiche kleinere und gewerbliche Betriebe. Arbeitslose gibt es bei uns nicht, wohl aber kommen täglich über 1800 Arbeitskräfte von auswärts hierher. Unter dem Beifall der Anwesenden rief er aus: Was hier geschaffen wurde ist der beste Beweis, daß die Heimatvertriebenen kein Fremdkörper, sondern ein treibender Faktor der deutschen Wirtschaft sind. Ebenso auf kulturellem Gebiet haben die Landsmannschaften wertvolle Betreuungsaufgaben übernommen und verdienen vollste Anerkennung.

Anschließend Rundgang durch den Ort: ...Straßen mit Namen aus der Heimat. Neu erbaute ev. und kath. Kirche. Fünf 5-stöckige Wohnblocks mit je 60 Wohnungen und andere Wohnbauten; über 100 Eigenheime, moderne Industriebauten von Unternehmen aus Schlesien.

1958/59 Im November schlesische Kirmes in Hagen mit Wellwurstessen, 120 Teilnehmer
1960 14. 8. *Osterode*/Harz
     15. 10. *Hagen*/Kirmes
1961, 24./25. 6.   anläßlich Kreis Goldberg Treffen in Solingen
     21. 10.   in *Hagen* und Umgebung zur Kirmes mit Wellwurst
1962, 14./15. 7.   in *Hagen*
1963, 15. 9.   in *Solingen* Kreis Goldberg-Treffen = Kauffunger Treffen

Folgen der Zerstreuung im kirchlichen Bereich

Allgemein

Die Kauffunger waren, wie die Schlesier, kirchlich eingestellt, wenn auch mit Abstufungen und Ausnahmen. Ihr zur evangelischen oder katholischen Kirche gehörender und durch ihre Kirche gebildeter Lebensbereich wurde von der Vertreibung betroffen; breiter und härter betroffen, als dies bei der allgemeinen Entkirchlichung vorstellbar ist, die in den letzten Jahrzehnten, etwa seit 1960, Platz gegriffen hat. In diesem Abschnitt können Umstände und Folgen nur umrissen werden.

Umfassende Darstellungen sind in zwei Veröffentlichungen gegeben
– Die Vertriebenen in Westdeutschland von Lemberg/Edding;
  Bd. III enthält getrennte Beiträge für den ev. und den kath. Bereich von je 70 Seiten und einen vorgeschalteten gemeinsamen Teil. Verlag Ferdinand Hirt, Kiel, 1959
– 1984/85 ist auf Veranlassung der evangelischen Kirchenleitung (West), EKD, eine 2-bändige Dokumentation erschienen (1.000 Seiten), Verfasser Hartmut *Rudolph:* Evangelische Kirche und Vertriebene 1945 bis 1972, Verlag Vandenboek & Ruprecht, Göttingen.
Veröffentlichungen für die SBZ/DDR sind nicht bekannt.

Geläut, Kirchweg, Kirche, herkömmlichen Platz mit Nachbarn, Pfarrer und Kantor ('Paster und Kanter'), Kirchvater und Glöckner hatte man gekannt. Mit dem Innern seiner Kirche war man vertraut gewesen. Gesangbuch und Gottesdienst/Liturgie hatten ihre Ordnung. Da war der Taufstein, man erinnerte sich der Konfirmation oder Erstkommunion und Firmung, vielleicht der Trauung, dachte an manche Begräbnisfeier in der Kirche: Zugehörig zum Ablauf des Lebens.

Vorbei   *Abgeschnitten*   In der *Fremde*
Mehr als eine Lücke, sowohl für diejenigen, welche sich zur Kirche gehalten
hatten, wie für die, die nur dann und wann Kirchgänger waren. Ein Stück
Geborgenheit fehlte… Auch kirchlich aus der Heimat gerissen. »Die Heimatkirche gehörte zum Gewand der äußeren und inneren Geborgenheit«, heißt
es in dem oben erwähnten Buch 'Ev. Kirche und Vertriebene'. Entwurzelt…,
wenn auch Choräle, Katechismus und einige Bibelkunde im Gedächtnis wohl
verwahrt waren.
Was fand man in der Fremde kirchlich vor?

> Gewiß im Kern denselben Inhalt, aber ein anderes 'Gewand', andere kirchliche
> Sitten, Kirchengebete, Gesangbücher mit Unterschieden in Melodien und
> Texten, gar anderes Falten der Hände. Besonderheiten, auf die weder Evange-
> lische noch Katholische gefaßt waren. Die kirchliche Tradition der Heimat und
> der Aufnahmeorte erwies sich als verschieden.
> Dazu unter Umständen gemeinsamer Kirchgang mit dem Hauswirt, bei dem
> man zwangseingewiesen war…

Vielfältiges in der Ev. Kirche

Die Evangelischen erfuhren unterschiedliche Ausprägungen in den Landeskirchen, voran bei den Liturgien. Man kannte sich nicht aus, obwohl man doch
im Kauffunger Religions- und Konfirmandenunterricht die Gottesdienstordnung gut auswendig gelernt hatte. Was fast als unumstößlicher Bekenntnis-
und Glaubensinhalt angesehen war, erwies sich mehr als Form. Zudem war
die Liturgie der Bayerischen Landeskirche noch gregorianisch vertont, wie
man im Mittelalter sang. Daher erfreuten sich Heimatgottesdienste mit der
vertrauten Liturgie besonderer Beliebtheit – bis auf den heutigen Tag.

> Hier ist aus der evangelischen Kirchengeschichte einzuflechten, daß sich in den
> deutschen Ländern *Landeskirchen* mit eigenständigem Kirchentum entwickelt
> hatten. *Dazu die Aufspaltung in Lutheraner und Reformierte!* Zu ihrer Über-
> windung wurden – unbeschadet des Bekenntnisstandes – in den ersten Jahr-
> zehnten des 19. Jahrhunderts landeskirchliche *Unionen* gebildet. So wurden
> auch im damaligen *Preußen* im Jahre 1817 (mit Durchführung ab 1830) die
> lutherischen und die reformierten Kirchen zu einer 'Evangelischen Union'
> zusammengeschlossen. Später 'Ev. Kirche der Altpreußischen Union' genannt,
> seit 1953 'Ev. Kirche der Union West' bzw. Ost. Bezeichnung des kirchlichen
> Bekenntnisses: Evangelisch.
> Dagegen nennen sich manche der später in den 1860er Jahren zu Preußen
> gekommenen Landeskirchen und manche der Landeskirchen in anderen deut-
> schen Ländern 'Ev.-Lutherische Landeskirche', z.B. in Bayern, Braunschweig,
> Hannover, Sachsen. Fremd anmutend für Ostdeutsche, obwohl diese doch
> selbst vom Lutherischen herkommen.

Auch von den Kauffungern wurde erwartet, daß sie eigenes kirchliches Erbe
aufgaben, sich an die landeskirchliche Ordnung nebst Sitten und Gebräuchen

der jeweiligen neuen Wohnorte hielten. Die Suche nach Angehörigen, Arbeit und Wohnung brachte oft mehrfache Umstellungen mit sich. Innere schwierigere Hemmnisse ergaben sich für die Ostdeutschen, auch für einzelne Kauffunger, die am Niederrhein in reformierte Gemeinden kamen, aus deren abweichendem Bekenntnis und Katechismus, aus der Nüchternheit der Kirchen und des Gottesdienstes.

Im restschlesischen Gebiet von *Görlitz* galten nach 1945 Gottesdienstordnung und Gesangbuch weiter, so daß sich kirchlich wie zu Hause fühlen konnte, wer von evangelischen Schlesiern/Kauffungern im Raum Görlitz eine Bleibe fand.

Im Vergleich stellt die katholische Kirche ein einheitliches Ganzes dar, wenn auch im weltlichen wie im theologischen Bereich da oder dort Unterschiedlichkeiten bestehen mögen.
Kauffunger/Vertriebene mit katholischem Bekenntnis hatten es in ihrem kirchlichen Bereich leichter.

Flüchtlingsgemeinden

Nach ihrem Bekenntnis gehörten im Jahre 1939 über 3.000 Kauffunger der evangelischen und um 800 Kauffunger der katholischen Kirche an. Entsprechende Zerstreuung auf die auseinanderliegenden Aufnahmegebiete im verbliebenen Deutschland ist anzunehmen.
Evangelische und katholische Kauffunger waren gewohnt, wie mancherorts in Schlesien, zusammen zu leben, sich an die eigene Kirche zu halten, aber das andere Bekenntnis zu achten. *Toleranz* hatte einen anderen Sinngehalt als in den Jahrzehnten seit etwa den 1960er Jahren.
Nur ein Teil der Kauffunger kam in Gebiete und Orte, in welchen das eigene kirchliche Bekenntnis üblich oder als Minderheit/*Diaspora* vertreten war. Dann stimmte insoweit durch Zufall und Glück der äußere Rahmen. Unter Umständen war man von der Mehrheit zur Minderheit versetzt oder fand sich bei der Mehrheit.
Ein gut Teil der Kauffunger landete aber ganz und gar umgekehrt...
– Evangelische Kauffunger kamen in rein katholische Gegenden wie Ostbayern oder das Westfälische Münsterland, wo man anderskirchliche Mitbürger, Protestanten, nicht gewohnt war und wo das öffentliche Leben, Schule und nachbarliches Miteinander katholisch-kirchlich geprägt waren.
– Katholische Kauffunger kamen in evangelische Gebiete mit verschiedener religiöser Einstellung: Gut kirchlich/christlich, mehr traditionell oder wie in den Industriegebieten von Sachsen und Thüringen als oberflächlich/kirchenfern empfunden.

Schon wegen des anderen kirchlichen Bekenntnisses wurden die 'Fremdlinge' von den Einheimischen mit Verwunderung, ja als unerwünscht und keineswegs als 'Neubürger' angesehen. Man wollte unter sich bleiben und die herkömmliche Ordnung der eigenen kleinen Welt wahren.

Ihrerseits fanden beide Gruppen keine dem eigenen Bekenntnis zugehörigen Einwohner vor, geschweige denn Gottesdienste, Kirchengebäude, Geistliche, Religionsunterricht im eigenen Bekenntnis. Man befand sich kirchlich in Gegenden, wo selbst die *Diaspora* neu und ungewohnt war. Daher bestand keine kirchliche Organisation der jeweiligen Minderheit, schon gar nicht für den urplötzlich eintreffenden Zustrom. Es fehlte vergleichsweise ein Auffangbecken. Bildlich gesprochen schwebte ein Großteil der Kauffunger, wie viele andere Vertriebene, zunächst kirchlich in der Luft. Dann begann sich diese evangelische oder katholische Minderheit zu sammeln, kirchliche Gruppen für kleine Veranstaltungen, Gottesdienste zu bilden, Religionsunterricht zu geben.

Als nächste Gruppe entstanden 'Flüchtlingsgemeinden' und schließlich neue Kirchengemeinden. Das Fehlen von Ortsgeistlichen des eigenen Bekenntnisses ließ sich noch am ehesten schließen, weil auch Pfarrer beider Bekenntnisse mit ausgewiesen waren.
Mit Räumen für Gottesdienste mußte man sich hier wie dort behelfen. Barakken, Schulen, Wirtshaussäle, Zimmer, Bunker... 'Manchmal armselig, manchmal unwürdig', hat Pastor Schröder im Rückblick geschrieben (Rundbrief Nr. 54 vom Dez. 1971).
Nach Eintreffen der Flüchtlinge wurde in Kemnath die katholische Kirche zunächst nur einmal im Monat, ohne Altarraum, für ev. Gottesdienst überlassen, später öfter und ein Seitenaltar (Mitteilung von Alfred *Abend*).

Schrittweise begannen sich die beiden großen kirchlichen Bekenntnisse gegenseitig zu helfen. Wohl orts- und landschaftsweise nach Zeitpunkt und Umfang verschieden. Kirchliche Räume oder die Kirchen selbst konnten von der Minderheit begrenzt mitbenutzt werden. Ab den 1950er Jahren wurden eigene Kleinkirchen und Kirchen, Kirchenzentren geschaffen.
Der Scheitelpunkt der neuen kirchlichen Gemeindebildung mag um 1950 gelegen haben, als die Jüngeren, Familien mit Kindern und Angehörige gehobener Berufe den Schulen und Arbeitsplätzen nachzogen.

So verminderte sich auch der Anteil der Kauffunger an den neuen evangelischen Gemeinden in Ostbayern.
Für die Evangelischen stellte die damals noch bestehende bzw. in den Jahren nach dem 2. Weltkrieg wieder aufgelebte katholische Bekenntnisschule, in welche die 'Flüchtlingskinder' zu schicken waren, eine zusätzliche Belastung dar.
Für die Katholischen erschienen manche Volksschulen nahezu 'weltlich'. Eine *dreifache* Schwierigkeit traf z.B. die evangelischen Kauffunger in Ostbayern:

Einheimische Bevölkerung geschlossen katholisch
Keine Räume für ev. Gottesdienste und Feiern
Ev. Landeskirche lutherisch geprägt mit Abstand zur Ev. Union.

In allen Richtungen durchsetzen...

Als besondere Veröffentlichungen für *Bayern* seien genannt:
– Die Evangelische Kirche in Schlesien und ihre Begegnung mit der Bayerischen Landeskirche von Pfarrer R. Hoppe, 1970, Bücherei Herne.
– Die evangelische »Flüchtlings-Diaspora« in Ostbayern nach 1945 von Wilhelm Koller, 1970.

Noch 1970 wurden in Bayern 450.000 evangelische Schlesier gezählt, ein Fünftel der schlesischen evangelischen Kirche.

Festzuhalten bleibt, daß ein Großteil der Kauffunger zu den Sorgen und Mühen um Familie, Arbeit, Hausrat, Wohnung, die im Verlauf unserer deutschen Geschichte entstandenen Unterschiede im kirchlichen Bereich mit durchzustehen hatte. Die Belastung ist nicht gering, eher schwerwiegend anzusetzen.

Ob welche und wie viele verzagt oder sich abgewandt haben? Ob die Teilnahme am Leben der neuen Kirchengemeinde Bestand hatte?
Wie sich Verlust der Heimat und Auflösung der überlieferten Bindungen auf kirchliche Haussitten ausgewirkt haben mögen, z.B. Hausandachten/Losung, Gebete, religiöse Kindererziehung?
Alle Fragen bezogen auf uns Kauffunger und unabhängig von der inzwischen eingetretenen allgemeinen Verweltlichung?

Zerstreut liegen auch die Gräber

Auguste Gräser und Robert Hausschild, ihr Leben lang Köchin und Diener im Stöckelschloß, hatten beizeiten auf dem Kauffunger Friedhof ihre letzte Ruhestätte samt Gedenkstein bestimmt.
Auguste Gräser starb mit anderen Insassen des Altersheims in Zittau in Sachsen an Typhus.
»Robert Hausschild hatte ausweisende Polen gebeten, ihn doch wegen seines Alters von über 80 Jahren in Kauffung sterben zu lassen. Umsonst. Er saß nach der Ausweisung im Sommer 1946 auf dem Bahnhof in Siegen (Westfalen) und weinte«, wird berichtet. Um den Jahreswechsel 1946/47 ist er gestorben.
Diese beiden dorfbekannten Alten zeigen sinnbildlich, daß auch die heimatliche Gemeinschaft der letzten Ruhe genommen war. Der Tod ging mit. Vom Zufluchtsuchen im Februar/März bis zur teilweisen Rückkehr im Mai 1945 werden wenige Kauffunger im Heimatort zur letzten Ruhe bestattet worden sein; verstärkt wieder bis zu den Ausweisungen.
Gräber in den Orten, wo im Frühjahr 1945 Zuflucht gefunden war.
Gräber unterwegs ... vereinzelt

1945 im Sudetenland und in Mähren, in Oberfranken und bei Passau, im Riesengebirge und der Grafschaft Glatz, in Sachsen, in den Orten und auf den Wegen des weiten Hin und Her. 16 vom Februar bis Mitte Juni in der Ferne Verstorbene – jeder am anderen Ort – sind von Angehörigen dem evangelischen Pfarramt Kauffung genannt worden; ihrer wurde in Gottesdiensten im Herbst, besonders am Totensonntag gedacht.

Darunter zwei Säuglinge, vier Kinder von 1–7 Jahren, acht Frauen (davon fünf um 80 Jahre und älter) und zwei Männer. Dreimal ist als Todesursache 'Lungenentzündung' angegeben. Zu den 16 kommen wohl fast alle Insassen des Altersheims und diejenigen, deren Tod in Kauffung bis zu den großen Ausweisungen nicht bekannt wurde.

1946 bei der Ausweisung.

Wo mögen die drei Frauen begraben worden sein, die im Ausweisungszuge Ende Nov. 1946 gestorben sind?

Gräber in den Orten der ersten Aufnahme nach der Ausweisung.

Gräber schließlich dort, wo man auf Dauer Arbeit und Wohnung fand.

Lebende – Tote – Gräber verstreut wie die Wohnorte.

Beim Heimattreffen im Herbst 1985 wurde, wie alljährlich, der verstorbenen alten Kauffunger gedacht: 37 Todesfälle – binnen eines Jahres – in fast ebensovielen Orten.

Erinnern wir uns, daß vor allem in Dörfern und Kleinstädten die Kirchhöfe zur Kirche gehörten. So wird das Grab manchen Kauffungers das erste für einen Toten anderen Bekenntnisses gewesen sein. Neu. Fremd. Vielleicht gar ein Stein des Anstoßes. Oder eine Brücke? Gewiß aber mit Schwierigkeiten verbunden, zumal wenn Pfarrer des eigenen Bekenntnisses fehlten...

Lebensbild der beiden letzten Kantoren

Alfred *Pilz* 1887–1953
1914 bis Februar 1945 Lehrer an der einklassigen kath. Schule im Niederdorf
Kantor an der katholischen Kirche, als solcher jeden Sonntag vormittags Predigtmesse, nachmittags 'Vesper', zusätzliche Dienste in der Fastenzeit, bei Maiandachten, Freitag Schulfrühmesse.
Kath. Kirchenchor-Leitung des allgemeinen Männergesangvereins – Imkerverein. Mitgestalten kultureller Veranstaltungen – Heimatfeste, Theaterabende.
Frühjahr 1945 Zuflucht im Sudetenland, dann in Thüringen.
1. 1. 1946 bis 18. 5. 1951 Schulleiter mit Ausbildung von Junglehrern in Mittelhausen, nördl. *Erfurt* (SBZ/DDR). Gestorben in *Weimar*!
Nachruf im Rundbrief vom Dezember 1953:
»Drei Jahrzehnte hat der Entschlafene in Kauffung über seine schulische Tätigkeit hinaus zum Wohle unseres Dorfes gewirkt. Auch an dieser Stelle sei seiner Arbeit in Dankbarkeit gedacht.«

Wilhelm *Liebs* 1889–1966
1. Lehrer und evangelischer Kantor
1928 bis 1938 im benachbarten Tiefhartmannsdorf
1939 bis Juni 1946 in Kauffung (Ev. Schule Niederdorf)
In beiden Orten Leitung der Kirchenchöre.
Ferner in *Tiefhartmannsdorf*: Neubau der Schule, im Vorstand der Spar- und Darlehenskasse, Männer- und Posaunenchor.

In *Kauffung* Mitwirken bei Maßnahmen für den Luftschutz und bei der Ausgabe der Lebensmittelkarten.

1945 Februar bis Anfang Mai Zuflucht gefunden im Sudetenland bei Dux, dort Schule gehalten.

Mitte Mai mit 260 Kauffungern aufgebrochen nach Kauffung und für eine große Anzahl anderer Schlesier Sonderzug erwirkt.

Anfang Juni bis Ende August wieder Schule gehalten.

In Kauffung und Tiefhartmannsdorf bis November 1945 Religionsunterricht gegeben und bis zur Ausweisung Ende Juni 1946 als Kantor amtiert. Außerdem 1946 von Januar bis Juni mit der Verwaltung des im vormaligen Altersheim eingerichteten Hilfskrankenhauses befaßt.

Aufnahmeort im Kreis *Celle*.

Vom Mai 1947 bis 1954 Lehrer in Suhlendorf/Krs. *Ülzen*.

Im Ruhestand dort mehrere Jahre Gemeindeverwaltung/-direktor.

Aus dem Nachruf von Pastor Schröder im Rundbrief Nr. 47:

»...Ich möchte statt des sonst üblichen Nachrufs eine Erinnerung berichten: Während des Krieges auf Urlaub in Kauffung predigte ich über den Spruch 'Euer himmlischer Vater weiß, daß ihr des alles bedürfet.' Statt einer geplanten Arie ließ Kantor Liebs den Kirchenchor auf die Predigt mit dem Lied antworten: 'Weiß ich den Weg auch nicht, du weißt ihn wohl.'«

Als letzte Tat, sein Vermächtnis, hat Kantor Liebs die *Chronik* von Tiefhartmannsdorf neu geschrieben; veröffentlicht als 'Tiefhartmannsdorf – Dorf unter dem Kreuz' in den Heimatnachrichten 1966, Nr. 4–12. Nachruf für Tiefhartmannsdorf zum Jahrestag des Todes in den Heimatnachrichten vom Dezember 1967.

Die Lehrer *Pilz* und *Liebs* blieben *Kantoren* ihrer Kirchen, auch als 1940 die Bekenntnisschulen zur Gemeinschaftsschule zusammengeschlossen wurden. Schulmänner und Kantoren durch und durch. Mit dem Dorf verbunden.

Verbleib der letzten Ortsgeistlichen

Der katholische Pfarrer Georg *Rittau*, im Ort von 1927 bis Februar 1945, fand zuerst Zuflucht westlich Görlitz. Aufgaben in wechselnden Orten; dann 15 Jahre bis 1963 Seelsorger in Bad *Schandau* an der Elbe oberhalb Dresden. Geistlicher Rat. Ruhestand im Hause der Nazarethschwestern in *Goppeln*, südwestl. Dresden. Dort verstorben im 89. Lebensjahre am 14. 11. 1979 und begraben. Aus dem Nachruf in den Heimatnachrichten 1980, Nr. 3, S. 30:

»Unermüdlich war er mit dem Fahrrad unterwegs, um nach der Vertreibung die katholischen Christen in Bad Schandau zu sammeln. Bei schlechtem Wetter sah man ihn mit dem Handkarren übers Gebirge ziehen.«

Kaplan Georg *Eckelt*, zuvor Pfarrvikar im oberschlesischen Oppeln, in *Kauffung* vom August 1945 als Pfarradministrator bis zur Ausweisung Ende November 1946. Aufnahmeort *Glauchau* (Sachsen).

Einige Jahre an verschiedenen Orten tätig; dann südlich Halle, dort als Kuratus in Schkopau. Mit 45 Jahren, am 15. 2. 1956, verstorben. Die damaligen Anstrengungen waren wohl zu groß gewesen. Durch seine Rundbriefe blieb er mit Oppelner Pfarrkindern sowie katholischen Familien aus dem oberen Katzbachtal verbunden und wirkte zugleich als Seelsorger im so ganz anders gearteten Mitteldeutschland: Dreifach in Anspruch genommen.

Pastor *Schröder,* seit 1936 in Kauffung, wurde Ende Juni 1946 ausgewiesen. Aufnahmeort *Ochtrup* im Münsterland. Im Oktober Auftrag als Pfarrer der in *Emsdetten* (nördl. von Münster) zur vorhandenen evangelischen Diaspora entstandenen Flüchtlingsgemeinde (einschließlich umliegender Bauernschaften); zur Gemeinde gehörten auch Kauffunger und andere Katzbachtäler.

Nach zwei Jahren wurde aus der Vorläufigkeit eine ständige Einrichtung. »Am 31. Oktober 1948 bin ich hier als Pastor von Emsdetten eingeführt worden. Es ist aber ausgemacht, daß ich wieder frei werde, wenn wir heim dürfen und Ihr mich dann noch haben wollt. Ich danke für alle Segenswünsche« (Rundbrief Dez. 1948, S. 2).

Helferin/Katechetin für den Religionsunterricht und den Rundbrief war damals Ruth *Krause*/jetzt Geisler.

Vorhandene Kirche zu klein, daher 1952/53 in Emsdetten eine zweite ev. Kirche und Pfarrhaus gebaut (Rundbrief Nr. 43 vom Aug. 1965).

Von 1965 bis 1968/72 war Pastor Schröder mit der Leitung der *Telefonseelsorge in Dortmund* beauftragt.

Seit 1973 im Raum Bielefeld wohnend.

Arbeit und Stellung von *Frau* Schröder hat Ruth Geisler in dem Gedicht »Inse Kauffunger Pastern« beschrieben (Heimatnachrichten 1983, Nr. 34/2).

Amtsübernahme und Einzug der Familie in Kauffung am 1. Juli 1936.

Über 50 – fünfzig – Jahre mit Kauffung und Kauffungern verbunden. Rundbriefe mit seinem Namen. Bis 1986 unter seiner Mitwirkung Gottesdienste bei unseren jährlichen Treffen. Verstorben am 7. Okt. 1987 in Bielefeld-Sennestadt. 'Abschiedsgedanken als Nachruf', in den Heimatnachrichten vom Nov. und Gedenken im Rundbrief vom Dez. 1987.

Pastor Walter Schröder geb. 02. 09. 1902, gest. 07. 10. 1987
Kauffunger Pastor seit 1936. Das Bild zeigt ihn bei einer seiner letzten
Predigten in der Lukaskapelle des Plettenberg-Stift in Bielefeld.

Beispielhafter Bericht

einer gebürtigen Kauffungerin, verheiratet in Breslau

1945: Ehemann 64 Jahre Verfasserin/Ehefrau fast 50 Jahre
      Ältester Sohn Jg. 1922, bei Marineartillerie in Kurland
      Älteste Tochter Jg. 1925, Abitur, Arbeitsdienst, Flakhelferin bei Pilsen
      Jüngste Tocher Jg. 1928, Mittelschule
      Jüngster Sohn Jg. 1932

»…Wir hatten uns in Breslau 1933/34 ein Eigenheim gebaut. Sieben Zimmer, Nebengelaß. Blumen-, Obst- und Gemüsegarten. Siedlung in Vorstadt.

Am *20. Januar 1945,*nachts 1.00 Uhr, die Stimme eines Boten von der Ortsgruppe: 'Frau E., packen Sie einige Sachen zusammen, Sie müssen mit den Kindern weg; früh gehen die ersten Transporte. Lastautos, Pferdegespanne und … stehen bereit.' 20° Kälte und ins Ungewisse. Wir bekamen die Erlaubnis, in meine Heimat Kauffung zu fahren.

Am *23. Januar* bin ich dann mit den beiden jüngsten Kindern und einigem Gepäck in einem übersetzten Eisenbahnzug ohne Licht abgefahren. Mein Mann blieb in Breslau, um das Haus zu schützen; das war bitter… Sohn Kurland, Tochter Pilsen!

Am nächsten Morgen um 6.00 Uhr waren wir steif gefroren in Merzdorf und gegen 8.00 Uhr in Kauffung.

Meinen Bruder traf ich nicht an. Er stand mit dem Kauffunger Volkssturm bei Steinau an der Oder zur Verteidigung. Um den 10. Februar kam er zurück. Nach zwei Ruhetagen setzte der große Flüchtlingsstrom mit endlosen Treckkolonnen ein. Mit anderen Frauen und Kindern haben wir den ganzen Tag und die halbe Nacht warme Suppen, Tee und Kaffee ausgeschenkt. Es war viel Not, die einen jeden betraf. Aber die Fahrt der Trecks ging weiter, denn die russische Armee kam... Das alles hast Du ja selbst in Deinem Ort erlebt.

Dann erhielt die Gemeinde Kauffung auch den Treckbefehl. In der Nacht vom *13./14. Februar* packten wir den Treckwagen. Mein Bruder und ... wollten mit dem Treckwagen fahren. Wir anderen mit den Kindern fuhren mit dem Zug am 14. 2. Türen und Fenster mit Brettern vernagelt, ohne Heizung. So fuhr man unseren langen, dicht besetzten Zug hin und her durchs Sudetenland, durch Fliegerangriffe hindurch; bisweilen stand auch der Zug einige Stunden auf dem offenen Gleis, bis der Angriff vorüber war. So kamen wir am *18. 2.* steif an allen Gliedern in *Dux* im Sudetenland an. In einer Schule (unser erstes Strohlager) untergebracht und in den nächsten Tagen in die umliegenden Ortschaften verteilt. Ich kam mit den Kindern, meinen Angehörigen und vielen Kauffungern nach *Liquitz bei Dux.* Wie es überall ist, wurden wir z.T. gut aufgenommen, z.T. auch mit schiefen Gesichtern. Unsere Gastgeber waren erträglich. Wir waren in Sorge um die Kauffunger mit den Treckwagen, die noch nicht eingetroffen waren. Ein älterer Herr reiste zur Erkundung nach Kauffung und berichtete: Zu Hause geblieben, weil die Russen bei Neukirch Winterquartier bezogen hätten. Da die Ernährungslage in Liquitz sehr schwierig war und wir ziemlich hungerten, sind viele Flüchtlinge zurückgefahren, obwohl es verboten war. Wir reisten *Anfang Mai* ab und kamen gerade in Kauffung an, als der Einmarsch der Russen bevorstand und konnten nur eine Nacht dort schlafen. Am 7. 5. 45 trabten wir wieder zum Bahnhof mit unseren sieben Sachen; mit einem überladenen Zug fuhren wir los. Es sollte an die sächsische Grenze gehen, wo der Amerikaner stand. Wir sind aber nur bis Liebau gekommen, dort holte uns der Russe ein. ...Wir und unser Gepäck im Abteil blieben unversehrt. Einige Uhren sammelten die russischen Soldaten noch ein und zwei Güterwagen, gefüllt mit vielen schönen Sachen, die den Eisenbahnern gehörten, wurden beschlagnahmt und geplündert. Etwas Eßbares hatten wir alle mit und vor dem Zuge durften wir uns auf und ab bewegen. (Anmerkung: Eine Gruppe junger Mädchen ist am Abend nach Kauffung zurückgelaufen.)

So haben wir bis 10. 5. durchgehalten. Dann teilte uns der Dolmetscher mit: »Matka, jetzt nach Hause gehen.« Und wir mußten laufen... Alt und jung, mit Kinderwagen, Handwagen und Wägelchen zog die Straße entlang der Heimat zu. Früh gegen 8.00 Uhr setzten wir uns in Bewegung, abends um ½10 Uhr waren wir in Kauffung... am Ende unserer Kraft. Was sich in der folgenden Zeit in Kauffung abgespielt hat unter Russen und Polen, das brauche ich wohl nicht zu berichten. Du hast schon manches Erlebnis gehört.

Im *Juni 1945* bin ich mit meiner Schwägerin von Kauffung nach Breslau gewandert. Teils auf der Autobahn, das war weniger gefährlich. In drei bis vier Tagen waren wir am Ziel. Was meinst Du wohl, was mein Mann für Augen machte, als wir plötzlich vor ihm standen. Es wußte ja einer vom anderen nichts mehr. Um 100 km.

Mein Mann hat die ganze Belagerungszeit in Breslau mit durchgehalten. Er mußte dann bald aus dem Haus heraus... Unser Haus steht, mit wenigen Schäden. Breslau sah zum Erschrecken aus.

Dann mußte ich wieder zurück nach Kauffung, um dort auch die Kinder und das Gepäck zu holen. Dazu mußten wir mehrmals hin und her laufen. Unser

Wanderweg führte uns immer ab Kauffung über Ketschdorf – Seitendorf – Bolkenhain – Zirlau – Königszelt – Kostenblut – Autobahn – Breslau. In Zirlau rasteten wir bei einer Schwester meines Mannes. Sie bewirtschaftete dort ein Bauerngut. Ihr Mann ist als vermißt gemeldet.

Unsere älteste Tochter hatte sich inzwischen aus Pilsen! eingefunden – unser ältester Sohn kam erst Ostern 1948 aus russischer Kriegsgefangenschaft zurück.

Unsere Zeit in *Breslau* von *Mitte Juni bis 22. August 1945* war reich an guten und bösen Erlebnissen. Geordnete Lebensbedingungen gab es ja nicht. Die Deutschen waren jeder Willkür der Russen und Polen ausgesetzt. Mein Mann und der jüngste Sohn waren teilweise als Dachdecker tätig oder hüteten die Kuh eines polnischen Offiziers in den Grünanlagen. Die beiden Töchter waren beim Trümmerräumen eingesetzt. Ich durfte im Haus bleiben und mir den Kopf zerbrechen, was ich für meine hungrigen Leutchen wohl wieder zurechtkochen sollte. Am 22. Aug. 1945 mußten wir innerhalb einer halben Stunde unser Haus verlassen, da *Zivilpolen einziehen* sollten. Außer Handgepäck durfte nichts herausgenommen werden. So standen wir mit vielen Nachbarn zum Abwandern bereit. Wir konnten aber bei anderen Nachbarn bleiben. Im Oktober waren alle Vorräte aufgebraucht. Zum Bewohnen waren uns auch nur noch die Trümmer übriggeblieben, da inzwischen alle übrigen Häuser der Siedlung beschlagnahmt worden waren. Es blieb uns keine andere Wahl, wir mußten abwandern. So zogen wir *wieder* mit unserer letzten Habe den Weg, den wir gekommen waren, *nach Kauffung.*

Inzwischen war aber im Haus meines Bruders auch ein polnischer Treuhänder eingezogen. Dieser erlaubte es nicht, daß wir mit im Haus wohnen konnten... So sieht es eben aus, wenn man kein Recht mehr im eigenen Haus hat. Vom Kauffunger Gemeindeamt erhielten wir aber die Erlaubnis, in ein benachbartes Häuschen zu ziehen. Der Mann war beim Volkssturm im Kampf um Steinau gefallen, die Frau mit den Kindern in Bayern. Wir haben gut gewohnt in dem Häuschen und kamen uns trotz mancher Not behütet vor. Mein Mann hat mit anderen Männern auf dem Mühlberg Bäume gefällt im Auftrag der Gemeinde. Die beiden Töchter arbeiteten auf dem Dominium Stöckel-K. Ich und der 14jährige Junge waren nicht arbeitspflichtig. Dafür hatten wir in der Häuslichkeit genug zu tun.

Als Lohn für die Arbeit auf dem Dominium gab es Weizenkörner. Diese mußten durch die Kaffeemühle gemahlen werden. Unsere hauptsächliche Ernährung bestand aus Weizenschrot. Davon kochten wir viel Suppen, machten Klopse und haben Brot gebacken; denn Kartoffeln und richtiges Brot waren teuer und schwer zu beschaffen. Noch schwieriger stand es mit Fettigkeiten. So lebten wir unter dem Druck der polnischen Miliz, hin- und hergeschüttelt von guten und bösen Gerüchten. Man zerbrach sich auch den Kopf darüber, in welchen Verhältnissen man uns Deutsche in Zukunft leben lassen wollte.

Im *Juni 1946* erhielten wir... den Ausweisungsbefehl. Über den Tag der Ausweisung und die Fahrt bis Osterode im Harz wird Dir... schon berichtet haben. Wir kamen zunächst in das Lager Odertal bei Lauterberg am Harz. (Anmerkung: Auch im Harz gibt es eine Oder.) Dort haben wir 6 Wochen in recht dürftigen Verhältnissen gelebt. ...Wir nahmen Verbindung zu Verwandten auf, die auch aus dem Osten gekommen waren und schon im Westen lebten... Diese Familie hat sich für uns eingesetzt und erhielt von der Gemeinde S. für uns die Zuzugsgenehmigung.

Am 12. August konnten wir dann nach dem Dörfchen übersiedeln. Da wir Flüchtlinge ja überall nicht gerade gern gesehene Gäste waren, blieb auch uns einiger Ärger wegen der Wohnverhältnisse nicht erspart. Aber die Freundlichkeit und Verträglichkeit siegte und wir haben bis 1954 im Frieden beieinander gewohnt.

Mein Mann hatte die Altersgrenze erreicht; bis einige Formalitäten geregelt waren, hat es eine gute Zeit gedauert.

Unser landschaftlich schön gelegenes Dörfchen hatte im Frieden 500 Einwohner, über 1.000 Einwohner durch die Zugewiesenen Flüchtlinge... Außer Landwirtschaft keine Berufsmöglichkeit. So waren mein Mann und die Jugend zunächst Hilfskräfte bei den Bauern... Mir stand zum Haushalten wieder Brot, Mehl, Milch und einige Fettigkeit zur Verfügung. Unsere Älteste, die Abiturientin, fand in Braunschweig Anstellung als Haustochter. Sie hat es in der Familie gut gehabt und konnte sich deshalb auch wieder erholen. Unsere jüngste Tochter war zwei Jahre als Haustochter auf der Domäne im Ort tätig.

Inzwischen hatten sich unsere Geldverhältnisse geregelt, und wir konnten daran denken, unsere Kinder etwas lernen zu lassen.
Erfolg: Unser ältester Sohn Dr. Ing.
          Beide Töchter Diakonissen mit Staatsexamen
          Der jüngste Sohn Dr. rer.-pol.

Es kam nun die Zeit, daß mein Mann und ich allein im Dörfchen S. wohnten. Wir bemühten uns um die damals amtlich geförderte Umsiedlung von Vertriebenen aus abgelegenen und überbelegten Gegenden. Unser Antrag auf Umsiedlung nach Mannheim, wo unser jüngster Sohn damals noch studierte, wurde anerkannt. Am 1. August 1954 sind wir nach Mannheim mit einem Umsiedler-Transport umgezogen.

Wir wohnen hier in einem Wohnblock für Umsiedler und Bombenbeschädigte. ...ruhig, alle unsere Mitbewohner sind freundliche, friedliche Leutchen... aus verschiedenen Gegenden des deutschen Ostens. Gerne hätten wir eine 3-Zimmer-Wohnung gehabt, aber die Verwaltung konnte uns bei drei Personen nur eine 2-Zimmer-Wohnung geben. Wir mußten ja auch erst ausstatten... Inzwischen hat unser jüngster Sohn in der Nähe eine kleine eigene Wohnung mieten können. Wir versorgen ihn weiter...

Der Arzt stellte bei meinen Gelenken starke Abnutzungserscheinungen fest. Unsere älteste Tochter ist zur Zeit bei uns und umsorgt uns.

Es erfolgt ein Rundblick in die Verwandtschaft... Alle drei Töchter des Bruders sind verheiratet und leben in guten geordneten Verhältnissen. Meine ... Cousine und ihre Angehörigen wohnen leider in der Ostzone.

Die Angehörigen meines Mannes wohnen im Westen, nur seine älteste Schwester mit ihren Kindern und Enkeln in der Ostzone.
... in Oldenburg
... in Bielefeld
... bei Alfeld, dort haben sie ein Eigenheim gebaut.

So wohnen wir alle in einer unerfreulichen Zerstreuung. Durch die Entfernungen und unser Alter mit den Unpäßlichkeiten werden die gegenseitigen Besuche immer seltener. Ein ausführlicher Brief muß dann immer wieder den Ausgleich schaffen.

...Wenn Dich der Inhalt des Berichtes auch bisweilen betrüblich stimmen mag, so vergiß nicht, dankbar der Hilfe unseres treuen Gottes zu gedenken, die uns und auch Dir ... in mancher verzagten Stunde zuteil geworden ist...

Verfaßt von Frau Ida *Elsner,* geb. Geisler

Der Bericht ist neun Seiten lang, daraus wurden die vorstehenden Auszüge nahezu wörtlich entnommen.

Bestandsaufnahme

der Akten, Register und Urkundenbücher, die wie allerorts auch in Kauffung
    bei der Gemeindeverwaltung und bei den Pfarrämtern

geführt worden sind und im Sommer 1945 vorhanden waren, als Polen die Verwaltungsmacht übernahm.

Bei der *Gemeindeverwaltung* waren verwahrt:

Schöppenbücher/Schöffenbücher aus früheren Jahrhunderten, enthaltend Protokolle über Streitigkeiten, Strafsachen,
Eigentumswechsel an Grundstücken (dem Grundbuch entsprechend).
Geführt seit alter Zeit, mindestens seit 1500,
für das Ober- und Niederdorf von den Erb- und Gerichtsscholzen mit Gerichtsgeschworenen und Gerichtsschreibern als *Ortsgerichten;* die jeweilige Grundherrschaft wirkte mit.
Ortsakten sind von Stockmann in der 'Geschichte', S. 59, zumindest seit 1552 erwähnt.
In den jetzigen polnischen Staatsarchiven von Hirschberg und Liegnitz werden Schöffenbücher und andere Urkunden aus früherer Zeit aufbewahrt, auch von Kauffung.
Ein Archivkatalog für mehrere Archive ist vorhanden.
Einsicht ist möglich mit einzuholender schriftlicher Einwilligung der Generaldirektion der Staatsarchive in Warschau.
Zu bedenken ist, daß die Schöffenbücher für die Dorfanteile nach Grundherrschaften getrennt geführt wurden.

Im Staatsarchiv *Hirschberg* wird *nach* dem Katalog das *Schöffenbuch* von Ober-Kauffung aus den Jahren 1595 bis 1728 aufbewahrt, nebst einigen jüngeren Kaufverträgen bis 1777.
Offen ist aber für welche Ortsteile.
Im Staatsarchiv *Liegnitz* werden aufbewahrt:
a) Eine Reihe von Originalurkunden aus dem 16. bis 18. Jahrhundert
b) Seelenregister der Gemeinden Ober-, Nieder- und Mittel-Kauffung 1766 bis 1778

c) Kauf- und Schöppenbuch bei der Elbel'schen Gemeinde Ober-K. 1767–1846
d) Kauf- und Schöppenbuch der von Beuchel/Lest-Gemeinde Ober-K. 1788–1840
e) Kauf- und Schöppenbuch bei der Stimpel'schen Gemeinde Ober-K. 1781–1851
f) Kauf- und Schöppenbuch bei der Tschirnhaus-Gemeinde Ober-K. 1781–1851
g) Kauf- und Schöppenbuch bei der Heiland'schen Gemeinde 1789–1822
h) Kaufbrief und Schöppenbuch zur Stöckel-Gemeinde Ober-K. 1799–1852
i) Kaufbrief und Schöppenbuch bei der Gemeinde Mittel- und Ober-K. 1800–1814
j) Kauf- und Schöppenbuch bei der Gemeinde Mittel-Kauffung 1814–1852
k) Kurrendenbuch 1812–1817
l) Drei Sentenzen königl. Preußischer Ober Amts Regierung zu Breslau betr. einer Streitsache über Spann- und Handdienste bei den neuen Bauten als sowohl bei Reparaturen des Obermühlwehres 1802–1804.

Wie die vorgenannten Angaben zeigen, ist der Bestand, gemessen an dem, was vorhanden sein müßte, lückenhaft. Es fehlen Schöffen- und Kaufbücher sowohl für Jahrgänge wie für Ortsteile. Unbekannt ist, ob diese fehlenden Urkundbücher vernichtet sind oder wo sie sich befinden.

Geführt wurden
    Akten laufender Verwaltung
    Jahresrechnungen
    Protokolle von Gemeinderatssitzungen
    Akten über Schulen, Straßen, Grundstücke, Häuser.
Es ist unbekannt, was von diesen Akten vernichtet wurde und was noch vorhanden ist.
Im polnischen Staatsarchiv Breslau befinden sich keine Ortsakten von Kauffung.

Bei beiden Pfarrämtern
sind seit der Bildung der Kirchen und der Pfarrgemeinden die einschlägigen Kirchenbücher und Akten geführt und verwahrt worden.
Evangl. Pfarramt von 1742 bis 1946
Kathol. Pfarramt von 1853 bis 1946
Kirchenbücher über Taufen, Trauungen, Begräbnisse
    Akten laufender Verwaltung
    jährliche Kirchenrechnungen
    Niederschriften über die Sitzungen der kirchlichen Körperschaften bzw. des Kirchenvorstandes.
Im *Pastorhaus* sind zwei große Aktenschränke in Erinnerung mit Kirchenbüchern, Kirchenrechnungen und anderen Akten aus den 200 Jahren.
Über den Verbleib ist nichts bekannt. Vernichtet?
Wie mit den deutsch geführten Akten des *katholischen Pfarramtes* ab Ende 1946 verfahren wurde, ist nicht bekannt.

Kirchenbücher und Personenstandsregister

Aufzuschreiben begann man

    Taufen   *Trauungen*   *Begräbnisse*

in Deutschland nach der Reformation und folgend auch in der kath. Kirche.

Es sei nun für Gegenwart und Zukunft aufgezeichnet, was für Kauffung über Kirchenbücher des evangelischen und des katholischen Pfarramtes sowie über die Personenstandsregister (auch -bücher genannt) des Standesamtes aus Erinnerung und Verlautbarungen bekannt ist. Ihre Führung war eng verknüpft mit der Dorf- und Kirchengeschichte.

Mögen Prediger und Kirchschreiber im evangelisch gewordenen Kauffung vielleicht von 1550 bis zur Wegnahme und Rekatholisierung der Dorfkirche 1654 Kirchenbücher geführt haben, sie gingen verloren.

Die Einwohnerschaft blieb evangelisch.

Weder katholische noch evangelische Geistliche,
weder bzw. ganz selten Taufen noch Trauungen im Ort.

Von 1654 bis 1742 keine evangelischen Kirchenbücher.

Mögen Aufschriebe der Gebühren an den für Kauffung damals zuständigen katholischen Pfarrer – im entfernten Kupferberg – geführt worden sein, sie sind nirgends erwähnt.

In diesen *neun* Jahrzehnten sind
Taufen und *Trauungen* von Kauffungern erfolgt
– in der Grenzkirche Probsthain (20 km nordwestlich)
– vereinzelt in der Grenzkirche Harpersdorf (Nachbarort zu Probsthain)
– etwa ab 1712 teilweise in der Gnadenkirche *Hirschberg*. (Diese Kirchenbücher
  befinden sich im Wojewodschaftsarchiv H.)

In Probsthain wurden Taufen und Trauungen auswärtiger Kirchgäste in *Fremdenbücher* eingetragen (Stockmann, S. 76); diese in der Mitte der 1930er Jahre an das Ev. Centralarchiv in Breslau abgegeben. Dessen Bestände ausgelagert, aber bei Kriegsende oder danach vernichtet.

1742 Ev. *Bethaus* und Ev. Kirchgemeinde

1753 Die seit 1742 angelegten Bücher verzehrt der große Dorfbrand.

Seit 1753 Evang. Kirchenbücher durchlaufend geführt bis Ende 1946.

1774 Zuzug einer kath. Familie und Anlage eines Kirchenbuches für kath. Amtshandlungen; von da an fortlaufend geführt.

1794 Im Preußischen allgemeinen Landrecht (2. Teil, Titel 11, §§ 481–505) ergehen preußisch genaue Vorschriften für die Führung der Kirchenbücher. Diesen kommt Rang von Personenstandsregistern zu.

1853 Nach Bildung der katholischen Pfarrgemeinde durch weiteren Zuzug gewinnen die kath. Kirchenbücher an Bedeutung.

1874 ab 1. Oktober, *Standesämter* zur Beurkundung von *Geburten*, Eheschließungen, Todesfällen.

Von 1794 bis 1874 waren *Duplikate* der Kirchenbücher zu führen.

Ab 1875 *Nebenregister* der Personenstandsbücher zu führen.
(Ab 1. 7. 1938 Zweitbücher genannt.)

Duplikate und Nebenregister waren jährlich dem örtlich zuständigen Gericht zu übergeben und bei diesem zu verwahren; Zweitbücher beim Landratsamt.

Die *Duplikate* der ev. und kath. Kirchenbücher lagerten 1937 beim *Amtsgericht* in Schönau.

Diejenigen der evang. Kirchenbücher befanden sich 1977, wenn auch nicht vollständig, im polnischen Staatsarchiv Breslau (Archiwum Panstwowe, Wroclaw). Vermutlich lagern dort auch die Duplikate der kath. Kirchenbücher.

Über den Verbleib der anderen Duplikate und der standesamtlichen *Nebenregister* fehlen Nachrichten.

Besonderheiten

bei *Kirchenbüchern* des *evang.* Pfarramtes.
Diese von 1753 bis Ende 1946, also für fast 200 Jahre geführten Kirchenbücher
fehlen mit Ausnahme für Taufen ab 1912.
Verbleib unbekannt. Es heißt: Vernichtet!
Zwei Taufbücher befinden sich in unserem Verwahr,
beginnend am 7. 4. 1912, letzter Eintrag am 13. 11. 1946.

Ferner befinden sich in unserem Verwahr:
Tagebuch/Manuale mit Anmeldungen für Taufen, Trauungen, Begräbnisse von
1884 bis 1909 (1884 und Begräbnisse unvollständig)
Tagebuch mit Anmeldungen für Taufen, Trauungen, Begräbnisse sowie für Gedächtnisfeiern für gefallene Soldaten und im Frühjahr 1945 im Sudetenland
oder anderen Zufluchtsorten verstorbene Kauffunger.
Dies Tagebuch ist geführt von 1942 bis Jan. 1944 und Juni 1945 bis 26. April
1947,
enthält aber auch Anmeldungen für nachträgliche Gedächtnisfeiern aus der
Zwischenzeit vom Februar 1944 bis Mai 1945.
Aufzeichnungen
des Kauffunger Lektors Fritz *Binner* über Taufen und Begräbnisse 1948 bis
Frühjahr 1957 sowie
aus dem Tagebuch des Pastor *Steckel*, Liegnitz über seine Taufen in Kauffung
von 1949 bis 1955.

Über *Eintragungen* im Taufbuch seit 1912 und in den beiden Tagebüchern sowie
den Aufzeichnungen können als *Ersatz* für anderweits fehlende Urkunden
Bescheinigungen ausgefertigt werden. Anfragen dieserhalb an Pastor Rudolf
Friemelt in 3211 *Rheden*, Kirchstr. 7.

Beim Evangelischen Zentralarchiv in Berlin – Kirchenbuchstelle – befinden sich
nach dessen Auskunft vom 24. 7. 1985 keine Kirchenbücher von Kauffung.

Im Ergebnis befinden sich die seit 1753 geführten evang. Kirchenbücher

	Duplikate Im poln. Staats- archiv Breslau	*Urschrift/Erststücke* In unserem Verwahr	Es fehlen
Taufen			1753–1911
	1800–1833		
	1837–1874	1884–1909 (Tagebuch)	
		1912–1946 (Taufbücher)	
		1947–1957 (Tagebuch)	
Trauungen			1753–1946
	1800–1874	1884–1909 (Tagebuch)	
		1942– Jan. 1944 (Tagebuch)	
Begräbnisse			1753–1946
	1800–1874	1884–1909 (Tagebuch)	
Begräbnisse und Gedächtnisfeiern			
		1942–1957 (Tagebuch) mit Lücken	

Von den *Duplikaten* für Taufen, Trauungen, Begräbnisse *fehlen* die Jahrgänge 1794–1799 sowie bei Taufen 1834–1836.

Besonderheiten
bei *Kirchenbüchern* des *kath.* Pfarramtes.
Ausgewertet wurden mit den Angaben für Kauffung:
Handbuch/Quellennachweis über die katholischen Kirchenbücher in der Ostdeutschen Kirchenprovinz östlich der Oder und Neiße, bearbeitet von Dr. *Kaps.* München 1962, Kath. Kirchenbuchamt.
Handbücher der polnischen Diözesanverwaltung-SCHEMATYZM ARCHIDIECEZJI WROCLAWSKIEJ 1971 und 1979.
Auskunft des Katholischen Kirchenbuchamtes der Diözesen Deutschlands in München vom 4. 7. 1985.
Leider decken sich die Angaben nur zum Teil.

Beim Bischöflichen Zentralarchiv in Regensburg, das katholische Kirchenbücher verwahrt, welche in den letzten Monaten des 2. Weltkrieges aus Orten in Ostdeutschland nach dem Westen gebracht wurden, befinden sich *keine* Kirchenbücher aus Schlesien. Auskunft vom 10. 9. 1986.

Im Ergebnis befinden sich die seit 1774 geführten kath. Kirchenbücher

	Urschrift/Erststücke Im Wojewodschaftsarchiv Liegnitz	Kath. Pfarramt K./Wojcieszów	Es fehlen
Taufen	1871–1895	1896 bis jetzt	1774–1870
Trauungen	– – –		1774–1870
		1871 bis jetzt	
Begräbnisse	– – –		1774–1934
		1935 bis jetzt	

Duplikate 1774 bis 1870 wohl im Staatsarchiv Breslau.

Quellenangabe insbesondere zu den Kirchenbüchern beider Pfarrämter

1. Bestandsaufnahme 1938
   (Zeit *vor* den Standesämtern und bis 1937)
   »Die älteren Personenstandsregister Schlesiens«,
   herausgegeben von E. Randt und H.-O. Swientek. 1938, Görlitz.
   In der Einführung sind Veröffentlichungen für besondere Bereiche genannt.

2. Bestandsaufnahme 1978
   (noch vorhandene ev. Kirchenbücher)
   »Deutsches Geschlechterbuch, Band 178/Schlesisches Geschlechterbuch«
   4. Band 1978, Seite XIV ff. mit dem Beitrag
   »Die noch vorhandenen Kirchenbücher Schlesiens und ihre derzeitigen Lagerorte« von Puschmann/Grünewald nebst 'Verzeichnis insbesondere der noch vorhandenen evangelischen Kirchenbücher...'
   Hieraus sind die Angaben über die Duplikate entnommen.
   Genannt sind ferner verschiedene Archive und Sammelstellen auch in der DDR.

Beim *Standesamt*
sind ab 1. Oktober 1874 Geburten, Eheschließungen und Todesfälle durch Eintragung in Personenstandsbücher beurkundet worden.
In Kauffung hat der deutsche Standesbeamte, Gemeindeinspektor Specht, beurkundet – noch im Januar und wohl bis zum Frühjahr 1946.
In einer Übergangszeit sind standesamtliche Beurkundungen zumindest für Deutsche nicht erfolgt. Deshalb ist die Anmeldung von Begräbnissen ab Frühjahr 1946 beim Evangelischen Pfarramt in einem Handbuch in urkundlicher Form eingetragen worden.
Die deutschen Personenstandsbücher wurden von der polnischen Verwaltung zunächst nach Schönau, dann nach Goldberg genommen und schließlich nach Kauffung zurückgebracht. 100jährige Akten übernehmen polnische Staatsarchive.
Polnische Standesämter zunächst in den Kreisstädten, für Kauffung also in Goldberg, eingerichtet und zwar ab?
in Kauffung selbst ab?
Die Personenstandsbücher des deutschen Standesamtes K. befanden sich nach einer Auskunft des Wojewodschaftsarchivs Liegnitz vom 16. 6. 79 beim

	Wojewodschaftsarchiv Liegnitz/Legnica	Standesamt K./Wojcieszów	Es fehlen
Geburten	1874–1877	1880–1945	1878 u. 1879
Eheschließungen	1874–1877	1878–1944	1894 u. 1945
Todesfälle	– – –	1874–1939 und 1943	1940 – 1942 1944 u. 1945

Die beim Amtsgericht Schönau verwahrten Nebenregister fehlen.

Hinweis zur Beschaffung von standesamtlichen Urkunden
Nach einer Bekanntgabe des Innenministeriums sind Anträge auf Beschaffung von Personenstandsurkunden aus Orten im jetzigen polnischen Machtbereich an die Botschaft der Bundesrepublik Deutschland in
Warschau
ul. Dabrowiecka 30
03-932 Warszawa
zu richten. Empfohlen ist Sendung mit Außenumschlag:
Auswärtiges Amt – Kurierdienst – 5300 Bonn.
Die deutsche Botschaft beantragt die gewünschten Geburts-, Heirats- oder Sterbeurkunden bei den zuständigen polnischen Standesämtern. Es heißt, daß diese Personenstandsurkunden nur für amtliche Zwecke – also nicht für Familienforschung – und in polnischer Sprache ausstellen. (Muster für derartige Anträge sind den hiesigen Standesämtern bekannt).

Besonderer Hinweis
Die *Mormonen* verfügen über Mikrofilme von *Kirchenbüchern* auch aus Schlesien. Aus *Kauffung* sind vorhanden:
4 Filme ev. Kirchenbücher 1800 bis 1870
1 Film kath. Kirchenbücher 1774 bis 1870.
Möglich, daß die Jahrgänge nicht vollständig sind.

Diese Mikrofilme sind in Salt Lake City (USA) verwahrt. Von dort bei Bedarf Versand in die Bundesrepublik Deutschland an Zweigbibliotheken in Frankfurt, Hamburg und Stadthagen. Bei diesen Bibliotheken ist Einsicht gegen bescheidene Gebühr möglich.

Anschrift z. B.: Genealogische Bibliothek
der Kirche der Heiligen der letzten Tage
4960 *Stadthagen*

Anschriften in Kauffung und der *Archive*

1. Gemeindeamt Kauffung	Urząd Gminy PL 59-550 Wojcieszów
2. Standesamt Kauffung	Urząd Stanu Cywilnego PL 59-550 Wojcieszów
3. Kath. Pfarramt Kauffung	Parafia Rzym.-Katolicka pw. Wniebowziecia NMP ul. B. Chrobrego 215 PL 59-550 Wojcieszów
4. Staatsarchiv Hirschberg	Wojewodzkie Archiwum Państwowe ul. Podwale 27 PL 58-500 Jelenia Góra
5. Staatsarchiv Liegnitz	Wojewodzkie Archiwum Państwowe ul. Piastowska 22 PL 59- Legnica
6. Staatsarchiv Breslau	Archiwum Panstwowe M. Wroclawia Wojewodzkie Wroclawskiego ul. Pomorska 2 PL 50-215 Wroclaw
7. Universitätsbibliothek Breslau	Biblioteka Uniwersytecka ul. Szajnochy 10 PL 50-076 Wroclaw
8. Archiv des Erbistums Breslau Erzbischöfliches Diözesanarchiv	Archiwum Archidiecezjalne Direktor ul. Kanonia 12 PL 50-328 Wroclaw
9. Generaldirektion der Staats- archive in Warschau	Naczelna Dyrekcja Archiwow Panstwowych ul. Dluga 6 PL 00-050 Warszawa

---

Anmerkung:
Es hat sich gezeigt, daß mehr Urkunden/Archivalien, Kirchen- und Personenstandsbücher überdauert haben und in gewissem Maße eingesehen werden können, als weithin angenommen wird.
Es ist denkbar, daß da und dort noch Urkundsbücher verschiedener Art auftauchen und Lücken sich schließen.

*Katholische Kirche Kauffung Nordansicht mit Schule
von der Katzbachbrücke*

Katholische Kirche Kauffung – Innenansicht – 30. 10. 1932

Evangelische Kirche Kauffung – Innenansicht –

*Evangelische Kirche Kauffung mit Pastorhaus
vom Friedhof aus – im Jahre 1986 –*

Die beiden Kirchen

Seiten

Überblick zur Baugeschichte

Kirchliche Entwicklung in kurzen Zügen

307   Einleitend erzählt der alte Dorfkirchturm aus der verwobenen
Geschichte von *Dorf* und *Kirchen:*

Von den Kirchbauten, Brand und Umgemach

310   Von der altkirchlichen vorreformatorischen Zeit

312   Von der Reformation und den frühen lutherischen Predigern

Von der Wegnahme/Rekatholisierung der Dorfkirche

Von der Standhaftigkeit der evangelischen Einwohnerschaft

Von Trennung und Verbleiben der Gemeinsamkeit im Dorf

Von Geistlichem und Weltlichem bis zur Ausweisung 1946
und dem Schicksal beider Kirchen.

Getrennte Entwicklung:

317   Aus der Geschichte   Kartenskizze

Um Anerkennung und Religionsfrieden 1600 bis 1653

321   Evangelisch ohne Kirche und Pastor

325   Die Große Kirchfahrt zur Grenzkirche Probsthain } 1654 bis 1741

Amtshandlungen und Gebühren 1654 bis 1758

329   Evangelische Kirchgemeinde von 1742 bis 1946

347   Im Jahre 1853 begründete katholische Pfarrgemeinde bis 1946

353   Evangelische Restgemeinde 1947 bis Mitte der 1960er Jahre

364   Die *Glocken* beider Kirchen ♠

366   Die Kirchturmsuhren

(I.M.)

Überblick zur Baugeschichte

Alte Dorf- (kath.) Kirche

1268 Erstmalige urkundliche Erwähnung von Coufunge/Kauffung, Ansiedlung der deutschen Bauern einige Jahrzehnte vorher.

Um 1300 Beginn der Erbauung der Dorfkirche, insbesondere des Ostteils mit dem Altarraum im damaligen Stil der frühen Gotik, und zwar in Stein.

1366 Urkundlich 'Pfarrer in Kauffung' genannt, also Kirche vorhanden.

Aus dem 15. Jahrhundert/1400 bis 1500 wird nach der wuchtigen Bauart das Langschiff mit dem Turm in der Grundanlage stammen.

    Glocken   Turmuhr

1494 Diese Jahreszahl zeigt ein Quaderstein am Haus nördlich der Kirche. Damals Pfarre. 1853 bis 1945 kath. Volksschule.

1599 Güldner Knopf/Kugel auf der Turmspitze erwähnt.

Für die frühen Jahrhunderte fehlen Urkunden mit Beschreibungen über den Bauzustand der Kirche. Es liegt auf der Hand, daß Alter, Unwetter, Brände kleinere und größere Veränderungen mit sich gebracht haben.

1753 Großer *Dorfbrand*, bei dem auch die alte Dorfkirche, nun kath. Kirche genannt, samt Pfarre und Haus des Kirchschreibers/Schulhalters in '*Asche* gelegt' wurden.

    Kirche in demselben Jahr *wieder* hergestellt, in Stein! Kirchturm behelfsmäßig mit schwachem Schindeldach, zwei Glocken.

1791 Der Kirchturm erhält die vertraute Haube mit Zwiebel und abgestufter Spitze.

1853 Sakristei eingerichtet. Pfarrhaus neben Dorflinde gebaut.

Evangelische Kirche

1742 Bau eines *Bethauses* in Fachwerk.

    1743 Pfarre und 1750 Schule. 1753 sind diese drei Gebäude ebenfalls dem Dorfbrand zum Opfer gefallen.

1754 Bethaus in Stein wieder aufgebaut. 1764/67 Pastorhaus 1772 Schule. 1797 erhält die Kirche statt Schindeln ein Ziegeldach.

1814 Ausmalung des Kircheninnern, blaue Felder an den Emporen. 1842 Ergänzungen und Verschönerungen.

Um 1895 Baumaßnahmen am Pastorhaus: Entfeuchten, Veranda, Ziegeldach.

1901 *Anbau* des schlanken *Kirchturmes*.

1900 bis 1911 *drei* Schulbauten.

  Dann war die Zeit für *umfassende* Arbeiten an *beiden Kirchen* gekommen. Inneneinrichtung alt gedient.
  Durch den Aufbau der Kalkindustrie war wirtschaftliche Leistungsfähigkeit aus Gewerbe, Landwirtschaft, anwachsender Bevölkerung gegeben.
  Durchgeführt 1912 bei ev. Kirche und 1913 bei kath. Kirche.

Bei *beiden* Kirchen: Vollständige Erneuerung der Innenausstattung (Fußboden-belag, Kirchenbänke, Türen, Treppen). Einige Buntglasfenster. Anschluß an das elektrische Stromnetz für Orgelgebläse und Beleuchtung, mit ansprechenden zahlreichen Lichtquellen. *Ferner*:
Bei *ev.* Kirche: Die vier Emporentreppen durch Wände vom Kirchenschiff abgeschlossen.
Bei *kath.* Kirche: *Portal* in die Turmwand gebrochen, Eingangshalle, Tauf- und Beichtkapelle, Spitzbogenfenster für Orgelchor, Decke.
Neue Kanzel und Orgel mit zwei Manualen und 16 Registern.

Kirchliche Entwicklung in kurzen Zügen

Altkirchlich katholische Zeit bis zur Reformation
1517–1550   Die Einwohnerschaft wird evangelisch und mit ihr die Dorf-kirche.
1550–1654   Nur ev. Prediger im Ort
1654   in Verfolg der vom Kaiser als Landesherrn angestrebten Gegen-reformation wird die Kirche nebst Pfarr- und Schulgehöft reka-tholisiert, kein ev. Geistlicher geduldet.
Die Einwohner bleiben evangelisch und halten sich
1654–1742   in *Großer Kirchfahrt* zu den ev. Kirchen in den fast 20 km entfernten Orten Probsthain, u.U. Harpersdorf und ab 1710 teilweise nach Hirschberg. Weder kath. noch ev. Geistlicher in Kauffung.
1742   Religionsfreiheit als Schlesien zu Preußen kommt.
            Sofortiger Bau des ev. Bethauses.
Ab 1742   ev. Pastoren im Ort. Ev. Kirchgemeinde.
1654 bis um 1800 keine oder kaum Einwohner katholischen Bekenntnisses im Ort, wohl aber Kirche, Pfarr- und Schulgehöft.
1654–1853   kein katholischer Ortsgeistlicher;
            Kauffung Filialkirche vorübergehend von Schönau, dann von Kupferberg.
Ab 1830   Zuzüge von Einwohnern mit kath. Bekenntnis.
1853   Selbständige kath. Pfarrgemeinde gebildet.
Ab 1853   ev. und kath. Ortspfarrer.
Nunmehr weltliche Gemeinde und zwei Kirchengemeinden.

Gemeinsamkeiten an der Dorfkirche über zwei Jahrhunderte
Der *Kirchhof* an der kath. Kirche blieb auch nach deren Rekatholisierung *der* Dorfkirchhof über zwei Jahrhunderte hinweg. Erst 1876 eigener evangeli-scher Friedhof.

Glockengeläut
1654–1901 für das Dorf zu den üblichen Tageszeiten wie zuvor
1654–1742 zur ev. Kirchfahrt

1742–1901 zu den Gottesdiensten und Amtshandlungen in beiden Kirchen, kath. etwa ab 1800/1853

Pflege und *Unterhaltung* der Dorf- (kath.) Kirche oblagen
1654–1830/50 der evangelischen Einwohnerschaft.
     Das Dorf sorgte für die Kirche.
Man hoffte damals auf die Wiedervereinigung zu *einer* christlichen Kirche.

1946	Ausweisung beider Ortsgeistlicher
Ab 1947	kath. Pfarrer polnischer Nationalität
1947 bis in die 1960er Jahre	ev. Restgemeinde
1964	letzter evangelischer Gottesdienst.

Der Zwiebelkirchturm erzählt!

Wann ich, *der Turm*, erstmals in das Katzbachtal geblickt habe, vermag ich nicht zu sagen.
Gebaut haben mich die Dorfbewohner. In der Zeit, als die deutschen Bauern hier ansiedelten, also vor der Mitte des 13. Jahrhunderts, wird wohl hier, wo dann die Kirche aus Stein gebaut wurde, ein Kirchlein aus Holz errichtet worden sein. Im geweihten Bereich um die Kirche wurde der Kirchhof angelegt, weil die Toten nach altkirchlicher Sitte in geweihter Erde zu bestatten waren. Nachdem Großväter und Väter den Wald gerodet, das Land urbar gemacht hatten, werden die Enkel der Ansiedler Zeit und Kraft gehabt haben, mit dem Bau einer Kirche aus Stein zu beginnen. Wohl um 1300. Man brauchte auch auswärtige Bauleute, Baumeister! Die Kirche mit dem Zwiebelturm, wie sie uns Kauffungern in Erinnerung ist und jetzt noch dasteht, wurde nicht in einem Zuge gebaut, möglicherweise in Umrissen geplant. Jahrhunderte haben daran gebaut, wie man so sagt. Unwetter und Brände gingen darüber hin. Man baute wieder auf, gewiß mit Veränderungen, ersetzte Holz durch Stein.
Der Ostteil mit dem »Chor« genannten Altarraum stammt ausweislich seines Baustils und Mauerwerks eindeutig aus der Zeit der frühen Gotik um 1300. Hierfür sprechen die Strebepfeiler, welche die Wände von außen stützen, die schmalen Fenster mit den spitzen Bögen und das Rippengewölbe über dem Altar. Nach seinem Umfang war dieser Bauteil vielleicht ursprünglich mehr Kapelle als Kirche; vielleicht auch durch einen Holzbau verlängert.
Um 100 bis 200 Jahre später wird in der Grundanlage der in allen Ausmaßen größere westliche hochgestufte Teil mit Langschiff für die Besucher und mit herauswachsendem Turm gebaut worden sein. Der wuchtige Baustil ohne Strebewerk paßt in die Zeit zwischen 1400 und 1500. Seit der Mitte des 15. Jahrhunderts sind in Nachbarorten Glocken nachgewiesen. Die damaligen Kauffunger haben gewiß nicht zurückstehen und Glocken auch von ihrer

Kirche läuten hören wollen: Für die Tageszeiten wie für die damals damit verbundenen Gebete. Auch Glocken und aufkommende Turmuhren sprechen dafür, daß Langhaus/Kirchenschiff und Turm in der Zeit von 1400 bis 1500 gebaut worden sind.

»Chor und Langhaus trennt – oder verbindet – ein gewaltiger gotischer Torbogen«, hat Lehrer Filke festgehalten.

Als Turmdach wird eine schlichte Haube/Zeltdach aufgesetzt gewesen sein. Der *älteste* Teil der Kirche ist somit 700 (siebenhundert) Jahre alt. Ganz schön!

Einschneidend war der große *Dorfbrand* am 4. März 1753, wobei auch die katholische Kirche »in Asche gelegt worden ist, ein Raub der Flammen wurde«. Daraus ist zu folgern, daß 1753 Teile von Kirche und Turm noch aus Holz oder Fachwerk bestanden haben. Schindelgedeckt! Vermutlich waren bis dahin nur der Ostteil um den Altarraum, der untere Teil des Kirchenschiffs und die Turmwände bis zum First des Kirchendaches gemauert. Wiederaufbau in Stein und zügig, denn schon am 23. Nov. des Brandjahres werden wieder zwei Glocken aufgezogen. Damals mögen die Rundbogenfenster am Langhaus/Kirchenschiff entstanden sein. Turmdach behelfsmäßig.

Die (evangelischen) Grundherrschaften haben als Patrone der (kath.) Kirche am 12. Dez. 1790 dem (kath.) *Bischof* in Breslau geschrieben:

> »Alles ist nach und nach wieder hergestellt worden bis auf den Kirchturm (gemeint sind Dach und Spitze), welcher in Ermangelung eines Fonds nur ganz flach mit einem Schindeldache überdeckt wurde... Gegenwärtig ist dieses Turmdach verfault... Wenn wir nun auch dieses Dach wieder mit Schindeln instandsetzen, so riskieren wir, daß bei einem ... Brande, das Turmdach sich wegen seiner Höhe zuerst entzündet, das Feuer dadurch auf die Kirche verbreitet wird, auch das schöne Geläute abermals zugrunde geht... Um alldem abzuhelfen und der Kirche zugleich eine Zierde zu verschaffen, sind wir als Patronen der Kirche entschlossen, eine massive Turmkuppel mit Blech gedeckt zu bauen und haben von dem Baumeister Flügel beiliegenden Riß und Anschlag fertigen lassen, wonach die erforderlichen Kosten 506 Reichstaler betragen. Aus angesammeltem Kirchenvermögen wollen wir 360 Reichstaler nehmen, die übrigen hingegen wollen wir und unsere Gemeinde zusammen aufbringen. Wie denn auch sämtliche Fuhren und Handdienste gratis geleistet werden.«   Fünf Unterschriften

Solch Vorhaben fand der Bischof löblich; schon am 22. 12. erging die zustimmende Antwort.

(Mit diesem Briefwechsel beginnt derzeit die Ortsakte Kauffung im erzbischöflichen Diözesanarchiv Breslau).

Schon im nächsten Jahr war die gewagte Arbeit getan. Seit 200 *Jahren* haben also die alte Kirche und ihr Turm die bekannte Spitze. Die Zwiebel mit aufgesetztem abgestuftem Schmuck, Spille, kupferner vergoldeter Kugel und Wetterfahne gehört zum Baustil des Barocks, strahlt in ihrer Heiterkeit sogar etwas vom fröhlichen Rokoko des 18. Jahrhunderts aus. Solche Turmzwiebeln und barocken Turmdächer waren seit dem 17. Jahrhundert in Süddeutschland, zu dessen Einflußbereich Schlesien damals gehörte, üblich und beliebt.

Von den Nachbarorten weist nur die kath. Kirche in der benachbarten Stadt Schönau eine solche schmucke Turmspitze auf; aufgesetzt nach einem Brand im Jahre 1762, also ausgangs des 7jährigen Krieges (1756–1763) und trotz der damit verbundenen Belastungen.

Zugleich mit dem Turmdach wurden Zifferblatt und Zeiger der Turmuhr erneuert; Länge der Zeiger etwa 2 m. Ausmaße der Kugel aus Kupfer über 1 m × 70 cm.

So stand die Kirche bis kurz vor dem 1. Weltkriege. Der Zahn der Zeit nagte und nagte...

Schließlich erfolgten 1913 größere bauliche Umgestaltungen am Mauerwerk und Erneuerungen im Inneren der Kirche, zeitgemäß und mit künstlerischem Einfühlungsvermögen.

Lehrer *Filkc* hat darüber als Augenzeuge berichtet in seinen Beiträgen: 'Die katholische Pfarrkirche in Nieder-Kauffung'.

(Heimatnachrichten 1959, Nr. 1 bis 3)

Beratung und tatkräftige Hilfe durch Kommerzienrat Elsner vom Kalkwerk Tschirnhaus. Architekt aus Liegnitz.

Von kleinerem *Ungemach* ist nun zu erzählen, das im Laufe der Jahrhunderte die Kirche und den Turm betroffen hat. Hochwasser der Katzbach und schwere Gewitter.

Im Sommer 1609 hatten sich nach einem Wolkenbruch auch außerhalb des Flußbettes der Katzbach Wasserfluten gebildet. Der Strom wühlte sich durch die Mauer um Kirchhof und Kirche. Davon zeugt die Jahreszahl über der Toreinfahrt.

Mehrfach haben *Blitze* in den Turm eingeschlagen und starke Stürme ihn beschädigt, Wetterfahne und Kugel abgeworfen.

Dies ist durch Urkunden belegt, die man ab 1599 in den Turmknopf gegeben und darin später gefunden hat. Für 1655 ist verzeichnet:

> »Am Johannesabend, 24. Juni, hat allhier das Wetter nicht allein im Turm, sondern auch auf und in die Kirche geschlagen, durch mehrere Blitzstrahlen den Kirchturm mehrenteils aufgedeckt, etliche Sparren und Platten versehrt, beim *Zeiger* – also war schon eine Turmuhr vorhanden – an der Mauer herum, durch ein Fenster bei der großen Kirchentür herunter, sowohl in dem Gewölbe als auch in einem Winkel der Kirche in die Erde. Welches gleich geschehen ist, als der Kirchenschreiber nebst anderen zwei Personen geläutet.
> Dann ist ein großer Dampf von Kalk und Nebel in der Kirche geworden und gleich als Schwefel gerochen. Aber dem Schreiber samt denen, so geläutet haben, ist Gott Lob und Dank kein Leid widerfahren...
> Der Knopf ist neu übergüldet worden und zu Michaelis, 29. Sept., samt neuer Wetterfahne wieder aufgesetzt.«

Von dem großen Brand 100 Jahre später, 1753, ist bereits berichtet.
»Es war am 29. Sept. 1824, als ein furchtbarer Sturmwind gleich einem Orkan den Knopf (Kugel) vom hiesigen Turm des Nachts herabwarf. Dieser Knopf, der 1791 war neu aufgesetzt worden, hatte bei seinem Fall auf das Dach der Gruft Schaden erlitten. Daher war es nötig, einen ganz neuen Knopf durch den Schieferdecker, Meister Flügel (wird wohl der Sohn gewesen sein), anfertigen zu lassen.

Alle Einlagen des alten Turmknopfes, also von 1599, 1655, 1791 sind wieder in den neuen Turmknopf getan worden und dazu dieser schriftliche Aufsatz samt den gegenwärtigen Geldsorten.«
(So die Aufzeichnung von Pastor *Kieser 1825*)
Bereits 1859 wurde ein Blitzableiter angebracht.
Trotzdem hat 1943, als man gerade Ausbesserungsarbeiten getan hatte, ein Blitz eingeschlagen, wie zugleich in einem Gehöft.
Der Turm steht ja auf der Anhöhe oberhalb der Katzbach, geradezu blitzgerecht, anziehend. Als Blickpunkt für den Ort der richtige Platz! Gut ausgesucht von den Bewohnern zur Bauzeit. Weithin *Glocken* zu hören und *Uhr* zu erkennen.
Nun ist von der Baugeschichte vorerst genug erzählt.

Geistliches

In den 700 Jahren, von der Ansiedlungszeit bis zur Ausweisung 1946, haben an die 25 Generationen Kauffunger gelebt. Leider sind Sitten und Gebräuche, Anschauungen, Verlauf des kirchlichen Lebens, Namen und Herkunft der Ortsgeistlichen in den frühen Jahrhunderten nicht überliefert. Gewiß sind viele Urkunden verloren gegangen. Für uns eine Mahnung, aufzuschreiben, was die Nachfahren und spätere Zeiten wissen sollten und möchten.
Aus der *altkirchlichen* vorreformatorischen Zeit ist nur der Name eines Pfarrers Hermann *Rachenau* und zwar für die Jahre 1366/67 urkundlich bekannt (Stockmann, S. 52 und 69).
1366 wurde für ihn als 'Pfarrer zu Kauffung und seine Nachfolger' jährlich ein Geldbetrag gestiftet. 1367 erhielt Pfarrer Rachenau eine Geldzuwendung in dem Dorfe Olsen bei *Trautenau*, also südlich des Riesengebirges. – Es war dies das nämliche Trautenau, durch das im Frühjahr 1945 die Kauffunger mehrheitlich kamen, als sie vor dem Kriegsgeschehen Zuflucht im Sudetenland suchten und dann zurückkehrten. – Man kann als gewiß annehmen, daß ständig Priester im Ort lebten, Messen lasen und Amtshandlungen verrichteten.

Die Kauffunger *Pfarre* war, wie üblich, ausgestattet mit Pfarrgehöft – Wohnhaus – Stall – Scheune und mit einem Streifen Land, der Pfarrhufe, Pfarrwidmuth, auch Widemuth genannt. Im Jahre 1851 mit 39 Morgen angegeben = 10 ha = knapp einer halben bäuerlichen Hufe. Beginnend an Katzbach und

Abdruck zu Seite 333

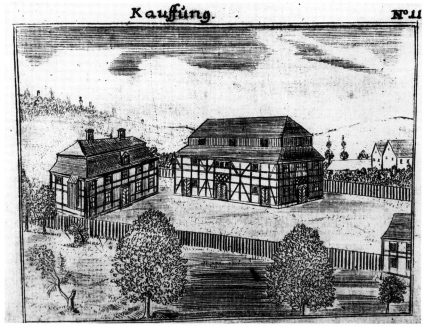

Kauffung a. d. Katzbach – Erstes evangelisches Bethaus, das im Jahre 1742 erbaut wurde. Links das Pastorhaus. (Kupferstich von F. B. Werner 1749)

Straße ostwärts des Kriegerdenkmals. Die geistlichen Herren blieben naturverbunden, weil sie das Pfarrland, statt einer Besoldung in barem Gelde, selbst bewirtschafteten; 'praxisbezogen', wie man heute sagt. Auch dem später eingesetzten Kirchschreiber/Schulhalter stand ein ländliches Anwesen zu.

Nach 1500 kam in Deutschland und darüber hinaus eine religiöse Bewegung auf: Die *Reformation* ergriff mit den Schlesiern frühzeitig die Leute im Katzbachtal. In dem nur einige Wegstunden Katzbach abwärts gelegenen *Neukirch* wurde schon bald nach dem Thesenanschlag von 1517 lutherisch gepredigt. Das Verhalten des damaligen Kauffunger Ortspriesters ist nicht bekannt. Wie bei allgemeinen Bewegungen üblich, wird er einiges von der neuen Lehre für übernehmenswert, anderes abgelehnt haben. Der Gottesdienst wurde weiter in der Dorfkirche gehalten. Statt der Messe in Latein rückte die Predigt in deutscher Sprache in den Mittelpunkt. Und deutsche Kirchenlieder. Diese Umstellung ist schrittweise erfolgt, nicht von heute auf morgen.

Man nannte sich nun *Evangelisch*. Als Zeit des Überganges von dem alten Glauben zur evangelischen Lehre darf man für Schlesien und auch für Kauffung die Jahrzehnte von 1520 bis 1540, allenfalls bis 1550, ansetzen.

Lutherische Prediger 1550 bis 1654

In der Dorfkirche mit Familien im Pfarrgehöft nördlich der Kirche (Wesentlich aus der Predigergeschichte des Kirchenkreises Schönau von J. Grünewald 1937/39 mit Änderungen in Heimatnachrichten 1953, Nr. 5, S. 50)
Wohl *erster* evang. Ortspfarrer um 1550 bis 1564 war Valentin *Alberti,* gebürtig aus Hirschberg; der 'Älteste' genannt, weil Sohn und Enkel gleichnamig und auch Prediger waren.

1565 bis 1568 Johannes *Timäus,* gebürtig aus Zwickau (Sachsen). Von ihm heißt es in der zeitgenössischen Chronik von Trautenau:
»...Anno Domini 1568, den 29. Tag Christmond, ist der ehrwürdige und wohlgelehrte Herr J... T... von Kauffung aus der Schlesing gen Trautenau geführt und zu einem Pfarrherr und Seelsorger angenommen worden und bis in das 1576 Jahr hier gewesen... Danach war er in Vierraden bei Schwedt an der Oder in der Mark Pastor.« Wieder eine Verbindung zu Trautenau, das damals wie weite Teile Deutsch-Böhmens evangelisch gesinnt war. Und: Sachsen – Schlesien – Böhmen – Mark Brandenburg! – Sein Sohn brachte es zu solchem Ansehen, daß er sogar in dem ersten deutschen Universallexikon von *Zedler* 1745 genannt worden ist:
»Timäus, (Johann), ein lutherischer Theologe und Poete, eines Predigers Sohn, war zu *Kauffung* in Schlesien in dem Hirschbergischen Weichbilde Jaurischen Fürstentums, den 16. März 1567 *geboren,* und studierte zu Frankfurt a.d. Oder...«
Einzige Nennung von Kauffung in dem vielbändigen Lexikon.

1569 bis 1603 Jeremias *Himmelreich,* Sohn eines Hirschberger Ratsherrn, studiert in Jena und Wittenberg, Kantor in Mähren und Thüringen. Er ließ für seine Mutter, die etwa mit 90 Jahren starb, und für sich Gedenksteine mit Gestalten, wie damals üblich, bei seiner Kirche anbringen. Die lateinische Inschrift lautet in deutscher Übersetzung:»Herr Jeremias Himmelreich aus Hirschberg, an dieser Kirche 26 Jahre hindurch Pastor (gemeint die alte Dorfkirche und die Jahre seit Amtsantritt) hat eingedenk seines Todes dies Denkmal setzen lassen im Jahre Christi 1594, im 56. Jahre seines Alters.« Von der Gemeinde ist beigefügt: 'Er ist gottselig entschlafen im Jahre der Gnade 1603, dem 27. August'.
Um 1890 wurden beide Gedenksteine von der nunmehrigen kath. Kirche an die evangelische Kirche herübergenommen und an deren Westgiebel, nach dem Friedhof zu, eingelassen; wohlbekannt.

1604 bis 1622 der Sohn Valentin *Alberti,* geboren und begraben in Kauffung, Studium in Leipzig. Einige Jahre Prediger im benachbarten Seitendorf; in sehr hohem Alter 1640 verstorben in Tiefhartmannsdorf. Zu Hause im Katzbachtal.
In seiner Amtszeit, 1619, im ersten Jahre des 30jährigen Krieges, ist die größte der zwei Glocken aufgezogen worden, die für 1654 bekundet sind und beim Dorfbrand 1753 zerstört wurden.

1623 bis 1653 Johannes *Rausch,* gebürtig aus Löwenberg. Er hat mit der Gemeinde die Drangsale des 30jährigen Krieges (1618–1648) geteilt. Der ev. Gottesdienst ist nicht behindert worden, aber wohl hin und wieder ausgefallen. Pastor R. mußte sich dann und wann in Sicherheit bringen und Ungemach ertragen. † 2. 9. 1653.
Er hatte im Niederdorf 1633 einen Garten gekauft, der seitdem bis zu unserer Zeit den Namen das 'Paradies' führte (Tagebuch Rausch und Stockmann, Seite 74).

Pastor Rausch ist wenige Monate vor Wegnahme der Dorfkirche und Vertreibung der ev. Geistlichen gestorben. Letzter ev. Pfarrer der damaligen Zeit. Formelle Rekatholisierung der Kirche 24. 2. 1654. Sein *Sohn* Daniel Rausch (1619 bis 1685) hatte die Begabung, *Tagebuch* zu schreiben und hat dies geführt von der Schulzeit in Kauffung an. Ausgewertet in den besonderen Beiträgen: Im 30 jährigen Kriege und Lebenslauf eines Kauffunger Pastorensohnes (S. 395–409).

Wegnahme – Remotion – Reconcilirung – der Dorfkirche

Wenige Jahre nach dem Westfälischen Frieden im Jahre 1648 zu Osnabrück und Münster kamen 1654 fremde Herren in Dörfer und Städte des schlesischen Gebirges und darüber hinaus, so auch ins Katzbachtal, sagten, sie kämen im Auftrag und auf Befehl des Kaisers in Wien, gaben bekannt: Evangelische Pastoren/Prädikanten dürften hier auch in Kauffung nicht mehr predigen, taufen, trauen und begraben. Es sollte wieder die Messe gelesen werden. Jesuitenpater sollten taufen, trauen, Begräbnisse halten. Die damaligen Kauffunger machten da aber nicht mit, blieben wie die Bewohner von Städten und Dörfern ringsum bei Dr. Martin Luther, seinen Chorälen, fuhren oder liefen über Land zur deutschen Predigt wer weiß wie weit und zum Abendmahl.
Die Kirche blieb zumeist leer. War traurig für alle. Weder ein evangelischer Prediger noch ein katholischer Priester wohnten in dem Dorf mit seiner großen Einwohnerschaft. Die Einwohner und die Kirche waren mitten im christlichen Europa im Grunde verwaist. Die Leute sorgten aber für ihre alte *Dorfkirche*, behoben die Schäden, als der Blitz 1655 eingeschlagen hatte, wie bereits geschildert.
Die *Glocken* wurden zu den Tageszeiten und bei Begräbnissen weiter geläutet wie vorher. Das ging so wiederum fast 90 Jahre.
Plötzlich, im Jahre 1740, wurde Schlesien wieder von Großer Geschichte ergriffen. In Wien war eine junge Frau, Maria Theresia, Kaiserin geworden. In Berlin schwang sich ein junger Herrscher, König Friedrich II. empor; man nannte ihn noch zu Lebzeiten, zuerst in England, der Große. Schlesien wurde preußisch. Friedrich II. verkündete Religionsfreiheit. Der Besitzstand der katholischen Kirche als solcher wurde gewährleistet, so daß auch die Dorfkirche in Kauffung katholisch blieb. Zum Ausgleich durften die Evangelischen *Bethäuser* bauen, ohne Turm. In den ersten zehn Jahren, bis 1752, entstanden in Schlesien 164 solcher Bethäuser.
Bald, schon 1742, wurde gegenüber der alten Dorfkirche ein *Bethaus* gebaut. Die ausnahmslos evangelischen Einwohner hielten dort ihre Gottesdienste, Taufen, Trauungen. Nun standen sich zwei Kirchen im Dorf gegenüber.
Vom nahen *Dorfkirchturm*
schlug die Uhr wie eh und je. Die Glocken läuteten nun zu den Gottesdiensten/Feiern im Bethaus wie zur seltenen Messe in der alten Kirche. Dann

geschah das Unglück mit dem schon erwähnten großen Dorfbrand am 4. März 1753. Zum baldigen Wiederaufbau wurde geholfen.

Der Hauptaltar stammte von einer Klosterkirche in Liegnitz (Filke in Heimatnachrichten 1959, Nr. 3). Die Turmuhr schenkte das Kloster Liebenthal.

Nach zeitgenössischer Aufzeichnung »sind schon im November des Brandjahres die beiden Glocken unter Trompetenschall bei Absingen des Liedes 'Herr Gott Dich loben wir' aufgezogen worden.«

Dieser Choral ist die Verdeutschung des TEDEUM (Ambrosianischer Lobgesang) durch Martin *Luther* (Lied 137 im Stammteil der ev. Gesangbücher).

Man stelle sich vor: Zur Glockenweihe der staatskirchenrechtlich katholischen Dorfkirche singt die nur evangelische Einwohnerschaft nach Luther!

Man gibt zugleich dem katholischen Bischof die Ehre, indem man ihn, den kath. Pfarrer und einen Kaplan, auf der größten Glocke nennt.

Anmerkung: Der Choral »Großer Gott wir loben Dich«, ebenfalls nach dem TEDEUM, wird Ignaz *Franz* zugeschrieben, 1719–1790, Rektor an dem katholischen Priesteralumnat in *Breslau*. In Schlesien bei *beiden* Bekenntnissen gesungen. Im Stammteil der kath. Gesangbücher (seit 1975) Nr. 257. Leider bisher nicht im Stammteil der ev. Gesangbücher, wohl aber in den Eigenteilen einiger Landeskirchen.

Katholische Kirche in Kauffung a. d. Katzbach

Das neue evangelische Bethaus wurde schon 1½ Jahre nach dem Brand am 1. Advent 1754 eingeweiht. Trotz aller durch den Brand verursachten Armut und der erstrangigen Anstrengungen für den Aufbau der zerstörten eigenen Anwesen – betroffen 648 Personen von damals 1400 Einwohnern – haben die damaligen Kauffunger es fertiggebracht, die katholische Kirche samt Turm einigermaßen wieder herzustellen *und* das evangelische Bethaus neu aufzubauen. Nur Pfarr- und Schulgehöfte folgten später. Evang. Grundherrschaften, Bauern, Häusler, Garnspinner und Leineweber haben offenbar, trotz ihres Bethauses, die alte Kirche als Dorfkirche empfunden und vor allem den Turm als *Dorfturm*. Die Glocken waren die *Dorfglocken*.

In *Obhut* des Dorfes, seiner evangelischen Einwohnerschaft, stand die alte Dorfkirche mit dem Turm, obwohl katholisch zugeordnet, für 200 Jahre! Dies gilt für die Erhaltung des baulichen Zustandes, wie schon beschrieben, aber in gewissem Sinne auch geistig. Nicht nur in den Jahrzehnten nach der Reformation, sondern noch im 17. Jahrhundert und während wie nach der Gegenreformation lebten Sehnsucht und Hoffnung auf Wiedervereinigung zu *einer* Kirche fort.

Die Kauffunger hatten dem in der Urkunde für den Turmknopf 1655 Ausdruck gegeben: »...daß wir wieder in Fried und Einigkeit in diesem Gotteshause sein ... Wort hören...« Die Auseinandersetzungen hatten zum Abstand geführt wie zur Selbstbehauptung: Kirche und Turm nach dem Brand wiederherstellen und bei der Glockenweihe ein Lutherlied singen. Das eine tun und das andere nicht lassen.

Die Toten wurden weiterhin auf dem Dorfkirchhof um die – katholische – Kirche begraben, ab 1742, nachdem wieder ein evangelischer Geistlicher im Ort waltete, unter seiner Mitwirkung wie in den hundert Jahren nach der Reformation. Die Grundherrschaften sind durchgehend in den damals vorhandenen Grüften an der Kirche beigesetzt worden. Sogar Ende der 1820er Jahre der Pastor Kieser mit seiner Frau. Erst nach Bildung der katholischen Pfarrgemeinde wurde 1876 der eigene evangelische Friedhof angelegt.

In Erinnerung an den ersten evangelischen Gottesdienst, der in Religionsfreiheit öffentlich am Sonntag Jubilate 1742 gehalten worden war, beging man 1792 die 50jährige Jubelfeier. Der damalige Pastor Kieser hat in einem Jubelbüchlein geschrieben:

> »Wie glücklich sind wir doch, daß wir eine völlige Gewissensfreiheit genießen! Wie unrecht handelten wir, wenn wir unsere besseren Zeiten nicht schätzen, Gott dafür danken und sie wohl benutzen wollten! Mit solchen Gesinnungen sollen wir der Drangsale der Väter gedenken; ohne diejenigen zu hassen, die sie verursachten. Kein wahrer Christ wird einen andern Religionsverwandten hassen, sondern in ihm auch ein Kind Gottes erblicken und ihn segnen. Es gab damals viele rechtschaffene Katholiken, die wahres Mitleid mit den Evangelischen hatten, die Sache aber nicht ändern konnten und bessere Zeiten erwarteten.«

Um 1800 war der *Glöckner* katholisch, aber er läutete für das Dorf und für fast nur evangelische Feiern.

Als *Kirchvater* in der kath. Kirche amtete um 1811 ein Evangelischer, auch bei den wenigen katholischen Taufen und Trauungen.

Bei Beerdigungen katholischer Einwohner ging damals die evangelische Schule mit, die von einigen katholischen Kindern besucht wurde.

Die Eingaben in die turmkrönende 'güldene Kugel' sind sowohl 1791, als der Turm die barocke Zwiebel u. Spitze erhielt, sowie 1825, als die Kugel nach einem Orkan neu aufgesetzt wurde, vom evangelischen Pastor Kieser gefertigt worden.

Vermerkt ist auch: »Kirchenvorsteher bei *beiden* Kirchen zugleich Johann Gottfried Börner und Gottfried Wittich«. Beide ev. So war es gewiß in der ganzen Zeit, als es keine oder kaum Einwohner mit katholischem Bekenntnis im Ort gab.

Zum 100jährigen Jubiläum der evangelischen Bethauskirche 1842 kam vom katholischen Pfarrer – damals in Kupferberg – ein herzlicher Glückwunsch. Um die nämliche Zeit, 1844, hat der Gemeindeschreiber bezüglich der Baukosten berichtet:

> »Das Kirchensystem, sowohl evangelisches wie katholisches, ist observanzmäßig ein verschmolzenes, dergestalt, daß sämtliche Gemeindeglieder zu beiderlei Bauten 2/3, die Dominien hingegen 1/3 der Kosten beitragen« (Stockmann, S. 85).

Das *Dorf* handelte als *Einheit*.

Zwischen 1830 und 1850 sind Leute mit katholischem Bekenntnis zugezogen; unbekannt woher und warum sie kamen. Als es an die 200 katholische Einwohner waren, zog der Pfarrer, der bis dahin in Kupferberg lebte, hierher. 1853 *bildete* sich eine katholische *Pfarrgemeinde*. Es kam wieder Leben in die alte Kirche. Von den Glocken wurde weiter für evangelische und katholische Gottesdienste sowie für beiderseitige Amtshandlungen geläutet, eben für die Einwohner von Kauffung.

Turm an der *ev. Kirche*
Zu Beginn des 20. Jahrhunderts, 1900/1901, wurde an das evangelische Bethaus der schlanke Turm angebaut. Drei Glocken aufgezogen. Nun standen zwei Kirchtürme im Ort. Ertönte Geläut von beiden. *Der* alte Dorfkirchturm hatte, wie vielerorts in Schlesien, einen Gesellschafter gefunden. Gab keinen Rangstreit. Hand aufs Herz: Wer weiß, ob die Türme gleich hoch waren oder welcher überragte? Der neue schlanke Turm läutete nicht für sich, seine Evangelischen hatten mittlerweile auch schon 350 Jahre Geschichte hinter sich als Gemeinde. Und was für eine Geschichte! Konnte sich sehen lassen!

Verwobene Dorf-, Kirchen- und Weltgeschichte

Zwei Weltkriege mußten beide Türme bald miterleben und sonst allerhand Schwierigkeiten. Den Männern folgten von jedem Turm Glocken in die beiden Weltkriege. Die Kauffunger haben sich wacker gehalten. Im Frühjahr 1945 sahen die Türme sie Zuflucht suchend ausziehen und im Mai zurückkommen. Bald wieder 2.500 im Ort.

Am Ende des 2. Weltkrieges, am 8. Mai 1945, besetzen russische Truppen den Ort, führen statt des Kreuzes einen Stern. Verehren Marx und Lenin. Polen übernahmen mit Gewalt die Herrschaft.

Die angestammten Kauffunger mußten 1946/47 fortziehen, über die Görlitzer Neiße Richtung Westen. Nur wenige blieben zurück, folgten später. Die evangelische Kirche verwaiste, wird seit 1970 für andere Zwecke verwendet. Was aus ihr wohl werden wird?

In der katholischen Kirche wird polnisch gesprochen und gesungen. Das macht ihr und alten Kauffungern immer noch zu schaffen. Übrigens war, jedenfalls anfänglich, manchen Polen die deutsche Vergangenheit nicht geheuer.

Als Bau steht die alte Dorfkirche unverändert, auch wenn Kauffung jetzt einen polnischen Namen hat und sich Stadt nennt. Niemand kann aber verwehren, sich Gedanken zu machen über die Menschen, ihre vielfältigen Eigenschaften, ihre Irrungen und Wirrungen, über Vergangenheit und Zukunft.

Bei dem Alter von Jahrhunderten stellt sich die Frage nach der Zukunft. Nun, baufällig ist sie nicht. Ob sie den Kitzelberg, dessen Gestein mächtig gesprengt und gebrochen wird, überlebt?

So sahen und sehen sich Gemeinsamkeiten und Geschichte von einem Überblick an. Über die getrennte Entwicklung der beiden kirchlichen Bekenntnisse wird danach berichtet.

Aus der Geschichte der Reformationszeit in Schlesien

Im Erbwege war Schlesien mit der Krone Böhmen im Jahre 1526 unter Habsburger Herrschaft gekommen. (Beschrieben auf der Seite 'Zugehörigkeit zum Reich'.) Das Teilherzogtum Liegnitz, Brieg und Wohlau befand sich noch in der Hand des Piastengeschlechts. In den Erbfürstentümern Schweidnitz – Jauer, also im schlesischen Gebirge, war aber der *Kaiser* in *Wien* unmittelbarer Landesherr.

Zu diesem Bereich gehörte auch unser *Kauffung.*

Die österreichische Zeit für Schlesien hatte nahezu mit der Reformatorischen Bewegung (Luthers Thesenanschlag 1517) in Deutschland begonnen.

Voran der Liegnitzer Herzog, die Stadt Breslau und eine ganze Reihe kleinerer Städte, sie förderten Prediger, die Luthers Lehre vertraten und verbreiteten. Landadel, Bürger, Bauern und Häusler schlossen sich an. Auch Geistliche waren reformationsfreundlich oder evangelisch gesinnt.

Eine Bewegung wartet nicht auf Anordnungen, eher veranlaßt sie solche, überspringt künstliche Grenzen wie die zwischen den schlesischen Fürstentümern. So wurde das evang. Bekenntnis in den beiden genannten Erbfürstentümern *ohne*

Zutun des Landesherrn *Gemeingut* und Schlesien bis zur Mitte des 16. Jahrhunderts (1550) weitgehend evangelisch.
(In gleicher Weise in den Atlanten zur Geschichte dargestellt, sowohl hier in der Bundesrepublik Deutschland wie in der Deutschen Demokratischen Republik).
Kartenskizze zum Tagebuch Rausch, 30jähr. Krieg,
zu den Friedens-, Grenz-, Zufluchts- und Gnadenkirchen

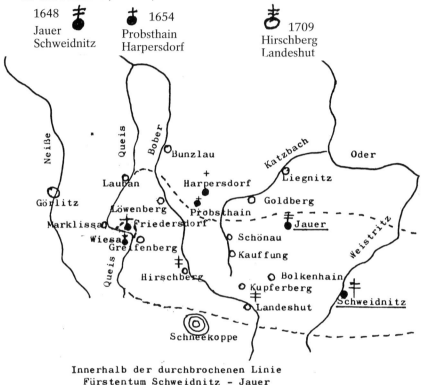

1648
Jauer
Schweidnitz

1654
Probsthain
Harpersdorf

1709
Hirschberg
Landeshut

Innerhalb der durchbrochenen Linie
Fürstentum Schweidnitz - Jauer

Um Anerkennung und Religionsfrieden – Staatskirchenrechtliches

80 Jahre später, um 1630, kamen evangelische Städte und weitere 20 Jahre später, um 1650, die evangelischen Dörfer im schlesischen Gebirge bis ins Flachland in Bedrängnis, als von kath.-kaiserlicher Seite Rekatholisierung versucht wurde. Kauffung war voll betroffen.
In diesem Zusammenhang muß hier eine Darstellung der allgemeinen staatskirchenrechtlichen Verhältnisse eingeschoben werden. Für den, der mag, zum Lesen und zum Nachdenken. Aber Achtung: Es ist nicht nur Geschichte. Ähnliches hat sich bei neuen Anschauungen irgendwie wiederholt. Der Vergleich mit gegenwärtigen Ereignissen liegt nahe.

Zur nämlichen Zeit, als die Schlesier im großen und ganzen um 1550 evangelisch waren, wurde in Verträgen (Passauer Vertrag 1547 und Augsburger Religionsfrieden 1555) das evangelische Bekenntnis als gleichberechtigte christliche Religion im Reich anerkannt; allerdings mit der Maßgabe des cuius regio, eius religio. Wessen Gebiet, dessen Religion; zu deutsch: in wessen Herrschaftsgebiet man lebt, dessen kirchlichem Bekenntnis folgt man.

Eben dies traf auf Schlesien, dessen Bevölkerung sich in Glaubenssachen selbständig gemacht hatte, nicht zu. Ein in kaiserlichen Diensten stehender Herr meinte: »Für einen Bauern wäre genug, daß er wüßte, daß ein Gott sei, dreieinig in Person, und die zehn Gebote vor Augen hätte; um den Unterschied der Religion habe er sich nicht zu bekümmern«. (Berg, S. 95) Die Bauern aber hielten sich in Glaubenssachen (in der Sprache unserer Zeit) für mündig.

Trotz seines katholischen Bekenntnisses hatten der Kaiser um 1550 und seine Nachfolger für die beiden Erbfürstentümer Schweidnitz-Jauer und Schlesien insgesamt dem evangelischen Bekenntnis Schutz und Gleichberechtigung versprochen. Von katholischer Seite war man mehr und mehr bestrebt, die lutherische Reformation rückgängig zu machen: Gegenreformation. Deshalb haben sich die schlesischen Stände, Adel und Städte, bemüht, die Rechtslage ihres evangelischen Schlesien zu verstärken. Auf ihr nachhaltiges Drängen hat schließlich ein Kaiser im Jahre 1609 in einem *Majestätsbrief* versprochen, den Protestantismus/Augsburger Bekenntnis gleichberechtigt neben den Katholizismus in Schlesien zu stellen. Den Evangelischen wurde der damalige Besitzstand gewährleistet. Beiden Bekenntnissen das Recht zugewogen, Kirchen und Schulen zu bauen. Ihre Gottesdienste nach ihrer Weise zu halten und die Sakramente zu spenden. Die volle Gleichberechtigung sollte zu einem Zustande führen, bei dem die beiden Religionsparteien ... einander fördern und beiderseits in des Königs/Kaisers und des Vaterlandes Angelegenheiten ... beisammen als treue Freunde stehen. Der Wortlaut entsprach weitgehend der Eingabe der Schlesier.

Ohne Beispiel in der damaligen Zeit.

Hätte sich als *Sternstunde* erweisen können.

Es gelang aber nicht, die durch den Majestätsbrief gewährten Freiheiten hinreichend zur Geltung zu bringen. Ein Musterbeispiel dafür, daß ein Recht nichts nutzt, wenn die Macht zu seiner Durchsetzung fehlt und auch dafür, daß das Nichthalten von Verträgen zu Unheil führt. Der (kath.) Bischof von Breslau erklärte, sich nicht an die Grundsätze des Majestätsbriefs und frühere kaiserliche Versprechen zu halten.

»Im Reich standen Katholiken und Protestanten bis an die Zähne bewaffnet einander gegenüber« (Grünhagen, Bd. II, S. 143).

Der 30jährige Krieg begann.

Eine Tragödie für Schlesien.

In seinem Verlauf wurde trotz Zerstörung, Pest und Entvölkerung Rekatholisierung betrieben. Begonnen in den Städten der Erbfürstentümer und darüber hinaus. Sobald die Städte von Schweidnitz – Jauer in die Hand kaiserlicher Truppen kamen, wurden die ev. Prediger verwiesen, die Schulhalter abgesetzt oder die Schulen geschlossen; so auch in der Kauffung benachbarten Stadt Schönau und den späteren Kreisstädten Jauer, Bolkenhain, Hirschberg, Löwenberg.

Die evangelischen Bürger dieser Städte haben nach Einsetzung katholischer Geistlicher die sonntäglichen Gottesdienste in benachbarten Dorf- und Landkirchen besucht. Denkbar, daß auch Bürger von Schönau nach Kauffung gekommen sind. Als Gegenmaßnahme wurden solche auswärtigen Kirchgänge verboten, durch Schließen der Stadttore verhindert, Bürgerrecht aberkannt, ausgebürgert! Betroffen wurde auch der Tagebuch schreibende Sohn des Kauffunger Pastors Rausch, als die Lehrer seiner Schule in Löwenberg 1637 des Amtes enthoben wurden.

Betroffen nach dem 30jährigen Kriege seine Söhne, als ihre evangelische Schule in Friedeberg am Queis 1666 in Durchführung eines kaiserlichen Edikts aufgehoben wurde (Grünhagen, Bd. II, S. 326).

Die *Dörfer* ließ man kaiserlicherseits zunächst evangelisch bleiben und somit auch Kauffung. (Man konnte den evang. Adel mitten im Krieg nicht vor den Kopf stoßen, es gab nicht genug katholische Geistliche zum Ersatz der evangelischen Prediger, man fürchtete auch um den Schutz zwangsweise eingesetzter Priester.)

Im *Westfälischen Frieden* 1648 waren sowohl Gleichberechtigung der Bekenntnisse als auch das Recht des Herrschers, das Bekenntnis zu bestimmen, bestätigt worden. Einerseits war Schlesien weitgehend evangelisch, andererseits war der Kaiser Lehnsherr der evangelischen Herzöge und unmittelbarer Landesherr in den Teilfürstentümern der Gebirgskreise. Daher wurden für Schlesien Sonderregelungen festgelegt:

– Den Herzögen von Liegnitz, Brieg u.a. sowie der Stadt Breslau wurde die Ausübung der evangelischen Religion gewährleistet
– In den übrigen schlesischen Fürstentümern sollte um des Glaubens willen niemand zur Auswanderung gezwungen werden
– In diesen Gebieten solle der Besuch von Gottesdiensten außerhalb des Landes gestattet sein (was trotzdem mancherorts zunächst verboten oder sogar mit Strafe belegt wurde)
– In den Städten Schweidnitz, Jauer und Glogau wurde der Bau von Kirchen außerhalb der Mauer gestattet (Friedenskirchen genannt)
– Den evangelischen Reichsständen und Schweden wurde das Recht zuerkannt, sich in Religionssachen an den Kaiser zu wenden.

Geschehen 1707 mit dem Erfolg der Altranstädter Konvention.

In seiner Auslegung der Vertragsartikel nahm der Kaiser für sich das Recht in Anspruch, die Evangelischen in den Erbfürstentümern zur »alleinseligmachenden katholischen Religion« (diese Ausdrucksweise ist mehrfach in damaligen Schriftstücken gebraucht) zurückzuführen.

Man versuchte zunächst auf dem gütlichen Wege die evangelischen Prediger zum Verlassen des Landes zu bewegen, wandte sich dann, als dies keinen Erfolg hatte, an die Grundherrschaften. Adel und Städte antworteten mit Eingaben, Bitten und Gegenvorstellungen, um ungestörte Gewissensfreiheit aufrecht zu erhalten. Dabei wurde betont, daß die evang. Prediger die schreckliche Kriegszeit in den Dörfern ausgehalten und die Not der Bevölkerung geteilt hätten. Der Kaiser und seine Beauftragten lehnten ab.

Als *Kirchenzehnt* (= Kirchensteuer) stand seit der Ansiedlungszeit dem Bischof ein Betrag genannt Vierding/Vierdung, zu. Diese Verpflichtung hat die Bevölkerung auch eingehalten, als sie evangelisch geworden war. Die (kath.) Bischöfe in Breslau ihrerseits sahen die Verbindung nicht als gänzlich gelöst an. So in Kauffung für hundert Jahre mit und trotz evangelischer Pastoren über den 30jährigen Krieg hinaus gehandhabt.

In seinem *Tagebuch* hat *Rausch* jun. am 7. Okt. 1653 und am Sonntag Palmarum 1656 die Ablieferung der Dezemschuld, des Bischofs *Vierding*, vermerkt (S. 133 u. 141, bei Stockmann, S. 70). Es ist anzunehmen, daß diese Leistungen bis zu der 1758 erfolgten allgemeinen Aufhebung erbracht worden sind.

Evangelisch ohne Kirche ohne Pastor 1654 bis 1742

Gestützt auf die beschriebenen Artikel im Westfälischen Frieden wurde nach kaiserlicher Anordnung im Herbst 1653 im Gebiet von Schweidnitz – Jauer, also Katzbachtal mit Kauffung betroffen, mit Zwangsmaßnahmen gegen die Evangelischen auch in den Dörfern begonnen.

Kaiserliche Kommissarien, bestehend aus einem höheren Offizier und einem Pater sowie einem Vertreter des Bischofs, kamen in Dörfer und Städte (Reduktionskommissionen). Die alten Ortskirchen sowie auch einige Neubauten wurden der evangelischen Einwohnerschaft weggenommen und katholische Geistliche eingeführt ('reconciliiret', was wörtlich übersetzt 'wiederversöhnen' bedeutet).

Zugleich wurden die evangelischen Prediger/Pastoren, in den kaiserlichen Erlassen 'Prädicanten' genannt, aus den unmittelbaren kaiserlichen Gebieten verwiesen (Remotion = Abschaffung/Absetzung). Das geschah 1653/54 bei 254 Kirchen im Gebiet Schweidnitz – Jauer, insgesamt bei 656 Kirchen und an 500 fast sämtlich verheirateten evangelischen Geistlichen (Tagebuch Rausch, S. 125–132; J. Berg 'Gewaltsame Wegnahme der ev. Kirchen'; Grünhagen, Bd. II, S. 317, insbesondere 319, 322, 324 'Die Kirchlichen Verhältnisse' am Ende des 30jährigen Krieges und 'Die großen Kirchenreduktionen').

Nach *Kauffung* war die Kommission am 28. Februar 1654 gekommen. In einem an demselben Tage in Schönau verfaßten Bericht werden eingangs sieben Kauffunger Herren vom Adel (alle evangelisch) als für Kirche/Kirchlehen, einschließlich Pfarrgehöft und Widmuth zuständige Grundherrschaften genannt. Dann heißt es weiter:

»...Viere waren nur zugegen ... und verhofften kaiserliche Gnade. Das (Nieder-) Dorf ist eine halbe Meile lang und sehr volkreich, daher wir aus Hirschberg bei 30 Musketiere mit uns anhergenommen. Es lief wider Vermuten friedlich ab. Der Prädikant ist tot. (Pastor Rausch sen. war einige Monate zuvor gestorben und der in einem Nachbarort tätige Nachfolger noch nicht aufgezogen.)

Die Kirche ward reconciliiert und der kath. Pfarrer zu Schönau, P. Georgius Ignazius Seifert eingeführt. Allhier waren drei Glocken, eine Schlaguhr, zwei silberne und ein zinnerner Kelch, zwei zinnerne Leuchter, ein Altartuch, drei Kaseln, ein Chorrock, ein Orgelwerk. Der Pfarrhof bauständig... (Es folgen Angaben über Widmuth und Abgaben.) Nachts kamen wir in die Stadt Schönau und ward dem Fähnrich nach Kauffung geschrieben, daß er nebst seinen 30 Mann morgen früh wieder nach Hirschberg ins Quartier gehen sollte.«

Ende März 1654 sind als letzte im Hirschberger Weichbild für die evangelischen Kirchen in Seitendorf und Ketschdorf (Katzbachquelle), wo Pastor Rausch jun. wirkte, die Kirchenschlüssel abgefordert worden. Rausch schreibt dazu im Tagebuch:

»Und dieses ist der traurige Ausgang der Tragödie, so mit den evangelischen Kirchen in Schlesien nach geschlossenem Frieden ist gespielet und dadurch wir Prediger ins Exilium gejaget, den armen Inwohnern aber ihr Gottesdienst geraubt

worden... Nach diesem sind nun noch mancherlei Patenta/Anordnungen herum-
gegangen, darin bald Dieses, bald Jenes den bedrängten Inwohnern befohlen
wurde.«
Anmerkung zu obigem Bericht über Bestand von drei Glocken und einer *Orgel:*
Eine solche Ausstattung war damals, um 1650, bei Dorfkirchen selten. Orgeln
wurden in Dorfkirchen erst 100 Jahre später, also im 18. Jahrhundert, üblich.

Wie verhielten sich die Beteiligten?

Die damaligen Kauffunger hatten bald Gelegenheit zu handeln und von ihrem
Geist künftigen Geschlechtern Zeugnis zu geben. Im Jahre darauf, 1655, hatte
der Blitz, wie schon erwähnt, am Johannisabend, 24. Juni, Turm und Dorfkirche getroffen. Der Schaden wurde behoben; 'der Turmknopf abgenommen,
aufs Neue übergüldet und schon am Michaelisabend, den 28. Sept., samt
neuer Wetterfahne wieder aufgesetzt!' In der in den Turmknopf eingelegten,
dies bezeugenden Urkunde heißt es dann nach Nennung der damaligen
Grundherrschaften weiter:

»Weil denn durch Gottes Verhängnis anno 1654 uns hier im Lande Schlesien in
allen Erbfürstentümern, die evangelischen Prediger abgeschaffet...«
Es folgen die Namen des letzten evangelischen Predigers, des damaligen Jesuiten,
'welcher zu Schönau wohnet und die umliegenden Orte unter sich hat', Kirchen-
schreiber..., Kirchväter, die beiden Scholzen. Preise für Getreide, Münzen...
»Gott gebe uns den zeitlichen und auch ewigen Frieden und verleihe, daß wir
wieder in Fried und Einigkeit in diesem Gotteshause sein reines und unverfälsch-
tes Wort hören. Die heiligen Sacramente recht und unzerstümmelt im rechten
Glauben brauchen mögen. Das helfe uns Gott Sohn, Gott Heiliger Geist, Amen.«
Die Kommissarien hatten 1654 in einem Begleitbericht gemeldet:
    »...wie sie ... zwischen und in dem rauhen Gebirge, unter mehrenteils
unbändigen Leuten, nicht ohne große Mühe und Gefahr dem Befehle nachge-
kommen wären...« (Berg, S. 228 Mitte).
Unbändige Leute?
Die *evang. Prediger* mußten ins Exil gehen. In das Herzogtum Liegnitz, nach
Breslau, in die damals zu Sachsen gehörende Ober-Lausitz. Viele fanden dort nach
kürzerer oder längerer Zeit Pfarrstellen. Einige kamen als Erzieher beim prote-
stantischen Adel unter. Andere erhielten ein Stück Land, wurden Bauern. »Gar
manche dieser Exulanten haben mit Frau und Kindern kärglich gedarbt. Auf
Almosen angewiesen!« (Grünhagen, S. 324)
Sie mühten sich, Verbindung mit ihren verlassenen Kirchkindern zu halten. So
auch der Tagebuchschreiber Rausch jun. mit seinem Heimatort Kauffung...

Die *kath. Kirche* überließ den Versuch der Rekatholisierung vorwiegend den
Jesuiten. Schon Anfang April 1654 waren statt des eingewiesenen Pfarrers zwei
Patres Societatis für Schönau und Umgebung eingesetzt worden (Berg, S. 209).
Bei einer Visitation im Jahre 1677 wird Kauffung als 8. von den Schönauer
Jesuiten verwaltete Kirche nur kurz erwähnt. Auch bemerkt, daß kein Gerät zur
hl. Messe vorhanden sei, »wenn man nicht vielleicht etwas verborgen hält«. (J.
Jungnitz, Visitationsberichte Archidiakonat Liegnitz, 1908, S. 84) Bald darauf
wurde Kauffung – vorübergehend zu Klein-Helmsdorf? – zur kath. Pfarrei Kup-

ferberg geschlagen (Archiv für kath.-schl. Kirchengeschichte XVII, 1959 S. 232). Mindestens 12 km entfernt...!

»Die der Gemeinde aufgedrängten Pfarrer blieben hier fremd und scheinen sich auch wenig Mühe gegeben zu haben, die Herzen zu gewinnen«, war der Eindruck von Stockmann (S. 76). Den Pfarrern, wohl nur formell eingewiesen, waren schon wegen der Entfernung weder die üblichen Amtshandlungen, geschweige denn Seelsorge möglich.

Die *Evangelischen blieben standhaft, standen allein fast ein Jahrhundert durch, ohne örtliche Pastoren, ohne Kirchenleitung, mieden die ererbten formell-katholischen Ortskirchen..., von denen sowohl Grünhagen wie Stockmann meinen, daß sie meist leerstanden.*

Man wußte sich zu helfen, nahm Mühen und Belastungen auf sich.

Hausandachten, zunächst noch Einspringen der evangelischen Schulhalter, Buschpredigten, Besuch von Grenz- und Zufluchtskirchen = Große Kirchfahrten, waren Auswege. Auch von Kauffungern beschritten.

Hausandachten waren nach der lutherischen Auffassung vom allgemeinen Priestertum ohnehin im evangelischen Bereich durch Belehrung und Überzeugung gefördert worden (Berg 'Wegnahme', S. 117). Mit Gewißheit werden auf den Gütern Hausandachten gehalten worden sein, wohl auch von bäuerlichen Hausvätern. Diese Hausandachten wurden da oder dort beargwöhnt, aber durch die Altranstädter Konvention im Jahre 1707 ausdrücklich für statthaft erklärt; gemeinsame Feiern von Nachbarn blieben untersagt.

Die Kirchschreiber/*Schulhalter*/Glöckner waren, allerdings nur in unseren Erbfürstentümern Schweidnitz – Jauer, zunächst 1653/54 ungestört gelassen worden, mancherorts hatte man ihnen sogar empfohlen, weiter ihren Aufgaben nachzukommen. Es mag dies ein Mangel an hinreichender Zahl geeigneter kath. Männer, aber auch in der Überlegung geschehen sein, die ev. Bevölkerung nicht gefährlich aufzubringen. Schrittweise!

Den Schulhaltern fiel nun zu, ob sie es wollten oder nicht, die ev. Prediger nach Kräften zu ersetzen: Halten von Lesegottesdiensten/aus einem Erbauungsbuch/ Postille vorlesen, Choralgesang, Mitwirken bei Begräbnissen, z. B. Vorlesen des Lebenslaufs. »Die ev. Schulhalter waren in ihren innerlich in der Regel protestantisch gebliebenen Gemeinden Rückhalt und Stütze des reformatorischen Geistes« (Marschall, Bistum Breslau, S. 91).

Dies ist auch für K. lt. Eingabe in den Turmknopf und Tagebuch Rausch für 1655 bzw. 1664 anzunehmen.

1666 wurden im Zusammenwirken von Bischof und kaiserlichen Beamten »die unkatholischen Schullehrer abgeschafft«. Letztendlich »erging am 26. 10. 1666 die Bestimmung, daß die Schullehrer zwar nicht wie die Prediger aus dem Lande vertrieben werden, dagegen aber fortan weder mit der Kirchschreiberei, noch mit dem Postillenlesen, noch mit dem Schulunterricht weder direkt noch indirekt sich befassen sollten, bei Strafe der Landesverweisung« (Berg 'Wegnahme', S. 125–130).

Als *Buschprediger* wagten trotz Ausweisung einzelne Pastoren, ihren Gemeinden zu dienen. Man versammelte sich zu Gottesdiensten an abgelegenen Plätzen im Walde. In *Kauffung* geschah dies am *Predigerstein*, eine Art natürliche Kanzel an einem Hang. Im unteren Niederdorf, etwa 750 m ostwärts vom Lehngut gelegen; im Meßtischblatt 1:25000 eingezeichnet. Mit großer Härte, mit schwerem langen Kerker wurden aufgegriffene Buschprediger, aber auch Teilnehmer bestraft. Daher stellte man zu ihrem Schutz Posten aus. Jahrzehntelang müssen solche Zusammenkünfte üblich gewesen sein; denn noch um 1700 ergingen Gegenanordnungen. In Berg 'Wegnahme', S. 120, ist K. namentlich genannt. (Kath. Pfarrer Sommer 'Zur Geschichte der Buschprediger im Fürstentum Jauer'; Grünhagen, S. 325). Näheres über die Andachten und Feiern am Predigerstein ist nicht bekannt.

Zufluchts- und *Grenzkirchen* bildeten sich in den benachbarten evangelischen Gebieten von Liegnitz und der Ober-Lausitz heraus. Vorhandene Kirchen wurden erweitert, neue große Kirchen gebaut. Für Tausende von Kirchgästen/ Gottesdienstbesuchern, für Taufen und Trauungen aus den Orten ohne ev. Kirche und Prediger. Auch die Kirche von *Harpersdorf,* 3 km weiter als Probsthain, ist von Kauffungern, vermutlich bei Überfüllung von Probsthain, besucht worden (Goldmann, 'Geschichte Harpersdorf' u. Stockmann, S. 76).

Pastor *Rausch* jun. erhielt erst nach sechs Jahren berufsloser Zeit wieder ein Amt und zwar 1660 in Ober-Wiesa am Queis (Ober-Lausitz); so ergaben sich dorthin Verbindungen aus dem ob. Katzbachtal.
1669 wurde in *Nieder-Wiesa* eine Grenzkirche errichtet, gefördert von der ev. *Frau* des kath. Grafen *Schaffgotsch,* der als Landeshauptmann 1666 die Amtsenthebung der ev. Schulhalter bekanntgegeben hatte und zwei Jahre später verfügte, daß in den alten Kirchen keine ev. Predigten verlesen werden dürften. Gräfin Schaffgotsch kam eigens zu einer Predigt nach Nieder-Wiesa. (Aus Rausch's Tagebuch, S. 176, der auch in Nieder-Wiesa gepredigt hat.)
Spannungen in den Familien…
In dem Wiesa benachbarten, queisabwärts, zur Ober-Lausitz gehörenden *Friedersdorf* wurde noch 1736 eine Grenzkirche erbaut. Auch hierher haben Kauffunger ihre Kinder zur Taufe gebracht; Eintragungen im Taufregister hat Pastor Schröder selbst eingesehen, Entfernung von Kauffung nach Wiesa-Friedersdorf um 40 km.
In der Altranstädter Konvention 1707/09 setzte König Karl XII. von Schweden beim Kaiser einige Maßnahmen zugunsten der Evangelischen in *Schlesien* durch, u.a. den Bau von sechs *Gnadenkirchen,* dabei *Hirschberg* und *Landeshut.* In Hirschberg wurde sofort 1709 eine Notkirche errichtet. Dann in mehreren Jahren ein stattlicher Bau. Die Kauffunger gehörten fortan in den Bezirk der Gnadenkirche zu Hirschberg, die auch von einem Teil besucht wurde. Doch blieb ein großer Teil der Kirche in Probsthain treu (Stockmann, S. 77). Über Taufen in Hirschberg ist nichts Schriftliches überliefert.
Entfernung etwas kürzer als nach Probsthain, aber über die Berge; Oberdorf – beim Lesthof durch den Seiffen – Kammerswaldau – Maiwaldau – Hirschberg. Im Oberdorf wird man sich nach Hirschberg, im Niederdorf nach Probsthain gehalten haben.
Nähere Beschreibung und vorzügliche Abbildungen der vorgenannten Kirchen bei G. *Grundmann* 'Der evangelische Kirchenbau in Schlesien', Verlag Weidlich 1970.

»*Kein* Herrscher des Hauses *Habsburg* hat Schlesien mehr betreten. Von einer Anhänglichkeit an das frühere Herrscherhaus konnte nicht die Rede sein« (Grünhagen, S. 322). Die Gegenreformation hat das Haus Habsburg und Schlesien getrennt.

»Das Ganze war ein Vorgang, der kaum seinesgleichen in der Geschichte hat.« Geradezu – und nicht nur im Rückblick auf die vor 300 Jahren angewandte Gewalt – bedrückend, daß Herrscher samt geistlichen und weltlichen Beratern sich so entscheidend über Einstellung und Möglichkeiten der Bevölkerung irren konnten, und wenn schon geirrt, nicht Mut und Weg zur Umkehr, zum Nebeneinander fanden.

Ermutigend, daß die Bevölkerung auf sich gestellt die Freiheit des religiösen Bekenntnisses durchsetzte.

Herausragend für Kauffung

die Große Kirchfahrt
zur Grenzkirche Probsthain

Nach diesem zwei Meilen = 15–20 km entfernten Dorf und Kirchort, der hart an der Grenze im evangelisch regierten Fürstentum Liegnitz lag, haben sich die damaligen Kauffunger vornehmlich gehalten, dort nicht nur Gottesdienste mit Predigt besucht und communiciert/Abendmahl gefeiert, sondern auch Taufen und Trauungen; u. U. benachbartes Harpersdorf. Die zum Teil erhaltenen Taufregister von Probsthain wiesen in der Zeit vom Januar bis März 1655 zehn und für elf Monate des Jahres 1656 vierzig Kinder aus Kauffung nach (Stockmann, S. 76).

Schriftliche Schilderungen über diese Kirchfahrten im Einzelnen sind nicht bekannt, aber aus mündlichen Überlieferungen sowie aus der »Geschichte des Dorfes Probsthain« von Kadelbach 1846 und aus der »Geschichte des Dorfes Kauffung« von Stockmann, 1892, erhält man ein Bild. Zur Sammlung und Abfahrt wird mit Glockengeläut aufgerufen worden sein. Pastor Schröder vermutete sicher zu Recht, daß die Kauffunger Sitte am Sonnabend um 2.00 Uhr nachmittags den Sonntag einzuläuten auf die Kirchfahrt zurückgehen dürfte. Also Sonnabendnachmittag fuhr man mit Pferd und Wagen hin oder lief nebenher. Sonntagvormittag Gottesdienst, nachmittag zurück.

3–4 Stunden Wegzeit wird man gebraucht haben. Vom Niedergut nach Westen durch den Brandwald – Johannisthal – Hohenliebenthal – Falkenhain nach Probsthain. Zwar ein jahrhundertealter Verbindungsweg, aber doch gewiß, wie damals üblich, holperig. Wie oft? Einmal im Monat? Familienweise? Auch im Winter?

Bauern und Häusler fuhren mit Leiterwagen; die jüngeren Herren vom Adel vielleicht zu Pferde; die älteren Herren mit den Frauen in der Kalesche/Kutsche. Bei schönem Wetter eine Art Dorfausflug. Jede Fahrt Mühsal und Erlebnis zugleich. Man nahm es auf sich. Wußte, was man tat. Wie mag man die Täuflinge gegen die Unbilden der Witterung geschützt haben? Für die Brautpaare wars die Hochzeitsreise!

Indes konnte das Dorf Probsthain mit seinen damals 900 Einwohnern nicht auf solche Massenbesuche eingerichtet sein. »Es konnten nun aber diese Hunderte und Tausende nicht alle gastliche Aufnahme in den Häusern der Bewohner Probsthains finden, weshalb sie sich genötigt sahen, auf einem naheliegenden Hügel den Sonntag zu erwarten. Dieser Hügel ist seit damaliger Zeit 'Sonntagsberg' genannt worden, schreibt Kadelbach, S. 43. Die Bezeichnung Sonntagsberg ist in der Karte 1:100.000 eingetragen, da, wo die Kirchgäste vom Gebirge ankamen.

»Außerdem wurden in unmittelbarer Nähe der Kirche drei sogenannte Kirchhäuser zum Übernachten für die Kirchgänger, die aus der weiteren Umgebung kamen, erbaut. Eine für die damalige kirchengeschichtliche Situation in Schlesien beachtliche Folgeerscheinung«, berichtet Grundmann in 'Kirchenbau', S. 23.

In den Grenzkirchen hatten die Gastgemeinden ihre festen Plätze, Kirchstände genannt, für die Kirchstandzins an die gastgebende Gemeinde zu entrichten war. Die Sitzplätze reichten anfänglich nicht aus. Ein großer Teil der Kirchbesucher mußte draußen bleiben. Der Pastor predigte drin, der Diakonus/2. Geistliche auf dem Kirchhof.

Zweimal wurde die Kirche in Probsthain erweitert, 1661 mit gleichzeitigem Einbau einer Orgel und 1701 nebst einem Turm mit hochbarockem Turmdach. »Noch vor der 2. Erweiterung konnte nicht die Hälfte, vielleicht nicht der dritte Teil der jeweiligen Besucher Platz finden«. Nach der Erweiterung um 1701 fanden 3.000 Kirchgäste Platz.

Zu den Kosten haben die Gastgemeinden mit Geld und Sachspenden beigetragen; Bauholz, Nägel, Schindeln, Fuhren.

»Bei diesem kostbaren Bau und anwachsender vieler schwerer Arbeit haben mit vielen *Fuhren* und ganz willigen Handlangen, treulich am Werke des Herrn geholfen die fremden Kirchgäste von … Kauffung …« (Geschichte Probsthain, S. 105); genannt sind 18 Dörfer.

Von Kauffung ist gewiß auch Kalk angefahren worden, zumal die Frau des damaligen Probsthainer Gutsherrn von einem der Ober-Kauffunger Güter stammte.

Auch an einem Schulhausbau im Jahre 1697 in Probsthain beteiligten sich Kirchgäste aus Kauffung. Genannt sind von zwei Kauffunger Gütern je 30 Stämme Holz (Geschichte Probsthain, S. 133). Kinder aus den Gastdörfern wurden in Probsthain vor der Konfirmation im Katechismus unterwiesen; für diese kurze Zeit von Bauern aufgenommen. Fast 90 Jahre haben die damaligen Kauffunger wie die Bewohner des schlesischen Gebirges die Kirchfahrt über Land, sei es nach Probsthain oder den nachgenannten anderen Kirchorten, insbesondere Hirschberg, durchgehalten. »Dann haben zu Anfang der 1740er Jahre die Bewohner von 47 Dörfern und zwei Städten, welche bis zu dieser Zeit unsere Kirche in Probsthain besucht hatten, das Asyl verlassen, weil die Prüfungszeit vorüber und der Morgen der *geistigen Freiheit* für Schlesien angebrochen war« (Geschichte Probsthain, S. 108).

Ein aus Probsthain gebürtiger Dr. Liebig hat im 18. Jahrhundert seinen Heimatort in einem längeren Gedicht besungen und darin auch die 'Kirchfahrt'.

Prangt nicht Probsthain mit Ruhm und Ehr? ...
Die meisten waren übel dran, nur hier war Gottes Wort zu finden.
Ihr vielen Städt' und Dörfer sagt, was Euch für Wohltat hier begegnet.
Viel tausend tausend Kinderlein, schreibt Gott ins Buch des Lebens ein.
Wie unaussprechlich ist die Zahl, die hier durch Buß und Abendmahl
mit Gott beglückt vereinigt worden!

Aus Kirchenarchiv *Tiefhartmannsdorf* wiedergegeben in den Jubelbüchern zu den 50- und 150jährigen Jubiläen der Evangelischen Kirchengemeinde 1793 und 1893, S. 50, 54.

Hier aufgenommen, weil sich Geschehen und Verhalten gewiß auch in Kauffung wie in anderen Orten des Oberen Katzbachtales entsprechend zugetragen haben.

Zuflucht für Glaubensflüchtlinge

Während der Wirren des 30jährigen Krieges und danach kamen Evangelische aus dem damals so aufgewühlten und wieder katholisch bestimmten Böhmen nach dem angrenzenden Schlesien, weil sie beim evangelischen Bekenntnis bleiben wollten. Man sagte: Exulanten = Verbannte. Neuerdings geschildert in einem Beitrag 'Ehemalige Exulantensiedlungen im Riesengebirge' (Schlesischer Gottesfreund 1987, Nr. 3, S. 42).

Solche Familien sind auch in Tiefhartmannsdorf ansässig geworden; genannt sind die Namen Marsch, Wittich, Niepel. Die Wittich/Wittig waren in Kauffung noch vertreten. Dieselben Familien hat, kaum daß sie Zuflucht gefunden hatten, erneut die Gegenreformation getroffen (im heutigen Sprachgebrauch 'eingeholt'). In Kauffung war der aus Böhmen stammende junge Schulhalter berührt; keine weiteren Aufzeichnungen.

Aus der Zeit der weiten Kirchfahrt

»Im Jahre 1702 sind aus Tiefhartmannsdorf 35 Kinder evangelisch getauft worden, davon 32 in der Grenzkirche Probsthain und zwar gleich am Tage der Geburt oder am Tage darauf. Nur *ein Kind* wurde vom Kaplan aus Hirschberg in der Dorfkirche katholisch getauft.«

Die frühere Sitte, bald nach der Geburt zu taufen, um das Kind in die Christenheit aufzunehmen, wurde also eingehalten, obwohl man mit den Neugeborenen mehrere Stunden (etwa je 15 km) unterwegs sein mußte.

Trauungen
In demselben Jahre wurden 10 Paare getraut und zwar sämtlich evangelisch in Probsthain.
Dagegen sind nach den Eintragungen im Tiefhartmannsdorfer Kirchenbuch von 1660 bis 1718 nur zwei Paare katholisch getraut worden und zwar von dem Kaplan aus Hirschberg.

Im Jahre 1688 eine evangelische Tiefhartmannsdorferin/Ratschin mit einem Maurer von der Böhmischen (kath.) Seite des Riesengebirges und im Jahre 1695 der Schulbediente von Tiefhartmannsdorf mit der Tochter des Schulmeisters aus dem benachbarten Berbisdorf (also beide Brautleute katholisch). Man sieht: Die katholischen Schulhalter heirateten unter sich. Die Dorfbewohner hielten trotz weiter Kirchfahrt am evangelischen Bekenntnis fest.

Zur *Altranstädter* Konvention von 1707 zwischen König Karl XII. von Schweden und dem Kaiser in Wien als Herzog von Schlesien über die Religionsangelegenheiten der Evangelischen in Schlesien.»Durch diese Konvention sollte das wahre Verständnis des Westfälischen Friedensschlusses dargestellt und, was dem entgegen eingeführt worden war, korrigiert werden.«

Im schlesischen Gebirge bis zum Vorland, so auch in Kauffung, blieb die öffentliche Übung des evangelischen Bekenntnisses verboten, aber kein Zwang mehr zum Besuch katholischer Gottesdienste und Amtshandlungen; jedermann freigestellt, sich zu den Grenzkirchen zu begeben.

(Norbert Conrads: 'Die Durchführung der Altranstädter Konvention in Schlesien 1707 bis 1709', Böhlau Verlag 1971; beschrieben S. 42, deutscher Wortlaut, S. 322)

Amtshandlungen und Gebühren 1654 bis 1758

In einer Proklamation der Reduktionskommission von 1653 hieß es:
»Aus besonderer Gnade werde den Evangelischen das freie Exercitium ihres Gewissens allergnädigst vergönnt und dazu die zwei Kirchen in Schweidnitz und Jauer verstattet, wo selbst sie sich ihrer Beichte und Kommunion nach Gefallen bedienen könnten. Taufen, Trauungen und Beerdigungen aber, die als der Kirche gebührend angesehen werden müßten und durch die kein Gewissen bedrängt werde, seien von dem zuständigen neu einzuführenden Priester zu verrichten, dem dafür auch die Gebühren zuständen« (Stockmann, S. 75). Sogenannter 'Pfarrzwang'.

Für *Taufen* und *Trauungen* besondere Gebühr
Die Evangelischen haben die gedachte Trennung von Gottesdienst und Abendmahl einerseits sowie Taufen und Trauungen andererseits nicht mitgemacht, sondern Taufen und Trauungen durch einen evangelischen Geistlichen vollziehen lassen. Gab Schwierigkeiten. Erst in der genannten Konvention von 1707 wurden 'Taufen, Trauen, Begraben' in benachbarten Orten nach evangelischer Übung' freigestellt.

Voraussetzung war und blieb, daß, ehe ein evangelischer Pastor taufte oder traute, dem örtlich zuständigen katholischen Pfarrer – für Kauffung also im entfernten Kupferberg – die fällige Gebühr (Stolgebühr) entrichtet und von ihm ein 'Erlaubniszettel' erteilt worden war. Vielleicht hat den Zettel der Kirchschreiber in Kauffung ausgestellt.

Gewiß war dem Pastor der Gastgemeinde oder an diese ebenfalls ein Betrag zu entrichten. Das Beharren am ev. Bekenntnis brachte also eine zusätzliche geldliche Mehrbelastung mit sich!

Diese staatskirchenrechtliche Regelung galt beim Übergang von Österreich auf Preußen zunächst weiter, obwohl Religionsfreiheit hergestellt wurde. Im Friedensvertrag von 1742 nach dem 1. Schlesischen Kriege wurde festgelegt:

'Die katholische Religion soll in Schlesien in statu quo (unverändert) erhalten bleiben, ohne daß die Religionsfreiheit der Protestanten und die Rechte des Souveräns beeinträchtigt werden.'
'Besitzstand eingefroren' in der Ausdrucksweise unserer Zeit.
Erst mit einem königlichen Edikt vom 11. 1. 1758 wurde bestimmt, daß bei Amtshandlungen kirchliche Gebühren nur an den durchführenden Geistlichen zu entrichten seien. Dementsprechend ist im damaligen ev. Kirchenbuch von Kauffung vermerkt, daß von hierab die Amtshandlungen *ohne* Gebühr an den kath. Pfarrer und ohne dessen Zettel verrichtet seien.
Am 3. März desselben Jahres wurden ferner durch Kabinettsordre alle Abgaben evangelischer Einwohner an die katholischen Pfarrer aufgehoben.
Über *Begräbnisse* ist für Kauffung aus der Zeit 1654–1742 nichts überliefert. Man kann nur aus Berichten für Nachbarorte folgern. Die Evangelischen haben gewiß einen Geistlichen ihres Bekenntnisses gewünscht. Die Mitwirkung des *einen* katholischen Geistlichen für mehrere Orte war bei den gegebenen Entfernungen nicht gut durchführbar. Wie half man sich?
In der Zeit des Überganges, solange ev. Kirchschreiber und Schulhalter im Ort lebten, haben diese bei Begräbnissen mitgewirkt. Oft sprachen Studenten, so 1654 beim Begräbnis der Witwe des Pastor Rausch sen. in Kauffung und 1668 beim Begräbnis des Schwiegervaters von Rausch jun. in Kupferberg. (Tagebuch Rausch, S. 136, 167)
In den weiteren Jahrzehnten, nach der Mitte der 1660er Jahre, ließ man in den entfernten evangelischen Kirchen eine Gedächtnisfeier für die Verstorbenen halten und wird dann auf dem zur Ortskirche gehörenden Kirchhof still begraben haben.
Bei Beerdigungen durch die katholischen Pfarrer wird dieser den für den Verstorbenen aufgesetzten Lebenslauf verlesen haben, vermutlich auch Geläut; dann Bestattung nach katholischem Ritus.
Unter Umständen wird vorgezogen worden sein, im Sterbehause Begräbnislieder zu singen und dann den Toten auf dem Kirchhof still zu versenken. (Bunzel, Ev. Begräbniswesen in Schlesien, S. 53–55)

Evangelische Kirchgemeinde ab 1742

Bethaus   Pfarre   Schule

Hatte das Dorf in den vorangegangenen fast neun Jahrzehnten unter Bedrängungen zusammengehalten, so machte man nun, als Schlesien preußisch wurde, mit Freuden von der vom König verkündeten vollen Religionsfreiheit Gebrauch. Kauffunger nahmen schon Anfang März 1741 am ersten evangelischen öffentlichen Gottesdienst auf dem Rathaus in der benachbarten Stadt Schönau teil. Gewiß empfand die Einwohnerschaft schmerzlich, daß die eigene alte durchgehend in Obhut genommene Dorfkirche nicht zurückgegeben wurde, weil nach dem Friedensvertrag der Besitzstand der katholischen Kirche im Ganzen gewährleistet und weil diese von sich aus nicht zur Rückgabe bereit war. Den evangelischen Gemeinden wurde der *Bau* von *Bethäusern* gestattet. Bereits im Januar 1742 waren sich Grundherrschaften und Einwohner einig, ein *Bethaus* für die evangelische Einwohnerschaft zu bauen.

Ein Abgesandter reist nach Breslau wegen der Bauerlaubnis.

Ab Februar bringen Rittergüter, Bauern, Häusler, monatliche Beträge auf. Aus Liegnitz ward Baumeister Jakob angenommen und alle Vorkehrungen zum Bau gemacht. Am 4. April traf die Bauerlaubnis ein. Sofort wurden Baugrundstücke teils für 28 Taler erworben, teils geschenkt. 21. April erster Wochenlohn an Zimmerleute ausgezahlt. 12. August Einweihung der Bethauskirche durch den inzwischen berufenen Pastor Johann Friedrich *Blickel*, gebürtig aus Jauer, studiert in Leipzig, Pastor in Brauchitschdorf, südlich Lüben.

Abendmahlskelch von 1748 der ev. Kirchengemeinde Kauffung

Nur drei Monate hatte man für den stattlichen Bau gebraucht.

Das ganze Dorf wird zugegriffen haben.

Zwischen Bauerlaubnis und Beginn fand erster öffentlicher Gottesdienst auf dem Lehngut statt; die Predigt hielt ein Pastor von der Grenzkirche Harpersdorf. *Musik* gehörte zur Feier des ersehnten und mit Freude begrüßten Tages. Eine kleine Orgel war beschafft. Man lieh aus Klein Helmsdorf – einziger katholischer Ort der Umgebung – ein Paar *Pauken* gegen 20 Silbergroschen. Mit Pauken und Trompeten! Die Große Kirchfahrt gehörte der Erinnerung an.

Anmerkung: Solche Pauken wurden auf Wunsch bei Trauungen zum Einzug in die Kirche geschlagen, Intrade genannt. Klang feierlich, die mächtigen Töne habe ich noch im Ohr.

Von da an fand Sonntag für Sonntag, zunächst mit auswärtigen Geistlichen, Gottesdienst statt, manchmal vor- und nachmittags. Oft mit Abendmahlsfeier. Pastor Blickel wurde von der gesamten Bauernschaft aus Brauchitschdorf mit seinen Sachen abgeholt, wie es üblich war. 60–70 km Landwege mit Pferdefuhrwerken... »Die Bauernschaft erhielt für drei gute Tage Reise 14 Taler, 20 Silbergroschen.« Es ging genau zu! Falls die Ausdrucksweise von Stockmann 'gesamte Bauernschaft' wörtlich zu nehmen ist, würden es 27 Bauern gewesen sein. Ein Triumphzug!

1743 wurde das Pfarrhaus gebaut. 1750 die Schule.

Bethaus und Pfarrhaus nach einem Kupferstich des damals bekannten F. B. Werner, 1749, stattliche Fachwerkbauten mit kleinen Fenstern und behäbigen Dächern. Abgebildet S. 311.

Brand und Neubau 1753/54

Nur wenige Jahre waren die Bauten von Bestand. Beim großen Dorfbrand 1753 wurden, wie schon andernorts beschrieben, Bethauskirche, Pfarre und Schule in Asche gelegt. Man hielt ohne Unterbrechung auf dem Heilandhofe (Ortsmitte), dann in der dabeigelegenen Mühle Gottesdienste ab; ein Notkirchlein wurde errichtet. Als noch in demselben Jahr der Brandschaden an der kath. Kirche behoben war, ging man an den Neubau des evangelischen *Bethauses,* nunmehr in Mauerwerk. Grundsteinlegung mit gottesdienstlicher Feier am 19. 4. 1754. Einweihung bereits am 1. Advent 1754.

Nur sieben Monate Bauzeit, trotz Handarbeit! Berichtet wird von 45 Mann.

	Baukosten	Aufgebracht
Arbeitslöhne	1254 Reichsthaler	Haus- und Kirchenkollekte in Schle-
Baustoffe	1919 Reichsthaler	sien nach königlicher Kabinettsordre
	3173 Reichsthaler	1313 Rthlr.
		Geschenk 82 Rthlr.
		Darlehen 1280 Rthlr.
		Rest 498 Rthlr. für's Jahr
		3173 Rthlr. 1755

Die *Orgel* wurde von einem Kaufmann aus Hirschberg geschenkt, vielleicht ein Kauffunger Kind.

Gerade als man diese außerordentliche Anstrengung verkraftet hatte, begann 1756 der dritte schlesische Krieg: Der siebenjährige Krieg um Schlesien.

So wurde das Pfarrgehöft erst nach dem Friedensschluß in den Jahren 1764 bis 1767 wieder erbaut. Kostenaufwand fast 1700 Thaler. In Feldsteinen. 1,20 Meter maßen die Mauern im Erdgeschoß.

Inzwischen lebte Pastor Blickel in seinem eigenen Hause, dem 'Paradies', welches 1633 der Pastor Rausch erworben hatte.

Leider ist nicht berichtet, wieso dies Anwesen immer noch oder wieder in pastörlicher Hand war. Hat das Dorf das Haus freigehalten?

Bethauskirche und Pfarrhaus waren an denselben Stellen errichtet wie zuvor die Fachwerkbauten.

Von den Gottesdiensten (nach Stockmann, S. 82)

Der Beginn scheint um 8.00 Uhr gewesen zu sein, die Dauer wahrscheinlich zwei bis drei Stunden. Erst 1863 wurde im Sommer um 9.00 Uhr begonnen. Die Predigten waren lang, gesungen wurde recht viel und dazu kamen Abkündigungen von allgemeinem Inhalt, Staat und Öffentlichkeit berührend. Wir dürfen uns darüber nicht wundern: Es gab ja noch keine Zeitungen auf den Dörfern.

Die Gottesdienste waren sehr zahlreich besucht, das kirchliche Leben blühte, die Klingelbeuterträge waren hoch, wenn sie auch allmählich nachließen.

Der Abendmahlsbesuch hielt sich über Jahrzehnte auf gleicher Stufe; mehrmalige Teilnahme jedes Jugendlichen und Erwachsenen im Jahr.

In der Amtszeit von Pastor Blickel hat die Marmorgewinnung am Kitzelberg begonnen. Vielleicht war der Herr Pastor gar bei dem Besuch von Friedrich dem Großen im Friedrichsbruch anwesend.

1780 *verstarb* Pastor *Blickel*, trotz seiner 81 Jahre noch im Amt. Vier Jahrzehnte.

Er wurde, wie seine Frau, in der ev. Kirche auf dem Platz vor dem Altar, wo damals der Taufstein stand, beigesetzt. Sein Bild hing bis 1946 in der Kirche.

(Diese Schilderungen beruhen auf: Jubelbüchlein von 1792, Stockmann, S. 78ff., Grünewald in Heimatnachrichten 1974, Nr. 1.)

Pastoren 1780 bis 1916

1780–1828 Pastor Emanuel Theodor *Kieser*, Predigersohn aus Thüringen, Universität Leipzig. Verheiratete sich mit einer verwitweten Kauffungerin, der ein Bauerngut gehörte. Pastor Kieser und die Kauffunger müssen miteinander zufrieden gewesen sein, wie die fast 50jährige Amtzeit zeigt.

Sein politischer Blick war zutreffend: »Seit der Reformation in Deutschland ist kein Ereignis so einflußreich gewesen als die französische Revolution, die wir um 1791 erlebt haben.«

In seine Amtzeit fielen schwerwiegende Ereignisse, die von ihm mit der Gemeinde geistig, kirchlich und wirtschaftlich zu bewältigen waren.

Feuer in der Nähe der Kirche (1791) und große Überschwemmungen der Katzbach um 1800.

Notzeit Preußens durch Napoleonische Besatzung mit folgenden Freiheitskriegen, Aufgebot von Landwehr und Landsturm, die Schlacht an der Katzbach.

Soziale und wirtschaftliche Umstellungen
    durch Absatzmangel für Garne und Leinewand,
    durch Aufhebung der Erbuntertänigkeit,
    durch Freizügigkeit und Gewerbefreiheit.

Hervorzuheben: *Gneisenau* von 1804 bis 1816 in Kauffung ansässig, in der Nähe der Kirche. Führender Offizier in den Befreiungskriegen. (Im geschichtlichen Abschnitt geschildert)

Um 1817 mehrfach schlechte Ernten mit Hungersnot

Um 1824 überreiche Ernten, zu niedrige Getreidepreise, Absatzmangel für Leinewand. Not im Ort.

1791 und 1825 wurde der 'Knopf'/die Kugel auf dem *Turm* der alten Dorf-(kath.) Kirche neu aufgesetzt. *Pastor Kieser* verfaßte die *Eingaben* in die Kugel! Seine mehrseitige handschriftliche Aufzeichnung ist noch vorhanden. Er schließt:

»Wie ich den schriftlichen Aufsatz in den großen Turmknopf 1791 einlegte, so glaubte ich nicht, ihn wiederzusehen; aber es ist geschehen und ich bin aufgefordert worden, diese Eingabe in den neuen Turmknopf anzufertigen, die die Nachwelt in dieser meiner Handschrift finden wird. Vom Jahre 1791 bis 1825 sind 34 Jahre, ein langer Zeitraum, mehr als ein Menschenalter und ich lebe noch, bin 45 Jahre im Amt, habe stets mein Beruf selbst getan, ohn jemals ein Stellvertreter wegen Krankheit nötig gehabt zu haben. Der Herr hat Gütigkeit an mir gethan. Sein Nam sei gelobt.«

1797 erhielt die Kirche die uns bekannte größere *Orgel* (Orgelbauer Neumann aus Hirschberg).

Zwei Manuale, 21 Stimmen/Register, 80 zinnerne Prospektpfeifen und eine nicht mehr bekannte Anzahl von Pfeifen aus Holz in Gehäuse. 1892 und 1912 gründlich überholt.

– Im 1. Weltkriege wurde eine Anzahl Pfeifen zur Verwertung des Zinns abgeliefert; vor 1925 ersetzt.

Im 2. Weltkriege keine Ablieferung. –

1828–1867 Pastor Karl Friedrich Wilhelm *Walter*, gebürtig aus dem Kreis Glogau in Nieder-Schlesien, Universität Breslau.

Wie seine Vorgänger im Amt in Kauffung verstorben. 72 Jahre alt. Uns erscheinen diese Jahrzehnte als ruhig. Aber die Zeit des häuslichen Leinengewerbes war vorbei. Der Ort konnte die Einwohner nicht mehr ernähren. Nach 1840 nahm die Einwohnerzahl ab.

Trotzdem erstaunliche Geldsammlungen zur Verschönerung der Kirche anläßlich des 100jährigen Jubelfestes 1842; so sammelte die 'erwachsene Jugend' 70 Taler für einen gläsernen Kronleuchter.

1853 Bildung der *katholischen* Pfarrgemeinde.

Auf diese drei Pastoren, die ihr Leben lang in Kauffung blieben und das Leben der Einwohner teilten, folgten zwei Herren für nur einige Jahre.

1868–1878 Paul *Peisker*, geb. 1840, Pastorensohn aus dem Kreis Namslau. Er verheiratete sich mit einer Tochter des Eigentümers vom Rittergut Heiland-Kauffung.

In seine Amtszeit fällt die Einführung der 1873 erlassenen Kirchengemeinde- und Synodal-Ordnung mit den ersten Wahlen für den Gemeinde-Kirchenrat und die breitere 'Vertretung'.

Von besonderer Wichtigkeit war 1876 die nach langwierigen Verhandlungen zustandegekommene Anlegung des eigenen evangelischen Friedhofs.

1878–1884 Karl Wilhelm *Stürmer*, geb. 1851 in Schwiebus, südostwärts Frankfurt (Oder), Universität Berlin. Er hatte in Kauffung Pech. 1883 wurde ein für die Glocken geschenkter Betrag von M 600 mit anderen

Geldern im Gesamtbetrage von über 2.000 Mark bei einem Einbruch im Pfarrhause gestohlen. Der Dieb war nicht zu ermitteln. Dies unangenehme Erlebnis veranlaßte Pastor Stürmer, das Amt schon um die Jahreswende 1883/84 aufzugeben. Er siedelte nach einem abgelegenen Ort an der Bartsch über, des 'bösen Treibens der Welt' satt. Ihm folgte

1884–1909 mit Schwung und Tatkraft Pastor Paul *Stockmann*, geb. 1858 im Kreis Züllichau nördl. Grünberg, Pastorensohn. Universitäten Greifswald und Breslau.

Als Student der damaligen christlich-sozialen Bewegung zugetan. Mit vielseitiger Begabung der richtige Mann für die eben beginnende Industrialisierung und die Entwicklung zur ländlichen Industriegemeinde bei rasch zunehmender Einwohnerzahl. Enge Zusammenarbeit mit tüchtigen Männern.

1900/1901 *Bau* des *Kirchturms* an der ev. Kirche. 3 Glocken!

Als damals noch für Schulen mitverantwortlich hat er, wie im Abschnitt Schulgebäude beschrieben, die Schulbauten um und nach 1900 betrieben und die Finanzierung gegen erhebliche Widerstände durchgesetzt.

Seit dem Bau um 1765 waren am *Pastorhaus* wohl keine Veränderungen erfolgt. Im einzigen Kellerraum drang bei der Schneeschmelze Druckwasser vom Berg ein. Feuchte in den Feldsteinmauern des Erdgeschosses. Dach um 1900 immer noch mit Schindeln gedeckt.

Als erstes neuer Schuppen für Kleintiere und Vorräte. Dann Pastorhaus auf zeitgemäßen Stand gebracht. Veranda nach der Kirchseite, Anbau als Kälteschutz nach dem Hof, Ausbau des Dachgeschosses. Ziegeldach. Später noch Durchbohrungen der Mauern, um der gesundheitsschädlichen Feuchte entgegenzuwirken.

Pastor Stockmann verfaßte außer der Geschichte von K. die im Quellenverzeichnis genannten Schriften.

Diese Arbeiten waren veranlaßt und kamen zustatten bei einer Auseinandersetzung mit den großen Gütern über Pflichten und Rechte gegenüber der ev. Kirche, insbesondere über Kostenanteile für die damals noch stark mit der Kirche verbundenen Schulen und die Kirche selbst.

Rückblickend betrachtet lag auf der Hand, daß Jahrhunderte alte Regelungen für einen industrialisierten Ort mit anderen wirtschaftlichen und sozialen Verhältnissen nicht mehr passen konnten.

Stockmann legte sich ins Zeug, griff die Fragen auf, die für die Betroffenen von erheblicher finanzieller Bedeutung waren, sich aber auf die ganze Gemeinde – Schulbildung! – auswirkten.

Ein Rechtsstreit über die Kostentragung für die Schulen wurde bis zur Klärung durch das Preußische Oberverwaltungsgericht in Berlin geführt und das Ergebnis im Preußischen Volksschulunterhaltungsgesetz von 1907 allgemein verbindlich ausgewertet. Auch bezüglich Zuständigkeit und Kosten für die

Kirche standen Fragen an. Mancher sachliche und persönliche Ärger war damit verbunden.

Bei der Industrialisierung gab es gewiß neben Befürwortern und begeisterten Anhängern auch Einwohner, die der 'guten alten Zeit' des ruhigen Gebirgsdorfes mit Wehmut nachgesehen haben mögen; wohl deshalb hat Pastor Stockmann aus dem 2½ Jahrhunderte zurückliegenden Tagebuch des Kauffunger Pastorensohnes *Rausch* einige Berichte aus der harten Zeit des 30jährigen Krieges veröffentlicht. Nach 25 Jahren erfolgreichen Wirkens in K. wechselte Pastor Stockmann in andere Orte Niederschlesiens. Er verstarb 1924 und wurde ebenso wie seine Frau in Kauffung begraben. Seine Arbeit wirkte nach.

1910–1916 war Pastor Kurt *Reuschel*, geb. in Görlitz. Er hatte sich sowohl zum Studium wie für die Zeit als Vikar (10 Jahre!) Zeit gelassen. Kauffung war für ihn mit 42 Jahren die erste Pfarrstelle. Unverheiratet. Häufige Einkehr im Café Niedlich erweckte Stirnrunzeln. Ein Einzelgänger.

In seiner Amtszeit wurde 1912 das Innere der Kirche umfangreich und zeitgemäß erneuert; zugleich Elektroinstallation. Die Kirche erhielt damals das schmucke Aussehen, wie wir es in Erinnerung haben.
Ab August 1914 waren die ersten Jahre des 1. Weltkrieges mit der Gemeinde durchzustehen. Warum er nach wenigen Jahren Kauffung wieder verließ ist unbekannt.

Innenausstattung der ev. Kirche

Das *Bethaus* von 1754 entsprach in seiner Bauweise der damals bei Bethauskirchen im schlesischen Gebirge üblichen Art.
Grundmaße 30 m Länge × 20 m Breite und 8 m Höhe mit hohem Walmdach.
Sieben Außentüren, davon je drei an den Längsseiten, eine Tür im Westen/ Turmseite. Kirchenschiff mit Mittelgang und Bänken beiderseits. Zwei von Säulen getragene Emporen (früher Bühnen genannt); die untere etwas breiter als die obere Empore, so daß die untere Brüstung vor den Säulen angebracht war, während die obere Brüstung die Säulen einschloß.
Altar und Kanzel baulich verbunden, in der Fachsprache »Kanzelaltar« genannt. Kanzel in Höhe der 1. Empore und die Orgel hinter der Kanzel auf der durchlaufenden 1. Empore bis zur Decke. *Ein* Blickpunkt für die Besucher. 'Kanzelaltäre' kamen zur Bauzeit auf und werden dem damaligen 'Predigthunger' zugeschrieben sowie mit dem evangelischen Verständnis von der Bedeutung der Predigt erklärt. Freiraum vor dem Altar für die Amtshandlungen. Unter den Emporen vom Schiff abgetrennte *'Logen'* für die einstigen Grundherrschaften, die auch 'Collatoren' (ähnlich Kirchenpatron) waren. Auf den Emporen abgestufte drei Bankreihen. 900 Sitzplätze, die zur Bauzeit

Evangelische Kirche zu Kauffung a.d. Katzbach – Hinter der Kirche das Pfarrhaus und im Vordergrund rechts die evgl. Schule Nieder-Kauffung

wohl der Anzahl der Jugendlichen und Erwachsenen entsprochen haben mögen. Kirchgang war ja selbstverständlich. Geräumige heizbare Sakristei an der Ostseite. Kircheninneres nicht heizbar. Bei Jubelfesten der Kirche und staatlichen Siegesfeiern wurde das Äußere und das Innere der Kirche verschönert; auch sonst wurde die Kirche in gehörigen Abständen neu verputzt.
Bänke und Brüstungen der Emporen waren beim Bau roh belassen worden, ungestrichen geblieben, wie damals üblich. Erst:
'Zum Andenken an den Friedensschluß von 1814 nach den Befreiungskriegen gegen Napoleon wurden die *Bühnen blau* und *weiß* gemalt und dadurch die Kirche sehr verschönert', hat der damalige Pastor Kieser aufgezeichnet. 1814 erhielten also die Emporen die uns bekannten blauen Felder.
Im Jahre 1842, zum 100jährigen Jubiläum der Kirchgemeinde und der Wiederaufnahme des öffentlichen ev. Gottesdienstes hat man sich trotz beengter wirtschaftlicher Verhältnisse sehr angestrengt:

> Aus einer Stiftung wurde der Altar neu erbaut. Hölzerner Taufständer geschenkt. Ferner wurden aus Sammlungen beschafft:
> Neue Altar- und Kanzelbekleidung, der große gläserne Kronleuchter im Altarraum sowie ein Teil der zinnernen Gefäße und Leuchter und das Altarbild über die Einsetzung des Abendmahls; es war von Marie von Erichsen in Hirschberg gemalt.
> Eine noch vorhandene Aufnahme bei der Jubelfeier 1892 bestätigt Alter und Bestand der Inneneinrichtung, zeigt derbe Bodenplatten und Bänke aus rohem Holz.

336

Der schlanke Turm

Nach dem 7jährigen Kriege (Kabinettsordre vom 10. 9. 1764) wurden die Bethäuser den Kirchen gleichgestellt, hießen nun auch 'Kirchen'; die Beschränkung, keine Türme zu bauen, fiel weg. Die Hoffnung auf eine Wiedervereinigung der getrennten Bekenntnisse zu *einer Kirche* bestand aber auch im 18. Jahrhundert fort. Man konnte sich wohl in einem Dorf oder einer Kleinstadt damals nur *einen Kirchturm* vorstellen. Erst nach und nach erhielten die evangelischen Bethäuser Türme, wurden auch äußerlich Kirchen.

In Kauffung war mit der 1853 gebildeten katholischen Pfarrgemeinde und durch den in der Mitte der 1870er Jahre geschaffenen evangelischen Friedhof die Trennung in zwei Bekenntnisse deutlich geworden. So entstand der Wunsch, auch die letzte Gemeinsamkeit von Turm mit Uhr und Geläut aufzugeben. An die Westseite der Bethauskirche wurde der uns bekannte schlanke Turm angebaut.

Zeichnung und Bauleitung durch Baumeister Dannert in Schönau.

Maurerarbeiten durch Baugeschäft Jäckel in Kauffung.

In das Fundament wurde ein besonders schöner Marmorblock eingelassen. Feierliche Grundsteinlegung am 3. Pfingsttag 1901. Der Turm wuchs schnell empor. Schon am 16. 9. 1901 Aufzug von drei Glocken (Ev. Kirchenblatt für Schlesien vom 29. 9. 1901). 1901 war an der Nordseite des Turmes, dicht über dem Fundament eingemeißelt. Kein Unfall beim Bau.

Der Turm mißt um 6 Meter im Geviert.

Mauerstärke unten über einen Meter. Gesamthöhe 36 m.

Großer Eingang durch den Turm ins Kirchenschiff.

Zugang zum Turm über den Boden/Bühne der Kirche.

In Höhe der ersten Empore ein freier Raum; Fahnen standen dort.

Raum der Turmuhr

Glockenstuhl

Schieferbedeckte Spitze mit Spille, Turmknopf/Kugel und Kreuzblume.

Bilder, Namenslisten und Urkunden wurden in der Kugel eingeschlossen. Der Wortlaut der Eingabe ist nicht erhalten. Mit Sicherheit die Namen von Persönlichkeiten aus dem Ort und auch der Name des Baumeisters, vielleicht auch Münzen. Nach Familienwissen ist der Name des damaligen Gemeindevorstehers, Bauer Wilhelm Heptner, genannt.

Die Glocken kamen mit der Bahn nach Ober-Kauffung.

Feier auf dem Tschirnhaushof ⎫
Festzug durch den Ort ⎬ Bilder noch vorhanden.

Glockenweihe und Festgottesdienst

'Viele Leute hatten Freudentränen in den Augen'.

Abends Feier im 'Hirsch' mit Tanz.

(Augenzeugenbericht der damals 13jährigen Tochter Hilde des Pastors Stockmann, geschrieben am 14. März 1961 in Lautawerk)

1912 Erneuerung des Innern der Kirche

Zuvor wurde, und zwar 1911, der hölzerne Taufständer durch einen *Taufstein* aus Kauffunger *Marmor* ersetzt, nicht mehr vor, sondern links vom Altar aufgestellt. Geschehen Anfang Mai 1911, denn die Tochter Gertrud des Bauern Kobelt (verh. Friebe) hat von ihrer Mutter gesagt bekommen: »Du warst das erste über dem neuen Taufstein getaufte Kind!«
Der alte Taufständer fand einen Platz in der Sakristei. Verfasser erinnert sich, daß dort seine Schwester Christel getauft worden ist, weil in der Kirche noch im März gar so kalt. – Zwei Erinnerungen am Rande! –
Aus 'Evangelisches Kirchenblatt für Schlesien' Jahrgang 1912, S. 393:

— Donnerstag, den 24. Oktober, fand in Kaufung (Diöz. Schönau) die Wiedereinweihung der erneuerten Kirche statt. Die Kirche stammmt aus dem Jahre 1754. Ihre umfassende Erneuerung ist zum größten Teile durch die Freigebigkeit mehrerer Wohltäter, in erster Linie der Frau Major v. Bergmann geb. v. Korn in Stödel-Kauffung ermöglicht worden. Die im Jahre 1797 errichtete Orgel, welche 21 Stimmen aufweist, wurde einem umfassenden Umbau unterzogen und erhielt elektrischen Antrieb, die Emporentreppen wurden neu hergestellt und durch massive Wände vom Kirchenschiff abgeschlossen, der Fußboden des Schiffes wurde mit Marmorplatten belegt, sämtliche Fußbodendielung und Decken erneuert, ebenso der größte Teil der Türen und Windfänge. Das Kirchenschiff, sowie Logen und Emporen wurden mit neuem Gestühl ausgestattet, Wände und Decken einer umfassenden Erneuerung unterzogen. Der gesamte Kirchenraum erhielt eine elektrische Beleuchtungsanlage. Für die beiden großen Fenster der Orgelempore wurden bunte Glasfenster, die Evangelisten Johannes und Paulus darstellend, von den Familien von Bergmann und von Gersdorff gestiftet. Auch ein neuer Taufstein in Kauffunger Kitzelbergmarmor wurde geschenkt. Die Weihe der Kirche, der u. a. der Regierungspräsident Frhr. von Seherr-Thoß und der Präses der Provizial-Synode, Frhr. v. Zedlitz, beiwohnten, vollzog Generalsuperintendent D. Haupt. Die Liturgie hielt Superintendent Quast (Jannowitz), die Festpredigt Pastor Reuschel. Nach Beendigung des Gottesdienstes überreichte der Generalsuperintendent die vom König verliehenen Auszeichnungen. — An die kirchliche Feier schloß sich ein Festmahl in der Brauerei.

Der Altarraum erhielt unterhalb der Brüstung der 1. Empore zusätzlich einen Saum schmaler länglicher blauer Felder.
Bibelverse schmückten Altarraum und 1. Empore mit *goldgelben* Buchstaben auf den *blauen* Feldern.
So auch im benachbarten Tiefhartmannsdorf.

Großes Vorbild war gewiß eine ebensolche Ausschmückung aller Emporen in der Friedenskirche in Schweidnitz und in der Gnadenkirche in Hirschberg; bei dieser 1734/43 angebracht (Grundmann, 'Ev. Kirchenbau in Schlesien', S. 32 u. Abb. 20/21 sowie 58/59).
In anderen Kirchen beschränkte sich der Schmuck der Emporen auf einzelne Bilder und Sprüche.

Wann die Bibelverse in Kauffung auf die Felder aufgetragen worden sind, läßt sich nicht mit Sicherheit sagen, da weder bei der erstmaligen Ausmalung der Kirche im Jahre 1814 noch im obigen Abdruck oder sonst genannt. Auf Feldern der 1. Empore waren Sprüche bereits bei der 150-Jahrfeier 1892 aufgetragen. Erneuert und vervollständigt 1912.

Im Jahre 1967 hat Frau Ida *Seidel* (Stellmacher), damals noch in Kauffung, die *Sprüche* aufgeschrieben:
36 an der 1. Empore und je 6 beim Taufstein und der Gegenseite auf den schmalen Feldern.
Abgedruckt im Rundbrief Nr. 50 zu Weihnachten 1968.
»Die *Sprüche* sollten nicht nur zieren, sondern gleichsam zu der Gemeinde reden«, schrieb Pastor Schröder.

Im Rahmen der in den 'Heimatnachrichten' (1959, Nr. 7, 8, 10, 12 u. 1960 Nr. 1) gebrachten Beitragsfolge 'Wanderung durch Kauffung', von Gustav *Teuber* sind im Abschnitt 'Das ev. Kirchspiel/ev. Pastoren' auch die Entwicklung der ev. Kirchgemeinde und die Kirche geschildert; wesentlich nach der von Stockmann verfaßten 'Geschichte...'. Ergänzend hat im Beitrag 'Was unser ist' (1960, Nr. 1 u. 2) meine Mutter, Magdalene Burkert, als Pfarrfrau vom Leben in und um die Kirche, von Gottesdiensten und Feiern, von Kindern und Jugend, vom Pfarrhaus erzählt.

Nov. *1916* bis Anfang *1936* Pastor Bruno *Burkert*, geb. 1864.

Gymnasium in Schweidnitz. Universitäten Breslau, Halle, Leipzig. 1889 bis 1916 im ländlichen Heinzenburg Krs. Lüben.
Dem Gedankengut der christlich-sozialen Bewegung der Jahrzehnte um 1900 zugetan, verließ er die Stille am Rande der niederschlesischen Heide, um im industriell bestimmten Kauffung für die Verbindung der Arbeiterschaft mit der Volkskirche zu wirken, den entstandenen Abstand zu verringern. In diesem Sinne bemüht, daß auch Arbeiter in die kirchlichen Körperschaften, insbesondere auch in den Kirchenrat gewählt wurden.
Es kam – vor 1933 – vor, daß an Begräbnissen von Gewerkschaftsmitgliedern Abordnungen an der Feier in der Kirche teilnahmen. Mit roter Fahne vor dem Altar! Das war vielerorts bei den damals bestehenden starken Spannungen nicht denkbar, zeigt aber auch, daß die Einwohner von K. sich als zusammengehörig empfanden.

Legte Wert auf Mitwirkung möglichst vieler Frauen und Männer am kirchlichen Leben und in kirchlichen Vereinen (heute würde man sagen, auf die 'Basis'). Freund lithurgischer Feiern und der in der ersten Hälfte der 1920er Jahre aufkommenden Gottesdienste im Freien:

Am 1. Osterfeiertag bei Sonnenaufgang auf dem Friedhof
Am 2. Pfingstfeiertag Morgenfeier um 6.00 Uhr, erstmals 1923
Am Totensonntag auf dem Friedhof, nachmittags.
Die Feiern am 2. Pfingstfeiertag wurden gehalten

– anfänglich am Predigerstein südostwärts vom Lehngut
– dann auf dem Kleinen Mühlberg mit Blick zum Dorf
– schließlich oberhalb Stöckel am Großen Mühlberg, mit Blick zum Kitzelberg und zu den Wohnhäusern von Tschirnhaus.
»Wenn die Arbeiterschaft nicht zur Kirche kommt, so müssen wir zu ihr gehen!«

Diese Feiern waren wesentlich von der Jugend gestaltet, Pfingsten geschildert im Rundbrief Nr. 20 vom Mai 1952 u. 'Heimatnachrichten' 1960, Nr. 1 S. 5. Erntedankfest als Dank, aber auch als soziale Mahnung; daher Erntegaben nicht nur als Schmuck, sondern auch zum Weitergeben an Bedürftige.

Ruhestand in Hermsdorf (Katzbach); dort nach Einberufung des Geistlichen vertreten. 1942 verstorben; Grab inmitten des Kauffunger Friedhofs.

Dem *Kirchengemeinderat* (9 Mitglieder, 'Älteste' genannt) gehörten der Erinnerung nach in den 1920er und 1930er Jahren an:
Schlosser, W., Bauer im Oberdorf
R. v. Gersdorff, Landwirt, Niemitz-Kauffung
Heeb, Christian, Arbeiter, unterhalb Kirchplatz
Pätzold, Heinrich, Bauer im Niederdorf
Pohl, Richard, Mühlenbes. Niederdorf
Heller, Karl, Bäckermeister, Oberdorf.

Der kirchlichen Gemeindevertretung gehörten 32 Personen an. In Erinnerung, daß als erste Frau schon zu Beginn der 1920er Jahre Fräulein Marie Luise von Bergmann hineingewählt wurde.
Evang.-soziale Woche im Mai 1926
Drei religiöse Vorträge in der Kirche, gehalten von einem Pfarrer, über Themen der sozialen Ethik:
Der Sozialismus Jesu   Der Sozialismus in der Geschichte der Kirche
Christlichsozial von heute.
Gespräche mit christlich-sozialen Verbandssekretären aus Berlin und Breslau über 'Kirche und Arbeiter':

Niedergang und Aufstieg der Volksgemeinschaft
Was erwartet die Kirche von der Arbeiterschaft und umgekehrt?
Sinn und Gestaltung der evang. Arbeitervereine.
(Aus Ev. Kirchenblatt für Schlesien, 29. Jahrgang, 1926, S. 224)

Zur kirchlichen Einstellung
in den 1920er und 1930er Jahren. Kirchenbesuch und Kirchgänger im allgemein üblichen Durchschnitt. Gewiß haben sich politische wie geistig religiöse

Strömungen ausgewirkt und sind, insbesondere unter den ev. Einwohnern, alle kirchlichen Richtungen vertreten gewesen.

Vom strenggläubigen Christen und Kirchentreuen bis zu dem, der nur noch formal *der* Kirche angehörte, auf deren Bekenntnis er einst getauft war. Aber es hat keine Zerreißprobe gegeben, weder um 1900 bei den Auseinandersetzungen über Freidenker und Atheismus noch nach 1918 und nach der Mitte der 1930er Jahre. Wie die nachstehende Übersicht zeigt, gehörte weniger als 1% der Einwohnerschaft *nicht* den Kirchen an, war also aus der Kirche ausgetreten. Diese Austritte erfolgten in den 1920er Jahren, als 'Freidenker'.

Volkszählungen	1925	1933	Gemeindeamt 1. 1. 38	1939
Evangelisch	2.819	3.016	2.970	
Katholisch	841	898	846	
Bekenntnislos	21	28	26	
Andersgläubige	–	8	5	
Kauffung zusammen	3.681	3.950	3.847	3.855

Auch bei der Volkszählung 1939 wurde Religionszugehörigkeit erhoben. Neu: 'gottgläubig' und 'glaubenslos'. Ergebnis für K. nicht zu ergründen.

Vorübergehend gab es um 1920 das Bestreben nach einer vom kirchlichen Bekenntnis gelösten Volksschule. Konfirmationen/Firmungen, kirchliche Trauungen und Taufen blieben üblich. Um 1930 haben sich einige Paare auf die standesamtliche Eheschließung beschränkt, die ev. kirchliche Trauung aber 1933 – wohl im Mai/Juni – im Rahmen eines allgemeinen Gottesdienstes nachgeholt. Ich erinnere mich noch an die im Altarraum sitzenden etwa 8–10 Paare.

Sekten 'Ernste Bibelforscher' mit einigen Familien; vielleicht 20–25 Anhänger um 1930. Von anderen Sekten allenfalls Einzelgänger.

Als 'Evangelische Gemeinschaft innerhalb der Landeskirche' kamen zu besonderen Bibelstunden Frauen und Männer zusammen, die der Frömmigkeit der Herrnhuter Brüdergemeinde und dem Pietismus verbunden waren: Geleitet von Fräulein Frieda v. Gersdorff, deren Mutter wohl Herrnhuterin gewesen war.

Ansonsten sind zu erwähnen:

Aufschwung der Ev. Frauenhilfe ab Mitte der 1920er Jahre
Generalkirchenvisitation 1927 (Besuch durch den Generalsuperintendenten für Schlesien) mit großer Begleitung. Festgottesdienst und anderes.
Veranstaltungen mit Rundreise-Rednern. In Erinnerung:
Dr. Friedensburg vom Ev. Bund, Berlin
Frau Liesa Reyer über ihre jahrzehntelange christlich-ev. Arbeit in Armenien
Ein Herr von der Judenmission in Galizien/Polen
Missionare von deutsch-ev. Missionsstationen in Afrika und anderwärts.
Ein Blick in die weite Welt.

Weiterer Inhalt des Gemeindeblatts:
Aus dem Leben in der Gemeinde
Taufen Trauungen Begräbnisse
Berichte über durchgeführte und
Hinweise auf bevorstehende Veranstaltungen, z.B.: Der Gemeindekir-
chenrat trat im Laufe des Jahres 15
mal zu Sitzungen zusammen, immer
mit reichlicher Tagesordnung, die
gesamte Gemeindevertretung einmal.

Evangelisches

Gemeinde-Blatt

der Kirchengemeinde Kauffung.

Blätter in zwangsloser Folge

Herausgeber Pastor Burkert Kauffung (Katzbach)

Nr. 9 Sonntag, den 1. September 1935 7. Jahrg.

Die alte und doch immer neue Botschaft des Evangeliums.

Die Legung der Wasserleitung vom evangelischen Pfarrhaus zur ev. Niederschule wurde in einer gemeinsamen Sitzung einstimmig beschlossen. 400jähr. Jubiläum der Lutherbibel im Gottesdienst und Gemeindeabend begangen. Das jährliche Kreisverbandstreffen der Frauenhilfen fand bei uns mit sehr guter Beteiligung statt.

Ferner ein Beitrag: Die Gemeinde im Gottesdienst.

Abdrucke aus alten Schöffenbüchern.

Verfahren für die *Berufung* der Pastoren bei den Bethauskirchen: Nach Ausschrei-bung bestimmten die Kollatoren, also die Eigentümer der Rittergüter, sechs Probeprediger, aus denen die Gemeinde drei zur engeren Auswahl präsentierte, von denen wiederum die Kollatoren den neuen Pastor auswählten. In Kauffung in neuerer Zeit unter Beteiligung des Gemeindekirchenrates. Wahlmodus 6:3:1, sagte man (Silesia sacra von 1927). Für Kauffung stand dem Konsistorium jedes 3. Mal das Besetzungsrecht zu.

Helfer bei ihrer Kirche

Glöckner   Kirchväter   Totengräber

Jeweils herausgehoben mit gebührender Stellung im Dorf, ortsbekannt, Per-sönlichkeiten ihrer Art – Originale; getreuliche Helfer für notwendige Dienste bei bescheidenem Entgelt.

Die *Glöckner*, die am langen Strick ziehend zu *'lauten'* und für die *Turmuhr* zu sorgen hatten. Wohl 80 und mehr Stufen mindestens zwei Mal täglich. Gewandt, gesprächig, Ausschau haltend. Je nach Zahl der zu läutenden Glocken halfen die Ehefrauen oder andere mit. Erster Glöckner (1901) war der Zimmermann *Wittig;* damals schon um 5.00 Uhr früh läuten zum Wecken an Wochentagen.

Nach ihm Adolf *Seidel*, der Pantoffelmacher. Wie sich diese Tätigkeit mit der Kraft für das Läuten vertrug, habe ich nie verstanden. Vorübergehend ein Weberschock. Schließlich August *Käse*, Arbeiter, Rentner, am Kirchplatz wohnend. Seine Vorgänger hatten 10 Minuten Fußweg!

Überliefert ist seine Äußerung vom Februar 1945: »Mer (wir), die Kerchabe-omta, derfa no nich weg: Der Paster, der Kanter und ich!«
»In Leipzig verstarb Ende März 1948 unser treuer Glöckner Käse.«
(Rundbrief Nr. 7 vom Juni 1948)

Die Kirchväter, denen die Pflege des Kircheninneren oblag, samt dem Anzünden der Altarkerzen, dem Umgang mit dem Klingelbeutel; Kirchschlüssel, für die immerhin sieben Türen!
Und viele kleine Handgriffe... Würdevoll, einer wie der andere.
In den 1920er Jahren der alte *Zwick* und Tischlermeister *Geisler*, danach der Arbeiter Heinrich *Meier* (gegenüber unterem Katzbachwehr).
Geisler erzählte mir gern von seiner Wanderzeit als Geselle bis an den Rhein in den 1870er Jahren, *zu Fuß!* Er war, wie seine beiden Schwestern, ledig geblieben; die drei Geschwister lebten zusammen. 'Geschwisterehe' sagte man im schlesischen Gebirge.

Ab den 1930er Jahren war Kirchvater *Ulke*, Wilhelm, Arbeiter, unterstützt von seiner Frau Frieda, geb. Mäuer.»Sie hat in großer Treue und Sorgfalt unsere Kirche gehegt, gepflegt und gereinigt. Gern und viel im Kirchenchor gesungen.« (Aus dem Rundbrief)

Die *Totengräber*, die noch von Hand die letzte Ruhestätte aushoben, beim Versenken dabei waren. Jahrzehntelang Vater, dann Sohn *Kiefer*, auch Schwiegersohn Sommer. Schweigsame Männer.

Und *Kirchkassenrendant*/Verwalter Karl *Heller*, Bäckermeister i.R. Bei ihm war auch die Kirchsteuer zu entrichten, damals noch zumeist in bar gebracht oder einkassiert. Also zahlreiche Besuche und Gänge; umfangreiche Buchführung. Er ist einige Monate nach der Ausweisung im Aufnahmeort Förste im Harz gestorben.
Im Rundbrief Nr. 5 von Febr. 1947 schrieb Pastor Schröder:
»...Ich muß an dieser Stelle ein besonderes Wort des Gedenkens meinem lieben Mitarbeiter, dem Kirchkassenrendanten und Gemeindeältesten Bäckermeister Heller widmen. Er hat bis kurz vor seinem Tode treu und sorgfältig sein Amt versehen.«

Ab 1. Juli 1936 Pastor Walter *Schröder*, geb. 1902,
    Gymnasium in Wohlau, Universitäten Breslau und Tübingen.
1. Pfarrstelle 1929 bis 36 in Linda (südl. der Bahn Görlitz – Lauban).
Pastorensohn aus Konradswaldau, nur 10 km Luftlinie NNO von Kauffung, also mit dem Bober-Katzbachgebirge, seinen Gegebenheiten, Bewohnern, ihren wirtschaftlichen und sozialen Verhältnissen von Kind an vertraut. Kauffung war für die Pfarrersleute Schröder *die* Pfarrstelle nach Wunsch. Aber nur drei Friedensjahre waren beschieden und ein weiteres Jahr bis zur eigenen Einberufung zur Wehrmacht im Mai 1940. Die *Kriegsjahre...* Dann und wann im Urlaub Gottesdienst gehalten, einzelne Amtshandlungen, z.B. *Konfirmation* 1941.
Seine Frau, Irmgard Schröder aus Carlsruhe in Oberschlesien, sorgte für das Laufende, Besucher, führte auch Kirchenbücher und Schriftwechsel; die 'Frau Pastor'. Der ruhende Pol bei der *Stellvertretung* durch andere Geistliche.

Zuerst hat Pastor *Feindor* aus dem benachbarten Tiefhartmannsdorf Kauffung mitbetreut, bis zur eigenen Einberufung im Herbst 1941 (im Sommer 1944 ostwärts Litauen/Wilna bei Witebsk in russische Kriegsgefangenschaft gekommen und darin um Weihnachten 1945 verstorben). Lesegottesdienste mit Baumeister Emil *Dannert*. Dann ein halbes Jahr ein anderer Pastor, früher in Falkenhain.

Ein Jahr bis zum Spätsommer 1943 Pastor Joachim *Schulz* aus Peilau/Krs. Reichenbach (Mittelschlesien).

Im Oktober 1943 hat aus der Nähe von Grünberg kommend Hermann *Reske* im Auftrage des Konsistoriums (Kirchenleitung) zunächst als Vikar, seit Herbst 1944 Pastor, die Vertretung für Kauffung und Tiefhartmannsdorf übernommen. Im Frieden in der Missionsarbeit tätig; schwer verwundet. In seinen knapp 1½ Jahren Amtszeit in Kauffung wird das Dorf zur Herberge und suchen dann die Kauffunger selbst Zuflucht. Also ergaben sich vielfältige Anforderungen an Pfarrvertreter Reske. Im rückwärtigen Kriegsgebiet erlosch im März 1945 das kirchliche Leben. Pastor Reske blieb bis in die zweite Hälfte des März; dann auf Weisung des Superintendenten zu diesem nach Janowitz und von da unter Mitgabe von Akten Richtung Lüneburg/Hermannsburg. Nach dem 2. Weltkriege für die diakonische Einrichtung Celle-*Lobetal* tätig.

Ende März bis Ende Mai 1945 pastorlose Zeit.

Ein evangelischer Pfarrer, Dr. Hahn aus Darmstadt, gehörte zu einer in Kauffung befindlichen Einheit des Heeres. Er hat auf Anregung von Hauptlehrer i.R. Scholz, dem »Katzbachpförtner«, im April (Ostern?) *einen* Gottesdienst gehalten. Heinrich Scholz spielte mit seinen damals 83 Jahren die Orgel, Fräulein Meta Arndt (vom Gasthaus Hirsch) sang, Gustav Überschär (Bauer vom Widmuthweg) machte den Kirchvater. Klingelbeutel und Kollekte ergaben je 180 RM. Leider ist die Zahl der Gottesdienstbesucher und ihre Zusammensetzung aus Bewohnern und Soldaten nicht genannt.
(Zusammengestellt bzgl. der Stellvertretung nach Schreiben von Mühlenbesitzer Pohl und Pastor i.R. Reske.)

8. Mai 1945 Besetzung durch die Rote Armee.

Durch Rückkehr zahlreicher Kauffunger und Bleiben von Flüchtlingen aus anderen Orten erwacht wieder Gemeindeleben.

Von den im Sommer 1945 in Kauffung lebenden Deutschen werden um 2.000 evangelisch gewesen sein. Für die Evangelische Kirchengemeinde beginnt unter russischer Besetzung und polnischer Verwaltung ein neuer Abschnitt, wie sich erschreckend zeigte: Der Letzte!

Am 27. Mai 1945 trifft Pastor *Schröder* mit Familie wieder bei seiner Gemeinde ein. Auf dem *Posten* im *Nachkrieg! Einige Zeit auch Stellvertretung in Tiefhartmannsdorf.*

Gang zur russischen Kommandantur. Empfang einer in russischer Sprache und Schrift geschriebenen Bescheinigung, bei deren Vorzeigen er überall mit Achtung behandelt wird – obwohl er doch im Kriege Offizier gewesen war. Oder deswegen? Oder als Geistlicher?

Der katholische Stadtpfarrer Göllner aus Schönau kommt, um Verbindung aufzunehmen. Vereinbarung über Religionsunterricht: Gemeinsam im allgemeinen biblischen Teil, getrennt nur im Bekenntnis.

Ortsvorsteher Teuber, Pastor Schröder und ab Spätsommer 1945 Kaplan Eckelt arbeiten Hand in Hand, um für die Gemeinde das Mögliche zu erreichen.

Kirchliches Leben regt sich wieder, wenn auch kirchliche Vereine nicht wirken können.

Gottesdienste regelmäßig gehalten und gut besucht; aus innerem Erleben und weil dabei Deutsche sich treffen konnten. Bei den Kollekten werden zur Hilfe, z.B. für Rentner ohne Rente, auch Lebensmittel gesammelt. Taufen von auswärts geborenen Kindern werden nachgeholt.

Ende Juli 1945 werden einige Jungen und Mädel konfirmiert.

Gedächtnisfeiern für Angehörige, die in den Zufluchtsorten und in der pastorlosen Zeit verstorben sind, werden gehalten.

Ebenso wird im Gottesdienst auf Wunsch der Angehörigen der Väter und Söhne gedacht, deren Tod als deutsche Soldaten erst jetzt bekannt wird.

Mehrere Pulse Geläut, auch am Jahrestag des Todes, wie allgemein üblich.

Für die 13 Monate vom Juni 1945 bis zur ersten großen Ausweisung Ende Juni 1946 sind 21 Begräbnisse von Kauffungern, 2 aus Alt-Schönau und 14 von Flüchtlingen aus anderen Kreisen (besonders an der Oder) verzeichnet. Gemessen an 2.000 Lebenden lag die Zahl von insgesamt 37 Verstorbenen um das 1½-fache über der damaligen Sterbehäufigkeit von 12 bis 13 auf 1.000 Einwohner in Deutschland.

Am *Totensonntag* 1945 wird, wie in den Jahrzehnten zuvor, eine Trauerfeier auf dem Friedhof abgehalten und der in der Ferne Verstorbenen besonders gedacht.

Der Kirchenchor wirkt bei Gottesdiensten mit, verstärkt durch Sänger vom katholischen Chor. Kindergottesdienste mit Helferinnen.

Religions- und Konfirmandenunterricht wird gegeben so gut es geht; untersagt Mitte November 1945, später wieder aufgenommen.

Alles Handeln erschwert durch die Unsicherheit auf der Straße und das Eindringen der Polen in die Häuser.

Pfarrkonvent

(Nach Schreiben von Pastor i.R. Grünewald, Vikar in Liegnitz von März bis September 1945, dann in Goldberg bis zur Ausweisung am 19. 7. 1946)

Für die Evangelische Kirche in Schlesien und ihre Gemeinden hatte sich bald nach ihrem Zusammenbruch eine Kirchenleitung gebildet mit Pfarrer *Hornig* als Präses/Vorsitzendem.

Am 24. März 1946 kamen die Superintendenten/Leiter oder deren Stellvertreter der Kirchenkreise in Schweidnitz zusammen.

27. März 1946 Ev. Pfarrkonvent/Zusammenkunft für den alten Kirchenkreis Schönau in Kirche und Pastorhaus Kauffung.
Ein einmaliges Ereignis, zugleich ein Höhepunkt für Pastor Schröder mit Familie vor der drohenden Ausweisung.
Teilnehmer: Verbliebene Pastoren, Vikare, Lektoren, Pfarrfrauen; zu Fuß über Berg und Tal von fünf bis zu je 20 km. »Wir hatten wieder laufen gelernt.«
Präses Hornig war aus Breslau gekommen.
Pastor *Schröder* hielt die Andacht über Matth. 20, Vers 28 (vom Dienen).
Predigtmeditation des Superintendenten zu Ostern. Besondere Hinweise des Präses zur Lage der Deutschen und der Kirche.
Präses Hornig wurde dann der erste Bischof der evangelischen Kirche in Rest-Schlesien/westl. der Görlitzer Neiße.

Ende Juni 1946 bei der *Ausweisung* der Hälfte der ortsanwesenden Deutschen auch ev. Kantor Liebs und Pastor Schröder mit Familien. Genau *zehn Jahre* in Kauffung. 4 + 1 in vollem Amt und 5 Jahre Einberufung. Was für Jahre!
In diesen wenigen Jahren konnten Pastor Schröder und seine Familie mit fünf Kindern in Kauffung verwurzeln, selbst mit den Kauffungern namentlich bekannt werden...
Erleben und Fährnisse geteilt.

Evang. kirchliches Leben während der Ausweisungen Juli 1946 bis Juli 1947

Die Lücke, die durch die erste Ausweisungswelle zu Ende Juni 1946 entstanden war, versuchen die verbliebenen Deutschen auszufüllen. Die drei noch im Katzbachtal wohnenden Pastoren kommen zu Gottesdiensten und Amtshandlungen. Der Kirchenchor hält zusammen. Für den Kantor springt eine Frau ein. Ein Mann, der in Kauffung Zuflucht suchte, kümmert sich um die Kirche, führt das Handbuch. Er und eine Diakonisse halten, wenn kein Pastor kommen kann, Lesegottesdienste.

Im Einzelnen

Keine Pastoren mehr in unseren Katzbach aufwärts gelegenen Nachbarorten Ketschdorf und Seitendorf sowie im westlich benachbarten Tiefhartmannsdorf. Nächste evangelische Geistliche ab Sommer bzw. Dezember 1946 bis Juli 1947:
In *Schönau* (6 km) Pastor *Kasper*. Im Rundbrief Nr. 2 vom 30. 8. 1946 steht:
»Pastor Kasper hält jeden Sonntag Kirche, wobei immer der Kirchenchor singt.«
Eine Eintragung im Handbuch zu Anfang Oktober ist von ihm unterschrieben.
Ausgewiesen Anfang Dezember 1946.

In *Neukirch* (15 km Katzbach abwärts) Pastor *Gohr*. Er ist seit der Weihnachtszeit 1946 zu Gottesdiensten nach Kauffung gekommen. Im Frühjahr 1947 wegen ernster Erkrankung im Kauffunger Krankenhaus. Dann wieder tätig. *Ausgewiesen* 3. August 1947.

In *Ludwigsdorf* (10 km westlich, mit Steigung und Gefälle am Kapellenberg) Pastor i. R. *Schottke*. Auch er hat in Kauffung Gottesdienste gehalten. Begräbnis des alten Schmiedemeisters Hanke aus Ober-Kauffung Anfang April 1947. Es ist in Erinnerung, wie der alte Herr von Nieder-Kauffung mit Rucksack über den Schafberg nach Kammerswaldau zu einer Amtshandlung weiterwanderte. *Ausgewiesen* Anfang August 1947.

Küsterdienste ab Herbst 1946 und dann auch *Lektor* bis April 1947 Adolph *Lukan*, aus Liegnitz gekommen und bei dem Arzt Dr. Schultz wohnend. Im Rundbrief Nr. 5 vom Juni 1947 steht: »Herr *Lukan*, der in letzter Zeit Gottesdienste abhielt, ist verhaftet und in Goldberg.« Sein weiteres Schicksal ist unbekannt.

Ferner hat die allbekannte Oberschwester im Krankenhaus, Frieda *Meusel*, Gottesdienste mit Lesepredigten gehalten. Ausgewiesen. Die *Orgel* wurde seit der Ausweisung des Kantors, also ab Juli 1946, von Frau Erna Witschel (vorher Breslau), bis zu ihrer Ausweisung im April 1947 gespielt.

Damals wohnten im Ort mit ev. Bekenntnis:
– Juli bis Nov. 1946 1100 bis 1200 ev. neben über 200 kath. Deutschen und über
  1000 selbst gekommenen oder zwangsumgesiedelten Polen
– Nach Ausweisung am Totensonntag 1946 noch um 600 (?) Deutsche
– Nach Mitte Mai bis Sept. 1947 etwa 350 Deutsche.
Vom Juli 1946 bis April 1947 sind im Handbuch des Ev. Pfarramts 4 *Taufen* und 13 *Begräbnisse* vermerkt. Für die weiteren Monate 1947 fehlen Angaben: In Erinnerung zwei Konfirmationen.

Zusammengestellt aus:
– Bericht des letzten Superintendenten über den Kirchenkreis Schönau im 2.
  Weltkriege bis zur Ausweisung
  im Jahrbuch für Schlesische Kirchengeschichte 1969, S. 156–158
– Handbuch des Ev. Pfarramtes Kauffung, geführt bis April 1947
– Erinnerungen von Kauffungern und anderen Katzbachtälern.

Die 1853 begründete katholische Pfarrgemeinde

Wie in den vorangegangenen Abschnitten geschildert, war das Dorf mit seiner Kirche in der Reformationszeit evangelisch geworden. Im Zuge der Gegenreformation wurde die Dorfkirche 1654 'rekatholisiert', jedoch lebten damals weder katholische Einwohner noch katholische Geistliche im Ort. Auch danach finden sich für mehr als 100 Jahre keine Nachrichten über Einwohner mit katholischem Bekenntnis. Anzunehmen ist, daß in Durchführung einer allgemeinen kaiserlichen Anordnung zeitweise katholische Kirchschreiber, zugleich als Schulhalter und Glöckner, im Ort gelebt haben. Eine im Jahre 1758 getroffene Regelung für kirchliche Abgaben setzte voraus, daß *keine* Einwohner mit katholischem Bekenntnis im Ort wohnten.

Entstehen aus Zuzug
Der erste katholische Einwohner in der neuen (preußischen) Zeit dürfte der im
Jahre 1771 auf Anordnung König Friedrich des Großen zum Marmorbrechen und
-verarbeiten gesandte Steinmetz Johann Jakob *Gehl* gewesen sein. Sein Sohn oder
Enkel Marmorier Wilhelm Gehl war 1853 1. Kirchenvorsteher und Rendant
(Vermögensverwalter). Im Jahre 1800 lebten drei katholische Familien im Ort:
Marmorier Gehl, Glöckner Knefel (vielleicht ein Nachfahre eines Mannes mit
ähnlichem Namen, der vor 1700 'Schulbediener' in Kauffung gewesen war), ein
Mann namens Schwarzer.
1811 sind vier katholische und drei bekenntnisgemischte Ehen verzeichnet.
Gottesdienste fanden damals nur an den drei hohen Festen und am Kirchfest statt.
Als die Anzahl der katholischen Einwohner anstieg, wurden die Gottesdienste
häufiger, schließlich alle 14 Tage gehalten.
Die *katholische* Kirche in Kauffung gehörte in jener Zeit als Filialkirche zur
katholischen Pfarrei *Kupferberg*, wie auch die Kirchen von Jannowitz, Kammerswaldau und Seiffersdorf im *Bobertal*. Diese vier Kirchen werden kirchenrechtlich
als 'adjungierte Pfarrkirchen' bezeichnet.

Anstieg der katholischen Einwohner von Kauffung mit damals über 2000
Bewohnern

1834	1838	1839	1851	1857	1871
84	120	165	210	289	227

Eigene katholische Pfarrgemeinde Kauffung und Tiefhartmannsdorf
Im Jahre 1853 wurde die katholische *Pfarrgemeinde* St. Marien mit der alten
Dorfkirche in Nieder-Kauffung *gebildet;* Seitendorf samt Altenberg mit 210
Katholiken und Ketschdorf samt Rodeland als Filialkirchen, -orte. Seelenzahl
der *Pfarr*gemeinde im Jahre 1857: 528.
Zugehörig zum Archipresbyteriat Bolkenhain (ähnlich Dekanat). Patronatsfest an
Mariä Himmelfahrt, den 15. 8. und Kirchweihfest am vorletzten Sonntag des
Kirchenjahres. – In vorreformatorischer und der frühen evangelischen Zeit war
Kirchweih der 'Franzenstag' am 4. Oktober (lt. Eintrag des Pastorensohnes Rausch
in seinem Tagebuch am 4. 10. 1633).
Die *finanziellen* Voraussetzungen waren gegeben, weil Ende 1851 ein Kirchen-
vermögen von 2.353 Talern angesammelt war.
Davon waren über 2000 Taler festangelegt. Sparsam gewirtschaftet!
(Aus Akten im Diözesanarchiv Breslau
  – Acta 1851/52 Kupferberg
  – Visitationsakten Archipresbyteriat Bolkenhain 1855/56 Signatur IIb 256)

Der stetige Anstieg seit 1800 bis um 1860 kann nur auf Zuzug beruhen haben;
Gründe hierfür sind nicht erkennbar, zumal die Gesamteinwohnerzahl etwa
ab 1840 nicht anstieg und dann leicht zurückging.
Die aus der nachstehenden Aufstellung ersichtliche starke Zunahme vor und
nach 1900 geht Hand in Hand mit dem Aufbau der Kalkwerke ab 1890 und
dem Zuzug von Arbeitskräften vornehmlich aus Oberschlesien.
Weitere Entwicklung der Einwohnerschaft nach dem Volkszählungen (wie folgt):

348

Kauffung a.d. Katzbach mit der Straße zum Bahnhof Nieder-Kauffung,
den beiden Kirchen (li. evgl., re. kath.) und mit Blick auf den Ambrichsberg
und den Mühlberg rechts im Hintergrund.

	1887	1895	1902	1925	1939
Kauffung insgesamt	1.943	2.255	3.299	3.681	3.855
Davon katholisch	227	405	691	841	
Pfarrgemeinde	500	677	906	1.124	1.075
K. einschl. Filialorten				(Aus Handbuch)	

Sowohl *Anzahl* wie *Anteil* der Einwohner mit katholischem Bekenntnis
hatten erheblich zugenommen.

Von den kathol. *Ortspfarrern*
Die Ortspfarrer wurden nach Kirchenrecht vom Bischof in Breslau im Einvernehmen mit den Kirchenpatronen, also den Eigentümern der – leistungspflich-
tigen – Rittergüter, berufen.
Ende 1853 ist aus Kupferberg Pfarrer *Meisner* übergesiedelt. Kleinere bauliche Maßnahmen an der Kirche. Pfarrhaus neu gebaut. Kath. Schule eingerichtet.
Der damalige ev. Pastor war schon 25 Jahre im Amt. Für den kirchlichen
Frieden im Ort war es unerläßlich, daß die beiden geistlichen Herren den
richtigen Ton getroffen haben.
1868–1894 folgte Pfarrer *Fellmann*. Rückblickend betrachtet eine verhältnismäßig ruhige Zeit. Den Beginn der Industrialisierung und des starken Zuzugs
von Arbeitern mit katholischem Bekenntnis hat er noch erlebt.
1896–1903 Pfarradministrator E. *Holthoff*.

1903–1918 Pfarrer Ernst *Stehlik.* Die Eingliederung der zugezogenen katholischen Arbeiterschaft und zwar sowohl innerhalb der kath. Pfarrgemeinde wie im Verhältnis zur überwiegend evangelischen Bevölkerung war seine Lebensaufgabe. Gewiß oft mit Reibungen verbunden. Katholisches Vereinsleben wird von ihm und den Lehrern entwickelt worden sein. Lehrer *Filke* hat über die Tätigkeit der beiderseitigen konfessionellen Arbeitervereine berichtet, die vor dem 1. Weltkriege auch bei Arbeitsbedingungen und Lohntarif beteiligt waren.

1913 wurde die kath. *Kirche* auf Anregung von Pfarrer Stehlik zeitgemäß *neugestaltet.* Dann mußten die schweren Jahre des 1. Weltkrieges mit der Gemeinde erlebt wurden.

1919–1926 Pfarrer Georg *Direske;* geb. 1883.

Die politische Umwälzung nach 1918, die Bildung freier Gewerkschaften auch in Kauffung, die Große Inflation, fielen in seine Amtszeit und waren in ihren Auswirkungen auf den religiösen und kirchlichen Bereich im Ort durchzustehen. Ich habe ihn von meiner Kindheit her noch in Erinnerung, auch von Botengängen zu ihm und im Gespräch mit meinem Vater, dem Pastor.

In den 1920er und 1930er Jahren gehörte Bauer Scholz (unterhalb Gut Niemitz) zu dem kath. Kirchengemeinderat. Scholz war ferner zusammen mit einem anderen Manne, nach meiner Erinnerung aus der Arbeiterschaft, auf der Liste der (kath.) Zentrumspartei in die Vertretung der politischen Gemeinde gewählt.

> *Anmerkung:* Kauffung erwies sich für Herrn Direske als Sprungbrett. Er wurde nach Breslau versetzt und Pfarrer an der in der Stadtmitte gelegenen bedeutenden Kirche Corpus Christi. Dekanatserzpriester und Geistlicher Rat. Darin kann man auch eine Anerkennung für die in Kauffung zu leistende und geleistete Arbeit wie für Kauffung selbst sehen. Er war auch Diözesanpräses der Boromäusvereine für kath. Volksbüchereien.

Während des Kampfes um Breslau im Frühjahr 1945 in der Stadt. Ausweisung und Vertreibung durch Polen blieben ihm nicht erspart. † 13. 12. 1946 in Harthausen bei *Speyer* (aus dem Buch 'Vom Sterben Schlesischer Priester' München 1950).

Helfer für katholische Kirche

In früheren Zeiten oblagen dem Kantor zugleich die verschiedenen Dienste in der Kirche, genannt 'Niedere Küsterdienste', so auch das Läuten. Während Kantor *Pilz* im 1. Weltkriege einberufen war, hat seine Frau im Kantorat vertreten, z. B. den Gemeindegesang angestimmt, Glocke geläutet. Nach dem 1. Weltkriege, etwa ab 1920, wurden die niederen Küsterdienste allgemein aufgeteilt.

Glöckner war Sattler *Brunz,*
unterstützt von seinen Söhnen; bisweilen den Kantorsjungen u. anderen.
Ein flinker Mann, Wohnung gegenüber dem Schulgrundstück.
Als *Kirchväter* sind in Erinnerung:
Suckel, Josef, von der Schulzengasse
Ruffer, Paul, neben der 'Brauerei'   beide Landwirte
Kahlert, August, An den Brücken, Steinbruchaufseher i. r. (etwa ab 1939),
Totengräber für ev. und kath. Friedhof Vater, dann Sohn *Kiefer,*
*Kirchkassen*rendant: Gerhard *Alt*, Kaufmann im Oberdorf.

1927 folgte Pfarrer Georg *Rittau,*
gebürtig aus Königshütte O/S.
Bald begann die Massenarbeitslosigkeit...
NS-Maßnahmen setzten ein.

»In dem politischen Sturmzentrum jüngster Geschichte war er seinen Pfarrkindern ein treuer Hirte, ein Mann stillen, religiösen Wirkens In der Erziehungsarbeit für die Jugend ergänzten wir uns wie die rechte und linke Hand«, schrieb Lehrer i. R. Filke zum 70. Geburtstag in den Heimatnachrichten 1961, Nr. 4.

18 Jahre Seelsorge in unserer ländlichen Industriegemeinde und den zur Pfarrei gehörenden vier Nachbardörfern. Drei Kirchen. Weite Wege mit dem Fahrrad bergauf, bergab. Und die Belastung in den mehr als fünf Jahren des 2. Weltkrieges!

Beim Herannahen des Kriegsgeschehens und nach dem Aufruf zur 'Auflockerung', das hieß: In kriegsfernen Gegenden Zuflucht zu suchen, hielt Pfarrer *Rittau*
1945, wohl 11. Februar, die *Abschiedspredigt.*
Nach allgemeinem Aufbruch verblieben nur noch wenige Einwohner mit katholischem Bekenntnis im Ort. So suchte er selbst Zuflucht westlich Görlitz.
Seine Versuche, nach dem Zusammenbruch wieder nach Kauffung in seine Pfarrei zu gelangen, scheiterten an den polnischen Neiße-Sperren.

Mitte Februar bis April/Juli pfarrerlose Zeit.

Ab Ende April 1945 stieg mit der teilweisen Rückkehr der Bevölkerung auch die Anzahl der Ortsanwesenden katholischen Bekenntnisses im oberen Katzbachtal wieder an, in Kauffung auf etwa 500 (berechnet).
Infolge der großen Ausweisungen Ende Juni und November 1946 ist dann die deutsche katholische Einwohnerschaft auf etwa 200 und nach den Ausweisungen vom Sommer 1947 auf 30 bis 40 gesunken.
Um die kirchliche Versorgung hat sich vom Mai bis Juli 1945 Stadtpfarrer *Göllner* aus dem benachbarten Schönau bemüht.
Die Orgel spielte, weil Kantor Pilz nicht zurückkehren konnte, Georg *Tauch* aus der Schulzengasse. Sänger für den Kirchenchor hatten sich wieder zusammengefunden.

Von der deutsch-kath. zur polnisch-katholischen Pfarrei

Deutsche Restgemeinde   Deutsche und Polen   Polen

Im August 1945 kam *Kaplan* Georg *Eckelt* – zuvor mehrere Jahre in Oppeln/ OS – durch Kauffung, fand den Ort mit verbliebenen Deutschen und ersten Polen *ohne* katholischen Seelsorger, blieb und waltete seines Amtes; ab Herbst 1945 als Pfarrverweser bestellt. ...Er war bald ortsverbunden und eine Stütze der Kauffunger.

Urplötzlich, im Herbst 1945, lebten neben den 500 kath. Deutschen infolge der Umsiedlung aus dem Lemberger Galizien über 1.000 Polen mit katholischem Bekenntnis im Ort, die kirchlich versorgt sein wollten.

Das Nebeneinander von bedrängten Deutschen und eindringenden Polen in der gleichen katholischen Kirche stellte an Gläubige, Kirchenbesucher und Geistliche schier übermenschliche Anforderungen. Die lateinisch gehaltene Messe konnte sich als Bindeglied erweisen.

Bei Chorälen, Predigt und Gebeten fehlte schon die sprachliche Gemeinsamkeit. Das Zusammentreffen auf dem Kirchweg war ein Ärgernis. Von *einer* Gemeinde konnte keine Rede sein.

Als Ende Juni 1946 die katholischen Pfarrer der benachbarten Orte Schönau und Kleinhelmsdorf ausgewiesen worden waren, hat Kaplan Eckelt die dort noch wohnenden katholischen Deutschen betreut.

1946, am 24. November, selbst ausgewiesen mit dem zweiten großen Abschub der Kauffunger. Aufnahmeort *Glauchau* in Sachsen (SBZ), † 15. 2. 1956. Im *Nachruf* für die Leistung in Kauffung hat Gustav Teuber als seinerzeitiger Ortsvorsteher geschrieben:

> »Nicht achtend Regen, Schnee oder Kälte war er immer auf den Beinen, wenn es galt, sich für die von Polen hart bedrängte deutsche Dorfgemeinschaft einzusetzen.« (Heimatnachrichten 1956, Nr. 4, S. 9).

Für die nach seiner Ausweisung verbliebenen Deutschen mit katholischem Bekenntnis gab es keinen deutschen Pfarrer mehr, weder im Ort noch in der Umgebung. *Ende* der *deutschen Pfarr*gemeinde! Pfarre und Kirche kamen unter Verwaltung polnischer Pfarrer. Kirchensprache wurde außer Latein nun polnisch. Seelsorge?

Katholische Pfarrer *polnischer* Nationalität gab es in der benötigten großen Zahl damals nicht und konnten auch aus kirchen-, staats- und völkerrechtlichen Gründen nicht formell eingesetzt werden (Archiv für [kath.] schlesische Kirchengeschichte, Band XIII, erschienen in Hildesheim 1955, Beitrag von Dr. Kaps, S. 280ff).

Es kann sein, daß aus besonderem Anlaß, z.B. an Fronleichnam 1946 und 1947 ein polnischer Pfarrer in Kauffung amtiert hat. Der Erinnerung nach sind 1947 die Kinder zur Taufe nach Goldberg gebracht worden. Wohl ab 1948 wurden drei junge noch in Ausbildung stehende Herren vom Priesterkonvikt Breslau für

jeweils sechs Monate nach Kauffung zur Verwaltung des kath. Pfarramtes geschickt. Auch dann noch öfterer Wechsel der Pfarrer.
Unter diesen Umständen haben ab 1947, wie andernorts auch, einzelne Kauffunger mit katholischem Bekenntnis an den deutschsprachigen Gottesdiensten in der ev. Kirche teilgenommen, wenn ein deutscher ev. Geistlicher nach K. kam.
»Ein Pfarrer polnischer Nationalität ist für mich nicht zuständig«, ist als von Deutschen gesagt in Erinnerung. Als Ausweg wurde ein deutsches Paar vom polnischen Pfarrer in der Wohnung getraut.
Im kirchlichen Bereich waren die nach den großen Ausweisungen verbliebenen Deutschen mit kathol. Bekenntnis schlechter gestellt als die Evangelischen.

Ev. *Rest*gemeinde ab Herbst 1947 bis in die 1960er Jahre

Für diesen Abschnitt wurden ausgewertet
- Bericht mit Schriftwechsel von Fritz *Binner* über seinen Dienst als *Lektor* der Kirchgemeinde Kauffung 1947–1952
- Erinnerungen anderer Kauffunger
- Auszug aus dem Tagebuch von Pastor Steckel, Liegnitz, über seine Gottesdienste in Kauffung von 1948–1957
- Die beiden Schriften
  'Kirche ohne Pastoren' von Ulrich Bunzel, Verl. Unser Weg, Ulm 1965; 'Kirche unter dem Kreuz' von Wolfgang Meißler, Verlag Rautenberg, Leer 1971; dazu über Kauffung ergänzende Briefe.

Allgemein in Niederschlesien
Ev. Gottesdienste in *deutscher* Sprache blieben in Niederschlesien erlaubt, wurden nach Kräften gehalten und besucht. Äußerer und innerer Halt der immer weniger werdenden Deutschen.
1946/47 nahezu alle Pastoren ausgewiesen. Keine Kirchenleitung mehr. Von Ende 1948 bis Herbst 1951 *ein* deutscher Pastor (Steckel/Liegnitz), von 1952 bis August 1957 zwei deutsche Pastoren (außer Steckel Pastor *Rutz*, Schweidnitz) in Niederschlesien. So übernehmen Laien stellvertretend das Amt des Kirchenvorstehers, halten Lesepredigten, Begräbnisse, auch Taufen: 'Lektoren'.
Kirchliche Vereinigungen unzulässig.
Ab Herbst 1947 wurde nicht mehr zwangsweise ausgesiedelt, es wurden aber auch für nahezu ein Jahrzehnt keine Ausreisen gestattet. Deshalb hat sich die Anzahl der Deutschen mit ev. Bekenntnis vom Herbst 1947 bis 1956/57 wenig vermindert. Durch die dann mögliche 'Familienzusammenführung' nahm die Zahl der Deutschen bergrutschähnlich ab. Danach nur noch kleine Scharen in ihren Heimatorten. Kaum eigenständiges Leben, in den 1960er Jahren mit wenigen Ausnahmen verlöschend.
In diesem Rahmen verlief auch die Entwicklung in Kauffung.

Überblick, wie in Kauffung erlebt
a) *Jahrzehnt* der *Laien* Ende 1947 bis Sommer 1957
   Nach den weiteren Ausweisungen der letzten Pastoren und Helfer waren die übriggebliebenen Deutschen wie gelähmt. *Vereinsamt*. Dann, Ende 1947 übernimmt der Kauffunger Fritz *Binner* gewissermaßen das Amt des ev. Kirchenvorstehers, hält Lesegottesdienste und Begräbnisse, kümmert sich mit anderen zusammen um Kirche und Friedhof.

Von Beruf Schlosser im Kalkwerk Tschirnhaus, hauptsächlich an den Seil- und Bremsbahnen auf dem Kitzelberg, also 'Spezialist'; wohnhaft Hauptstr. Nr. 67. Entfernung zur Kirche 3,5 km. Jahrgang 1905. In Hagen † 1982. Um den Jahreswechsel 1952/53 übergibt er das kirchliche Amt an Rentner Georg *Knittel*, welcher von Beruf ebenfalls Schlosser und Werkmeister in einer Breslauer Werkstatt der Reichsbahn gewesen war. Für Harmonium oder Orgel fanden sich Spieler.

b) *Kleine Schar* Herbst 1957 bis in die 1960er Jahre
   Einschnitt 1957
   – durch zahlreiche Aussiedlungen, dabei beide Lektoren u. der Organist
   – durch Tod von Pastor Steckel aus Liegnitz.
   Bis Ende 1961 Gottesdienste und Begräbnisse durch Pastor-Diakonus *Meißler*, Waldenburg (50 km entfernt).

c) Die Rolle der Ev. Kirchen in Deutschland und in Polen
   Ev. Kirche in Deutschland durfte keine feste Verbindung haben, auf geistlichen Zuspruch und Versand von Lesepredigten beschränkt.

d) *Polnisch-ev.* Kirche in den ersten Jahren zurückhaltend, dann etwas unterstützend.

e) Zusammenstellung der Gottesdienste von Ende 1947–1964

f) *Briefe* von damals sprechen

g) *Ausgeräumte* Kirche 1969.

a) *Jahrzehnt* der *Laien* Ende 1947 bis Sommer 1957

Nach den Ausweisungen der Pastoren gaben die verbliebenen Deutschen sich nicht auf. Landauf, landab fanden sich Frauen und Männer als Sprecher für Lesegottesdienste/Lesepredigten, für Begräbnisse, für Taufen. 'Lektoren' war die Bezeichnung. Nach evangelischem Verständnis vom allgemeinen Priestertum denkbar, ja erwünscht. Oft von Pastoren vor deren Ausweisung eingesetzt, aus eigenem Antrieb oder auf Anregung aus der Gemeinde tätig. Ein im wahrsten Sinne ehrenamtlicher Dienst, der zumeist neben anstrengender körperlicher Arbeit zu leisten war. Den *Lektoren oblag* mit der Zeit, weitere *Aufgaben* zu übernehmen. Nämlich:
– Um Schutz und Pflege der Kirche und des evangelischen Friedhofs besorgt zu sein
– Als Sprecher der Restgemeinde aufzutreten,
   gegenüber der polnischen Gemeinde- und Kreisverwaltung und
   gegenüber der polnisch-ev. Kirche und der kath. Kirche
– Verbindung zu dem weitab lebenden deutschen Pastor zu halten;
   das war ab Ende 1948 Pastor Helmut Steckel in Liegnitz;
– Fühlung zu haben mit der Leitung der 'Ev. Kirche im Görlitzer Kirchengebiet' (westlich der Neiße) und dem Kirchendienst Ost in Berlin West.

Anmerkung zu Pastor *Steckel* im über 40 km entfernten Liegnitz:
Dieser war nicht ausgewiesen worden, weil er deutsche Schule für Kinder hielt, deren Eltern auf landwirtschaftlichen Betrieben arbeiteten, die von Russen für in Liegnitz liegende Truppenteile der Sowjetarmee bewirtschaftet wurden. Neben dem Schulehalten waren 60 (sechzig) deutsche Restgemeinden in ganz Niederschlesien ab 1948 sein Aufgaben- und Amtsbereich, darunter *Kauffung*. Inanspruchnahme als Lehrer bis Herbst 1951. Zu dieser Zeit wurde für die Stadt Schweidnitz und allmählich für weitere Orte, insgesamt 22 Gemeinden, der aus

354

Oberschlesien kommende Pastor *Rutz* tätig. Immerhin blieben bei Pastor Steckel ab 1952 noch rund 40 Restgemeinden, so konnte er diese nur in größeren Zeitabständen aufsuchen.

Nach Kauffung ist er von 1948 bis 1957 ein- bis mehrmals im Jahr zu Gottesdiensten gekommen, hat dabei auch einige Kinder getauft; sogar *eine* Konfirmation.
Die Zeiten der Gottesdienste – oft mit Abendmahl – richteten sich nach seiner sonstigen Beanspruchung und den Verkehrsmöglichkeiten; in Kauffung z. B. 8.30 Uhr oder auch 17.00 Uhr.

Lektoren auch in Kauffung.

Nach weiteren Ausweisungen im August und September 1947 lebten in Kauffung bis zur Aussiedlung im Rahmen der 'Familienzusammenführung' 1956/57 etwa 120 evang. Deutsche; in den kleineren Nachbarorten wenige deutsche Bewohner. Manche Orte und evangelische Kirchen wurden zu Mittelpunkten; auch deutschsprachige Gottesdienste in K. wurden im Laufe der Jahre von auswärts besucht.

Ab August 1947 keine Pastoren mehr im Katzbachtal.
Die Helfer während der Ausweisungszeit selbst ausgewiesen oder wie Adolf Lukan verhaftet. Im Herbst 1947 blieben einige Monate ohne kirchliches Leben. Fritz *Binner* hat hierzu berichtet:

»Zunächst war niemand da, der das kirchliche und geistliche Leben in die Hand nahm. Man hatte damals unser schönes Gotteshaus geplündert und zwar den großen Teppich, Decken vom Altar u. a.; deshalb kam es darauf an zu zeigen, daß unsere Kirche benutzt wurde. Die noch ortsanwesenden Kauffunger wünschten, daß wieder ev. Gottesdienste gehalten wurden. Es belastete uns, nur die polnische Sprache zu hören. Wir wollten auch unsere deutschen schönen Kirchenlieder singen. Auf Drängen entschloß ich mich, es zu versuchen. In Schönau und Neukirch waren schon Lektoren tätig. Weihnachten 1947 habe ich erstmals die Christnachtfeier gehalten, um 5.00 Uhr nachmittags, Sylvester ebenfalls die Jahresschlußfeier durchgeführt.«

Also die herkömmlichen Feiern zur gewohnten Zeit.
Statt der *Orgel* haben wohl 1948 Helmut Strehlow und Karin Schultz (eben konfirmiert) mit Harmonium begleitet.
Später spielte H. Strehlow die Orgel.
Ab 1950 Maschinenschlosser Hermann *Franz* an der Orgel als 'Organist'.
»Am 2. November 1951 stiegen sechs polnische Jungen gewaltsam in die Kirche ein und plünderten; 21 Pfeifen der Orgel wurden herausgerissen...«, hat Binner vermerkt.
Franz hatte sich das Orgelspielen selbst beigebracht und auch zusammen mit F. Binner verstanden, die Orgel wieder spielfähig zu machen.

Binner hatte die Gabe, frei sprechen und erzählen zu können. Er hat nach seinen Aufzeichnungen bis Ende 1952 als Lektor mindestens 24 Gottesdienste an Sonn- und Feiertagen gehalten. Der Gedanke an *einen* Gottesdienst im Monat ließ sich nicht verwirklichen. Bei sieben Begräbnissen hat Binner den

Geistlichen vertreten. Noch im Februar 1949 wurde nach Ortssitte der Sarg in die Kirche gebracht, es nahmen 50–60 Personen teil.

Die Wahl eines 'deutsch-evangelischen Kirchenrates' war auf Empfehlung polnischer Stellen durchzuführen. Gewählt wurden am 8. Juli 1951: Dr. Schultz, Stellmachermeister Gustav Seidel und Herbert Freche.

Erschwerend erwies sich, daß Fritz *Binner* oft außerhalb der üblichen Arbeitszeit von der Betriebsleitung eingesetzt wurde, so daß zeitliche Hemmnisse entstanden. Deshalb zog er um den Jahreswechsel 1952/53 Folgerungen:
»Wegen Arbeitsüberlastung als Spezialarbeiter war es sehr schwer, an Sonntagen und auch an Feiertagen freizubekommen, um Kirche halten zu können. So entschloß ich mich, das Amt als Lektor der evangelischen Kirchgemeinde Kauffung aufzugeben und an Georg *Knittel,* welcher von Breslau über Schönwaldau etwa 1947 nach Kauffung gekommen war und im Hause Dr. Schultz wohnte, zu übergeben.« Binner hat gelegentlich vertreten.

Aufzeichnungen von *Knittel* sind nicht vorhanden. Den Erinnerungen nach ist von ihm bis 1957 monatlich mindestens einmal Lesegottesdienst gehalten worden. Ferner hat Knittel bei Begräbnissen mitgewirkt. Höhepunkt seiner Leistung war der Festgottesdienst mit Pastor Steckel zum 200jährigen Jubiläum der evangelischen Bethauskirche am 26. September 1954. (200 Jahre gerechnet vom Wiederaufbau des 1742 errichteten ersten Bethauses nach dem Dorfbrand 1753) Kirche geschmückt. Über 200 Besucher aus Kauffung und anderen Orten. Ansprachen von Knittel und dem Lektor in Schönau.

Man darf annehmen, daß Georg Knittel 50 und mehr Lese-Gottesdienste in der Kauffunger Kirche gehalten hat.

Jubiläen allgemein bekannter Kirchen sind feierlich und überörtlich begangen worden.
So am 22. 9. 1952 die 300-Jahrfeier der
Friedenskirche in *Schweidnitz;* zugleich als Schlesischer Kirchentag mit 5000 (fünftausend) Teilnehmern aus der Stadt, wie aus entfernten Kreisen Schlesiens. 1955 die 300-Jahrfeier der *Frieden*skirche in *Jauer.* Es ist anzunehmen, daß sich auch *Kauffunger* zu diesen Feiern aufgemacht haben.

Mit der *Aussiedlungswelle* im Rahmen der Familienzusammenführung 1957 *endete* die *Lektorenzeit* der meisten Restgemeinden, so auch in Kauffung.

Binner übersiedelte Ende März nach der Bundesrepublik Deutschland und Knittel im August 1957 nach der Deutschen Demokratischen Republik.
Von da an *keine* Lektoren mehr im Ort.

b) *Kleine Schar* Herbst 1957 bis in die 1960er Jahre

Die Pastoren *Steckel,* Liegnitz und *Rutz* (Schweidnitz) sind im August 1957 im Alter von 42 und 45 Jahren an Überanstrengung gestorben.
An ihre Stelle trat Wolfgang *Meißler.* August 1945 aus Herrnhut (Brüdergemeinde) zurück in seine Vaterstadt Liegnitz gekommen, dort kirchlicher Helfer und mit Pastor Steckel an der unter Russenschutz stehenden deutschen Schule unterrichtet, 1953 als Diakon nach Waldenburg. Nebenbei im Einvernehmen mit der ev. Kirche in Berlin und der polnisch-ev. Kirchenleitung auf pfarramtlichen Dienst

vorbereitet. Prüfungen in Warschau abgelegt. Vom polnisch-ev. Bischof aus Warschau am 20. 10. 1957 in deutscher Sprache als Pastor-Diakonus in Waldenburg ordiniert und mit Seelsorge beauftragt für die damals noch 17 (siebzehn) deutsch-evangelischen Restgemeinden in Niederschlesien außerhalb des Waldenburger Gebietes.

Kauffung gehörte zu seinem Bereich.

Die Anzahl der Deutschen in Kauffung hatte sich durch die Aussiedlung 1957 erheblich vermindert. In seiner Schrift 'Kirche unter dem Kreuz' S. 27, gibt Meißler als Seelenzahl für Kauffung 27 im Jahre 1958 und 35 im Jahre 1961 an. Die Verbindung mit ihm ergab sich durch Kennenlernen in der Bahn, als zwei Kauffungerinnen, Ida Seidel und Martha Strehlow, nach Goldberg zum Gottesdienst fuhren. Flugs wurde sein Kommen nach Kauffung vereinbart. Pastor Meißler erinnert sich in einem Schreiben vom 21. 8. 1986:

»Die Gottesdienste fanden einmal im Monat statt; es versammelten sich etwa 20 Gemeindeglieder; immer mit Feier des Heiligen Abendmahls. Die Orgel war noch ziemlich in Ordnung, oft habe ich selbst gespielt oder jemanden mitgebracht. Fast keine Amtshandlungen mehr.

Stellmachermeister Gustav Seidel mit Familie betreute damals die Kirche.«

Pastor Meißler mußte, von polnischer Behörde aufgefordert, wegen seiner deutschen Staatsangehörigkeit Anfang 1962 Schlesien verlassen. Die letzten deutschen Restgemeinden, so auch Kauffung, waren endgültig verwaist.

c) Kaum Verbindung zu ev. Kirchen in Deutschland

(wie damals in Kauffung erlebt)

Die deutsch-evangelischen Restgemeinden waren auf sich gestellt. Keine überörtliche Kirchenorganisation.

Zur 'Ev. Kirche in *Deutschland*' entstand eine lose Verbindung. Man wußte – unterschiedlich – voneinander.

Die Leitung der 'Ev. Kirche im Görlitzer Kirchengebiet' (= Rest-Schlesien westlich der Neiße) war bemüht, mit den deutschen Restgemeinden in dem Schlesien unter polnischer Verwaltung verbunden zu sein. Für Kauffung ist dies erst durch einen Brief von *Binner* als Lektor gelungen; hierzu liegen vom November 1951 ein Antwortschreiben des Konsistoriums und ein Rundbrief von Bischof Hornig, Görlitz, vor. Von dort wie vom *Kirchendienst Ost* in Berlin-Lichterfelde West wurden auch an die Lektoren in Kauffung sowie an Hermann *Franz* als 'Organist' Lesepredigten und Briefe für Gebrauch und Weitergabe versandt, die allerdings nicht immer ihr Ziel erreichten. Aber die kleinen Scharen in der Heimat hingen nicht ganz in der Luft.

Bis 1951 hat Binner 'Lesepredigten' wohl durch Pastor Steckel erhalten.

d) Die Rolle der evang. Kirche in Polen

Dekret der polnischen Regierung vom 19. 9. 1946 über Organisation und Rechtsverhältnisse der evangelischen Kirchen im neuen Polen. Darin wurden u. a. die (deutschen) evangelischen Gemeinden in den unter polnischer Verwaltung gestellten deutschen Ostgebieten, obwohl zur altpreußischen Union in Berlin gehörig, an die (polnische) 'Ev.-augsburgische Kirche in der Republik Polen' angeschlossen. Zugleich wurde verfügt: 'Das bewegliche und unbewegliche Vermögen dieser Gemeinden, welches am Tage des Inkrafttretens dieses Dekretes sich im Besitze der evangelisch-augsburgischen Kirche der Republik Polen befindet, geht in das

Eigentum dieser Kirche über. Das übrige Vermögen geht in das Eigentum des Staates über...'
(Aus 'Altpreußische Kirchengebiete auf neupolnischem Territorium', Seite 157 im *Buch* von Gerhard Besier, im Verlag Vandenhoeck & 'R., Göttingen 1983; als *Beitrag* von Oskar Wagner in der Zeitschrift für evangelisches Kirchenrecht, 1985 Heft 3/4, Seite 378 bzw. 393.)

Die *polnisch*-Evangelisch-Augsburgische Kirche, Kościól Ewangelicko Augsburgskiej, (nach dem lutherischen Bekenntnis vor dem Reichstag in Augsburg 1530) nahm anfangs *keine* Verbindung mit deutschen ev. (Rest)Gemeinden auf und dann bis zur Mitte der 1950er Jahre nur formeller Art. Als Ausnahme ist anzusehen, daß 1948/49 zwei polnisch-ev. Pfarrer in Kauffung drei Sonntagsgottesdienste gehalten haben.

1951 wurde Pastor *Steckel* von der polnisch-ev. Kirchenleitung, dem Konsistorium in Warschau, zum *Superintendenten* (Dekan) für die 'nichtpolnischen', also die deutschen Restgemeinden in Nieder- und Mittelschlesien ernannt.

Im Sommer 1951 liefen polnischerseits Überlegungen wegen einer Verpachtung der ev. Kirche in Kauffung an die polnisch-katholische Kirchengemeinde. In diesem Zusammenhang hat der Breslauer Superintendent der polnisch-ev. Kirche die Kauffunger Kirche besichtigt.

Binner war als Lektor am Zuge. Eine Verpachtung für 10 Jahre wurde erwogen. Die Polen wollten Sprüche und Taufstein entfernen. Letztlich kam keine Verpachtung zustande.

Binner erhielt als Lektor damals in polnischer Sprache zwei Bescheinigungen folgenden Inhalts, die dem genannten Dekret entsprachen.

Das evangelische Kirchengebäude in Kauffung und der deutschsprachige Gottesdienst wurden damit in den Schutz der polnisch-evangelischen Kirche genommen.

Bescheinigung

Seniorat Amt der Evang. Diözese in Breslau bescheinigt hiermit, daß die ev. Kirche und der anliegende Kirchhof in Wojcieszów der dortigen ev. Gemeinde gehört, und der Gerichtsbarkeit des Evang. Augsburger Senioratamtes in Breslau unterliegt.

<table>
<tr><td>Vorstand der Kanzlei</td><td>Priester</td></tr>
<tr><td>Klott</td><td>Waldemar Preis</td></tr>
</table>

Bescheinigung
gültig bis 31. 12. 1951

Senioratamt der evang. Augsb. Diözese in Breslau bescheinigt hiermit, daß Herr Fritz Binner, wohnhaft in Wojcieszów Kreis Zlotoryja, ul. Bol. Chrobrego 67 berechtigt ist, als Lektor die Andachten in deutscher Sprache für die deutschen evangelischen Angehörigen in der Pfarrei Wojcieszów abzuhalten.

<table>
<tr><td>Vorstand der Kanzlei</td><td>Priester</td></tr>
<tr><td>Klott</td><td>Waldemar Preis</td></tr>
</table>

Im Jahre 1956 drängte das polnische Kultusministerium die polnisch-evangelische Kirche dazu, sich der deutschen Restgemeinden anzunehmen. Kommission für die 'nichtpolnischen Gemeinden' gebildet. Zugleich wurde dem polnisch-evang. Pastor Pośpiech die Seelsorge der damals noch 21 deutsch-evangelischen Restgemeinden des Waldenburger Kreises übertragen.

e) Deutsche ev. Gottesdienste in Kauffung Ende 1947 bis 1964

	Besucher Gottesdienst/Abendmahl	
1947 Christnacht und Jahresschluß, Lektor F. Binner	35 bzw. 22	
1948 1. Oster- u. 1. Pfingsttag, Lektor F. Binner	je 18	
an zwei Sonntagen, poln. ev. Pfarrer, Liegnitz		
an einem Sonntag, Pastor Steckel, Liegnitz		
Christnacht u. Jahresschluß, Lektor F. Binner	je 32	
1949 Feier am Ostermorgen auf dem Friedhof, Binner	16	
2. Osterfeiertag, Joh. 14,19, Pastor Steckel	50	34
2. Pfingsttag, Hes. 36,26, Pastor Steckel	44	15
10. Juli, Matth. 5,13, Pastor Steckel	30	
Im Sept., poln. ev. Pfarrer	12	
Christnacht und Sylvester, Binner	je 32	
1. Weihnachtstag, Luk. 2,11–16, Steckel	50	
1950 1. Ostertag, Binner	22	
2. Juli, Joh. 1,19–23, Steckel	30	18
15. August, Röm. 12,12, Steckel	37	25
(allg. Feiertag Maria Himmelfahrt ausnutzend)		
Christnacht und Jahresschluß, Binner	45 bzw. 23	
1951 Ostern und Pfingsten, Binner	35 bzw. 43	
Sonntage 8. 7. u. 19. 8., Binner	30 bzw. 21	
Erntedankfest am 30. 9., Binner	25	
18. 11. (für Totensonntag), 1. Petr. 1,24, Steckel	37	28
Christnacht u. Jahresschluß, Binner	29 bzw. 23	
1952 1. Oster-, 1. Pfingsttag, Binner	40 bzw. 42	
Sonntage 6. 7. u. 31. 8., Binner	23 bzw. 39	
Reformationsfest 2. 11., Binner	31	
Christnacht und Jahresschluß, Binner	33 bzw. 21	
1953 25. Oktober, Jer. 8,20, Steckel	40	34
1954 8. August, Psalm 26,8, Steckel	56	34
26. Sept. Festgottesdienst zum 200jährigen Kirchweihfest, 1. Mose 28,16 u. 17, Knittel u. Steckel	250	70
1955 31. Juli, Römer 8,28, Steckel	50	35

1953 bis Juli 1957 an den Festen, oft sonntags, Christnacht und Jahresschluß *Lese*gottesdienste, gehalten von Georg *Knittel* als Lektor, dann und wann vertreten durch Fritz Binner, z.B. Weihnachten 1955
1958, 9. Febr. bis 25. 11. (Totensonntag) 1961
Gottesdienste durch Pastor-Diakonus Meißler, Waldenburg, einmal im Monat mit um 20 Besuchern, öfter mit Abendmahl

1962–64 alle zwei Monate deutschsprachige Gottesdienste durch Pastor Pospiech (Waldenburg) von der polnisch-ev. Kirche mit 10–15 Besuchern
9. 10. 65 letzter Gottesdienst mit 19 Besuchern und 17 Abendmahlsgästen.

Deutschsprachige ev. Amtshandlungen 1948 bis in die 1960er Jahre
Taufen 1949 und 1950 je zwei, 1953, 1955 und 1958 je eine durch Pastoren Steckel bzw. Meißler
Konfirmation 1949 eine und 1959 zwei (Steckel/Meißler)
Eine Trauung und zwar 1960 durch Pastor Meißler

Begräbnisse auf dem ev. Friedhof 1949–1952 sieben mit Binner als Lektor
1956 Dr. med. W. Schultz im benachbarten Ketschdorf mit Binner
1960 eins mit Pastor Meißler
Keine Angaben für die anderen Jahre. Auf Wunsch kamen ab 1962 Pastoren der
polnisch-ev. Kirche aus Waldenburg.

1968 Begräbnis von Gustav *Seidel;* nur in ungeläufiger polnischer Sprache (Erinnerung des Sohnes Walter Seidel).

f) *Briefe* von damals, 1947/54–1963, sprechen...

Christnachts- und Jahresschlußfeiern wurden wohl zumeist mit Weihnachtsbäumen, im Lichterglanz und Glockengeläut gehalten. Erwähnt sind auch: Quempassingen auf den Emporen (überlieferter Wechselgesang, wie auf S. 'Weihnachtsabend' beschrieben), 1947 die nach Mitte der 1930er Jahre wieder üblich gewordenen Szepter/Zepter, zu mitternächtlicher Stunde am Jahreswechsel 1951/52 gemeinsames Läuten der verbliebenen Glocke. (Aus Rundbriefen nach Weihnachten 1947, 1950 und Bericht Binner 1951)

Das Ende 1954 begangene 200jährige Kirchenjubiläum ist in einem Brief geschildert worden (wiedergegeben im Rundbrief vom Dez. 1954).
»Ein ungewohnter Anblick... Im Schiff (ohne Logen) war jeder Platz besetzt und desgleichen die Brüstung beider Emporen. 200–250 Personen waren da aus dem ganzen Kreise Goldberg und eine Gruppe aus Liegnitz. Vor der Kirche hielten Fuhrwerke. Schönwaldau und andere Güter, die von Russen für die Sowjetarmee bewirtschaftet wurden, hatten ihren deutschen Arbeitern bereitwillig Fuhrwerke gestellt.
Superintendent Steckel hatte den Kirchenchor aus Liegnitz mitgebracht; seine Frau dirigierte und spielte auch die Orgel. Schöne Chorgesänge waren zu hören zum Beginn, zwischen zwei Ansprachen, zur Predigt und zum Abschluß. Altar, Kanzel und die Brüstungen waren reich mit Blumen in Vasen und Töpfen geschmückt. Girlanden und Kränze von Tannengrün überall, auch an der Eingangstür. Mehr als 2½ Stunden dauerte der Gottesdienst mit anschließendem Abendmahl. Zuerst sprach unser Lektor Knittel. Er brachte einen Auszug aus der Religionsgeschichte anhand der Schrift zum seinerzeitigen 50jährigen Jubiläum und aus der Stockmann'schen Chronik. Dann gratulierte der Schönauer Lektor. Pastor Steckel hielt die Predigt von der Epistel des 'Engelsonntags' ausgehend und auf die Bedeutung des Tages zugeschnitten.«

Und ein Brief an Pastor Schröder, abgedruckt im Rundbrief vom Dez. 1961:
»Wojcieszów, 14. 11. 1961
...Ihr Brief wurde von der Kanzel unserer Kirche verlesen von dem Pastor aus Waldenburg... Wir sind eine sehr kleine Gemeinde; aus Schönau, Tiefhartmannsdorf, Konradswaldau und Hermannswaldau kommen sie zu unserem Gottesdienst, der nächste ist am 25. 11. 1961. Unsere Orgel spielt zwar nicht mehr so schön; leider hatte man sie sehr kaputt gemacht. Auch der große Kronleuchter hängt schief. Doch wir singen unsere Lieder so gut jeder kann und beten tun wir alle, damit uns der liebe Gott weiter hilft. Danken tun wir ihm immer, denn wenn auch alles mit Brettern vernagelt ist, der Wind durchpfeift und es doch manchmal sehr kalt ist, haben wir doch immer noch die Kirche. Wie so traurig ist es doch in vielen Gemeinden, in Seitendorf nur eine Ruine, in Leipe ein leerer Platz usw. Es ist

schon so lange her, daß ich getauft und konfirmiert wurde und doch könnte ich Ihnen alle Einzelheiten aufzählen, Kinderlehre, Jugendgottesdienst. Zum Bußtag ging fast die gesamte Jugend zum Heiligen Abendmahl. Ich denke immer, wenn ich nur mein Gottvertrauen behalte, dann geht es wieder; es ist halt manchmal schwer durchzuhalten. Doch nun von unserem Dorf: Unser Kirchhof wurde voriges Jahr etwas entwildert, die Sträucher ausgeschnitten, die Wege gereinigt und Tafeln aufgestellt mit der Aufschrift: Geschlossener Friedhof.«

Aus Rundbrief vom Dezember 1963:
Seidel-Stellmachers schrieben:»Am 21. 6. 1963 hatten wir wieder Kirche mit 19 Kirchgängern; jetzt ist alle zwei Monate einmal Kirche. Es kommen zu uns aus Hermannswaldau (11 km) eine Familie, Frau Ratzig und noch ein paar aus Konradswaldau (12 km), 3 Leute aus Schönau (6 km).«

Nach den großen Ausweisungen wurde die Kirche gemeinsam gepflegt und geschmückt. 'Totengräber waren wir in diesen Jahren alle', erklärte Freche, Herbert aus den Dreihäusern.
Ab Mitte der 1950er Jahre hat dann Familie *Seidel* für die Kirche gesorgt, einschließlich läuten.

g) *Ausgeräumte* ev. Kirche seit Mitte der 1960er Jahre

Schicksal der 725 evangelischen Kirchen in Niederschlesien, ostwärts der Neiße:
– Bei Kriegshandlungen zerstört, bald nach dem Kriege abgebrannt, abgebrochen
– Von deutschen Restgemeinden benutzt; derzeit sind dies nur noch einzelne
– Manche von der polnisch-evangelischen Kirche übernommen
– Eine Anzahl polnisch-katholischen Gemeinden übergeben
– Ein großer Teil steht leer, verfällt oder wird zu gewerblichen Zwecken verwendet. So in Kauffung.
Bei dieser Gruppe ist die Inneneinrichtung teils geplündert, teils entfernt und entweder zerstört, verbrannt oder in polnisch-katholische Kirchen gebracht worden; für Kauffung und das Katzbachtal wohl über eine Sammelstelle in Liegnitz.

Unsere Kauffunger *Kirche* befand sich zur Zeit der Ausweisungen 1946/47 außen und innen in einem gepflegten Zustande.
Schäden danach:

Herbst 1947 Plünderung im Altarraum, 1951 an der Orgel, zinnerne Taufschale fehlt. Immer wieder wurden Fenster von polnischen Jugendlichen eingeworfen. Schon 1952 heißt es: »Fenster sind mit Brettern und Blech zugenagelt«, später: »Der kaputten Kirchenfenster konnte man nicht mehr Herr werden.« 1961: »Alles mit Brettern vernagelt.«
Die Kronleuchter wurden vorsorglich höher gezogen. Sorge machte das *Dach;* so gut es ging, besserte man aus.
Als die Gottesdienste zum Erliegen kamen, wurden die Fenster vermauert (1988 Glasbausteine eingesetzt) und die Seitentüren unzugänglich gemacht. (Berichte in Rundbriefen Nr. 21 vom Dez. 1952, Nr. 36 vom Dez. 1962 und Nr. 42, S. 4, vom Dez. 1964 sowie 1986 Erinnerung von Pastor Meißler.)
1969 wurde die Inneneinrichtung von polnischen Stellen ausgeräumt (Erinnerung Walter Seidel). Verbleib:

Bänke in der Kirche in Wolfsdorf bei Goldberg,
Orgel sehr wahrscheinlich in Guhrau.
Verbleib für hölzernen Taufständer und die Kronleuchter unbekannt.
Welche Stelle mag den Auftrag zum Ausräumen der Kirche gegeben haben?
Das Kirchenschiff wurde ab den 1970er Jahren als Flaschenlager benutzt. 1988
Möbellager.
Es heißt, daß das Kirchengebäude nicht mehr als der polnischen evangelischen
Kirche gehörig angesehen wird, sondern als Staatseigentum.

'Unsere Kirche ist stumm geworden!'

Pastor Schröder um 1980

Verbleib der beiden *Abendmahlsgeräte,* die der evangelischen Kirchgemeinde
Kauffung 1748 und 1882 geschenkt worden sind.
1882 Bei dem jüngeren, 100jährigen Abendmahlsgerät tragen Kanne und Hostiendose die Inschrift: (Kanne ohne 'evangelisch')
'Der evangelischen Kirche zu Kauffung zum Andenken an Heinrich und Otto
Förster, 1882'.
Das Gerät wurde 1947/48 auf Wunsch Evangelischer von dem polnisch-katholischen Pfarrer schützend aufbewahrt und dann wieder bei Abendmahlsfeiern der
ev. Restgemeinde in Kauffung benutzt.
Danach ... irgendwo in Schlesien.
1983 wurden Kanne, Kelch, Hostiendose und -teller von Pastor Meißler, der bis
1961 auch in Kauffung Gottesdienste gehalten hat und seither in Hamburg im Amt
steht, der deutsch-evangelischen Restgemeinde der Frauenkirche in Lauban übergeben; ul. H. Poboznego 1, Lubań.
Vier gute Bilder sind vorhanden.

1748 Der Kelch aus den ersten Jahren nach Errichtung des *Bethauses* trägt die
Inschrift: 20. Juli 1748 F.L.R.V.M.
Diese Buchstaben bedeuten: Franz, Ladislaus, Romanus von Mockershausen; von
1732 bis 1758 Eigentümer des Dominiums Stimpel-Kauffung.
Die Hostiendose ist wohl in den Jahrzehnten nach der Stiftung des Kelchs, der
Hostienteller erst nach 1900 gefertigt worden. Kelch, Dose und Teller konnten
von Pastor Schröder bei der Ausweisung Ende Juni 1946 durch persönlichen
Einsatz mitgebracht und dann bei den ersten Zusammenkünften von Kauffungern
zu Abendmahlsfeiern benutzt werden.
Dies Abendmahlsgerät ist mit den drei Teilen beim Amt für Bau- und Kunstpflege
im Landeskirchenamt Hannover erfaßt. Beim Treffen in Burgstemmen am 21. 9.
1986 ist das dreiteilige Gerät von Kauffunger Eltern stammenden Pastor
Rudolf *Friemelt* als Leihgabe für seine Gemeinde *Rheden* anvertraut worden. In
Rheden wie in Burgstemmen haben Kauffunger Aufnahme gefunden. Beide Orte
gehören zum Landkreis Hildesheim und dem Kirchenkreis Elze-Coppenbrügge.
Pastor *Friemelt* ist für die Kauffunger Nachfolger von Pastor Schröder und wirkt
bei den Ortstreffen sowie bei dem Rundbrief mit.
Bei der Übergabe hat Pastor Schröder seine letzte Predigt an die Kauffunger
gehalten:

Gedanken beim Betrachten eines alten Abendmahlkelches *(1748)*

Als wir 1946 aus Kauffung (Katzbach) ausgewiesen wurden, befand sich in dem
wenigen erlaubten Gepäck außer Talar, Bibel, Gesangbuch , Agende (= Kirchen-

buch mit den sonntäglichen Lesungen und Gebeten) als Wichtigstes das der evangelischen Kirchengemeinde gehörende Abendmahlgerät: Der kostbar gearbeitete Kelch, die gleichfalls handgeschmiedete silberne Dose für das Brot und der Hostienteller.

Bei der Kontrolle gab es neben gotteslästerlichen Szenen große Schwierigkeiten; man wollte diese Wertgegenstände festhalten. Nächst Gottes Güte war es einem höheren polnischen Offizier zu danken, daß mir alles ausgehändigt wurde. So konnte ich, wie es sich gebührt, jederzeit meinen Dienst als Pastor tun. Nun nehme ich Abschied von dem Kirchengerät, um es in jüngere Hände zu legen. Ein schmerzliches Loslassen für immer.

Nachdenklich betrachte ich den vor mir stehenden Kelch: Er ist nach barocker Art in gediegener Arbeit aus Silber und Gold kunstvoll gearbeitet. Über dem breitgeschwungenen Fuß ist in den eigentlichen Kelch unauffällig und zurückhaltend ein Wappen eingraviert; es trägt die Inschrift: »20. Juli 1748« und die Buchstaben: »F. L. R. V. M.« Wir nehmen an, daß dies die Anfangsbuchstaben für den Stifter des kostbaren Gefäßes sind. Nach sorgfältigem Forschen sind wir zu der Überzeugung gelangt, daß es sich um einen Franz Ladislaus Romanus von Mockershausen handelt, der zu jener Zeit Besitzer des Rittergutes Stimpel in Ober-Kauffung war. Das stimmt sehr nachdenklich: Niemand von uns weiß etwas über diesen Mann, das Haus und Gut, das ihm gehörte, ist zerfallen – nur ein Ortsteil von Kauffung hieß noch »Stimpel« – versunken und vergessen. Jedoch, was er damals unserer Gemeinde Gutes tat, ist geblieben: »Der Kelch des Heils«. Wir dürfen glauben, daß auch dieser Name, von dem wir nur die Anfangsbuchstaben kennen, bei Gott unvergessen ist.

Indem ich nun den Kelch in die Hand nehme, denke ich an die Hände der Pastoren, die ihn vor mir gehalten und der Kauffunger Gemeinde das Hl. Mahl gespendet haben. Immer beteten sie vor der Feier mit der Gemeinde das Beichtgebet. Dann nahmen sie den Kelch, den ich jetzt halte, dankten und reichten ihn, nicht anders als ich, den durstigen Seelen. So wurde die durch Menschenhände gehende, aber allein von Gott kommende unsichtbare Gnade durch immer neue Diener von Generation zu Generation weitergereicht.

Jedoch, nicht die Diener, die Bedienten sind wichtig. »Nehmet hin und trinket alle daraus«, steht unsichtbar auch über dem Kelch von 1748. Die Gemeinde derer, welche dieser Einladung folgte, wird angesichts der vor mir stehenden Abendmahlsgeräte lebendig, längst dahingegangen, längst gestorben, aber nun doch mit mir durch das gleiche Sakrament verbunden. Stellvertretend für sie alle, die durch die Jahrhunderte zu Gottes Tisch wanderten, steht vor meinen Augen eine große Gemeinde, welche durch die Not verbunden im Silvestergottesdienst 1945 sich in so großer Zahl zum Tisch des Herrn drängte. Ich denke aber auch an Konfirmanden, die halb neugierig, halb furchtsam sich den Kelch reichen ließen, aus dem Väter und Mütter, Groß- und Urgroßeltern auch getrunken hatten. Jahr um Jahr machte sich eine immer wechselnde Gemeinde auf, um am Altar kniend ohne Unterschied von Stand und Person Trost und Kraft zu empfangen. Sie waren Menschen wie wir, armselig, sterblich, in Schuld verstrickt; sie wurden unter dem Empfang von Brot und Wein Glieder in der Gemeinschaft der Heiligen, verbunden durch den Herrn, der auf der Hostiendose als der Sieger über Grab und Tod dargestellt ist.

Dies Abendmahlsgerät hat eine 240 Jahre lange Geschichte hinter sich, verbunden mit dem Dorf Kauffung und seiner Geschichte. Nun geht es in andere Hände über, um einer anderen Gemeinde zu dienen. Möge es unter Gottes Beistand immer wieder geschehen, daß hungernde und dürstende Menschenherzen unter dem Essen und Trinken dessen gewiß werden, daß ich einen Heiland habe, der von Kripplein bis zum Grabe, bis zum Thron, da man Ihn ehret, mir dem Sünder zugehöret. Amen.

Mit diesen seelsorgerlichen Gedanken von Pastor Schröder an Kauffunger sei der Bericht über die beiden Kirchen abgeschlossen.

Die Glocken beider Kirchen

Auf dem Turm der alten Dorfkirche
– Katholische Kirche unserer Zeit –
Seit der Mitte des 15. Jahrhunderts wird zumindest *eine* Glocke vorhanden gewesen sein, wie für die Nachbarorte nachgewiesen, z.B. in Seitendorf schon 1436. Urkundliche Aufzeichnungen für Kauffung fehlen. In der frühen evangelischen Zeit waren '*drei* Glocken vorhanden', so im März 1654 in dem Bericht der kaiserlichen Kommission bei der 'Rekatholisierung' der Kirche vermerkt. Drei Glocken waren damals überhaupt und auf Dörfern selten.

1619, im ersten Jahre des 30jährigen Krieges, war *die* große Glocke aufgezogen worden, die bei dem Dorfbrand im März 1753 zerstört wurde, als der Brand auch Kirche mit Turm erfaßte. Schon am 23. November des Brandjahres wurden wieder zwei Glocken aufgezogen, dabei die wiederhergestellte große Glocke. Beide Glocken gegossen von Joh. Gottlob Siefert in Hirschberg. Inschriften nach noch vorhandenen Aufzeichnungen.

Inschriften der großen Glocke

V.D. Vulcanus destruxit hoc, ecclesia nunc recuperavit.
(Zu deutsch: Gottes Wille geschehe. Der große Brand hat zerstört, die Kirche hat jetzt wieder erhalten.)
D.O.M.F. (Der allmächtige Gott möge dich schützen.)
Provida cura = Name der Glocke (zu deutsch: Vorausschauende Fürsorge)
Haec campana maxima CXXXIV abhinc annos primum fusa... anno MDCCLIII restaurata in dei honorem ornamentum ecclesia hic iterum suspensa est.
(Zu deutsch: Diese größte vor 134 Jahren gegossene Glocke wurde durch den höchst unglücklichen Brand – es folgt die Beschreibung des Dorfbrandes – zerstört, aber am Ende desselben Jahres 1753 wieder hergestellt, zur Ehre Gottes und als Schmuck der Kirche hier erneut aufgehängt.)
Ferner waren in lateinischer Sprache genannt:
Friedrich II. als König von Preußen... Herzog von Schlesien, die Kauffunger Kirchenpatrone, darunter L.R. v. Mockershausen, der 1748 ein Abendmahlsgerät für das evangelische Bethaus gestiftet hatte.
Fürstbischof, (kath.) Pfarrer und Kaplan in Kupferberg. Schließlich die Kauffunger besonders:
Sit Bene DICTIO ex nubibus et descendat super istos universos Kauffungianos habitatores.

(Zu deutsch: Der Segen des Himmels komme herab über alle diese Kauffunger Einwohner.)

Diese große Glocke hat 300 Jahre, vom 30 jährigen Kriege bis zum 1. Weltkriege, Leben und Sterben der jeweiligen Kauffunger, Saat und Ernte im Katzbachtal begleitet. Abgeliefert 1917.

1933 durch eine neue Glocke ersetzt, die 1942 im 2. Weltkriege wieder abgenommen wurde. Ihre lateinische Inschrift ist nicht bekannt.

Inschrift der kleineren 1753 aufgezogenen Glocke
Ecclesiae pro reperatione do gratias et honorem.

(Zu deutsch: Der Kirche sei Dank und Lob für die Erneuerung.)
Ora pro populo. Interveni pro clero. Intercede pro devoto foemineo serei.
Nerursum referat consumes ruinam. Declina vitium. Fac pia vota D.

(Zu deutsch: Bitte für das Volk. Nimm dich der Geistlichkeit an. Bürge für den frommen Glauben des weiblichen Geschlechts. Möge sich eine Zerstörung durch verzehrendes Feuer nicht wiederholen. Verhüte Schaden. Bewirke fromme Gelübde zu Gott.)

Seit 1942 hängt nur diese kleinere Glocke im Kirchturm.

Auf dem Turm der evangelischen Kirche

– Als Bethaus 1754 gebaut, Turm angebaut 1900/1901 –
Bis dahin kein eigenes Geläut. Mitgebrauch der Glocken der kath. Kirche.
Drei Bronzeglocken aufgezogen – Glockenweihe 16. 9. 1901

Inschriften

Oberer Kranz	'Mich goß im Auftrag der … Gemeinde Kauffung … Schilling in Apolda' Thüringen Ornament im Jugendstil
Große Glocke	Ihr sollt mir ein priesterlich Königsreich und ein heiliges Volk sein.
Mittlere Glocke	Ich schäme mich des Evangeliums von Christus nicht. Es ist eine Kraft Gottes, die da selig macht alle, die daran glauben.
Kleine Glocke	Wir haben hier keine bleibende Statt, sondern die zukünftige suchen wir.

1917, im 1. Weltkrieg, wurden die kleine und große Glocke abgeliefert.

1922, im Oktober, wurde mitten in der Inflation die große Glocke wiederbeschafft, gegossen bei Geittner in Breslau. Preis 110.000 Mark.

Inschriften	Die vor mir war, sah des Reiches Größe. Ich klag des Vaterlandes Not. Gott ist unsere Zuversicht und Stärke.

Ihr besonders gut geratener Ton h und die verbliebene mittlere Glocke stimmten nicht recht überein. Um harmonischen Klang zu erhalten, wurde beschlossen, die mittlere Glocke mit einer neuen zu tauschen und zugleich die kleine Glocke wieder zu beschaffen.

Gegossen 17. 10. 1930 bei Schilling in Apolda nach der Rippe der nicht mehr bestehenden Glockengießerei Geittner.

Inschriften der 1930 aufgezogenen Glocken

Mittlere Glocke	Land, Land höre des Herren Wort. (615 kg, Ton fis)

| Kleine Glocke | Wir treten ins Leben um zu sterben und gehen von dannen, um ewig zu leben. |

(Durchmesser 88 cm, Höhe 87 cm, 370 kg, Ton a)

Anfang 1942, im 2. Weltkriege, wurden die große und die mittlere Glocke abgenommen und eingeschmolzen.

Die verbliebene kleine Glocke ist auch unter russischer Besatzung und unter Polen als Verwaltungsmacht sowie nach den großen Ausweisungen zu Gottesdiensten und Begräbnissen der deutschen Restgemeinde geläutet worden – wenn der Strick nicht gerade fehlte –. Bis zu den letzten Gottesdiensten in der Mitte der 1960er Jahre. Im März 1969 von Polen abgenommen – gekauft, hieß es –; nach Goldberg gebracht. Sie hängt dort – allein – im großen Turm der früheren evangelischen Stadtpfarrkirche (jetzt polnisch-katholische Kirche der heiligen Maria). (Zusammengestellt nach Aufzeichnungen und Erinnerungen mehrerer Kauffunger; kleine Glocke ausweislich der mit eingegossenen Zählnummer 11678, die im Werkverzeichnis der Glockengießerei Schilling enthalten ist.)

– Die im 2. Weltkriege abgenommenen Glocken (große Glocke von der kath. Kirche, große und mittlere von der ev. Kirche) sind *nicht* in einem Glockenlager erhalten geblieben lt. Verzeichnis des Germanischen Nationalmuseums in Nürnberg über die erhalten gebliebenen Glocken aus Schlesien. –

»Viel Leid lastet wohl auf unseren Herzen, aber das sind die bittersten Schmerzen, daß die Kirchen der Heimat uns nicht mehr zu eigen und der Klang ihrer Glocken für uns muß schweigen« (aus einem Gedicht von Ilse Rhode 1949).

Die Kirchturmsuhren

Im Blick des Dorfes lagen
das farbige Zifferblatt mit vergoldeten Zeigern am Turm der kath. Kirche, das weiße Zifferblatt mit schwarzen Zahlen und Zeigern am Turm der ev. Kirche.
Wann erstmals eine Turmuhr im Katzbachtal geschlagen hat, ist ungewiß. Vermutlich schon um 1500. Erstmals erwähnt wird 'eine Schlaguhr' im Bericht der Kaiserlichen Kommission im Jahre 1654.
Der Dorfbrand von 1753 hat auch die damalige Turmuhr zerstört. Das Kloster Liebenthal schenkte eine neue Uhr, die nun schon weit über 200 Jahre geht und die Zeit anzeigt. Ihr Räderwerk ist von Hand aus Eisen geschmiedet und füllt die Hälfte des Turmquerschnittes aus; zentnerschwere Gewichte, alle zwei bis drei Tage aufzuziehen.

Im Gegensatz dazu hatte das von 1900 stammende Werk der Uhr am Turm der ev. Kirche in einem Kästchen Platz, kleiner als eine Standuhr, mit Gewichten wie bei einem Regulator und nur wöchentlich aufzuziehen.
An der Unterschiedlichkeit der Uhrwerke läßt sich die technische Entwicklung ersehen. (Geschrieben von Hans Pilz, einem der fünf Söhne des katholischen Kantors.)

»Unschön war es, daß die Uhr an der ev. Kirche im Frühjahr 1945 still stand und 'tot war', so bin ich denn regelmäßig zum Turm gegangen und habe die Uhr aufgezogen«, hat Müllermeister Pohl aufgeschrieben.

Später, in den 1950er Jahren, haben sich Hermann Franz, Schlosser und Organist, und Walter Seidel um die Uhr gekümmert, nach Möglichkeit aufgezogen.

1969 ausgebaut, weggebracht...

Auf der Glocke, die im Glockenstuhl bei der nach 1980 im Oberdorf gebauten katholischen Kirche hängt, ist zu lesen:
»Gegossen in der königlich-preußischen Eisengießerei Gleiwitz 1816 (oder 1818).«
Weiteres ist nicht sichtbar.

Aus der Frühgeschichte Schlesiens

Erinnerungen an die Schulzeit: Ostgermanische Stämme, wie Goten, Burgunder, Wandalen. Völkerwanderung. Hunnen ums Jahr 375.
Vordringen von Slawen nach Westen. Piasten. Christianisierung.

Um 100 *vor* Chr. *Wandalen* und zwar die später SILINGER genannte Gruppe kommen von Norden ins Land an der *Oder.*
'Verhältnismäßig rasch dicht besiedelt' (Schlesien-Lexikon, S. 7).

Um 400 *nach* Chr. Ein Teil der Silinger bricht in der Völkerwanderung auf... in Spanien – (W)Andalusien – und Nordafrika untergegangen. Ein Teil bleibt. 'Die silingische Königsherrschaft überdauert bis in den Anfang des 6. Jahrhunderts. Was aus ihr wurde, ist unbekannt.' Angenommen wird, zwar nicht allgemein, daß zumindest kleinere Gruppen im Land an der Oder geblieben sind.

Ab 600 Von Osten aus dem Weichselbogen und von Südosten ziehen *slawische* Völkerschaften nach Westen: Zur Warthe und Netze, an und über die Oder, zur Elbe, nach Böhmen. Werden seßhaft. Westslawen! Eine zeitlang werden Silinger und Westslawen nebeneinander gelebt haben, dann Restgermanen slawisiert.

600–800 In Dunkel gehüllt. Keine festen Grenzen.
Erst später entstehen Machtbereiche, setzen sich Dynastien bis zu Herzogtümern durch:
In der Mitte des 9. Jahrhunderts in Böhmen (Tschechen),
nach der Mitte des 10. Jahrhunderts an der mittleren Warthe die Piasten für den Kernraum der 'Polen'.
Zugleich Taufe der Herzöge (874 bzw. 966) und Beginn der Christianisierung der Einwohner. Im Jahr 1000 Bistum Breslau, aber danach Aufstand.

367

Für das werdende Polen sind als *Piastenherzöge* zu nennen:

Ab 960 *Miseko* (normannisch DAGO, slawisiert Mieszko),
992–1025 sein Sohn Boleslaw Chrobry (nach ihm Hauptstraße in Kauffung)
Um 900 Schlesien im böhmischen Machtbereich.
Zu dieser Zeit im Gebiet des späteren Breslau wahrscheinlich vom Böhmen-Herzog eine Feste (Burg) errichtet und nach ihm benannt als Wratislaw.
Um 960 Nieder- und Mittelschlesien vom Herzog Miseko erobert.
Bis nach 1100 bleibt Schlesien zwischen Polen und Böhmen umstritten. Kriegerische Auseinandersetzungen, dadurch Verwüstungen des Landes.
1137 schließlich zu Polen durch Vermittlung des Kaisers.

Verhältnis zu Kaiser und Reich

Der (deutsche) Kaiser wird als oberster Herr der Christenheit angesehen. Auch der Raum der Westslawen sein Einflußbereich. *Ein* Imperium im Abendland. Oberhoheit: Huldigungen, Lehnseide, Tributzahlungen, Vermittlungen, mehrere Heereszüge bald nach 1000 und um 1160 von Kaiser Barbarossa nach Schlesien. Durch ihn wurde

1163 ein Piast, der in Thüringen im Exil gelebt hatte, als Herzog in Schlesien eingesetzt, innerhalb polnischer Senioratsverfassung. Aber zugleich Lehnseid gegenüber dem Kaiser.
1202 Zerfall des damaligen Polen.
Schlesien selbständiges Herzogtum

Grenzen: Im Südwesten die Gebirge ohne den Glatzer Kessel,
im Westen   an Queis – Bober (also ohne die Lausitz),
im Nordosten   etwa wie uns bekannt,
im Süden   bis zu den Beskiden (späteres Österreich-Schlesien)
               zeitweise ohne Oberschlesien.
Nieder- und Mittelschlesien durch die Jahrhunderte fast unverändert.

Zum Namen Schlesien

Lateinisch Silesia. Um 1200 Zlesie/Slesie. Polnisch Śląsk.
Alle Abwandlungen aus dem Wort *Silinger* entwickelt.
Die Germanischen Silinger hatten im Oderland um ihr Heiligtum gesiedelt, den *Silingberg* (718m), unser Zobtengebirge südl. Breslau. Die nachrückenden Slawen übernahmen mit dem Land auch die Landesbezeichnung. Der um den Siling seßhaft werdende Teilstamm der Slawen wurde zu den 'Slenzanen', namengebend für das ganze Oderland. Für das 12. und 13. Jahrhundert sind überliefert: Siling, 'mons(Berg)Silencii', 'Slenz'. Später sagte man auch, wie noch wir dann und wann *Schlesing*.

Besiedlung im 10. bis 12. Jahrhundert

Als weitere slawische Teilstämme erscheinen im 10. Jahrhundert die *Boberanen* am Bober mit Hauptburg wohl in Boleslawia (Bunzlau) und die Treboranen vermutlich östlich anschließend (Liegnitz?).

368

'Um 1200 war Schlesien im Ganzen ziemlich dünn besiedelt, etwas dichter in der fruchtbaren mittelschlesischen Ackerebene südl. der Oder. Die Siedlungen bestanden aus kleinen Weilern mit jeweils einigen Bauernstellen, zu denen kleine unregelmäßige Blockfluren gehörten, auf denen extensiver Ackerbau betrieben wurde' (Handbuch der Historischen Stätten Schlesiens, S. XXXXVI).

Fischfang und Jagd waren wesentliche Quellen der Ernährung. Noch um 1200 wurden als *Zehnt* Eichhörnchenfelle abgeliefert. Erst in einer herzoglichen Urkunde von 1217 wurde für den Raum Lähn verfügt, daß künftig der Zehnt in Getreide abzugeben sei (Regesten zur Schlesischen Geschichte I Nr. 191). Ackerbau und Viehzucht waren noch sehr dürftig.

Mittelpunkt der Ansiedlungen bildeten *Kastellaneien* (Gericht, Verteidigung, Abgabeannahme, Verwaltung, *Burgkirche*). Das *Katzbachtal* gehörte zur im Osten liegenden Kastellanei *Swini* (auch Suini, Swiny u.ä.), der späteren Schweinhausburg bei Bolkenhain; deren Bereich dehnte sich nach Westen bis zum Bergzug Hogolie/Hohe Wald nebst Tälern.

Im Westen: Kastellanei *Walan*/Valan/Vlan, die spätere Lähnhausburg am Bober.

Anmerkungen zum Sprachvergleich: *Swini* und *Walan* haben keinen slawischen Sprachklang.

Im zeitgleichen Mittelhochdeutsch sagte man Swin für Schwein.

Im ostgermanischen Gotisch swein, Schwedisch jetzt swin.

Im jetzigen Polnisch swinia, Tschechisch svine.

Wohl als Lehnwort für Hausschwein von den Westslawen aus dem Sprachgebrauch der Ostgermanen übernommen.

Der erste Kastellan in Swini soll aus Böhmen gekommen sein!
Oder...?

Walan u.ä. findet sich in keinem polnischen Wörterbuch. Nach Überlieferung sollen im 12. Jahrhundert *Walonen* im Raum des späteren Lähn seßhaft geworden und so der Name Walan für die Ansiedlung entstanden sein.

In der Regel befand sich im Bereich einer Kastellanei an Kirchen nur die *Burgkirche*. 'Bis zum Jahre 1200 lassen sich nur 24 Kirchorte im Bistum Breslau nachweisen' (W. Marschall: Geschichte des Bistums Breslau, S. 24).

An *Bober* und *Katzbach* werden genannt: Vor 1149 Liegnitz und um 1150 Lehnhaus als Kirchorte; erst 1217 eine Kirche in Goldberg. Damals keine Kirche in Swini/Schweinhaus.

Umsomehr fällt auf, daß schon in den kommenden Jahrzehnten außer in Goldberg katzbachaufwärts in drei Dörfern Steinkirchen gebaut worden sind. Nach dem damals in Hessen und Niedersachsen üblichen spätromanischen Baustil zu urteilen, Stilverflechtung, wird als Bauzeit das 2. Viertel des 13. Jh. angenommen. Die Johanniskirche in Schönau nahe beim Bahnhof ist allgemein als Baudenkmal bekannt. Die Kirchen in Falkenhain und Neukirch sind verfallen. Diese drei Bauten werden als Hinweis auf frühe Besiedlung angesehen. (Geschichte Schlesiens, S. 432 und H. Tintelnot: Die mittelalterliche Baukunst Schlesiens, Holzner-Verlag, damals Kitzingen 1951.) Eine Darstellung im Einzelnen würde den Rahmen dieses Heimatbuches überschreiten.

700 Jahre Deutsch

Deutsche Besiedlung des Oberen Katzbachtals

Geschehen in den ersten Jahrzehnten nach 1200, im Rahmen einer Siedlungsbewegung von West nach Ost und der von Herzog Heinrich I. aus dem Geschlecht der Piasten eingeleiteten Ansiedlung Deutscher in Schlesien.

'Deutsche Ostkolonisation', lernten wir in der Schule,
'Feudale deutsche Ostexpansion', heißt es in DDR-Geschichtsbüchern,
'Mittelalterliche deutsche Siedlung im östlichen Mitteleuropa' ist in den deutsch-polnischen Schulbuchempfehlungen von 1977/5. geschrieben.

Berücksichtigt sind für diesen Abschnitt:

Adamy, Heinrich,   Die schlesischen Ortsnamen... Breslau 1887
Weinhold, Karl,   Verbreitung und Herkunft der Deutschen in Schlesien, Stuttgart 1887
Damroth, Konst.,   Die älteren Ortsnamen Schlesiens, Beuthen, 1896
Kuhn, Walter,   Beiträge zur schlesischen Siedlungsgeschichte, München, 1971
Stockmann, Günth.   (gebürtiger Kauffunger)

– Ortsnamen und Siedlungsweise unseres Kreises... in Heimatnachrichten 1962, Nr. 6, S. 5
– Kauffung in seiner Gründungszeit... in Kauffunger Rundbrief Nr. 40 vom 16. 12. 1963, S. 3–6.

Urkundensammlungen: Codex Dipl. sil., Liber Fund./Zehntregister, Regesten, Urkundenbuch.

Die Anfänge deutscher Zuwanderung nach Schlesien sind zu verzeichnen, als um das Jahr 1160 Piastenfürsten nach 14/17 jährigem Aufenthalt in Thüringen (Exil) nach Schlesien zurückkehrten. Feste Beziehungen zwischen den Piasten und deutschen Herrschergeschlechtern waren entstanden und wurden gepflegt. Schon zuvor und seitdem haben die schlesischen Piasten oft deutsche Frauen geheiratet. In deren Gefolge kamen andere Deutsche als 'Gäste' mit, manche blieben.

Mit Herzog *Heinrich I.* (ab 1201) und seiner Gemahlin *Hedwig* standen zwei ausgeprägte gebildete wie tatkräftige Persönlichkeiten dem Herzogtum *Zlesie/ Schlesien* vor. Ihre Jugend lag in der Zeit des Kaiser Barbarossa, mit ihm hatte der Vater des Herzog Heinrich und dieser als junger Mann mit anderen angesehenen Fürsten, z.B. den Königen aus Frankreich und Ungarn an einem Kreuzzug teilgenommen; Herzog Heinrich übrigens während seiner Regierungszeit auch an einem Zug des deutschen Ordens ins heidnische Preußenland. Christlich abendländische Gemeinsamkeiten.

Hedwig entstammte hochadeligen Geschlechtern:
Väterlicherseits dem bayerischen Grafengeschlecht der Andechser, der Vater war außerdem Herzog von Meranien a.d. Adria;
mütterlicherseits dem sächsischen Geschlecht der Wettiner, die damals bereits

mit der Mark *Meißen* belehnt waren. In deren Herrschaftsgebiet lag auch *Kaufungen* in Sachsen.

Hedwig wurde im Benediktinerinnen-Kloster in Kitzingen am Main erzogen. Gläubige Christin, wahre Landesmutter, Wohltäterin; heute würde man sagen 'caritativ tätig'. Bereits 1267 heilig gesprochen. 'Herzogin und Heilige'. Zu ihrem Gefolge gehörten auch Männer aus Bayern, z.B. der Kaplan der Burg Lähn, Ritter und...

Herzog Heinrich nahm das Siedlungswerk als unmittelbare landesherrliche Aufgabe mit aller Planmäßigkeit bald nach seinem Regierungsantritt in Angriff. Deutsche Bauern, Handwerker, Kaufleute wurden ins Land gerufen, Dörfer und Städte nach entwickelter deutscher Weise und zu deutschem Recht gegründet, bestehende Siedlungen umgesetzt. *Waldrodung* in großem Maßstab.

Das Herzogtum Zlesie war, wie in alten Zeiten auch in anderen Landschaften üblich, von Grenzwäldern umgeben; nahe deren Innenrand versperrte ein Verhau – im polnischen 'Preseka' genannt – den Zugang. Ein Gewirr von eingekerbten Stämmen, ineinander verflochtenen Ästen, das dazwischen aufwachsende Unterholz und Dorngesträuch bildete eine leicht instand zu haltende und einigermaßen verteidigungsfähige Schutzwehr, die nur an den wenigen durch den Grenzwald führenden Saumpfaden Durchlässe hatte. Wald und Verhau waren durch Bann geschützt. Dieser Verhau/Grenzhag verlief von der Oder kommend zunächst nach Süden zwischen deren Nebenflüssen Queis und Bober, dann in östlicher Richtung entlang des Nordrandes des Hirschberger Kessels und am Kamm des Bober-*Katzbach*-Gebirges über dessen Bleiberge hinaus Richtung Bolkenhain, nördl. des obersten Bobertals (Kuhn, S. 32/39).

Das Bober-Katzbach-Gebirge mit dem Oberlauf von Bober und Katzbach sowie die Landschaften beiderseits des Riesengebirges, die Sudeten überhaupt, befanden sich um 1200 noch im unberührten natürlichen Zustand: Bewaldet, unwegsam; vielleicht Einsprengsel von Ansiedlungen, Stützpunkte von Jägern und Fischern, kein Ackerbau. Rechtlich gesehen nicht von Familien in Besitz genommen und nicht bewirtschaftet; das Waldgebiet stand auch nicht im Eigentum ritterlicher Grundherrschaften. Der *Herzog* konnte als Landesherr über diese Grenzwälder frei verfügen und hat dies urkundlich und tatsächlich getan.

Stichworte zur Ostsiedlung:
Waldhufen- oder Angerdörfer, Hufe als Flächenmaß,
Lokatoren = Siedlungsträger in unserer Ausdrucksweise. Lokationsverträge zwischen Grundherrn und Lokator.
Erbschulze = Ortsvorsteher – Erbscholtisei – Schölzerei.
Angesehenen Männern oblag als Lokatoren, die Siedlerbauern in ihren bisherigen Heimatorten zu werben, sie in die Rodungsgebiete zu führen, für ersten Unterhalt, Werkzeuge, Saatgut zu sorgen und vor allem das Dorf einzuteilen, die Hufen zu vermessen. Gegebene Ortsvorsteher.

Wie im Meißner Land und anderen Landschaften der deutschen Ostsiedlung wurden die neuen Dörfer im Rodungsgebiet als *Waldhufen*-dörfer angelegt. Genannt nach der Zuteilung des Landmaßes *Hufe* und zwar im schlesischen Gebirge als Fränkische Hufe = 24 ha. (Das sind rund 100 Preußische Morgen, wie für etwaige Familienüberlieferung angemerkt sei.)
Je Dorf in der Regel 50 Hufen und je Bauer *eine* Hufe.
Gehöfte im Abstand von 100 m oder etwas mehr und zwar beiderseits von Bach/Fluß/Talgrund in gehöriger Entfernung zum Gewässer. Also zweireihig. In diesem 100 m breiten Streifen erstreckten sich die Felder in etwa 2,5 km Länge bis zum Wald und zur Gemarkungsgrenze. Aus Gehöftlagen und Flurstreifen ergab sich das Wegenetz. Mit 25 Hufen je Dorfseite errechnen sich 2,5 bis 3 km Dorflänge, wie man auf den Landkarten nachmessen kann (ohne Zubauten im Laufe der Zeit).
Der Lokator, künftige Ortsschulze, behielt zwei oder mehr Hufen für eigene Bewirtschaftung; 'das normale schlesische Sechstel' = 8 Hufen als Schulzenanteil nennt W. Kuhn, S. 74. Für Pfarre/Kirche bis zu zwei Hufen.

> Denkbar ist, daß der Herzog in dem einen oder anderen Dorf zur Bewirtschaftung geeignetes Land, unter Kürzung der Schulzenhufen oder über die 50 Hufen hinaus, für eigene Zwecke bestimmt hat. Geschehen vermutlich in unserem *Coufunge* für ein herzogliches Vorwerk, das spätere Gut Mittel-Kauffung, wie im Abschnitt 'Befestigter Rittersitz' beschrieben.

Im allgemeinen ergaben sich

	40 Bauerngehöfte	
bis zu	2 Kirchenhufen	*Widmuth* genannt
bis zu	8 Schulzenhufen	
insg.	50 Hufen im Dorf.	

40 bäuerliche Hufen/Gehöfte ist genau die Anzahl, welche Pastor Stockmann anhand der von ihm um 1890 durchgearbeiteten alten Urkunden für das bei der Ansiedlung im 13. Jahrhundert entstandene *Coufunge* festgestellt und errechnet hat; nämlich je 20 bis 21 Hufen östlich und westlich der Katzbach (Geschichte des Dorfes Kauffung, Seite 11). Und das, obwohl Pastor Stockmann die 50 Hufen je Ansiedlungsdorf – dem damaligen Forschungsstand entsprechend – nicht bekannt gewesen zu sein scheinen. Dies Coufunge begann oberhalb vom Nieder-Kauffung unserer Zeit und erstreckte sich flußabwärts östlich der Katzbach vom späteren Heilandgut und westlich der Katzbach vom späteren Tschirnhaus-Kauffung je einschließlich bis zu den Niederwiesen.
'Die Bauern wollten die *Kirche* im *Dorfe* haben'. Deshalb wurden von Anfang an ein Platz für die Kirche und Land zum Unterhalt des Pfarrers abgeteilt. Es ist anzunehmen, daß bald Holzkirchen gebaut und Kirchhöfe eingefriedet worden sind. Die Kirchspiele, zumeist Eindorfpfarren, waren nach Fläche und Menschenzahl klein.

'Dem Pfarrer blieb Muße, seinen Seelsorgebefohlenen auch in menschlichen und wirtschaftlichen Nöten beizustehen und sicherlich blieb ihm auch Zeit, den Acker seiner Widmuth zu bestellen, soweit nicht dritte halfen'. (Nach W. Kuhn Seelenzahlen der Pfarreien in der mittelalterlichen Ostsiedlung, S. 23)

Zur Zahl der Dorfeinwohner
Je Hufe/bäuerlichem Gehöft nimmt man allgemein aus verschiedenen Quellen und Überlegungen für die ersten 100 Jahre durchschnittlich 5 Personen an (S. 14).

Daraus ergeben sich bei 40 Gehöften, zusätzlich Schölzerei und Pfarre, für die ersten Jahrzehnte vielleicht 220 bis 230 Einwohner im Dorf und Kirchspiel.

An sich müßten im Zusammenhang mit dem *'Peterspfennig'*, weil dieser je Kopf oder Herdstelle erhoben und urkundlich abgerechnet wurde, Zahlen über die Einwohnerschaft in den Dörfern vorhanden sein. 'Für Niederschlesien fehlen aber Listen für die einzelnen Pfarrgemeinden, für Archidiakonate vorhanden' (nach W. Kuhn, Seelenzahlen…, besonders S. 9).

Zuwachs ergab sich schon nach 100 Jahren durch Erbteilungen, Ansetzung von Gärtnerstellen, vielleicht auch durch Verbleib oder Aufnahme nicht landbesitzender Leute. Die Bildung gutsherrlicher Vorwerke hatte weitere Veränderungen zur Folge.

Besiedlung des oberen Katzbachtals

mit deutschen Bauern (Teutonici)   Urkunden   Dörfer   Zeitraum
Gewiß nach einem von Herzog Heinrich I. vorgegebenen Plan, das Tal als Ganzes zu erschließen. Erfolgt in Gruppen von Dörfern oder als einzelner Ort; weit überwiegend in unmittelbarem Auftrag des Herzogs, zum kleineren Teil unter Einschaltung des Zisterzienserklosters *Leubus* als Siedlungsträger.

Ansetzungsurkunden für Orte im Katzbachtal mit Jahr und Namen sind nicht mehr vorhanden. Ein deutliches Bild über Umfang und Zeitraum erhält man aber aus den nachbeschriebenen Urkunden des Herzogs von 1227 und aus zwei Urkunden des Bischofs von 1268 und 1305. Diese beiden letzteren Urkunden galten der Bestandsaufnahme des Kirchenzehnten für die darin namentlich genannten neuen Dörfer, welche Jahre und Jahrzehnte vorher angelegt worden waren.

Urkunden zu den Dorfgründungen

1227 Der Herzog hatte dem Kloster *Leubus* in drei Urkunden ab 1216 bis 1224 500 *Hufen* 'im Walde bei Goldberg' zur Anlage von deutschrechtlichen Dörfern überlassen/verliehen. Räumlich zwei getrennte Bereiche. (Diese Verleihung ist aber nicht schon 1203 erfolgt, wie eine zeitlang angenommen wurde.) Rückschauend und zusammenfassend ist etwa 1227 eine Gesamturkunde ausgefertigt worden.
(Schlesisches Urkundenbuch, Nr. 246, 2 Doktorarbeiten 1894/1927 in Breslau, W. Kuhn: Siedlungsgeschichte, S. 47 und 48
Arbeit in polnischer Sprache von Z. Wielgosz, 1962)

1268 Urkunde des Bischofs von Breslau zu 17 Waldhufendörfern, die im weiteren
   Bereich von *Goldberg* (1211 deutsches Stadtrecht) entstanden waren:
   Südwestlich die 'Lange Gasse' an der Schnellen *Deichsa* und bis zum
   Gröditzberg. Ferner Wiesenthal bei Lähn.
   Südlich im *Katzbachtal* und Wolfsdorf bei Goldberg.
   (Bei Stockmann im Urkundenanhang, Jahr 1268
   Schlesisches Urkundenbuch, Vorabdruck, Nr. 47 und 48
   W. Kuhn: Siedlungsgeschichte, S. 46; auch bei Wielgosz)
1305 Urkunde des Bischofs von Breslau über einzelne Dörfer im Weichbild von
   Schönau.
   (Bei Stockmann im Urkundenanhang, Jahr 1305
   Einnahme-/Zehntregister des Breslauer Bistums, S. 125,
   auch wieder bei Wielgosz)

Flächen im oberen Katzbachtal

   120 Hufen für drei Dörfer über das Stift Leubus
   300 Hufen für sechs Dörfer nach der Urkunde von 1268
   <u>210</u> Hufen für sechs Dörfer nach der Urkunde von 1305
   630 Hufen in etwa zu je 24 ha = 15.120 ha = rd. 150 qkm
       = kleiner Landkreis

Namen der erwähnten Dörfer und Zeitraum der Gründung

Durch das Kloster *Leubus* entstanden in Nachbarschaft zu Kauffung:
Seitendorf und *Ketschdorf* an den Katzbachquellen sowie (Klein) *Helmsdorf* sö.
von Schönau. Ansiedlung begonnen um 1225.

Ketschdorf erstmals erwähnt in einer Urkunde vom 30.12. 1311 (Regesten zur
Schlesischen Geschichte Nr. 3246):
'Kyczdorf, zwischen den Bergen gelegen, einem Albert *Bawarus* gehörig, welcher
es von seinem Vater ererbte, das aber zuvor seit alters das Kloster Leubus
besessen hatte, wird von dem genannten Bawarus wieder dem Kloster aufgelas-
sen...' Danach ist das Dorf lange Zeit vorher gegründet worden, vielleicht um
1250. Ein Vorfahre dieses Bawarus/Bayer könnte um 1200 Gefolgsmann der aus
Bayern stammenden Herzogin Hedwig gewesen sein.

In der Urkunde von 1268 sind im Katzbachtal genannt:
Cunradeswald (Konradswaldau), *Coufunge* (Kauffung), villa Reinfridi (Röversdorf), Walchenhain (Falkenhain), Sonewald (Schönwaldau), Sonoue (Schönau);
dies noch als Dorf, Gründung der *Stadt Schönau* später, mit Stadtrecht 1295/1305
genannt; irgendwann sagte man zum Dorf *Alt*-Schönau.

Aus den Zusammenhängen wurde und wird bisher von deutschen Historikern
angenommen, daß diese Dörfer *vor* dem Tatareneinfall von 1241 entstanden sind,
jedenfalls nicht erst in der 2. Hälfte des 13. Jh.
Bereits in einer Urkunde des Bischofs vom 28. 11. 1221 heißt es: »...auch ein Maß
an Getreide von jeder deutschen Hufe um Goldberg haben wir übertragen an...«.

Der Eindruck von Stockmann (S. 7) »Wir werden die Gründung des Dorfes
Kauffung um das Jahr 1200 zu setzen haben«, sei hier wiederholt, setzt aber wohl
zu früh an.

In der Urkunde von 1305 sind sechs Dörfer mit unterschiedlicher Hufenzahl und abgestuftem Bischofszehnt in Geld genannt:
Syffridi villa (Seiffersdorf im Bobertal) mit 50 Hufen und Allod/Freigütern, Hartmanni villa (Tiefhartmannsdorf) und Libental (Hohenliebenthal) mit je 50 Hufen, also die üblichen Waldhufendörfer/Reihendörfer.
Woycezdorf mit 16 Hufen – gleichzusetzen mit dem früheren oberen Ober-Kauffung (dazu später besonders),
Reychwalth (Reichwaldau) nö. von Schönau mit 20 Hufen und Ludwigsdorf sw. von Schönau ohne Flächenangabe.

Anmerkungen:
Alle sechs Dörfer müssen, da 1305 bestehend und leistungsfähig, einige Jahre vorher entstanden sein, jedenfalls vor 1300. Auch die Kirchbauten lassen auf Dorfanlage geraume Zeit/Jahrzehnte vor 1300 schließen.

Im Einzelnen ergibt sich folgendes Bild:

1280 Für *Seiffersdorf* (Kirche 1318 genannt) fehlen Angaben zur Gründungszeit.

1210 Bei (Tief) *Hartmannsdorf* (1305) vermutete man als Begründer einen gleichnamigen Kastellan der Burg *Lähn*, der 1206 zum Gefolge des Herzogs und der Herzogin gehörte (Jubelbuch Tiefhartmannsdorf, verf. 1793/1893, S. 1). Gewiß hat ein Zusammenhang bestanden mit *dem* Hartmannsdorf, das Kaufungen in Sachsen benachbart war und ist, sei es, daß der genannte Gefolgsmann von dort stammte, sei es daß die Ansiedler von dort kamen, sei es, daß beides zutrifft.

1280 *Hohenliebenthal* war ein Dorf des Herzogs; von ihm 1317 an einen Ritter verkauft samt Kirchenpatronat und Grundherrschaft.
Als Bauzeit der gemauerten *Kirche* wird Anfang des 14. Jahrhunderts (deutscher Kirchenkundler Lutsch, 1891) oder Ende des 13./Beginn des 14. Jahrhunderts (polnischer Wissenschaftler Świcdrowski, 1955) angenommen. Danach würde dieses Dorf etwa 1270/80 angelegt worden sein. Schon vor dem Dorf soll nach der Überlieferung ein herzogliches Jagdhaus samt Wirtschaftshof 'unter dem Hochwalde' gestanden haben. Das wuchtige alte Schloß (abgebildet in der Ortsgeschichte von Geisler, S. 1) könnte als 'festes herzogliches Haus' angesehen werden und zwar aus der Zeit der Ortsgründung, unweit des Verbindungsweges zwischen den Landesburgen *Lähn* und *Schweinhaus*/Bolkenhain, mit Stützpunkt in Nieder-Kauffung.

Um 1280 *Reichwaldau* und *Ludwigsdorf* könnten als Kleindörfer von Söhnen und Töchtern aus benachbarten Dörfern angelegt worden sein.

Um 1280 *Kammerswaldau*, Ober-Kauffung benachbart aber im Bobertal, wird ebenfalls in den letzten Jahrzehnten des 13. Jahrhunderts entstanden sein. Vielleicht ein herzogliches Kammergut.
1305 als Kammerswalde und 1318 mit Pfarrkirche und Pfarrer erwähnt.

1281 Der *Hirschberger* Kessel, *Tal* und Seitentäler des oberen *Bober* wurden später besiedelt als das Katzbachtal. *Hirschberg* ist für 1281, Landeshut für 1292 belegt.
Auf der *böhmischen* Seite der Gebirge betrieb der König in Prag Waldrodung und Siedlung ähnlich wie im benachbarten Schlesien. Die Siedler sind zum Teil aus den angrenzenden schlesischen Landschaften gekommen.

Hüben und drüben nahezu dieselbe gebirgsschlesische Mundart. Das naheliegende *Trautenauer Land* auf der Südseite des Riesengebirges wurde in
der 2. Hälfte des 13. Jahrhunderts besiedelt (Kuhn, S. 161).

Zu *Woycesdorf*
Die Urkunde von 1268 nennt Coufunge zu 50 Hufen und die Urkunde von
1305 *Woycesdorf* zu 16 Hufen, also zwei Dörfer. Die 16 Hufen erstrecken
sich vom Südanfang des Dorfes beiderseits der Katzbach
im Osten bis etwa zum späteren Heilandhof
westlich bis unterhalb des Oberbahnhofs ⎫ unserer Zeit.
Anschließend beim Heilandhof und beim späteren Tschirnhaushof begannen
die 50 Hufen von Coufunge (Stockmann, S. 10).
In der lateinischen Urkunde wird von den sechs Dörfern bei Woycesdorf der
Bischof als besonders berechtigt erwähnt. Anlaß oder Grund lassen sich aus
dem Wortlaut nicht entnehmen.
Das Kleindorf W. mit nur 16 Hufen läßt sich
teils mit der steilen Berglage,
teils mit dem Anstoßen an das im Quellbereich der Katzbach angrenzende
Klosterland erklären.
Jedenfalls ausweislich der Einteilung in Hufen und des Zehnten für den
Bischof in Geld ein deutsch-rechtlich angelegtes Dorf, dessen Gründer
Woyc..., geheißen, also zu altslawischen Landeseinwohnern gehört haben
wird. Aber trotzdem endet der Ortsname auf ...dorf. Weiteres ist unbekannt.
Unwahrscheinlich ist, daß in dem engen Tal der Katzbachpforte schon ein
Weiler oder Dorf bestanden hat, ehe das breitere Tal flußabwärts mit Coufun-
ge besiedelt war. Vielleicht hat eine Jägerfamilie dort oben gelebt und den
Namen Woyc geführt. Denkbar wäre, daß Söhne oder Enkel aus Coufunge
den flußaufwärts angrenzenden Busch – im Sinne der nachbeschriebenen
Überlieferung – gerodet und sich dort angesiedelt haben; dabei könnte die
etwaige Jägerfamilie einbezogen und namengebend geworden sein.

»Das jetzige Dorf Kauffung besteht nach alter Überlieferung aus zwei ursprünglich getrennten Ortschaften; ein Busch schied sie, wurde aber später
ausgerodet und bebaut«, schrieb 1892 Stockmann, S. 7, 8. Weiter hat Stockmann aufgrund seiner Urkundenkenntnis berichtet: »Der Name Woycesdorf
fehlt dann fast 150/200 Jahre lang; in diesem Zeiraum wird in Urkunden, die
sich auf das Oberdorf beziehen, nur der Name Kauffung verwendet. Erst in
einer Reihe von Urkunden aus den Jahren 1507 bis 1540 taucht neben
'Kauffung' oder 'Ober-Kauffung' zusätzlich 'Woitzdorf', auch als Woitzdorf,
Woitsdorf, Woytzdorf auf. – Das Kleindorf W. war einwandfrei Teil des mehr
als dreifach größeren Kauffung geworden. – Die Vereinigung der beiden
Dörfer muß aber schon sehr bald erfolgt sein, da in einer Urkunde von 1388
(Urkundenanhang) bereits der obere Teil des Dorfes unter den Gesamtnamen
Kauffung fällt;...«

Coufunge und *Woycesdorf* wuchsen zusammen zum Kirchspiel *Kauffung.*
Ein *Sprach-* und Geschichts*denkmal* für Kauffung ist das Wort *Seiffen* für das quellfrische Bächlein, das von den westlichen Hängen kommend nach kurzem Laufe am Südeingang von Ober-Kauffung der Katzbach zufließt. Auch die daran liegenden Häusel waren so benannt.
Das Wort Seifen wird mit der Bedeutung Bach = Quellabfluß in einigen deutschen Landschaften gebraucht, z. B. in Hessen, der Wetterau, dem Bober-Katzbachgebirge (Weinhold, S. 220).
Offenkundig können die Namensgeber für unseren Kauffunger 'Seiffen' nur Deutsche gewesen sein, die im oberen Ober-Kauffung ständig lebten.

Der *Herkunft* nach

wird als gewiß angenommen, daß die deutschen Siedler im schlesischen Gebirge aus Thüringen, Mainfranken, Hessen stammten, wesentlich Nachkommen der Deutschen waren, die sich 50 bis 100 Jahre, einige Generationen zuvor, im damaligen Vogtland und der Mark Meißen (im Raum Plauen – Meißen) waldrodend angesiedelt hatten.
Man darf annehmen, daß Herzogin *Hedwig,* blutsverwandt mit dem Markgrafengeschlecht, empfohlen haben wird, in der nämlichen Mark Meißen Siedler für Schlesien zu werben. Ähnlich werden sich die langdauernden, früheren Beziehungen der schlesischen Piasten zu Thüringen ausgewirkt haben.
Die deutsche Herkunft der Gebirgsbauern ist deutlich zu erkennen an den Orts- und Flurnamen, an Ortsanlage und Einteilung der Gemarkung als Waldhufendörfer, am fränkischen Vierkanthof und schließlich an der ost-mitteldeutschen Mundart.
Die *Ortsnamen* sind, wie ersichtlich, gebildet worden aus deutschen Landschaftsbezeichnungen oder den alten deutschen Rufnamen der Lokatoren/Dorfansetzer/ ersten Ortsschulzen, an welche als Endung ...waldau, ...dorf, angehängt wurden. Ortsnamen, auch schlicht aus der Heimat mitgenommen, wie bei unserem Kauffung, dem benachbarten Hartmannsdorf, Berbisdorf und Röversdorf (Verfasser meinte angesichts der Ortsschilder westlich Dresden durch das Bober-Katzbachgebirge zu fahren). Namensübertragungen genauso wie europäische Auswanderer ihre neuen Ansiedlungen in Übersee oft nach Heimatorten genannt haben.
Die *Flurnamen* sind rein deutsch, wie wir aus der Erinnerung wissen und wie aus den Karten, insbesondere dem Meßtischblatt, ersichtlich ist.
Übertragen auch die *Flußnamen Katzbach,* wie gesondert beschrieben und Schnelle *Deichsa,* welche nordwestlich des Berges Hogolie entspringend am Probsthainer Spitzberg vorbei über das gemächliche Schwarzwasser bei Liegnitz der Katzbach zufließt. *Deichsa* deutet auf Siedler aus Mainfranken, denn die bei Bamberg in den Main mündende Regnitz nimmt etwa 25 km oberhalb einen Deichsbach auf. Statt '-bach' mögen dann Thüringer oder Hessen das heimatlich vertraute 'a' am Ende gesprochen haben: Fulda, Werra, Gera, Schwarza! (Beschrieben zur Deichsa bei A. Mehnert in Frühgeschichte des Waldhufendorfes Probsthain, 1965, S. 44 bis 47.)
Für die Herkunft spricht schließlich das *Erscheinungsbild* von Bewohnern. Um 1920/30 haben mich als Kind und Jugendlichen in Kauffung alte Bauern beein-

druckt, die nach großer kräftiger Gestalt, Kopfform und Gesichtsschnitt *einer* Abstammung waren: Altfränkische Art, wußte man.

Ähnlichkeiten der *Mundarten* in Wortschatz und Klang sind von Weinhold, S. 214 bis S. 221 und von Jungandreas in 'Besiedlung Schlesiens', Breslau 1928, S. 56, geschildert.

Rätselhaft ist nur der Name 'Die Hogolie' für den mit 721 m fast höchsten Berg des Bober-Katzbach-Gebirges. Schreibweise im Laufe der Zeit auch Hogulie, Hugolie, Hogolje, Hohe Golie; Hohe Kulge stand sogar einmal in Karten. Wir sagten: Hogolie und Hohe Kulge. Man hat mit viel Geist gerätselt, auf welche Sprachwurzel der seltsame Name zurückgeht. Alle Deutungsversuche setzten sich nicht durch. In einer Urkunde von 1366 (Stockmann im Urkundenanhang) hieß es: *Hoenwald*. 'Höhenwald', wie der im Westen des Höhenzugs benachbarte 'Hochwald'. Polnische Bezeichnung jetzt: Okole; ein solches Wort ist im Lexikon nicht zu finden. Abwandlung? Einwandfreie Deutung wird im Schoße der Zeiten begraben bleiben. Verfasser für seinen Teil erinnert sich gerne der täglichen Begrüßung mit dieser Bergkuppe in Kindheit und Jugend beim Blick aus dem Fenster.

Unser Kauffung als Enkel

Kaufungen (Hessen) 11 km ostwärts von Kassel
mit Ober- und Niederkaufungen an der zur Fulda fließenden Losse und *Kaufunger Wald* im Dreieck zwischen Werra und Fulda

Beide Ortskerne wahrscheinlich zur Karolingerzeit im 8. Jahrhundert entstanden; Königshof. Alter Hauptort und Handelsplatz. Bald nach 1000 in Urkunden genannt als Coufunga und Coufungon. Der Name wird von althochdeutsch choufo = kaufen/Kaufstätte abgeleitet. 1017 vom Kaiserpaar dort Kloster der Benediktinerinnen gestiftet, im Hochmittelalter angesehen und vermögend mit Stiftswald. 1025 dreischiffige Stiftskirche.
1980: 10.500 Einwohner.
(Angaben aus Hessenlexikon, R. Klein, Umschauverlag Frankfurt 1981)

Kaufungen (Sachsen), nördlich Chemnitz/Karl-Marx-Stadt erstreckt sich von der Hochfläche dem Bachlauf folgend zur tief eingeschnittenen Zwickauer Mulde, 12 km flußab der Kreisstadt *Glauchau.*

(Das nämliche Glauchau, in dem von dem Ausweisungsschub zu Ende November 1946 mehrere hundert Kauffunger eingewiesen worden sind.)
Zugehörig zur Gemeinde Wolkenburg. Diese Burg war einst als Veste gegenüber dem Sorbenland südlich der Mulde gebaut worden.
Stichworte zur Geschichte im 12. Jahrhundert:
Vorland des Erzgebirges noch unerschlossen, dicht bewaldet, dünn besiedelt von Sorben/Milcanen. Vogtland zur Reichsterritorium. *Mark Meißen.* 'Deutsche Ostsiedlung' etwa ab 1150 auch in diesem Gebiet.
Das sächsische Kaufungen ist bald nach 1150 als deutsches Waldhufendorf entstanden mit 40 bis 50 Hufen/Höfe. Jetzt 3 km Länge beiderseits Bach/Straße. Aus dem gleichnamigen hessischen Ort kam das Rittergeschlecht von Coufungen, gefolgt von Bauern. Namengebend!

Kirche als Wartturm/Wehrkirche in den ältesten Teilen um 1200 gebaut. Erste urkundliche Nennung des Ortes 1209 und 1226; 1231 als Khouffungen, 1495 als Kauffungen. Hussiten zerstörten 1431 das Dorf Wolkenburg. Benachbartes Kaufungen? Einwohner um 1550: Rittergut, 37 bäuerliche Höfe und 17 Inwohner/Häusler. 1946 1147 und 1984 750 Einwohner. Früher Landwirtschaft und Strumpfwirker. Jetzt LPG (Lw. Produktions-Genossenschaft), individuelle Hauswirtschaften, Pendler. (Angaben aus H. Blaschke, Historisches Ortsverzeichnis von Sachsen, Leipzig 1957 und Zeitung 'Union' Dresden vom 14. 3. 1984.) Fast benachbart im Osten liegt ein Hartmannsdorf wie Tiefhartmannsdorf im Westen vom schlesischen Kauffung; im Umkreis des sächsischen wie des schles. K. gibt es ein Röversdorf, Berbisdorf!

Kauffung an der Katzbach, Kreis Goldberg in Schlesien, *entstanden* als das obere Katzbachtal vor und nach der Mitte des 13. Jahrhunderts deutsch besiedelt wurde; um 1225. Ebenfalls Waldhufendorf. 1268 erste urkundliche Erwähnung als Coufunge. Einziger Ort mit der Endung 'ungen' in Ostdeutschland.

Diese *drei* Orte mit der altertümlichen Endung auf 'ungen' sind miteinander verbunden wie Großvater Sohn Enkel, sind zugleich Zeugen deutscher Geschichte. Wanderung des Namens. Der Historiker K. Weinhold schrieb 1887: »In Hessen in der Nähe von Kassel liegt ein Dorf Kaufungen. Der Name erscheint auch im Leipziger Kreise. Von dort wahrscheinlich ist er nach Schlesien gebracht worden. Mit Abstoß des 'en' haben wir Kauffung bei Schönau.« Die doppelte Namensübertragung wird auch von W. Jungandreas angenommen. Ferner beschrieben von dem Schlesier Dr. Günter Stockmann und im Monatsblatt 'Kauffunger Wald' vom November 1980 für das hessische K. Dreimal Kaufungen!

Der Mongoleneinfall im Jahre 1241

lag zeitlich Jahrzehnte nach dem von Herzog Heinrich I. etwa 1205 eingeleiteten Siedlungswerk und auch *nach* dem Beginn der deutschen Besiedlung des oberen Katzbachtals. Bergknappen von Goldberg und dem Kauffung benachbarten *Altenberg* waren aufgeboten. Bauern waren zum Kriegsdienst, insbesondere zu Hilfen im Lande verpflichtet. Nach der Abwehrschlacht bei Liegnitz sind die Mongolen/Tataren längs des Gebirges zum Haupttheer nach Ungarn geritten. Bei ihrer Kriegserfahrung gewiß nicht ohne Seitensicherung. Vermutlich hat ein Schwarm Reiter den Auftrag gehabt, die Flanke gegen Böhmen zu sichern – das Heer des Böhmenkönigs war versammelt – und ist durch das Katzbachtal – Schönau – Kauffung – Ketschdorf – Richtung Waldenburg gezogen... Keine zeitgenössischen Aufzeichnungen geben Kunde, aber mündliche Überlieferungen sind gebracht in den Ortsgeschichten Schönau von 1893, S. 47, Ketschdorf von 1968, S. 7 und Seitendorf/Altenberg 1843, S. 43.

Danach soll eine Horde der Tataren bis Schönau gedrungen sein, eine Turmveste, in die sich Bewohner der Umgebung geflüchtet hatten, vergeblich belagert haben und dann mit dem Heer am Fuße des Gebirges nach Mähren – Ungarn gezogen seien. Man hat lange in der alten Stadtpfarrkirche verschiedene Waffen der Tataren aufbewahrt; durch Brände vernichtet.
Südostwärts von Ketschdorf, beim Übergang von den Katzbachquellen ins oberste Bobertal, sollen Kämpfe zwischen Altenberger Knappen und Mongolen stattgefunden haben. Der dortige Gemarkungsname *Schädelhöhe* wird auf gefundene Schädel (Zeitpunkt des Fundes unbekannt) zurückgeführt. Auch sehr kleine Hufeisen sind auf den Äckern des Bleibergs gefunden worden... Tataren in unserem Katzbachtal! Im Kern gewiß nicht nur Legende. Ob die frühen deutschen Ansiedler sich rechtzeitig in entlegene Wälder retten konnten?

Die Erbscholtiseien

waren für Jahrhunderte führend in den neu entstandenen schlesischen Bauerndörfern, herausgehoben durch die größere Fläche und Wirtschaftskraft sowie durch das mit der Scholtisei verbundene Amt als Dorfschulze/Scholz/Ortsvorsteher. Die Scholtisei war frei von Abgaben oder weniger belastet. Verbunden mit ihr waren der Kretscham (Dorfwirtshaus) sowie die Getreide- und die Brettmühle. Mancherorts ist die Vererblichkeit nach einiger Zeit weggefallen, dann sprach man schlicht von der Schölzerei.
Der Dorfschulze bildete zusammen mit den Schöffen, Gerichtsgeschworene genannt, als Beisitzer das Dorfgericht und hielt für die niedere Gerichtsbarkeit als Gerichtstage das *Dreiding* ab. Dabei wurden auch örtliche Angelegenheiten geregelt.
Nach 100 Jahren und länger, im 14. und 15. Jahrhundert, befanden sich Güter im Besitz von Rittern – zu Lasten der *Scholtiseien*, deren führende wirtschaftliche und rechtliche Bedeutung in den Dörfern abnahm. Ein Teil der Aufgaben des Dorfschulzen ist im Laufe der Zeit auf die Eigner der Rittergüter als Grundherrschaften und Ortsobrigkeiten übergegangen. (Beschrieben nach W. Latzke 'Die schlesische Erbscholtisei', Würzburg 1959.)
Auch in den Waldhufendörfern *des Katzbachtals* sind Erbscholtiseien/Schölzereien üblich und von Bestand gewesen.
Für das ursprüngliche *Oberdorf* ist die Erbschölzerei urkundlich genannt
1540 oberhalb des Bruchmannbauers/oberhalb Oberbahnhof
(Stockmann, S. 10 und Urkundenanhang)
1653 als Erbschölzerei in einem Bericht für die Steuereinschätzung
(Stockmann, S. 33, 34 und 35)
1682 für das Ortsgericht und zwar 'jetziger Zeit Erb- und Gerichtsscholz Ober-Kauffung' (S. 39)
1814 Erbkauf über väterliche Erbscholtisei (Schöppenbuch).
Bis wann im *Niederdorf*, im Coufunge der Ansiedlungszeit, eine Erbscholtisei bestanden hat, ist unbekannt. In den von Stockmann im Urkundenanhang wiedergegebenen Urkunden ist für das Niederdorf keine Schölzerei genannt; trotzdem wird aber eine solche bestanden haben.

Denkbar wäre, daß das 3 Hufen/75 ha große und stattliche *Freigut*, gelegen 100 m unterhalb der ev. Kirche, einst die Scholtisei war bzw., daß damit die Aufgaben des Scholzenamtes verbunden waren. Aufgeteilt Jahrzehnte vor 1900.
In Aufzeichnungn der Jahrzehnte nach 1800 wird das Wort *Gerichtsscholze* für die Ober- und Niedergemeinde gebraucht.

Als *Scholzen* sind genannt

	1655	1784/1814	1825
Obergemeinde	Matthes Blümel	Familie Pätzold	Joh. Gottlieb Freche
Niedergemeinde	George Raubbach		Joh. Christ. Mehwald
	ein Schuster		

In *Tiefhartmannsdorf* gab es um 1700 noch die 'Erbschölzerei', abgebrannt 1708 (aus Jubelbuch von 1893, S. 55). In *Ludwigsdorf* (westl. von Tiefhartmannsdorf, Krs. Schönau/Goldberg) hat erstaunlicherweise *kein* Rittergut bestanden und hat sich die dortige Erbscholtisei bis in die Neuzeit gehalten; mitgeteilt vom Nachkommen, Pastor Rudolf Friemelt.
Rechtlich wurde die besondere Stellung der Scholtiseien und der Grundherrschaften erst um 1850 aufgehoben, als Verwaltung und Gerichtsbarkeit neuzeitlich geordnet worden sind.
Erb- und *Gerichtskretscham* blieben übliche Bezeichnungen für behäbige ländliche Gasthöfe.

Zum Namen *Die Katzbach*

Das *Stammwort 'Katze'* tritt im deutschen Sprachraum in Verbindung mit anderen Hauptworten, z.B. -bach, -berg, -steig, -thal als Name für Feld und Flur, Gewässer und Berge häufig auf.
Abwandlungen, z.B. Katzelsdorf kommen vor. Kätzenbach und Ka(t)zenbach sind als Bezeichnungen für Gemarkungsteile zu finden, z.B. auch in Stuttgart und Waiblingen, Katzenklinge bei dem fränkischen Künzelsau und Katzensteig im Hochschwarzwald. In einer wissenschaftlichen Veröffentlichung des Jahres 1886 waren allein für Württemberg 236 solcher Katznamen zusammengestellt, in der Vermutung, daß diese Zahl sich bei vollständiger Erfassung verdoppeln würde.

In den großen Nachschlagewerken sind
zwei Gebirgsflüsse und *drei* Dörfer *Katzbach* verzeichnet (Nachstehend sind auch einige Zuflüsse und Berge mit aufgezählt)
Die *Flüsse*
1. Unsere schlesische Katzbach als linker Nebenfluß der Oder, ihrerseits mit den Zuflüssen 'Wütende Neiße' und 'Schnelle Deichsa'.
   Im Bereich dieses Dreigespanns zwischen Goldberg und Liegnitz tobte 1813 die Schlacht an der Katzbach.
   – Trotz hochdeutsch *der* Bach eine 'Die' weil es in schlesischer Mundart 'Die Bache' heißt. Das weibliche Geschlecht bewahrt die Katzbach auch in der Hochsprache und in den Karten.

2. Katzbach im westlichen Thüringen als linker Nebenfluß der oberen Werra, von der Rhön kommend und 12 km unterhalb *Meiningen* in die Werra mündend. Auch kurz 'Katz(e)' genannt.
3. Außerdem im mittleren Thüringen ein Gebirgsbach *Katz* als östl. Zufluß zur Schwarza – Saale/Rudelstadt.
4. Katzbach oder Katzback bei Königsberg in Ostpreußen
5. Katzbach bei bzw. in Dresden; beschrieben von Wilhelm von Kügelen in seinen Jugenderinnerungen eines alten Mannes: »Durch unseren Garten in Dresden floß die Katzbach...«

Die *3 Dörfer* namens Katzbach	Um 1880
6. In der Bayerischen Oberpfalz bei Waldmünchen	(289 Einwohner)
7. In Oberösterreich bei der Stadt Linz	(214 Einwohner)
8. In Oberösterreich bei der Stadt Wels	(127 Einwohner).

Ferner vier Orte Katzenbach
9. Bei Kissingen
10. Bei Landstuhl (Saar)
11. Bei Kirchheimbolanden i. d. Pfalz
12. Bei Altenkirchen in der Nähe von Koblenz.

An *Bergen* seien erwähnt:
13. Der Katzenbuckel als höchste Erhebung des Odenwaldes
14. Der Katzenellenbogen im Taunus.

Abgeschlossen sei mit
15. Katzenbach, als ein Quellbach der Rems, an deren Unterlauf Waiblingen liegt, Rems in den Neckar mündend.

Urkundliche Erwähnungen

Aus alter vordeutscher Zeit
ist für den Flußlauf von der Quelle bis zur Mündung in die Oder *kein* Name erwähnt, überliefert.
»Für die Katzbach ist merkwürdigerweise kein slawischer Name bekannt«, gemeint im Unterschied zu anderen Nebenflüssen der Oder, hat K. Damroth in seinem weite Sprach- und Namenskenntnisse wiedergebenden Buch 'Die älteren Ortsnamen Schlesiens', erschienen 1896, S. 35, bemerkt.
Dasselbe ergibt sich auch aus einem mehrbändigen Wörterbuch geographischer Bezeichnungen, das im Jahre 1882 in Warschau herausgegeben worden ist; für das 'Königliche Polen und andere slawische Länder'! Auch dem Historiker sollte es nach der Vorrede von Nutzen sein. Aufgenommen aus Schlesien sind auch einstige slawische, später verdeutschte Orts- und Flußnamen. Die Katzbach ist mit der polnischsprachigen Abwandlung 'Kazbacha' genannt. Den Verfassern war also kein irgendwie slawisch-polnischer Name bekannt. (Quellen S. 532)
Der Unterlauf scheint in alt-polnischer Zeit ab der Einmündung der Tobenden/ Wütenden Neiße nach dieser Nyssa (bei Damroth 'Szalona Nisa') genannt worden zu sein, bei Liegnitz wohl teilweise noch bis ins 15. Jahrhundert.
Ab der Mitte des 13. Jahrhunderts
wird der Flußlauf in Urkunden, welche Orte von Goldberg abwärts betreffen, mit *Katzbach* bezeichnet, wenn auch zunächst noch in wechselnder und nicht ganz in unserer Schreibweise.

1255 als Kazbach in einer Urkunde über Kroitsch (bei Goldberg/Liegnitz). Etwa ab diesem Jahr ist der Name Katzbach in und um Liegnitz geläufig,
1267 als Cachbach bei Goldberg (C = K und ch vor b = z)
1314 als Caczbach, nahe dem Mühlgraben von Liegnitz
1327 als Kaczbach bei Parchwitz, kurz vor der Mündung in die Oder.

(Aus Beiträgen:
Paul Mylius 'Die Entwicklung der Liegnitzer Gewässer...' 1924 in Mitteilungen des Geschichts- und Altertums-Vereins zu Liegnitz, 9. Heft, S. 104ff.
E. Tschersig 'Wie schlesische Flußnamen wanderten' in Schlesische Geschichtsblätter 1930, Nr. 2, S. 45/46.)

Leider ist in bekannten frühen Urkunden für den Oberlauf von der Quelle bis Goldberg der Flußname nicht genannt. Man hat sich auf die Worte... 'bei der Mühle...' beschränkt. Allgemein erstmalige Erwähnung bei der großen Katzbachüberschwemmung im Jahre 1608.

Aus den Zusammenhängen ist zu schließen, daß schon ums Jahr 1250 der Name *Katzbach* für den ganzen Flußlauf ab dem Quellbereich gebraucht worden ist.

Über *Bedeutung* und Sinn des Stammwortes *Katz* wird gerätselt und zwar so sehr, daß es nicht einmal verschiedene wissenschaftliche Theorien gibt. Die Wortverbindungen lassen sich in ihrer Häufigkeit und Gegensätzlichkeit weder mit der Haus- noch mit der Wildkatze erklären. Zudem paßt die Scheu der Katze vor Wasser nicht zu Bach, See usw.

Katz wird gedeutet:
Als klein, gering = 'Für die Katz'
Zu keltischem coit/ceiton = Waldbach oder cas = Schnellfließende
Vom Althochdeutschen katu = Winkel, krumm.

Im Ergebnis muß man Katznamen als nicht mehr deutbar hinnehmen. Ausnahmen vielleicht die Erhebung Katzenbuckel im Odenwald oder ein Katzensteig.

Im Quellgebiet unserer schlesischen Katzbach lagen Ketschdorf und Seitendorf. Das Stammwort *Ketsch* kam im deutschen Sprachgebrauch zumindest sechsmal vor:

1. *Ketsch* bei Schwetzingen, südl. Mannheim
2. *Ketschdorf* im Quellbereich unserer Katzbach
3. Ketschenbach bei Coburg
4. Ketschendorf Krs. Beeskow/Mark Brandenburg
5. Ketschendorf Krs. Coburg
6. Ketschendorf bei Bamberg.

Ketsch wird abgeleitet vom mundartlichen kätschig, im Schlesischen katschig = breiig;
oder von Kitsche, Kitschel für Katze in Schlesien.

Anmerkung: Namen und sprachliche Deutung sind nachstehenden Werken und Schriften entnommen:
– Zedler Universallexikon um 1740
– Ritter's Geographisch-Statistisches Lexikon 7. Aufl. 1883
   von Dr. Heinrich *Lagai*, Leipzig, Verlag Wigand
– Vor 1900 erschienene Konversationslexika von Brockhaus und Meyer
– Sturmfels/Bischof, Unsere Ortsnamen, Dümmlers Verlag, Bonn, 1961

- Nachschlagebücher über Herkunft der Ortsnamen
- H. Basing, Die Katze im Ortsnamen
  in Württembergischen Vierteljahresheften 1886, S. 57–64
- G. Waeger, Die Katze hat neun Leben, Benteli Verlag, Bern 1976
  mit dem Abschnitt 'Die Katze in der Geographie', S. 64–66,
  in dem auf das 90 Jahre vorher erschienene Buch von Basing Bezug genommen
  wird.
  Übrigens ist in diesem in der Schweiz erschienenen Buch 'das Katzbachgebirge
  bei Trebnitz im früheren Schlesien' genannt.

Die aus Lemberg/Lwow in Ostgalizien im Herbst 1945 nach Kauffung umgesiedelten Polen haben wörtlich von 'Katz' in Kotka = polnisch Katze übersetzt.
Polnische amtliche Stellen haben dann unser Katz vom polnischen Wort kaczka = (Wild)Ente abgeleitet und die Katzbach Kaczkawa genannt.

Die Zugehörigkeit von Katzbach und Ketschdorf zum deutschen Sprachraum ist offenkundig. Es liegt nahe, daß deutsche Siedler aus Thüringen oder Franken beide Bezeichnungen aus ihrer Gebirgsheimat mitgebracht haben. Der Flußname ist geradezu ein Nachweis für die frühe und starke Ansiedlung Deutscher im oberen Katzbachtal.

Zugehörigkeit zum Reich

Heiliges römisches Reich deutscher Nation (herkömmliche Bezeichnung)
Römisch-deutsches Kaiserreich (DDR)
Als die Deutschen in Schlesien heimisch wurden, wußten sie sich in dem von Polen losgelösten selbständigen Herzogtum Schlesien.
Die Nachkommen des großen Herzogpaares Heinrich I./Hedwig pflegten Beziehungen zum böhmischen Herrscherhaus und waren offen nach Deutschland, zersplitterten aber das Herzogtum, ließen kleine Fürstentümer, bis zu 17, entstehen.
Oberes Katzbachtal: Fürstentum Jauer – Löwenberg
dann Fürstentum Schweidnitz – Jauer.
Als tatkräftiger auf das Ganze bedachter Herzog wirkte in der 2. Hälfte des 13. Jahrhunderts Heinrich IV. Er trieb das Siedlungswerk voran, war aber auch der deutschen Dichtkunst zugetan, damals dem Minnesang.
Das jenseits der Sudeten benachbarte *Böhmen* (Tschechei sagt man erst seit den 1950er Jahren) und seine Herzöge waren zeitiger und fester mit dem Imperium/ Reich verbunden als Polen. Böhmen war ein Glied des Reichs. Ab 1289 war der König von Böhmen einer der vier weltlichen Kurfürsten für die Kaiserwahl! »...Es schenkte der Böhme des perlenden Weins...«, erzählt Schiller in der Ballade 'Der Graf von Habsburg', wie wir ja einmal gelernt haben. Das einheimische Herrschergeschlecht starb aus; das Geschlecht der deutschen Luxemburger stellte ab 1340 den König von Böhmen und ab 1346 für 90 Jahre den Kaiser. Herausragend Kaiser Karl IV. von 1346 bis 1378 in Prag.
Die schlesischen Teilherzogtümer unterstellten sich teils vor 1300, insbesondere in den Jahren um 1330, der Krone Böhmen. Schlesien wurde aber kein Teil Böh-

mens. In der Folge verzichtete im Vertrage von Trentschin 1335 der König von Polen gegenüber dem König von Böhmen auf die schlesischen Gebiete und bestätigte damit die Hinwendung Schlesiens zu Böhmen.
Einzig der kinderlose Herzog Bolko von Schweidnitz-Jauer wollte den böhmischen König nicht als Lehnsherrn anerkennen. Indes: Kaiser Karl IV. heiratete 1353 Anna, Nichte und Erbin des Herzogs Bolko.
Sie wurde dann auch zur Königin und in Rom zur Kaiserin gekrönt.
Einzige Schlesierin auf dem Kaiserthron. Nach ihrem frühen Tode 1363 und dem des Erbonkels kam 1368 das Fürstentum Schweidnitz-Jauer und damit das obere Katzbachtal unter die unmittelbare Hoheit der böhmischen Krone. Deshalb als *Erb*fürstentum bezeichnet. Dies hatte zur Folge, daß noch 300 Jahre später der Kaiser in Wien als Landesherr über das kirchliche Bekenntnis der Bewohner entscheiden wollte und sich dafür verpflichtet hielt.
Im Urkundenanhang zur 'Geschichte von Kauffung' sind von Stockmann Urkunden mit Herzog Bolko aus den Jahren 1366 und 1367 und mit seiner Witwe von 1369 genannt.

Mit der Zugehörigkeit zur Krone Böhmen als Lehnsherrn wurde Schlesien in das Reich aufgenommen und staatsrechtlich – über Böhmen als Glied des Reichs – mit Deutschland verbunden. Daher umfassen in Karten zur Geschichte seit dem 14. Jahrhundert die Grenzen des Reichs auch Schlesien (Historischer Schulatlas in der Bundesrepublik D. und Atlas zur Geschichte in der DDR). Katzbachtal innerhalb der Grenzen des Reichs.

1526 im Erbwege fallen Böhmen und Schlesien an das Haus Habsburg, das von nun an Lehnsherr der schlesischen Fürsten ist oder diese beerbt. Der Kaiser in Wien ist oberster Landesherr.
1742 Schlesien wird Preußisch und gehört als Teil Preußens zum alten deutschen Reich.
1815 Nach dem Wiener Kongreß zugehörig zum Deutschen Bund.
 Ab 1818 Kreis Schönau, Reg. Bezirk Liegnitz, Provinz Schlesien, Königreich Preußen im Deutschen Bund.
Ab 1871 Deutsches Reich.

Befestigtes Vorwerk/Rittersitz in Nieder-Kauffung

»...das Vorwerk (Gutshof) in Kauffungen mit dem gemauerten Hofe, mit der Ringmauer und mit der Zugbrücke (über den Viehringgraben mit anderer Wegführung), mit allen anderen Gebäuden, es sei steinern oder hölzern...«, heißt es in einer das herzogliche Lehen bei der Kirche in Kauffung (ursprünglich Nieder-K., später Mittel-K. genannt, in unserer Zeit Anwesen Dr. Schultz) betreffenden Urkunde vom 22. August 1367 (Stockmann, Urkundenanhang, S. 52).

Nach dieser Beschreibung handelte es sich um mehr als ein 'festes Haus', wie man damals im Unterschied zu leichter Bauweise und unverschließbaren Wohnhäusern sagte. *Schloß* in seiner ursprünglichen Bedeutung. Befestigt, Burgartig!

In der Nachbarschaft befanden sich
- die *Dorfkirche,* teilweise in Mauerwerk seit um 1300, mit Kirchhof und weiträumig angelegter Pfarre
- der *Kretscham,* später die Brauerei
- der *Viehring* mit kleinem Marktrecht.

Mittelpunkt für das Dorf und darüberhinaus. Indes nicht, wie üblich, in der Ortsmitte angelegt; auch der Viehmarkt war für ein Dorf ungewöhnlich. Denkbar ist, daß der Herzog bei der Dorfgründung einen Eigenbetrieb ansetzen ließ und nach einiger Zeit tüchtige Ritter damit belehnte.
Mit aller Wahrscheinlichkeit hat der
'Burgenbauer, Herzog Bolko I. von Schweidnitz (1268–1301), der zahlreiche feste Schlösser anlegte' (Geschichte Schlesiens, S. 142) auch das Vorwerk/ Gutshof in Nieder/Mittel-Kauffung als herzoglichen Stützpunkt befestigen lassen.

> Veränderungen und Ausbauten im Laufe der Zeit muß man unterstellen. Die uns bekannten, auch jetzt noch stehenden beiden *Rundtürme* (Kindheitserinnerungen an das Spiel von Räuber und Prinzessin) sowie der gewölbte Keller im Wohnhaus/Schloß sollen erst 1469 angelegt worden sein, werden aber wohl Vorgänger gehabt haben.

Warum befestigt?   Warum Kauffung herausgehoben?
Beide Besonderheiten müssen überörtliche Gründe gehabt haben. Man darf die Anlage nicht für sich sehen; man muß versuchen, sich die damaligen Verkehrsverhältnisse und allgemeinen Lebensumstände vorzustellen. Das Wegenetz verlief anders, als wir es mit Kunststraßen und Eisenbahnen kennen. Kaum befestigte Wege. Andere Mittelpunkte. Das *Lehns*verhältnis zwischen Ritter und Herzog als Landesherrn ist zu berücksichtigen. Und die Lage zu den Landesburgen!
Ein Blick auf die Karte läßt die *überörtliche* Bedeutung erkennen:

- Halbwegs zwischen den vormaligen Kastellaneien, nunmehrigen Burgen, Valan/Lehnhaus bei Lähn im Westen und Swini/Schweinhaus bei Bolkenhain im Osten
- An den Übergängen vom Katzbach-ins Bobertal, nämlich auf einem Fuß- und Reitweg von Mittel-K. nach Kammerswaldau und weiter über Maiwaldau nach Hirschberg
  und von Ober-K. – Seiffen – die kurze Wegstrecke zum Paß (wir sagten 'Feige' nach dem Gasthaus) ins Bobertal – Jannowitz – *Bolzenschloß* (urkundlich 1374 genannt)
- Über Ketschdorf – Landeshut zum Paß nach Böhmen.

Zugleich kreuzten sich also in Nieder-Kauffung damals die Wege:
Lähnhaus – Schweinhausburg (Querverbindung) und
Oberes Bobertal/Bolzenschloß – Goldberg (Gebirge/Ebene).

Der genannte Verbindungsweg verlief von Lehnhaus/Lähn im Bobertal kommend – am Nordhang des Bober-Katzbach-Gebirges durch einige der neuen Waldhufendörfer – über die Heer- oder Herrnstraße zwischen Schönwaldau und Hohenliebenthal (genannt in Ortsgeschichte Hohenliebenthal 1978, S. 41/42) – vorbei am *Wartturm* (dem späteren Raubschloß bei Nieder-Kauffung) – befestigter Gutshof Nieder-K. – Leipe zur Schweinhausburg.

Anfänglich mag das Vorwerk in Nieder-/Mittel-K. nur ein *Rastplatz* an dem Verbindungsweg gewesen sein, vielleicht auch ein Rückhalt für Männer, die in dem noch nicht besiedelten unerschlossenen Grenzwald am oberen und obersten Bober erkundeten und jagten. Mit dem befestigten Ausbau wurde das Lehen Mittel-K. zum *Stützpunkt* mit doppeltem Auftrag:

Den Verbindungsweg zwischen den beiden Landesburgen und die Übergänge zwischen Katzbach- und Bobertal zu sichern.

Diese Aufgabe setzte eine bodenständige, stärkere Ritterschaft im oberen Katzbachtal voraus. Aus den im Abschnitt 'Es waren einmal neun Güter' genannten wirtschaftlichen Gründen unschwer mit Hilfe des Herzogs als Lehnsherrn aufzubauen. Auf den Rittersitzen lebten oft mehrere Brüder, in dem genannten Urkundsjahr 1367 je zwei Brüder Cedlicz/Zedlitz im obersten Vorwerk/Elbel-K. und im 'Schloß' Mittel-K. Dabei fällt auf, daß das oberste Vorwerk (dicht am Bobertal!) für ein Jahrzehnt an die Witwe des Landesherzogs verpfändet war (Stockmann, Urkundenanhang 1369 und 1379).

Außerdem saßen damals bereits vier andere Ritter auf kleineren Besitzungen. Bis zu 13 Ritter hat Stockmann aus Urkunden ersehen (S. 12). Neun Rittersitze wurden zu Rittergütern von Bestand.

Mit mehreren gepanzerten und landeskundigen Rittern ließ sich damals schon etwas ausrichten. (Man denke vergleichsweise an einige leichte Schützenpanzer!)

Ein Landesherr ohne Ritter war damals sowenig denkbar, wie ein Staat ohne Polizei. Die Ritter hatten nicht nur Kriegsdienste zu leisten. Zur Sicherung des inneren Friedens war innerhalb des Adels und gegenüber mächtigen Städten auf Recht und Ordnung zu halten sowie nach der Teilung des Herzogtums das Gleichgewicht zu den anderen schlesischen Fürsten zu wahren. Das blieb sicher so, als seit 1367/69 im Erbwege König und Kaiser Karl IV. in Prag Landesherr geworden war. Wir dürfen uns das Gut Mittel-K. vom Ende des 13. bis zum 15. Jahrhundert als herzoglichen, befestigten Stützpunkt vorstellen. Von einem Kampf um die Burg ist nichts überliefert. Jahrhunderte überdauert!

Wehrhaft wirken auch einige andere Steinbauten aus der alten Zeit. Die Johanniskirche in Schönau vor oder aus der Mitte des 13. Jahrhunderts wird als Wehrkirche angesehen.

In Hohenliebenthal

- zeigt das alte Schloß auf dem Bild in der Ortsgeschichte von 1978 fast nur Mauern, Turmansätze und Luken
- sind in der Dorf (kath.) Kirche Fenster und Luken hoch angebracht und entsprechen somit den zu der damaligen Zeit allgemein üblichen Verteidigungsanlagen. Beide Bauten um 1300, wie im Abschnitt 'Besiedlung' beschrieben.

Bei der (kath.) Dorfkirche in Kauffung habe ich oft darüber nachgedacht, warum der wuchtige Turm von unten auf fest gemauert war, erst 1913 das Portal hineingebrochen. Von der Katzbachseite her wirkt der Turm wie bei einer Wehrkirche.

Alles in allem: *So könnte es gewesen sein.*

Bei diesem Abschnitt sind Gedanken und Wissen von Dr. Günther Stockmann berücksichtigt, auch Dieter Könnicke hat dazu beigetragen.

Freie Bauern

'Die Bauern waren freie Leute und erhielten ihre Hufe erb- und eigentümlich', hat Stockmann geschrieben (S. 19). Sie waren mit ihren Familien bei der Ansiedlung weder erbuntertänig noch sonst verpflichtet. Als einzige *Abgabe* war an den Herzog als Landesherrn, der für die neuen Waldhufendörfer den Grund und Boden zugeteilt hatte, ein *Zins* zu entrichten.

Zwischen Bauern und Herzog stand am Anfang nur der Ortsschulze; Bauer, wenn auch mit erheblich größerer Fläche.

Das Eigentum am Land war wohl dem ritterlichen Lehen nachgebildet. Wollte ein Bauer seine Hufe, den Hof, aufgeben, so mußte die Bewirtschaftung oder zumindest die Entrichtung des Grundzinses gesichert sein. Das war die einzige Beschränkung.

Bei Rodungsland war für die ersten zehn Jahre kein Grundzins fällig (heute nennt man das Freijahre). Man sieht, ein ganz planmäßiger Ansatz.

Dann kamen überraschende Forderungen kirchlicherseits nach *Kirchenzehnt* und *Peterspfennig.*

In Polen, fortwirkend nach früherer Gebietszugehörigkeit damals noch im Herzogtum Schlesien, waren nämlich zu entrichten

- der Garbenzehnt, d.h. jede 10. Garbe der Getreideernte für den Bischof
- der Peterspfennig für den Vatikan, berechnet je Herdstelle oder je Kopf ab Firmung.

Die deutschen Bauern kannten beide Abgaben nicht, verweigerten die Leistung, drohten gar mit Abzug, verwiesen darauf, daß für Kirche und Pfarre zwei Hufen Widmuth, ausreichend für den Unterhalt des Pfarrers, eingeteilt seien. Schwierige Verhandlungen zwischen Bischof und Herzog folgten. Schließlich wurde vereinbart, daß die volle Zehntpflicht nur für den polnischen Bevölkerungsteil bestehen bleiben sollte.

388

'Die deutschen Siedler aber sollten, wo Neubruch/Rodungsland vorlag, von der Hufe nur eine Viertelmark, den Bischofsvierdung, an die Kirche zahlen. In manchen Orten außerdem gewisse Naturalleistungen' (W. Marschall, ...Bistum Breslau, S. 26).

Der Vierdung ist in *Kauffung* noch in der evangelischen Zeit geleistet worden (Tagebuch Rausch, März 1656). Diese Vierdungsregelung bestätigt zugleich, daß Coufunge/Kauffung von Deutschen als Waldhufendorf auf Rodungsland zu deutschem Recht gegründet worden ist.

Der Peterspfennig ist in Schlesien nach einigem Zögern auch von Deutschen geleistet worden, aber wohl auslaufend im 14. Jahrhundert. (E. Maschke, Der Peterspfennig in Polen und im deutschen Osten, 1933 mit Nachdruck 1979)

Entstehen der Güter in Kauffung

Vorweg einiges zum Sprachgebrauch in Schlesien, um Ausdrücke zu erklären, die in den nachstehenden geschichtlichen Abschnitten verwendet werden, aber jetzt nicht mehr gängig sind.

Vorwerk nannte man vom 14. bis zum 19. Jahrhundert ein Gut in adliger Hand. In den von Stockmann durchgesehenen und in der 'Geschichte von Kauffung' genannten Urkunden (S. 51 bis 63) wird ausnahmslos das Wort Vorwerk verwendet, wenn bei Rechtsgeschäften ein 'Rittergut' gemeint war. (Darunter wird also *nicht* ein räumlich entfernter Betriebsteil verstanden.)

Dominium wurde vor einigen Jahrhunderten gebräuchlich als landläufige Bezeichnung für '*Das* Gut' des Dorfes.
(Nicht gleichzusetzen mit der *staatlichen Domäne*)

Rittergut scheint in Schlesien erst nach 1800 bei gehobener Ausdrucksweise üblich geworden zu sein.

Lehnsherrschaft, Grundherrschaft, Gutsherrschaft sind genau genommen verschiedenen Inhalts für Rechte und Pflichten, die mit dem Gut verbunden waren, wurden aber oft nicht scharf abgegrenzt, sondern gleichwertig gebraucht. Mit der Grundherrschaft war die Ortsobrigkeit verbunden. Stockmann hat die Worte Dominium und Grundherrschaft verwendet, nicht Rittergut.

Im Spätmittelalter, etwa im 14. Jahrhundert, gingen Ritter/Adelige dazu über, eigenes, vom Landesherrn überlassenes oder neu erworbenes Land als Eigenbetrieb zu bewirtschaften. Vorwerk genannt. Nicht jedes Vorwerk war zugleich ein Rittersitz. Wenn der Ritter dort wohnte, dann in einem schlichten Haus, mehr Behausung, verglichen mit dem, was wir unter 'Haus' verstehen. Besitz mehrerer Vorwerke und Abwesenheit vom Ort waren üblich.

Die Ritter blieben dem Landesherrn zur Leistung von Kriegsdiensten verpflichtet; dafür waren ihre Betriebe/Vorwerke/Güter mit besonderen Rechten ausgestattet.

Die Ritter werden kaum selbst Hand angelegt und wie Bauern gearbeitet haben. Landarbeiter in unserem Sinne gab es nicht.

Die Arbeit auf diesen ritterlichen Eigenbetrieben/Vorwerken oblag den anderen Dorfbewohnern, den Bauern. Dazu gehörte auch die Stellung von Gespannen. Dem Kriegsdienst der Ritter entsprach die Arbeit der Bauern.

Die ältesten Güter in unserem Kauffung waren:
Das oberste Vorwerk (1368), später Obergut (1401), dann Elbel-K. genannt.
Das Vorwerk bei der Kirche (1367), später Mittel-Kauffung.
Stockmann nennt diese beide Güter 'Stamm- oder Hauptgüter' und hält für
möglich (S. 19), daß sie ursprünglich die Scholzengüter waren, mit der Folge,
daß dann andere Bauernhufen zu Schölzereien wurden.

Denkbar ist aber auch, daß diese beiden Vorwerke/späteren Güter bei der
Ansiedlung als *herzögliche Eigen*betriebe angelegt worden sind; zumindest
'das Vorwerk bei der Kirche'. Irgendwann Rittern/Lehnsmännern für besondere Leistungen übergeben.

Ähnlich wird die Entwicklung in den anderen Orten des oberen Katzbachtals
verlaufen sein.

»Ein klares Bild der Verhältnisse bietet sich ab der 2. Hälfte des 14. Jahrhunderts«, schreibt Stockmann, S. 12.

»Als *Grundherren*, d. h. als Inhaber des Erbzinses (Abgabe) von den bäuerli-
chen Hufen/Betrieben, der Gerichtsbarkeit, des Mühl-, Kretscham- und
Schmiederechtes, treten uns entgegen vier Brüder von Zedlitz, zwei auf dem
Obervorwerk, zwei auf dem Vorwerk bei der Kirche gesessen. Diese vier
Brüder... werden mehrfach geradezu Gebrüder von Kauffungen genannt;
doch zeigt eine Urkunde... deutlich das Zedlitz'sche Wappen.

...Neben diesen beiden Hauptgütern begegnen uns in gleichzeitigen Urkunden
noch vier kleinere Besitzungen in Ritterhänden, in denen wir die Anfänge der
zahlreichen, bis 13, Anteile unseres Ortes zu erblicken haben. Eines dieser
Nebengüter ist wahrscheinlich das noch im Entstehen begriffene Niedergut;
1449 wohl nur eine Bauernhufe. Die Hauptgüter wechseln noch vor 1400 auf
einen *von Redern*. Diese Familie bleibt von hier ab fast drei Jahrhunderte in
Kauffung, wenn auch mit verändertem Eigentum angesessen.
...In dieser Zeit und zwar schon 1437 geht das Obergut an eine Familie
Stümpel über... Einige Zeit vor 1500 finden wir Andeutungen, welche auf
gesonderte Güter schließen lassen. Zwischen 1520 und 1529 ergeben sich
deutlich vier verschiedene Anteile, die mit den späteren vier Dominien im
Oberdorf der Lage nach annähernd zusammenfallen dürften (gemeint Elbel,
Lest, Stimpel, Stöckel).«

Daran anschließend entstanden katzbachabwärts im Bereich des bei der
Ansiedlung zunächst stehen gebliebenen, erst später gerodeten Busches die
Vorwerke/Güter Tschirnhaus- und Heiland-Kauffung (beide 1597 erstmals
genannt).

Zumindest sieben, wenn nicht alle *neun* Vorwerke/Dominien können nur
durch Aufgabe und Erwerb bäuerlicher Waldhufen gebildet worden sein, da
man bei der Ansiedlung die gesamte Flur aufteilte. Zeitlich wird die Übernahme von Bauernhufen durch Ritter im 14. Jahrhundert begonnen haben. Schon
im 15. Jahrhundert, so das Forschungsergebnis von Stockmann (S. 10, 11 und
20), waren knapp die Hälfte der bäuerlichen Hufe/Betriebe in größeren

Gütern aufgegangen. Diese waren fast immer drei Hufen groß, umgerechnet 70 bis 80 ha Fläche. Mancher ritterliche Besitz zersplitterte durch Erbteilung. Was hat damals die Bauern zur Aufgabe des eigenen Betriebes veranlaßt? Besondere persönliche und familiäre Verhältnisse (Krankheit, Tod) werden so gehäuft nicht aufgetreten sein, es sei denn durch die Pest. Auffällig bleibt, daß Stockmann bei seinen Forschungen keine Urkunden oder Hinweise zum Übergang bäuerlicher Betriebe in ritterliche Hände gefunden hat. Dies spräche dafür, daß die Güter sich früh gebildet haben. Vielleicht haben die Ritter zunächst nur wie bei dem Niedergut *einen* bäuerlichen Betrieb übernommen. Ein solcher Vorgang ist auch von anderen Orten überliefert.

Die Aufgabe bäuerlicher Betriebe kann aus *wirtschaftlichen* Gründen erfolgt sein. Von den zusätzlichen Gütern lagen *fünf* im Oberdorf. In diesem aber sind die Hänge steil, der Boden steiniger, die Lage höher; die Bewirtschaftung ist insgesamt schwieriger als talab. Die Ernte ist im Oberdorf sogar eine Woche später als im Niederdorf, wie aus der Einteilung der großen Ferien in Erinnerung. Die Ausstattung mit *einem*, wenn auch gegenüber dem Flachland etwas größeren Flurstreifen, wird sich für die Gebirgslage als unzureichend erwiesen haben und war, in der Ausdrucksweise unserer Zeit gesagt, eine Fehlansetzung.

Vielleicht sind bäuerliche Familien in landwirtschaftlich günstigere Orte weitergezogen. Naheliegend, daß mehrere bäuerliche Höfe in einer Hand vereinigt wurden. Aber warum in *ritterlicher Hand?* Wird nicht sehr nahrhaft gewesen sein. Und die Jagdgründe waren nicht unerschöpflich. *Arme Ritter.* So ergibt sich die Frage, was Herren vom Adel zur Übernahme karger Bauernhufen veranlaßt haben mag. Den Herzögen und Landesherren könnte an einer starken Ritterschaft im oberen Katzbachtal gelegen gewesen sein. Umstände und Überlegungen hierzu sind in dem vorangegangenen Beitrag 'Befestigtes Vorwerk/Rittersitz' dargestellt.

Auswirkungen der Hussitenkriege 1419 bis 1436

– ausgelöst durch den Feuertod des tschechischen Reformators *Huss 1415* –
Im späteren Verlauf haben Hussitische Heere verheerende Einfälle von Böhmen u. a. nach Schlesien unternommen. Orte im Katzbachtal und Städte der Umgebung waren betroffen.
Stockmann hat darüber in der Geschichte von K., S. 13, 14 berichtet.
Ortsgeschichte Goldberg, S. 143.
1426 verbrannten die Hussiten Landeshut am Paß von Böhmen
1427 bei der Stadt Löwenberg. 'Goldberg, dessen Tore in wilder Verwirrung offen geblieben waren, verwüsteten sie und zogen mit reicher Beute ... nach Böhmen ... zurück'.
1428 lagen sie im April um Jauer und haben besonders die zum *Kloster Leubus* – aufgrund der herzoglichen Urkunde von 1227 – gehörenden Dörfer geplündert, dabei von den Kauffung benachbarten Orten *Klein-Helmsdorf* und *Seitendorf*, dies teilweise niedergebrannt. Zweiter Einfall in Goldberg. Damals wurde auch das offene Städtchen *Schönau* eingeäschert und die

sagenhafte Katharinenkapelle in Röversdorf zerstört (aus Büttner, Festschrift für Schönau von 1891, S. 47/48, 51).
1431 bestürmten sie Hirschberg...verbrannten Goldberg...am Gebirge entlang zurück.
1434 Versuch, die Burg Falkenstein nördl. Schönau mit 200 Mann zu überrumpeln; gescheitert, 180 Hussiten wurden gefangengesetzt.
Diese Raubzüge hatten über die Plünderung und die Brände hinaus Teuerung, Not, Hunger in weiten Teilen des Landes zur Folge.
Wie mag es Kauffung in diesen Stürmen ergangen sein?
Stockmann schrieb: 'Sicher hat auch Kauffung die wilden Gäste kennengelernt'.
Dafür spricht, daß die Städte der Umgebung und drei benachbarte Orte heimgesucht wurden.
Andererseits brauchten die hussitischen Trupps, um zu den genannten Orten zu gelangen, nicht durch das noch recht unwegsame obere Katzbachtal zu ziehen, in dem ohnehin nichts zu holen war.
Vielleicht war die Ritterschaft in Kauffung und der befestigte Rittersitz in Nieder-Kauffung Anlaß, den Ort zu umgehen.
– Damals war eine Familie von *Redern* Inhaber der Grundherrlichkeit fast über das ganze Dorf Kauffung. Einem Tristram v. Redern gehörte gleichzeitig die Burg Lähnhaus, er hat diese Burg im Mai 1428 erfolgreich gegen die Hussiten verteidigt' (aus Stockmann, S. 13).

Wirtschaftliche und soziale Verhältnisse von 1400 bis zum 30 jährigen Kriege

Gegenüber der Anlage der Waldhufendörfer, damals im oberen Katzbachtal in den Jahrzehnten nach 1200, hatte sich im Verlaufe von mehr als 200 Jahren manches verändert. Zwar hatte der größere Teil der bäuerlichen Familienbetriebe mit einer langgestreckten fränkischen Hufe überdauert; andererseits waren aber, wie schon geschildert, aus mehreren Bauernhufen größere Güter, die Dominien, gebildet worden oder im Entstehen. Es gab nun in den Dörfern verschiedene Betriebsgrößen.

Die *Bauern* mit einer Hufe von fast 25 ha.
Güter, ein oder mehrere Dominien, in Kauffung schließlich deren *neun,* in manchen Dörfern des oberen Katzbachtals, so in Hohenliebenthal und in Falkenhain, bis zu *drei* Dominien.
Gärtner mit Gärtnerstellen. Das waren kleinere ländliche Anwesen mit einigem Gartenland, Acker und entsprechender Viehhaltung. Vergleichbar unseren Nebenerwerbsbetrieben. Geschaffen wohl von weichenden Erben auf zu Eigentum überlassenem Lande.
Häusler. So wurden die Dörfler genannt, die ein kleines Haus zu Eigentum oder aber ein sogenanntes *Auenhaus* bewohnten. Ein Gärtchen für Arznei- und Küchenkräuter mag dazu gehört haben, jedoch kein Acker. Auf ein Blumenbeet – Tetzebeet genannt – wurde Wert gelegt. Die Dorfaue gehörte, wie im Abschnitt 'Es waren einmal neun Güter' beschrieben, unmittelbar zur Grundherrschaft. Diese stellte den Platz für den bescheidenen Bau zur Verfügung. Der Häusler hatte einen Zins als Pacht zu zahlen.

Gärtner und Häusler fanden zunächst Arbeit und Zuverdienst auf Bauernhöfen und den sich vergrößernden Gütern. Insoweit ging die Entwicklung in den Dörfern Hand in Hand.

Über die Anzahl der Gärtner und Häusler um 1500 und 1600 fehlen Hinweise. In Probsthain wurden schon 1529 um 40 Auenhäusler und neun Gärtner gezählt; 1550 zusammen 36 (Kadelbach, Geschichte Probsthain, verfaßt 1846, S. 20 ff, 25, 26).

Eine ähnliche Zahl wird man für Kauffung und die anderen Orte des oberen Katzbachtals annehmen können.

In der *Rechtsstellung* haben sich mehr und mehr Guts- und Grundherrschaften zwischen Bauern und Landesherren als zur Ortsobrigkeit gehörig geschoben, neben und über dem Ortsschulzen. Desgleichen beanspruchten eben diese Grundherrschaften aufgrund des Erbzinsrechts ein Obereigentum über das als solches unbestrittene Grundeigentum der Bauern. In ihrer Person wurden Bauern, Gärtner und Häusler der Gutsherrschaft erbuntertänig und waren als Belastung ihrer Landfläche zu besonderen Leistungen verpflichtet. Als Dominialverfassung hatte sich in Schlesien im 14. und 15. Jahrhundert herausgebildet, daß der Grundherrschaft auch die vom Landesherrn/Herzog abgetretene 'Hohe Gerichtsbarkeit' zustand. Wann und wie Vorrechte und Berechtigungen der adeligen Ritter im Allgemeinen und im Katzbachtal im Besonderen entstanden waren, kann im Rahmen dieses Heimatbuches nicht ergründet und dargelegt werden. Letztlich läßt sich dies Geschehen nicht mehr klären. Eine eingehende Darstellung hat die neuere wissenschaftliche Untersuchung Jura Ducalia (Herzogliche Rechte) von *J. J. Menzel,* Würzburg 1964, gebracht. Nur 'Stadtluft' machte frei!

Bestanden in einem Dorf mehrere Dominien, so gehörte jedes andere Anwesen, Bauern, Gärtner, Häusler zu einem der Dominien. In Kauffung haben sich also *neun* solcher Anteile ergeben, zuzüglich Lehngut, aber je *ein* Schulze für die Ober- und für die Niedergemeinde.

Bauern, Gärtner, Häusler hatten zu leisten:

An den Landesherrn einen Geldzins, auch 'Geschoß' genannt.
Den Kirchenzehnt als Bischofsvierdung.
Der Grund- oder Gutsherrschaft ebenfalls einen Geldzins, bisweilen Naturalabgaben, Arbeiten in Haus und Hof, auf dem Felde und im Walde des Gutes; dazu gehörten auch längere Botengänge (noch keine Post!). Für Entlassung aus dem Untertänigkeitsverhältnis, z.B. bei Heirat, war ein Abzugsgeld zu zahlen. Heirat bedurfte auch der Einwilligung der Gutsherrschaft.

Kretscham/Schenke, Mühle, Brettschneide, Schmiede, waren als Gewerbe zu besonderer Abgabe verpflichtet; später kamen andere Handwerker, wie Schuster, Schneider, da und dort Bäcker, Metzger hinzu.

Vergleichbar sind diese Abgaben mit Einkommen-, Kirchen-, Grund- und Gewerbesteuer.

Denkbar wäre, daß anfänglich vom Geldzins für den Landesherrn ein Teilbetrag dem Gutsherrn überlassen worden ist.

Zahlreiche Urkunden hat Stockmann für 'Die Geschichte des Dorfes' K. durchgesehen und in dieser über die wirtschaftlichen und sozialen Verhältnisse im 15. und 16. Jahrhundert berichtet (Seite 18 bis 25).

'Die erste Erwähnung von einer Arbeitsleistung an den Grundherrn finden wir in einer Urkunde von 1426 gegenüber einem Brettmüller. Über Arbeiten auf dem Felde steht damals noch nichts in den Urkunden. Doch sind sie sicher eingetreten, je mehr die Ritter aus Kriegsleuten zu friedlichen Gutsbesitzern wurden und haben sich gesteigert für den einzelnen Bauern, je mehr Flächen zu den Rittergütern gezogen wurden. Immerhin befanden sich um 1600 von den ursprünglich 56 bis 58 Hufen im ganzen Kauffung nur noch ungefähr 30 im Besitz von Bauern. Allmählich hat sich auch aus der Verpflichtung zu Dienstleistungen eine gewisse persönliche Unfreiheit der bäuerlichen Wirte entwickelt. Erste Erwähnungen 1478 und 1508.

Es ist aber besonders für unsere Gegend zu betonen, daß bei der erfolgten Steigerung der Lasten in durchaus schonender Weise verfahren worden sein muß, und daß auch die persönliche Stellung des Grundherrn zu seinen Untertanen eine patriarchalisch-freundliche gewesen sein muß. So heißt es in dem Testament eines von Redern im Jahre 1568: »Daß die Leute mit Hofarbeiten und anderen Auflagen weiter denn von altersher nicht beschwert werden.«

'Dagegen enthalten sehr viele Käufe Angaben, die auf einen Wohlstand schließen lassen, wie wir ihn jetzt (geschrieben um 1890) nicht finden und zwar scheinen die Gärtner auch damals schon verhältnismäßig günstiger zu stehen als die Bauern.

Als Viehbestand zweier Höfe bei Übergabe an den Sohn um 1600 werden genannt:

– 6 Pferde, 3 Kühe, 2 Jungrinder, 6 Schweine, Federvieh und 18 Schafe, Ziege samt Jungen.
– 3 Pferde, 3 melke Kühe, 2 Kälber, 4 Schweine, Federvieh; aber drei Töchter hatten je eine Kuh bei der Heirat erhalten, zwei jüngeren Töchtern zugesagt. Die Mutter/Auszüglerin hatte eine Magd, der sie selbst den Lohn gibt, die aber bei der Arbeit auf dem Hof helfen soll, eine Kuh bei freiem Futter und andere Leistungen, ein Blumenbeet und eines für Salbensträucher.

In die Verhältnisse der Gärtner und ihre Lebensweise erhält man Einblick durch Auseinandersetzungen mit den Kindern nach Tod eines Elternteils.

Wenn sich aber die Tochter nach Gottes Schickung und mit Rat und Willen der Erbherrschaft und Vormünder verehelichen würde, soll der Vater ihr ein Frühstück im Brauthause auf großen Tischen machen und für die Hochzeit schenken ein Kalb oder Schöps, ein Viertel Rindfleisch und ein Achtel Bier; zwei Röcke, welche Farbe sie haben will.

(Achtung verehrte Leserinnen) Zwei Mieder und zwar eins aus Seidendamast mit Schnüren und Seiden, das andere aus schwerem gewässerten Seidenzeug mit Samet verbrämt;

einen kleinen Geldbeutel mit Schloß und 1½ Taler Geld darin; eine gefütterte Haube, deren Rand um das Gesicht breit zurückgeschlagen ist und bis auf die Achseln fällt, mit Pelzwerk besetzt und kostbarer Stickerei usw. – Oder jeweils einen genannten Geldbetrag. –

Dem Sohn wurden bewilligt, ihn in einer Stadt auf ein Jahr lang zur Schule zu halten... und zu einem Handwerk... Taler item zur Hochzeit und zu einem Ehrenkleide weitere Taler.
Beide Kinder einen Geldbetrag von 50 Talern.
1560 hinterläßt ein Mann vom Adel seinen Söhnen die väterlichen Güter und den drei Töchtern je 600 Taler bar. Der älteste Sohn erhält des Vaters Ring, Petschier/ Siegel, das beste Pferd, Schwert und Gewand.
Was die älteste Tochter an Kleidern samt Gürteln und... von dem Vater erhalten hat, sollen die anderen Töchter, wenn sie in die mannbaren Jahre kommen, auch erhalten.
Im großen und ganzen herrscht also ein recht ansehnlicher behaglicher Wohlstand wie man auch aus einer Steuernachweisung bald nach 1600 entnehmen kann, die 1890 noch in einem Gutsarchiv vorhanden war.
Der Niedergang mancher Ritterfamilien findet seine Erklärung nicht in der allgemeinen Lage der damaligen Zeit, sondern in der Zersplitterung des Besitzes.' Entnommen also aus den Berichten von Stockmann.
*Frei*gärtner und *Frei*häusler waren zu Hofediensten nicht verpflichtet.

Aus dem Tagebuch
des Kauffunger Pastorensohnes Joh. Daniel Rausch
im und nach dem 30jährigen Kriege

Bewegter Lebenslauf 1619–1685

Aufgewachsen, Lesen und Schreiben gelernt in *Kauffung,* weiter unterrichtet in benachbarten Städten (20–25 km Umkreis), mit 19 Jahren ein Jahr Gymnasium in *Danzig*
über sechs Jahre in *Königsberg* Theologie studiert
Pastor auch in den Kauffung benachbarten Seitendorf und Ketschdorf
Verheiratet mit Tochter eines Amtmannes im Städtchen Kupferberg
infolge der Gegenreformation nach sechs Jahren 1654 Pfarrstelle verloren und fast sieben Jahre ohne festen Wohnsitz und ohne Amt.
Stellensuche und im Exil in Breslau
ab 1660 Pfarrhelfer und endlich Pastor in der damals zu Sachsen gehörenden Oberlausitz.
† 7. 9. 1685 zu Ober-Wiesa am Queis.

Erzählt nach seinem *Tagebuch,* in welches er auch bis ums Jahr 1660 trotz Abwesenheit, sogar während seines Studiums im fernen Königsberg, Geschehen aller Art in Kauffung und Umgebung eingetragen hat. Ein buntes Gemisch aus 'höchst bewegtem Lebensgange' und Zeitgeschichte, frommem Glauben und weltlichem Gedankengut, in Krieg und Frieden, in der Spannung der

Gegenreformation. Und nun lesen wir, was Joh. Daniel *Rausch* aufgeschrieben hat.

Bin geboren am 2. August 1619 in Lauterseiffen bei Löwenberg in Schlesien. Meine Großeltern waren achtbare Bürger (Tuchmacher, Rats- und Handelsmann) in Löwenberg.

Mein Vater war erst Pastor in dem genannten Lauterseiffen, dann im nahen Görisseiffen. Aus dieser Pfarrstelle mußte er nach wenigen Jahren weichen, weil in Auswirkung des begonnenen, dann 30 Jahre währenden Krieges der Verwalter keinen evang. Pfarrer hat leiden wollen, obwohl die Einwohner sich zum evangelischen Glauben hielten.

Ende anno 1623 ist mein Vater als Seelsorger nach Kauffung berufen worden. Dorthin mit uns am 15. November abgeholet. So fuhren wir aus dem Bobertal längs der Berge ins Katzbachtal und bezogen das Pfarrhaus neben der alten Dorfkirche; auf einer Anhöhe über der Katzbach gelegen. Ich erinnere mich noch an das weitläufige Pfarrgehöft mit Stall und Scheuer. (Eine alte Scheuer stand auch noch in den 1920er Jahren bei der katholischen Schule im Niederdorf). Eine Widmut (Pfarrland), auch Wald, gehörte dazu. Meine Mutter hat wie eine Bäuerin mit angepackt, obwohl sie aus der Stadt stammte. Wir hatten Pferde und Kühe. Federvieh. Magd und Knecht. Ich wuchs wie ein Landkind auf, vertraut mit Tieren, Pflanzen und den benachbarten Bauernkindern.

Anno 1627, den 22. Februar, hat mich mein Herr Vater, nachdem er mich zu Hause in etwas informiert hat, zum Kirchen-Schreiber und Organisten in Kauffung H. George Stritzken in die Schule gehen lassen, bei dem ich fertiglesen, Schreiben und nach einer lateinischen Grammatik Deklinieren und Conjugieren gelernet.

Vor, in und nach dieser Zeit habe ich an den Masern und Blattern (Pocken!) heftig krank darnieder gelegen.

Anmerkung: Unser Rausch gehört also zu den wohl wenigen, welche die meist tödlich verlaufende Erkrankung an *Pocken* überstanden haben!

Ab dem 10. Jahre meines Lebens bin ich auswärts zur Lateinschule und in Kost gegeben worden. Ofter Wechsel wegen eigener Erkrankung, Tod des Lehrers, Ausbruch der Pest, Kriegsunruhen mit Plünderung.

Anno 1629 begonnen in Schmiedeberg beim dortigen Schulrektor. Als ich aber daselbst in eine schwerliche Krankheit gefallen, bin ich nach Hause geholet und nach erlangter Gesundheit in die Goldbergische Schule getan und zum Herren Rektor an den Tisch verdungen worden. Nach dessen Tode vom März bis Herbst 1631 in einer Privatschule in Goldberg. Aber wegen Ausbruch der Pest in das benachbarte Hermsdorf zum dortigen Pastor ausgewichen und gemeinsam mit seinem Sohn unterrichtet.

Als aber Kriegsunruhen dazu kamen, habe ich mich gar nach Hause begeben müssen und nebst meinem Freunde vom Hauslehrer auf einem der Kauffunger Güter mit den dortigen Kindern private Information genossen.

Im März 1632 wurde ich samt meinem Freund in das 12 km entfernte Dorf Falkenhain zu einem Diakon geschickt, wo ich vor allem Musik geübt habe.

Im Spätsommer dieses Jahres haben die Plünderungen überhand genommen. So sind wir in die Stadt Goldberg geflüchtet und ich bin wieder dort zur Schule gegangen. Am 4. Oktober wurde Goldberg von den Wallensteinischen Soldaten besetzt und geplündert. Vater war gerade in Kauffung. Ich habe samt der Mutter die Goldberger Angst mit ausstehen müssen. Meine Kleider sind mir ausgezogen worden und habe nichts als auch, Gott sei ewig gedanket, gesunden Leib davon gebracht.

Danach bin ich eine Zeit zu Hause geblieben, aber die *Pest* drang anno 1633 auch nach Kauffung, raffte den Kirchschreiber Stritzke, meinen ersten Lehrer, mit drei Kindern dahin; die Mutter und sechs Kinder waren bereits in früheren Jahren verstorben. Nur ein in Breslau befindlicher Sohn überlebte. (Tod an der Pest vom 27. 10.–16. 11. 1633)

Wir selbst haben uns auf dem im Oberdorf gelegenen, fast eine Stunde wegs entfernten Lesthof aufhalten müssen.

Schließlich bin ich ab Anfang 1634 nach *Löwenberg* in die Schule gekommen. Bei einer Frau, die meinen Eltern noch schuldete, in die Kost gegangen, alte Schuld abgegessen, danach Tischgeld gegeben. Zwischendurch hat mein Vater uns besucht und ich bin mit einem Freund nach Kauffung gelaufen. Einmal sind wir über die bestimmte Zeit geblieben; deswegen beim Rektor übel angekommen und haben alsobald zur Strafe eine Rede ausarbeiten müssen (orationem elaboriren). Dann ein halbes Jahr Pädagogiam in L.

Im April 1637 mit 18 Jahren Ende des Schulbesuchs in Löwenberg.

In diesen Jahren 1634–1637 ist viel Kriegsvolk durch Kauffung und unsere Gegend gezogen. Einquartierungen, Verpflegung stellen, Plünderungen...

Anmerkung: Leider ist nicht niedergeschrieben, wieviel Einwohner Kauffung damals hatte, wieviel Kinder die Schule besuchten, wieviel Bewohner an der Pest gestorben sind. –

Schlesier mußten damals außer Landes studieren, da Schlesien noch keine Universität besaß. Man ging bevorzugt nach Mitteldeutschland; auch Leyden in Holland. Zum Studium der evangelischen Theologie nach Wittenberg oder Erfurt, auch nach Königsberg. Letzteres wählten wir für mich. So begann meine *Preußische Reise*.

(Von Schlesien nach (Ost-)Preußen mußte man damals, wie zwischen den beiden Weltkriegen durch Polen reisen)

Zum Abschied hat mein Vater ein Valet gemacht/Abschiedsfest gegeben. Die Gutsherrschaften waren dabei.

Den 8. Mai habe ich das traurige Vale von meinem Herrn Vater genommen, der mir vier Ducaten auf die Preußische Reise mitgegeben und ein Ducaten hat mir Sebastian von Zedlitz verehrt.

Meine Frau Mutter ist mit mir nach Löwenberg gegangen.

Von dort bin ich mit meinen Mitschülern am 16. Mai aufgebrochen und am selbigen Tag bis Haynau gewandert.

Weiter über Glogau – (nun in Polen) – Schmiegel – Posen – Gnesen – bis Thorn. Einige Tage gerastet. Am 29. Mai mit Frachtboot auf der Weichsel bis Graudenz und am 30. zu Wagen bis Danzig. Erste Einkehr bei einem Landsmann, einem Kürschner. Hernach zu einem Handelsmann und Gewandschneider auf dem langen Markt gegangen, meines Herrn Vaters Schul- und Herzensfreunde, ihm das Empfehlungsschreiben von meinem Herrn Vater übergeben und den erbärmlichen Zustand Schlesiens erzählt. Er hat mich willig und freundlich aufgenommen, mir freien Tisch und Herberge und viel viel Gutes getan. Auch einen Neffen und einen Vetter von mir in Information gegeben. Der Vetter hat aber nicht folgen wollen und ist vom Schreiben und Rechnen müssen davon gelaufen. Bis zum Sommer 1638 hier aufs Gymnasium gegangen. Bereits im Herbst 1637 bin ich auf einer

Schmacke (kleines Schiff) von Danzig nach Königsberg gefahren und mich dort zum Studium eingetragen. Mitte Juni anno 1638 bin ich dann, wiederum zu Schiff, nach Königsberg gefahren und hat fünf Tage gedauert. (Um 1930 fuhr man mit dem Seedienst Ostpreußen nur einige Stunden.) Daselbst zunächst bei einem Landsmann aufgehalten und mit einem Freunde an den Tisch gegangen.

In Königsberg an der Akademie Theologie mit den gehörigen Fächern studieret. Mit manchen befreundeten Studenten Brüderschaft getrunken. In der Landsmannschaft der Schlesier, damals sagte man Societät Nationis Silesiae, waren wir 30 Schlesier! Bei den damals wenigen Studenten eine hohe Zahl. Einige meiner Freunde verstarben während des Studiums an Schwindsucht, Pest, Pocken. Andere konnte ich in Kleinstädten und auf dem flachen Lande besuchen. Zeitweise erhielt ich einen Freitisch (liberale Hospitium).

(Gern erinnert sich der Nacherzähler daran, bei seinem Studium in Königsberg 1931 ebenfalls von einem Studienfreunde seines Vaters, inzwischen Professor der Theologie, wöchentlich einmal zu Mittag eingeladen gewesen zu sein.)

Hin und wieder konnte ich predigen. War auch Hauslehrer. Mein Herr Vater schickte mir von Zeit zu Zeit Geld; hatte aber keinen festen Wechsel. Von Kauffung erhielt ich ziemlich laufende Nachricht über das Ergehen und die Einquartierungen nebst Kriegsgeschehen, welches ich in meinem Tagebuche eingetragen habe. Auch den Einzug des späteren Großen Kurfürsten Friedrich Wilhelm in Königsberg habe ich erlebt, mit einer Begrüßung durch Simon *Dach* als Professor der Beredsamkeit (Ännchen von Tharau!).

Im Herbst 1644 schrieb mein Vater, ich hätte wohl nun lange genug studieret. So rüstete ich zur Heimreise, besuchte noch einen Freund in der Stadt Gerdauen, der dort schon Pastor geworden war und mir mehrfach seine Kanzel anvertraute.

Heimreise

Am 31. Dezember 1644 bin ich von Königsberg im Namen Gottes abgereiset. Ein Fuhrmann brachte mich samt meiner Truhe von Königsberg über Heiligenbeil – Braunsberg – Frauenburg – Elbing – Marienburg – längs der Weichsel nach Marienwerder – Graudenz in acht Tagen nach Thorn. Fuhrlohn zwei Reichstaler. Hier 10 Tage bei einem Zimmermeister aus dem heimatlichen Bunzlau in Herberge stillgelegen bis zum weiteren Aufbruch der Fuhrleute.

Durch die Thornische Heide ist nämlich wegen der Räuber nicht sicher allein reisen. Ein Fuhrmann aus dem Kauffung benachbarten Tiefhartmannsdorf nahm mich mit. Am 18. Januar fuhren wir, wie vor bald acht Jahren auf meiner Hinreise, über Gnesen – Posen (bei einem Landsmann aus Hirschberg übernachtet) – Fraustadt – Glogau – Haynau – über Goldberg – Neukirch bis Hohenliebenthal. Hier hielt ich Einkehr beim Pastor und auf dem Gut. Eltern benachrichtigt. Kamen mir alsbald entgegen. Der Vater begrüßte mich voll Freude in einer lateinischen Rede und sagte, daß er nun gerne sterben wolle, nachdem er mein Angesicht wieder gesehen. Folgenden Tag nahmen mich die Eltern auf ihrer Kalesche/ Kutsche und eigenen Pferden mit nach Hause.

Bin am 1. Februar 1645 glücklich nach Kauffung gelangt und habe meine lieben Eltern frisch und gesund bei leidlichem Zustande gefunden. Die ganze Reise von Königsberg bis Kauffung sind 70 Meilen (= über 500 km). Im Rückblick auf diese Reise muß ich noch bemerken: In Polen ist es böse reisen. Denn man allenthalben fast, sonderlich auf den Dörfern, nicht ein Bissen Brot bekommt, auch haben wir in der Stadt Gnesen solches nicht erlangen können, und ist daneben böse Bier.

Darum ist von Nöten, wenn einer daselbst gut essen und trinken will, daß er etwas bei sich führe.

In der Heimat habe ich einen Monat lang alte Bekannte besucht und mußte als weit gereister Student viel erzählen.

Für zwei Jahre trat ich meinem Vater als Hilfsprediger zur Seite, übernahm auch Vertretungen. In Erinnerung ist mir noch eine Hochzeit in Schmiedeberg, an der ich für meinen Vater teilnahm. Er gab mir je einen Ducaten für die Unkosten und zu Schuhen und Strümpfen. Bei einer anderen Hochzeit 15 Taler für ein Festgewand.

Ich habe übrigens allerlei Gedichte in latein und deutsch verfaßt, die auch in einem Versbüchlein gedruckt worden sind.

1. Pfarrstelle

Im Juli 1647 erhielt ich die *Berufung* nach Langhelwigsdorf (Krs. Jauer bei Bolkenhain), welche ich im Namen der Heiligen Dreifaltigkeit angenommen. Dem Schreiber daselbst ein Reichstaler Trinkgeld gegeben. Später erhielt ich noch die Vokation nach Schweinhaus. Im Oktober habe ich in Liegnitz mein Examen abgelegt und wurde am 12. Oktober in der Johanneskirche, die damals evangelische Schloßkirche war, ordiniert. Bin zu einem Diener göttlichen Wortes geworden.

Nun war an *Heirat* zu denken. Ein befreundeter Pastor begleitete mich noch im Oktober nach Kupferberg 'an der Freyt' zum Amtmann Schröter. Den 6. November habe ich eine annehmliche Antwort vom Herrn Amtmann zum Kupferberge wegen seiner Jungfrau Tochter erhalten. Am nämlichen Tage in der Stadt Schmiedeberg gewesen, einen Ring und ein Gebetbuch bestellt, Kosten fast 3 Rthl. Den 21. November bin ich nach Langhelwigsdorf mit sechs Wagen abgeholet worden. Die Frau Mutter zog mit.

Am 24. November habe ich die Einzugspredigt gehalten aus 2. Kor. 4, »wir predigen nicht uns selbst«.

Kurz darauf bin ich mit meinen lieben Eltern, dem Pastor aus einem Nachbarort und Herrn von Zedlitz auf dem Kupferberge beim Herrn Amtmann gewesen und das Ja Wort abgeholet. Tags drauf persönliche Verlobung gehalten, der Braut ein gülden Halsbändlein 5 Ducaten wägende gegeben.

Im Jahr darauf Mitte Mai hat mein Vater dem Herrn Schwiegervater zur Hochzeit 20 Ducaten gebracht und einen Ochsen von Kauffung zur Hochzeit gesendet.

Mitte Juni habe ich zum Kupferberge Hochzeit gehalten mit Jungfrauen Anna Catharina, Herren Philipp Schröters vollmächtigen Amtmannes auf Kupferberg und seiner Ehefrauen Barbara geb. Kapiersken Ehelichen jüngsten Tochter. Mit mir zogen hinauf mein Herr Vater und Frau Mutter, die Gutsherrschaften von Hohenliebenthal und Kauffung, der benachbarte Pastor, der Kirchschreiber und alte Scholze zu Langhelwigsdorf.

Mein Herr Vater ist im Heimreisen von zwei räuberischen Soldaten unterwegs angegangen worden, welchen er zwei Reichstaler geben müssen. Den 22. Juni ist die Heimführung meiner Liebsten gehalten worden. Dazu der Herr Schwiegervater 2 Achtel Hochzeitbier, Herr Vater ein Birtel und eine Keule Rindfleisch, einen Schöps/Hammel, ein halb Kalb und Hafer gegeben für die Pferde.

Wenige Tage darauf habe ich auf Burg Schweinhaus bei Bolkenhain gepredigt, bin hingeritten. Auf dem Rückwege haben mich einige kaiserliche Soldaten angehalten, ein Stück mitgeschleppt, das Pferd und was ich bei mir gehabt, abgenommen und mich wieder auf freiem Felde davon gehen lassen. Bin in die Stadt Striegau hineingelaufen, einen Begleiter gesucht und bin in der Nacht, ohne Leibesschaden genommen zu haben, nach Hause gelangt.

Einige Tage darauf nach Schweidnitz gereist, wo ich mit Hilfe eines angesehenen Bürgers auf Befehl des Herrn Oberst mein Pferd zurück erhielt, doch ohne Sattel und Zaum. Geringes Trinkgeld war fällig.

Mitte 1648 habe ich nach und nach von meinem Schwiegervater drei Kühe erhalten.

Anmerkung: Die Geistlichen bekamen damals kein Gehalt. Zu jeder Pfarre gehörte aber Land (Widmuth), das selbst bewirtschaftet wurde. Außerdem fielen Gebühren für einzelne Amtshandlungen an.

Im Oktober bin ich nach Kauffung zur *Kirmeß* gegangen. Von einem hitzigen Fieber angefallen worden; habe viel Schweißpülverlein gebrauchet.

Frieden

Wie jedermann weiß ist endlich im Oktober 1648, nach dem 30 jährigen Kriege, der Frieden zu Osnabrück und Münster geschlossen worden; man nennt ihn der Lage der Städte wegen der Westfälische Friede. Etliche Jahr ist darüber gehandelt worden. Und also hat der blutige, hochschädliche, Land und Leute verderbliche 30 jährige Krieg in Deutschland sein Ende genommen. Was das für eine große Wohltat des lieben Gottes sei, kann fürwahr mit Menschenzungen nicht ausgesprochen und genügsam verdanket werden. Gott sei Lob und Dank! Oh erhalte mit Gnaden, was Du gegeben hast. Regiere unsere Herzen, daß wir des lieben Friedens zur Sünde nicht mißbrauchen... Amen!

Pastor im Katzbachtal

Noch anno 1648 zu Anfang November erhielt ich ohne mein Zutun die Vocation/ Berufung zum Pfarrdienst in die Kauffung benachbarten Dörfer Seitendorf und Ketschdorf. Ich wäre gern in Langhelwigsdorf geblieben. Es ging aber dort sehr knapp zu. Das Dorf war noch sehr wüste, so daß mir der Decem/Abgabe nicht voll gegeben werden konnte. Der Pfarrhof war noch nicht voll wieder aufgebaut; ich hatte kein Studierzimmer, damals 'Museum' genannt. Die Widmuth war zwar groß, aber sehr wüst und Arbeiter kaum oder nur sehr teuer löhnig zu erhalten. Ich bat den Patron/Collator und Gutsherrn um eine gewisse Abhilfe: Die Einkünfte etwas zu verbessern, den Pfarrhof voll wieder aufzubauen, und einen Mann vom Hof- und Gemeindedienste für mich freizustellen. Der Herr Collator hat meiner Bitte nicht im geringsten willfahren. So bin ich schon nach einem Jahr von meiner ersten Pfarrstelle Langhelwigsdorf weg- und nach Seitendorf gezogen. Hier wurden unsere beiden ersten Kinder geboren.

1649, den 19. Dezember, nachmittags zwischen 3.00 und 4.00 Uhr im Zeichen des Krebses bescerete der liebe Gott mir und meiner Liebsten ein junges gesundes Töchterlein, wofür Ihm herzlich Lob und Dank gesaget sei.

1651, den 9. November, Donnerstag vor Martini, zwischen 12.00 und 1.00 Uhr, zu Mittage, im Zeichen der Waage bescerete der liebe Gott mir und meinem lieben Ehe-Schatze ein junges Söhnlein, wofür Ihm herzlich Lob und Dank gesaget sei.

Beide Kinder sind wenige Tage nach der Geburt von meinem Schwager, Pastore auf dem Kupferberge, in Seitendorf getauft worden. Die Tochter auf die Namen Anna Barbara mit 15 Paten, der Sohn auf die Namen beider Großväter Johannes

Philippus mit 20 Paten. Die Paten waren adelige Grundherrschaften, Pastoren, Pfarrfrauen, schlichte Gemeindemitglieder.

Im Tagebuch habe ich als Gebet eingetragen: Der liebe Gott wolle dies unser liebes Töchterlein/Söhnlein lassen großwachsen, ihm selbst zu Ehren, uns Eltern zur Freude und dem Kinde zu zeitlicher und ewiger Wohlfahrt um Jesu Christi Willen. Amen!

Anno 1650 zu Anfang Februar hat meine Liebste ihren gesunden Kirchgang gehalten. (Anmerkung: Erster Kirchgang nach einer Geburt. Früher, als bald nach der Geburt getauft wurde, war dieser Kirchgang nach sechs Wochen). Mein Herr Vater hat mit einem schönen Sermon eingesegnet. Hat mitgebracht zur Verehrung ein halb Achtel Bier, zwei rinderne Braten, einen schweinern Braten, ein Fässlein Wein pro 3½ Rthl/Reichstaler und einen Ducaten zur Wiege. Ich predigte zu Kauffung.

Den 24. Dezember ist meine junge Frau mit dem Kinde zum Herrn Vater nach Kauffung auf die h. Feiertage gefahren und daselbe abgewöhnet. (Stockmann bemerkt: Einziger Hinweis auf eine Familienfeier des Weihnachtsfestes.)

1651, im Juni, habe ich eine Rundreise zu fünf Freunden aus der Schul- und Studienzeit unternommen. Inzwischen waren sie Pastoren in der Umgebung von Löwenberg, Greiffenberg und Hirschberg geworden. – Zu Fuß vermutlich! Wohl um 140–150 km. –

Darnach ist meine Liebste in Begleitung einer Freundin wegen Unpäßlichkeit ins Warmenbrunn (Bad Warmbrunn) gezogen, welche mein Herr Vater mit der Kutsche hat hineinführen lassen.

Mitte November 1651 ist mein Herr Vater auch zur Taufaktion unseres Söhnleins erschienen und hat der Frau Sechswöchnerin verehrt ein übergüldetes Becherlein und darinnen einen Doppel Ducaten, ithem zu 9 Töpfen Wein 9 Rthl. und 12 sgl. Der Wehemutter 1 Rthl. Zu Fische und zu Bier einen kleinen Betrag, auch getrocknete Fische. Dem Boten, der ihm die Post gebracht, ¼ Scheffel Weizen. Es ist mit dem Herrn Vater auch kommen meiner Frau Mutter Bruder, des Apothekers Sohn (Vetter), Verwalter freiherrlichen Vermögens und der Böhmischen Güter des Landeshauptmanns unserer schlesischen Fürstentümer Schweidnitz und Jauer. Er hat mitgebracht ½ Reh und einen Trompeter, der nach aller Lust eines her blies. In summa, es ging alles recht lustig und reputierlich zu.

Einige Tage darauf ist die Frau Hauptmannin (Ehefrau des vorgenannten Vetters) mit drei Knechten, 1 Kinde und Kindermägdlein zum Herrn Vater nach Kauffung kommen, auch hernach mich zu Seitendorf besuchet, eine freundliche Frau.

Anno 1652, den 12. Juni, hat mein lieber Herr Vater meinem Töchterlein einen Ducaten verehrt, daß ihn 'Großvater' heißen können.

Wie zu lesen, habe ich bei der Geburt unserer Kinder die Tierkreiszeichen festgehalten. Wir haben allesamt damals gern den Lauf und Stand der Gestirne beobachtet, uns darüber Gedanken gemacht. – Der große Feldherr Wallenstein hat sich, gewiß nicht nur in Schillers Drama, die Zukunft aus den Sternen deuten lassen. –

Etwa im November 1652 ist ein Reichstag zu Regensburg zu halten angefangen worden, und ist gleich im Dezember ein neuer ungewöhnlicher Stern nahe bei dem Siebengestirn 17 Nächte nacheinander gesehen worden. Von den meisten Leuten. Ich auch selber… Gott sei uns gnädig. Es wurde zugleich von Türkengefahr geredet.

– Anno 1665, im Januar, ist ein neuer Comet erschienen. Habe ihn mehrfach gesehen, hatte einen ziemlich langen, breiten, weißen Schweif, nebst seinem Stern einen anderen klaren und lichten Stern. Es soll dieser Comet den 2. Dezember des 1664. Jahres zum ersten Mal gesehen worden sein, hat seinen Schweif gegen Abend gewendet, dann aber umgekehrt gegen Morgen, ist zuvor lichter und roter gewesen. Gott helfe, daß wir durch wahre Buße alles gedreuete (drohende) Unglück abwenden.

6 Exiljahre

Wir Evangelischen in Schlesien konnten uns des wahren Friedens nur wenige Jahre freuen. Schon während des 30jährigen Krieges waren in manchen Orten und Gegenden den im Jahrhundert zuvor evangelisch gewordenen Gemeinden ihre alten Ortskirchen genommen, katholischen Pfarrern übergeben und die evangelischen Prediger ausgewiesen worden. Diesselben Maßnahmen wurden trotz rechtzeitiger Eingaben und Bitten der Stände (des Adels wie der Bürgerschaft) an den Kaiser in den Jahren 1653 und 1654 auch im schlesischen Gebirge durchgeführt.

Am Sonntag vor Palmarum 1654 hielt ich in meiner Kirche in Seitendorf die letzte Predigt. Folgenden Sonntag Palmarum aber, da auf und um den Mittag die kaiserlichen Commisarien ankamen, habe ich noch in meiner Kirche zu Seitendorf frühe die Communion (Abendmahl) gehalten und mich inmitten der Kirchkinder gesegnet. Den Pfarrhof selbst hatte ich schon zuvor geräumt, bei einem Nachbar mich aufgehalten, und meine Liebste, weil sie schwanger war, mit den Kindern zu meinen Schwiegereltern geschickt; ich bin hin und her gewandert.

Bereits am 16. Februar des nämlichen Jahres des morgens ¾ auf 3 Uhr unter den Zeichen des Wassermannes hat Gott mir und meiner Liebsten auf dem Kupferberge ein junges Töchterlein bescheret, so folgenden Tags in der Kirche daselbst vom dortigen Pfarrer, meinem Schwager, getauft und Anna Maria genennet worden.

– Die Kirche zu Kauffung ist am 28. Februar 1654 von den kaiserlichen Commissarien weggenommen worden. –

Ob-besagten Jammer hat mein geliebter Herr Vater nicht sehen und empfinden dürfen, sondern der wohl fromme Gott hat ihn vordem zur Ruhe gebracht. Vor seinem seligen Ende trug er großes Verlangen nach mir. Als ich zu ihm kommen und in seiner großen Mattigkeit Trost zugesprochen, hat er sich zum letzten Stündlein bereitet, welches erfolget dem 2. September 1653. Da er gar sanft und selig in großer Geduld eingeschlafen ist. Seines Alters 59 Jahr weniger sieben Wochen und etliche Tage, Ehestandes im 35. Jahr. Predigtamtes 35 Jahr weniger zehn Wochen. Sein priesterlicher Körper ist den 11. September zu Kauffung in volkreicher Versammlung zur Erde bestattet worden. Predigt: »Wo ich bin, da soll mein Diener auch sein«, und »Der Herr wird deinen Lehrer nicht mehr lassen wegfliehen, sondern deine Augen werden deine Lehrer sehen.« Einen Leichenstein hätte ich auch gerne legen lassen wollen, ist aber durch die Wegnahme der Kirche verhindert worden.

Anno 1654, den 31. März, nach geschehener remotion (Wegnahme der Kirchen) bin ich mit meinem Schwager, bisherigem Pastor in Kupferberg, nach der Stadt Liegnitz gereist. Wir haben uns daselbst umgeschaut und sind auch beim Herrn Superintendenten/Dekan gewesen.

Im Rückwege in Goldberg und Nachbarorten eingesprochen. Am 5. April, da ein ziemlicher Schnee gefallen war, sind wir miteinander nach Breslau gezogen, und uns bei einem Fleischhacker, der aus Kupferberg stammte, an den Tisch wöchentlich verdungen. Also, das Exilium, die Verbannung aus der Heimat, miteinander begonnen. – Mein Schwager erhielt Anfang 1656 eine neue Pfarrstelle. So blieb ich allein.

Das Aufenthaltsverbot für die außer Amt gestellten evangelischen Prediger galt für die Fürstentümer Jauer und Schweidnitz, also nicht für ganz Schlesien. Ebenso nicht für die damals zu Sachsen gehörende Lausitz. Wir konnten uns daher in Liegnitz sowie im Breslauischen, auch in Brieg aufhalten.

Meine Familie hat den größten Teil der Exiljahre bei den Eltern meiner Frau in Kupferberg verbracht. Der Schwiegervater blieb dort Amtmann und übernahm später ein ähnliches Amt in der Oberlausitz.

Der Unterhalt für mich selbst und die Familie hat manche Sorge bereitet. Zunächst haben meine lieben Kirchkinder nach meinem Abschiede etwas zusammengetragen und mir überschicket. Die Gemeinde Ketschdorf 8 Ducaten, und 16 Rthl. die Gemeinde Seitendorf, dazu Herr von Zedlitz auf dem Niederhof und Andere, auch die Altenberger. Summa 29 Rthl. min. 3 Heller.

Folgende Jahre meines Exils haben eine und andere gutherzige Leute sonderlich an Obst, wenn es Gott bescheret Butter, Käse usw. auch etwas uns zukommen lassen.

Ende Mai 1654 habe ich erstmals meine Familie bei den Schwiegereltern besucht, auch meine Frau Mutter.

– Anno 1656 war uns am 31. Januar zwischen 3.00 und 4.00 Uhr unter dem himmlischen Zeichen des Widders zu Seitendorf ein junges Söhnlein bescheret worden. Folgenden Tag von mir selbst getauft und *Daniel* genennet worden. Deo sit gloria (Gott die Ehre!)

Neues Amt im Bereich von Sachsen

Alle meine Hoffnungen, im evangelisch gebliebenen Schlesien selbst wieder eine Pfarrstelle zu finden, wurden enttäuscht. Erst 1660 gelang es mir, westlich von Schlesien, in der Lausitz, Fuß zu fassen. – Der *Queis* war damals ein Grenzfluß zwischen Schlesien und der Oberlausitz. – Ich erhielt eine Stelle als Diaconus/Pfarrhelfer in Wiesa und Schocha/Tschocha, südlich von Lauban.

Wir erhielten in einem Vorwerk/Gut freie Wohnung, konnten eine Kuh bei freiem Futter halten und bekamen das nötige Holz. Im März 1660 konnte ich mit den lieben Meinigen den Einzug halten.

Leider ergaben sich unerquickliche Auseinandersetzungen mit dem kränklichen Ortspastor über die Aufteilung der Amtshandlungen und Gebühren.

Viele Evangelische aus dem angrenzenden Schlesien kamen über den Queis in die hier evangelischen Kirchen zu Gottesdiensten, Taufen, Trauungen und zur Beichte und Abendmahl. In Wiesa wurde sogar eine zweite (Grenz)Kirche für die Einwohner der unweit gelegenen Stadt Greiffenberg in Schlesien gebaut. Auch *Kauffunger* und Einwohner meiner Kirchorte fanden sich ein, machten den weiten Weg. So kam anno 1664, den 1. Oktober George Raupach, des Schusters Sohn zu Kauffung, welcher zum dort freigewordenen Schul- und Organistendienst soll und will befördert werden. Ich habe auch meinerseits zwischendurch Kauffung und die anderen Orte besucht (um 50 km).

Mit dem Tode des ersten Pastors in Wiesa erhielt ich dann 1678 die Pfarrstelle.

Zeitgeschehen

1664 sind in Schlesien gar drei Piasten-Fürsten verstorben. Im Tagebuch habe ich damals vermerkt: Gott halte die noch übrige Säule feste und sei dem verlassenen Lande gnädig.

Trotz des Unglücks des 30jährigen Krieges gibt es immer wieder Streit und andere Kriege. Wir merken Auswirkungen des schwedisch-polnischen Krieges (1655–1664) mit durchziehenden Armeen. Auch Krieg um Holland. In Ungarn ist es gar unruhig. Man fürchtet auch Einfall des Türken. Trotzdem betreibt man von Wien aus die Gegenreformation in Ungarn.

1681 mußte ich ja die Eroberung Straßburgs durch den französischen König und 1683 die Türken vor Wien erleben.

Zuvor waren 1675 die Schweden in der Mark Brandenburg eingefallen. Krieg rundum.

1675, am 28. November, ist zum unbeschreiblichen Leidwesen des ganzen Landes an den Blattern/Pocken in der Stadt Brieg der noch einzige piastische Zweig *Georg Wilhelm*, Herzog zu Liegnitz, Brieg und Wohlau, verschieden. (Der katholische Kaiser war nun auch unmittelbarer Landesherr für diese evangelischen Städte und Landschaften in Niederschlesien. Versuche der Rekatholisierung begannen.) Kaiserliche Kommissarien übernahmen das Herzogtum.

Die evangelischen Schloßkirchen in Brieg und Liegnitz wurden geschlossen und später katholischen Pfarrern übergeben. Auch die Kirche, in der ich 1647 ordiniert wurde.

Zur nämlichen Zeit mußte der neue König in Polen bei der Krönung schwören, die drei Religionen, katholische, lutherische, calvinische, zu schützen. Bei der Huldigung in Liegnitz für den Kaiser war aber mit keinem Worte der Religion gedacht.

1679/80 ist wieder die *Pest* ins Land gekommen. Es sind in unserem Ort zwei Grenzwachten eingerichtet und von kurfürstlichen Commisarien besichtigt. In Schlesien sind an den Grenzen gar Galgen aufgerichtet worden, daran zu knüpfen, welche vorbei passieren würden ohne Paß. Die Pässe müssen von Stadt zu Stadt und von Ort zu Ort unterschrieben werden. Mein Sohn Gottfried kam von einer Reise zurück, weil er zu Breslau wegen der Pest nicht eingelassen worden ist. In meinem Tagebuch habe ich auch immer wieder von Mord und Totschlag vermerken müssen.

Familie

Trotz all diesem Streit und Tod, Mißklang und Not, haben wir als Familie gelebt. 2 Kinder wurden noch in der Lausitz geboren. Alle unsere 6 Kinder sind groß geworden. Zwei Jungen habe ich nach Friedeberg am Queis zur Schule gegeben. Wiederum des Glaubens wegen mußte der Rektor mit ihnen weichen. Meinen Daniel habe ich auf das Maria-Magdalenen-Gymnasium nach Breslau geschickt (gegründet als Lateinschule schon 1267 und damit älteste Schule in Schlesien). Ich meinte, daß er Theologie studieren werde wie Großvater und Vater. Er hat mir aber im Sommer 1676 geschrieben, daß er gesinnet sei, vom Studio Theologico ab und zum Juridico sich zu wenden. Die Begründung hat er in seinem Briefe gegeben. Diese Änderung hat mich wenig bekümmert. So habe ich mich schriftlich und mündlich bemüht, ihn umzustimmen. Weil er aber bei seiner Meinung verharrte, habe ich mir es endlich gefallen lassen, doch nicht gern. 1678 ist er dann mit Schiff oderabwärts nach Frankfurt zur Universität gefahren. Studiert, also Rechtswissenschaft, hat nur eins unserer Kinder, einen Jungen gab ich als Organist in die Lehre und einen als Bäcker. Haben ihre Lehre ordentlich abgeschlossen, wurden beide noch Schulhalter. Ein Sohn wurde Schneider. Beide Töchter haben geheiratet. – Das Tagebuch ist in den letzten Lebensjahren von einem Sohn fortgeführt worden.

Im Jahre 1685, am 7. September, ist Johann Daniel Rausch im Beisein seiner Frau, beider Töchter und des Sohnes Daniel sanft verschieden. Ist den 17. darauf beerdigt worden. Predigten: Du frommer und getreuer Knecht. Ich habe den Lauf vollendet.

Kauffung und Umgebung im 30 jährigen Kriege

Thränen des Vaterlandes/Anno 1636
Wir sind doch nunmehr ganz,
ja mehr denn ganz verheeret!
Andreas Gryphius 1616–1664
* und † Glogau (weit gereist)

In den ersten zehn Jahren, 1618 bis 1630, war Schlesien berührt, Feldzüge und Kämpfe jedoch hauptsächlich in anderen deutschen Ländern. Dann wurde Schlesien ein Hauptkriegsschauplatz. Damals gab es weder eine geschlossene Front, noch Bewegungskrieg in neuzeitlicher Erfahrung. Hin- und Hermärsche mit Kriegshandlungen. Ernährung und Versorgung aus dem Lande.

Schwere Jahre 1632 bis 1634 und 1643 bis 1646,
1633/34 zudem Pest.
1632 belagerte Wallenstein Goldberg und ließ dann grausam plündern. Davon auch aus dem oberen Katzbachtal nach Goldberg Geflüchtete betroffen.
Immer wieder zogen Teile der kaiserlichen Armee, Schweden, auch Truppen aus Kursachsen, Polen und Ungarn, selbst aus Brandenburg, Bewaffnete zu Fuß und zu Pferde, durch das Katzbachtal.
Waren einquartiert, plünderten nach damaligem Brauch und darüber hinaus, machten den Einwohnern das Leben schwer. Der Katechismus galt manchem nichts.
Lieferungen auch nach auswärts, Verpflegungsgelder,
Contributionen/besondere Abgaben, an die jeweilige Besatzungsmacht.
Streifzüge von Trupps im Auftrag und auf eigene Faust.
Erpressungen nach verstecktem Geld, Textilien, Wertsachen.
Der Wald um das Bolzenschloß im *Bobertal* bei Jannowitz war oft gesuchter Zufluchtsort; auch von Kauffung und weiter entfernten Orten, sogar von Probsthain. 'Den Einwohnern blieb oft nichts anderes übrig, als, nachdem sie alles das Ihrige schon verloren hatten, bei dem Herannahen von Truppenteilen die Stadt auf Wochen zu verlassen, in Hunger, Blöße und Angst herumzuirren und die Unterstützung ihrer Mitmenschen in anderen Gegenden anzuflehen' (Festschrift Schönau, 1891, S. 48).

Über das Geschehen in Kauffung und Umgebung haben wir sehr eingehende Nachrichten,
ab 1625 in Jährlichen Anmerkungen des Gutsverwalters in Seiffersdorf, Jeremias Ullmann,

ab 1633 aus dem schon genannten Tagebuch des Kauffunger Pastorensohnes Joh. Daniel *Rausch*.

Aus diesen Aufzeichnungen und Archiven hat Stockmann in der 'Geschichte des Dorfes K.', 1892, S. 26 bis 33, über Kauffung im 30jährigen Kriege berichtet.

Auszugsweise wird Einiges nachstehend wiedergegeben:

1633 hatte unser Dorf Durchmärsche und Einquartierungen auszuhalten.

22. 2. *neun* Kompanien Reiter im Quartier. 'Da ist ein Soldat von einem anderen erstochen worden.

10. Juli haben Soldaten dem Herrn Vater beide Ochsen genommen' (Rausch).

'Die Einwohner mußten sich verschiedentlich durch die Flucht in Berge und Büsche sichern, mehrmals wurde Vieh davon getrieben'...

'Am 31. Juli wurde der Gemeinde und den Herrschaften zu Kauffung die Lieferung von wöchentlich 700 2-pfündigen Broten und 4 Achtel Bier für eine Kompanie kaiserlicher Truppen auferlegt, wozu am 14. Aug. weitere 1.000 Brote und 8 Achtel Bier ausgeschrieben wurden'...

Auf den Gütern 12 bis 20 Pferde, auf bäuerlichen Betrieben 10 bis 12 Pferde im Quartier mit vielem 'Volk'.

1634 Kursächsische und kaiserliche, also gegnerische Truppen im Ort.

'Im April haben die Plünderungen überhand genommen und niemand ist auf dem Lande sicher gewesen' (R.).

'Ende Juli quartierten sich zwei Regimenter Kroaten zu Seiffersdorf ein für fünf Tage, schnitten und hieben das Sommergetreide im Felde meistens ab, um ihre Rosse damit zu füttern. Den 1. August zogen wir Seiffersdorfer wieder vom Bolzenschloß nach Hause, weil aber die Leute in den Büschen sehr froren, übel gegessen, getrunken und gelegen, so starben viele Menschen an der Ruhr, woraus zuletzt gar die Pestilenz ward, die bis in den Winter anhielt' (Ullmann).

1635 '2. bis 7. März fünf Kompanien Reiter in K. In unserem Garten allein drei Pferde und fünf Personen, bar sieben Taler.

Das Dragoner-Regiment marschierte über Seiffersdorf nach Kupferberg. Eine Partie Reiter nahmen Schutzgarde und den Adelsmann in Seiffersdorf mit, plünderten Dorf und Hof' (U.).

1636 bis 1638 zahlreiche Truppendurchmärsche, Kaiserliche und Schweden, Polen und Ungarn.

1636 In Kauffung vom April bis Juli sechs mal 1 bis 3 Kompanien einquartiert. Ende Juli für drei Tage ein Regiment Fußvolk.

In Seiffersdorf Durchmärsche und Quartiernahmen, Plünderungen, so daß sich jedermann Ende Juli mit Flucht retten mußte; ebenso 17. bis 21. Nov. wegen durchziehender Polen.

1637 In Seiffersdorf Abgabe für Einquartierte in Schönau.

'Nach dem von Polen verursachten Brand von Kupferberg zogen sie durch Seiffersdorf auf Löwenberg zu – vermutlich also durch K. –, plünderten und raubten, was sie antrafen'.

Am 9. 6. in K. drei Kompanien Kroaten zum Quartier.

1638 Im September ein durchziehendes Reiter-Regiment in Seiffersdorf und Kauffung.

1639 'Im Februar lag der Stab eines kaiserlichen Generals mit gesamten Troß über 500 Pferde stark in Kauffung, im (ev.) Pfarrhause ein Mönch als Einquartie-

rung. Im März neue Truppen, deren evangelischer Feldprediger auch im Pfarrhause quartierte. Ein ganzes Regiment Fußvolk im Dorf, danach noch fünf Kompanien. Im Mai neue Einquartierung kaiserlicher Truppen. Dann kamen schwedische Truppen, ausgeartet. Viele Leute in und um Kauffung flüchteten in den Wald um das Bolzenschloß.
...Ende August wurde den Kleinhelmsdorfern das Vieh geraubt.
Im Mai mußte Kauffung den Kaiserlichen *acht* Männer als Soldaten stellen. Die Kosten der Ausrüstung fielen den Ortseinwohnern zur Last. Stockmann fand eine Nachweisung über 13 Taler einschl. 2 Monaten Sold für einen Mann (Muskete, Degen, Blei, Pulver, Lunte). Bei acht Mann also eine ansehnliche Summe' (R., S. 82 und St., S. 29).
'26. 12. ist Christoph Frieben in Kauffung von einer kaiserlichen Partie jämmerlich erschossen worden' (R.),
Seiffersdorfer sind zweimal geflüchtet.

1640 wird von durcheinandergehenden Märschen und Einquartierungen berichtet.

21. März über 100 Pferde zu Kauffung im Quartier.

Anfang April Jauer, dann die Stadt Striegau von den Kaiserlichen eingenommen. Beide Städte mit Auswirkungen auf Kauffung.

Ende April vier kaiserliche Regimenter bei Röversdorf, 10 km katzbachabwärts von K. Am 10. Mai hitziges Gefecht zwischen Schweden und Kaiserlichen. Letztere geschlagen. Ganzer Troß und viele Gefangene, darunter zwei Obersten in Händen der Schweden; diese zogen über Hohenliebenthal (eine Nacht) nach Hirschberg.

'21. Mai haben die Kaiserlichen zu K. meinem Herrn Vater alle seine Kühe von der Weide genommen' (R.).

'Mitte Mai war von Kauffung Holz nach Hirschberg zu liefern und dorthin Männer für Schanzarbeiten zu stellen, es befanden sich jedoch nur wenige Einwohner im Ort, weil Gutsherrschaften und fast die ganze Gemeinde in Wälder und Büschen' (St.).

'Am 3. Oktober haben drei kaiserliche Regimenter zu Kauffung einen Einfall in das Niederdorf getan und sind in demselben erschossen worden: Christoph Mehwald, George Junge, Matthes Seiffert und Michael Blümel, sind in ein Grab gelegt worden, die Kaiserlichen haben aber doch des Dorfes nicht mächtig werden können, sondern wurden wieder herausgeschlagen und eine Reihe Soldaten tot geblieben' (R. u. St.). Offenbar ein Gefecht zwischen Kaiserlichen und Schweden in Kauffung.

'1641 ist im März viel Kriegsvolk durch K. gezogen' (R.).

'Bis 1644 ist Kauffung verhältnismäßig wenig von Truppen berührt worden. Es haben sich sogar 1640, 41, 42 eine große Anzahl Landleute mit ihrem Vieh auf dem Gute Elbel-Kauffung aufgehalten. Genannt waren in Verzeichnissen Bauern aus Ketschdorf, Seiffersdorf, Seitendorf, Leipe, Rodeland und Altenberg' (St., S. 30, Anm.).

1642 'Im Oktober wurde der Besitzer von Lest-Kauffung, Christoph von Klöst, als kaiserlicher Kommandant auf dem Bolzenstein vom kaiserlichen Kriegskommissar unversehens im Streit erstochen. Der Kriegskommissar danach mehrfach verwundet, 1643 seines Amtes enthoben' (U.).

1643 'Vom 25. Nov. bis 2. Dez. bezog die kaiserliche Armee im Katzbachtal Quartiere, wobei der Generalstab in Kauffung zu liegen kam. Großer Aufwand'.

1644 wurde in Tiefhartmannsdorf der Eigentümer des Dominiums bei einem Überfall auf dem Kirchturm erschossen, wohin er sich geflüchtet hatte.

1643/44 haben Gutsherrschaften und Bauern in Kauffung aufgebracht:

Zur Garnisonsverpflegung kaiserl. Truppen	71 Taler, 12 Groschen
Eine Kopfsteuer	316 Taler, 15 Groschen, 8½ Heller
6 wöchige Verpflegung m. tägl. 30 Rationen	248 Florin
Sechs Wochen Haferrationen	72 Florin
Werbegelder für zwei Quartale	39 Taler, 21 Groschen
Steuer wegen Ritterdiensten	63 Taler, 32 Groschen, 6 Heller
Aufgebracht in zwei Jahren…	1.197 Taler, 34 Groschen, 2½ Heller, wobei Florin in Taler umgerechnet sind.

Wie konnte diese Belastung aufgebracht werden?
Bemerkenswert die Berechnung auf Heller und Pfennig.

1645 'April bis Juni lagen sächsische Truppen in der Gegend.

Ende September Schweden, ein Truppenteil über Kauffung gezogen. Herr Wolfram von Lest hat wie zuvor vielmal das Beste getan; von seinem besten Pferde abgestiegen und selbiges dem anmarschierenden Rittmeister spendieret, sonst wäre das Dorf K. geplündert worden' (R.).
'Ganze kaiserliche Infanterie und Artillerie zu Seiffersdorf. Die Wachtfeuer waren so nahe aneinander, daß sie von Ferne wie die Sterne am Himmel aussahen. In der Ortsmitte um Kirche und Schule allein 71 Feuer. Den 14. Oktober haben wir nach Kauffung entweichen müssen. Der schwedische General Königsmark zog durch Kauffung. Das Dorf wurde wieder geplündert und ein Bauernhof niedergebrannt. Im Pfarrhause eingebrochen und zwei Kühe weggenommen… Nach Belieben geraubt; der Verlust belief sich dort allein auf 50 Taler. Die Gemeinde K. hatte außerdem 530 Taler zu zahlen. Den 18. Dez. wurde Kauffung unerwartet überfallen und geplündert' (U. u. R.)

1646 Nur da und dort Räubereien und Durchzüge.

1647 Durchzüge und Plünderungen im Bobertal. Einquartierungen in Schönau.

1648 'Im Januar zogen die Kaiserlichen durch Kauffung nach Schönau, Kauffung fast ganz ausgeplündert, bis auf die adeligen Höfe und den Pfarrhof. Für die gestellte Schutzwache auf dem Pfarrhof waren aber einschließlich Verpflegung 13 Taler aufzubringen. Am 3. Februar fielen die Schweden den Leuten in die Häuser. Dies war die letzte Berührung, die Kauffung in den Kriegsjahren mit größeren Truppenkörpern hatte. Danach nur noch vereinzelte Soldaten und kleine Trupps in den Dörfern' (St.).

24. Oktober 1648: Friedensschluß zu Osnabrück und Münster

'Also hat der blutige hochschädliche, Land und Leute verderbliche dreißigjährige Krieg in Deutschland sein Ende genommen' (R.).
Kleine Truppenteile wurden beiderseits noch unter den Waffen gehalten.
'Anfang Jan. 1649 quartierte sich ein hoher kaiserlicher General mit viel Reiterei in Seiffersdorf ein. Eine Kompanie im Januar in Kauffung' (U.).

Von Ende Januar 1649 bis Sommer 1650 lag eine zu kaiserlichen Truppen gehörende Kompanie in Kauffung; zu ihrer Verpflegung hatten benachbarte Orte beizusteuern (U., R. und St.).

Vermutlich waren Stab und Kompanie bewußt beiderseits des Passes zwischen Bober und Katzbachtal gelegt. Kauffung wird auch leistungsfähiger als die noch stärker ausgeplünderten Dörfer des Bobertals gewesen sein. Kauffung also 1½ Jahre Garnison.

'1650, den 19. Juli, ist ein schwedischer Truppenteil aus *Mähren* auf dem Heimmarsch durch das Katzbachtal gekommen. Der Oberst logierte mit dem Stab in Kauffung; hier, in Seitendorf und Ketschdorf zwei Kompanien. Zogen folgenden Tags auf Glogau an der Oder zu, haben also ihren völligen Abzug genommen', berichtet Rausch, damals Pastor in Seitendorf.

– Ein fast gespenstisches Ereignis: Letzte Truppenteile der beiden Mächte, die gegeneinander erbittert Jahrzehnte lang Krieg in Deutschland geführt hatten, befinden sich und trennen sich in Kauffung. Gewiß werden die Herren Offiziere sich gesprochen und ihre Kommandostellen unterrichtet haben. Ob Landsknecht und Feldwaibel Ausgangssperre hatten, um Händel zu vermeiden, oder ob die Kaiserlichen beim Durchzug der Schweden den Weg säumten?

'Den 27. Juli hat der Rittmeister zu Kauffung von dem in kaiserlichen Diensten stehenden Regiment seine Kompanie auf dem *Markte* (Viehring) abgedankt (aufgelöst).
Den 31. Juli ist der Herr Rittmeister von dannen gezogen' (R.).

'Den 14. August ist in Schlesien auf den Dörfern (etliche Wochen vorher in den Städten) das Dankfest des geschlossenen Friedens halber zelebrieret worden... Nun danket alle Gott' (R.).

1649, Anfang Februar, sind bereits Beauftragte der schlesischen Stände nach *Wien* an den kaiserlichen Hof gereist, um für freie Religionsausübung der Evangelischen zu bitten. Dabei Konrad von Sack, vordem kaiserlicher Rittmeister, wohnhaft geworden in Tiefhartmannsdorf, ab 1660 Eigentümer des Gutes Mittel-Kauffung (R., U., Jubelbuch Tiefhartmannsdorf).
Aber der Kaiser gewährte keinen religiösen Frieden.
Die nächste *Tragödie* begann.

Leben auf dem Dorfe 1650 bis um 1850

Nach dem 30 jährigen Kriege

1653, also fünf Jahre nach dem Friedensschluß, ist für steuerliche Zwecke über den Zustand von Häusern, Gehöften und Gütern sowie über deren Ertrag berichtet worden; vergleichbar unserer Einkommensteuererklärung und Einheitsbewertung. Berichte über diese Bestandsaufnahme hat Pastor Stockmann um 1890 im Gutsarchiv von Hermannswaldau (nördl. Schönau) gefunden und in seiner 'Geschichte des Dorfes K.', S. 33ff., ausgewertet. Wir erhalten daraus ein anschauliches Bild über Folgen des Krieges und die dadurch vielfach gegenüber den Jahrzehnten vor dem 30 jährigen Kriege abgesunkenen Lebensverhältnisse. Einige Ortsteile werden nachstehend genannt.

Rodeland ist mit der ganzen Ortschaft unter die verödeten wüsten Güter zu setzen und steuerfrei zu lassen.

Auf dem *Gut Elbel* konnten anstatt 6 Malter Winter- und 7 Malter Sommersaat nur zusammen 1½ Malter gesät werden, also kaum ¹⁄₁₀ der Friedensmenge und -fläche. Von 300 Schafen war keines übrig! Die Abgabe der 'Untertanen' des Gutes bis auf die Hälfte gesunken. Die Besitzerin eines kleinen Anteils am Gut bewohnt ein Auenhaus (also ein bescheidenes Häusl), erhält von ihren Nachsassen bescheidene Leistungen und hat sonst nichts als 'was sie sich am Rocken erspinnt'. Beantragt war, die Steuer auf ⅓ bzw. ⅕ herabzusetzen.

Gut *Lest* anstatt 5 Malter Wintersaat nur 2 Malter Korn gesät; Sommersaat, früher 6 Malter, mußte mangels Samen ganz unterbleiben.

	Vor Kriegsbeginn	1653
Schafe	250	50
Rinder	30	10
Pferde/Ochsen	je 3	je 3

'Wiesen und Äcker sind mit Holz bewachsen. Von 15 Familien sind noch 8 und 2 Weiber da'. Die Steuer war bereits auf 10% herabgesetzt.

Stöckel-Gut

Die dazu gehörende Erbschölzerei und Bruchmann Bauer sowie die meisten Gärtner und Häusler sind leistungsfähig. Ein Bauernhof hat 12 Jahre wüst gelegen, nur zum kleinsten Teil besät. Eine Gärtnerstelle seit acht Jahren wüst und noch unbesetzt.

Tschirnhaus Hof verfallen. An Samen, Brotgetreide, Vieh großer Mangel.

Gut *Niemitz*. Die Steuer der Bauern, Gärtner, Häusler, ist laufend herabgesetzt worden:

Vor dem Krieg	1637	1644	1646	1648	
200 Thaler	74	52	46	40	Thaler.

Daraus ist ersichtlich, daß trotz der Kriegswirren die Steuerbehörde laufend tätig war.

Nieder-K. Seit Jahren ein Bauernhof verfallen, Äcker unbebaut, ohne Wirt und Wirtin, ohne geringsten Ertrag. Der Bauer war 1640 bei einem Zusammenstoß zwischen Kaiserlichen und Schweden umgekommen.

Lehngut. Die Steuer für dieses Gut war bereits auf ⅓ des Ursprungssatzes und die der zugehörenden Bauern und Gärtner auf ¼ herabgesetzt.

Alle Ermäßigungen galten, bis der frühere wirtschaftliche Zustand wieder erreicht war.

Der Grund und Boden war, nach den Preisen in den Kaufverträgen zu urteilen, entwertet. Das Erbgeld, z. B. für die Erbschölzerei im Oberdorf, war gegenüber dem Jahre 1600 in der Mitte des Krieges auf die Hälfte gesunken und machte 1681 nur noch ein knappes Fünftel aus.

Es werden weitere Jahre, auch Jahrzehnte vergangen sein, bis die Verheerungen, die unmittelbaren und die mittelbaren Schäden des 30jährigen Krieges überwunden waren. Manch einer wird mit seiner Familie den Friedenszuschnitt und Wohlstand nicht mehr erlebt haben.

Den Leistungen der Bauern an die Gutsherrschaften wird nach dem Eindruck, den Stockmann beim Studium der Urkunden und Schöppenbücher gewonnen hatte, zunehmend eine größere Beachtung als in früherer Zeit geschenkt. Die schlichten Worte 'Wie von alters her' kommen nicht mehr vor. Meist wurde auf das bei den Gutsherrschaften befindliche Verzeichnis der Leistungen, *Urbar* genannt, verwiesen. 'Ab 1678 enthalten die Kaufverträge über Bauerngüter sämtlich ein Verzeichnis der Leistungen' (S. 36); diese Einzelaufzählung wird behördlicherseits angeordnet gewesen sein, um Unklarheiten zu vermeiden. Die entgegengesetzten wirtschaftlichen Belange von Gutsherrschaften und Bauern/Gärtnern wurden gewahrt und Streit vermieden. Zu bedenken ist auch, daß die Dorfeinwohner damals bereits zwei Jahrzehnte in der großen Kirchfahrt zu evangelischen Gottesdiensten und Abendmahl über Land zogen; dazu hätte nicht gepaßt, wenn man sich innerhalb der Orte streitend gegenüber gestanden hätte. Man lebte in den Dörfern zusammen und mußte unter den Augen der Öffentlichkeit miteinander auskommen. Wir müßten versuchen, uns die Leistungen an die Gutsherrschaft im damaligen Alltag vorzustellen! Aber können wir uns bei unserer völlig anderen Arbeitswelt hineindenken?

Stockmann nennt drei Bauern in Ober-Kauffung, deren Leistungen teils übereinstimmen, teils unterschiedlich sind. Leider ist die Betriebsfläche nicht genannt; Pferde wurden gehalten. →

*Der Galgen am
Ambrichsberg*

(Beschrieben Seite 415 und 459)

	Chr. Blümel 1678	*H. Menzel 1694*	*ein 3.*
In bar gezahlt	20 Silbergroschen	./.	4 Thl. 24 Groschen
Hühner	2 alte	2	3 alte, 10 junge
Spinnen von Garn gegen Lohn aus			
übergebenem Flachs (13 Groschen)		6 Heller	ebenso
Ackertage 11		je 5½	11
		mit Sommer- bzw. Wintersaat	
Fuhren	22/Getreide,	10 Fuder Holz	11 + 6½ Tage
	Heu, Tannicht	je 6 Heu, Getreide,	Mist fahren
Anderes	Unterhält Jagd-	2 halbe Tage Rechen	Fuhren und Weiberarbeit
	hund	im Hafer, ferner in Heu	nach Urbarium
		und Grummet, im Flachs	
		nach Bedarf	

Deutlich nicht über einen Kamm geschoren, sondern genau überlegt.
Wirkt ausgewogen nach Leistungsfähigkeit und Bedarf.

Von Österreich zu Preußen im 18. Jahrhundert

Bis 1740 Österreichisch, danach Preußisch
Drei Schlesische Kriege: Ende 1740 bis 1742, 1744/45, 1756–63
1753 brannte das Niederdorf von Kauffung ab
1762 Stadtbrand von Schönau

Zwischen 1700 und 1800 – unterbrochen durch große Brände und den 7jährigen Krieg – werden die allgemeinen Lebensbedingungen sowie die wirtschaftlichen und sozialen Verhältnisse in den Dörfern des oberen Katzbachtals ähnlich zufriedenstellend gewesen sein, wie *vor* dem 30jährigen Kriege, also wie um 1600. Das Leben wird im Gleichmaß der Jahreszeiten, mit Säen und Ernten verlaufen sein. Nach der Sonne richteten sich Arbeitszeit und Feierabend. Arbeits- und Wirtschaftsweise der Großeltern und Eltern wurde von Söhnen und Töchtern übernommen.

An *urkundlichen* Unterlagen nennt Stockmann (S. 40):
Eine Steuerrevision (Neueinschätzung) von 1726,
danach angelegte Listen über Einwohner, Hausgrundstücke, Höfe;
Urbar (Verzeichnis über Abgaben und Leistungen), angelegt zwischen 1738/44 für bäuerliche Höfe, Gärtnerstellen und Häusler,
Nachweisung über die Nutzungswerte in Schlesischen Thalern von 1604/09, also kurz vor dem 30jährigen Kriege, und von 1742 (S. 24, 43).
Für sich gesehen kommen erkleckliche Beträge für den Nutzungswert in Kauffung zusammen, wobei die großen Güter überwiegen. Bei diesen entsprechen sich die Beträge für die genannten Jahre,
bei Bauern, Gärtnern und Häuslern liegen die Werte von 1742 etwas höher als um 1600.

Durch die großen Brände und den 7jährigen krieg ist die Aufwärtsentwicklung für fast zwei Jahrzehnte unterbrochen worden.
Zur Mitte des 18. Jahrhunderts kam der *Anbau* der *Kartoffel* auf – gefördert mit königlich-preußischem Nachdruck.

In der herkömmlichen Dreifelderwirtschaft – Winterung, Sommerung, Brache – wurden die Kartoffeln auf der Brache angebaut; ausgangs des Jahrhunderts zusätzlich Kleearten als Futterkräuter: Man begann zur Fruchtwechselwirtschaft und zur Stallfütterung überzugehen.

Das Jahr 1740 brachte den großen geschichtlichen Einschnitt mit der Inbesitznahme Schlesiens durch den jungen preußischen König. Welche Folgen hat der Wechsel der Herrschaft vom kaiserlich-katholischen Wien zum königlich-protestantischen Berlin ausgelöst?
Vermutlich kaum unmittelbare Auswirkungen bei der Landbevölkerung. Der Schutz für den Bestand der Bauernhufen und Rittergüter blieb bestehen und wurde sogar verstärkt.
Bestehen blieben Erbuntertänigkeit und Leistungen der Bauern für die Dominien, aber auch deren Schutzverpflichtungen für die 'Untertanen'. Über Erschwernisse oder Verminderungen ist nicht berichtet, vermutlich weil Verzeichnisse über die Leistungen angelegt worden waren.
Die Anzahl der Bauern ist im 18. Jahrhundert nahezu gleich geblieben.
Dankbar begrüßt wurde die Religionsfreiheit, die in den Landschaften der Gegenreformation, so auch im Katzbachtal, den Bau evangelischer Bethäuser und Schulen ermöglichte. Die 'weite Kirchfahrt' fiel weg. Man hatte wieder Geistliche und Schulhalter im Ort, wie im Abschnitt 'Die beiden Kirchen' geschildert.
Geistig war man ohnehin mehr nach der Mitte Deutschlands als nach dem Süden ausgerichtet gewesen; insoweit war keine Umstellung nötig. Neu war aber auch und belastend, die Verpflichtung zum 'Dienst in der Armee', während in der österreichischen Zeit 'geworben' wurde. Nach dem preußischen Kantonalsystem konnten so viel Männer eingezogen werden, wie für den Bestand und die Auffüllung der Regimenter erforderlich waren. Die Dörfer einiger Gebirgskreise, so auch im Bober-Katzbach-Gebirge, waren indess von dem Dienst in der Armee freigestellt, um die *Weberei* zu fördern.

Nun ist über die *drei schlesischen Kriege* zu berichten. Greifbar ist nur die Schilderung von Stockmann in der 'Geschichte des Dorfes', S. 42 bis 44. Die früheren Ortsgeschichten der anderen Dörfer und von Schönau enthalten keine Hinweise. Auch aus den großen einschlägigen Geschichtswerken ist nichts für das obere Katzbachtal zu entnehmen.

Vom 1. Schlesischen Kriege ist das Katzbachtal nicht berührt worden. Im 2. Schlesischen Kriege haben Kauffung und seine Nachbarorte gewiß Berührung mit den kämpfenden Truppen gehabt, besonders im Frühjahr 1745, als kaiserliche leichte Truppen (Kroaten) Hirschberg und Umgegend brandschatzten sowie vor und nach der Schlacht von *Hohenfriedberg* am 4. Juni 1745 (20 km ostwärts von Kauffung zwischen Bolkenhain und Freiburg).
Aus dem 7jährigen Kriege von 1756 bis 1763 liegen wenige Nachrichten vor. Keine Kampfhandlungen im Katzbachtal.
Mit Sicherheit sind preußische und österreichische Truppen wiederholt zwischen der niederschlesischen Ebene und Böhmen durch das Katzbach- und Bobertal, flußauf oder flußab, über die Gebirgspässe und längs des Gebirges gezogen: Liegnitz – Goldberg – Schönau – Landeshut – Trautenau in Böhmen

– oder von Schönau – Kapellenberg – Hirschberg; Bolkenhain – Ketschdorf – Hirschberg.

Kann sein, daß Kauffung wegen der mehreren Furten möglichst umgangen wurde. Trotzdem werden sich des öfteren dort Truppenteile verpflegt und Quartier genommen haben.

Auch von russischen Truppen ist die Rede; so wurde das Dorf Baumgarten, südostwärts von Bolkenhain, fast ganz von *Kosaken* zugrundegerichtet (aus Jubelbuch Tiefhartmannsdorf, 1793 bzw. 1893, S. 27).

'Am 20. und 21. August 1761 erfuhren Hohenliebenthal und Tiefhartmannsdorf kleine Plackereien durch österreichische Truppen. In einem Brief hieß es weiter, daß die Orte Konradswaldau, Reichwaldau, Klein Helmsdorf, Ober- und Mittel-Kauffung mit Ketschdorf unbeschreiblich viel gelitten haben. Am allermeisten aber Konradswaldau, wo ebenso wie in Reichwaldau das herrschaftliche Haus ganz verstöret ist.' (Stockmann, S. 44).

Im Zusammenhang mit der Schlacht bei Liegnitz am 15. Aug. 1760 wird auch das obere Katzbachtal Truppen erlebt haben.

Lieferungen und zusätzliche Steuern, Kontributionen waren aufzubringen, Darlehen dafür aufzunehmen, z.B. von der Kauffunger Bauernschaft 100 Taler für Transporte.

Noch in Kaufverträgen von 1768 und 1769 sind Folgen dieser Belastungen genannt. Angaben über die Einziehungen von Männern und die Anzahl von Gefallenen im 3. Schlesischen Kriege fehlen. Auffällig ist, daß die Sterblichkeit in Kauffung in den letzten Jahren des 7jährigen Krieges wesentlich höher war als im Frieden. Für Kauffung neu war, daß nicht mehr nur Kalk gewonnen und gebrannt, sondern ab 1772 auf königliche Anordnung *Marmor* gebrochen und für besondere Bauwerke sowie Bildhauerei verwendet wurde.

In den letzten Jahrzehnten des 18. Jahrhunderts ließ das Gefühl nach, in patriarchalische Verhältnisse eingebettet zu sein. Erbuntertänigkeit sowie Leistungen für Guts- und Grundherrschaft wurden von den Bauern zunehmend nicht mehr als naturgegeben angesehen. Spannungen entstanden. Bauern hofften auf Befreiung von den Diensten; dazu trugen Gerüchte über beabsichtigte Erleichterungen bei. So kam es schließlich 1786 in den Dörfern im Bobertal um Hirschberg zu Störungen. Diese Bewegung könnte Wellen ins Katzbachtal geschlagen haben. Einige Eigentümer von Rittergütern warnten vor Nachgiebigkeit, andere regten gewisse Erleichterungen an, um die Dinge nicht auf die Spitze treiben zu lassen. Der Nachbarschaft halber sei erwähnt, daß der Gutsherr von Alt-Schönau, Freiherr von Vogten, geschrieben hat:

»…Es ist jetzt der Zeitpunkt, ob der Adel seine Rechte sich für die Zukunft sichern oder ob er durch ein zu großes Zutrauen in seine Kräfte und veralteten Vorrechte sie mit der Zeit ganz samt seinem Eigentum verlieren will…«, deshalb forderte er bescheidene Reformen, um dem Landvolk… die Umstände zu verbessern. (Ziekursch. S. 251)

Verschiedene Bestrebungen, die Bauern von Abgaben und Leistungen zu entlasten, zeitigten auch um 1800 noch keinen Erfolg. Grundlegende Reform wurde unabweisbar.

Von der Gerichtsbarkeit

Der Ortsscholze übte, wie schon geschildert, im *Dreiding* zusammen mit den Gerichtsgeschworenen die niedere Gerichtsbarkeit aus. Dem Grundherrn stand die obere Gerichtsbarkeit zu. Sogar ein Urteil über Leben und Tod. Zivil- und Strafsachen, bei denen keine örtlichen Erfahrungen und Kenntnisse vorhanden waren oder ernsthafte Zweifel bestanden, wurden einer Art Obergericht unterbreitet, d. h. das 'Urteil wurde eingeholt'.

Entsprechend der Ortsgerichtsbarkeit und den damaligen Bräuchen in der Strafjustiz gab es in vielen Orten einen 'Galgenberg', wie man den Einzeichnungen in den Karten entnehmen kann. In Kauffung gelegen in Höhe des Dorfmittelpunktes (Kirche und Stammgut) nordostwärts vom Viehring. Urkunden oder Überlieferungen zu diesem Galgenberg sind nicht vorhanden. Außerdem gab es einen gemauerten Galgen weiter bergwärts zwischen Ambrich und Wiesenberg. Seiner Lage nach so gebaut, daß das Gemäuer von den vormaligen Rittersitzen, unseren Schlössern Stöckel und Nieder-Kauffung, deutlich zu sehen war. Der Sage nach sollte ein Edelfräulein gewarnt werden, jedoch soll dort niemand sein Leben geendet haben. Überliefert wurde aber, daß eine alte Frau, als sie zur Richtstätte geführt wurde, beim Anblick starb.

Nachstehend einige Beispiele zum Rechtsleben:

1. In einer Erbrechtssache waren die 'Schöffen von Breslau' eingeschaltet worden. In deren Antwort hieß es am Anfang

»Wir Schöppen zu Breslau bekennen...«

und am Schluß

»...so erkennen und sprechen wir für Recht, daß... der Genannte... nach landüblichem Sachsenrecht... Von Rechtes wegen. Breslau, den 24. Februar 1674.« (Aus schlesische Geschichtsblätter 1926, Nr. 2, S. 44).

Anmerkung: Nach heutigem Recht würde ebenso entschieden, wie die Schöffen von Breslau vor 300 Jahren geurteilt haben.

2. In *Strafsachen* wandte man sich an den Schöffenstuhl in Löwenberg. Angeklagt war ein junger Bursche wegen mehreren Diebereien und Einbruch. Der Dieb sollte nach dem Urteil von Löwenberg, wie damals üblich, gehängt werden. Die Kauffunger Grundherrschaften ließen aber Gnade vor Recht ergehen, jedoch mußte der Täter Kauffung für immer verlassen. Hierüber war im Kauffunger Schöppenbuch beurkundet: (in unserer Schreibweise)

Urfriede,

welchen Gottfried Zöllner den 1. Dezember anno 1681 vor ordentlich besetzten Gerichten zu Ober-Kauffung knieend auf das entblößte Schwert geschworen und darauf von kauffungischem Grund und Boden, denselbigen nimmermehr bei Verlust seines Lebens zu berühren, auf ewig verwiesen worden.

»Demnach ich, Gottfried Zöllner, mich vom bösen Feind habe verleiden lassen, daß ich nicht alleine Sachen... diebischer Weise da und dort gestohlen, sondern auch... auf dem... Rittersitz des Nachts diebischer Weise eingebrochen... und darüber ertappt und handfest gemacht worden; nunmehr sollte ich nach eingeholtem Urteil mit dem Strange... vom Leben zum Tode gestraft werden. Die hochadeligen Lehnsherrschaften zu Kauffung haben aber auf mein flehentliches Bitten... wegen meiner jungen Jahre sich bewegen lassen, mir die Strafe zu erlassen, daß ich aber hiesigen Grund und Boden nimmermehr betrete. Viel weniger Diebstücke an einem Ort verübe; also schwöre und gelobe ich hiermit vor Gott und allen Leuten hier, daß ich die große Gnad nie vergessen will, ich verspreche, mein Leben zu bessern und will den kauffungischen Grund und Boden räumen... Ich will auch diesen Urfrieden... unverbrüchlich halten, wie Recht ist. Und solches alles bei Verlust meiner Seelenheil und Seeligkeit und bei Strafen des höchsten Landrechts, so wahr als mir Gott helfe und sein heiliges Evangelium.« (Nach Stockmann, S. 38)

Leider ist sein Lebenslauf nicht bekannt. Fand er in einer Stadt Aufnahme? Ließ er sich als Landsknecht anwerben?...

3. Ein *Vergleich* zwischen zwei streitenden Einwohnern: Der Oberkretschmer (Gastwirt) und der Oberschmied waren wegen ihrer Bienenvölker aneinander geraten und stritten sich auch vor den Gerichten. Behauptet wurde und in Frage stand, daß Bienen des einen bei Völkern des anderen auf Raubbeute gingen.

Solchen Streit konnte man im Ort nicht gebrauchen, schon gar nicht zwischen zwei Männern, auf die man nach ihren Berufen angewiesen war. In einem Vergleich heißt es hierzu: »Weil nun aus dieser Ursache die zwei genannten Personen in großen Streithandel geraten und sich auch an die Gutsherrschaften gewandt haben... Diese haben aber ob der Zwistigkeit ein sehr großes Mißfallen getragen und nicht für tunlich befunden, solche Zanksüchtigkeit in weitläufiger, kostbarer/kostenmachender Prozeßführung weiter zu treiben, sondern die streitenden Personen dahin beschieden, daß sie an ordentlicher Gerichtsstelle miteinander in der Güte vergleichen sollten... (Gegenseitige Ehrenerklärungen. Der eine hatte mehrere Taler Schadenersatz zu zahlen und die Raubbienen beiseite zu schaffen)... Wenn aber der eine oder andere dieser alten Streitsache im Argen gedenken würde, so sollte der Täter seiner Gutsherrschaft 20 Reichstaler zahlen und dem Gericht ein Achtel Bier zur Strafe stellen. Dieser Vertrag ist zu immerwährender Nachricht in all hiesigem Schöppenbuch einverleibt worden. Im Beisein... Erb- und Gerichtsscholz... (es folgen sechs Namen) geschworenen Schöppen, an ordentlicher Gerichtsstelle zu Ober-Kauffung, den 9. Febr. anno 1682.« (Nach Stockmann, S. 39; das Schöffenbuch mit diesem Vergleich befindet sich im polnischen Staatsarchiv Hirschberg.)

4. Kaufvertrag über ein Hausgrundstück

George Raupachs Erbfreikauf

Im Namen der heiligen hochgelobten Dreifaltigkeit ist heute als am 15. Tag Monats Oktobris dieses laufenden 1649. Jahres zwischen Christoph Kuttigen... an einem und seinem Stiefsohne George Raupachen andernteils ein christlicher aufrichtiger, unwiderruflicher Erb-Contract abgeredet, beschlossen und vollzogen worden. Es hat Christoph Kuttig wegen hohen Alters und ebenso gering zeitlicher Nahrung, sowohl dringender Schulden halber, sein Haus und Garten samt dem dazugehörigen Angerrecht, wie das alles zwischen Hans Bruchmanns des Pauers Gute und dem Oberkretscham gelegen mit allem dessen Freiheit und Gerechtigkeiten, wie er solches genossen, gebraucht oder auch besitzen, genießen oder gebrauchen können und mögen, Alles nach buchstabendlichem Laut und Inhalt

416

des anno 1632, den 21. Juli, mit der wohl edlen, vielehren- und tugendreichen
Frauen geb. von Saalzin, Wittibin und Hausfrauen auf Kauffung... geschlossenen
Erb- und Freiheits Contract,
seinem Pflege- oder Stiefsohne George Raupachs, seinen Leben- oder Erbneh-
mern... übergeben. Und mehr nicht vorbehalten, als von dato an, auf vier Jahre
lang frei Hausgemacht für sich, sein Eheweib und noch unverzogene Kinder, in der
Stuben zu wohnen und eine Kammer im Haus die Stiege hinauf auf der rechten
Hand zur Lagerstatt und was an Tisch und anderen Hausgeräte...
...für zweihundert Thaler, schlesisch..

(Aus dem Schöffenbuch von Ober-Kauffung, Abdruck Seite 533).

5. Erbkauf   r   Zu wissen sei hiermit,
daß mit Genehmigung S hoch und wohlgeboren, des königlich preußischen
Majors, Landesältesten, Districts Polizei Commissarii und Erb-, Lehn- und Ge-
richtsherrn Herrn Freiherrn von Zedlitz auf Nieder-Kauffung und Tiefhartmann-
dorf zwischen dem Johann Gottlieb *Geisler* an einem und dem Johann Gottlieb
Geisler am anderen Teile nachstehender und unwiderruflicher *Erbkauf* geschlossen und dato gerichtlich vollzogen worden ist.
Es verkauft Johann Gottlieb Geisler das zeither erb und eigentümlich besessene
sub Nr. 48 unter Nieder-Kauffunger Jurisdiction belegene dienstbare Haus, nebst
Obst- und Grasgärtchen und dem Fleckchen Gräserei am Fußsteige, soweit das
Gärtchen geht, bis an die Katzbach, daran Besitzer den Zaun und auch des Gärtels
baustündig zu halten schuldig, hingegen ab der Ruthe am Wasser soweit benutzen
kann, wie alles durch Augenschein nach befindlich ist,
an Johann Gottlieb Geisler im Hauptkaufpreise für 120 Reichsthaler klingend
preußisches Courant.
Käufer zahlte dato bar zum Angelde in Courant 20 Rth. und entrichtet das
Residium der 100 Rth. bar zu Johanni d.J. Summa Courant 120 Rth., wodurch
also das Kaufquantum den einhundertundzwanzig Reichsthaler nachgewiesen ist.
Das herrschaftliche Laudemium sowie Gerichts- und Verschreibekosten, zahlt
Käufer sogleich bar, den Kauf Cretiv unbeschadet.
Der Grundherrschaft zinset Besitzer jährlich 8 weiße Groschen und an Weihnach-
ten eine alte Henne, verrichtet übrigens die schuldigen Hofedienste, gleich wie die
anderen dienstbaren Häusler dieses Zehnteiles, spinnet 4 Stück flächsen Garn
über die Ellenweife und bekommt für 3 Stück über die Lange Weife 7 weiße
Groschen 4 Heller, vom 4. Stück über 4 weiße Groschen und vom 5. Stück über
die kurze Weife wird ihm gegeben 15 weiße Groschen.
Den Brunnen im Hofe kann er für sich gleich wie andere benutzen.
Es mag nun künftig dieses Haus verkauft, vertauscht oder durch Erbfall an einen
anderen Besitzer gelangen, so erhält die Grundherrschaft den 15. Reichsthaler als
Laudemium.
Der Kirchenstände litt: B. 1. Reihe Nr. 14 und littr: a 1. Reihe Nr. 12 hat Käufer
Macht sich anzumaßen und zu besitzen.
                    Zum Beilaß erhält Käufer
Einen Tisch nebst zwei Schemel, einer ohne Lehne. Eine Ofengabel, eine Brandrö-
te, eine Brodschüssel nebst Krike, eine Axt, eine Rodehacke, eine Düngergabel,
eine beschlagene Schaufel, eine Grassense, ein Topfbrett, eine Dachleiter, eine
blechene Laterne und endlich eine Radwer (Schubkarre) nebst Trageseil.

Verkäufer dinget für seine Mutter die Witwe Geisler, freie Herberge, bei freier Beholz (Heizung) und Beleuchtung auf diesem Hause aus, und falls sie krank würde, ihr Bett in die Stube zu setzen, und zu deren Bequemlichkeit, die kleine Kammer, empor zur Seite des Niederdorfes.

Im Fall sie sich nicht zusammen vertragen können, so ist Besitzer dieses Hauses verbunden, ihr jährlich zwei Reichsthaler Courant auf anderweitige Wohnungs-miete zu bezahlen; außerdem erhält Auszüglerin den 6. Teil des jährlich wachsen-den Obstes aller Sorten.

Außer der Witwe Geisler hat auch deren Tochter/des Verkäufers Schwester Anna Regina, bis zu ihrer Verheirat, wenn solche krankheitswegen nicht (auf dem Gut) dienen könnte, die freie Wohnung in dieser Possesion zu fordern.

Wenn nun Contrahenten vorstehenden Kauf und resp. Verkaufs-Contract fest und unverbrüchlich zu halten, handgebend angelobet, auch allen dagegen zu machen-den Einwendungen wohlbedächtig entsaget, so ist darüber dieses Kauf-Instru-ment, bis auf Grundherrschaftliche Confirmation (Bestätigung) unter dem uns anvertrauten Gerichts-Insiegel und eigenhändigen Namensunterschriften ausge-fertigt worden. So geschehen

Nieder-Kauffung, den 8. März 1824.
Mehwald, Gerichtsscholz,   Börner, Gerichtsgeschworener
                    Breit, vereideter Gerichtsschreiber
Confirmirtes Kaufinstrument des
Johann Gottlieb Geisler, über das sub Nr. 48
unter Nieder-Kauffunger Jurisdiction
pro 120 Rth. Court. verkaufte dienstbare Haus und Gärtchen.

Vorstehendes Kaufinstrument wird hierdurch von mir als Grundherrschaft konfirmiret, jedoch meinen daran habenden herrschaftlichen Regalien, als Zinsen, Diensten, Pflichten und Obliegenheiten unschädlich.
Urkundlich unter meiner eigenhändigen Namensunterschrift und beigefügten Wappen.
So geschehen Schloß Nieder-Kauffung, den 1. Mai 1824.
Siegel   Otto Freiherr v. Zedlitz
                                                K-Major als Grundherrschaft

Gärtner Häusler Inwohner (Einlieger)

Über die Anfänge ist im Abschnitt '1400 bis zum 30jährigen Kriege' berichtet. Für die Zeit nach 1700 hat Stockmann aus Archiven die nachstehenden Angaben in der 'Geschichte von K.', S. 40, zusammengestellt

418

Einwohner einschl. Gutshöfe	Bauern	Gärtner Ackerhäusler	Häusler Leerhäusler	Zus.	Personen je Anwesen in Kauffung
1740 ?	27	140	131	298	?
		271			
1798 1.630	26	230	90	346	4,7
		320			
1849 2.167	25	139	193	357	6,1
		332			
1864 2.169	22	121	199	346	6,2
	(+ 4 Restbauern)	320			

Die bäuerlichen Familien sind zur Minderheit geworden. Die von Bauern bewirtschaftete Fläche hat sich zugunsten der großen Güter sowie der Gärtner und Häusler verringert.

Ausgehend von den bäuerlichen Hufen bei der Ansiedlung werden ums Jahr 1800 je ⅓ der Gemarkung den Bauern, den Ackerhäuslern/Häuslern und den Eigentümern der Rittergüter gehört haben.

Die schlesischen Gebirgskreise galten als Häuslerland; für Kauffung und das obere Katzbachtal mit den Zahlen bestätigt.

1784 Ketschdorf 13 Bauern und 60 Häusler   Heimatbuch 1982 schles. Krs.
    Seitendorf 14 Bauern und 71 Häusler   Jauer-Bolkenhain, S. 29,30.

Ehemals unterschieden sich Gärtner/Ackerhäusler und (Leer)Häusler dadurch, daß diese nur ihr Häusel in der Talaue besaßen. Allmählich haben manche Häusler, wie die Ackerhäusler, Felder selbst bewirtschaftet. Im Laufe der Zeit wurden die Übergänge fließend. Schließlich wurde wohl darauf abgestellt, ob die Verpflichtungen gegenüber Guts- und Grundherrschaft durch Geld (Gärtner) oder durch Arbeit (Häusler) erfüllt wurden. Dafür spricht, daß die Zahl der Gärtner, Ackerhäusler und Häusler zusammen seit Jahrzehnten vor 1800 gleich geblieben ist, nicht mehr zugenommen hat. Man sprach von 'Wechselgärtnern'.

Gärtner und Häusler samt Familien waren umtriebig, in zusammengesetzter Existenz, dreifach tätig:
Mit eigenem Land und Vieh, mit Pflichtarbeit auf den großen Gütern,
mit Lohnarbeit anderwärts oder Spinnen und Weben, Weben, Weben.
Die durchschnittliche Personenzahl zeigt, daß die Anwesen, jedenfalls bis um 1800, nur von den Familien der Eigentümer bewohnt wurden. Daher kann es 'Einlieger' = besitzlose Tagelöhner noch um 1800 nur vereinzelt in Kauffung gegeben haben. Der Anstieg der Einwohnerzahl und der Bewohner je Anwesen in den Jahrzehnten nach 1800 ist durch die damalige allgemeine Zunahme der Bevölkerung sowie aus kaum erklärbarem Zuzug besitzloser Personen = Tagelöhner zu erklären.
Die Jahrzehnte nach 1800 brachten entscheidende Einschnitte und Umstellungen, wenn der Lebensunterhalt durch Handarbeit zu verdienen war.

Spinnen und Weben lohnte nicht mehr die Arbeit fürs tägliche Brot. Die Verpflichtung zur Arbeit auf den Gütern, auch gegen Lohn, fiel weg. Andererseits nahm die Arbeit in den landwirtschaftlichen Betrieben, bei Bauern wie Gütern durch vermehrte Viehhaltung und Anbau von Hackfrüchten zu.

Fragen aber:
Ob sich Wegfall von Arbeit und neu entstehende Arbeitsplätze nach Menge und Verdienst deckten?
Ob die seitherigen Weber körperlich Landarbeit leisten konnten und wie sie mit der Umstellung von der Selbständigkeit zur Lohnarbeit zurecht kamen?

Bei den großen Gütern entstanden Beruf und Tätigkeit der *Landarbeiter*. In Kauffung umfaßte diese Gruppe um 1850 mit Familien vielleicht 200 Personen.

Die Überlegungen und Schätzungen für Kauffung lassen sich gleicherweise für die Nachbarorte im oberen Katzbachtal annehmen.

Übersicht
(nach F. A. Zimmermann: Beschreibung von Schlesien, 1786)

	Bauern	Gärtner Ackerhäusler	Häusler Leerhäusler	zusammen
Ketschdorf	13	60	43	116
Seitendorf	8	95	14	117
Seiffersdorf ⎫ im Bober-	25	64	33	122
Kammerswaldau ⎭ tal	20	28	160	208
Tiefhartmannsdorf	19	107	96	222
Ratschin		30		30
Ludwigsdorf (zum Bober)	20	75	52	147
Hohenliebenthal	21	107	37	165
Schönwaldau	14	87	2	103
Alt-Schönau	18	75	5	98
Stadt Schönau				
Klein Helmsdorf	42	92	31	165
Reichwaldau	9	31	6	46
Konradswaldau	37	32	63	132
Hermannswaldau	3	23	8	34
Röversdorf				
Falkenhain	21	182	37	240
Neukirch	28	74	46	148

Dazu je *Dorf* ein bis zwei Dominien/Rittergüter
(nicht in Ludwigsdorf und Klein-Helmsdorf)
Häuslerland mit *Weberei*

Spinnen und Weben als Hausgewerbe im oberen Katzbachtal

In Schlesien entstand ab der 2. Hälfte des 16. Jahrhunderts, besonders längs des Gebirges, früh ein Leinengewerbe. Arbeit und lebensnotwendiger Zuverdienst für Häusler und Gärtner/Kleinlandwirte. *Schlesische Leinwand* beherrschte damals den Weltmarkt. Durch den Handel überallhin verbreitet: Nach Polen, Rußland und Nordeuropa, nach den Niederlanden, Frankreich und Spanien, nach England, übers Meer nach Westindien und Nordamerika. Für diese Länder war das schlesische Leinen nach Güte und Preis die angemessene Ware.

Stillstand im 30 jährigen Kriege, aber danach bald wieder aufgeblüht. In den ersten Jahren des 7 jährigen Krieges noch glatt gelaufen; Dann erheblich behindert. Wettbewerb mit böhmischem Leinen. Durcheinander in den Jahren der französischen Revolution und der napoleonischen Zeit, sowie durch Land- und Seekriege zwischen Frankreich und England. Vielfältige Förderung von staatswegen in Österreich bzw. Preußen. Abhängig von der Flachsernte und den weltweiten Absatzmärkten. Aus dem Verhältnis der Preise für den Einkauf von Garn: Erlös beim Verkauf für Leinewand: dem Preis des Getreides für Brot ergab sich der für den Lebensunterhalt verfügbare Betrag. Schlimm, wenn hohe Garnpreise und Stockungen im Absatz der Leinwand zusammentrafen. Abhängigkeit von Frieden und Krieg zu Lande und zu Wasser.

In Preußen vom Großen König weitgehende Freiheit vom Militärdienst zugesichert.

Blüte, Krisen, Glanzzeiten und Verfall.

Die Gewerbefreiheit nach 1800 erwies sich für die Weber mit Nach- und Vorteilen. Einerseits fiel gerade während der Schwierigkeiten in der napoleonischen Zeit der staatliche Schutz fort, andererseits konnten die Weber nun auch andere handwerkliche Berufe ergreifen. Schließlich schlesische Leinewand um 1800 und in der ersten Hälfte des 19. Jahrhunderts verdrängt durch Erzeugung in anderen Ländern und letztlich durch den mechanischen Webstuhl. Zu teuer und nachlassend in der Güte.

Die Bedeutung im Katzbachtal ist in diesem Abschnitt zusammengestellt.

Berücksichtigt:

C. E. Schück	Weber-Unruhen in Schlesien um 1793 (aus Zeitschrift f. Geschichte… Schlesiens, Breslau 1870.
C. Grünhagen	Geschichte Schlesiens Bd. 2, S. 383 ff., Gotha, 1884
A. Zimmermann	Blüte und Verfall des Leinengewerbes in Schlesien. Breslau 1885, das Standardwerk mit 474 Seiten
U. Lewald	Die Entwicklung der ländlichen Textilindustrie in Rheinland und in Schlesien (aus Zeitschrift für Ostforschung, 1961, Heft 4, S. 601)
G. Stockmann	In Kauffunger Rundbriefen Nr. 42 und 43 über das Erwerbs- und Berufsbild von Kauffung und Umgebung von 1750 bis 1850
Heimatbücher	…

Im Jahre 1777 stand in den Oekonomischen Nachrichten der Patriotischen Gesellschaft in Schlesien, S. 158:

»Hier in den ersten Vorgebirgen, von der Goldberger Gegend an…, gewinnt Schlesien seine vorzüglichsten Flächse, nicht allein an reinem Wuchs und Länge, sondern auch an innerer Feinheit seiner Faden. Auch in den oberen Gegenden des

Gebirges werden überall schöne Flächse erzeugt... Die Einwohner rühmen sich ihrer Kenntnis von besserer Zubereitung...«

Das Leinengewerbe in Stichworten:

Flachs anbauen. So geschehen auch in Kauffung wie in anderen Orten des Katzbachtales, auf bäuerlichen Betrieben und den Gütern. Verarbeiten wie brechen, hecheln, rösten. Flachsbleiche in Ober-K.

Garn spinnen mit Spindel oder Spinnrad. Spinnschule. Gesponnen vornehmlich von Frauen und Kindern, aber auch von Männern.

Garnmärkte. Garnsammler und -aufkäufer. Garnhändler. Beschaffenheit des Garns entscheidend für den Weber.

Leinwandweben mit dem Handwebstuhl für Leinen, Schleier oder Damast. Großer Arbeitsraum erforderlich. Prüfung des Gewebes durch verpflichtete Schaumeister.

Schleierweberei. Ein besonders feines, sorgfältig bearbeitetes Leinen, welches mit künstlichen Mustern versehen werden konnte. Hat sich als schlesische Spezialität am längsten erhalten. Hirschberg war der Mittelpunkt. Diese Stadt erlebte damals durch den Leinwandhandel, vor allem mit 'Hirschberger Schleiern' einen Höhepunkt der Entwicklung. Hirschberger Schleyerherren galten bald als reich. Dies bewies sich beim Bau der Gnadenkirche. Für die vom Kaiser den Evangelischen in Hirschberg und Landeshut zugestandenen *Gnadenkirchen* sind zwischen 1710 und 1720 sehr hohe Beträge freiwillig aufgebracht worden. Beschrieben von Norbert Conrads in 'Die Durchführung der Altranstädter Konvention', S. 220, 221.

Wertmäßig entfiel ⅓ der Leinenausfuhr Schlesiens auf Schleierleinen (Zimmermann, S. 460).

Wöchentliche Leinwandmärkte in den größeren schlesischen Gebirgsstädten. Nach Aufkauf Waschen mit großem Holzbedarf und *Bleichen* auf den Bergwiesen.

Nach Aufzeichnungen der Leinwandinspektoren (im Werk vom Zimmermann S. 61, 62 genannt) wurde 1725, also noch in der österreichischen Zeit, in folgenden Orten des Katzbachtals und nahebei *gewebt:* (Schleierdörfer*)

Ludwigsdorf*, Kammerswaldau*, Kauffung*, Tiefhartmannsdorf*, Alt-Schönau*, Schönau*, Röversdorf*, Hohenliebenthal*, Ratschin*, Seifersdorf*; Ketschdorf, Nimmersatt, Röhrsdorf, Seitendorf, Altenberg.

(Die Herren Inspektoren haben offenbar entsprechend ihrem Reiseweg aufgezeichnet.)

In Altenberg sind die Bewohner, als andere Verdienste nachließen, zur Schleier-Weberei übergegangen. 'Haupterwerbszweig für eine lange Reihe von Jahren, ein Nahrungsquell, der leider in neuerer Zeit zu einem immer mehr vertrocknenden sich umwandelte' (Ortsgeschichte Seitendorf, 1843, S. 44).

Leider ist die Anzahl der Webstühle je Gemeinde 1725 nicht genannt. Für *Kauffung* erwähnt Stockmann (S. 46) beiläufig und ohne weitere Quellenangabe, daß 1738 bzw. 1739 nur vier bzw. sechs Weber gezählt worden seien. Es bestehen Zweifel an der Vollständigkeit dieser Zählung.

In Kauffung lebten damals 300 auf Zuverdienst angewiesene Ackerhäusler und Häusler, mit Familien also wohl an 1.200 Personen. Ausgeschlossen, daß diese große Anzahl arbeitskräftiger Leute auf Bauernhöfen und den verhältnismäßig bescheidenen Rittergütern entsprechende Arbeit fanden. Schon gar nicht im Winter. Noch keine Stallfütterung. Aller Wahrscheinlichkeit nach ist auch in

Kauffung in großem Maß für Verkauf gesponnen und gewebt worden. Nach dem Eindruck von Stockmann aus seiner Arbeit in den Archiven war ein gewisser Wohlstand vorhanden. Günther Stockmann nimmt Garnspinnerei in großem Umfang an.

Auf königliche Anordnung wurde um 1745 versucht, *Damastweberei* im schlesischen Gebirge aufzunehmen. Sächsische Weber wurden nach Schlesien geholt. Von 42 Familien wurden 10 in Tiefhartmannsdorf und vier in Hohenliebenthal ansässig gemacht (Zimmermann, S. 98).

Im Ganzen liefen in Schlesien im Jahre 1750 um 20.000 Webstühle, davon allein im damaligen Kreise Hirschberg 5.700!

Bald nach dem 7jährigen Kriege, im Jahre 1766, ließ der König in *Hirschberg* ein Getreidemagazin einrichten, um bei Mißernten mit folgender Teuerung die Weber nicht dem Hunger auszusetzen, weil die Leinwandpreise nicht gesteigert und weil die Weber sich auch keinen Notgroschen ersparen konnten, trotz aller Genügsamkeit. Schon 1770/72 wurden wegen einer Mißernte die Vorräte des Magazins freigegeben, zumal zur gleichen Zeit eine Absatzkrise für Leinewand einsetzte. Das Mehl wurde zum üblichen Preis verkauft, während es im benachbarten Böhmen mehr als doppelt so teuer war. Auch Weber im Katzbachtal werden damals aus diesem *Magazinmehl* ihr Brot gebacken haben (Zimmermann, S. 78, 143).

Es ist nicht möglich, das Auf und Ab des Leinengewerbes mit den Auswirkungen auf die Orte des Katzbachtals in den verschiedenen Jahrzehnten der 100 Jahre und mehr zu schildern. Nur einige *bezeichnende* Nachrichten seien wiedergegeben.

Im benachbarten Seitendorf war das zuvor dem Kloster Leubus gehörende Gut im Jahre 1810 Staatsdomäne geworden. Bald danach sind im nahen Altenberg und in Seitendorf mehreren Webereiberechtigten zwei Morgen Äcker und ein Morgen Wiese (zusammen ¾ ha) in Erbpacht überlassen worden (bezeichnet als königliches Gnadengeschenk). Auch Häusler, zu deren Grundstück kein weiteres Land gehörte, kamen auf diese Weise zu Land. Durch sorgfältigen Anbau und damit verbundene Viehzucht wurde wenigstens ein Teil des notdürftigen Unterhalts gesichert (teils wörtlich aus der Ortsgeschichte von Seitendorf, 1843, S. 34, 44).

In Kauffung wurde 1825 in einen erneuerten Turmknopf der Kirche unter anderem eingegeben, daß der Handel mit Leinen und übrigen Fabrikaten stockt, und daß man auf Ausfuhr nach Südamerika hofft. (Wortlaut im Abschnitt: Neue Wirtschafts- und Sozialordnung.)

In den Kirchenbüchern damaliger Zeit fanden wir auch Schleierweber/Schleiermacher als Berufsangabe.

In Tiefhartmannsdorf waren seit 1820 jährlich etwa 10 Paare getraut und vier Kinder unehelich geboren worden.

»1835 waren nur zwei Trauungen und dagegen 10 uneheliche Geburten, ein Verhältnis, das, solang Tiefhartmannsdorf steht, noch nicht dagewesen, vom damaligen Geistlichen als ein Zeichen der infolge des Niedergangs der Weberei betrübenden Armseligkeit der Gemeinde angegeben« (Jubelbuch 1893, S. 71).

Anmerkung: Heirat setzte damals gesicherte Einnahmen für den Unterhalt der Familie voraus.

1830 standen im Bereich von Mittel-Kauffung sechs Leinwebstühle (Knie, Beschreibung von Schlesien).

Webstühle um 1840:
Ketschdorf 73, Kammerswaldau 75, Tiefhartmannsdorf 33, Ludwigsdorf 25, Kauffung und Klein Helmsdorf je 6. Diese verhältnismäßig geringe Zahl für Kauffung erklärt sich vielleicht daraus, daß die Kauffunger bald von der Gewerbefreiheit vielfältig Gebrauch gemacht haben, wie die schon um 1840 zahlreich vorhandenen Handwerker und Geschäfte zeigen.
Zu Unruhen wie im Jahre 1844 im schlesischen Eulengebirge ist es im Katzbachtal nicht gekommen.

Schrecknisse im oberen Katzbachtal

Von Unwetter mit ungewöhnlichen *Überschwemmungen,*
von Seuchen, *Pest* und Cholera,
von *Dorf-* und Stadt*bränden,*
von *Mißernten,* Teuerung und *Hungersnot*
wird in früheren Schriften berichtet.
Kinder, Frauen, Männer kamen dabei um.
Heimstätten, Tiere, Hausrat wurden vernichtet.
Schicksale, die in früheren Jahrhunderten als Gottes Verhängnis angesehen und ertragen worden sind.
Aus alter Zeit fehlen Berichte, aus den letzten Jahrhunderten lückenhafte Nachrichten.
In Achtung vor der Leistung der Altvordern ist zu schildern.

Wassersnot
Schwere Gewitter haben sich zwischen den Bergen im Tale ausgetobt, Wolkenbrüche gingen Wasserfluten gleich hernieder, stürzten die Hänge herab, Verwüstungen anrichtend.
1569 schwoll in Kauffung die Katzbach zu ganz außerordentlicher Höhe, mehrere
    Menschen konnten nur mit besonderer Hilfe – Bergleute vom Altenberg – gerettet werden. Einige kleine Häuser wurden weggerissen, obwohl sie ziemlich weit vom Flußbett standen.
1608 2. Juni, war in Kauffung gegen Mittag der ganze Himmel mit schweren
    schwarzen Wolken bedeckt. Gewitter, unaufhörliches Krachen und Rollen.
Holzschläger haben dann berichtet, daß die schwarzen Wolken sich an den Bergen zerrissen, in das Katzbachtal und seine Nebentäler heruntergestürzt wären. Aufprall des Regens mit solcher Heftigkeit, daß das Wasser wieder fast ellenhoch stand. Viele meinten, die Erde habe sich geöffnet. Etwa zwei bis drei Stunden hat das Unwetter gedauert.
In Kauffung riß der Wasserstrom sechs Gärtnerhäuser von Grund aus mit sich fort, zerbrach und vernichtete steinerne Mauern, wühlte sich durch die Mühle, durch die Mauern um die Kirche, die Gebäude des damaligen Pfarrhofes und zerstörte eine Menge Wohnhäuser, Scheunen, Ställe, Äcker und Wiesen.
Das Wasser wurde um drei Ellen, = fast 2 m, höher als 1569.
– Da die Kirchmauer erwähnt wird, ist die Flut vermutlich von den Hängen des kleinen Galgenberges gekommen und/oder die Katzbach ist auch längs der

Dorfstraße, den Viehringbach überquerend und von diesem verstärkt, zur Kirche geflossen.

In *Schönau* floß das Wasser entfernt vom Flußbett der Katzbach durch das Hirschberger Tor mitten durch die Stadt. Höhe im Tor *eine* Spanne über dem Schwippbogen. 20 Menschen kamen um. Flußab waren noch *Neukirch* und das 20 km entfernte *Goldberg* betroffen.

Diese Katzbachüberschwemmung vernichtete 126 Menschenleben, über 1.000 Stück Vieh; 44 Wohnhäuser und 25 Scheunen wurden vom Erdboden vertilgt, dazu viele Gebäude mehr oder weniger zerstört.

(Ausführlicher Bericht von... Ergießung der Katzbach 1608, verfaßt von David Namsler in Goldberg. Festschrift Schönau von 1841 bzw. 1891, S. 49, Stockmann, S. 17, 18)

Weitere Überschwemmungen

1702 am 14. Juli, eine nicht minder schreckliche Überschwemmung.

1755 Ungewitter und Wasserfluten.

1761 2. Juni, in Seitendorf (Ortsgeschichte S. 22 und 45) bedrohte eine große Überschwemmung auch die ev. Bethauskirche mit der Gefahr des Einsturzes. Unterbauung wurde notwendig.

Der Ort litt, weil von beiden Seiten von hohen Bergen umgeben, öfter durch viel verwüstende Überschwemmungen.

1797 in Kauffung nachts Wolkenbruch. Wasserhöhe an der Kirchhofsmauer (kath. Kirche) 12 Fuß = etwa 3,70 m über dem üblichen Wasserspiegel der Katzbach. Zwei Wehre weggerissen. 'In einem offenen Ofentopf schwamm eine Forelle'.

1804 'Großes Wasser in K.'. Ein Wehr weggerissen.

Mitte Juni, in Konradswaldau (Orts- und Kirchengeschichte 1892, S. 51) lang anhaltender Regen, der Dorfbach floß stromweise durch unsere Kirche; er richtete vielen und großen Schaden an. Stollen des früheren Kupferbergwerks füllten sich mit Wasser, das unvermutet da und dort hervorquoll.

1813 Ende August, drei Tage und drei Nächte unaufhörlicher Regen. Das ungewöhnliche Hochwasser bei der Katzbachschlacht!

1852 1. April, in Seitendorf Gewitter mit stromweise herabstürzendem Regen. Anströmendes Wasser riß in Ober-Kauffung drei kleine steinerne und im Niederdorf eine hölzerne Schafbrücke weg. Dorfweg teilweise fortgerissen.

(Für Kauffung auch nach Aufzeichnungen von Kantor Pohl um 1840 bis 60)

1897 Ungewöhnliches Hochwasser, Katastrophe im *Bobertal.*

1926 Juli, im ersten Abschnitt 'Die Katzbach' beschrieben.

In der Arbeit von Rudolf *Winde:* Das Bober-Katzbach-Gebirge, Breslau 1925, S. 20, heißt es:

'Bezeichnend für die Katzbach und ihre Nebenflüsse die Wütende Neiße und die Schnelle Deichsa als echte Gebirgsflüsse ist die unheimliche Geschwindigkeit des Ansteigens. 2 bis 4 m Anschwellen in wenigen Stunden, berichten die alten Ortschroniken aus allen Zeiten. Dazu kommt, daß der tonige Verwitterungsboden des alten Schiefer die ersten Niederschläge in sich festhält, alles folgende Wasser muß abfließen, und da rauscht es von allen Seiten heran, die unscheinbarsten Trockentäler, Straßengräben, Wegfurchen nehmen kräftige Bäche auf, die weit ausufern und ihre Wasser spülend und schlämmend die Hänge hinabgießen. Das starke Gefälle steigert die Fortpflanzungsgeschwindigkeit der

Flutwelle. Soll sie doch bei dem Hochwasser vom 2. 6. 1608 bei Goldberg 8,7 km in der Stunde betragen haben. In kurzer Zeit ist alles vorüber, aber die wiederkehrende Sonne scheint auf ein Bild der Verwüstung.'

Seuchen

Pest, Schwarzen Blattern/Pocken, Ruhr, Cholera, Typhus war man noch hilflos ausgeliefert.

Über die Pest heißt es in der von E. Tschirwitz 1983 herausgegebenen Ortsgeschichte der Stadt *Goldberg:*

1553 Pest, die am ersten Tag bis 50 Personen, im Ganzen in wenigen Wochen um 2.500 Menschen wegraffte. Viele Bewohner verließen die Stadt, etliche hausten in Vorstadt-Hütten. Die Armen mußten in der Stadt bleiben, alle sind häuserweise gestorben... Die Seuche wütete den ganzen Sommer und Herbst bis in den Winter hinein...

1558 wieder Pest... wurde durch Umsichtigkeit bald gedämpft.

1568 wieder Pest, 100 Menschen daran gestorben.

1585 verheerende Pest, 450 Menschen dahingerafft.

1613 grassierte auch eine Seuche an der 1.400 Menschen gestorben sind.

1625 'Giftige Pestilenz' im Bobertal, in Hirschberg viele hundert Menschen gestorben' (Ullmann). 1631 wieder Pest in Goldberg.

1634 In diesem Jahr wieder große Pest in Goldberg und im ganzen Land, hohe Zahl an Toten; Hirschberg verlor die Hälfte seiner Bewohner (Stadtbeschreibung 1914, S. 23).

Unbekannt ist, ob die Pest sich auch auf benachbarte Dörfer ausgedehnt hat. In dem 1924 erschienenen Buch von J. Nohl 'Der schwarze Tod, Chronik der Pest 1348 bis 1727' wird von Städten, jedoch nicht vom platten Land in Schlesien berichtet.

Von Goldberg ist man in andere Orte, z. B. das benachbarte Hermsdorf (Bad) und nach Liegnitz geflüchtet. Es ist nicht denkbar, daß die überall wütende und immer wieder aufflackernde Pest Bewohner der Dörfer verschont hat. Nur Konradswaldau und Kauffung werden erwähnt.

In seinem Tagebuch hat Daniel Rausch eingetragen: 'Anno 1633 und 1634 hat die Pest in Schlesien und den Nachbarländern sehr grassieret'... Wir haben uns in Kauffung wegen einfallender Pestgefahr, in welcher der Kirchenschreiber Georg Stritzke mit drei Kindern gestorben ist, auf einem weit entfernten Hof aufhalten müssen.'

Konradswaldau soll gegen Ende des 30 jährigen Krieges durch die Pest und die dadurch verursachte Flucht von Bewohnern ganz ausgestorben sein. Außerhalb des Ortes befanden sich Pesthütten für die Kranken und Sterbenden (Ortsgeschichte von 1892, S. 47).

»An der *Ruhr* waren 1807 in Konradswaldau mehr als 100 Einwohner erkrankt.

1813 brachten die aus Rußland zurückkehrenden französischen Truppen das Böse Lazarett – oder *Nervenfieber* mit (später Typhus genannt), von welchen auch ein großer Teil der hiesigen Einwohner angesteckt und mehrere ein Opfer wurden« (aus Ortsgeschichte Konradswaldau von 1892, S. 49).

Cholera wird erst nach 1800 erwähnt.

Anfang der 1830 Jahre war die Cholera in Ostdeutschland und Polen verbreitet.

1832 In Schönau sieben und aus der ganzen Kirchgemeinde 13 Personen daran verstorben, 1837 sieben, bzw. 19 Personen (aus Festschrift Schönau von 1891, S. 50).
In *Kauffung* hat nach mündlichen Angaben von Pastor Stockmann ein Cholera-Friedhof bestanden. Anzahl der Toten und Lage des Friedhofs nirgends erwähnt.

Feuersnot

In *Altenberg,* einst Freie Bergstadt,
in der ersten Hälfte des 16. Jahrhunderts Stadtbrand einschließlich Kirche.
1892 abgebrannt bis auf zwei Häuser.
In *Kauffung* (weitere Beschreibung im Abschnitt Häuser/Brände)
1753 4. März, Brand des Niederdorfes; betroffen sind 123 Häuser und Familien mit 648 Personen.
1791 25. 2., vom Dominium Mittel-Kauffung brennen der Wirtschaftshof mit sämtlichem Vieh und sechs Häuser der Umgebung ab.
1816 15. 12., vom Dominium Niemitz-K. zwei Wirtschaftsgebäude, vom Dorf neun Häuser abgebrannt.
– Nach dem Brand von 1816 half die Nachbarschaft alsbald mit Geldern, Lebensmitteln, Kleidungsstücken, Flachs für die ersten Bedürfnisse. Ferner halfen vier Dominien aus den Nachbarorten, vier Dorfgemeinden und die Stadt Schönau, wohltätige Personen aus Hirschberg. Und besonders zu erwähnen: Der Scholze und das doch fast rein katholische Dorf Kleinhelmsdorf; General v. Gneisenau, der eben erst von Kauffung nach Erdmannsdorf im Riesengebirge übergesiedelt war (aus Schlesische Provinzialblätter 1817).
1899 7. März, unteres Niederdorf auf 800 m Länge, mit 29 Wohnhäusern und Wirtschaftsgebäuden abgebrannt.
In *Tiefhartmannsdorf* (Jubelbuch von 1893, S. 68)
1818 14. 8., brannten innerhalb einer halben Stunde 20 Häuser und die katholische Kirche rettungslos; der Turm stürzte ein.
130 Personen hatten das Ihrige verloren.
Bald gesammelt: 60 Thaler Collekte, 220 Scheffel Getreide, 80 Kloben Flachs, 1100 Thaler, ferner große Menge Wäsche, Kleider u. a.
Schönau (Festschrift von 1891, S. 48)
1428 von Hussiten eingeäschert,
1487 durch Brandstiftung größtenteils ein Raub der Flammen.
1639 durch Feuer größter Teil der Stadt in Schutt und Asche.
51 Häuser, 14 Scheunen, Kirche, Schule, Pfarre.
1762 bis auf wenige Häuser abgebrannt und zwar einschließlich beider Kirchen, Schulen und dem Rathaus.
1808 eine Häuserreihe abgebrannt.
Bei den Bränden in früheren Jahrhunderten wurden Urkunden und Archiv der Stadt Schönau vernichtet.
In *Falkenhain* (Jubelbüchlein von 1850, S. 12 bis 14)
1847 20. August, in wenigen Viertelstunden waren 38 Wohnungen nebst Scheunen und Ställen, kath. Kirche mit Schule vernichtet, ebenso herrschaftliches Schloß mit sämtlichen Wirtschaftsgebäuden und der Brauerei ein Raub der Flammen.

Am folgenden Sonntag evangelische und katholische Gemeinde nacheinander in der ev. Kirche.
'Unzählige Hände von nah und fern beeilten sich, ihre Gaben darzureichen und die drückende Not zu lindern.'

Mißernten, Hungersnot
Die Dörfler lebten von selbstangebautem Getreide, die Städter von dem, was in den Dörfern der Umgebung geerntet wurde. Erst in den Jahrzehnten vor 1800 wurden Kartoffeln als Nahrungsmittel von Bedeutung.
Mißernten konnten kaum durch Aufkauf in anderen Landschaften ausgeglichen werden. Bargeld war ohnehin knapp. So folgten Teuerung und Hungersnot, wenn der Ernteausfall sehr groß war oder bei aufeinanderfolgenden schlechten Ernten. Für uns bei dem großen Warenangebot und ebensolchem Geldumlauf nicht vorstellbar. *Mißernten* sind in den früheren Schriften nur nebenbei verzeichnet, und zwar als Grund für eine *Teuerung*.
Eine zusammenfassende Veröffentlichung über Mißernten, Teuerung und Hungersnöte scheint es nicht zu geben, so daß auch der Überblick fehlt, ob es sich um mehr örtliche Ernteausfälle handelte (z. B. Hagelschlag) oder ob weite Landschaften betroffen waren.

Genannt sind Mißernten
1473 23. April bis 11. November große Dürre, Bäche, Teiche, Brunnen ausgetrocknet, auch die Katzbach trocken (aus Ortsgeschichte Goldberg von 1983, S. 146).
1770 Mißernte, zumindest im Bober-Katzbach-Gebirge.
1791 große Teuerung in Konradswaldau, mit Auswirkungen für 1792 (Ortsgeschichte, S. 32).
1804 große Teuerung in Niederschlesien.
1816 /17 schlechte Ernten in Schlesien, aber auch in Württemberg.
1840 er Jahre
in Schlesien Mißernten bei Getreide und Kartoffeln.
Über Hungersnot wird auch aus dem Südschwarzwald berichtet.
Bei der offensichtlichen Ausdehnung der Mißernten und Teuerung über weite Flächen Deutschlands waren Ausgleich und Hilfe kaum möglich.

Betroffen durch Napoleon

1807–1808 Französische Besatzung
1813–1815 Freiheitskriege
Napoleon siegt über die preußischen Truppen bei Jena und Auerstädt im Oktober 1806,
Frieden von Tilsit im Juli 1807 zwischen Napoleon/Frankreich und Preußen/König Friedrich Wilhelm III. mit Königin Luise,
Besatzungstruppen unter französischem Befehl auch in Schlesien.

»Der unglückliche Krieg mit Frankreich fing 1806 an, unsere Armee wurde bei Jena geschlagen, die Feinde überschwemmten Schlesien und auch unseren Ort, so daß unerschwingliche Kriegskontributionen (Abgaben) zu zahlen waren. Nach dem Frieden von Tilsit kam eine Kompanie Franzosen nach Kauffung ins Quartier, die 10 Monate fürstlich lebten und die Einwohner sehr plagten.«

(Spätere Aufzeichnung von Pastor Kieser)

»Französische Truppen lagen im Orte in vier Absätzen, vom 6. bis 13. Oktober, vom 4. November bis 9. Dezember 1807, vom 10. Dezember 1807 bis 12. Februar 1808 und endlich vom 13. Februar bis 28. Juni 1808. Das Dominium Nieder-Kauffung, welches bei der 3. Einquartierung ganz frei geblieben war, hat doch in dieser Zeit 1561 Verpflegungstage zu 15 Silbergroschen leisten und außerdem für Schlachtvieh 92 Thaler, 21 Sgr., 4 Pf. zahlen müssen.«

(Nachweisungen des damaligen Gemeindeschreibers vom Juli 1808. – Entnommen aus Stockmann, S. 46/47)

Zur Verpflegung von Truppen war beizusteuern.

1812 *Napoleons* Zug nach *Rußland.*

Fast vollständiger Verlust der großen Armee: Von 600.000 Mann, davon 130.000 Mann bis Moskau, kehren nur 100.000 zurück.

Zwei Begebenheiten im großen Geschehen seien erwähnt.

Knapp *eine Meile* westlich von Kauffung verlief schon ums Jahr 1800 die Handels- und Heerstraße zwischen der Ebene über das Bober-Katzbachgebirge und Hirschberg im Riesengebirge. Auch von der napoleonischen Armee benutzt.

Paßhöhe 673 m, genannt 'Kapelle'.

Marsch *nach Moskau:* »Wir erhielten zu Beginn von Napoleons Rußlandfeldzug auf kurze Zeit die italienische *Nobelgarde* zur Einquartierung«, ist berichtet. Nun ja, die Herren ritten in Napoleons Armee gen Rußland und nahmen gern im nahen Kauffung mit den großen Gutshöfen Quartier.

Auf dem *Rückweg* von Moskau kam Napoleon, entgegen unserem Schulwissen, nicht über die Kapelle. Seine 'Schlittenfahrt' führte von Posen über die Oder – Glogau (12. 12. 1812) durch das westliche Niederschlesien über Bunzlau (13. 12.) – Görlitz nach Dresden (Tagebuch des Begleitgenerals Caulaincourt).

Zum Verlauf der Befreiungskriege

30. 12. 1812 Neutralitätsvertrag von Tauroggen (nördlich Memel) zwischem dem preußischen General *Yorck* und dem aus Schlesien stammenden, aber in russischen Diensten stehenden General Diebitsch. Bald darauf Bündnis zwischen Rußland und Preußen.
10. März 1813 in Breslau Aufruf des preußischen Königs zum Freiheitskampf 'An mein Volk'; von allen Kanzeln verlesen.
Aus den verbündeten Preußen und Russen wurde eine schlesische Armee unter General Blücher, genannt 'Marschall Vorwärts' gebildet. Chef des Stabes Generalmajor v. *Gneisenau*, mit Familie in *Kauffung* ansässig.
Frühjahrsfeldzug in Niederschlesien und Ostsachsen
5. Juni bis 11./17. August *Waffenstillstand*, geschlossen bei Jauer
27. August *Schlacht* an der *Katzbach*

Herbstfeldzug, Armeen in Sachsen, Völkerschlacht bei Leipzig 16.–19. 10.
Feldzüge 1814/15 und Frieden in Paris.

(Hierzu das vierbändige kriegsgeschichtliche Werk von Rudolf *Friederich:*
Die Befreiungskriege 1813 bis 1815 im Mittler-Verlag, Berlin 1911 bis
1914)

Auswirkungen auch für Kauffung und seine damaligen Bewohner; einige Aufzeichnungen sind überliefert.

Im Frühjahr 1813 wurde neben den Truppenteilen des stehenden Heeres die
Landwehr aus zwei Jahrgängen ungedienter Männer und darüber hinaus *der
Landsturm* aufgestellt.

Eine *Kompanie* dieser Landwehr wurde in *Kauffung* und Klein Helmsdorf einquartiert und bald darauf der Landsturm des Kreises organisiert.

Stadt und Festung *Glogau* an der Oder hatte eine französische Besatzung. Für
diese wurde noch Anfang Januar Pferdefutter eingezogen; dann war Verpflegung
für die preußisch-russischen Belagerungstruppen zu liefern. (Luftlinie 80 km)

Ab Ende Januar 1813 fast wöchentlich Lieferungen von Vieh, Getreide, Mehl,
Brot, Gemüse und Futter für die Verbündeten sowohl nach den Festungen
Schweidnitz und Neiße sowie an den Heerstraßen in der näheren Umgebung.
Ferner waren Pferde und Fuhrwerke zur Beförderung von Truppen und Verpfle-
gung zu stellen. Ab Mai fast keine Pferde mehr auf den Höfen. Am 30. Mai
mußten aus Kauffung für russische Truppen in einem Lager beim benachbarten
Schönau geliefert werden:

30 Scheffel = über 30 Zentner Hafer, 20 Zentner Heu, 10 Eimer = 700
(siebenhundert) Liter Branntwein, vermutlich aus der damals zur Brauerei in
Niederdorf gehörenden Brennerei, hergestellt aus Kartoffeln; ferner 100 Brote, 20
Quart = über 20 kg Butter und 2 Schock = 120 Eier.

Um den nötigen Respekt gegenüber durchziehenden Truppen, besonders gegenüber den Kosaken zu haben, wurde den Dorfschulzen empfohlen, eine *Uniform*
anzulegen (dunkelblauer Überrock, karmesinroter Kragen, dreieckiger Hut mit
Nationalkokarde, Säbel mit Portepee). (Stockmann, S. 49)

In dem Waffenstillstandsabkommen vom 5. 6. 1813 war ein *neutrales Gebiet*
vereinbart worden, das die kämpfenden Truppen trennte: Quer durch Niederschlesien vom Riesengebirge über das Bober-Katzbach-Gebirge bis zur Oder
zwischen den Mündungen von Weistritz und Katzbach.

Begrenzt: (Aus Befreiungskriege Bd. 1, S. 317/318)
Für Preußen/Russen im Osten von Landeshut – Bolkenhain – Striegau – Kanth,
für napoleonische Truppen von Schreiberhau – Lähn – *Neukirch a.d. Katzbach*
und längs dieser zur Oder.

Das obere Katzbachtal mit *Kauffung* und seinen Nachbarorten, flußab auch
Goldberg, befanden sich also in diesem neutralen Gebiet, das nicht von Streitkräf-
ten betreten und das beiderseits nicht zu Leistungen herangezogen werden durfte.
Über zwei Monate!

Nach Ablauf des Waffenstillstands zunächst Hin- und Hermärsche der Armeen,
Wiederaufnahme der Lieferungen und zwar verstärkt.

Erstmals war für den Fall eines Rückzuges der eigenen Truppen vorsorglich
Räumung vorbereitet worden:
– zuerst sämtliches noch vorhandenes Vieh und Vorräte in die Festung Schweidnitz,

– dann, am Tag der – unerwarteten – Schlacht an der Katzbach angeordnet, 'alles zur Flucht nach Oberschlesien in Bereitschaft zu setzen'.

Umso größer war der Jubel, als die Nachricht vom Sieg eintraf.

Die Schlacht an der Katzbach

Am 25. August 1813 standen die französischen Truppen westlich und die Verbündeten Preußen und Russen ostwärts der Katzbach, etwa in der Höhe zwischen Goldberg und Liegnitz mit je 100.000 Mann.

Am 26. August traten beide Armeen fast gleichzeitig den Vormarsch an. Strömender Regen, viele Gewehre versagten, Kolben! Hauptschlacht am Unterlauf der in die Katzbach mündenden Wütenden Neiße. Die Franzosen wurden geworfen; hohe Verluste an Männern und Geräten durch Hochwasser der Katzbach. Die

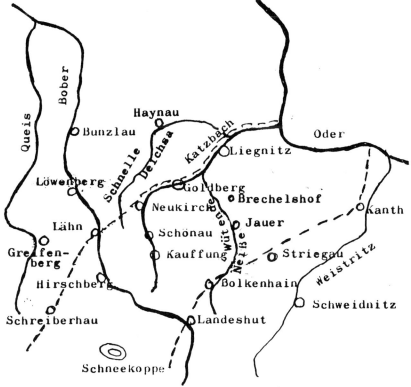

Befreiungskriege – Schlacht an der Katzbach
Waffenstillstandszone – innerhalb der gekennzeichneten Zone – – – – –
neutrales Gebiet vom 5. Juni bis 17. 8. 1813.

zahlenmäßigen Verluste auf französischer Seite durch Verwundete und Tote sowie durch in Gefangenschaft geratene Mannschaften und Offiziere waren schwerwiegend; bei den Verbündeten 'im Vergleich zu der Größe des Erfolges unbedeutend'.

»Die erschöpften Truppen blieben auf den Punkten, wohin sie bei Einbruch der Nacht gelangt waren... Der Regen strömte noch immer ununterbrochen vom Himmel hernieder, so daß keine Wachtfeuer brannten. Bis auf die Haut durchnäßt, ohne Stroh, ohne Mäntel, in dünnen leinenen Hosen, zum größten Teil ohne Schuhe lagen die armen Landwehren Yorcks bei mangelhaftester Verpflegung auf der aufgeweichten Erde; nur die allerkräftigsten Naturen überstanden diese Nacht; trotz alledem war die Stimmung der Truppen freudig gehoben.«

(Aus 'Die Befreiungskriege' Bd. 2, S. 130)

Zu diesen Landwehrsoldaten gehörte gewiß auch die Kauffunger Kompanie.

Gneisenau, hoher verantwortlicher Offizier bei dieser Schlacht, hatte von 1786 bis 1806 in Niederschlesien in Garnison gestanden und zwar hauptsächlich in den Kreisstädten Löwenberg und Jauer, zwischen welchen 1813 die Katzbachschlacht tobte.

Außerdem war seine Frau seit 1804 in *Kauffung* begütert, also hier der Wohnsitz der Familie.

Mit seiner Geländekunde und seinem Genie – von Napoleon als ebenbürtiger Gegner angesehen – war die Schlacht fast gewonnen ehe sie begonnen hatte. Merkwürdigerweise ist in den einschlägigen Büchern nirgends auf diese Geländekenntnis hingewiesen.

Noch in der Nacht schickte Gneisenau seiner Gattin nach Kauffung die Botschaft vom Siege.

»Hauptquartier Brechtelshof, den 26. August 1813

Wir haben heute einen vollständigen Sieg an der Katzbach erfochten. Eben, als wir im Begriff waren, gegen diesen Fluß vorzurücken, um den Feind anzugreifen, griff dieser selbst die Truppen des russischen Generals Langeron bei Peterwitz an und drang zu gleicher Zeit gegen uns vor... Die Massen der Infanterie gewannen Raum, trieben den Feind vor sich her und warfen ihn endlich die steilen Abhänge der Katzbach hinunter. Das Gefecht dauerte von mittags bis nachts. Es ist jetzt Mitternacht. Wir haben viel Geschütze erobert,...

(Unseren Sohn) August habe ich mit einem Auftrage an den russischen General von Sacken während der Schlacht weggeschickt. Er ist in diesem Augenblick (Mitternacht) noch nicht zurück. Ich hoffe, er ist gesund. Grüße ... die Kinder. Gott befohlen.«

(Aus Griewank – Gneisenau 'Ein Leben in Briefen')

Zwei Tage später sandte Gneisenau folgenden Brief:

»Eichholz, den 28. August 1813

Der Sieg ist sehr bedeutend und für Schlesien entscheidend... Alle Truppen und Landwehren haben gleich tapfer gefochten. Wir wollten den Feind jenseits der Katzbach angreifen. Der Feind uns diesseits. Im Marsche begegneten wir uns. Wir stellten unsere Truppen, die Avantgarde (Vorhut) ausgenommen, verdeckt auf und lockten den Feind gegen unsere Avantgarde. Er ging in die Falle... Wie ein Donnerwetter ließen wir unsere Truppen hinter den sanften Abhängen, wohinter sie verborgen waren, hervorbrechen und den Feind mit dem Bajonett angreifen. Nur kurze Zeit schwankte das Schicksal des Tages. Endlich stürzten wir den Feind

432

den steilen Talrand an der Wütenden Neiße und Katzbach hinunter. Dort verloren sie ihr sämtliches Geschütz, das noch nicht alles in den Schluchten aufgefunden ist... Gott steht der gerechten Sache bei, wenn nur die Menschen mit Entschlossenheit und Tapferkeit handeln. Wir gehen heut' mit dem Hauptquartier nach Goldberg.

Unsere verfolgenden Truppen sind an der Schnellen Deichsel.

Wäre die angeschwollene Katzbach nicht, so wäre die ganze Armee schon dort.

General von Gneisenau«

(Dieser Brief von Gneisenau, wie auch einer nach der Völkerschlacht bei Leipzig Mitte Oktober 1813, sind abschriftlich in einem Kauffunger Kurrendebuche, also im Ort wie bei Bekanntmachungen üblich, in Umlauf gegeben worden; abgedruckt bei Stockmann, Seite 48.)

Hochgeschwollene Flüsse und Bäche, grundlose Wege, Dauerregen auch noch am 29. August, also drei Tage.

Ernährung, Bekleidung, Unterbringung, Verpflegung waren so mangelhaft, daß das Vorwärtskommen gehemmt war. Trotzdem Erfolg.

Der damalige Kauffunger *Pastor Kieser* hat später aufgeschrieben:

»Am 26. August 1813 kam der Tag der Schlacht an der Katzbach, ein gefährlicher und furchtbarer Tag für unseren Ort. Ungewißheit über den Ausgang der Schlacht und ihrer Nachwehen; Kanonendonner, der unsere Kirche erschütterte... Unser Ort mit Flüchtlingen aus Schönau erfüllt und niemand konnte wegen des heftigsten Regens und hohen Flut der Katzbach helfen.

(Anmerkung: Im meilenlangen Ort keine Brücken, sechs Furten u. Uferwege überschwemmt.) Not und Jammer waren groß. Aber die hohe Gewißheit (Gottvertrauen) war unser Schutz und ließ das Leid... mildern. Unser Los: Der Siegespreis, daß die Schlacht gewonnen, alle Gefahr verzogen, alle mit Freude erfüllt. Der Tag soll jährlich in der Kirche erwähnt und damit der Nachwelt erhalten werden.« Zugleich mit der Nachricht vom Siege wurde der *Landsturm* zum Aufsuchen versprengter Franzosen aufgeboten. Von regelrechter Bewaffnung war nicht die Rede.

»Die Sturmleute haben von den Feuergewehren der Franzosen nichts zu fürchten, da die Munition durch die gewesene Witterung unschädlich geworden ist.«

Nach der Schlacht an der Katzbach zogen russische Truppen durch; die Dorfschulzen hatten sich in Uniform zu bewähren.

Bei dem folgenden *Herbstfeldzug* waren die eigenen Truppen in Sachsen zu beliefern, z.B. Anfang Oktober 1813 mit (umgerechnet) über 16 Tonnen, etwa ein Eisenbahnwagen, *Kartoffeln;* später auch Kleidungsstücke, Stiefeln, Wäsche.

Man bedenke: Alles mit Pferdefuhrwerken 120 km und mehr.

Bis zum Kriegsende 1815 dauerte die zusätzliche Belastung.

(Nach Stockmann 'Geschichte des Dorfes' K., S. 47, 48, 49)

Zur Erinnerung an die Schlacht an der Katzbach erhielt eine damals in Bessarabien entstandene Ansiedlung deutscher Bauern auf Befehl des Zaren den Namen »Katzbach« (aus »Geschichte der Deutschen in Bessarabien«, 1941/1982).

Aufzeichnungen über die weitere Kriegsteilnahme der zur Landwehr und anderen Truppenteilen einberufenen Kauffunger sind nicht bekannt. Es ist aber anzunehmen, daß auch Männer aus Kauffung als Soldaten an der Völkerschlacht bei Leipzig, dem Rheinübergang bei *Kaub* in der Neujahrsnacht 1813/14, den Feldzügen in Frankreich 1814/15, sogar an dem Einzug in Paris und der Entschei-

dungsschlacht von Belle-Alliance/Waterloo teilgenommen haben: Ereignisse, die damals in ganz Europa bekannt waren und in die Geschichte eingegangen sind. In dem genannten Kurrendebuch sind im April und Juni 1813 die Namen einiger gestellungspflichtiger Männer eingetragen. Wieviel Mann insgesamt aus Kauffung einberufen waren, an den Kämpfen und am Feldzug bis Paris teilgenommen haben, ist nicht überliefert.

Wohl aber hat der damalige Pastor aufgezeichnet:

»In diesem Feldzug sind 26 Jünglinge aus der Gemeinde gefallen.«

Zum Gedächtnis war eine Ehrentafel mit den Namen angebracht, die noch 1892 auf einem Bilde links vom Altar zu erkennen ist und wohl erst bei der Erneuerung der Kirche im Jahre 1912 abgenommen wurde.

Gneisenau in Kauffung ansässig

1786 war Neidhard von *Gneisenau* mit einem preußischen Regiment nach Niederschlesien gekommen. Kompaniechef. Von den Garnisonstädten nur ein Tagesritt an die Katzbach und… nach Kauffung.

Seine Frau (Heirat 1796), eine geborene Freiin von Kottwitz, hatte Kindheit und Jugend auf dem elterlichen Gute Mittel-Kauffung verbracht. Das Gut war dann in andere Hände übergegangen. 1803 erwarb Frau von Gneisenau aus ererbtem Vermögen für 61.000 Taler wiederum das elterliche Gut. Ehemann v. Gneisenau erfuhr von diesem Kauf auf einem Feldzug erst nachher und schreibt:

»Meine Frau hat nämlich ein ansehnliches Gut gekauft, das, sofern Gott gut Wetter und tiefen Frieden schenkt, mich zum wohlhabenden Manne machen soll,… aber es ist viel zu verbessern… Will ich nicht den alten Schlendrian walten lassen, so muß ich nun vom Ackerkatechismus an bis zur neuesten Ackerbautheorie alles studieren und mich um den Rat verständiger Landwirte kümmern. Da ich bei dem Gute eine große Brauerei habe, so fällt mir ein, ob mir nicht die Erfindung einer neuen Malzdörre von Nutzen sein könnte.«

Er betrieb Viehzucht, Kartoffelanbau zur Verwertung im gewerblichen Bereich durch Brennen zu Branntwein. Für die kostspielige Betriebsentwicklung, zu der auch der Umbau des Wirtschaftshofes gehört hat, wurde ein mit 5% zu verzinsender Kredit bei der für Rittergüter zuständigen landwirtschaftlichen Bank, kurz 'Landschaft', aufgenommen. Das brachte Schreibereien mit dem Vorstand der Bank, der um die Sicherheit des Kredits besorgt war und auch um dessen Zielsetzung mit sich. Damals wie heut'! Die Bodenbeschaffenheit wurde geprüft, als Ergebnis nicht ertragreicher Waldboden gerodet und dafür eine kleeartige Futterpflanze, die Esparsette, angebaut. Die Waldrodung mußte gegenüber der Bank begründet werden. Ziel: Vermehrte Viehhaltung und bessere Düngungsverhältnisse. Durch häufige Abwesenheit Gneisenaus lag die Last der Wirtschaft auf den Schultern der Frau. Statt des erhofften Friedens folgte ein Jahrzehnt Spannung und Kriegszüge. Französische Truppen in Kauffung und auf dem Gut.

Zur gleichen Zeit, in der Niederlage Preußens 1806/07, begann sein Aufstieg als Offizier, da er bei der Verteidigung von Kolberg an der Ostsee führend beteiligt war. Zu Beratungen in Königsberg, in Berlin. Von Kauffung aus führte ihn eine gewagte schwierige, diplomatische Mission nach England. Trotzdem verbunden mit der kinderreichen Familie zu Hause und den Lebensverhältnisse in der Heimat. Sprung in die Führungsspitze Preußens, stets das große Ganze strategisch und politisch vor Augen.

Der Verwalter des Gutes erwies sich als unzuverlässig. Die Folgen der Bauernbefreiung nahmen im Jahre 1811 Gneisenau als Gutsherrn mit Landabgabe, finanzieller Auseinandersetzung in Anspruch. Sorgen…

Beginn der Befreiungskriege – neutrales Gebiet während des Waffenstillstandes – Schlacht an der Katzbach: Vor der Haustür.

Im Frieden wurde 1816 das vielfach verbesserte Gut Mittel-Kauffung für 70.000 Taler mit dem Rittergut *Erdmannsdorf* in schönster Lage zwischen Hirschberg, den Falkenbergen und der Schneekoppe getauscht.

Generalfeldmarschall!

1831 verstorben mit 70 Jahren an den Cholera.

Begraben auf dem vom König geschenkten Gut Sommereschenburg bei Helmstedt.

Gneisenau gehörte mit Clausewitz, Scharnhorst, Freiherr von Stein zu den aufrechten Männern gegen Napoleon und zu den großen Reformern in Preußen. 1855 in Berlin vom Bildhauer *Rauch* gefertigte Erzstandbilder errichtet.

Auch das Denkmal für Gneisenau wurde in Berlin (Ost), Unter den Linden, wie für die anderen Reformer, im Jahre 1964 wieder aufgestellt.

Über ihn heißt es in dem 1971 in Leipzig erschienenen 'Meyers kleines Lexikon':

> »Preußischer Generalfeldmarschall und Militärtheoretiker, deutscher Patriot. Bereitete als 'Theoretiker des Volkswiderstandes' (Engels) den nationalen Befreiungskampf gegen die französische Fremdherrschaft vor.«

– Ein in Kauffung geborener Sohn nahm als General der Infanterie am Krieg 1870/71 teil. –

Bücher zum Nachlesen, wenn's beliebt:

Karl Griewank, Gneisenau. Ein Leben in Briefen. Leipzig 1939

Hans *Otto*, Gneisenau. Preußens unbequemer Patriot. Heyne Verlag München 1981.

Nach 1800 neue Wirtschafts- und Sozialordnung

Die preußischen Reformen

Ihre *Ziele* lagen im Zuge der Zeit:

Dem Staatsbürger die Möglichkeit zu freier Entfaltung zu geben
Die wirtschaftliche Entwicklung zu fördern
Weitgehende Selbstverwaltung vorzubereiten und einzuführen.

Mit der *Bauernbefreiung* wurde begonnen durch das Oktoberedikt in Memel, 9. 10. 1807.

Im Verhältnis zu den Guts- und Grundherrschaften wurde die persönliche Erbuntertänigkeit der Bauern ab (Martini) 10. Nov. 1810 aufgehoben;
Auf den Bauernhöfen ruhende Arbeitsverpflichtungen und Abgaben (Reallasten) sollten abgelöst werden. Hierzu ergingen viele Gesetze ab 1811 über Landabgabe, Kapitalisierung über eine staatliche Bank mit entsprechenden Abzahlungsraten an diese.

Es folgten:

Gewerbefreiheit,

Selbstverwaltung der Bürgerschaft in den Städten,

Allgemeine *Wehrpflicht,* die nach der Zeitdauer günstiger war als die vorherige Regelung.

Allgemeine Auswirkungen: Die herkömmliche Agrarverfassung mit Rittergütern einerseits und Bauern, Gärtnern, Häuslern andererseits war aufgelöst. Zugleich entfielen Regelungen zum Schutz von Bauern und Rittergütern.
Freizügigkeit für Bauern, Gärtner, Häusler, wie auch für besitzlose Tagelöhner.
Bauernkinder durften ein Handwerk erlernen.
Der *Lohn* für Arbeit auf den Gütern und anderweit konnte frei vereinbart werden.
Die Löhne stiegen bald erheblich und ortsweise verschieden an. Dies bedeutete eine neue Arbeitsverfassung!
Jedermann, auch der Besitzlose, konnte sich in Verbindung mit der Freizügigkeit Arbeit und Brot günstig suchen.
Die gutsherrliche Heiratserlaubnis fiel weg.
Bauern konnten Schulden aufnehmen und Teilflächen verkaufen, z. B. an Tagelöhner für Baustellen.
Unbeschränkt konnten Personen bürgerlicher Herkunft Offiziere und Regierungsbeamte werden sowie Rittergüter erwerben. Dies ist bald auch in Kauffung geschehen, bei mehreren Gütern zu verschiedenen Zeiten.
Schattenseiten: Fehlmaßnahmen, Zusammenbrüche.
Manche Bauern verschuldeten sich. Bauernhöfe wurden zur Vergrößerung von Rittergütern aufgekauft; 'Bauernlegen' genannt.
Große Güter kamen durch Wegfall von Einnahmen und steigende Löhne in wirtschaftliche Schwierigkeiten.
'Mobilität' und 'Freie Marktwirtschaft' in der Ausdrucksweise unserer Zeit, jedoch noch ohne den inzwischen mühselig entwickelten sozialen Schutz.
(Zusammengestellt nach
J. *Ziekursch,* Hundert Jahre schlesischer Agrargeschichte, Breslau 1915/27.
O. *Büsch,* Moderne preußische Geschichte, Berlin 1981
insbes. Beiträge: ...Auflösung der alten Agrarverfassung, S. 360
und F. *Lütge,* Bauernbefreiung in Preußen, S. 416)

Persönliche Anmerkung: Dieser Geschichtsabschnitt gehörte zu meiner Reifeprüfung im Fach 'Geschichte'!

Auswirkungen im Katzbachtal

Das Oktoberedikt war zunächst nicht allgemein veröffentlicht, von mancher Behörde sogar geheimgehalten worden. Es verbreitete sich durch Hörensagen. 'Große Neuigkeiten haben Flügel in allen Zeitaltern'. Gerüchte… Über Zeitpunkt und Umfang der Bauernbefreiung entstanden weitgehende Unklarheiten und Mißverständnisse. Bauern meinten alsbald nicht nur von der persönlichen Erbuntertänigkeit befreit, sondern auch nicht mehr zu Abgaben und Arbeiten auf den Rittergütern verpflichtet zu sein.

Manche adelige Gutsbesitzer wollten nicht wahrhaben, stellten sich abseits der Reform.

»…Am tiefsten ging die Erregung in Schlesien… Aufgrund der unsicheren Nachrichten, die den Bauern über das von den Behörden geheim gehaltene Oktoberedikt zugekommen waren, versagten einige Gemeinden des Hirschbergschen Kreises (Seitendorf und *Kauffung*) schon im November 1807 ihren Gutsherrschaften die Fronden (aus M. Lehmann, Freiherr v. Stein, Leipzig 1903, S. 346).

'Im November 1807 begannen die Arbeitseinstellungen… in Seitendorf und in dem aus zehn Anteilen bestehenden Riesendorf *Kauffung*' (aus Ziekursch, Agrargeschichte, 1927, S. 295).

Beachtlich, daß in den beiden wissenschaftlichen Werken unser *Kauffung* genannt ist. Leider ist nicht angegeben, wie lange die Fronden eingestellt waren und ob die Pflichtarbeiten auf Zureden wieder aufgenommen worden sind. Der damalige Pastor hat diesen außergewöhnlichen Vorgang nicht erwähnt. Es scheint ohne Gewalt abgegangen zu sein, sowohl seitens der Bauernschaft wie der Behörden. Über die weitere Durchführung erfahren wir nur aus einem Brief Gneisenaus vom 29. 2. 1811, '…daß er bei dem Gute Mittel-K. mit Dismembration (Landabgabe), Reduktion der Bauerndienste, Verkauf von Inventar, Umänderung der Brauerei und Brennerei beschäftigt sei…' (aus K. Griewank, Gneisenau…).

Danach haben bei diesem Rittergut Bauern ihre Verpflichtungen zu Diensten bald in Geld abgelöst; in der Folge hat Gneisenau das Gut wegen Verringerung der Arbeitskräfte verkleinert, aber doch fortgeführt.

Die Bauernhöfe standen in Niederschlesien, besonders im Gebirgsstreifen von altersher nach schlesischem Recht in vererblichem Eigentum, auch 'Schlesisch Eigen' genannt. Die Berechtigungen der Guts- und Grundherrschaften betrafen nicht den Kern des bäuerlichen Eigentums. Die Bauernbefreiung hat sich daher nicht unmittelbar auf die Eigentumsverhältnisse ausgewirkt.

Die Einteilung der Feldflur nach den ererbten, langgestreckten Hufen blieb bestehen.

Den seinerzeitigen Bewohnern Schlesiens, insbesondere auch des Gebirges, war nach der napoleonischen Zeit und den Befreiungskriegen keine Zeit gelassen, sich mit den neuen Freiheiten in Ruhe einzurichten.

Im Gegenteil: Alle mußten sich bald bewähren! Bauern wie Rittergutsbesitzer, Handwerker, Kaufleute. Und die Weber im Hausgewerbe.

Mißernten führten 1817 und 1818 zu *Hungersnot*, wie gleichzeitig in anderen Gegenden Deutschlands.

Zu Anfang der 1820er Jahre fanden gesponnene Garne und Leinewand zu wenig Absatz.

Es folgten überreiche Ernten, so daß zwar alle satt wurden, aber die Verkaufspreise für notwendige Einkäufe nicht ausreichten.

Der Kauffunger Pastor Kieser hat darüber 1825 aufgeschrieben:

'Seit zwei Jahren sind sehr reiche Ernten gewesen und auch in diesem Jahr wird die reichste Ernte gesammelt. Daher stehen die Getreidepreise so niedrig, als seit Jahrhunderten nicht gewesen. Nach dem Hirschberger Marktpreis zum 28. Juli gilt der Scheffel weißer Weizen neues Maß... (es folgen Preisangaben). Der *Landbau* liegt wegen dieser niedrigen Preise ganz darnieder; Gutsbesitzer und Bauern wissen sich fast nicht mehr zu erhalten. Nur ein einziger Zweig der Landwirtschaft, die *Schafwolle* hat noch einigen Wert. Die Ursache des tiefen Verfalls einiger Preise, aber andererseits Eisen und Leder sehr teuer, sind mannigfaltig, besonders weil der Handel mit *Leinen* und übrigen Fabrikaten stockt; daran zu sehen, daß das Stück Garn nur mit (Preisangabe) bezahlt wird. Man hofft, daß die Unabhängigkeit der südamerikanischen Freistaaten, die sich nach 1800 von Spanien getrennt haben, dem Handel neue Wege eröffnen, den Geldmangel und die Not beheben werde.'

Tiefgreifende volkswirtschaftliche Überlegungen!

Hoffnung auf den Welthandel in einem Gebirgsdorf!

Die örtlichen Erfahrungen und Ansichten sind wirtschaftsgeschichtlich bestätigt als 'Agrarkrisis der 1820er Jahre', die erst im nächsten Jahrzehnt überwunden war (J. Ziekursch, S. 323–325).

In Kürze: England und Frankreich schützten ihren Getreideanbau durch hohe Zölle. Deshalb stockte die vorherige Getreideausfuhr aus der norddeutschen Tiefebene nach den genannten Ländern. Zudem hatte schon zuvor die Getreideausfuhr aus Nordamerika nach Europa begonnen. Druck auf die Getreidepreise in Schlesien. Wellenschlag bis ins Katzbachtal. Wegen des Tiefstandes der Getreidepreise ging man bei schwachen Böden verstärkt zur Schafzucht über. *Wollkonjunktur...*, aber auch Absatzkrise. Immerhin hat die Schafhaltung in großem Umfang noch Jahrzehnte angehalten, wie sich aus der Viehzählung von 1849 für Kauffung und seinen damaligen Kreis Schönau ergibt.

Man mußte mit den Tagessorgen fertig werden, die Ablösung der Dienste, welche die Bauern noch auf den Gütern zu leisten hatten, sowie der Abgaben, kamen ins Stocken.

Die Güter Mittel- und Heiland-Kauffung haben damals mehrfach den Eigentümer gewechselt. Zwangsversteigerung des Gutes Heiland-Kauffung zu Beginn der 1830er Jahre und Aufteilung des Gutes Mittel-Kauffung um 1840 könnten mit dadurch verursacht sein, daß nach Aufhebung der Erbuntertänigkeit Einnahmen weggefallen waren.

Von den sieben Rittergütern, die in Kauffung noch um 1800 bestanden hatten, ist nur ein einziges, das Gut Niemitz-Kauffung, im Eigentum derselben Familie geblieben.

Nach 1850 wurden vier bäuerliche Betriebe wohl durch Landabgabe zu 'Restbauern' (Stockmann, S. 40).

1848er Revolution und Abschluß der Reform

Landauf, landab sind in Ostdeutschland in den 1820er und 1830er Jahren die überkommenen Dienste und Abgaben der Bauern abgelöst worden. Jedoch ließ man, aus welchen Gründen auch immer, mancherorts die Sache beim Alten und wurde behördlicherseits der Abschluß nicht erzwungen. 'Der Krug geht so lange zum Brunnen bis er bricht'. Reform verpaßt.

Im Revolutionsjahr 1848 bestanden in einigen Dörfern des Katzbachtals noch Fronden, deretwegen es zu Unruhen kam. In den Heimatbüchern wird darüber berichtet.

Für *Hohenliebenthal* ist in der Heimatgeschichte von 1893, S. 14, 15, vermerkt: »Das Revolutionsjahr 1848 mit seinen stürmischen Bewegungen ließ auch die hiesige Gemeinde nicht unberührt. Besonders begehrte man Loslösung von den Hofediensten und anderen Leistungen an das Dominium... Bei den Unruhen wurden eine Anzahl Schöppenbücher und andere für die Gemeinde wertvolle Dokumente verbrannt.

Die Rädelsführer mußten ihre Verblendung mit der gerechten Strafe büßen, obwohl vom Pastor und dem Gutsbesitzer ein Gnadengesuch eingereicht bzw. befürwortet wurde.'

Für *Konradswaldau* ist in der Ortsgeschichte von 1892, S. 80, vermerkt: 'Das traurige Jahr 1848 warf schlimme Schatten auch auf unsere Gemeinde und ging in unserem Dorfe nicht ohne Ungesetzlichkeiten vorüber. Die nächsten Jahre brachten die Befreiung von den Hofediensten und im Zusammenhang damit die Ablösung durch Renten an eine staatliche Bank. Dies war den Vorfahren die willkommenste Erleichterung, und der zunehmende Wohlstand in der Gemeinde ist nicht in letzter Linie auf jenen Schritt zurückzuführen.' Noch 1892 waren diese Ablösungsrenten an die Landesrentenbank zu leisten.

Für *Schönau* ist in der Festschrift von 1891, S. 83, vermerkt: 'Der Lehrer ... trieb zugleich Ackerwirtschaft und arbeitete in der Schule mit einem Hilfslehrer... Lange dauerte seine Tätigkeit nicht. Während der Unruhen des Jahres 1848 ließ er sich zu unbedachten Schritten verleiten, infolge deren er am 23. Dez. 1850 suspendiert und am 12. Aug. 1851 seines Amtes enthoben wurde. Bis Herbst 1851, also 3/4 Jahre, eingeschränkter Schulunterricht durch Hilfslehrer.'

Für *Kauffung* hat Stockmann in der Geschichte des Dorfes, S. 50, geschrieben: 'Im Jahre 1848 kam es auch in Kauffung zu Unruhen, und nur mit Mühe konnte ein Sturm auf den Spirituskeller der Brennerei von Stöckel-Kauffung verhindert und dadurch weiteres Unheil verhütet werden. Seitdem sind alle Arbeitsleistungen und Abgaben an die Grundherrschaften aufgehoben worden. Für die zu Niemitz-Kauffung gehörigen Bauern hat der Besitzer auf Entschädigung verzichtet. Die zu anderen Gütern gehörenden Bauern haben eine Entschädigung über die Landesrentenbank zu leisten.

Von *Ackerbau* und *Viehzucht* um 1800 bis 1870

Angaben über Erträge und Viehbestand *vor* der Bauernbefreiung fehlen, so daß sich ihre Auswirkungen zahlenmäßig nicht belegen lassen. Auch sind die Frondienste für die Güter wohl erst nach 1850 abgelöst worden, so gerade noch zeitgerecht für den Übergang von extensiver zu intensiver Wirtschaftsweise. Einigen Aufschluß erhalten wir aus einer Volks- und Viehzählung *1849.*

Damals wirtschafteten in Kauffung bei 2.200 Einwohnern:
6 Rittergüter   25 Bauern   332 'Gärtner und Häusler'.

Viehbestand
in Kauffung 1849 (nach noch vorhandener Aufzeichnung),
                keine Zahlen für 1820 und 1873.

% im Kreis	Anzahl	
5	75 Pferde	anzunehmen bei Gütern je 3, bei Bauern je 2
6	668 Rinder,	also Kälber, Milchkühe, Ochsen und Stiere Durchschnitt bei bäuerlichen Betrieben unbekannt. Die über 600 Tiere lassen darauf schließen, – daß zur Stallfütterung übergegangen war, – daß viele Häusler und Gärtner eine Kuh hielten und sich nicht auf Ziegenhaltung beschränkten.
15	3.912 Schafe	Weide auf Hängen und Bergwiesen, die damals noch nicht bewaldet waren und nach der Mitte des 19. Jahrhunderts aufgeforstet worden sind. Neben großen Herden der Güter wurden der Wolle wegen auch von Bauern und Kleinlandwirten Schafe gehalten.
4	133 Ziegen	'Die Kuh des kleinen Mannes'
8	101 Schweine	Auffällig diese geringe Zahl. Damals scheinen Schweine nur für den Eigenbedarf gehalten worden zu sein. Für Schweinemast zum Verkauf fehlte die ausreichende Futtergrundlage. Zukauf von Viehfutter war noch nicht üblich.

Fleisch gehörte keinesfalls zur täglichen Mahlzeit.
Auch hatte man Schöps/Hammel und Rind.

Entwicklung in unserem (Alt)Kreis *Schönau*

	Pferde	Rinder	Schafe	Ziegen	Schweine	Bienenvölker
1820	1.261	6.986	17.838	?	?	?
1849	1.389	10.832	26.264	2.352	1.194	?
1873	1.645	15.104	15.813	3.193	2.467	1.423

Angaben: Zu 1820 aus v. Zedlitz, Staatskräfte der Preußischen Monarchie
            2. Bd., Berlin 1828, S. 288
        Zu 1849 aus Tabellen über den Preuß. Staat für 1849, I
        Zu 1873 aus Preußische Statistik, Viehzählung 1873.

Schafhaltung war wegen Bedarf und Absatz an Wolle in den Jahrzehnten nach 1820 'Spitze'! Der scharfe Rückgang zwischen 1850 und 1870 ist deutlich.

440

Die mit viel Arbeit verbundene Haltung aller anderen Tierarten ist stetig angestiegen. Man hat mehr und mehr verstanden, die Landwirtschaft als Erwerbsquelle zu nutzen.

Seit den napoleonischen Kriegen waren 50 Jahre im Frieden vergangen!

In den deutschen Einigungskriegen

1864, am Kriege mit Dänemark um Schleswig-Holstein haben nur wenige Männer aus dem Katzbachtal teilgenommen.

1866 Krieg zwischen Preußen und Österreich

1870/71 Deutsch-französischer Krieg

'Die junge Mannschaft und viele Familienväter waren zu den Fahnen einberufen...

Von den Schlachtfeldern *Böhmens* drang der Kanonendonner bis zu unseren Bergen herüber (90 km Luftlinie). Am Tage der Schlacht von *Königgrätz,* dem 3. Juni 1866, hätte mancher gern den Ausgang des Kampfes gewußt,... den er bei der Arbeit auf dem Felde hatte wahrnehmen können. Der nächste Tag brachte die frohe Nachricht von dem Siege der Unseren...

Fuhrwerksbesitzer waren beordert worden, Hafer nach Landeshut zu liefern, erhielten jedoch dort den Befehl, weiter ins Österreichische zu den preußischen Truppen zu fahren. Daher verzögerte sich die Rückkehr von Männern und Gespannen und man wurde zu Hause unruhig. Endlich kam dann gute Nachricht.'

– Entnommen aus der Ortsgeschichte von Konradswaldau (S. 83), verfaßt 1893 vom Vater unseres Kauffunger Pastors Schröder. –

Aus *Kauffung* ist 1866 im Gefecht von Skalitz der Besitzer vom Niemitzgut Leutnant Rudolf von Niebelschütz gefallen. Aus beiden Kriegen ist kein weiterer Verlust genannt.

In anderen Ortsgeschichten, verfaßt 1893, stehen Angaben über Verluste.

Aus *Tiefhartmannsdorf* (S. 40 und 74)

1866 4 Soldaten in Lazaretten verstorben, davon *ein* Mann nach Verwundung beim Gefecht in Skalitz;
der Lehrer nach einem Kolbenstoß in Königgrätz lungenkrank.

1870 1 Soldat bei *Metz* gefallen.

Aus *Alt-Schönau* (Ortsgeschichte Schönau, S. 85)

1866 1 Soldat vermißt.

Aus *Reichwaldau* (Ortsgesch. Schönau, S. 86)

1866 1 Soldat bei *Nachod* gefallen.

1870 1 Mann gefallen am 6. 8. im Gefecht bei Woerth in Lothringen
1 Mann an Typhus im Lazarett in Frankreich gestorben
1 Mann den Anstrengungen nachher erlegen.

Stadt *Schönau:* Keine Verluste.

Aus *Hohenliebenthal* (S. 18, 19)

1866 1 Soldat gefallen bei *Skalitz*
1 Offizier gefallen bei Königgrätz
1 Mann vermißt.

1870 2 Soldaten nach Verwundungen im Lazarett gestorben
1 Soldat bei Woerth vermißt.

'In *Konradswaldau* kehrten alle zu den Waffen gerufenen Männer, 17 im Jahre 1866 und 38 Mann 1870/71, gesund zurück, wenn auch einige verwundet gewesen.'

'Die heimkehrenden Soldaten wurden mit Jubel und Ehrenbezeigungen zu Hause empfangen.' Friedensfeste gefeiert.

Zur Ehre und Erinnerung wurden Kriegerdenkmale aufgestellt und Friedenseichen gepflanzt; Eiche in Kauffung im Niederdorf gegenüber der Brauerei.

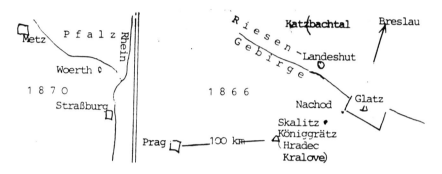

Einst Freie Bergstadt Altenberg

Schon in der frühen Zeit des Herzogtums Slesie, um 1200, hatte sich die Kunde verbreitet, daß in den Bergen Gold, Silber, Kupfer, Blei und andere Erze zu schürfen seien. *Goldberg* war gegründet. Weitere unternehmende Männer machten sich auf den Weg. Seitab vom oberen Katzbachtal ließen sie sich nieder am Fuß eines 666 m hohen Berges, den sie Eisenkoppe nannten. Das mag bald nach dem Jahre 1200 gewesen sein, als Herzog Heinrich I. mit seiner Gattin Hedwig die Herrschaft übernommen hatte. Man wurde fündig nach Gold und Silber. Ihre neue Ansiedlung in 550 m Höhe von bald mehreren 100 Bergleuten bekam den Namen *Altenberg*. Vielleicht weil Zeiten zuvor schon andere Bergleute dort ihr Glück versucht hatten und nun mit neuen Kräften die Arbeit am Alten Berge wieder aufgenommen wurde; vielleicht ist der Name auch aus dem lateinischen 'altus mons' = hoher Berg fast liebevoll abgewandelt entstanden.

Die Männer sollen am Kampf gegen die Mongolen 1241 teilgenommen haben; sei es auf der Walstatt bei Liegnitz, sei es in der Nähe der Katzbachquelle von Ketschdorf, wie in einem vorangehenden Beitrag 'Mongoleneinfall' beschrieben ist.

Stadtrecht wurde verliehen; Marktrecht kam dazu samt dem Salzhandel. Die Bergstadt wurde Sitz eines Bergrichters (Bergrichterei), hatte eigene Kirche und später gar eine Schule. Viele Jahrhunderte lang wurde der Bergbau mit wechselndem Glück betrieben. Um 1500 wurde in sieben Gruben gearbeitet. Das blühende Gemeinwesen wurde durch einen großen Brand zerstört; wohl

1535 oder etwas früher, denn Schöffenbücher sind wieder ab 1536 vorhanden. Das war einmal.

Bei dem großen Brand sind alle Urkunden und schriftlichen Nachrichten aus den vorangegangenen Jahrhunderten vernichtet worden. Die vorstehende Schilderung der frühen Zeit beruht daher auf späteren Aufzeichnungen und allgemeinen Kenntnissen. Die Ortsvorsteher hießen Erbrichter (entsprechend Erbscholtisei). Um 1850 wurde die Erbrichterei von Wilhelm Hoffmann erworben, nachmals und noch um 1900 Ortsvorsteher von Altenberg und Seitendorf, Eigentümer des Gasthofes »Zur Eisenkoppe«.

Vorhanden sind: – Das Wappen
– Ortsgeschichte Seitendorf mit Angaben zu Altenberg, verfaßt 1843 Seite 42–45
– Die um 1900 durch W. Hoffmann gefertigte Abschrift der Chronik, die von Erbrichtern früherer Zeit geführt worden war, von Hoffmann um heimatkundliches Geschehen ergänzt.
– Aufsatz von Georg *Hein*: Altenberg du hochgebaute Stadt,
  erschienen in Heimatnachrichten 1978, Nr. 1, und
       im Heimatbuch Jauer – Bolkenhain 1982, S. 383 bis 386,
– ferner in dem Heimatbuch Kurzangaben S. 465.

Altenberg war *kirchlich* im nahen Seitendorf eingepfarrt.
Eigene Gemeinde bis 1892, dann bei Seitendorf.
Kirchliche und standesamtliche Beurkundungen sind in den betreffenden Urkundsbüchern von Seitendorf enthalten.
Geologische Arbeiten (Bücherei des deutschen Ostens in Herne)
Stauffacher, Jacob: Der Goldgangdistrikt von Altenberg in Schlesien, Berlin 1915.
Bahr, Hermann: Lagerstättengeologische Beschreibung des Gold-Arsen-Kupferdistrikts von Altenberg in Schlesien, 1921

Nach dem großen Brand hat man noch in der Mitte des 16. Jahrhunderts wieder aufgebaut, aber die alte Blüte war dahin. Zudem verpfändeten die Landesfürsten die Abgaben der Stadt und Bürgerschaft an adelige Grundherrschaften benachbarter Orte, insbesondere in Kauffung.
Etwa ab 1700 wurden aus den Pfandherren allmählich Erbherren und zwar in Verbindung mit der Grundherrschaft von Leipe im Nordosten von Altenberg.
Der Bergbau war sehr von äußeren Umständen abhängig.
Der Besuch der Märkte ließ nach. Die Zünfte lösten sich auf. Aus der Stadt wurde ein Städtchen und schließlich ein Dorf. Um 1720/30 hörten die Einwohner auf, sich wie bis dahin Bürger zu nennen.
Haupterwerbszweig war für vielleicht 100 Jahre die Schleierweberei. Dann nahm der Bergbau wieder einen Aufschwung. 1836 heißt es bei Knie 'Beschreibung Schlesiens', S. 59:
Bergbau und eine Hütte auf Arsenik, Gifthütte genannt.
Anm.: Wegen hoher Sterblichkeit der beschäftigten Leute ist die Gifthütte um 1900 geschlossen worden.
1871 zählte man noch 26 Wohnhäuser.
1896 bis auf zwei Häuser abgebrannt – Altenberg hatte mehrere Quellbrunnen, beim Gasthof mit 22 m Tiefe. Aber keinen Löschwasserteich!
Auch die Brunnen waren beim Brande nicht mehr zugänglich.
Sieben Weberstellen wurden nicht mehr aufgebaut. Insgesamt um 1900 20 Häuser.

1907 zählte die Belegschaft 300 (dreihundert) Mann. Das Bergwerk stand in voller Blüte.

1919 hat eine Bergwerksgesellschaft aus Reichenstein in Mittelschlesien das Werk übernommen. Es gab
den Arnoldschacht in 430 m NN, mit 242 m Länge und
den Wilhelmschacht in 593 m NN; dazu weit verzweigte Stollengänge mit Namen.
Entwässerung durch zwei Stollenbäche, der eine nach Ober-Seitendorf, der andere in den Erlenbach nach Ober-Kauffung.
Grubenverwaltung, Schichtmeisterei und das bereits auf Kauffunger Gemarkung gelegene *Pochwerk*.
Beschäftigt waren Anfang der 1920er Jahre 150 Bergleute im Untertagebau und 20 Mann über Tage. Die Knappen wohnten in Altenberg, Seitendorf, Ketschdorf, Kauffung und Leipe.

Haupterze
Arsenkies und Kupferkies, je mit Gold und Silber
Bleiglanz mit Silber, Schwefelkies und Zinkblende.
Monatlich hüttenfertig:
150 Tonnen Arsenerze mit bis zu 20 g Gold je Tonne Erz,
 65 Tonnen Kupfererze mit 8 g Gold je Tonne Erz.
Der Silbergehalt betrug 170 g je Tonne Roherz.
Aufbereitung, d.h. Wäsche und Zerkleinerung im Pochwerk.
Dann mit Pferdegespannen zum Bahnhof Ober-Kauffung (insgesamt 4 km).
In Reichenstein verhüttet.
Altenberg hatte damals 140 Einwohner.
Das Bergwerk wurde 1925 geschlossen.

Blauen Arsenkies holte man zum Bestreuen der Gartenwege; sah schmuck aus.

1946 wurden die 100 Bewohner von Altenberg zusammen mit den Seitendorfern ausgewiesen.
Jetzt stehen von den zuletzt 21 Häusern noch 12 z.T. landwirtschaftliche Anwesen.

Tiefhartmannsdorf 1650 bis 1785
nach alten Berichten

'Dies Dorf war durch den 30jährigen Krieg und Pest fast ganz verwüstet. Nur 11 Bauernhöfe und 22 Gärtnerstellen waren mit Einwohnern besetzt. Das andere Land lag öde und verwüstet oder unbebaut da. Der damalige Eigentümer des Dominiums, Kaspar v. Zedlitz, kaufte einen anderen Hof hinzu und setzte den Ort in Blüte.
Er bebaute die sogenannte Blümelwiese mit 40 neuen Häuseln und gab sie 'Fremdlingen', sonderlich Evangelischen, die um ihres Glaubens willen aus Böhmen vertrieben waren, und zwar ganz frei. Nach Süden zum Butterberge hin entstand damals das Wohngebiet der *Gassen* und *Gässl* mit *Gärtln* und Gärtelzäunen: Vorder-, Hinter-, Wächter- und Postgasse, Nickchens- und Taibersgässl mit *Gräbl*, dem Quellwasser vom Butterberg. Die deutsch-böhmische Herkunft der ersten Bewohner ist am Sprachgebrauch erkennbar. 1682 lebten dort 121 Dörfler, ohne das Ingesinde.'
Von Zedlitz ermunterte auch andere Tiefhartmannsdorfer durch Freiheitsbriefe, mehrere neue Häuser anzulegen. 'Aus einem wilden Grund ist eines der schönsten

und gesegnetsten Dörfer erwachsen, wo in beinahe 300 Feuerstätten Viehzucht, Ackerbau, Weberei u. a. nützliche Gewerbe blühen. Der Fremde verwundert sich über das Dorf mit seinen Bergen und Tiefen. Er bewundert, wenn im Frühjahre der Einwohner auf der einen Talseite bergan mit dem Schlitten Dünger fährt, obwohl auf der anderen Seite der Pflug schon seine Furchen macht...; wenn in wenig Wochen in allen Gärten und auf allen Rändern fruchtbare Bäume blühen...;

wenn in allen Stuben alles webert – und z.T. künstlich webert – und unser Obst, wie unser Schleier, in der Nähe und Ferne Beifall findet.'

(Aus Schlesische Provinzialblätter, Ehrhard, Teil 3,2 und nach Beitrag von Frau H. Ludwig in den Heimatnachrichten 1976, Nr. 11, S. 125, mit weiteren Quellenangaben.)

Zur Mitte der 1780er Jahre zählte man in Tiefhartmannsdorf 19 Bauern, 107 Gärtner und 96 Häusler mit 1.321 Einwohnern.

Ein Reisebericht in den Oekonomischen Nachrichten von 1777, S. 246 bis 248, kann beispielhaft auch für andere Gebirgsdörfer gelten.

'...Ehe ein Pflug hat in die Erde gebracht werden können, haben überall große Steine gerodet werden müsen. Wieviele Düngung und mühsame Bearbeitung hat es erfordert, ehe das steinige Feld ein Kornacker und gar ein fruchtbarer Garten war. Mit dieser Überlegung wird der Anblick eines Dorfes wie Tiefhartmannsdorf, das sich über eine halbe deutsche Meile (etwa 4 km) dehnt, in allen seinen Wohnungen, darunter viele recht sehr schöne Landhäuser, mit seinen Gärten und mit vielen Feldfrüchten bebauten Bergen Bewunderung erwecken... Arbeitsamer Fleiß seiner ersten Anbauer und ihrer Nachkommen! ...auch Verdienst der fördernden Guts- und Grundherrschaften.

...Das durchgängig stark und ansehnlich bebaute Gebirge um Hirschberg ist sehr arm an Beschenkungen der Natur und muß daher fast alle Erforderungen zu seinen Gewerben und zur Nahrung aus anderen Gegenden herbeiziehen. Sein blühender Wohlstand ist nur seinen weisen Stiftern, Eifer und Fleiß der Bewohner zuzuschreiben.

...Hier sieht man gar keine müßigen Menschen. Der größte Teil ist im Leinengewerbe beschäftigt... Wie weit haben sie es in der Verschönerung ihrer gezogenen und geblümten Schleier gebracht. Ein Wetteifer in Geschicklichkeit, Fleiß und Erfindung... Auch die Dörfer haben viele reiche Bewohner, der große Teil aber hat nur seinen dürftigen Tagelohn, welchen er sparsam einteilt und sich mit magerer Kost begnügt, mehr für eine anständige Kleidung besorgt ist...

Der Gebirgsmann hat einen Trieb zur Ehre in sich, welcher Sporn seines Fleißes, seines erfinderischen Nachdenkens, seiner Sparsamkeit ist und noch dabei Redlichkeit und Dienstbeflissenheit. Mit Niederdrückung würde man alle Fähigkeit stumpf machen!'

Von den drei einstigen Dörfern des Klosters Leubus

Ketschdorf und *Seitendorf* an den Katzbachquellen sowie *Klein Helmsdorf* sö. von Schönau waren im 13. Jahrhundert angelegt worden vom Stift/Zisterzienserkloster *Leubus* a. d. Oder, wie im Abschnitt Ansiedlung geschildert.

Die *weltliche* Grundherrschaft lag ursprünglich

mit der Niederen Gerichtsbarkeit beim *Abt* des Klosters

mit der Hohen Gerichtsbarkeit beim Herzog;

Einkünfte je nach Art beim Kloster oder Herzog.

Etwa ab 1300 haben die Herzöge ihre vorbehaltenen Rechte, Einkünfte und Hohe Gerichtsbarkeit, *Rittern* benachbarter Orte überlassen, wie bei herzoglichen Dörfern auch. Später verpfändeten die Äbte ihre Rechte ebenfalls an Ritter. Die Entwicklung ist nach Dörfern, Inhalt und Zeit verschieden verlaufen. Unklarheiten, Rechtsstreitigkeiten zwischen Äbten und Rittern, Meinungsverschiedenheiten mit dem Herzog! Im Einzelnen, besonders für Ketschdorf und Klein-Helmsdorf, ist die Entwicklung geschildert in einer Doktorarbeit von F. Freudenthal: Die 500 Hufen des Klosters Leubus, Breslau 1927. Für Seitendorf ist einiges aus der Ortsgeschichte von 1843, S. 32 bis 34 zu entnehmen. Lücken bleiben.

Für *Ketschdorf* hat um 1300 der Herzog seine Rechte dem dort ansässig gewordenen Geschlecht der Bawarus überlassen, 1311 urkundlich dem Kloster dieselben Freiheiten wie für andere Dörfer des Stiftes bestätigt.

Für *Ketschdorf* und *Seitendorf* verpfändete der *Abt* 1423 die Rechte des Stiftes, also die Einkünfte und die Niedere Gerichtsbarkeit an Ritter aus dem Geschlecht von Zedlitz, die zumindest in Ketschdorf die Hohe Gerichtsbarkeit erlangt hatten.

In *Seitendorf* bildete sich, vielleicht aus einem klösterlichen Eigenbetrieb, ein Dominium in ritterlicher Hand. 1727 von Leubus zu Eigentum zurückerworben und geistliche Herren als Administratoren entsandt. 'Mannigfaltiges Gute für den Ort getan', bemerkt der Pastor später.

Dies Dominium wurde bei der allgemeinen Auflösung der Klöster im Jahre 1810 vorübergehend preußische Staatsdomäne.

In *Klein Helmsdorf* hat der Abt von Leubus die Niedere Gerichtsbarkeit mit dem *Dreiding* durchgehend bis 1810 wahrgenommen. Die Hohe Gerichtsbarkeit hatte, kraft herzoglichen Verkaufs vom Jahre 1310 an, der jeweilige Grundherr von dem benachbarten Alt-Schönau. 1638 erwarb Leubus die Hochgerichtsbarkeit, so daß der Kloster-Abt bis 1810 auch Richter bei schweren Straftaten war. *Kein* Dominium/Rittergut in Kl.-H.

Kirchlich haben sich die drei Dörfer verschieden entwickelt.

Ketschdorf und Seitendorf wurden wie die anderen Orte von der Reformation erfaßt und blieben trotz des Versuchs der Gegenreformation beim ev. Bekenntnis. Allerdings hielt sich in Seitendorf eine Minderheit zum kath. Bekenntnis. Bald nach der Inbesitznahme durch Preußen wurden zu Anfang der 1740er Jahre in beiden Dörfern ev. Bethäuser gebaut; *ein* Prediger. Seitendorf leistete sich ab 1780 einen eigenen ev. Pastor. Dieser wurde, weil das Patronat beim Kloster Leubus lag, von dessen Praelat berufen und eingeführt (Ortsgeschichte, S. 24). Formell klar, aber doch auch 'gut schlesisch'.

Klein Helmsdorf blieb als einziger Ort im oberen Katzbachtal beim katholischen Bekenntnis.

Auswirkungen sogar bis in die 1920er Jahre: Man wählte in Klein Helmsdorf mehrheitlich die katholische Zentrumspartei, daher kamen Kandidaten und Abgeordnete des Zentrums zu den Wahlversammlungen für den Reichstag auch nach dem Dorf mit seinen 900 Einwohnern. Eine Insel! Sogar einmal der dem Zentrum angehörende Reichskanzler um 1930.

Nachbarorte im oberen Katzbachtal

	Älteste bekannte Urkunde		Kirche ge-nannt	Einwohner	
	Jahr	Schreibweise		1786	1939
Beginnend an den Katzbachquellen					
Ketschdorf	1311	Kyczdorf	1311	647	873
Seitendorf	1227	Sybotindorf	1311	833	1.040
Altenberg	Freie Bergstadt A.		1400?		(um 100)
Im nahen *Bobertal*					
Seiffersdorf	1305	Syffridi villa	1318	692	777
Kammerswaldau			1318	1.010	558
Weiter an der Katzbach und deren Zuflüssen					
Kauffung	1268	Coufunge	1366	1.630	3.855
Tiefhartmannsdorf	1305	Hartmanni villa	1305	1.321	1.081
Ratschin	1680			um 100	um 100
Ludwigsdorf (zum Bober)	1305	Ludwigsdorf	1399	697	428
Hohenliebenthal	1303/05	Libental	1317	1.022	919
Schönwaldau	1268	Sonewald	1386	489	813
Johnsdorf					242
(Alt)-Schönau	1268	Sonoue	–	695	795
Stadt Schönau	1295/1305	Schonow	1381	792	1.693
Klein Helmsdorf	1227	Hellebrechtsdorf	1399	991	893
Reichwaldau	1305	Reychwalth	–	278	340
Konradswaldau	1268	Counradeswald	1311	767	718
Hermannswaldau			–	190	183
Röversdorf	1268	Villa Reinfridi	1220?		726
Falkenhain	1267	Valcnai			
	1268	Walchenhayn	1399	1.339	1.128
Neukirch		nova ecclesia	1217	944	1.575
Hermsdorf Bad	1339		im 14. Jhd.		965
Wolfsdorf	1268	Villa Lupi (Dorf des Wolfs)			827
Kreisstadt Goldberg	1211	Aurum (Gold)	1217	5.007	7.860

Anmerkungen:
1. Die Anlage der Dörfer und der Bau der ersten Kirchen ist zumeist Jahre und Jahrzehnte *vor* den genannten Jahren erfolgt.
2. Angabe der Kirchen nach B. Panzram: Entwicklung des schlesischen Pfarrsystems, Köln/Wien 1969, Anhang
3. Die einstigen Ortsnamen haben sich von der damaligen mittelhochdeutschen zur festen hochdeutschen Schreib- und Sprechweise entwickelt.

Kitschdorf, 1507 Keitschdorf, auch Katzbach genannt, Ketschdorf
Sibotendorf, Seybothsdorf, Seitendorf
Helmerichesdorf, Hellinbrechtisdorf, Hellebrechtsdorf, Helmsdorf
Villa Reinfridi, Reinfriedsdorf

4. Zu *Ratschin:* Dies Dörfel wurde um 1680 mit 30 Ackerhäuslern vom damaligen
Eigentümer des Dominiums Tiefhartmannsdorf, einem von *Zedlitz,* gegründet
und zu Ehren seiner früh verstorbenen Frau nach deren Geburtsnamen genannt
(Ortsgeschichte Tiefhartmannsdorf, S. 20 und Beitrag von Frau A. Ludwig:
Unser Dorf Ratschin, Heimatnachrichten, 1979, Nr. 4). Denkbar, daß Ratschin
die damals übliche weibliche Abwandlung vom Vatersnamen Ratsch war.
Nach 1920 in Tiefhartmannsdorf eingemeindet.
5. Zu Woycesdorf = frühes oberes Ober-Kauffung, ist auf besonderer Seite
berichtet.
6. Zu Neukirch: In einer Urkunde des Herzogspaares und des Bischofs von 1217
wird ein Ort mit neuer Kirche – nova ecclesia – genannt.
7. Ortsgeschichten und heimatkundliche Veröffentlichungen sind bei – Quellen –
zusammengestellt.
8. Zahl der Einwohner 1785 nach F. A. Zimmermann: Beschreibung von Schlesien, 1786
9. Zur Entwicklung der Einwohnerschaft
Ein Vergleich der Einwohnerzahlen von 1785 und von 1939 zeigt, daß die Orte
sich keineswegs gleichlaufend entwickelt haben. Ausgesprochene seinerzeitige
Weberdörfer wie Kammerswaldau, Tiefhartmannsdorf, Ludwigsdorf, Falkenhain waren 1785 um einige hundert Einwohner volkreicher als in den 1930er
Jahren. – Man war beweglich, als die Handweberei zu Ende ging.
Manche Dörfer verharrten etwa in ihrer Größenordnung, mit nur kleiner Zu-
oder Abnahme.
Andere Orte wuchsen an, veränderten sich infolge der Industrialisierung um
1900: Kauffung, Stadt Schönau, Neukirch.

Das obere Katzbachtal war, wie ersichtlich ist, im Laufe des 13. Jahrhunderts
deutsch besiedelt worden, überschwappend ins Bobertal und in den Hirsch-
berger Kessel. Jeder Ort, abgesehen von den Kleindörfern, mit eigener Kirche
und Pfarrer! Zusammen mit den Weichbildstädten war ein lebensfähiges,
geschlossenes deutsches Kultur-, Sprach- und Wirtschaftsgebiet entstanden.
Zugleich eingebettet in die deutsche Besiedlung Schlesiens im Wald- und
Gebirgsstreifen von Nord-Westen an der Mündung des Bober/Queis in die
Oder bis zu den Beskiden im Süd-Osten.
In Nachbarschaft zur Ansiedlung Deutscher in den angrenzenden Gebieten
Böhmens.
Auch die deutschen Ansiedler im Katzbachtal wurden Teil des sich damals
bildenden Neustammes der *Schlesier.*

Aus grauer Vergangenheit

Höhlen – Tiere – Menschen am Kitzelberg
(Berücksichtigt sind die 1941 erschienenen Erläuterungen zu Blatt Kauffung
der geologischen Karte des Deutschen Reiches, verfaßt von E. Zimmermann,
Höhlen, S. 72/75)

In *Kalkbergen* finden sich, wie jedermann weiß, Höhlen und mit Höhlenlehm
gefüllte Spalten: Zu Tage tretend oder zugeschwemmt, im Inneren und durch
Brechen sowie Sprengen von Gestein entdeckt. So auch bei unserem *Kitzelberg*
und den gegenüber liegenden Bergen auf der Ostseite des Katzbachtales. Schutz
für Tiere, Höhlenbären voran, und ihre Jäger.

Vor 200 Jahren entdeckte man im damals neuen Friedrichsbruch eine Aufsehen
erregende Höhle mit Tropfsteinen aller Art:
Die *Kitzelhöhle*. Man sprach von 'Kitzelkirche'.
Merkwürdige Begebenheiten wurden erzählt. Wissensdurstige Männer wollten
der Sache auf den Grund gehen:
'Zwei Herren vom Adel mit ihren Söhnen, einem wissenschaftlichen Begleiter,
einigen Bedienten, versehen mit etlichen 100 Ellen Bindfaden, Windlichtern und
anderen Erforderungen' stiegen in den Kitzelberg ein, 'unternahmen eine unterirdische Reise.'
(Beschrieben in Oekonomische Nachrichten der Patriotischen Gesellschaft in
Schlesien... auf das Jahr 1777, S. 242 bis 245)
'Der Berg ... erhebt sich ganz frei ... unten voll fetter Weide, aber in der Mitte
mager und mehr bemoost, wo überall sein Marmorgestein hervorblickte. Sein
Gipfel mit Fichten bewachsen. Auf der Mittagseite, gleich unter dem Gehölze, war
der Eingang in die Höhle.

...In diesen Eingang mußten wir gebückt eintreten und einige Minuten also
fortgehen, dann erhöhte er sich und fing bald an, in die Tiefe zu gehen, jedoch
immer in gekrümmten Zügen. Diese und alle folgenden Gänge blitzten zwar von
dem widerstrahlenden Lichte unserer Windlichter; allein dies war kein Vergleich
gegen den Glanz und vielfarbige Strahlung der ersten Höhle... An den viereck-
gen Seitenwänden und oben an dem halbrunden Gewölbe fanden sich überall
leuchtende *Drusen* (Hohlräume im Gestein, mit Kristallen). Wir sahen stehende
Säulen, die bei Anschlagen eines Schlüssels einen hellen Ton von sich gaben,
besonders große, aufgetürmte Säulen, die aus lauter ineinander gefugten Schüsseln bestanden. Von den Wänden hingen vielerlei Zieraten herab; außerdem an
den Wänden allerlei scheinbare Figuren. Alles schien der Bezauberung nahe zu
sein...
Der weitere Weg führte uns zu einem langen Steine, über den wir mühsam
rutschen mußten, und als der Weg wieder eben war, führte er uns in weitere Tiefe;
so gelangten wir zur anderen Höhle. Diese war wie die vorhergehende viereckig,
nur nicht gleichseitig, noch strahlender von Drusen und besetzter von Figuren,
...Säulen und aufgetürmte Schüsseln, Gestalten ähnlich der Natur und Kunstwer-
ken... Wir stiegen durch lange, bald enge und weitere, niedere und hohe Gänge,
doch immer in verkrümmten Zügen, immer tiefer in den Schoß des Berges, bis zu
der 3., 4., 5. und 6. Höhle. Alle waren durch lange Gänge voneinander entfernt,
einander ähnlich und nur im einfachen an Formen und Figuren verschieden. So
gelangten wir bis zur 7. Höhle. Diese war ganz anders, ohne Säulen und Figuren,

ein leerer Raum, die Wände glatt und eben, als wenn sie durch den Meißel bearbeitet wären. Aber leider keinen ebenen Zugang wie die anderen, sondern bloß von oben. Weil wir aber hofften, hier etwas von der 'Legende des heidnischen Götzendienstes' anzutreffen, so ließen wir uns an einem leinenen langen Handtuch, das um einen großen Stein geschlungen war, hinab. Ein Bedienter mußte oben bleiben, damit er uns wieder hinaufziehen hülfe.

Hier fanden wir aber nichts als ein längliches regelmäßiges Viereck, 10 Schritte lang und 4 Schritte breit.

Alles war gänzlich leer, ...die Wände schimmerten etwas von kleinen Drusen – Spritzen und bestanden aus ganzem fugenlosen Marmor. Der Raum hatte ein völlig regelmäßiges Gewölbe, und die vielleicht in alten Zeiten hier gewesen sind, haben es für ein Werk von Menschenhänden angesehen, und was man sich erzählt, ist gedichtet worden. Wir konnten keine Spur einer Bearbeitung erkennen und nicht die geringsten Reste. Nirgends war ein Ausgang; gleich wie wir auch in allen Gängen, worauf wir im Heraufsteigen noch aufmerksamer waren, keinen Nebengang entdeckten. Nur in der Mitte war ein viereckiges Loch, gleich dem regelmäßigsten Schornstein, kaum von Mannesdicke, das in eine finstere Tiefe ging. Wir warfen einige Stücke Stein hinein, die wohl eine Minute fielen, und zuletzt auf Wasser aufklitscherten (wieviel Meter wohl?).

...Wir erschraken nicht wenig, als wir wahrnahmen, daß das ungeheure Marmorstück, auf dem wir uns heruntergelassen hatten, nur auf einem kleinen Steine ruhte und fast schwebend dastand! Es mußte gewagt sein. Unsere ganze unterirdische Reise gelang ohne den mindesten Schaden. Als wir aus diesen tiefen Erdenklüften, von einigen hundert Klaftern (1 Klafter = 1,883 m) wiederum an das Tageslicht kamen, sahen wir unsere Kleidung über und über mit runden gelben Flecken besetzt, bernsteinähnlich. Wir hatten Tropfen fallen sehen, klebrig. Sobald wir an der freien Luft waren, verhärteten die Flecken, so daß wir sie leicht von unserer Kleidung abschälen konnten.' *Tropfstein.*

Dies war wohl die im alten Baedecker Reiseführer genannte und um 1900 von vielen Wanderern besuchte Kitzelhöhle. Bei Arbeiten im Steinbruch sind zwei weitere Höhlen entdeckt worden:

Die Hellmich-Höhle am NO-Abhang und die Witschelhöhle am NW-Abhang. Außerdem wurden oft spaltartige Räume freigelegt, die völlig mit gelbrotem bis blutrotem Höhlenlehm erfüllt waren. Georg *Hein* hat darüber aus eigenem Wissen berichtet in dem Beitrag: Die Kauffunger Tropfsteinhöhlen (Heimatnachrichten vom Mai 1972).

'In 550 m Höhe wurde beim Felssprengen im Juni 1924 ein Einschlupf zu einer Höhle freigelegt. Nur mit Seilhilfe zu erreichen. Man gelangte zunächst in einen hohen Felsentempel, von dem aus zwei z.T. niederiger und enger werdende Gänge 60 m tief in den Berg führten. Einem steil abfallenden mit kristallklarem Wasser gefüllten Trichter konnte man sich nur kriechend nähern. Die Höhlenwände glichen in Form und Farbe frisch gebackenem Streuselkuchen. Von der Decke herab hingen eiszapfenartige Tropfsteine aller Größen. Zahlreich waren auch die von der Sohle nach oben wachsenden Tropfsteine... Im Laufe der folgenden Jahre wurde diese Höhle von namhaften Wissenschaftlern besucht, vermessen und durchforscht. Einen dieser Herren hatte ich bei den Arbeiten zu unterstützen. Zu ihnen gehörte Prof. Zimmermann vom Naturwissenschaftlichen Museum in Berlin, welcher später die Erläuterungen zur geologischen Karte von Kauffung verfaßte...

Vorgefundene, glatt geschliffene Kieselsteine deuteten darauf hin, daß einst eiszeitliche Ströme die Höhlen durchflossen haben. Man fand Hinweise auf Höhlenbären und ihre Jäger: Menschen…' An einem schweren Felsblock in dem erwähnten Felsentempel meinte man, eine 'Feuerstelle' von Menschen der Vorzeit ausmachen zu können…

Das Riesengebirgsmuseum in Hirschberg und Museen in Liegnitz, Breslau, Hamburg sowie das Naturwissenschaftliche Museum in Berlin haben Fundstücke aus der vorgeschichtlichen Zeit des Kitzelberges erhalten. Versteht sich, daß das Tschirnhausmuseum derartige Fundstücke zeigte. Gerhard Braatz, in der Buchhaltung von Tschirnhaus, hat nach Erinnerung von Georg Hein in seiner Freizeit unermüdlich die Höhlenlehmmassen durchforscht, welche nach Niederschlägen in Bewegung geraten waren, und manch wertvollen Fund geborgen. 'Seine persönliche, beachtliche *Mineralien*sammlung ist 1946 polnischerseits nach *Krakau* überführt worden.' Was mag daraus geworden sein?

Höhlenbären und Höhlenlöwen

haben in und nach der letzten Eiszeit auf den Bergen an der Katzbach gelebt. Große Mengen ihrer Knochen (zumeist noch fossil, nicht versteinert) hat man 1926 im Höhlenlehm nur etwa 30 m unterhalb des Kitzelberggipfels gefunden. 'Gemessen an der Zahl der gefundenen Eckzähne liegen die Reste von *400 Höhlenbären* vor… Die Zähne fanden sich meist lose; aber auch Schädelreste junger Tiere, bei denen die Zähne noch als Milchzähne tief in den Kiefern steckten, bis zu völlig abgekauten losen Zähnen alter Tiere, Fußskelette und andere Knochen wurden gefunden… Man entdeckte auch Knochen von Höhlenlöwen und -hyänen, von Wolf, Auerochs, Elch, Rentieren, Marder, Dachs und anderen uns bekannten kleineren Tieren. Das Alter dieser gut erhaltenen Knochen schätzte man auf 20.000 bis 25.000 Jahre. – Schon um 1880 fand man Reste des Braunen Bären.

(Beschrieben von H. *Wenke* in: Die diluvialen Säugetierreste vom Kitzelberg bei Kauffung. Heimatkalender Bunzlau/Goldberg, 1935)

Eine gewaltige Tierwelt!

Höhlenbären und Höhlenlöwen sind seit Jahrtausenden ausgestorben.

Erste Spuren von *Menschen*

Prunkstück der Funde war der Unterkiefer eines Höhlenbären mit Zeichen einer Bearbeitung von Menschenhand. Mit 40 cm Länge und belassenem scharfen Eckzahn eine gefährliche Hiebwaffe.

Später gelang es, noch andere bearbeitete Stücke zu erkennen.

Drei als Werkzeug bearbeitete *Feuersteine* (Fäustel) fand man um 1930 im Lehm. Noch einfacher Art. 4 cm lang mit facettenartig geschliffener Fläche auf einer Seite. Geschätzt auf ältere Steinzeit, bis zu 20.000 Jahren! Die Funde mit der Bearbeitung von Menschenhand zeigen, daß in unvorstellbar zurückliegender Zeit Menschen als Jäger auf den Bergen an der Katzbach gelebt haben. Den Großtieren mit dem nach Norden zurückweichenden Eise

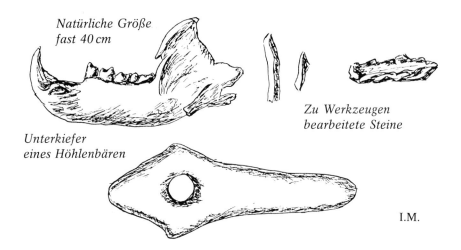

Natürliche Größe
fast 40 cm

Unterkiefer
eines Höhlenbären

Zu Werkzeugen
bearbeitete Steine

I.M.

gefolgt! Lebensnotwendige Jagd an und in den Höhlen des Kitzelberges, selbst dort wohnend.

(Beschrieben von L. *Zotz*, Das erste Auftreten des Menschen in Niederschlesien. In: Ostdeutscher Naturwart, Jhrg. 4, 1931/32, Heft 4, S. 143 bis 145; unser Kantor Karl *Taenzer:* Funde aus der Urzeit in Kauffung, Heimatkalender, Goldberg 1934)

Rätselhaft, wie sich die massenhafte Ansammlung der Knochen erklärt. Haben die Jäger Reste ihrer Beute in einen Grund geworfen? Haben Tiere sich dorthin verkrochen, wenn sie ihr Ende fühlten?

Von dort in Spalten des Marmors geschwemmt?

Hat eine Naturkatastrophe den Tierbestand als Ganzes getroffen?

– Denkbar, aber nicht bekannt, ob in den letzten Jahrzehnten weitere aufschlußreiche Funde von Tieren und Menschen gemacht worden sind...

Aus den mehr als zehntausend Jahren
der jüngeren Steinzeit und der Bronzezeit gibt es keine Hinweise auf Anwesenheit von Menschen im oberen Katzbachtal. Keine Funde von Gerätschaften, Skeletten oder gar Ansiedlungen.

Jäger und Sammler haben keine Spuren hinterlassen.

Die frühen Ackerbauer blieben in der Ebene und in den unteren Flußtälern, siedelten bis zum Rand der Berge um 300 m Höhe.

Vielleicht haben sich Einzelgänger in den Hirschberger Kessel und das dort breitere Bobertal gewagt; Talsohle bei 330 bis 350 m.

Aus der *Eisenzeit*
Im Bereich der *Katzbach* wurden auf den *Willenbergen*, unterhalb Schönau, Burgwälle erkannt, die wohl um 800 v. Chr. angelegt worden sind.

'Eine ausgedehnte Anlage auf dém Hauptberg und ein kleinerer Sichelwall mit tief ausgearbeitetem Graben (kleinere Burg?) auf dem mittleren der drei Gipfel'. In der Fachsprache: Eine Doppelburg.

Vielleicht geschaffen von Bewohnern des Flachlandes, damals Nordillyriern, als letzte Zuflucht oder zur Sperre des Tales.

– Die uns bekannte Ruine auf dem Willenberg war Rest einer mittelalterlichen Burg (Burgüberlagerung).

(Nach H. Uthenwoldt: Burgverfassung in der Vorgeschichte und Geschichte Schlesiens, Breslau 1938, Neudruck 1982, S. 14, 24 ff.)
Anmerkung: Polnische Historiker halten die Menschen, die in der Eisenzeit, also auch um 800 v. Chr. im Land an der Oder lebten, nicht für Illyrier, sondern für frühe Westslawen. Hierzu ablehnende Stellungnahme in 'Geschichte Schlesiens', S. 41/43.
Nach den vorgeschichtlichen Burgwällen fehlen wieder Zeugnisse menschlicher Geschichte für fast 1000 Jahre!
Aus germanischer Zeit ist ein Fund über Vandalen katzbachaufwärts von Goldberg – bei Neukirch unserer Zeit – angezeigt ('Geschichte Schlesiens', Karte, S. 49).

Berge ringsum

Walter Teschner

Die bedeutendsten Berge auf Kauffunger Gebiet erreichen Höhen von über 600 m. Einige Erhebungen, welche nur wenig außerhalb der alten Gemeindegrenze liegen und über 700 m hoch sind, müssen ebenfalls zur unmittelbaren Umgebung Kauffungs und damit zu seinen Bergen gerechnet werden. Die Kauffunger Berge sind damit niedriger als beispielsweise die höchsten Erhebungen des Sauerlandes. Dieses und zahlreiche andere Mittelgebirge bedekken auch umfangreichere Flächen als unser Katzbachgebirge, und dementsprechend nehmen dort die über 600 und 700 m emporragenden Berge einen größeren Raum ein als im Kauffunger Gebiet. Außerdem haben in den letzten Jahrzehnten Wandern und Reisen einen solchen Aufschwung genommen, daß die Zahl der ehemaligen Kauffunger, die inzwischen viel höhere als die heimatlichen Berge kennengelernt haben, sicher sehr groß ist. Wir können heute in mindestens acht Ländern Gebirgsgegenden mit zahlreichen weit über 2000 m (D, GR, YU), 3000 m (A, E) oder sogar 4000 m (CH, F, I) hohen

Bergen ohne Schwierigkeiten mit Bahn oder Auto erreichen, dort wandern, bergsteigen, mit Bergbahnen auf Aussichtspunkte gelangen. Warum nun den Kauffunger Bergen einen Rückblick widmen? Dafür sprechen folgende Gründe:

1. Für alle ehemaligen Kauffunger hätten die Heimatberge selbst dann noch einen hohen Erinnerungswert, wenn sie nicht 600–700 m, sondern – wie z. B. die Baumberge im Münsterland – weniger als 200 m hoch wären.

2. Trotz der geringen absoluten Höhen weisen die Kauffunger Berge teilweise recht beachtliche relative Höhen auf. Ein Blick auf das alte Meßtischblatt Kauffung (Nr. 5061; 1:25000) zeigt, daß der tiefste Punkt des Blattgebietes – nämlich das Katzbachtal in Alt-Schönau – nur 285 m hoch liegt. Von dort beträgt die Entfernung bis zum höchsten »Kauffunger« Berg, der Melkgelte (724 m; auf Kammerswaldauer Gebiet gelegen) reichlich 6 km. Einen bedeutenden Steilabfall bildet z. B. der Osthang des Kitzelberges, dessen Gipfel (667 m) die weniger als einen Kilometer entfernte Katzbach um mehr als 300 m überragt. Hier handelt es sich um einen natürlichen Steilhang, dessen Schroffheit früher durch die in mehreren Stufen angelegten, inzwischen weitgehend verfallenen Steinbrüche noch verstärkt wurde und der damit das markanteste und weithin sichtbare Kennzeichen der Kauffunger Landschaft bildete. Die bedeutenden relativen Höhen der Kauffunger Berge und ihre Steilheit wurden (und werden) besonders deutlich, wenn man mit der Eisenbahn von Liegnitz nach Kauffung fuhr und etwa zwischen Goldberg und Neukirch, wo das zunächst flache Land allmählich hügelig wird, die höchsten Teile des Katzbachgebirges steil emporragen sah.

3. Die Kauffunger Berge weisen sowohl in ihren Formen als auch in den an ihrem Aufbau beteiligten Gesteinen eine große Mannigfaltigkeit auf, die gerade im Hinblick auf die eingangs betonte geringe Ausdehnung des Gebietes besonders bemerkenswert ist.

4. Die Lage der Kauffunger Höhen innerhalb der schlesischen Bergwelt verdient besonders hervorgehoben zu werden. Im Süden erhebt sich der höchste Teil der Sudeten, das Riesengebirge, vom Katzbachgebirge durch das breite Hirschberger Tal getrennt. Nach Norden zu geht das Katzbachgebirge ziemlich unvermittelt in ein niedrigeres Hügelland über, aus dem einige markante Vulkankuppen hervorragen und das dann rasch von der weiten Ebene abgelöst wird. Dadurch haben die Kauffunger Berge einen nahezu inselartigen Charakter, der ihre hervorragende Stellung als Aussichtspunkte bedingt.

Nach dieser allgemeinen Charakteristik der Kauffunger Berge sollen nun einige Einzelheiten etwas genauer betrachtet werden. Kauffung erstreckt sich in einer Länge von über 7 km im Tal der Katzbach und wird in diesem gesamten Bereich rechts und links von Bergen begrenzt, die nirgends einen Blick aus dem Tal heraus gestatten. Es läge daher nahe, die wichtigsten dieser

Berge in der Reihenfolge aufzuzählen, in der sie die Katzbach von Ketschdorf nach Alt-Schönau, d. h. von Süden nach Norden, auf beiden Seiten begleiten. Die wichtigsten Kämme und Höhenzüge des Katzbachgebirges verlaufen aber quer zum Katzbachtal, nämlich »von W nach O bzw. von WNW nach OSO, also in sudetischer Richtung« (E. Zimmermann, 1941, S. 5), so daß es zweckmäßiger erscheint, die Berge unter diesem Gesichtspunkt zu schildern. Diese Betrachtungsweise erfordert allerdings ein gewisses Umdenken. Für jeden ehemaligen Kauffunger wird das Katzbachtal, das auch den Verlauf des Dorfes bestimmt, das wichtigste und vielleicht sogar das einzige markante Tal unserer Heimat sein. Für das Verständnis des Gebirgsaufbaus sind aber die Täler, die parallel zu den Bergzügen verlaufen, viel wichtiger. Sie werden als Längstäler bezeichnet und stellen die ältesten Täler dar, obwohl sie im Landschaftsbild des Katzbachgebirges nur eine untergeordnete Rolle spielen. Das Katzbachtal und einige kleinere Täler sind dagegen erdgeschichtlich jüngere Täler, deren Gewässer in der Vergangenheit mehrere Höhenzüge »zersägt« haben. Sie werden als Quertäler bezeichnet. Das Katzbachtal bestimmt also die Längsrichtung des Dorfes, aber geologisch gesehen ist es ein Quertal. In den folgenden Ausführungen sollen die Begriffe Längs- und Quertal nur in dieser Bedeutung verwendet werden.

Wie bereits erwähnt, wird das Katzbachgebirge im Süden vom Hirschberger Tal begrenzt, aus dem sein Hauptkamm sich ziemlich unvermittelt und steil erhebt. Nach dem reichlich einen Kilometer östlich der Rosenbaude gelegenen Bleiberg bei Ketschdorf wird der gesamte Längsrücken auch Bleibergkamm genannt. Diese Bezeichnung wird allerdings in verschiedenem Sinne gebraucht. Auf der alten Karte 1:100 000 trägt nur der südöstlichste Teil des gesamten Bergzuges (etwa von der Rosenbaude bis zum 690 m hohen Schubertberg, an dessen Nordseite die Katzbach entspringt) den Namen Bleibergkamm. Dagegen verwendet der bereits erwähnte Geologe E. Zimmermann diesen Namen im weiteren Sinne. Er versteht darunter den gesamten Kamm vom Ketschdorfer Bleiberg bis zum Berbisdorfer Kapellenberg, also den Hauptkamm des Katzbachgebirges, den er wie folgt charakterisiert (Zimmermann, 1941, S. 7): »Er zieht sich vom Bleiberg (657,9 m) über die durch ihre herrliche Aussicht nach dem Riesengebirge berühmte Rosenbaude nach der Mitte von Seiffersdorf, erleidet hier eine Verschiebung nach NO und setzt (sich) vom Hainberg bei Ober-Seiffersdorf über zwei Galgenberge nach dem Schafberg (723,3 m) fort mit einem nördlichen Vorsprung, der Melkgelte (724,1 m), dem höchsten Punkt des ganzen Katzbachgebirges, weiter über den Butterberg (715,2 m) und das Alte Pferd beim Vw. Oberammergau nach dem Kapellenberg.« Die tiefste Einsenkung dieses Kammes liegt in Ober-Seiffersdorf beim ehemaligen Gasthaus Feige (523 m) und dient als Übergang für die Straße von Ketschdorf nach Maiwaldau. – Der ganze Kamm vom Bleiberg bis zum Kapellenberg »ist etwa 2 km breit und trägt viele große Waldungen, an vielen Stellen (und zwar gerade gerne auf seinen Gipfeln) von Blockhalden umgebene Felsgruppen und Einzelklippen; aber auch breite Felder und Wiesen ziehen sich bis auf ihn hinauf. Mit der Aussicht von der Rosenbaude auf das 'Gebirge' wetteifert an Schönheit die von der Schafbergbaude aus« (Zimmermann, 1941, S. 7).

Die interessantesten und zweifellos für die frühere Bevölkerung auch wichtigsten Kauffunger Berge sind die Kalkberge. Sie müssen im Anschluß an den Bleibergkamm besprochen werden, weil sie teilweise in direkter Verbindung mit diesem stehen. Der Zug der nahezu in einer Reihe liegenden Kalkberge reicht von Tiefhartmannsdorf über Kauffung nach Seitendorf und verläuft von WNW nach OSO. Die westlich der Katzbach gelegenen Kalkvorkommen (mehrere Stellen bei Tiefhartmannsdorf, der Eisenberg, der Beckenstein und der Kitzelberg) sind entweder nur Ausläufer des Bleibergkammes oder lehnen sich doch eng an ihn an. Das gilt sogar für den markanten Kitzelberg, dessen »Rückseite« nicht so tief wie die »Vorderseite« abfällt, so daß man von dort leicht den Schafberg erreichen kann. Durch eine von Wäldern und Wiesen bedeckte Hochfläche, aus welcher der Patenstein aufragt, sind beide Berge miteinander verbunden. Auch die Mooshöhe (im Volksmund »Moseshöhe« genannt) ist vom Kitzelberg nur durch ein schmales Tal getrennt und bildet einen von Felsklippen durchsetzten Ausläufer von Schafberg und Melkgelte auf den Kitzelberg zu. Durch das erwähnte Tal führte früher ein schöner Weg von der »Neuen Straße« aus zur West- und Südseite des Kitzelberges. Man sah zunächst links den Schnaumrich mit den spitzen Zacken der Grünsteinspitze, an deren Fuß die sehenswerte Harfenfichte stand; dahinter folgte der eigentliche Kitzelberg, während sich rechts, wie schon erwähnt, die Mooshöhe erhob. Der Weg führte durch ein schönes, an seltenen Pflanzen reiches Wald- und Wiesengelände, vorbei an dem bekannten Blockhaus, auf die bereits erwähnte Hochfläche. Von dort konnte man entweder nach Ober-Kauffung absteigen oder weiter auf den Schafberg und nach Kammerswaldau wandern. Heute würde es sich kaum noch lohnen, »hinter dem Kitzelberg« spazierenzugehen. Eine asphaltierte Zufahrt von der »Neuen Straße« zu den Steinbrüchen und weitere industrielle Anlagen haben die Schönheit dieses Gebietes zerstört.

Östlich der Katzbach besteht der Kalkzug aus drei isolierten Bergen bzw. Berggruppen, die fast von W nach O verlaufen und sich dadurch vom Hauptkamm des Katzbachgebirges entfernen. Vom Kitzelberg nur durch das hier sehr schmale Katzbachtal getrennt, erhebt sich das Mühlberg-Massiv mit zwei ausgeprägten Gipfeln (Mühlberg), 565 m; Krähenstein, 594 m) und dem Uhustein, der eigentlich nur ein gegen Rodeland gerichteter Felsvorsprung ist.

(Anmerkung: Auf dem Meßtischblatt wird der mittlere Gipfel als Uhustein, der östliche Vorgipfel als Krähenstein bezeichnet.) Die durch Kitzelberg und Mühlberg gebildete Verengung des Katzbachtals setzt sich noch etwas nach SO fort und heißt in ihrem oberen Teil Katzbachpforte. Die an ihrem Aufbau beteiligten Berge sind links von der Katzbach Ziegenrücken und Kellerberg (510 m), zwischen denen der Seiffenbach fließt, rechts von der Katzbach der Weißstein. Diese südöstlich vom Kitzelberg bzw. Mühlberg gelegenen Berge gehören jedoch nicht dem Kauffunger Kalkzug an. Dieser findet vielmehr seine Fortsetzung im Wetzelberg (581 m) und im Seitendorfer Kalkberg (580 m). – Nördlich des hier beschriebenen Hauptkalksteinzuges gibt es nur noch einige kleinere Kalkvorkommen, von denen der Röhrsberg (469 m) das wichtigste ist.

Der »Kauffunger Kalk« (einschließlich der Vorkommen bei Tiefhartmannsdorf und Seitendorf) ist überwiegend sehr rein und durchweg von kristalliner Beschaffenheit. Er tritt in verschiedenen Farben auf (weiß, grau, gelblich, rötlich, bläulich) und besitzt stellenweise eine marmorartige Struktur. Teile der Kauffunger »Kalkberge« bestehen aber auch aus Dolomit, der im Gegensatz zu dem aus Calciumkarbonat aufgebauten Kalkstein eine Beimischung von Magnesiumkarbonat aufweist. – Auf der Geologischen Karte (1932) wird der Kauffunger Kalk noch zu den »Altpaläozoischen Bildungen unbekannten Alters« gerechnet. Heute stellt man ihn (u. a. auf Grund der Untersuchungen von Dahlgrün 1934 und Schwarzbach 1940) zum Unter-Kambrium. Die Kauffunger Kalke müßten demnach vor über 500 Millionen Jahren als Meeresablagerungen entstanden sein. Lotze (1971, S. 143) beschreibt sie als »einige hundert bis über 500 m mächtige kristalline Kalke…, die man als einstige Riffe betrachten darf.« Er weist außerdem darauf hin, daß 1967 in diesen Kalken erstmals ein unter-kambrisches Leitfossil (der Vertreter einer Korallengattung) entdeckt wurde, das bis dahin in Europa noch nicht gefunden worden war. Mit der Zuordnung der Kauffunger Kalke zum Unter-Kambrium ist zugleich festgestellt worden, daß sie jünger sind als die Altenberger Schiefer (s.w.u.), aber älter als die Gesteine des Bleibergkammes. Dieser ist überwiegend aus ober-kambrischen Grünschiefern aufgebaut, während die Altenberger Schiefer dem Jung-Präkambrium angehören.

Nachdem wir zwei annähernd parallele Bergzüge, die nördlich des Hirschberger Tales liegen, betrachtet haben, nämlich den Bleibergkamm und den Kauffunger Kalkzug, wollen wir uns nun einem sich nördlich anschließenden Längstal zuwenden, das im Gelände meist wenig auffällt, aber von einigen Punkten (z. B. vom Röhrsberg) gut überblickt werden kann. Es besteht aus einem linken und einem rechten Seitental der Katzbach, die scheinbar nicht ineinander übergehen, in Wirklichkeit aber doch eine Einheit bilden. Das rechte Tal wird im Süden vom Mühlberg-Massiv und vom Schafberg, zwischen denen der Gänsehals liegt, begrenzt. Es ist etwa einen Kilometer breit und wird in seinem tiefsten Teil vom Erlenbach durchflossen. »Im O erhebt sich aus diesem Tal ...der mächtige Stock der Eisenkoppe (666 m) bei der ehemaligen Bergstadt Altenberg, ein von dichtem Hochwald bedeckter Porphyr-Härtling, von dessen Südhang aus ...sich ein großartiger Ausblick über das Katzbach- und Riesengebirge mit dem Hirschberger Kessel darbietet« (Zimmermann, 1941, S. 8). Westlich der Katzbach setzt sich dieses Tal als breite Mulde am Nordrand der Kalkberge (Kitzelberg, Beckenstein, Eisenberg) fort. In seinem tiefsten Teil liegt das langgestreckte Tiefhartmannsdorf. Das gesamte Längstal (von der Eisenkoppe bis nach Tiefhartmannsdorf) »wird bedingt durch einen eigenartigen, leicht zerstörbaren Schiefer, den 'Altenberger Schiefer', und dient ganz dem Ackerbau« (Zimmermann, 1941, S. 8). Es kreuzt das Katzbachtal etwa zwischen dem Heilandhof und Niemitz-Kauffung und erstreckt sich anschließend südlich vom Kleinen Mühlberg nach Tiefhartmannsdorf. Dagegen verläuft die Straße Nieder-Kauffung – Tiefhartmannsdorf nordwestlich des Kleinen Mühlbergs und führt hinter dem Bahnhof Nieder-Kauffung in ein Quertal, das zwischen dem Freudenberg (528 m) mit der Wüstung und dem Kleinen Mühlberg (456 m) liegt. Dieses Quertal wird vom Lauterbach durchflossen, dessen Verlauf aber von dem der Straße abweicht. Von der Engstelle zwischen den beiden Bergen fließt er zunächst nach NO und biegt dann vor dem Hornigsberg nach N ab. Sein Tal hat offenbar in der erdgeschichtlichen Vergangenheit eine wichtige Rolle gespielt. E. Zimmermann (1941, S. 9) schreibt darüber: »Von der Gegend am Bhf. Nieder-Kauffung aus ist die Katzbach früher jedenfalls in das jetzt noch vom Lauterbach durchflossene Tal abgebogen (so wie es auch die Eisenbahn heute tut) und hat erst bei der Stadt Schönau ihr heutiges Tal wieder erreicht; das heutige lange Engtal Nieder-Kauffung – Alt-Schönau ist also wohl auch ein jüngerer Durchbruch.«

Die letzten Betrachtungen haben uns bereits in das Gebiet zwischen dem Kleinen Mühlberg und Alt-Schönau geführt, weil hier der Verlauf der Gewässer und der Verkehrswege recht unübersichtlich ist. Kehren wir nach dieser Abschweifung zu dem Längstal zurück, dessen Gesteinsuntergrund von den Altenberger Schiefern gebildet wird! Nördlich von diesem Tal liegt ein dritter Bergzug (nach dem Bleibergkamm und den Kalkbergen), der den nördlichsten Teil des Oberen Katzbachgebirges bildet und in dem zum letztenmal Höhen von über 600 m erreicht werden. Es sind die von der Hogolie (721 m) kommende, »durch enge oder weite Quertäler gegliederte Kette des Stumpen, Scheibel- und Kleinen Mühlbergs westlich der Katzbach, von über 600 m sich bis 456 m erniedrigend, und der zusammenhängende, von 470 bis 627 m wieder ansteigende schmale Rücken des Ambrichs-, Hopfen-, Repprichts- und Rehbergs und Märtensteins (626,8 m) östlich der Katzbach« (Zimmermann, 1941, S. 8). – Bei dem zuletzt genannten östlichen Teilgebiet lohnt es sich, wieder etwas länger zu verweilen. Den Ambrichsberg nannten wir »Amprich«. Sein Umriß war seit meiner Kindheit durch einen dunklen, knopfartigen

Vorsprung an seinem oberen Waldrand gekennzeichnet, über dessen Bedeutung ich mir erst später klar geworden bin. Es war eine riesige einzelne Kiefer mit weit ausladenden Ästen, die dort die übrigen Bäume überragte. Heute steht sie nicht mehr dort, und es ist überraschend festzustellen, daß durch das Fehlen eines einzigen Baumes das Aussehen eines ganzen Berges verändert werden kann. Von dieser Kiefer gelangte man in Kürze zu einer im Wald verborgenen Gruppe schroffer Felsklippen, und nicht weit dahinter kam man zur Galgenwiese. Bei der Besprechung des Bleibergkammes sind wir schon zwei Galgenbergen begegnet. Ein weiterer Galgenberg (437 m) liegt in Nieder-Kauffung nördlich vom Viehring. Der »Galgen« hinter dem Amrich aber war ein wirklicher Galgen, mit einem runden Gemäuer, das von vier türmchenartigen gemauerten Stützen (wahrscheinlich als Unterlage für zwei über Kreuz gelegte Balken) überragt wurde. Vom Galgen konnte man über den Rotenberg zu den zerklüfteten Felsen des Fuchssteins gelangen, der unmittelbar neben dem Hopfenberg liegt. Der Rotenberg hatte im Dialekt einen Namen, der schwer zu deuten ist. Man nannte ihn »de Ruta Laajda« (Aussprache: langes a, kein ei-Laut, j nur angedeutet; Betonung auf »Ruta«). Wahrscheinlich hieß das »die Roten Leiten«; der Name wurde nur im Plural gebraucht. Laut Duden ist »Leite« ein süddeutscher und österreichischer Ausdruck für Berghang. Innerhalb der Sudeten ist mir dieses Wort nur im Altvatergebirge (z. B. Brand-Leiten) begegnet.

Nördlich der zuletzt genannten Bergkette (von der Hogolie zum Märtenstein) liegen zahlreiche kleinere Berge und Hügel, von denen hier nur noch diejenigen erwähnt werden sollen, die eine letzte Verengung des Katzbachtals verursachen. Diese beginnt etwa einen Kiometer vor dem Ortsende von Kauffung und endet beim ehemaligen Gasthaus »Zum letzten Heller«. Ihre Randberge sind auf der rechten Talseite der Kirschberg und der Rufferstein (405 m), auf der linken Seite der Hornigsberg (382 m) und die Kippe (377 m).

Der vorstehende Überblick über die Kauffunger Berge kann naturgemäß nicht vollständig sein. Trotz der notwendigen Beschränkung halte ich es aber für angebracht, einen Blick über die engeren Grenzen des Kauffunger Gebietes hinauszuwerfen. Die meisten Kauffunger haben immer wieder dieselben Ziele in der knapp bemessenen Freizeit aufgesucht (die beiden Mühlberge, Rosenbaude, Schafberg, Kaffeebaude, Kapelle, Altenberg, Amrich, Märtenstein). Manches Fleckchen der engeren Heimat blieb unbekannt. Von der weiteren Umgebung wurden besonders bei Schulausflügen der Willenberg, der Probsthainer Spitzberg, die Gröditzburg, die Burgen bei Bolkenhain und Teile des Riesengebirges als Ziel genommen. Manche Wünsche, wie zum Beispiel die Falkenberge und Friesensteine, gingen nicht in Erfüllung. Der ganze Reichtum, den die Heimat zu bieten hatte, wird erst deutlich, wenn man von den Möglichkeiten ausgeht, die wir heute haben. Denkt man sich Kauffung als den Mittelpunkt eines Kreises mit einem Radius von 40 km, so erhält man ein für Wochenendausflüge heutiger Art geeignetes Gebiet, von dem man nur träumen kann. Der gedachte Kreis würde unter anderem das Riesengebirge mit dem Landeshuter Kamm,

Teile des Isergebirges und des Waldenburger Berglandes sowie das gesamte Bober-Katzbachgebirge mit seinen nördlichsten Vorposten umfassen. Auch an dieses größere Gebiet ist zu denken, wenn von den Bergen »um Kauffung« die Rede ist.

Literatur

1. Dahlgrün, F.:   Zur Altersdeutung des Vordevons im westsudetischen Schiefergebirge. Zeitschrift der Deutschen Geologischen Gesellschaft, *86*, S. 385 bis 392, 1934.
2. Geologische Karte von Preußen und benachbarten deutschen Ländern. Blatt Kauffung, Nr. 5061 (alte Nr. 2948). Berlin 1932.
3. Karte des Deutschen Reiches 1:100000; Großblatt 103, Liegnitz – Hirschberg. Berlin 1940.
4. Lotze, F.:   Geologie Mitteleuropas. 4. Aufl. von Dorn-Lotze: Geologie Mitteleuropas. Stuttgart 1971.
5. Meßtischblatt   5061, Kauffung. Herausgegeben 1886, berichtigt 1936.
6. Schwarzbach, M.: Das Bober-Katzbach-Gebirge im Rahmen des europäischen Paläozoikums. Zeitschrift der Deutschen Geologischen Gesellschaft, 92, S. 164 bis 172, 1940.
7. Zimmermann, E.: Erläuterungen zu Blatt Kauffung der Geologischen Karte des Deutschen Reiches 1:25000. Berlin 1941.

Anschrift des Verfassers:
Dr. W. Teschner, Im Knippert 12, 5620 Velbert 1

Die Pflanzenwelt der Umgebung von Kauffung

Walter Teschner

Das Erscheinungsbild des Dorfes Kauffung wurde durch den beherrschenden Einfluß der Kalkwerke geprägt, die mit Ring- und Schachtöfen, Kalkmühlen und Gleisanlagen sowie mit großen Mengen von Kalkstaub nicht gerade ein dörfliches Idyll geschaffen hatten. Aber schon in Nieder-Kauffung und noch mehr in der Umgebung des Dorfes war von dieser Beeinträchtigung nicht viel zu spüren, und wir begegneten hier einer verhältnismäßig natürlichen Landschaft, die durch abwechslungsreiche Oberflächenformen und eine harmonische Gliederung in Berge und Täler mit Laub- und Nadelwäldern sowie Feldern und Wiesen gekennzeichnet war. Ein besonderer Reichtum dieser Landschaft waren ihre zahlreichen Aussichtspunkte (z.B. der Große Mühlberg, der Kitzelberg, der Schafberg, der Tiefhartmannsdorfer Kapellenberg und die Rosenbaude), von denen sich herrliche Blicke auf das Riesengebirge und benachbarte Höhenzüge der Sudeten sowie auf große Teile des niederschlesischen Hügel- und Flachlandes boten.

Weniger auffallend, aber trotzdem sehr bemerkenswert war die Flora dieses Gebietes. Sie zeichnete sich durch eine große Artenfülle und durch das

Vorkommen zahlreicher Seltenheiten aus, obwohl besonders berühmte Raritäten, an denen vor allem das Riesengebirge reich ist, bei uns nicht anzutreffen waren. Gerade unter den selteneren Pflanzen der Umgebung von Kauffung befanden sich nicht wenige Arten, die durch ihre besondere Schönheit auch dem Laien auffallen (Türkenbund-Lilie, Frauenschuh, Knabenkraut-Arten, Leberblümchen, Akelei, Seidelbast, Enzian-Arten, Blaßgelber Fingerhut, Pfirsichblättrige Glockenblume, Silberdistel usw.). Der Charakter dieser Flora wurde im wesentlichen durch folgende Faktoren bestimmt: 1) großräumig gesehen durch die Lage im östlichen Mitteleuropa, dessen Pflanzenreichtum nach Westen und Nordwesten zu deutlich abnimmt; 2) durch die Lage zwischen dem Riesengebirge und dem niederschlesischen Flachland; 3) durch den sehr verschiedenartig zusammengesetzten Gesteinsuntergrund unseres Gebietes, besonders durch den Wechsel von Kalk- und Silikatgestein, deren Verwitterung ganz verschiedene Böden hervorbringt. Die Kalkfelsen selbst und die neutralen bis basischen Kalkverwitterungsböden weisen überall in Mitteleuropa eine besonders reiche Flora auf. Wenn dazu noch, wie es im Kauffunger Gebiet der Fall ist, Silikatfelsen und saure Silikatverwitterungsböden treten, ist von vornherein mit einer größeren Zahl von Pflanzenarten zu rechnen. Zur Kalkflora, die den eigentlichen Reichtum der Kauffunger Pflanzenwelt ausmachte, sollen hier auch Pflanzen gezählt werden, die oft auf Kalk vorkommen, aber nicht an ihn gebunden sind. Diese Arten und die eigentlichen »Kalkpflanzen« waren vor allem in der Krautschicht der Buchen- und Laubmischwälder anzutreffen. Einige bemerkenswerte Arten dieser Standorte (einschließlich lichter Waldstellen, Waldränder und Gebüsch) sind folgende:

1. Türkenbund-Lilie
2. Einbeere
3. Haselwurz
4. Akelei
5. Christophskraut
6. Gelbes Windröschen
7. Leberblümchen
8. Wolliger Hahnenfuß
9. Hohler Lerchensporn

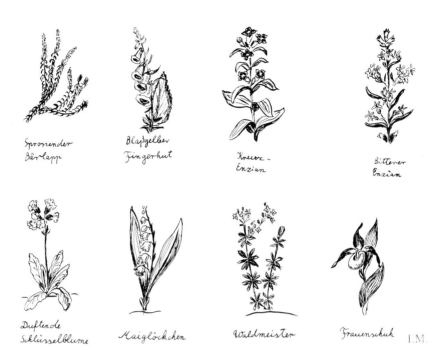

Sprossender Bärlapp

Blaßgelber Fingerhut

Kreuz-Enzian

Bitterer Enzian

Duftende Schlüsselblume

Maiglöckchen

Waldmeister

Frauenschuh

I.M.

10. Frühlings-Platterbse
11. Wald-Platterbse
12. Seidelbast
13. Sanikel
14. Große Sterndolde

15. Schwalbenwurz
16. Echtes Lungenkraut
17. Schuppenwurz
18. Pfirsichblättrige Glockenblume

Diesen Pflanzen steht die Kalkflora des offenen Geländes gegenüber, die Wiesen, trockene Lehnen oder steinige Abhänge besiedelt. Zwei ziemlich seltene Bewohner solcher Standorte, Trauben-Gamander und Steinquendel, bevorzugten im Kauffunger Gebiet steinige Böden, während folgende Arten in sogenannten Kalkhalbtrockenrasen anzutreffen waren:

1. Knolliger Hahnenfuß
2. Gewöhnlicher Odermennig
3. Kleiner Wiesenknopf
4. Sichelklee
5. Gemeiner Wundklee

8. Kleine Bibernelle
9. Echtes Tausengüldenkraut
10. Fransen-Enzian
11. Silberdistel
12. Golddistel

6. Bunte Kronwicke
7. Zypressen-Wolfsmilch

(= Gemeine Eberwurz)

Besonders hervorzuheben ist das Vorkommen von Orchideen in der Umgebung von Kauffung. Diese große, überwiegend in den Tropen und Subtropen

462

verbreitete Pflanzenfamilie ist in Mitteleuropa mit einer Artenzahl vertreten, die zwischen 66 und 88 liegt, je nachdem wie eng oder weit man den Begriff »Mitteleuropa« faßt. Bei einem Teil dieser Pflanzen handelt es sich um wärmeliebende Arten, die hauptsächlich im Mittelmeergebiet vorkommen und noch das südliche und westliche Mitteleuropa erreichen, im östlichen Mitteleuropa mit seinem stärker kontinental getönten Klima aber fehlen. Für Schlesien werden nur 39 Orchideen angegeben[1]. Für das Riesen- und Iserge-birge einschließlich des gesamten nördlich vorgelagerten Berg- und Hügellan-des werden sogar nur 29 Orchideenarten aufgezählt[2]. In bezug auf das Vorkommen von Orchideen kann unsere Heimat also nicht mit begünstigte-ren Gebieten, z.B. mit dem Kaiserstuhl, verglichen werden. Um so erstaunli-cher war es, daß in der nächsten Umgebung von Kauffung mindestens 16 Orchideenarten, also reichlich zwei Fünftel der Orchideen Schlesiens, vorka-men. Der größte Teil dieser Pflanzen gehörte zur Kauffunger Kalkflora und war besonders auf dem Großen Mühlberg, auf dem Kitzelberg, auf dem Röhrsberg und in der Umgebung dieser Berge zu finden. Die folgende Aufzählung umfaßt alle bei Kauffung vorkommenden Orchideen, darunter auch einige nicht an Kalk gebundene Arten:

1. Frauenschuh
2. Weißes Waldvögelein
3. Schwertblättriges Waldvögelein
4. Braunrote Sumpfwurz
5. Breitblättrige Sumpfwurz
6. Großes Zweiblatt
7. Nestwurz
8. Zweiblättrige Kuckucksblume
9. Berg-Kuckucksblume
10. Mücken-Händelwurz
11. Geflecktes Knabenkraut
12. Breitblättriges Knabenkraut
13. Brand-Knabenkraut
14. Helm-Knabenkraut
15. Manns-Knabenkraut
16. Korallenwurz

Pflanzenfamilien werden in Gattungen und diese wiederum in Arten einge-teilt. Am Beispiel der Orchideen wurde gezeigt, daß diese Familie bei Kauf-fung durch eine größere Anzahl von Arten, unter denen die Kalkbewohner überwogen, vertreten war. Die gleiche Erscheinung läßt sich in kleinerem Maßstab auch an einigen Gattungen aus anderen Familien nachweisen. Zwei Beispiele mögen das verdeutlichen. Zu den Liliengewächsen gehört die Gat-tung Weißwurz, die in Mitteleuropa durch drei Arten vertreten ist. Die schönste von ihnen, die Wohlriechende Weißwurz, auch Salomonssiegel genannt, ist wärmeliebend und an Kalk gebunden. Die kalkmeidende Quirl-blättrige Weißwurz bewohnt kühle Bergwälder. Die häufigste Art, die Viel-blütige Weißwurz, stellt keine besonderen Ansprüche, findet sich aber oft über Kalk, allerdings auf schwach sauren, also mehr oder weniger entkalkten Böden. Obwohl jede dieser Arten gebietsweise nicht selten ist, schließen sich mindestens zwei von ihnen, die Wohlriechende und die Quirlblättrige Weiß-wurz, in ihrem Vorkommen gewöhnlich aus. In der Umgebung von Kauffung waren jedoch, bedingt durch die verschiedenen Bodenarten, aber auch infolge klimatischer Unterschiede auf engem Raum, alle drei Arten anzutreffen. Noch ausgeprägter zeigte sich das Nebeneinander von kalkliebenden und kalkmeidenden Arten bei den Kauffunger Enzianen. Diese »Gattung« (eigentlich die Zusammenfassung zweier verwandter Gattungen) war bei uns durch drei kalkstete (Fransen-, Kreuz- und Bitterer Enzian) und eine kalkmeidende Art (Feld-Enzian) vertreten. Obwohl die Zahl der Enzianarten sehr groß ist (besonders in den Alpen), sind viele Vertreter dieser »Gattung« doch recht selten, und es ist schon bemerkenswert, wenn in einer Gegend außerhalb der Alpen vier Arten vorkommen. Besonders hervorzuheben ist in diesem Zusammenhang der Bittere Enzian, der sicher die größte Rarität der Kauffunger Flora überhaupt darstellte, obwohl diese Tatsache erst in letzter Zeit deutlich geworden ist. Er wuchs auf dem Kitzelberg und war dort noch 1945 vorhanden. Nach der »Flora von Schlesien«[1] kam er auch bei Tiefhartmannsdorf und an wenigen anderen Stellen in Schlesien vor. Heute findet er sich noch als Seltenheit im nördlichen Europa und in einem begrenzten Gebiet der Schweiz. In der Bundesrepublik Deutschland und in der DDR scheint er seit Jahrzehnten ausgestorben zu sein. Die Vorkommen in Schlesien gehörten wahrscheinlich zu denen, die sich noch am längsten gehalten haben, doch ergab eine Nachprüfung im September 1979, daß die Pflanze auf dem Kitzelberg ebenfalls verschwunden ist. Der Rückgang dieser Art wird vielleicht durch folgende Umstände verursacht: Die Pflanze ist einjährig und erzeugt, wie alle Vertreter dieser Lebensform, eine große Zahl von normalerweise leicht keimenden Samen. Nur so kann eine lückenlose Generationsfolge erreicht werden, deren Unterbrechung sofort zum Aussterben führen müßte. Der Bittere Enzian wächst auf rohem Kalkschutt, der nur geringfügig mit Feinerde durchsetzt ist. Man kann daher vermuten, daß seine Samenkeimung nur bei einer stärkeren basischen Bodenreaktion erfolgt, die heute infolge des sauren Regens selbst auf nacktem Kalkstein nicht mehr in ausreichendem Maße zur Verfügung steht. Zusammenfassend läßt sich das Verhältnis der Kauffunger Enziane zum Kalk wie folgt charakterisieren: Der Bittere Enzian wächst unmittelbar auf Kalk, Fransen- und Kreuz-Enzian gedeihen in Kalkhalbtrockenrasen, und der Feld-Enzian bewohnt mäßig saure Silikatmagerrasen.

Im Mittelpunkt der bisherigen Betrachtungen standen Vertreter der Kauffunger Kalkfora, doch wurden auch schon einige Bewohner bodensaurer Standorte genannt. Die zweite Gruppe war für unser Gebiet weniger charakteristisch, wies aber doch – außer zahlreichen allgemein verbreiteten und häufigen Pflanzen – eine Reihe bemerkenswerter Arten auf. Einige davon sollen hier noch erwähnt werden. In bodensauren Wäldern wuchsen u.a. Alpen-Hexenkraut, Fichtenspargel und der in unserer Gegend ziemlich seltene Rippenfarn. Auf feuchten Waldwiesen kam das seltene Wald-Läusekraut vor. Auf Moorwiesen, aber auch in trockeneren Magerrasen war der Heil-Ziest zu finden. Weitere Bewohner von Magerrasen waren die Pechnelke und – als besonders kennzeichnende Arten trockener Silikatmagerrasen – die Heide-Nelke sowie das Katzenpfötchen. Die genannten Pflanzen waren vor allem an einigen Punkten des Gebietes Amrich – Rotenberg – Eisenkoppe (einschließlich des oberen Erlenbachtals) zu finden.

Die botanisch interessantesten Kauffunger Fundstellen waren der Große Mühlberg und der Kitzelberg. Ein großer Teil der bisher erwähnten Pflanzen war mindestens auf einem dieser Berge zu finden. Es sollen nun noch einige charakteristische Bewohner und Seltenheiten dieser Fundorte genannt werden. Diese Übersicht faßt kalkliebende und kalkmeidende Pflanzen zusammen und berücksichtigt einige Arten, die auch an anderen Stellen des Kauffunger Gebietes vorkamen. Auf dem Großen Mühlberg wuchsen (außer mindestens sechs Orchideenarten) u. a. folgende Pflanzen: die Eibe, ein nur noch selten wild vorkommender Nadelbaum; die Zwergmispel und der auch auf dem Kitzelberg vorkommende Seidelbast, zwei niedrige Sträucher; die Akeleiblättrige Wiesenraute und der Hasenlattich, zwei ausgesprochene Bergwaldpflanzen; die Schuppenwurz und die überall seltene Distel-Sommerwurz (= Blaßblütige Sommerwurz), zwei chlorophyllfreie Schmarotzerpflanzen. Eine der vielen Zierden des Mühlbergs war der auch an anderen Stellen vorkommende Hain-Wachtelweizen, dessen gelbe Blätter und blauviolette Hochblätter in einem auffallenden Kontrast zueinander stehen. Außerdem beherbergte der Mühlberg das zierliche Europäische Alpenveilchen, dessen Vorkommen auf Anpflanzung zurückging. Auch der bemerkenswerteste Farn unseres Gebietes, die seltene Mondraute, die auch zwischen Kitzel- und Schafberg sowie am Galgen hinter dem Amrich wuchs, war auf dem Mühlberg spärlich vertreten. Dieser kleine, zierliche Farn wird gewöhnlich als kalkmeidend bezeichnet, wächst aber ziemlich oft auf entkalkten Böden über Kalkstein, was auch durch sein Vorkommen auf dem Mühlberg bestätigt wird. – Zu den charakteristischen Bewohnern des Kitzelberges und seines westlichen Nachbargebietes gehörten (außer fünf Orchideen- und drei Enzianarten) folgende Pflanzen: Wirbeldost, Wilder Dost, Schwarze Heckenkirsche, Weiße Pestwurz und Rosmarin-Weidenröschen. Die letztgenannte Art kommt hauptsächlich in den Kalkalpen, selten auch in anderen Gebieten (Oberrheinebene, Schlesien) vor und bildete auf dem Kitzel- und Röhrsberg große Bestände auf Kalkschutt. Als Bewohner des Kitzelberges und der unmittelbar an ihn grenzenden Silikatgebiete sind auch einige Farnpflanzen zu erwähnen, überwiegend Gewächse bodensaurer Standorte, die in der Kauffunger Flora keine besondere Rolle spielten. Unter ihnen gibt es aber auch kalkliebende Vertreter, von denen zwei seltenere Arten, der Ruprechtsfarn und der Gelappte Schildfarn, auf dem Kitzelberg vorkamen. Ein bei Kauffung recht seltener Farn, der an Silikatfelsen wächst, war der Nordische Streifenfarn, der

u. a, an der Grünsteinspitze (unmittelbar neben dem eigentlichen Kitzelberg) zu finden war. Mit den Farnen verwandt sind die streng kalkmeidende Bärlappe, von denen zwei Arten, der Sprossende und der Keulen-Bärlapp, erstaunlicherweise schon dicht außerhalb des Kalkgebietes (zwischen Kitzel- und Schafberg) wuchsen. Die erstgenannte Art bildete nur einen kleinen Bestand, der 1979 nicht mehr aufzufinden war, während der allgemein etwas häufigere Keulen-Bärlapp auch heute noch vorhanden sein dürfte.

Die bisherige Schilderung der Kauffunger Pflanzenwelt konnte nur einige ausgewählte Gesichtspunkte berücksichtigen[3]. Abschließend soll noch an einige Pflanzen erinnert werden, die einen besonderen Schmuck der heimatlichen Landschaft bildeten und die in manchen Gebieten unserer neuen Heimat noch mehr oder weniger häufig sind, in anderen aber fehlen. Allgemein bekannte Kauffunger Pflanzen waren das Maiglöckchen, die beiden »Himmelschlüssel«-Arten (Hohe und Duftende Schlüsselblume) und die Frühlings-Knotenblume (auch Großes Schneeglöckchen oder Märzenbecher genannt). Nicht dem Namen nach, aber vom Aussehen her dürften vielen Kauffungern auch die Pflanzen bekannt sein, die unsere Wiesen so bunt färbten. Einige dieser Arten, soweit sie nicht in der vorausgegangenen Beschreibung erwähnt wurden, seien hier noch genannt: Knöllchen-Steinbrech, Sumpf-Herzblatt, Großer Wiesenknopf, Bocks-Hauhechel, Brauner Storchschnabel, Kuckucks-Lichtnelke, Schlangen-Knöterich, Rundblättrige und Wiesen-Glockenblume. Heute haben wir nicht oft Gelegenheit, bunte Wiesen, in denen diese und zahlreiche andere Blumen wachsen, zu sehen. Im Norden und Nordwesten der Bundesrepublik liegt das z. T. an der von Natur aus artenärmeren Flora. Aber auch in den pflanzenreichsten Gebieten Mitteleuropas zeigen immer größere Wiesenflächen infolge der intensiven Bewirtschaftung ein recht uninteressantes »Einheitsgrün«. Bunte Wiesen finden wir überwiegend noch in »rückständigeren« Gebieten, wo man sich weniger Maschinen und Kunstdünger leisten kann.

Bis in die Mitte unseres Jahrhunderts überdauerten zahlreiche Pflanzenvorkommen ein oder mehrere Menschenleben. Dadurch waren die grundlegenden Werke über die Flora Schlesiens[4,5]) noch Jahrzehnte nach ihrem Erscheinen sehr brauchbar. Heute geht die Umgestaltung der Landschaft und damit auch die Ausrottung zahlreicher Pflanzen immer schneller vor sich, und wir können sicher sein, daß diese Entwicklung auch vor der Pflanzenwelt unserer früheren Heimat nicht haltmacht.

[1] Th. Schube: Flora von Schlesien. Breslau 1904

[2] P. Kruber: Exkursionsflora für das Riesen- und Isergebirge. Bad Warmbrunn, ohne Jahr.

[3] Eine etwas ausführlichere Behandlung desselben Themas vom selben Verfasser wurde im Kauffunger Rundbrief vom Mai 1979 veröffentlicht.

[4] E. Fiek: Flora von Schlesien. Breslau 1881.

[5] Th. Schube: Die Verbreitung der Gefäßpflanzen in Schlesien. Breslau 1903/04.

Bei der Kauffunger Trachtengruppe standen Volks- und Brauchtum hoch im Kurs

Willy Schlosser

Zweck und Ziel der Vereinigung war die Heimatpflege, Volks- und Brauchtum zu erhalten und weiterzupflegen. Dazu trafen sich die Ältesten an sogenannten »Lichtaobenda« in den Bauernstuben und machten Aufzeichnungen, welche leider durch die Vertreibung verlorengingen. Als erster Schulze fungierte Geisler-Hermann, nach dessen Tod Schlosser-Wilhelm. Scholz-Heinrich wurde zum Ehrenschulzen ernannt. In den Wintermonaten wurden in den Bauernstuben Spinnabende abgehalten. Welch herrliches Bild, wenn in heimatlichen Trachten in öffentlichen Aufführungen auf der Bühne, Heimatabende veranstaltet wurden! Bei diesen Aufführungen wurde das durch Bleichen vorbereitete Leinstroh auf sogenannten Flachsbrechen gebrecht, auf Hecheln gehechelt und in Rocken zusammengebunden, welche dann auf den Rockenständer aufgesteckt und von den Spinnerinnen zu Garn gesponnen wurden. Das Garn wurde dann von einem Weifmeister auf eine Weife aufgewickelt. Zum Spinnen brauchten die Frauen viel Netze, da man immer wieder die Finger an den Lippen benetzen mußte. Um die Netze zu fördern, wurde Backobst gekocht und in einer Schüssel herumgereicht. Zur Beleuchtung wurden nach altem Brauch von glattem Kiefernholz sogenannte

Trachtengruppe und .....

.....Spinnstube in Kauffung a. d. Katzbach

Kienspäne auf dem Spanhobel hergestellt, auf den Spanleuchter aufgespannt und angezündet. Der Spanleuchter mußte nun fortlaufend von einem Mann bedient werden.

Zur Unterhaltung wurde auf der Ziehharmonika gespielt und alte Spinnlieder gesungen. Zwischendurch wurden alte Sagen, z.B. vom Schnaumrichmännlein und sonstige alte Geschichten und Erlebnisse erzählt. Zum Schluß wurden dann noch die alten Tänze, z.B. Herr Schmidt, Dreh dich mal rum, Siste nä, do kimmt a, Der Kuckuckswalzer, Die Hühnderschorre, Der Schustertanz, Der Spinnradlatanz usw., geleitet von einem Tanzmeister, welcher selbst die Musik auf einer Ziehharmonika dazu spielte, getanzt. In den 30er Jahren wurde in Nieder-Kauffung eine weitere Trachtengruppe gegründet.

Viele Heimatfeste, woran sich auch benachbarte Trachtengruppen beteiligten, mit einem Festzug durch das ganze Dorf und anschließender Feier im alten Elbelbruch, später auf der Heilandswiese, wurden veranstaltet. An vielen Heimatveranstaltungen der auswärtigen Heimatvereine in Schönau, Goldberg, Löwenberg, Hirschberg, Bad Warmbrunn, Zillerthal, Liebau und Schömberg haben wir teilgenommen. In Schreiberhau waren wir vereint mit über 500 Trachtengästen zu einer wirklichen Trachtenhochzeit, welche nach altem schlesischen Brauch und Sitte von der Verkehrsverwaltung, Herrn Kurdirektor Rohkamm, veranstaltet wurde, eingeladen.

Nach der Trauung in Kirche Wang wurden wir dann auf einer großen
Festwiese an langaufgestellten Tafeln, bei unterhaltender Blasmusik, zur
Vesper mit Kaffee und Kuchen und abends mit Würstchen und Kartoffelsalat
bewirtet. Nachtquartier wurde frei von den Trachtenmitgliedern gestellt, wie
übrigens auch bei allen anderen Einladungen und Veranstaltungen der Trachtengruppen.

Mit der Trachtengruppe Liebau, unter Leitung von Herrn Bürgermeister
Sendler (früher Schönau), waren wir per Omnibus in Berlin, um in den
Kammersälen im Verein »Heimattreuer Schlesier« eine Aufführung zu veran-
stalten.

Vom Grafen Stollberg in Jannowitz sind wir mehrmals zur Sonnenwendfeier
auf das Bolzenschloß eingeladen worden und mit Birken geputzten Leiterwagen hingefahren.

Nicht unerwähnt möchte ich das Lutherfestspiel lassen, welches um 1910 auf
Initiative vom Ehrenschulzen Heinrich Scholz, unter Mitwirkung eines richtigen Schauspielers als Luther, aufgeführt wurde.

Von all diesen schönen Erlebnissen und Begebenheiten ist nun nichts mehr als
die Erinnerung, von der man heut noch zehrt, übriggeblieben.

Heimatnachrichten März 1971

Der Riesengebirgsverein in Kauffung

Georg Hein

Zu einer der ältesten Ortsgruppen des 1880 in Hirschberg gegründeten
Riesengebirgsvereins zählte die Ortsgruppe von Kauffung. Und wenn vom
Kauffunger RGV die Rede ist, erinnert man sich auch gleich an seinen
Gründer und Förderer, den großen Heimatfreund Hauptlehrer Heinrich
Scholz. Auf dem festen Fundament der Liebe zur Bergheimat, vertrat er die
Sache des RGV mit Sachkenntnis und Idealismus. Es konnte denn auch nicht
ausbleiben, daß Heinrich Scholz bald in den Hauptvorstand des RGV in
Hirschberg berufen wurde, wo er als Träger der Volkstumsarbeit und Trach-
tenpflege mit dem Schreiberhauer Kurdirektor Rohkam gemeinsam erfolg-
reich tätig war. Auch dem Riesengebirgsmuseum in Hirschberg konnte er
manch interessantes Ausstellungsstück zuführen.

Diese Rührigkeit brachte es dann mit sich, daß Heinrich Scholz von den
Jahresversammlungen des Hauptvereins mit finanziellen Zusagen für die
örtliche Vereinsarbeit heimkehrte. Durch diese zusätzlichen Mittel begün-

Kapelle des Werkes Siegert in Kauffung

stigt, konnten nicht nur Wegemarkierungen erneuert und Rastbänke aufgestellt, sondern auch einige geschnitzte Wegweiser in Auftrag gegeben werden.
Recht umfangreich war das zu markierende Wegenetz im Kauffunger Gebiet.
Der Hauptwanderweg, auch als Skiwanderweg von Bedeutung, ging von
Ober-Kauffung aus über den Kitzelberg zum Schafberg, weiter nach Oberammergau bis zur Kapelle oder von der Schafbergbaude über die Rüfferbuche
zur Feige mit Anschluß zur Rosenbaude. Außerdem führte eine Route in
östlicher Richtung von Kauffung über das Pochwerk und Altenberg bis zur
Eisenkoppe und schließlich von Mittel-Kauffung bis zum sagenumwobenen
Galgen weiter zum Märtenstein. Was die Markierungen selbst anbelangt, so
wurden diese mit Streichfarben ausgeführt. Verwendung fanden aber auch die
vom Liegnitzer Tageblatt zur Verfügung gestellten weiß-roten Lita-Weg-
weiser.
Heinrich Scholz hatte weitreichende Verbindungen angeknüpft, die sogar bis
New York reichten. So erhielt er von der dortigen RGV-Ortsgruppe ein Paar
echte Indianer-Mokkassins, eine Skalplocke und einige Giftpfeile. Diese Re-
quisiten waren in einem Glasschrank im Geisler-Kretscham ausgestellt. Die
RGV-Ortsgruppe Stettin sandte lange Zeit alljährlich ein Fäßchen delikater
neuer Heringe, die dann bei nächster Gelegenheit im Vereinslokal – mehr
oder weniger durstanregend – verzehrt wurden. Die Mitgliederversammlun-
gen wußte Heinrich Scholz immer recht anregend zu gestalten, nicht zuletzt
durch seine bezwingende Menschlichkeit und seine unkomplizierte Art. Großen Zuspruch fanden im Geisler-Kretscham die Wurstfüllsel-Essen. Manchmal

fiel auch eine Tagung mit einem Schlachtfest zusammen. Im Gegensatz zu heute, vertrug man damals noch recht fette Brocken.

Mit dem RGV gestaltete Heinrich Scholz die Sonnenwendfeiern zu einem Dorffest. Vor der hohen Felswandkulisse des Heiland-Bruches versammelte sich die Bevölkerung unter Beteiligung aller Ortsvereine zu einer imposanten Feierstunde. Bereits Wochen vor der Sonnenwende verschwanden auf geheimnisvolle Weise aus vielen Haushalten und Wirtschaften die damals noch gebräuchlichen Rutenbesen. Die Kauffunger Jugend wußte sich rechtzeitig solche Besen zu sichern – um diese dann in Teer getaucht – zweckentfremdet, als Fackel zu verwenden. Mancher Hausfrau soll erst beim Anblick der herrlich brennenden Rutenbesen selbst ein Licht aufgegangen sein.

Auf halber Höhe zum Kitzelberg stand in unmittelbarer Nähe des Ludka-Brunnens (genannt nach einem Schwiegersohn der Familie von Busse, vormals Lest-Kauffung) eine große stattliche Fichte und unter dem dicken Stamm eine Rastbank, von der sich ein schöner Blick ins Tal bot. Ein Schild kündete: Heinrich-Scholz-Fichte, RGV-Kauffung.

Nicht unerwähnt bleiben darf die weit über das Katzbachtal hinaus bekannte Kauffunger Trachtengruppe mit ihrer Spinnstube. Manch längst vergessene Tracht förderte Heinrich Scholz aus den alten Bauerntruhen zu Tage und verhalf ihr zu neuem Ansehen bei den winterlichen Spinn- und Lichtenabenden.

Erinnern wir uns noch zum Schluß des ansprechenden RGV-Emblems, des kleinen roten Sternchens des Habmichlieb auf blauem Grund, welches auch als Plakette an vielen Gaststätten und Gebirgsbauden prangte.

Heimatnachrichten Oktober 1970

Der Segelflug in Kauffung

Georg Hein

Von der Eisenkoppe her hallen laute Kommandorufe: »Startmannschaft fertig – laufen – los.« Und nun ziehen und laufen mit Gebrüll die acht »Gummihunde« – wie es so derb im Fliegerjargon heißt – was das Gummiseil hält. Die Kufe schurrt über die Grasnarbe, die Spandrähte beginnen ihr pfeifendes Lied, das Startseil klinkt aus und der weiße Vogel schwebt hoch in der Luft. Das war das Bild, welches sich dem Beschauer vor langen Jahren an den Wochenenden an der Eisenkoppe, unweit von Ober-Kauffung, bot. Wie kam es zu diesem damals noch in bescheidenem Entwicklungsstadium stehenden Segelflugsport? Oft zogen die Kauffunger Wintersportfreunde, denen es ja im Sommer an Betriebsstoff fehlte, zum Grunauer Fliegerberg und schauten sich

471

Einziger Segelflugstart vom Kitzelberg.

den motorlosen Flugbetrieb interessiert an. Es kam zu Fühlungnahmen mit dem Altmeister des Segelfluges Wolf Hirth, mit dem Fluglehrer Pit van Husen und dem Konstrukteur Edmund Schneider. Und schließlich wußte man es: im Winter Skilaufen, im Sommer Segelflug. Bald erfolgte nach Gründung der Segelflugabteilung der Anschluß an die Schlesiergruppe des DLV, deren Leiter damals der unvergessene Major Zimmer-Vorhaus war. Inzwischen hatte auch in Goldberg der Segelfluggedanke Eingang gefunden. Hier war es der Rechtsanwalt Förster, welcher für den motorlosen Flug warb. Es kam bald zu einer Zusammenarbeit zwischen Goldberg und Kauffung. Tragischerweise verunglückte Rechtsanwalt Förster bei einer Flugveranstaltung tödlich.

Für die Kauffunger Gruppe hieß es nun erst einmal eine Schulmaschine im Selbstbau zu erstellen. Die Voraussetzung hierfür war aber zunächst der Besitz einer geeigneten Bauwerkstatt. Dieses Problem fand eine geradezu ideale Lösung durch das Entgegenkommen der Schloßherrin von Stöckel-Kauffung, Frau von Bergmann. Sie stellte den Segelfliegern die leerstehende Druckerei in Elbel-Kauffung unentgeltlich zur Verfügung. Der große helle Druckersaal eignete sich vortrefflich für den Baubetrieb. Bauzeichnungen und Material wurden beschafft und die Bauerei begann. Zugleich wurde damit dem Aufruf gefolgt, die erwerbslose Jugend zu beschäftigen und mit einer warmen Mahlzeit zu beköstigen. Staatszuschuß und in der Tschirnhauskantine täglich einen Eintopf. Der Turnverein beteiligte sich.

Die geleisteten Arbeitsstunden wurden gewissenhaft notiert, da diese die Grundlage für die Startreihenfolge bei der späteren Flugschulung bilden sollten. Der erste zum Bau aufgelegte Segelgleiter war eine Einheitsschulmaschine »Grunau 9«, unter Segelfliegern »Schädelspalter« genannt. Nach Monaten emsiger Arbeit konnte die Rohbauabnahme erfolgen und bald darauf die Fertigprüfung. Zwischendurch wurde auch an einem Spezial-Transportwagen für die neue Segelkiste gezimmert.

Es war schon eine kleine Sensation, als am Altenberge der erste weiße Vogel auf den Namen »Skikamerad« getauft wurde. Nach behördlicher Zulassung des Fluggeländes an der Eisenkoppe war dann der Weg frei für den geregelten Schulbetrieb. Was nun noch fehlte, war ein Kraftwagen zum Anhänger-Transport. Auch hier war es wieder Frau von Bergmann, welche helfend eingriff. Von ihr erhielt die Gruppe den braven »Stöwer«, welcher lange Jahre gute Dienste leistete und auf den die Flieger besonders stolz waren. Das nächste Ziel war nun die Beschaffung einer Baracke zur Maschinen-Unterbringung im Fluggelände. Einen schönen Tages gelang es, eine solche vom Flußbauamt Liegnitz zu erwerben und am Pfaffenstein aufzubauen. Eine Start- und Landewiese war gepachtet worden, was jedoch nicht ausschloß, daß durch Außenlandungen Flurschäden entstanden, die sorgfältig registriert und entschädigt wurden.

Das Fluggelände an der Eisenkoppe war zugelassen für Abnahme der »A«- und »B«-Prüfungen. Um die 3 Schwingen der »C« zu erlangen, fuhr eine Mannschaft jeweils nach Grunau zur Segelflugschule bei Hirschberg im Riesengebirge, wo ihnen Leistungsmaschinen zur Verfügung standen. Innerhalb der Segelfliegerei war die Kameradschaft geradezu vorbildlich. Wer von den alten Kämpen erinnert sich nicht noch der Tage der alljährlichen Grunauer Segelflug-Wettbewerbe? Namen, die für uns Segelflieger unvergeßlich sind, tauchen aus der Vergangenheit auf, wie Zimmer-Vorhaus, von Rautter, Wolf und Roland Hirth, Lola Schröter, Lutz Röbke, Pit van Husen und nicht zuletzt der unseres unverwüstlichen Fluglehrers Heinrich Stübner. Die deutsche Fliegerin Hanna Reitsch, 1912, stammte aus Hirschberg. Hat in Grunau Segelfliegen gelernt und dort 1931 ihren 1. Weltrekord mit fünf Stunden geflogen!

An mehr oder weniger originellen, oder auch zum Teil aufregenden Zwischenfällen mangelte es indes beim Flugbetrieb nicht. So landete einmal ein Pechvogel ausgerechnet auf einer Kuh, welche zuvor nichtsahnend friedlich weidete, dann aber hocherhobenen Schwanzes das Weite suchte. Der verdutzte Pilot aber besah sich bekümmert seine etwas lädierten Tragflächen.

Ein andermal vollzog sich eine Landung ausgerechnet auf einem Apfelbaum. Diesem Piloten sang der Chor der »Gummihunde«: »Bist du schon mal im Baum gelandet, daß sich ein Weiterflug nicht lohnt, dann singe wie der Vogel singt, der in den Zweigen wohnt.« Eine solchermaßen vorschriftswidrig in den Ästen schaukelnde Kiste abzumontieren, stellte einige artistische Anforderungen an die Mannschaft. Das es dann anschließend in die Werkstatt zur

Reparatur gehen mußte, konnte die Stimmung nicht beeinträchtigen, besonders da der Unglückspilot sich zu einem Umtrunk-Opfer bereit fand. Ein Großteil der Nacht ging drauf, aber am nächsten Tage stand der brave Vogel wieder startklar am Hang. Als dann noch Windmesser und Windsack verheißungsvolle Windstärken aufzeigten, war alle Mühe vergessen.

Natürlich blieb es nicht aus, daß auch mal Kleinholz gemacht wurde, denn es ist zwar noch kein Meister vom Himmel gefallen, aber ein Anfänger um so öfter. Wohl jeder Flugschüler hat schon mal nach »Petroleum gebohrt« und davon eine mehr oder weniger farbenprächtige Beule am Kopf davongetragen. Der Segelflug ist ein harter aber herrlicher männlicher Sport. Sport bedeutet Kampf – und der Einsatz des Segelfliegers ist letztlich sein Leben.

Den großen Idealismus und die tiefe Ikarussehnsucht, welche den Segelflieger beherrschen, brachte der in der Kauffunger Werkhalle hängende Spruch treffend zum Ausdruck:

Vom Berge zu starten –
Wie der Vogel leicht im Blauen sich wiegen –
Und weithin übers Land zu fliegen –
Hoch in den Lüften zu schweben –
Durch eigene Geschicklichkeit –
Vom Aufwind getragen, weit – weit,
Durch eigenes Können die Schwere besiegen,
Das ist *Segelfliegen*.

Heimatnachrichten April 1967

Mandolinenclub Enzian in Kauffung

Viele Menschen bekommen ein heiter verklärtes Gesicht, wenn sie an ihre Jugend denken, weil es die schönste Zeit ihres Lebens war. Weil sie noch hoffen durften, daß ihre Jugendträume einst in Erfüllung gehen würden. Ich erinnere mich noch gern an meine Kindheit und nachdem ich wieder glücklich aus dem Ersten Weltkrieg heimgekehrt war, an meine später verlebte Jugendzeit. Da in Kauffung ein reges vielseitiges Vereinsleben herrschte, konnte sich jeder beliebig betätigen. Ich gedenke noch gern meiner Mitgliedschaft im Turn-, Radfahr-, Gesang- und Militärverein, der Feuerwehr, dem Kirchenchor, dem Sangeszirkel mit Musikmeister Wilhelm Kramer, dem Heimatverein; an all die vielen öffentlichen Veranstaltungen, Theateraufführungen, Ausflüge und Wanderungen, welche durchgeführt wurden. Speziell zuwenden möchte ich mich jedoch dem in den Jahren nach dem Ersten Weltkrieg

474

entstandenen Mandolinenklub Enzian. Auf Initiative einer kleinen Gruppe musikliebender, junger Kauffunger hatten wir uns zusammengefunden, um zu musizieren. Dies war der Anlaß, daß sich immer mehr dazu fanden und unser Club über 30 Mitglieder erreichte. Wer erinnert sich noch der froh verlebten Übungsstunden in der Brauerei, der fröhlichen Geburtstagsfeiern, die uns verbanden, und der im Sommer durchgeführten Wanderungen mit unseren mit Bändern geschmückten Instrumenten? Marschierten oder standen wir irgendwo musizierend und singend, hatten wir gleich einen ganzen Kreis Zuhörer um uns versammelt. In Kauffunger Sälen haben wir mehrmals Konzerte gegeben. Dann haben wir mit dem Liegnitzer Mandolinenclub zusammen geübt und im Liegnitzer Volkshaus sowie im Hirschberger Kunst- und Vereinshaus sogar Konzerte veranstaltet.
Zwei Schwestern Hoffmann von Altenberg scheuten sich nicht, den 7 km langen Weg mit 200 m Höhenunterschied zu unseren Übungsabenden zu machen (wohl mit Rad). Ein Zeichen der Beliebtheit unseres Clubs.

Willy Schlosser (Heimatnachrichten Mai 1974)

Georg Hein,

ein stattlicher Grünrock, war als Förster beim Kalkwerk Tschirnhaus für den Wald zuständig. Rundum mit der Natur vertraut:
Höhlen begehen und Förderer des Segelfliegens, Felsen erklettern und auf Skiern die Hänge herabschwingen! Für gesunde unternehmungslustige junge Männer gerade der richtige Einsatzleiter und Kamerad. Über Höhlen und Fliegen ist an anderer Stelle berichtet.

Vom *Skifahren* hat er aufgeschrieben (Heimatnachrichten Febr. 1958):
'Nach dem ersten Weltkrieg wurde im Ort ein Wintersportverein gegründet. Auch wurde ein Stellmacher gefunden, welcher sich an die Herstellung von Schneeschuhen heranwagte. Anfangs hatten die Eschenhölzer ein ansehnliches Gewicht. (Als Jungen begannen wir noch mit Faßdauben. Meine ersten, vom Stellmacher Zeisig gefertigen Schneeschuhe kosteten 21,– RM. HBu.)
Der Verein richtete jeden Winter mehrere Lang-, Abfahrts- und Sprungläufe aus... Ein sportliches Ereignis. Die schönste und beliebteste Betätigung im Skisport blieb das Skiwandern.
Ausgangspunkt war der Bahnhof Ober-Kauffung. Entweder ging es mit geschulterten Brettern den steilen Weg am Kitzelberg hinauf oder durch die Beierhohle über die 'Hohe Läde' bis zur Friedrichsbaude...

475

Von dort führte ein enger Wildpfad quer durch eine Dickung und der Skiweg dann weiter in reizvoller Abwechslung durch Hochwald, an Kahlschlägen und tief verschneiten Kulturen vorbei bis zur freien Hochfläche des Schafbergs. Jetzt konnte sich das Skivölklein freier bewegen. Jeder wollte selbst seine Spur ziehen... Selbst hören, wie die blitzenden Schneekristalle an den Latten leise knisterten. Auf der Schafbergspitze (724 m) wurde verharrt. Alsdann löste sich der erste Läufer zur Abfahrt... Schneestaub fegte, Schwünge den Hang hinab,... um unten vor der Schafbergbaude abzuschwingen. Und nun fiel das übrige Skivolk in die Abfahrt bis zur Baude ein... Wir hatten bei Muttel Geisler, der Baudenwirtin, einen Stein im Brett, so etwas wie Familienanschluß. Pauschal bezahlter Schmunzelkaffee... Wurden die Tassen knapp, was bei Massenauftrieb vorkam, ging's in den antiken Glasschrank und das reich verzierte Silberhochzeitsgeschirr kam wieder zu Ehren. Unter dem jüngsten Skianhang fanden sich immer einige 'Haselnußperschlan' (= Burschen), welche dem Musikschrank mit einem geheimen Kunstgriff, ohne Münzeinwurf, Töne zu entlocken verstanden... Vor verheißungsvoller Weiterfahrt erklang noch schnell unser Skilied:

'Frisch auf, hinauf ins Schafbergland,
schnallt an die flinken Bretter.
Tief liegt der Schnee im weiten Land,
das ist des Skimanns Wetter.
Wir fragen nicht nach Weg noch Zeit,
der Ski verleiht uns Schwingen,
drum sei Ski heil die Losung heut
und jubelnd soll's erklingen!
...'

In Gruppen wagte man das *Klettern*.

'Wir Kameraden der Berge.
Die Kauffunger Berge boten mit ihren hie und da eingestreuten Felspartien willkommene Gelegenheit zur Ausübung des Klettersports. Hatten die Skier Sommerruhe, so erinnerten wir uns gerne unserer Bergsteigerrequisiten und holten Kletterseile, Mauerhaken und Hammer hervor. Für unsere Kletterversuche bot sich gewissermaßen vor der Haustür erst mal der Grünsteinfelsen auf dem *Schnaumrich* an.
Folgen wir nun einer Zweierseilschaft, die mit Kletterschuhen, derben Hosen, sich am Grünstein emporklimmt... Von der Höhe eröffnet sich den Kletterern ein imposanter Rundblick in unsere Bergwelt: Großer Mühlberg, Uhustein, Krähenstein. Unten im Tal schlängelt sich das silberhelle Band der Katzbach. Hogolie, Probsthainer Spitzberg, Gröditzburg, Eisenkoppe und, und... Hier oben feiert die Bergfreiheit ihre schönsten Triumphe. Nach beschaulicher Gipfelrast beginnt das Abseilen.
Zu weiteren Kletterübungen eigneten sich der Uhustein und die Teufelskanzel bei Ketschdorf.
Waren wir jedoch auf schwierigere Kletterakrobatik aus, dann wechselten wir hinüber zu den Falkenbergen bei *Fischbach*. Dort gab es eine reiche Auswahl an hohen Granit-Felsen... Wir erprobten unser Können... Dort trafen wir auch Kletterkameraden von der Sektion Hirschberg des Alpenvereins.

Diesmal wollten wir uns den *Kreuzwächter* vornehmen, welcher auch Kaminklettern ermöglichte. Zunächst legten wir uns ins struppige Gras und legten die Aufstiegsroute fest... Auf dem Gipfel fanden wir in einer schützenden Blechschatulle das nur den Bergsteigern zugängliche Gipfelbuch...'

Verfaßt von Georg Hein (Heimatnachrichten, August 1969).

Klar, daß diesem Bergfreund, wie wohl allen Kauffungern, nach der Zwangsausweisung die Berge fehlten. Es gelang den Eheleuten *Hein* in einem anderen deutschen Mittelgebirge, der Eifel, sich ein neues Zuhause zu schaffen. Beide wurden über 90 Jahre, feierten Eiserne Hochzeit und verstarben in Hellenthal 1987. Nachruf in Heimatnachrichten.

Seine in den Heimatnachrichten gebrachten Beiträge über Kauffung und das Katzbachtal dienen Heimatkunde und Gedächtnis zugleich.

Prinz Martin vom Märtenstein

Märchenhafte Erzählung von Pfarrvikar Eckelt † 1956

Es war vor langer Zeit, vor etwa 700 Jahren, da formte sich in damaligen deutschen Gauen ein langer Treck. Seine Seele war Martin der Prinz. Im Fränkischen stand seine Burg, seine Heimat. Immer war er unterwegs gewesen, hatte Wälder, Höhen und Täler durchstreift und Bekanntschaft mit seinen heimatlichen Berggeistern, Elfen und Zwergen gemacht. Für seine Liebe zu Heimat und Volk schenkten sie ihm die Gabe, Raum und Zeit überspringen zu können und daß er nie sterben werde, sondern nur in tiefen Schlaf versinken werde, aus dem er von Zeit zu Zeit erwachen dürfe, um seinem Volk und seiner Heimat zu dienen.

Als ein Ruf aus fernem Osten kam, daß dort dem Besitzlosen eigener Boden winke, rief Prinz Martin die zweiten und dritten Bauernsöhne zum Aufbruch gen Osten. Martin führte sie sorglich, waren auch oft die Wege beschwerlich. So wanderten sie Tag um Tag, Woche um Woche, bis sie den großen Grenzwald des fernen Landes erreichten.

Es hieß Schlesien.

Endlich wurde der Wald lichter. Martin war wieder einmal einen Tag voraus auf Kundschaft. Am Abend kam er freudig zurück: »Heut sind wir willkommen geheißen in diesem Lande. An einem kleinen Fluß traf ich eine schöne Elfe, sie trug auf ihrem Arm ein kleines weißes Kätzchen. Sie entbietet euch frohen Gruß in diesem Land. Heimat sollt ihr hier finden. Sie will euch führen in ein wunderschönes Fleckchen, schön wie sonst kaum auf der Welt. So wird es euch nicht schwer werden, die neue Erde als eure Heimat zu lieben und als Heim und Hof und Feld euch zu erarbeiten. Morgen ziehen wir weiter und übermorgen erwartet sie uns, die Berge hinauf und das letzte Stück will sie mit uns wandern. Frischen Mut zum letzten Stück.«

In der Frühe des neuen Tages brachen sie auf und kamen gegen Mittag an den Bach, wo Martin der Elfin begegnet war. Er ließ halten und verkündete allen: »Hier an diesem Bach begegnete mir die Elfenkönigin unserer neuen Heimat. Wir wollen ihn für alle Zeiten Katzbach nennen, weil sie auf ihrem Arm ein allerliebstes Kätzchen trug. Die Katzbach ist nun bergwärts unser Weggenosse und als sprudelnder frischer Bergbach wird sie unser neues heimatliches Dorf durchfließen. Wohlan, Freunde, wir wollen weiterziehen. Das letzte Stück unserer neuen Heimat wird die Elfenkönigin uns begleiten.«

Gegen Abend des nächsten Tages gab es großes Jubeln. Das Tal der Katzbach, das die letzte Wegstrecke von seinen Bergen enger umschlossen war, weitete sich zu einer weiten schönen Aue. (Daher heißt der Ort Schönau.) Der lange Treck machte halt; sie lagerten sich. Da klang von fern her ein Singen und Klingen, wie von überirdischer Geisterwelt. Plötzlich stand die Elfenkönigin vor ihnen. Sie sang ihnen ein schönes Lied von Heimat, Bergen und Tälern, von sprudelnden Bergwassern, vom Rauschen der Wälder. Dann sprach sie zu allen mit so lieber, warmherziger Stimme: »Viel Mühen habt ihr hinter euch. Doch all das nahmet ihr auf euch, weil ihr eine neue Heimat suchtet. Morgen in der Frühe wollen wir mit der aufgehenden Sonne die letzte Meile noch wandern, dann wird sich das Talbecken öffnen, indem ihr euch die ersehnte Heimat erarbeiten sollt. Ein wunderschönes Fleckchen Erde ist es, für das ihr dem ewigen Schöpfer zeit eures Lebens danken sollt. Pflegt die heiligen alten Überlieferungen eurer Eltern und Vorfahren. Der unerschütterliche Glaube, die reine Sitte, Treue und Ehrlichkeit sei immer in jeder eurer Familien zu finden. Erwandert euch die Heimat, dann werdet ihr das geheimnisvolle Leben, das so unirdisch als Weben und Rauschen in Flur und Wald, im Säuseln des Windes und im Brausen des Sturmes liegt, verspüren. Willkommen im Tale eurer neuen Heimat!«

Bei den ersten Sonnenstrahlen setzte sich der Zug in Bewegung. Voran schritten die Elfenkönigin und Prinz Martin. Zunächst war der Weg eben; später stieg er leicht an, bis er plötzlich durch eine Bergwand versperrt erschien. Mühsam brachte man Wagen um Wagen neben der Katzbach hindurch. Dann gab es ein großes Aufatmen und Staunen. Ein neuer Talkessel. »Das wird unsere Heimat«, klang's von Mund zu Mund. An ihrer Seite plätscherten die Wasser der Katzbach vorbei. Am Fuße des höchsten Berges machten sie halt. Von der niederen Berghöhe daneben winkte ihnen ein Mann von knorriger Gestalt freudig entgegen. »Der Schnaumbrichmoan«, erklärte Martin: »Er will euer aller Freund sein. Nicht mit Furcht, sondern mit

Vertrauen sollt ihr ihm begegnen.« Alle staunten und freuten sich über den schönen Talkessel.

Schon die nächsten Tage begann ein emsiges Arbeiten. Bäume wurden gefällt, Stöcke gerodet, bald zog der Pflug die erste Furche durch das Land. An den Ufern der Katzbach entstanden Hütten für Menschen und Vieh. Martin war der ordnende Geist im neuen Dorf. Jeder hatte sein Stück Land vom Ufer der Katzbach den Berg hinan zugeteilt erhalten. Zufriedenheit, Frohsinn, Hilfsbereitschaft, Freundschaft erfüllte die ganze Dorfgemeinschaft. Jahre hin, – der Wald war zurückgewichen; die Holzhütten machten den Steinhäusern Platz. Mitten zwischen ihren Häusern stand das Gotteshaus. Auch die Siedler der Katzbach wußten um die Wahrheit des Wortes: An Gottes Segen ist alles gelegen. Am Sonntag versammelten sie sich dort zu gemeinsamem Singen und Beten.

Und wieder waren eine Reihe von Jahren dahingezogen. Martin hatte alle zur Versammlung geladen. Er übergab sein Amt, das Schulzenamt, einem würdigen Bauern. Sodann erklärte er: »Freunde, meine Zeit des Wirkens auf dieser Erde ist vorüber. Laßt mich von Euch Abschied nehmen. Mir war es zugedacht, euch in die neue Heimat zu führen. Meine Ruhestätte soll der hohe Berg im Osten unseres Tales sein. Sendet die aufgehende Sonne die ersten Strahlen über den Gipfel dieses Berges, sind sie auch ein Gruß von mir. Gehabt euch wohl, ihr Freunde! Glück und Heil sei mit euch. Wenn große Not über eure Nachfahren kommen sollte, dann werde ich aufstehen und helfend ihnen zur Seite stehen.« Nach diesen Worten winkte er noch mal allen zu. Dann schritt er mit dem Schnaumbrichmoan und einigen Zwergen gen Osten. Den Dorfbewohnern war schwer zumute ob dieser Wendung der Dinge. Einige Wochen später wagen sie, den hohen Berg im Osten zu ersteigen. Vor einigen Öffnungen spielten friedlich die Zwerge und summten ein Lied von dem Helden, der seine Heimat liebt und hier nun schläft, bis er zur großen Helferat wieder aufsteht. Seitdem heißt dieser Berg Martinstein, im Volksmund Märtenstein, Mirtenstein.

Ein Jahrzehnt mag vergangen sein, da durcheilte ganz Schlesien die Schreckenskunde: Die Tataren kommen und bringen Mord, Not und Brand. Die Gefahr stieg von Tag zu Tag. Da eilte der Schnaumrichmoan zu dem Mirtasteen und schlug mit dem großen Felsenhammer wuchtige Schläge gegen den Berg. Ein Donnerrollen, der Berg öffnete sich, und Martin stieg hervor mit Schild und Schwert. Die wenigsten wußten es, daß er in den Reihen der Goldberger Knappen mitkämpfte. Trotz des Sieges ritten die Tataren aus dem Schlesierland. Jahrhunderte waren über's Katzbachtal mit manchem Sturm gezogen. Da züngelte in einem Hof ein Feuer gen Himmel. Der Sturm fuhr drein. Ein Hof nach dem anderen ging in Flammen auf. Da rief der Schnaumrichmoan wieder Martin zu Hilfe; und er wendete das Unheil. Es ist das Geheimnis des Mirtasteenes, wie oft Martin in die Not des Katzbachtales eingegriffen hat. Jahrhunderte gingen dahin. Die Uhr schlug unsere Zeit. Der Krieg drohte über unser Tal zu gehen. Martin stand auf zu helfen. Die Front mit der blutigen Schlacht und brennenden Häusern blieb vor dem heimatlichen Tal stehen.

Aber die Not der Nachkriegszeit wurde noch größer. Verachtung, Unterdrükkung, Rechtlosigkeit, Raub und Mißhandlungen lagen auf den Schultern der Menschen. Und schließlich trieb man die Menschen in langer Herde aus dem heimatlichen Tale. In den Junitagen eilte der Schnaumrichmoan nach dem Mirtasteen. Aber Martins Zeit schien noch nicht gekommen. An einem Novembersonntag ging der Schnaumrichmoan den gleichen Weg eiligen Schrittes gen Osten. Aber Martin hörte nicht das Pochen der Schläge. Er scheint anders zu rechnen. Seine Zeit der Hilfe war noch nicht angebrochen. Trüben Gesichtes kehrte der Schnaumrichmoan zurück. Sein Herz wollte ihm brechen, als er den Treck die Ketschdorfer Straße ziehen sah. Vom Gipfel des Kitzelberges rief er uns nach: »Verlieret nie den Mut und die Hoffnung. Martin holt euch einmal zurück wie er eure Ahnen hierher geführt hat.« Und überall, wo Menschen dieses Tales jetzt leben, hallt in den Lüften dies letzte Grußwort des heimatlichen Berggeistes unseres lieben Schnaumrichmoanes.

Heimatnachrichten Januar 1955

»Wir macha Huxt« – Eine Kauffunger Hochzeit

Vielen Kauffungern werden die alten Hochzeitsbräuche noch in Erinnerung sein. Denen aber, die wie ich, erst nach dem 2. Weltkrieg geboren worden sind, können sie nur durch Erzählungen ins Gedächtnis gerufen werden. Meine Schilderung stützt sich auf eine Veröffentlichung in einem alten Rundbrief von Pastor i.R. Schröder und auf ein Gedächtnisblatt zur Trauung meiner Großtante Ida Friemelt aus Kauffung, die im Jahre 1919 geheiratet hatte.

Die Hochzeit fand, wie es auch heute noch meistens üblich ist, im Hause der Braut statt. Die Vorbereitungen für eine Hochzeit nahmen viel Zeit in Anspruch: Es kamen die Maler ins Haus, ein Schwein, ein Kalb und allerhand Geflügel wurde geschlachtet, sämtliche Stuben wurden geputzt und in der Nacht vor der Hochzeit backten die Brautmutter und Verwandte den Kuchen: Ungefähr 30 Bleche mit Streuselkuchen waren keine Seltenheit. Innerhalb der letzten acht Tage, insbesondere am Hochzeitstag selbst überbrachten Boten der Nachbarn und Freunde die Hochzeitsgeschenke.

Sie alle wurden mit Kaffee und Kuchen bewirtet. Richtig lebendig wurde es am Abend vor der Hochzeit, da kamen die »Winder«, es waren junge Burschen und Mädel, welche für das Hausinnere und die Haustür Girlanden gewunden hatten und diese nun aufhängen wollten. Am Eingang zum Hof errichteten sie für das Brautpaar eine Ehrenpforte. Wenn sie unter vielerlei Gelärm und Gesang ihre Arbeit vollendet hatten, wurden sie ebenfalls bewirtet. Nachdem sie sich reichlich gestärkt hatten, zogen sie nach Mitternacht wieder von dannen. Sie wollten die Bewirtung nicht unentgeltlich haben und so hinterließen sie zum Schluß dem Brautpaar an Tür und Fenster einen großen Haufen von Scherben. Brach der Hochzeitsmorgen herein war alles wieder aufgeräumt und wenn die Bläser kamen, was freilich nicht immer üblich war, um dem Brautpaar ein Ständchen zu bringen, fanden sie in der Stube einen sauber gedeckten Tisch vor. Nur allzu schnell verlief der Vormittag mit den letzten Vorbereitungen und wenn die Kutsche vor der Tür stand, um das Brautpaar und die Trauzeugen zum Standesamt zu fahren, war meistens dieser oder jener noch nicht fertig. Trauzeugen auf dem Standesamt waren oft die beiderseitigen Väter. Nach der standesamtlichen Trauung gab es für alle, die inzwischen schon als Hochzeitsgäste eingetroffen waren, ein Frühstück.

Dann standen je nach Größe der Hochzeit viele Kutschwagen im Hof bereit und in der festgelegten Ordnung fuhr man nun zur Kirche. Zuerst die jungen Leute, dann allmählich die Älteren und im letzten Wagen das Brautpaar. Hatte der Hochzeitszug die Winkler- oder die obere Kirch-Brücke erreicht, begann der Glöckner mit dem Geläut. In der Kirche bildete alles Spalier, wenn das Brautpaar unter dem Klang der Orgel die Kirche betrat. Die Ordnung der kirchlichen Trauung stand fest: Beim Einzug sang die Gemeinde »Jesu geh voran auf der Lebensbahn«, nach dem Ringwechsel »So nimm denn meine Hände« oder das Lied »Sprich ja zu meinen Taten«. Während des Ringwechsels sang manchmal der Chor das Brautlied aus der Oper »Lohengrin« von Richard Wagner – »Treulich geführt ziehet dahin, wo euch der Segen der Liebe bewahr«.

Das Brautpaar saß auf den sogenannten »Brautstühlen«, unmittelbar vor dem Altar, während die übrigen Hochzeitsgäste im Halbkreis um den Altar saßen, Männer und Frauen einander gegenüber. In früheren Zeiten gab es bei besonders feierlichen Hochzeiten die Intrade. Die Orgel wurde von Posaunen, Trompeten und zwei Kesselpauken begleitet.

Auf den Emporen hatten sich viele Neugierige eingefunden und sahen gespannt darauf, was Bräutigam und Braut »auflegten«, wenn die verschiedenen Teller für den Pastor, den Kantor und den Kirchendiener herumgereicht wurden. Nach der Trauung – bevor das Brautpaar die Kirche verließ – liefen die Chorkinder schnell mit ihren Tellern oder Gesangbüchern an den Haupteingang unter dem Turm und sammelten dort ihr Scherflein ein.

Nun ging es in schneller Fahrt – das Brautpaar voran – zum Brauthaus zurück. Dort war inzwischen alles gerichtet worden, um die Gäste zu empfangen und zu bewirten, und man nahm bald an der festlich geschmückten Tafel Platz. Zum Hochzeitsessen gab es zuerst eine Klößsuppe, danach Rindfleisch mit Krientunke und Braunsoße (auch Rosinensoße genannt). Der nächste und übernächste Gang bestand aus verschiedenen Braten, auch Geflügel. Und die Berge von Streuselkuchen! Gegen 22.00 Uhr, so lange zog sich das Essen mit den verschiedenen Pausen hin, gab es die an einer schlesischen Hochzeit unentbehrlichen »woarmen Würschtla«. Waren diese verzehrt, so begab sich die Hochzeitsgesellschaft in den nächstgelegenen Wirtshaussaal, wo sich die Jugend aus der Nachbarschaft und gute Bekannte zum »Brautschauen« eingefunden hatten. Hier wurden alle Gäste vom Brauthaus her bewirtet, es wurde getanzt und die Jugend bot kleine Aufführungen und trug Gedichte vor. Spät nach Mitternacht und je nach der Stimmung kehrte man dann in das Hochzeitshaus zurück. Hier gab es noch einmal Kartoffelsalat mit Aufschnitt – Kaffee und Kuchen in den frühen Morgenstunden als »Hempresche«.
Die schlesische Hochzeit war aber mit einem Tag noch nicht zu Ende. Es folgte am zweiten Tag häufig eine Einladung ins Haus des Bräutigams. Die Verwandtschaft konnte jetzt das neue Heim der Braut und die Aussteuer besehen, die in einem Umzug vom Elternhaus der Braut zu dem ihres Mannes auf einem Leiterwagen gefahren wurde. Die Feier mit Nachbarn, Freunden und fernen Verwandten am dritten und manchmal auch am vierten Tage beschloß die »Nachhut«.   Rudolf Friemelt
                                         Heimatnachrichten September 1974

Der Katzbachpförtner

Aus ihrem Quellgebiet hüpft die muntere junge Katzbach in den Stauweiher zwischen Ketschdorf und Kauffung. Nach kurzem Verweilen in diesem Stau, durcheilt sie die ausladenden Wiesen und springt Ober-Kauffung entgegen. Zuvor wird das Tal enger und schließlich zwängt sich die gebändigte Katzbach durch den Engpaß, der sogenannten Katzbachpforte. Danach nannte sich Katzbachpförtner der große Heimatfreund, Hauptlehrer Heinrich Scholz, der im Ruhestand am Ortseingang von Ober-K. in der ehemaligen Schloßgärtnerei von Lest-K. wohnte. Unter diesem Pseudonym war Heinrich Scholz weit über unseren Heimatkreis hinaus bekannt geworden.
Seine launigen Plaudereien »Gespräche im Rodeländer Kretscham« waren landauf, landab begehrter Lesestoff. Nebenbei gesagt, gab es in Rodeland, der kleinen Bergkolonie zwischen Kauffung und Ketschdorf, überhaupt kein

482

70 Jahre, wunderbar, hat mich Gott erhalten. Dank für Wünsche lieb und wahr, bleiben treu die Alten! Stets auf Lieb und Freundschaft stolz, mit »Grüß Gott«

Ihr Heinrich Scholz
06. 08.
1862   1932

Gasthaus, welche Tatsache Heinrich Scholz jedoch neckisch als erlaubte dichterische Freiheit bezeichnete. Aus seiner Feder stammte auch das im Goldberger Tageblatt allwöchentlich erschienene »Lug ins Land«. Darin wurde nicht nur das Zeitgeschehen im Heimatkreis unter die Lupe genommen, sondern auch Anfragen beantwortet und Ratschläge gegeben, die sich hauptsächlich auf die Nutzanwendung von Heilkräutern bezogen.
Unzweifelhaft zählte Heinrich Scholz zu den markantesten Persönlichkeiten im oberen Katzbachtal. Es fällt nicht leicht, den so außerordentlich Vielseitigen richtig zu charakterisieren. Heinrich Scholz kannte nur Ehrfurcht und Liebe zu den Geschöpfen, war voller Güte und Nächstenliebe. Immer sah er mehr das verbindende Element, als das trennende. In der Begegnung mit der Natur hat er stets das Göttliche erlebt. Was sein eigentliches Wesen prägte, war die große Liebe zur Heimat. Niemand wird bestreiten, daß Heinrich Scholz unter den vielen alten Kämpen für den Heimatgedanken ein Ehrenplatz gebührt. Neben den nicht wenigen positiven Eigenschaften hatte er aber noch etwas Besonderes in die Waagschale zu legen, nämlich seine bezwingende Menschlichkeit. Er schätzte bei sich und anderen die einfache Form. Heinrich Scholz gehörte zu den Menschen, die auf der Sonnenseite lebten. Er verachtete auch keinesfalls einen guten Tropfen. Wenn ihm dann scherzhafterweise jemand sagte: »Heinrich, mir graut vor dir«, dann kam prompt die Antwort: »Das ist auch das einzige, was du aus dem 'Faust' weißt.«

483

Besonders verbunden war Heinrich Scholz der heimischen Pflanzenwelt. Erstaunlich war seine umfassende Sachkenntnis im Bestimmen der Pflanzen. Seine besonderen Schützlinge waren neben den vielen Enzianarten, die in unseren Bergen vertretenen Orchideenarten, die wie Frauenschuh und Türkenbund kalkhaltigen Boden lieben. Den geheimen Standort einiger weniger Cyclamen (Alpenveilchen) am Uhustein auf dem Mühlberg, gab Heinrich Scholz selbst besten Freunden nicht preis. In seinem großen Gewächshaus der ehemaligen Gärtnerei von Lest-Kauffung zog er alljährlich Blumenpflanzen aus Samen und Stecklingen heran, setzte die kleinen Pflänzchen in Blumentöpfe und übergab jedem der Ober-Kauffunger Schulkinder einen solchen Topf zur Weiterpflege. In einer großangelegten Blumenschau im Herbst wurden die erfolgreichsten Kinder prämiert. Den Kontakt mit der Jugend hat Heinrich Scholz auch in späteren Lebensjahren nie verloren.

Der schöpferische Mensch Heinrich Scholz trat besonders mit seinen Heimatdichtungen in Erscheinung. Seine Kurzgeschichten, Betrachtungen und Erinnerungen, in denen Heiterkeit und Ironie befreiend mitschwangen, zeigten, daß ein gehöriger Schuß schlesischer Romantik in ihm steckte. Seine Leistungen wiesen ihn als einen echt schlesischen Poeten und Mundartdichter aus. Auf stillen Berg- und Wanderwegen in der näheren Umgebung von Kauffung begegnete man manchmal kleinen unaufdringlichen Schildchen in Wappenform, mit einem Sinn- und Mahnspruch. So am Kellerstein, zu dem von Lest-Kauffung ein schmaler, düsterer Waldweg zu der Busse-Gruft führt. Vor dem schmiedeisernen Tor mahnte den stillen Betrachter:»Im stillen Hain, mit Gott allein, denke der Lieben, im Jenseits drüben«. Von Ober-Kauffung führte ein Wanderweg durch die Stimpelgasse am Ziegenrücken vorbei, zum Kitzelberg. Auf halber Höhe im Walde gelangte man zu einer silberhell plätschernden Quelle. Und hier las man: Denk' in Lebens Hast, hältst am Quell du Rast, hier bis du ein Gast«. Weiter hinauf, zwischen Kitzelberg und Schafberg wurde der Wanderfreund wieder angesprochen:»Laß' auf dem Berge stehen, der Blumen goldne Pracht, auf daß die Blum' am Wege noch manchem Wanderer lacht«. So spürte der Wander- und Naturfreund in stiller Bergabgeschiedenheit das Wirken des Katzbachpförtners.

Jahrzehntelang leitete Heinrich Scholz den Kauffunger RGV. Das Brauchtum der Väter pflegte Heinrich Scholz in liebevoller Hingebung in seiner, mit an erster Stelle im schlesischen Gebirge stehenden Trachtengruppe mit Spinnstube.

Bei dem ungewöhnlichen Tatendrang konnte es nicht ausbleiben, daß Heinrich Scholz auch viele Ehrenämter bekleidete. Als Schiedsmann konnte er Streitigkeiten schnell schlichten. Mehr als reine Liebhaberei war auch sein Anbau von zahlreichen Heil- und Gewürzkräutern. Niemand, der Interesse zeigte oder Bedarf hatte, ging leer aus.

Am 6. August 1942 feierten wir den 80. Geburtstag von Heinrich Scholz. In der Frühe holten wir das Geburtstagskind aus seinem Gartenhaus im Seiffen ab und geleiteten es bis zum Hotelvorplatz am Bahnhof Ober-Kauffung. Dort wurde ein aus dem Bett der Katzbach geborgener riesiger Granitfindling, der ihm zu Ehren aufgestellt wurde, feierlich enthüllt. Im Laufe des Tages erschienen die Schreiberhauer Trachtenleute mit ihrem Schulzen, Kurdirektor Rohkam, ferner Behördenvertreter, Lehrerkollegium, Vereine, Presse und alles, was ihn liebte und verehrte.

Heinrich Scholz wurde am 6. 8. 1862 in Niederlinda geboren. Er starb am 2. 12. 45 in seiner Seiffen-Villa in Lest-Kauffung. Sein letztes Lebensjahr wurde weitgehend überschattet durch die furchtbaren Ereignisse der russisch-polnischen Besetzung.

Die Erinnerung an Heinrich Scholz, das Gedenken an seine überragende Liebe zur Heimat und den Menschen des schlesischen Raumes ist für uns das Bleibende.

Georg Hein

Heimatnachrichten September 1963

Sanitätskolonne Kauffung a. d. Katzbach

Doas neue Kauffunger Meßtischbloatt

Von Ernst Beyer

Nee, woas mit dam neua Meßtischbloatt
ferr a besonders Bewandnis hoat.
Ich hootts studiert, vu olla Seita u Kanta
und duchte derrbei, o olle Bekannta
ich bruchte die hoalbe Nacht derrmit zu
dann lägt ich mich hie, zu a kurza Ruh.
Im Traum koam mir doas wieder olles ei
ich erzähl Euch jetzt: »die Phantanei«.
Weil Wiesageisler vu unda derr eschte ist
dar fuhr uffa Berg an Fuhre Mist.
Bei Evlarn om Hübel, der Hund dar kleene
dar humpelte tüchtig mit em Beene.
Eim hucha Futter uffa Niederwiesa
vum Nickel-Pauer die Kühe liega.
Derr Wind der heulte ei a Wibbeln
bei Bruchmann woarnse om Hei uf schütteln.
Schnobel Julius ganz drüba om Rande
a woahr halt noch ei sem ala Gewande.
Vum Lihngut derr Förster Katzer der lange
dar bruchte an Fuchs o a dicka Stange.
Sachsa Oskar werrd im glei is Fall obziehn
derr Seifert-Mäuer wullt groad uf Arbeit giehn.
Derr kleene Franze, wie sull ich's denn soin.
dar fuhr eis Dorf mit'n Kerschawoin.
Derr Schreiber-Bäcker, im Geschäft a Racker
bei Barndta Adolf: – Ein Hühnergegacker.
Und Hampel und Weist der guder Laune
stiehn über derr Bache direkt om Zaune.
Nee, wie woar doas Schlooß doch schien
unda vum Bergmann Joachim.
Derr Kolzer-Schmied woar wieder om Schoffa
bei Paul Korl'n a poar Weiber die Fanster begoffa.
Derr Güttlich-Schuster, dar pucht wie noch nie
beim Hoinka-Pauer, gieht's rund ei derr früh.
Geisler Paul brucht geroade is Auto raus
derr Pohl-Müller schalt die Turbine aus.
Im »Goldenen Frieden« noach Wunsch u Wille,
beim Hellmann-Duckter woars recht stille.
Uff derr Haltestell duba, koam grade a Zug,
die Kotzbach da ala Onblick noach trug.
Übern Wahre drüba versteckt im Hulze
derr Heptner-Pauer derr frühere Schulze.
Meier Heinrich derr Kerchadiener
ruft gut'n Tag zu Jäckeln nieder.
Zwischer Titza Haus und Meuer Korl'n
do spielte grad'e a Leiermoan.
Uff derr Winklerbrücke, ei Weist-Briefträgers Dreeh,
do koam die niederste Feuerwehr.

Hinderhar Roadfoahrer oh a su viele
is woar an Übung mit kem festa Ziele.
Uff emol stoand ich uff'm Kerchploan hinga
uff'n Friedhof woar derr Chur om singa;
vum Kerchturm schallt dar Glocka Ton
die muchta wuhl hoan en nunder gelohn.
Mir woar goar ne asu ols wie ich wullte
noach schnell an Blick zum Dr. Schultze.
Die hucha Worzeln bekug mir die Rinde
vu da ala dicka Hoindkamühl Linde.
Derrnaberr doas kleene Nachtwächterhaus
es soah nooch recht verwattert aus.
Und ols ich ging über a Bräuerploan
koam Bergel Korl mit'n Plauawoin.
A fuhr über Land die Bunzlauer Töppe
derr Bruchmann Borbier stoand uff derr Treppe.
Die Friedenseche aus'n vorigen juhrjundert
die Viehringbache, ich hoabse bege bewundert.
Die aale Bräuerei wor ju Weltbekannt
der Bekanntmachungskosta hing noch o dar Wand.
Ich loas, ich merks uff die ersta Blicke,
mit derr Kirchasteuer worrn welche zurücke.
Vu Ufforderunga worrn do sugor noch meher
a grußer Stempel »Weimann Gemendevorsteher«.
Und wu ich a Stickla wetter woar,
bei Töpelt's Friedrich am Stachetator,
hing an Tuffel mit Kreide beschrieba
is ganze Schook Gorka fier sechs Biema.
Frummelt Paul baut neu ganz nochm Gesetze,
der Patzelt Schmied repariert ane Kartuffelquetsche.
Is Kriegerdenkmol ei aler Pracht,
doas hotta sie wull extra schien gemacht.
Doas ale Mühlwahr rauscht nee minder,
derr Meuerschuster mit Boss und Cylinder.
Und bei Mehwalda o a Brücka,
do hing a Schwein ei zwe a Stücka.
Derr Zeisig-Stellmacher a Moan vu kemm schlechta Hulze,
die Stroßawalze fuhr Florian Schulze.
Und Jenscha August a Mester dar kleene,
poliert halt grode a poor Futtersteene.
Hie richte doch noch Brute, noch Kucha derzu,
da Albert find Tag und Nacht keene Ruh.
Und irgend wu im Spoaß im Rausch,
an Leierkosten hot Künzel gekauft.
Derr Niemsche Seger schlug groade achte,
Wolperts Roberta die Bache zu schoffa machte.
Die Pumpelrusa o Pfeiffers Zaune,
uff emol woar ich im Grüna Baume.

Hie woar halt richtig Hochbetrieb,
es braust a Hoch es steigt a Lied.
Hoenka Robert, derr Brendel-Schneider,
Überschars Gustav und noch viel Weiber.
Derr Oadler-Flescher, derr Bäcker Niedlich,
die Tschirnhauskutscher und Reimann Friedrich.
Auto-Stief und Zement-Krause,
is ging lustig zu im ganza Hause.
Nabern Herda Barbier doas Haus doas kleene,
doas woar schun immer mei Derheeme.
Beim Töpper über derr Bache bei Stacha,
die Junga a Lehm zurechte macha.
Dann woar ich uffn Gemendeomte,
doas woarn halt olles fremde Beomte.
Die Sproche kunnt ich ne verstiehn,
is halt is beste – wieder giehn.
Im Hausflur stoand a ganz neues Sofa,
es hing droa a Siegel: zappzarapp Woyzeschowa.
Derr Nachwächter Leupold derr Gemendeboote,
klingelt aus an wichtige Note.
Uff derr Freibank morgen zwischen drei und vier,
gibts Rindflesch vu am junga Tiere.
Schibilla Anton ei Sanitätsuniform,
derr Korbmacher Suckel mit a Wiede unterm Orm.
krakzelte groade a Bachrand nunder,
om Steigerturm übta se Auf und Runder.
A schorfes Komando woas hie regiert,
Flotha Korle die Brücke durchrepariert.
Derr Kobelt-Pauer derr Langer-Schmied,
über die nächste Joyd beriet.
Derr Raupach Uhrmacher fürm Haus uff derr Bank,
die Koffeemühle, die Zeitung zur Hand.
Büttner Reinhold kriegt groade an Koarte,
derr Poinka-Schuster setzt eben an Schnoarte.
»Zum Katzbachstrand« klingt au Sching – Bim
derr Schworzuhrmacher huckt im Schaufanster rim.
Die Stroße, die Kotzbache, mit dicka Pfeilern ringa,
an huche Brücke is Toal bezwinga.
Doas machta olles die Gruschka Brüder,
die fuhren jetzt ihra Versand dorüber.
Ober ne blos Kolk alene,
bei Siegerta goabs Teerpreßsteene.
Selesia im Bunde der Dritte,
die hielen ihr Tempo uff der Mitte.
Kolk zum Bau und für die Chemie,
vier Firmen im Dorfe »Kolkindustrie«.
Dann ging ich vu derr Genossenschoftsbank,
drüba ei derr Gosse lang.
Derr Seidelstellmacher woar tüchtig zu Werke,
a machte an Dechsel aus a Berke.
A Weib mit a Ziege an schmucke Määh,
die frug mich obs hie bei Püscheln wär.

Bei Arnta woarn die Fanster verhanga,
die muchta wull schun sein schlofa ganga.
Bei Kabisch, bei Austa ein Geruch wie im Buche,
bei Stiefa woar groade an billige Wuche.
Und die Hailandsche Caroline,
trug wieder die Jacke die schiene.
Die Forelln ei derr Bache doas sein Brocka,
die Sansa Bruchmann ging zum Rocka,
Bei Frieba goabs Möbel, große und nette,
beim Berger Sattler Underbette.
Bei Alta goabs doch Bier und Wein,
derrnaber werds bei Teubern sein.
Derr Ale gleeb ich, Fernand heßt er,
derr Suhn woar doch schun Bergermester.
Und aus Ludwig Stellmachershaus,
do zug doch groade jemand aus.
Memm Tempo legt ich jetzt woas zu,
bei Frummelt kauft ich a poar Schuh.
Und für die ganz große Hitze,
bei Webern an leichte Summermütze.
Bei Knoblicha noch an schiena Stoab,
a Boart dann machte Krügler oab.
Ich reeste immer uff Schustersroppa,
Heptner Mäuer toat die Sanse kloppa.
Mehwalde Friedrich mit Pfard und Uchsa,
an Woagen vull Sand, dar woar zum Putza.
Beim Peschelschneider woar niemand zu sahn,
bei Schlussern für die Himmpeln 20 Pfg gahn.
Aus Kauffunger Marmor geschliffa rauht,
woar drüba am Rande a Denkmol erbaut.
Komerzienrat Elsner bekannt weit im Kreese,
is sull erinnern oa seine letzte Rese.
Ein Riese der Kitzelberg, doch zerschloan die Fasage,
dar steckt die Zinn bis ei de Bache.
Dar hoat schun moanchm zu schoffa gemacht,
uff'n Bruchmann's dimma woar a Bruch ufgemacht.
U dann noch a Weile, noach am kleen Renome,
do koma die Bergmann's, doas wurd an A.G.
Ringufa 1 + 2 wurd gebaut,
uff'n Barge an Kolonne is Hulz obhaut.
Zimmermäuer, Mäuer, Mester und Gepackse,
die Steene rullta zu Toal per Achse.
Aus da Schornsteen pustet schwarzer Rauch,
is Koam au Kolk schun zum Verkauf.
Und wu der Onfang woar gemacht,
is wurd gebaut dann Tag un Nacht.
Bremsberg u Seelboahn durchziehn doas Gelände,
Derr Wohnhausbau nimmt goar ke Ende.
An Feuerwehr mit lautem Horn,
an Musikkapelle an Uniform.
Segensreich woar au doas Krankenhaus,
doch leider ging hie moanchen die Puste aus.

Doch wenn moanchmol die Arbeit gor zu schwier,
do hulf ma halt mit Korn uund Bier.
Koam unverhufft a Beamter derzu,
dar druckte dann e Auge zu.
Ei dam grußa Soale an Feier stieg,
doo zechte halt olles uff Bergmann Commandit.
Is wehte a Duft vu da huha Linde,
Hielscher's Durchfoahrt kunnt ich goar ne finda.
Nu stallte sig au der Hunger ei,
ich ging amol eis Niedlich nei.
Derr Nitzold-Gartner und Schmidt vu derr Pust,
und Speda Jacob beim Skate robust.
Zeitungs-Simon meente Kontra gehn,
halt die Kloppe, du hust 2 Koarta gesehn.
Derr Kutscher Hausschild und a poar Weibla,
und Wolprecht Heinrich auß'n Seifa.
Ei derr Küche richt's noach Koffee und Broata,
und Grüß-Gott-Schulze liest a Boata.
Ich kauft a poar Sammeln, bei Zobeln die Putter,
bei Domsa koama se groad auß'n Futter.
Doas Spritzahaus stoand ganz weit uffa,
is wurde geputzt, gesäubert mit Dusche.
Doas derr Motor nee koam eis Wanka,
mußt Pilger August bei Titze tanka.
Und wu sunst derr Oamstvursteher Reute,
do wohn halt jitzt ganz andre Leute.
Nee, ich troaf se halt doch olle,
a Walterflescher a Martin Korle.
Im Spielschulgoarta herrschte Ruh,
die Äberschul woar feste zu.
Nee, wie woar doas Haus doch nobel,
vu da Bede, Novak und Vogel.
Doas gruße Schlooß, doas Hofehaus,
die soga underschiedlich aus.
Der Geisler-Kratschmer mit derr Blende,
a grußes Tier fund hie sei Ende.
Heines Haus erfuhr an Wandel,
denn hie woar jitzt a Bücherhandel.
Derr Bruchmann Kromer und derr Pauer,
fuhrn zu Moarkte bis noch Jauer.
Riedel Robert uff derr Insel,
derr Baier-Schuster die Fanster pinselt.
Und Heller Korl derr Schiedsmoan im Orte,
bei Zinneckern gibs frische Torte.
Die Direkterr Villa früher beim Bloa,
im Mühlberg uba kreschta die Kroha.
Die Äbermühl woar noch im Gange,
a Zimmermoan macht an Klatterstange.

Uffa Barg nuff führt an ale Stiege,
ich meen dort bei derr Hoinka-Schmiede.
Und halt dort direkt om Kandla,
koam Suckel August mit'n Letterwandla.
Langer Robert treibt die Kühe aus,
bei Kottwitza woar Ausverkauf.
Joppa Robert und ich ei oller Ruh,
sahn hie am richtiga Drama zu.
Im Stimpelgoarta ganz dicht om Zaune,
do stieht a gelber Marunkabaum.
An reene Pracht, könnt ma do soin,
uff derr Stroaße koahm a Komödiawoin.
Und ob's nu Obsicht oder Wille,
bei da Marunke halt a stille.
An Kloppe schwangte nee zu soacht,
nu wors vorbei mit oller Pracht.
Er schwärmte aus an Harde Offa,
machta dam Baume woas zu schoffa.
Und hopsta und sprunga nuff und nunder,
und ginga im, als wär's bloß Pflunder.
Se froßa und spuckta und schüttelta und zupta,.
und schloppta und fluga kreuz und quer,
bis doas der ganze Baum woar leer.
Dann goab's an lauter Peitschaknoll,
erledigt woar dar ganze Foll.
Räder Julius hott's auch noch gesahn,
ja, die Pagage is frech infam.
A wullte schun a Hund luß macha,
ich glebe, dann hätta die au gefrassa.
Tschenscher Arnst a treuer Bruder,
derr Pilger-Mäuer hult a luder.
Die Männer aus dem Luxahaus,
giehn heut mit ihra Weibern aus.
Derr ale Kirscht mit derr Goartaschaare,
hie woar's doch immer bei Frecha om Wahre.
Weimann Korl a aler Bekannter,
bei Frieba kräht derrn Hoahn im Fanster.
Die Barga hie uba die hichsta im Orte,
Jitzt kimmt ma direkt zur Kotzbachpforte.
Drei Tauba bei Schnobeln uff'n Dache,
im Hofehaus a Kindergelache.
Und wu ich woar bei Pausa vorüber,
do winkte ees aus der Randsiedlung rieber.
Dann ging ich uff a Weißsteen zu,
ich suchta halt a bisla Ruh.
Im Schoata fu am Echnerbaum,
doo woar zu End dar schiene Troaum.

Rundbrief November 1956

Alt-Kauffunger Erinnerungen

Von Sanitätsrat Eugen Hellmann, † 1933
– Als Arzt in K. beschrieben in 'Für Gesundheit und kranke Tage' –.

Wer weiß etwas vom alten Kauffung? »Viele natürlich!«
Ach, Ihr jungen Schnacker, denen es noch nicht mal grau hinter den Ohren
leuchtet! Ich weiß was, und meine lieben Schulkameraden aus den sechziger
Jahren des vorigen Jahrhunderts, die der brave Lehrer Hoppe in der alten
Schule im Oberdorf noch mal mit den nötigen »Handschnitzen« eines besseren belehrt oder gar mal zur Vertiefung des Eindruckes seiner Beweise
übergebuckt hat, ja die wissen etwas. Gelt, mein lieber Freund Pilger-August?
Langer August, Bruchmann Wilhelm, der Doms-Bauer, die könnten auch
noch mancherlei erzählen und Geisler-Hermann, Bruchmann-Oskar und Gei-
ser-Julius, wenn diese drei Prachtmenschen nicht schon vorzeitig Schmiede-
hammer und Hobel weggelegt und ihr letztes Pfeifchen »Portoriko« und ihre
letzte Zigarre geraucht hätten. Und wer hat noch Kantor Stachers strenge,
aber förderliche Lehrmethode und seine gesalzene Sende genossen? Kahlert-
Müllers Junge, der im Tschirnhaus-Werke so lange schon seines Aufseherpo-
stens waltet, und neben ihm im Ober- und Niederdorfe ein spärliches Häuflein. (Sende = Rohrstock)
Aber Ihr, meine alten Freunde, Ihr erzählt ja alle nichts! So will ich erzählen.
Das Schulhaus in seiner ganz alten Form, wer besinnt sich noch seiner? Herr
Hauptlehrer Scholz? O nein, Sie haben's ja erst in schon mehrfach verjüngter
Gestalt übernommen, mit Bubikopf hätte ich um ein Haar gesagt! Aber die
Forellen im Mühlgraben hinter dem Schulgärtchen, deren Bekanntschaft,
intime Bekanntschaft darf ich wohl sagen, haben Sie noch gemacht! Na, lassen
wir das Haus! Aber die Schulzimmeraufmachung! Schmale, lange Tische,
Bänke an beiden Fronten, Studenten und Studentinnen einander vis-a-vis
sitzend. Bitte, was wollen Sie mehr?«
»Herr Lehr', Geisler-Korle schreibt ne!«
Er bekommt ein liebevolles Kopfstück vom »alten Hoppe«, der das Sammet-
käppchen auf dem von etwas langem, lockigen Haar umgebenen Kopf im
langen, weiß-braun-schwarz karierten Leinenrock bemüht ist, sein ihm anver-
trautes Häuflein preußischer Jungen und Mädel in der Kunst des Schönschrei-
bens auf der Schiefertafel zu fördern. Wir sind in der Abteilung, die sich
»Katechismus« nennt, ins »Evangelium« kommen erst die Größeren.
»Herr Lehr', ich hoa keene Urn!«
Wieder ist es des Ziegelmeisters von Stöckel-Kauffung holdseliges, pausbäcki-
ges Töchterlein, das laut wird.
»Was hast du nicht?«
»Ich hoa keene Urn!«
»Was, was?«

mit Blick auf Probsthainer-Spitzberg.

Da erklingt es aber schon aus drei, vier zungenfertigen Mädchenmäulchen:
»Herr Lehrer, sie sagt, sie habe keine Ohren!«
»Keine Ohren? Du hast doch Ohren!«
»Nee!«
»Sie meint, sie hört nicht!«
»Das ist doch aber...«
»Herr Lehr'!«, grinst Geisler-Korle, die tumme Gake hot doch ihre gruße, dicke Mütze uffe!«
»Wahrhaftig! Aber Ernestine.«

Die Mütze, eine sogenannte Kapotte, welche die Ohren mit schützt und unbeabsichtigt die Schallwellen abfängt, wird ihr etwas plötzlich und unzart abgezogen, was ihrerseits durch ein Schmerzensgeheul, Geislerseits durch ein abscheuliches Feiksen quittiert wird. Da wird des Jungen rechtes Ohr hübsch lang gezogen, was ein keusches Erröten dieses Organes erzeugt, seitens des Besitzers aber als ausgleichende Gerechtigkeit anerkannt wird.

»Herr Lehrer, es stinkt was!«

Das meldet dieses Mal ein Junge.

Bevor die für solche Fälle notwendigen Aufklärungsvorbereitungen getroffen werden können, öffnet sich mit fast repektwidriger Energie die Schulstubentür, in deren Rahmen die Frau Lehrerin sichtbar wird, umwallt und umduftet von einer Wolke gelbgrauen Dampfes. »Ach, Hoppe, komm rasch, mein großer Salbentopf ist angebrannt! Du mußt eine Weile rühren!«

Schon ist der kluge Altmütterchenkopf der Salbenköchin wieder verschwunden, der Höllenbrodem wogt und wallt über unseren Köpfen. Die Hälfte aller Jungen und sämtliche Mädel husten mit anerkennenswerter Naturtreue.

Mit einem »Kinder, beschäftigt Euch nützlich! Die Ersten passen auf!« folgt der Schulgewaltige kopfschüttelnd dem Lockruf seiner Eheliebsten.

Ja, ja, Mutter Hoppen kochte alljährlich viele Töpfe voll ihrer nicht unberühmten, aber angebrannt infernalisch duftenden Zug-, Heil- und anderen Salben! Sie tat das nicht aus einem krankhaften Geruchsfimmel, sondern sie quacksalberte ein wenig und verstand durch ihre von der Wissenschaft gar nicht, von Sympathie und Mystik desto stärker beeinflußten Methoden, die jammervolle Besoldung ihres Gatten wenigstens bis zum Existenzminimum aufzubessern. Jetzt würde sie natürlich mit dieser damals erfolgreichen Finanzoperation glatt scheitern, denn seit über 50 Jahren soll kein Kauffunger und keine Kauffungerin mehr zu einem Kurpfuscher oder einer weisen Frau gegangen sein. Das stimmt doch! Lacht da jemand?

Wir Kinder beschäftigten uns also nützlich. Das erste Mädchen öffnete sehr verständig ein Fenster, um dem importierten Aroma den Weg aufwärts zu den Wolken frei zu geben und belohnte den ersten Jungen, der sie an den Zöpfen ziepst, mit einem gut gezielten Apfelgriebsch. Pilger-August und Schade – sein Vorname ist mir entfallen – ließen einen wundervollen Zweikampf steigen, dem wir sämtliche Ritter und Edeldamen in höchster Spannung zuschauten, jede Phase des Ringens mit Beifallsjubel abschließend. Noch aber war die Entscheidung nicht gefallen, da erschien, dem Racheengel gleich, die Gestalt des Herrn Lehrers in der geöffneten Tür. Nicht drohte er zwar mit flammendem Schwert, aber doch schwang er über unseren schuldigen Häuptern eine erprobte Waffe, eine sehr geschmeidige Sende. Wohl verhallte für uns Unbeteiligte sein Posaunenruf im Lärm des auf die verlassenen Plätze stürzenden Volkes, aber der beiden Helden gefahrgeschultes Ohr hatte ihn sofort vernommen, und beide Kämpen fuhren mit der Geschwindigkeit des gehetzten bösen Gewissens unter Bänke und Tische. Weder die Fußtritte ihrer männlichen Kameraden, noch das entrüstete Beinchenstrampeln ihrer Huldinnen wurde entsprechend gewürdigt. Schade, der mit der sausenden Sende schon die übelsten Erfahrungen gemacht hatte, war denn auch im Augenblick in dem Beingewirr verschwunden, mein lieber Freund Pilger-August aber, der ja heut noch nicht der Philosophen überragende Ruhe der Lebensauffassung verleugnet, blieb mit seinem linken Hinterbein sicht- und greifbar. Ach, er wurde gegriffen, hervorgezerrt, mit sicherem Schwung übers Lehrerknie gekippt, und nun setzte sich das Recht des Stärkeren in einem für uns Zuschauer zwar erzieherisch wertvollen, für den armen Sünder aber unerquicklich erschütternden Drama siegreich durch. Siegreich? Für eine kurze Minute wohl, aber mein August war ein listenreicher Odysseus. Auf der Suche nach einem rettenden Gedanken war es ihm gelungen, sich so weit um seines Strafrichters Beine herumzuwinden, daß seine Zähne – und was für Zähne – eine Lehrerwade zu packen bekamen. Er biß auf Mord, und die Sende hieb auf Totschlag – es war ein Kampfspiel von erhabener Schönheit! Wer würde länger standhalten? Die Schärfe der jugendlichen Zähne siegte über die Zähigkeit ungebrannter Asche. Mit einem »Lümmel infamer« wurde unser Matador fallen gelassen.

Der Schulschluß brachte das versöhnende Ende. Einige Tage noch lahmte unser guter Lehrer, während August sein Sitzefleisch schon am folgenden Schultage wieder schmerzlos belasten konnte. Zur Strafe wurde er eine halbe Woche lang »nicht drangenommen«, was ihm offensichtlich nur mäßige moralische Schmerzen verursachte, wir anderen Kinder aber mieden ihn eine Weile, was ihn sicherlich empfindlicher traf. Wir standen eben doch sämtlich auf unseres vortrefflichen Herrn Lehrers Seite, während August sogar von Schade »ein grobes Luder« genannt wurde.

Nun aber, mein lieber August, Du nimmst mir's doch nicht übel, daß ich diese Deine Heldentat erzählt habe? In der Fülle Deiner Schulzeit Erinnerungen ist sie Dir vielleicht ganz in Vergessenheit geraten, aber Du, schön war's damals doch!

Glaubt Ihr jungen Leutchen nun etwa, wir hätten in jener Zeit mit unseren Lehrern Schindluder getrieben oder hätten ihnen weniger an Liebe und Verehrung entgegengebracht, als das heut der Fall ist, da seid Ihr ganz und gar auf dem Holzwege! Die Arbeitsgemeinschaft zwischen Schule und Haus, die heut mit Recht so intensiv angestrebt wird, damals bestand sie. Was der Herr Lehrer sagte, war für uns Kinder Evangelium, so wie das Gebot von Vater und Mutter uns Gesetz war. Na, Bruchmann-Wilhelm, war's nicht so?

Ihr lieba Leutla, ich wöll' noch viel derzähln, ober dar langbeenigte Durfschulze stißt mich ei di korza Rieba – a wil tanza loon! –

Aufgeschrieben wohl um 1920
Heimatnachrichten Mai 1976

Querschnitt aus einer Kauffunger
Gemeinderatssitzung um das Jahr 1930

Eines Tages gegen Abend komme ich mit meinem Freund Paul Brendel aus dem Oberdorf. Wir hatten noch etwas zu erledigen; das hatte jedoch noch eine Stunde Zeit bis dahin. Da wir gerade beim Gemeindeamt vorbei kamen, hörten wir, daß soeben »Öffentliche Gemeindevertretersitzung« war, und so beschlossen wir, uns dort die Stunde aufzuhalten, um mal zu hören, was für die Gemeinde alles beraten wird. Wir gingen in den Saal und setzten uns zwischen die anderen Zuhörer. Eben wurde ein Punkt verhandelt, wo ein Einwohner im Seiffen gebeten hatte, seine Hundesteuer zu ermäßigen, da er etwas abseits von den letzten Häusern wohne. Nach einigem Hin und Her wurde dem Antrag stattgegeben.

Gemeindevorsteher Teuber: »Nächster Punkt der Tagesordnung: Bau einer Badeanstalt«. Nun wurde es lebhaft. Die Debatte war schon 10 Minuten im Gange, da meldete sich Schuhmachermeister und Gemeinderat Hermann Güttlich zum Wort: »Meine Herrn! Ich bin auch der Meinung, daß der Mann im Seiffen die Hundesteuer ermäßigt bekommt.« (Allgemeines Gelächter). Jetzt war bei Hermann erst der Groschen gefallen. Nun meldete sich Tischlermeister und Gemeinderat Friebe zum Wort. (Hier muß noch gesagt werden, daß Friebe ein sehr sparsamer Mann war, der nichts bewilligte, was nicht unbedingt nötig war). Er führte u. a. aus: »Meine Herrn, zu woas braucha mir an Boadeanstalt, mir braucha doch geroade is Geld zu andern Sacha nutwendiger, mer honn a su viel zum Baun und Wege zum Oarichta, außer vielem andarm, ich wüßte ne, zu woas mer an Boadeanstalt brauchta, ich hoa mich ei mem ganza Laba noch ne gebodt, und war sich boada will, dar sull ei a Stauweiher gien, do hoat as imsuste.« Der Kampf wogte hin und her, ohne daß eine Einigung zustande kam. Gemeindevorsteher Teuber: »Meine Herrn, wir müssen weiter, wir haben noch viel zu beschließen; der Bau der Badeanstalt wird vertagt. – Nächster Punkt der Tagesordnung: »Ich habe von unserem Gemeindeboten und Nachtwächter Leupold eine Eingabe vor mir; er bittet um eine Gehaltserhöhung von 10 Mark und ich bin persönlich der Meinung, daß wir ihm das Geld bewilligen können, denn er bekommt sowieso nicht zuviel. Ich stelle den Punkt zur Debatte.« Nun meldete sich gleich als erster Gemeinderat Friebe zum Wort: »Meine Herrn. Wenn ihr wullt Lepulta zahn Mark meer gahn, do bin ich dar Menung, do gabt'm och bal zwanzig, doß a a Hols ful kriegt, denn ei 4 Wucha kimmt a ju suste doch wieder.« Unsere Stunde war unterdessen abgelaufen. Mit Tränen in den Augen verließen wir den Saal. Auf dem Nachhausewege sagte mein Freund Paul zu mir: »Ich weeß goarne, doß die Leute a su verückt sein offs Kino und offs Theater; wenn se lacha wulln, do braucha se doch bloß ei de Gemendevertratersitzung gien, do honn ses imsuste.«

Richard Evler
Heimatnachrichten Oktober 1958

Um die Geisterstunde

Erinnern und tragische Begegnung von Stanislaus Filke

Der Kalkarbeiter Stephan ... des Kalkwerkes Tschirnhaus-Kauffung war gestorben. Auf dem weiten Wege von der Leichenhalle des Werkes bis zum katholischen Friedhof folgten dem Kreuzträger die Schulkinder unter Leitung von Herrn Kantor Alfred Pilz. All die frischen, hellen Kinderstimmen übertönte er als Vorsänger: »Erbarmer! Für entschlafne Brüder fleht brüderlich das Bruderherz!«

Indes eilte der alte Totengräber Heinrich Kiefer dem Zuge voraus, um das große Tor des Kirchhofseinganges zu öffnen, woselbst die Tragbahre bereitgestellt war, um den Sarg des Verstorbenen von dem tafelförmigen Leichenwagen aufzunehmen.

Nach dem Requiem in der Kirche erfolgte die Beisetzung. Totengräber Kiefer hatte in unmittelbarer Nähe der kleinen, gotischen Friedhofspforte, die zum Katzbachsteg hinausführte, das Grab ausgehoben. Als die Grabgesänge verklungen waren und das Trauergefolge sich verlaufen hatte, strahlte bis zum Einbruch der Nacht des Himmels milde Bläue in das offene Grab.

Am Abend dieses Tages schritt Pfarrer Ernst Stehlik auf dem Friedhofsweg, der am Chor der Kirche vorüberführt, völlig abseits von dem offenen Grab, zum Kantorhaus. Stehlik war ein großer Lehrerfreund, der sich bewußt war, daß erfolgreiche, gemeinsame Erziehungsarbeit der Jugend nur möglich war, wenn Pfarrer und Lehrer sich wie die rechte und linke Hand ergänzten. – Es war Mitternacht geworden, da Pfarrer Stehlik aus gastlichem Hause zum Heimgang aufbrach. Als sich die Tür zum Friedhof hinter ihm schloß, sah er fern drüben an der Friedhofsmauer im matten Schein einer Laterne eine Gestalt hin- und herhuschen. Dumpfes Gepolter durchdrang die Stille der Nacht. Beherzt schritt Pfarrer Stehlik auf die Stätte nächtlichen Spukes zu, und siehe, Totengräber Kiefer vollendete sein vergessenes Tagewerk. Auf die Frage des Geistlichen: »Was soll das?«, antwortete der Betroffene in seinem Dialekt: »Entschuldigen Sie, Herr Pfarrer, die Leichenträger haben mich nach dem Begräbnis zu einem Umtrunk in die Brauerei eingeladen. Nu vertrage ich doch nicht viel, da haben sie mich heimgeschleppt. Als ich vom Rausch in der Nacht erwachte, fällt mir das offene Grab ein. Da habe ich mich mitten in der Nacht zu meiner Arbeit aufgemacht.« – Pfarrer Stehlik, der für menschliche Schwächen ein feines Verständnis hatte, lachte und entbot eine gute Nacht! Ja, der alte Totengräber Kiefer gehörte zu den Charaktertypen unseres Dorfes! Noch sehe ich ihn im Festgewand mit seiner schwarzen Meßlatte von Haus zu Haus schreiten, da er monoton sein Sprüchlein aufsagte, um zur Teilnahme an einer Beerdigung einzuladen. Mit ihm fand diese Dorfsitte des »Leichenbitters« ein Ende, da Anzeigen in Karten und Zeitung ihn von seiner Mission ablösten.

494

Ihm zuzuhören ob seiner Erfahrungen an den Totenwiegen der Ewigkeit, war zuweilen schaurig – kurios! Vom katholischen Friedhof meinte er, daß er verwesungsmüde sei. All sein Erzählen war eine Philosphie vom Jahrmarkt der Eitelkeit.

Es war Krieg! Zur Beerdigung seiner Mutter kam ein Urlauber von der Front nach Hause. Er kam zu spät; man hatte bereits den Sarg der Mutter eingesenkt. Noch war die Gruft offen, da bat er Totengräber Kiefer, er möchte noch einmal das Antlitz seiner Mutter sehen. Mitfühlend – mühsam vollendete Kiefer diesen Liebesdienst. Ein tragischer Vorgang! Eine letzte Begegnung mit erstarrtem Leben in kühler Gruft.

In fast dramatischem Widerspruch zu dieser Begebenheit steht ein legendäres Ereignis, als Frau Guder, wohnhaft nahe bei Silesia, vom Wege der Ewigkeit als Scheintote zum Leben zurückkehrte. – Noch heut berührt mich als Lehrer eine Erinnerung mit Trauer, da mitten im Badegewühl des Ketschdorfer Staubeckens ein 10jähriger Bub einem Herzschlag erlag. Als ich die Totenlast die Taltreppe hinauftrug, begegnet mir in herztötendem Schmerz die Mutter des Kindes. – Meine Frage: Wer hat Sie gerufen? ʻAhnungen haben mich nach hier aufbrechen lassen.ʼ Herr Pastor Schulz formte die Beisetzung zu einer ergreifenden Trauerfeier.

»Was du bist, war auch ich, gesunder Mensch auf Erden; was ich bin, wirst auch du mal Staub und Asche werden. Darum der Künste viel, unendlich ist das Wissen, so lern die schönste Kunst, selig die Augen schließen.«

Eine Sehnsucht – die für jenen in Erfüllung ging, der auf seinen Grabstein auf dem Ketschdorfer Friedhof das Wort des schlesischen Mundartdichters Karl Holtei schreiben ließ: »*Suste nischt ack heem!*«

Heimatnachrichten Juni 1973

Kauffunger Berge untereinander

Erzählung von Ruth Geisler/Krause

Wie's zugieht, wenn die schläscha Berge Krach kriega mitnander, hoan merr ins ja beim letzta Treffen ei Bielefeld oagehurt. Derr Keller Paul hoats uufgeschrieba.

Mir koam nu derr Gedanke, doas au *die* Berge, die inser Koatzbachtoal eiseema, an Menge zu derrzähln hätta. Schimpfa warn se bestimmt nä asu ordinär, denn is sein ja Kauffunger Berge, und die wissa, woas sich gehiert. Wie uralt die schunt sein, doas hoat ins ja derr Teschner Walter asu schien uufgeschrieba: Mindestens 500 Millionen Joahre hoan se olle uff'm Puckel,

Schafberg-Baude oberhalb Kammerswaldau.
Ausflugsziel der Kauffunger im Sommer wie im Winter.

und derr Aalaberg sugoar noch a poar Millionen meeher. Dar heeßt nä bloß asu – nee – dar ies wirklich derr Ältste ei damm Verreine. Doderrgegen sein mir noch nä amoal Eintagsfliega! – Woas miega *die* wull olles derrlaabt hoan! Mir woarn bloß beim letzte Stickla derrbeine. A winziger Augablick ferr die Berge – wenn merr is Aalder bedenka – aber an hoarte, lange Zeit ferr ins Menscha.

Lebendig gings ja schunt immer zu ei Kauffung, und dunnern toats olle Tage, wenn ma da Berga mit Sprengloadunga zu Leibe ging. Aber dann, im Winter 1944, mischta sich fremde Teene derrzwischa, die ins Angst machta. Vu ieberoal har koama Menscha eis Durf. Mit derr Boahne, mit Fahrd und Woan, mit Sack und Pack. – »Derrheeme is Krieg«, soita se, »durt kinn merr nimmeh bleiba.«

Noach'm Neujoahre 1945 soah ma immer meeher Suldoatauniforma derrzwischa, und doas Dunnern und Grulln koam nähnder und nähnder. Derr Kleene Miehlberg ganz unda krigte's schunt a bißla mit derr Angst zu tun und pletzlich – mitta ei derr Wuche – machta sich die erschta Kauffunger uff a Wäg. Ganz genau asu, wie die andern gekumma woarn: Mit derr Boahne, mit Fahrd und Woan, mit Sack und Pack.

»Dann giehts wull zu gutt, doas se bei dar Källde verreesa tun«, prillte derr Golgaberg driebernieber. Dar Kerl hotte wirklich an Golgahumor! – A poar Wucha lang blieba die Leute weg. Die woarn eim Sudetenlande, ei derr

Tschechei, ei Bayern, ei Sachsen und sustewu. Aber zusomma mit'm Friehlinge koama an ganze Menge wieder heem vu dar »Reese«. Im Mai quartierta sich uffs Neue Suldoata eim Durfe ei. Die hotta aber ganz andere Uniforma oa, und kee Mensch und kee Berg kunnte verstiehn, woas se redta. »Ich gleebe, doas sein Russen«, meente derr Krohasteen. Doas hotte ihm an aale Krohe verrota, diede schunt weit rimgekumma woar ei derr Welt.

A poar Monate später machta die Suldoata furt. Aber doderrfiehr koam an neue Surte Menscha oa. »Nu hiert doch olles uuf«, schimpfte derr Kitzelberg, »die räda ja schunt wieder andersch. Do kinn merr bloß huffa, doas se uff der Durchreese sein.« Hie täuschte sich derr Kitzelberg aber grindlich. Denn diesmoal blieba die Fremda do. Die benoahma sich ganz asu, als wenn se ei Kauffung derrheeme wärn. Und is Raubschlooß hoat zuerschte geducht, die aala Raubritter wärn wiedergekumma.

Nu wurde deutsch und pulnisch gesprocha eim Durfe, und derr Ziegaricka meckerte zum Weißsteene nieder: »Mir warn noch missa olle meeglicha Fremdsproacha lern', wenn daos asu wetter gieht.« Ar sullte recht behaaln! Eim Friehsummer 1946 zuga wieder an ganze Menge Leute furt. Aber nä etwa die Fremda. Diesmoal woarn's richtige Kauffunger, und die ginga ohne Fahrd und Woan. Die meesta bloß mit am klenna Päcksla uff'm Puckel oder uff'm Letterwaanla.

Do koam a grußes Derrschrecka ieber die Berge. Derr Kleene Miehlberg kruch noch meeher zusomma verr Angst, derr Golgaberg vergoaß senn schworza Humor, derr Omrich winkte zoaghoft, aber kees guckte hie und derr Kitzelberg frur bis eis Mork, obwull's ieberhaupt nä kaalt woar. »Uhu, uhu«, schrie derr Uhusteen vum Grußa Miehlberge rieber, aber a krigte keene Antwort. Vum Aalaberge kullerte an Träne driebernunder bis ei die Erlabaache, und driebernuff zuga die Leute, bis is Durf zuende woar und immer wetter, uff Ketschdurf und uff Herschbrich zu. Woas die Kallerberge olles gesahn hoan, doas wulln se lieber ferr sich behaaln.

Asu ging's an ganze Zeit. Dauernd machta Kauffunger furt, bis eim Durfe bloß noch pulnisch gesprocha wurde.

Inse Berge stoanda woarhoftig wie versteenert rechts und links vu derr Koatzbaache. Aber dann, als sich die Erstorrung geleest hotte, do goabs Krach! – »Du aaler Feigling«, prillte derr Gruße Miehlberg zum Kitzelberge nieder, »warum huste denn nä mit Stenn geschmissa, als die Fremda olle koama? Kunntste nä an urndliche Rutsche nunderrloan bis ei die Koatzboache? Die wär doch mit Freeda iebergelaufa!« – Derr Kitzelberg soah oa sich nunder. Ar woar miede und muchte sich nä streita. Taag ferr Taag sprengta se ihm gruße Sticke aus'm Leibe, und irgendwann würde wull bloß noch a zernoarbtes, zerschundenes Heffla iebrig sein. Derr Aalaberg wußte, wie ihm zumutte woar, denn die beeda soaga sich ja dauernd ei die Auga. A schittelte mit'm Kuppe und meente toadelnd: »Miehlberg, Miehlberg! Ich muß mich doch sehr wundern. Du hust monche Prädigt gehurt zu Pfingsta, aber is gibt kenn eenziga christlicha Gedanka ei demm Kuppe. Schaam dich och!«

Viel Joahre woarn seitdamm verganga. Derr kleene Miehlberg hotte groade a bißla gedeest und wachte uuf. »Ach, hoa ich an schinna Traum gehoat«, meent' a zu sich salber. »Zwee Leute woarn hie bei mir, die kunnt' ich asu gutt verstiehn: 'Ies doas wunderboar, wieder amoal ei derr aala Heemte zu sein', soate die Frau, 'wenn au olles ganz schien zugewachsa is.' – 'Bis zum Raubschlusse kimmt ma au kaum noch durch', goab der Moan zerr Antwoart.« – Pletzlich fuhr derr Kleene Miehlberg zusomma: »Do traata ja wirklich welche uff memm' Puckel rim, ich treeme ja goar nä, die Leute sein woahrhoftig do!« – Ganz außer sich verr Freede hätt' a oam liebsta getanzt. Weil a aber festegewachsa woar, toat a bluß a ganz kleenes bißla wackeln. Doas merkta die Leute nä.

Seit dar Begegnung hoan die Kauffunger Berge schunt viele aale Bekannte wiedergesahn, und Joahr ferr Joahr kumma meeher. »Bloß gutt, doas ich asu an hoarta Nischel hoa«, brummte die Eisakuppe letzthin, und der Omrich kloate ieber Bauchkneipa. »Mei Puckel spiert's au ganz schien, wenn asu viele druffe rimtraata«, ließ sich derr Aalaberg vernahma, »aber doas will ich gerne ertroan. Hauptsache, die vergassa ins nä.« – Enner ei dar Reihe aber woar ganz besondersch glicklich, und doas woar derr Kitzelberg. Dar hotte noach 40 Joahrn endlich amoal jemanda vu senn aala Bewohnern wiedergesahn!

Beim Keller Paul kriega die schläscha Berge olle an Naabelkoppe iebergezoin, derrmitt Ruhe wird. Inse Kauffunger Berge hott derr Herrgott bestimmt schunt zugedackt mit enner dicka, weecha Decke aus Schnie. Und durt drunder schloofa und treema se, bis wieder aale Bekannte uff Besuch kumma.

Frohes Wiedersehen der Kauffunger in Hagen am 12./13. September 1964

Kinder, war das eine Freude! Ihr versteht's doch, wenn ich Euch so anrede? Wenn wir auch 20 oder 50 oder 80 Jahre alt sind, so sind wir doch immer Kauffunger Kinder, auch wenn unsere Wiege nicht dort stand. Wir sind miteinander verbunden in Freud' und Leid in all den Jahren, die wir zusammen durchwanderten.

An dem ersten Wiedersehen am Samstagabend konnte ich mit meiner Christel und zwei Enkelinnen leider noch nicht teilnehmen, aber für die vielen, die dabei waren, werden es besinnliche, frohe Stunden gewesen sein, die nur zu schnell vergingen.

Am Sonntagmorgen fing es schon gleich für uns an. Als ich nach der Uhr sah und dachte, es wäre noch zu früh zum Aufstehen, kam es mir plötzlich wie ein Blitz aus heiterem Himmel in den Sinn: 5 Minuten nach 7 Uhr geht's aus dem Haus zum Heimattreffen! Rechtzeitig sind wir an der Haltestelle der Straßenbahn, die uns nach Unna bringt. Weiter geht es nach Hagen, hinein in den strahlenden Tag. Vor dem Lokal »Wartburg« begrüßt uns sogleich Schwester Elfriede aus dem Kindergarten und dem Altersheim. So sind wir gleich mitten in Kauffung.

Bald füllte sich der Saal immer mehr mit Gefährten aus der Heimat, die mit Kindern und Kindeskindern kamen. Mancher Händedruck wurde gewechselt und manches Band wurde von neuem geknüpft.

Die Kirchenglocken riefen, und wir fanden uns im Gemeindeheim zum Gottesdienst ein, den uns der junge Pastor Schröder aus Gelsenkirchen hielt. In der »Wartburg« erwartete uns ein gutes Mittagessen. Unser Heimatortsvertrauensmann Walter Ungelenk, der das Amt unseres unvergessenen Gustav Teuber übernommen hat, sprach zu uns. Dem Gedanken an unsere Verstorbenen gaben wir Ausdruck in dem Lied: »Im schönsten Wiesengrunde«. Wir haben es wohl alle so recht von Herzen mitgesungen, bedeutet es doch für die Schlesier ein Stück Heimat.

Aus dem ausführlichen Brief einer Kauffungbesucherin, Gisela Möhnert, den Herr Pastor Schröder vorlas, können wir uns ein Bild von dem jetzigen Leben und den Veränderungen dort machen. Fotos zeigen uns manche liebe Stätte, wie sie jetzt noch erhalten ist. Beim Abschied dankten wir all denen, durch deren Mithilfe dieses Treffen ermöglicht wurde. Wie gut tut es, zu wissen, daß die Jugend eintreten wird, wenn unser Tagewerk zu Ende geht.

Und nun sind wir wieder verstreut in alle Winde, aber wir rufen uns zu: »Leb gesund und mach's gut und will's Gott – Auf Wiedersehen das nächste Mal!«

Eure alte Frau Pastor Burkert

† 7. 4. 1973 im 90. Lebensjahr in Unna-Massen

Heimatnachrichten Oktober 1964

Kaufunger Nachrichten.

Jahrgang 1924

18. 5. 1937

§ **Waldgottesdienst.** Wie alljährlich, so wurde auch in diesem Jahre am 2. Pfingstfeiertag von der evangelischen Kirchgemeinde früh um 6 Uhr ein Waldgottesdienst am Großen Mühlberg abgehalten, der, begünstigt von schönem Wetter, außerordentlich stark besucht war. Die Gemeindegesänge wurden, von der Zschirnhauskapelle begleitet, auch Chorgesänge wurden geboten und gestalteten die Feier in Gottes unendlichem Dom zu einem Erlebnis.

§ **Mißgeschick.** Ein Personenauto, welches anscheinend nicht jest angebremst war, fuhr von einer bergigen Seitenstraße über die Hauptstraße in die Kaßbach. Von hier mußte es ohne ernstliche Beschädigungen hochgewunden werden.

§ **Unfall.** Der 27jährige Sohn des Steinarbeiters August Raupach verunglückte am Pfingstfreitag fern der Heimat. Bald nach seiner Einlieferung in das Krankenhaus erlag er den schweren Verletzungen, die er anscheinend durch Sturz vom Motorrad erlitt. Die gepüfte Familie hat in den letzten Jahren 1 Tochter und 2 Söhne verloren.

§ **Militärkameradschaft.** In der letzten Führerratssitzung wurden die Richtlinien für das Schießen am 2. Pfingstfeiertag festgelegt. Am Kyffhäuserbundestag in Kassel nehmen 3 Kameraden und die Fahne teil. Es wurden die antwortlichen Eingänge bekannt gegeben und besprochen, desgleichen interne Vereinsangelegenheiten.

19. 5. 1937

§ **Unfall.** Am Mittwoch ereignete sich ein Unfall, der leicht schlimmere Folgern hätte haben können. Ein Lehrling fuhr mit gegen den Verkehrsregeln auf der falschen Seite unserer stark belebten Ortstraße. Als er vor einem Auto auf die andere Straßenseite abbiegen wollte, wurde er von diesem erfaßt und stürzte vom Fahrrad beschädigt wurde. Die an Ort und Stelle vorgenommenen Feststellungen durch den zuständigen Gendarmeriebeamten haben zur Klärung der Schuldfrage geführt. In diesem Zusammenhang sei nochmals auf die genaue Befolgung der Verkehrsregeln hingewiesen.

§ **Turnverein.** In der Monatsversammlung gab der Vereinsführer einen Rückblick auf die nun vierjährige Aufbauarbeit des Reichssportführers im Dienste der deutschen Leibesübungen und seine großen Erfolge. Dann wurde bekannt gegeben, daß am 30. Mai Reichsbundsportlehrer Wilde in Kaufung als Kreisstützpunkt für die Lehrwarte und Uebungsleiter der Reichsbundvereine die Ausbildung in der Grundschulung durchführen wird. Die umliegenden Vereine nehmen daran teil. Die künftig in allen Reichsbundvereinen für alle tätigen Mitglieder durchzuführende Grundschulung wurde im einzelnen durchgesprochen, die den Hauptteil der Sommerarbeit bilden wird. An der Herrichtung des Sportgeländes beteiligt sich der Verein. Die Beiträge der Jugendlichen wurden einheitlich festgelegt, die Versicherung der nicht der HJ. angehörenden Jugendlichen beschlossen.

§ **Weidegenossenschaft.** Die Weidegenossenschaft hat aufgetrieben. Da die Weide als Pensionsweide anerkannt ist, wurde auch auswärtiges Vieh aufgenommen. Im ganzen sind die Koppeln mit 53 Stück besetzt und zwar mit 11 Fohlen und 42 Stück Rindvieh.

21. 5. 1937

§ **Luftschutz.** Die theoretische Ausbildung der Luftschutzkräfte ist beendet. Im Sommerhalbjahr soll praktische Arbeit geleistet werden, um das Gelernte zu vertiefen. Am Donnerstag tagten die Blockfrauen bei Arndt, wo sie mit Aufgabengebieten betraut gemacht wurden, die in ihrem Betätigungsfeld liegen.

§ **Katholische Kirchgemeinde.** Das katholische Gotteshaus wird in nächster Zeit abgeputzt, da der alte Putz durch die Witterungseinflüsse stark mitgenommen ist. Die Vorbereitungen sind im Gange.

Die Kosten werden von dem Patronat und der Kirchengemeinde anteilig getragen.

§ **Fleischbeschau.** Der Fleischbeschauer und Trichinenschauer Otto Ritter in Kauffung hat im Juni 1937 sein 60 Lebensjahr erreicht und tritt mit Wirkung vom 1. Juli 1937 in den Ruhestand. Die Stelle ist von der Gemeinde Kauffung ausgeschrieben worden. Bis zur Neubesetzung eines Beschauers übt der Fleischbeschauer Krügler in Kauffung die Beschau auch in diesem Bezirk aus.

§ **Segelflugzeuglandung.** Ein Segelflugzeug, welches sich an den Veranstaltungen in Hirschberg beteiligte und sich von einem Motorflugzeug hatte hochschleppen lassen, landete am Donnerstag nachmittag am kleinen Mühlberg und wurde von einem Auto abgeschleppt.

§ **Sportfest.** Zum Sportfest des BDM. und der Jungmädel in Bunzlau fuhren in sehr stattlicher Zahl die hiesigen Mitglieder, um an den Veranstaltungen teilzunehmen.

§ **Appell.** Die Zellenwalter und Blockwalter der NSV. waren zu einem Appell zusammen gekommen. In demselben wurden die von der Reichsleitung der NSDAP. herausgegebenen Richtlinien für die Aufnahme in die Partei bekannt gegeben und organisatorische Angelegenheiten besprochen.

§ **Evangelisation.** Vom 15. bis 17. 6. wird in der evangelischen Kirche allabendlich um 8 Uhr eine Evangelisation durchgeführt, in der Generalsekretär Plümae aus Lauban über kirchliche Fragen ausführlich sprechen wird.

§ **Sanitätskolonne.** Die Lehrgangsarbeit der hiesigen Sanitätseinheit zur Heranbildung neuer Kräfte ist beendet und mit der Prüfung der Teilnehmer abgeschlossen worden. An dieser nahmen teil Kreiskolonnenführer Schauweker und Kreiskolonnenarzt Dr. Scharfienberg-Haynau, Pg. Maste als Vertreter der Frauenschaft und Frl. von Bergmann für den Vaterländischen Frauenverein. Dr. Schulz als Lehrgangsleiter nahm die theoretische und praktische Prüfung ab, die von allen bestanden wurde. Es nahmen 35 weibliche und 9 männliche Personen an der Ausbildung teil, von denen 8 weibliche und 4 männliche aus Liebhartmannsdorf waren. Wieder ist wertvolle Arbeit im Dienste der Nächstenliebe und der Volksgemeinschaft geleistet worden und die Kolonne hat notwendigen Zuwachs erhalten. Mögen sich auch weiter hilfsbereite Kräfte zur Mitarbeit bereitfinden, damit die Kolonne ihre erforderliche Stärke erreichen kann. — Anschließend fand eine Vorbesichtigung für die große Kreisbesichtigung in Goldberg durch den Kreiskolonnenführer statt.

§ **Fronleichnam.** Am Sonntag begann die hiesige katholische Kirchgemeinde unter großer Beteiligung ihr Fronleichnamsfest, das von schönstem Wetter begünstigt war.

§ **Straßendisziplin.** Ein Motorradfahrer kam zu Sturz, weil er einem Kinde, das kurz vor ihm die Straße überqueren wollte, ausbog. Der Fall verlief glimpflich. Es muß aber mehr Straßendisziplin herrschen, vor allem ist die Straße kein Spiel- und Rennplatz für Kinder.

§ **Frauenhilfe.** Die evangelische Frauenhilfe hielt eine Arbeitstagung ab, in der interne Angelegenheiten zur Aussprache kamen.

§ **Kohlenschau.** Bei der Frühjahrskohlenschau erhielten die Kohlen folgender Besitzer aus dem Niederdorfe Preise: G. Wende, Hainke und Br. Trautmann.

§ **Schirmhauskapelle.** Unserer Schirmhauskapelle steht ein großes Ereignis bevor: Vom 1. bis 9. Juni tritt sie eine Urlaubsfahrt nach Norwegens Gewässern an. Viele Jahre hat sie sich ganz uneigennützig in den Dienst der Allgemeinheit gestellt und viele Veranstaltungen mit ihrem besten bekannten Spiel gestaltet und ausbauen helfen. Als wohlverdienten Lohn ermöglicht ihr das Schirnbuswerk nun völlig kostenlos für die 30 Mann diese herrliche Nordseefahrt. Sie beginnt in Bremen auf dem NSG.-Dampfer „Der Deutsche" und führt die Teilnehmer zu den bei Helgoland stattfindenden Flottenübungen, die für die Landratten ganz besondere Anziehungskraft haben werden. Die Kapelle nimmt auf ausdrückliche Anordnung auch ihre Instrumente mit und wird unterwegs neben der Nordseekapelle die Fahrtkameraden mit ihrer Kunst erfreuen. Die Abreise erfolgt Dienstag mittag. Herzlich wünschen wir unseren Kameraden der Kapelle frohe und glückliche Fahrt.

§ **Kinderlandverschickung.** Aus unserem Ort sind in den vergangenen Wochen bereits eine Anzahl erholungsbedürftige Kinder verschickt worden, in den nächsten Tagen folgen andere. Auch nach hier sind Kinder angemeldet, deren genaue Ankunft noch nicht feststeht und zwar 8, die hier untergebracht werden. Von Kauffung werden über 40 erholungsbedürftige Knaben und Mädchen in NSV.-Heime oder in andere Gaue reisen.

502

§ Firmung. An der in Schönau gespendeten Firmung beteiligten sich auch aus unserer katholischen Kirchgemeinde eine Anzahl Teilnehmer und zwar 70 Kinder.

§ Männer-Gesangverein Kauffung 1926. Ein Wanderfingen verbunden mit einem Kameradschaftsabend mit Frauen veranstalteten die Sänger am Dienstag bei Sangesbruder Schörner. Für den verhinderten Dirigenten übernahm der Vorsitzende die Leitung des gesanglichen Teiles, dessen Durchführung bei dem vorhandenen Liedgut wenig Schwierigkeiten bereitete. Zur Pflege des Zusammengehörigkeitsgefühls werden alle Vierteljahre solche Abende veranstaltet. Für Breslau haben 10 Mitglieder zugesagt, wahrscheinlich werden zur Deutschen Weihestunde auch noch einige fahren, so daß das Ergebnis zufriedenstellend ist. Leider läßt der Besuch der Uebungsabende zu wünschen übrig, was wohl in der arbeitsreichen Jahreszeit begründet ist, aber nicht zur Gewohnheit werden darf. Der Abend verlief sehr harmonisch und gemütlich und dürfte den Sängern Ansporn zu weiterer reger Arbeit gegeben haben, denn nach gilt: „Lied nach!"

4. 6. 1937

§ NSDAP. In der Pflichtversammlung wurden die amtlichen Eingänge bekannt gegeben und aus „Wille und Weg" eine Abhandlung über „Die Lage" geboten. Anschließend folgte ein Vortrag über die Untersuchungsmethoden in Sowjetrußland, der alle die Graulamkeiten zeigte, die den Gefangenen gegenüber angewendet wird, um durch Schlaflosigkeit, Siebenlassen, seelisches Martyrium etc. gewünschte Geständnisse zu erpressen, wie sie die in den jüdischen Machthaber gerade brauchen. Bekannt gegeben wurde, daß in einem öffentlichen Vortragsabend Pg. Hans-Werner Pfennig aus Hopersmerda DB. über „Unsere innere weltanschauliche Glaube an den Führer und sein Werk" ist „Unsere Stärke" sprechen wird. In einer Arbeitstagung am 20. Juni werden die Tagungen der Gliederungen und Verbände festgelegt werden. Die Politischen Leiter haben am Sonntag, den 13. Juni, ab 13.30 Uhr Pflicht-Pistolenschießen. Am 30. Juni findet für alle Leiter, Walter und Warte ein Schulungsabend statt. Die Partei-anwärter wurden in die einzelnen Blocks eingewiesen. Durch die Neuaufnahme hat die Ortsgruppe einen wertvollen Zuwachs erhalten.

§ Sportplatz. Die Verhandlungen zur Erwerbung eines Sportplatzes sind abgeschlossen. Landwirt Hitzenbecher hat seinen hier gelegenen Platz 10 Jahre der Gemeinde pachtweise überlassen, die sich auch das Vorkaufsrecht gesichert hat. Der Platz muß noch planiert und eine Brandruine abgetragen werden. Er genügt aber den An-

sprüchen und wird noch nach der Bergseite besonders abgebaut für die Zuschauer. Für die Schulen steht er jetzt schon zur Verfügung.

23. 6. 1937

§ NSB. In einer Arbeitstagung, die der Amtsleiter der NSB. mit seinen Helfern und Helferinnen abhielt, machte er sie engehend mit den Aufgaben, dem Wesen und Zweck der Arbeit der Ortsgruppe. Als neue Aufgabe kommt die Ernährung des deutschen Volkes hinzu, die vollständig gesichert werden muß, was durch restlose Erfassung der Küchen- und Nahrungsmittelabfälle geschieht. Die Sommerarbeit umfaßt das Erholungswerk des deutschen Volkes, die Kinderland-, Verwandtenverschickung, Müttererholung, die erweiterte Hitler-Freiplatzspende. Zellenwalter Graf berichtet über seine Teilnahme am Lehrgang in der Gauschule der NSB. in Warthe. Diese Schulungen werden fortgesetzt und alle Amtsträger müssen teilnehmen. Schwester Elfriede sprach über die Tagung in Goldberg, die sie als Sachbearbeiterin für Mutter und Kind besuchte. Durch die Wohnungshilfe sollen Wohnungsmängel abgestellt, für das Deutsche Frauenwerk und die NSB. geworben werden. In den nächsten Tagen wird eine Haushaltserhebung durchgeführt. Anschließend fand eine Tagung der Zellenwalter statt.

§ Warnung. In unserer Gegend tauchen Vertreter von Firmen aus dem Erzgebirge auf, welche auf behördliche Empfehlung allerlei Sachen zum Verkauf für notleidende Volksgenossen aus dem Erzgebirge tätigen. Es sind bis Holz- und Baßarbeiten in verschiedenen Preislagen, die durch Schulkinder, die eine geringe Entschädigung erhalten, angeboten werden. Die zuständigen Stellen haben die Verkaufserlaubnis zurückgezogen und den Betrieb untersagt.

§ Eine Generalversammlung hält das Deutsche Rote Kreuz, Vaterländ. Frauenverein, am morgigen Donnerstag abend 8 Uhr bei Arndt ab. Verbunden damit ist die Verpflichtung der Samariterinnen.

's Usterwoasser

Ich weiß nicht aus welchem Grunde, aber als Kind hatte mein Bruder des öfteren entzündete Augen. 1940 – mein Vater war schon im Krieg – kam die Mutter auf die segensreiche Idee: »Mir versucha's amol mit Usterwoasser.« Als eben 9 jährige wurde ich dann in alle Geheimnisse des Oster- oder Karfreitagwassers eingeweiht. Oberstes Gebot: Nich räda, bis ma sich also mit dam Woasser gewoascha hoatte. Noch lange bevor die Sunne ufging stoand die Mutter schun verm Bette und hielt o glei a Finger oa die Gusche, doaß ma nie ei die Versuchung käm 'gun Morga' zu soan. – Drei Joahre lang ging oalles gutt, sugoar die Auga vum Bruder wurda besser, ma wußte bloß nich, obs vum Usterwoasser oder vu Dukter Schultzas Augatruppa woar. Im vierta Joahre muß mich wuhl der Biese gerieta hoan, jedenfoalls hoatte ich egoal doas Bedirfnis zu räda. Is koan natirlich o sein, doaß ma schun a bisla mehr Verstand hoatte und oalles awing oalbern foand. Doas ging schun dodermitte lus, doaß ich uff der Kolzer-Brücke stoand und a Forelln ei der Bache zusoag. Oam liebsta hätt' ich die Mutter zurücke geruft, aber die woar mit ihr'm Kannla schun ei der Schulzagoasse und marschierte bei Menzeln driebernuff. Wie ich se eigehult hoatte lief beim Schulza-Pauern ane schwoarze Koatze über a Hof, die hoatte sich frieh üm fümfe schun ihr Frühstick gefanga, und doas oarme Mäusla hing ihr zoappelnd zwischer a Zähn. Nee verpucht, nu mußt ich mer oaber werklich uff die Zunge beiße, is hätt' nie viel gefahlt und ich hätte 's Loabern oagefanga. Obs die Mutter o gesahn hoatte, oder ob se heute tatsächlich fer nischt Auga hoatte? Endlich woarn mer oa dam Bachla oagekumma, woas aus an'm Erlapüschla runderkoam. Und o glei finga mer oan zu schöppa, verkehrt natierlich, doas gehierte o zu dar Prozedur. Die Mutter hoatte ihr Kannladeckel, und ich hoatte a klenes Blechtippla. Wie nu groade inser 2-Liter-Kannla vul woar, sproang mit e'm grußa Soatze a Eichhörnla vu dam wilda Kerschbaume runder under dam mir scheppta, mir direkt ver die Fisse. »Hach«, rutschte's aus mir raus, die Mutter soag mich vorwurfsvul oan. Mer machta ins uff a Hemwäg. Is woar drei-viertel-Sechse, kee Mensch woar üm die Zeit schun underwägs, is woar ju Feiertag. Aber zu oallem Unglücke stoand uff emoal der Kolzer-Schmied ei senner Türe. Ar grinste, soate aber nischt, a kunnte sich's wul denka wu mer harkäma. Weil ins Kindern aber immer eigedrillt wurde, die Leute zu grissa, soate ich mit oaller Freindlichket: »Gun Morga, Herr Kolzer.« Meine Mutter drähte sich üm und woar kreidebleich. Mir fiel Lots Weib ei, wie, wenn se jitz zer Salzsäule wurde; denn die Geschichte hoatte ins Frl. von Gersdorff eim Kindergottesdienst erzählt, do gings um a Gehorsam, aber der Schreck dorüber, doaß ich 'den Bann des Schweigens' gebroacha hoatte, entlockte mir nich doas geringste Lacha. Und vo durt weg bin ich nimmer mitgewast noch Usterwoasser.

P. S. Erst Jahre später wurde mir bei einem Seminar mit Prof. Menzel der Sinn dieses alten, schlesischen Osterbrauches klar. Welche Frömmigkeit!

Edith Eckert, Rundbrief Mai 1976

Bass-Geige

zu Altenberg im Herzogtum Schlesien

Erstlich ist die bemeldete Baß-Geige vierhundert Ellen lang, achtzig Ellen zwie und fünf Sechzehntel breit. Zum anderen sind sechstausend siebenhundert und sechzig Schock Pfosten dazu genommen worden, denn zu dem Sattel sind allein fünfhundert und sieben und sechzig Schock kommen.

Drittens haben hundert Geigenmacher, zwei und neunzig Tischler und achtzig Zimmerleute ganzer neun Jahre darüber gearbeitet und dies Jahr erst fertig geworden.

Zum vierten sind zu den Schrauben vier Schock große Eichen-Bäume kommen.

Fünftens sind zum Fiedelbogen acht Schock Lorbeer-Bäume kommen.

Zum sechsten sind von zwanzigtausend Pferden die Schweife oder Haare zum Fiedelbogen kommen, und haben zweihundert Leinweber an den Haaren zwei Jahre lang kunstreich geknüpft.

Zum siebenten sind zum Leime, damit die Geige fest gemacht worden, von achtzigtausend polnischen Ochsen die Hörner genommen worden und haben zweihundert Personen drei Jahre darüber in großen Braupfannen gesotten, wobei fünfzig Personen aus Unvorsichtigkeit in die Pfanne gefallen und tot geblieben sind.

Zum achten sind zu den Schrauben bestellt fünfhundert Mann mit mächtig großen Instrumenten, wenn die Geige soll gestimmt werden, und wo man mit der Hand angreift, da ist ein schwer Gewicht, das man treten muß, wie man wohl erachten kann, daß es nicht zu greifen ist.

Zum neunten sind zu der allerkleinsten Seite viertausend siebenhundert und acht und sechzig Därme von den edelsten und besten Schafen genommen worden.

Zum zehnten, was aber die anderen Seiten anbelangt, nachdem es eine siebenseitige Geige ist, so ist solches unmöglich zu beschreiben.

Zum elften wird bemeldete Baß-Geige dreimal im Jahre gegeiget, als zu Ostern, Pfingsten und Weihnachten, denn es gibt von einem Feste zum andern den Klang so lange, daß man nicht öfter geigen darf.

Zum zwölften sind sechshundert und achtzig Personen bestellt, die nur den Fiedelbogen regieren.

Gewiſſe und wahrhafte Beſchreibung

einer unerhörten großen

Bass-Geige

zu

Altenberg im Herzogtum Schleſien.

Zum dreizehnten, wenn der Fiedelbogen soll geschmieret werden, muß man allemal 800 Zentner Kalfonium haben und müssen auch achtzig Personen von einem Feste zum andern Tag und Nacht den Fiedelbogen schmieren.

Zum vierzehnten ist dieses Jahr am Ostertage zum ersten Male gegeiget worden, da ist denn nur die allerkleinste Seite abgesprungen und hat dennoch dreihundert und achtzig Mann erschlagen, ohne welche beschädigt worden.

Zum fünfzehnten, weil die große Tiefe dieser Baß-Geige nicht zu beschreiben, so ist gewiß geschehen, daß einer aus Vorwitzigkeit sich gemühet, auf diese Geige zu klettern, da er nun alles genau begucken wollte und in ein Sternloch hineinschaute, bekam er einen Strauchel oder Schwindel und fiel gar hinein; da er denn zwei Tage gefallen, ehe er auf den Boden kommen ist, woraus man leicht erraten kann, was vor eine Tiefe es sein muß. Wie aber und mit was vor Kunst und Mühe derjenige wieder herausgezogen worden, davon wird mit nächsten gründlicher Bericht erteilt werden, welchen man mit Verlangen erwartet.

Zum sechzehnten, weil aber niemals die abgesprungene Seite wieder aufgezogen, und ordentlich gestimmt worden, so haben Beweisende einen Versuch getan und den Fiedelbogen hin und hergezogen, hat es einen solchen starken Klang gegeben, daß ein Turm, fünfzig Klaftern hoch, der eben nicht weit davon gestanden, sich erschüttert und eingefallen, jedoch keinen Menschen als einen Esel erschlagen.

Es sind aber solchem starken Klange 400 Personen um das Gehör gekommen. Weil nun ein solches Wunderwerk niemals auf Erden gewesen, noch von jemand gesehen und mit großer Arbeit zusammen gebracht worden, und ein jeder, der der Kunst der Raritäten Liebhaber, kann sich nach dem Orte begeben, solches Wunderwerk beschauen, und er wird nicht nur allein sich damit vergnügt befinden, sondern auch aller Orten, wo er hinkommt, in Erzählung dieser wunderlichen Baß-Geige lieb und wert gehalten werden.

(Soll vom Zeremonienmeister des 'Alten Fritz' aufgeschrieben worden sein.)

Anmerkung
Auch die Bass-Geige verblieb nicht in der Heimat. Von Angehörigen der Familie Hoffmann, die in Altenberg seßhaft war, getreulich gepflegt und verwahrt.

Wappen und Gerichtssiegel
der Freien Bergstadt
auf dem Altenberge

Weihnachtszeit

Karin Schaefer-Schultz

Denk ich an Kauffung, an die Kindheit zurück, dann ist es mir immer, als wären die Sommer heißer, leuchtender, bunter gewesen und die Winter, rauher, kälter, tief verschneit vom November bis um Ostern herum. Und die Weihnachtsfeste schimmern in süßer, holder Vollkommenheit aus jenen fernen Tagen herüber.

Weihnachten fing für uns Kinder schon im Oktober an. Im Oktober, wenn auf den Feldern noch Kartoffelfeuer brannten und die Luft hoch und klar über dem Kitzelberg stand. Bei der Apfelernte kamen nämlich die schönsten Äpfel auf die Seite, rot mußten sie sein, fest und nicht zu groß. Sie wurden mit einem weichen Lappen abgerieben bis die Schale glänzte wie eine Speckschwarte. Die Abende wurden früh dunkel, der Himmel funkelte frostig mit tausend Sternen, und um die alten Mauern unseres Hauses tobten die Äquinoctien in den Linden und Akazien. Dann dachten wir schon an den bärtigen Alten in seinem Rentierschlitten, der sich aus himmlischen Höhen auf die Reise machte, Sack und Rute nicht vergessend, um zu sehen, was so die Kinder auf der Erde treiben. Da saßen wir alle um den runden Tisch herum im Wohnzimmer, klebten die ersten Papiersterne, vergoldeten Nüsse, und es gruselte uns so angenehm. Und wenn es dann November wurde, kam man der Sache schon näher.

Gleich nach dem Totensonntag holten wir die Krippe vom Boden, so war es Brauch in meinem Elternhaus. Sie wurde liebevoll ausgepackt und aufgebaut, Maria mit ihrem innigen sanftem Lächeln, der alte Josef, Hirten, Schafe und Engel, und das kleine Kind auf dem Stroh. Über Nacht hingen Adventskalender an den Kinderbetten und erfüllten unsere kleinen Herzen mit seliger Vorahnung. Der fünfte Dezember war ein wichtiger Tag. Wir hockten am tintenbeklecksten Tisch im Kinderzimmer und kritzelten unsere Wunschzettel. Sie wurden dann in die Schuhe gesteckt und auf das Fensterbrett gestellt. Oft stiebte uns beim Öffnen der Fensterladen Schnee ins Gesicht, und der Dezember blies mit vollen Backen eisigen Winterwind in unsere warme Gemütlichkeit. In dieser Nacht schliefen wir unruhig, wir hörten es knistern, rascheln, wie von Seidenpapier und Engelsflügeln. Am Morgen stürzten wir ans Fenster und fanden die Kinderschuhe voller Süßigkeiten. Lange, lange habe ich daran geglaubt, an den pelzmützigen Nikolaus, der die Wunschzettel einsammelt und dem Christkind in den Himmel bringt. Eines Tages klärte mich mein Freund Juppel Lehmen aus der Brauerei auf. Ich war tieftraurig, mit sanfter Geduld kämpfte ich um den Weihnachtsmann, das Christkind oder wenigstens einen einzigen Engel. Es war ein Schritt ins Erwachsenenwerden, und es tat sehr weh.

Ach und dann die Adventssonntage! Wir hielten uns streng an den Brauch, erst ein Licht anzuzünden, dann das Zweite, das Dritte, das Vierte. Gerade dieses immer heller werden des großen Zimmers fanden wir so schön. Auf dem Tisch standen zwischen den roten Oktoberäpfeln kleine selbstausgesägte Holzständer mit winzigen Lichtern. Lore spielte Geige, Iris Flöte. Und wir sangen die lieben alten Lieder. Wie viele Freunde haben mitgesungen. Wißt Ihr es noch? An einem Adventssonntag meiner Kindheit, mitten in das Singen hinein, polterte es die Treppe herauf, schlug mit der Rute heftig an die Tür. Der Weihnachtsmann kam. Er schüttelte einen großen Sack voller Nüsse und Bonbons auf den Fußboden, daß es bis unter die Schränke kullerte. Und das Christkind stand an der Tür, schneeweiß, mit goldenen Sternen im Haar. Schubert Helmut behauptete hinterher, daß es ja bloß der Kaufmann Werner war und das Fräulein Hellmann vom alten Sanitätsrat. Aber wer glaubte ihm das schon. Wir jedenfalls sagten unsere Sprüche auf und klaubten uns die guten Sachen vom Boden.

Und Weihnachten rückte immer näher. Es war nicht wegzuleugnen. Der 24. Dezember, auf dem Kalender so sehnsüchtig betrachtet, erwies sich meistens als unendlich langer Tag. Es wollte überhaupt nicht dunkel werden. Wir fuhren Schlitten auf Wendes Koppel und warteten auf die ersten Sterne. Und wenn sie ganz blaß am noch tintenblauen Nachmittagshimmel aufzogen, wenn die Sonne gerade erst in roten Gluten ertrank, stürmten wir nach Hause. Bei uns gab es vor dem Gang in die Christnacht Kakao und Stollen. Der Tisch war auf dem Flur gedeckt, vor dem fest verschlossenen Weihnachtszimmer. Wir schlüpften in die dicken Mäntel, suchten Handschuhe, Mützen, Schals. Und jeder nahm sich vom Kaffeetisch eine Kerze. Auch wir Kleinen gingen immer mit, so weit ich zurückdenken kann. Beim Klang der Glocken traten wir hinaus in den Heiligen Abend. Aus allen Häusern kamen die Nachbarn, die Freunde, wir nickten uns stumm zu, ganz still schneite es, und unsere Füße gingen über den Schnee wie über himmlische Wolken, gerade in das Paradies hinein. Ach, könnte ich noch einmal ein Kind sein und zwischen Vater und Mutter in der lieben, alten Kirche sitzen. Noch sehe ich alles in goldenen Farben vor mir, die Zepter auf den geschwungenen Emporen, die hohen Kirchenfenster, die vielen zinnernen Pfeifen der Orgel. Alle Gesichter ringsherum, warm vom Licht angestrahlt, vertraut, bekannt, weiß stieg der Atem in die kalte Luft, an den Schuhen schmolz der Schnee. Und dann sprach unser lieber Pastor Schröder die uralten, ewig jungen Worte: Und es begab sich, daß ein Gebot ausging, ...und unsere Kinderherzen öffneten sich weit der Weihnachtsbotschaft und waren gläubig und bereit für dieses Wunder.

Heute sitzen meine beiden kleinen Töchter zwischen uns in der fränkischen Holzkirche und schauen mit ihren süßen, klaren Gesichtern unter den Pelzmützen in die Weihnachtslichter, sie lächeln und sind voller Erwartung und es wird einmal eine Zeit sein, da sie nach diesen unvergeßlichen Stunden heimverlangen.

Und wenn wir dann nach Hause kamen, mit roten-Nasen, verschneiten Mützen, gefrorenen Schuhen, dann trugen schon die guten Geister unseres Hauses das Weihnachtsmahl auf. Schlesische Bratwürste, Sauerkraut und Kartoffelbrei, Karpfen in Butter und als Nachspeise Erdbeeren mit Schlagsahne. Und das war eigentlich das Allerbeste.

Ja und dann? Während wir um das Klavier im Kinderzimmer standen und Weihnachtslieder sangen, öffneten sich plötzlich die Flügeltüren zum Eßzimmer und wir standen überwältigt vor dem Wunderbaum, der einen süßen Harzduft ausströmte, ein Duft nach sommerlichen Fichtenwäldern, über und über mit Goldsternen und Engeln behangen und die weihnachtsroten Herbstäpfel bogen seine Zweige anmutig nach unten. Auf dem langen weißgedeckten Tisch waren die Geschenke aufgebaut.

Am runden Sofatisch saßen die Erwachsenen, die Eltern, Schwester Frieda und Schwester Hedwig aus dem Krankenhaus, meine Großmutter, meine Tante Miezel, und ihre ruhigen, freundlichen Gespräche, der Duft nach Kaffee und Punsch wehte zu uns herüber, die wir unter dem Weihnachtsbaum saßen, die untersten Schokoladenkringel aufaßen und in den herrlichen Märchenbüchern blätterten.

Und doch ist mir ein Weihnachtsabend in besonderer Erinnerung geblieben. Wir sangen im Kinderzimmer die vertrauten Lieder und während wir auf das Glöckchen warteten – zerriß das Schrillen des Telefons die Süße der Verheißung. Mein Vater ging an den Apparat im Flur, dann kam er zu uns: »Ich muß die Lichter wieder ausmachen«, sagte er, »es ist ein dringender Besuch.«

»Aber Du kannst doch jetzt nicht weggehen, es ist doch Weihnachten.«

»Für Euch ist Weihnachten«, sagte er leise, »und die Frau Grosser stirbt ihren Kindern weg.«

Weihnachten – wieviel Kinderglück schwingt in diesem Wort mit und so lange es Kinder gibt, wird dieses schönste Fest seinen Zauber nicht verlieren.

Heimatnachrichten Dezember 1975

Pflicht und Wagnis

Bei den Scheinwerfern

Mit 18 Jahren wurde ich zum Reichsarbeitsdienst für die weibliche Jugend einberufen. Vom Juni 1944 bis zum Oktober bei Bauern, auf einem Gut und im Lager, alles in Schlesien. Im Oktober Abmarschbefehl ohne Kenntnis der Dinge, die uns bevorstanden. Wir fanden uns in einem Lager in Bernburg/Saale. Dort Ausbildung zur Bedienung von Scheinwerfern der Flak, also nicht an Geschützen. Im Rahmen der Scheinwerferausbildung gelang es mir, am Klappenschrank als Telefonistin eingereiht zu werden; dazu Reparaturen über Land mit Steigeisen für Leitungsmasten usw. Nach 5wöchiger Ausbildung zum 'Einsatz' beordert. Zuerst in Aken an der Elbe, im Januar 1945 bei Hamburg. Als nachtsehtauglich erhielt ich Zusatzausbildung für Richtgeräte, um nachts feindliche Flugzeuge zu erkennen; dies in unter der Erde befindlichen Lagern. Trotz starker Zerstörung in Hamburg flogen weiter laufend feindliche Flugverbände an. Auch Wachdienst.

Reise von Hamburg in den Böhmerwald

Mitte April 1945 stehen deutsche Heeresverbände in Böhmen, im schlesischen Gebirge, von Sachsen bis zur Ostsee. Am 27. April treffen amerikanische Truppen und Rote Armee bei Torgau a. d. Elbe zusammen.
Am Monatswechsel März/April 1945 erhielt ich eine Postkarte meines Vaters aus *Stockau* Krs. Bischofteinitz im Böhmerwald (Vater/Lehrer Filke hatte dorthin am 13. Februar einen Flüchtlingszug aus Kauffung zu begleiten). Die Engländer näherten sich Hamburg. Ich erhielt einen am 13. 4. ausgestellten 'Kriegsurlaubsschein', bis 1. Mai 1945 gültig. Eine Kameradin und ich machten uns mit etwas Proviant auf den Weg. Mit einem Zug von Hamburg Hbh. Richtung Süden. In Wittenberge a.d. Elbe mußten wir den Zug wegen Tieffliegerei verlassen und verloren uns aus den Augen. In Riesa (40 km vor Dresden) trafen wir uns durch Zufall wieder, konnten aber nicht nach Chemnitz, weil der Amerikaner schon dort war. Eisenbahner, denen wir von unserem wenigen Proviant gaben, brachten uns nach Dresden, führten uns durch die völlig zerstörte Stadt zum anderen Bahnhof und sorgten dafür, daß wir im Güterzug Richtung Aussig (Sudetenland) mitgenommen wurden. Militärfahrzeuge nahmen uns nicht mit. So setzten wir unsere Fahrt auf Puffern fort, weil es im Zug Richtung Prag keine Möglichkeit gab. In Prag mußten wir mit unseren Arbeitsdienstuniformen zu einem anderen Bahnhof. Wir hatten Glück, denn zwei deutsche Soldaten standen uns bei. Mit Bahn bis Pilsen; von dort bis Stankowitz, wo ich die ersten Kauffunger traf. Alle Angst verflogen. In Bischofteinitz (den Ort hatte mir ein Soldat im Zug zwischen Hamburg und Wittenberge auf der Karte gezeigt) zum letzten Mal umsteigen nach Ronsperg. Bei Eltern angerufen. Eine Stunde Fußmarsch nach Stockau. Freudestrahlende Begrüßung.

Aufgeschrieben im März 1984   Ruth Wagner geb. Filke

Unsere Vertreibung in Erinnerung

Erlebnisbericht einer Kauffungerin

Nach Mitte März 1945, als viele Kauffunger schon wo anders Zuflucht vor dem Kriegsgeschehen gesucht hatten, sind auch wir mit zwei Gespannen, die Wagen voll beladen, Richtung Ketschdorf gefahren. Meine Eltern, unsere Kinder und eine Freundin saßen drin.

Auf dem 2. Wagen hatten etliche Nachbarn ihre Sachen. Am Ortsausgang von K. stieg mein Vater aus und lief zurück. In Ketschdorf sind wir aus der Kolonne ausgeschert und über Hirschberg zu meinem Schwiegervater gefahren. Wir wurden alle bei Nachbarn untergebracht.

Etwa Mitte April ist meine Schwester mit meiner Freundin nach Kauffung gefahren zum Rechten sehen. Sie sagten nach ihrer Rückkehr, daß alles ruhig sei, aber noch viel deutsche Soldaten im Ort.

Wir besprachen uns und machten alles fertig zur Heimfahrt. Es ging alles gut bis Kauffung. Dort war eine Sperre... Schließlich durften wir weiter fahren. Ende April/Anfang Mai waren wir wieder zu Hause.

Einige Tage später kam der Russe! Abends schrien die ersten Frauen schon nach Hilfe! Jeder wußte, was das bedeutete. Am 3. Tag kamen fünf Russen zu uns; zwei Offiziere und drei Mann mit Maschinenpistolen. Wir waren am Mittagessen in der Küche (9 Personen). Ein Offizier sagte zu meiner Schwester: »Frau, du komm! Alle anderen nicht schreien, sonst alle tot.« Er bedrohte uns mit der Maschinenpistole! Am nächsten Tag kamen immer öfter Russen und sagten: »Wir Kameraden suchen« und durchwühlten alles und nahmen mit, was ihnen gefiel.

Meine Schwester, Frl. Förster, und meine 12jährige Tochter flohen. Ich konnte nicht mit.

Daß ich verschont blieb, kam folgendermaßen:

Ich sah sehr schlecht aus, daher sagte ein junger Russe in *deutsch:* »Frau Du krank.« Ich bejahte. Er: »Du Syphilis?« Ich bejahte. Er erklärte den anderen das Gespräch und sie gingen. Bei späteren Besuchen sagte ich immer, ich sei an Syphilis erkrankt und blieb verschont. Unser Haus war sowieso so gut wie ausgeraubt von den vielen »Kameraden suchen«.

Als die Offiziere abzogen, die bei uns Quartier hatten, haben sie uns auf dem Schulatlas gezeigt, wie Deutschland aufgeteilt werden würde, daß dann die Polen hierher kämen und die nicht gut wären.

Etliche polnische Arbeiter, die noch da waren, gaben uns einen Zettel auf dem stand, daß wir zu den Arbeitern gut gewesen seien. Ja, die ersten respektierten es, doch dann kam die Miliz. Sie zerrissen das Blatt und schlugen meiner Mutter den Pistolenknauf an den Kopf, so daß sie umfiel. Meine Schwester und ich halfen ihr auf die Beine. Sie schrieen mit uns rum und meine Schwester nahmen sie mit in einen Keller. Am anderen Tag holte unser neuer Besitzer sie wieder zurück. Sie war so fertig, die Angst und den ganzen Tag nichts zu essen. Zu mir sagte der neue Besitzer: »Jetzt alles meine, keine Stecknadel deine, verstanden?!«

Durch die vielen Aufregungen bin ich dreimal zusammengebrochen. Das erste mal auf unserer Brücke. Sie haben dann einen russischen Arzt geholt (ich weiß nicht wer), der mir Tabletten gab.

Herr Jäschock, Gemeindesiedlung, und von Siegert, der Kutscher, waren die ganze Zeit bei uns. Ihre Familien waren weg und sie hatten nichts zu essen. Wir hatten Mehl zum Brotbacken, Magermilch und Magerquark sowie Kartoffeln und Rübensirup.

Was uns an Gemeinheiten alles zugestoßen ist, hat ja so viele betroffen und ich möchte es nicht erwähnen.

Es kam das Gerücht auf von unserer Ausweisung.

Am 28. Juni 1946 waren wir dran. Herr Jäschock erhielt den Befehl, uns nach Hirschberg zu fahren und der Pole, der unser Grundstück übernommen hatte, ließ uns ein paar Sachen; soviel wir tragen konnten. Meine Eltern waren sehr krank und nicht fähig zu laufen. So durften wir mit unserem letzten Pferd (von 4 noch 1) die Sachen auf einen Ackerwagen laden und die Eltern, die Kinder und ich uns darauf setzen. Ebenfalls der 3-jährige Sohn meiner Schwester. Der Pole fuhr mit.

Im Maiwaldauer Wald wurde der armselige Zug, trotz begleitender polnischer Miliz, von Plünderern überfallen. Es wurde geschossen, geschrieen und geschlagen. Das letzte bißchen weggenommen. Wir blieben verschont. Aber Herr von Gersdorff, Herr Schnabel, Niederdorf und viele andere waren davon betroffen.

Gegen Mittag waren wir in Hirschberg auf dem Bahnhof. Es war so heiß, daß eine Frau aus Alt-Schönau an Hitzschlag starb. Ich erinnere mich, daß unser Transport aus ca. 150 Personen bestand.

Am nächsten Tag wurden wir in Viehwaggons verladen. Kurz vor der Abfahrt wurden drei Wagen wieder abgekoppelt. Wir mußten bleiben und kamen nahe dem Bahnhof in einen Bunker und nachts wurden wir wieder tüchtig beklaut; z.B. Kantor Liebs Aktentasche mit allen Papieren.

Am anderen Tag dem 30. Juni. ging unsere Weiterfahrt los. Nur nachts gefahren. Ankunft nach zwei Nächten in Ülzen. ...Weiter; in Rheine am 5. Juli ausgeladen. Seit Tagen nichts zu essen. Für uns sieben Personen hatte der Pole *ein* Brot und ½ Pfund Butter mitgegeben. In Rheine gab es in Wasser gekochte Graupensuppe zu Mittag, früh und abends eine Scheibe Brot mit Quark und einen Becher Malzkaffee. Das Lagerpersonal lief mit Schinkenbroten rum...

Dann wurden wir wieder verladen und kamen nach Stadtlohn; einige nach Südlohn. Nachbar W. Pätzold, der mir viel half, kam nach Nordwalde, Nähe Münster . Auf einem Rasenweg lagerten wir von früh bis Spätnachmittag. Auf meine Bitte hin, die Eltern, mich und die Kinder nahe beieinander zu lassen, weil die Eltern krank waren, wurde keine Rücksicht genommen. Wir kamen in verschiedene Bauernschaften/Dörfer, 8 bis 10 km entfernt. Wir zu einem Bauern, der absolut kein »Volk von dort drüben« aufnehmen wollte. So standen wir nachts um 12.00 Uhr noch ohne etwas zu essen auf der Tenne (Scheune). Ein alter Mann kam und brachte Stroh. Wir schliefen dann vor Erschöpfung über dem Schweinestall ein. Morgens suchte ich die Bauersfrau und bat, uns doch etwas zu essen zu geben. Sie gab uns eine Schale Milch und Schwarzbrot, aber trocken.

Dann ging das Suchen nach Amt und Eltern los. Auf meine Bitte kamen wir dann auch in den Ort der Eltern. Dennoch 15 Minuten zu laufen auseinander. Unser 6 jähriger Sohn kam zu einem weit entfernten Bauern. Nach ein paar Tagen mußte Vater ins Krankenhaus. Die frommen Schwestern wollten aber 'diesen Evangelischen von drüben' nicht aufnehmen...

Inzwischen hatte uns mein Mann gefunden. Er kam aus *Sibirien,* ohne jegliche Papiere, saß voll Wasser. Der Arzt sagte mir, er solle viel Sauerkraut essen und gab keine Medikamente. Nach ein paar Wochen bekam er Nierenkoliken. Vater wurde in verschiedene Krankenhäuser verlegt. Er starb nach 26 Wochen.

Inzwischen hatten sich unsere Bauersleute wohl überzeugt, daß wir keine Verbrecher waren und wurden netter zu uns. Wir sind heute noch befreundet. Wir hatten eine frühere Kornkammer (12 qm), ein altes Bett und einen kleinen Schrank als Einrichtung. Auf Bitten noch ein kleines Tischchen. Das war 3½ Jahre unsere Heimat.

Mein Mann lief alle Tage 3 km hin und zurück zur Arbeitsstelle, einer Landmaschinenfabrik. Er wurde immer kränker. Es wurde aber als Kriegsfolge nicht anerkannt, da er keinerlei Papiere besaß.

Mein Mann war dreimal unter Tage beim Kohlefördern verschüttet worden. Daher auch seine 5 cm lange Narbe am Kopf, furchtbare Schmerzen. Der Trigeminusnerv war durch die Narbe beschädigt. Es gab Nächte, da schrie er, daß alle Nachbarn es hörten.

Inzwischen hatte sein Chef uns eine Wohnung in Stadtlohn besorgt. Die Stadt war in den letzten Kriegstagen zu 90% zerstört worden. Mein Mann wurde immer kränker, hatte immer große Schmerzen. Sechs schwere Jahre haben wir zusammen verbracht, bis er erlöst wurde.

Ich lebe jetzt in einer Altenhaus-Wohnung und habe eine kleine Rente. Freue mich jeden Tag, den mir der Herrgott schenkt. Unseren Kindern geht es gut und so bin ich zufrieden.

Im Februar 1986　　　　Ida Seifert geb. Floth

Wiedersehen mit Kauffung

Rückblicke verschiedener Verfasser
Ausschnitte aus Berichten von Fahrten nach Kauffung

1973 Wie hat sich hier alles verändert. Der erste Eindruck: Die Häuser alle grau in grau. Vorbei an der alten Dorflinde gingen wir Richtung Hanke/Schmidt-Mühle. Hier bot sich ein trauriger Anblick, denn die Mühle war schon sehr verfallen. Nun schauten wir uns erst einmal die kath. Kirche an. Der Friedhof besteht nicht mehr, einzelne Grabsteine lehnen an der Friedhofmauer. Es sind Rosenbeete angelegt worden und eine Grotte, die im Inneren mit einer Madonna geschmückt ist. Die kath. Kirche ist sehr gut erhalten und das Innere hinterläßt sogar einen prunkvollen Eindruck.

Dagegen verfällt die evgl. Kirche immer mehr – sie wird wohl bald abgerissen werden. Durch Berichte einiger Kauffunger, die vor uns dagewesen waren, wagten wir nicht, uns lange in der Kirche und auf dem Friedhofsgelände aufzuhalten. Der Friedhof befand sich in einem sehr schlechten Zustand. Die Eisengitterumfassungen der Gräber sind herausgebrochen und als Abgrenzung des neuen kath. Friedhofes, der auf der Koppel von Bauer Wende neu angelegt ist, verwendet worden. Die Grabsteine sind zerstört.

Der Hof der Familie Kambach ist sehr heruntergekommen. Vor allen Dingen das Wohnhaus. Die Tafel über der Haustür mit der Inschrift: Erbaut von Ernst Kambach 1878, ist herausgebrochen worden. B. u. R. Friemelt

1973 In Kauffung stehen einige Häuser nicht mehr. Die, die stehen, sehen sehr ärmlich aus. Uns wurde erzählt, daß Steine, Zement und Farbe sehr knapp und deshalb sehr teuer sind. Aber trotz der Armut waren die Polen sehr gastfreundlich. Wir gingen mit unserem Dolmetscher in mein Elternhaus. Die Aufnahme war wider Erwarten freundlich. Die meisten Räume wurden uns gezeigt. Von der Schlachterei ist nicht mehr viel zu sehen. Es ist jetzt der 4. Pole in dem Haus, da kann man sich vorstellen, daß von den alten Einrichtungen nicht mehr viel vorhanden ist. Walter Opitz

1976 Eigentlich komme ich mir vor, als sei ich in der Schule und müßte einen Aufsatz über meine Heimat schreiben. Ich weiß nicht mal, wo ich überhaupt mit Erzählen anfangen soll, so erlebnisreich war die Fahrt nach Kauffung. Anlaß gab eigentlich mein Sohn, der sich vor seiner Einberufung zur Fahne noch etwas besonderes wünschen konnte. Da es sein Wunsch war, meine Heimat kennenzulernen, haben wir uns kurz entschlossen, die Fahrt zu unternehmen. Über Hirschberg und Ketschdorf gelangten wir zum Ortseingang. Der Kitzelberg hat seine Form enorm verändert. Zum Tal hin sind auch mehr Schutthalden angelegt worden. Die Katzbach wird teilweise mit Bruchsteinen eingefaßt. Die Dorfstraße wird verbreitert und damit dem heutigen Verkehr angepaßt. Das Oberdorf ist eigentlich besser erhalten, als das Niederdorf. Dazwischen ungepflegte Häuser, die nicht wissen, ob sie einfallen sollen oder nicht. Das Arndt'sche Gasthaus ist zum Kulturhaus mit Kino ausgebaut.

Ilse geb. Dannert

1979 An der Grenze gab es die gewohnte Wartezeit. Wir fuhren dann weiter durch Schreiberhau und Hirschberg und ließen den Riesengebirgskamm zurück. Ortstafeln waren schwer erkennbar, so daß wir uns in Seiffersdorf nach dem Standort erkundigten. Nun ging es die Feige rauf und runter und ich war in vertrauter Umgebung. Der Abzweig nach Kauffung war in Ketschdorf schnell erkannt und nun ging es an der Talsperre vorbei, ebenfalls an der Randsiedlung. Den »Lesthof«, unseren unangenehmen Erinnerungsort bei der Ausweisung aus Kauffung, hätte ich bald nicht wieder erkannt. Auf dem »Lesthof« wird jetzt neu ein Mineralwasser abgefüllt. Beim Ober-Kauffunger Bahnhof schien mir alles unverändert. Die steinernen Bogenbrücken über die Katzbach werden durch breitere Brücken ersetzt. Oftmals sind enge Straßenführungen durch Begradigungen geändert. Die Kauffunger Kalkwerke haben hinter der Erlenmühle ein neues Verwaltungsgebäude erhalten. Die Erlenmühle ist abgerissen. Auf dem Gelände hinter dem Adler-Fleischer wird eine neue Kirche gebaut. Die polnische Miliz ist immer noch im gleichen Hause untergebracht. Die Blümelgasse ist als Teerstraße ausgebaut. Der Sportplatz wurde verlängert. Das alte Kriegerdenkmal ist verschwunden, ebenfalls die neuen Soldatengräber. Die Kirchen grüßten vertraut, aber stimmten uns dennoch traurig.

Christian Dannert

»Winterreise« 1985 wurde zur »Frühlingsfahrt«
von Ruth Geisler/Krause

Der Kalender zeigte den 30. April 1985 an, den Tag der »Heimreise«.
Am Morgen war der Garten zugeschneit. Die Zweige der Forsythien bogen sich tief unter der Schneelast, und die gelben und roten Kelche der Tulpen wirkten wie bunte Tupfer auf einer weißen Decke. Ein kalter Wind pfiff uns um die Ohren. Kam er gar aus dem Osten?? – Wir richteten uns auf eine Winterreise ein, und packten lauter warme Sachen in den Koffer. Den vielzitierten »Revanchismus« aber nahm niemand mit. Der fand keinen Platz im Gepäck! Wir kamen als Gäste in unsere Heimat, die meisten zum ersten Male nach vierzig Jahren, und wir waren 98 Personen.
Wie würde man uns begegnen? – Was würden wir vorfinden? Würde es zu ertragen sein, vor dem Elternhause zu stehen, und nicht hineingehen zu können? – War es besser, wenn man gar nichts wiederfinden würde, weil es dann ja auch keinem Fremden gehörte?

»Heimwehtouristen« nennt man Leute, die nach vierzig Jahren noch einmal dorthin möchten, wo sie zu Hause waren. Hatten wir Heimweh, oder würde es erst nach dieser Reise wieder da sein? Viele Fragen – und noch keine Antwort darauf.

Zwei Reisebusse brachten uns gut und sicher nach Krummhübel. Der eine kam von Siegen über Gießen – Bad Hersfeld nach Osterode. Freundlich begrüßt von den Reiseleitern Edith und Klaus Eckert, ging es gegen 20.00 Uhr weiter in Richtung Helmstedt. Der andere Bus wartete schon, als wir eintrafen. Er war von Bochum über Hagen – Gütersloh – Hannover nach Helmstedt gekommen. Hier gab es das erste »Kauffunger Treffen«, mit einer kurzen, herzlichen Bgrüßung.

Es war dunkel geworden als wir wieder im Bus saßen, der uns über die Grenze in die DDR brachte. Auf der Transitautobahn fuhren wir in Richtung Berlin, und bogen bei Königs-Wusterhausen nach Südosten ab. Durch den Spreewald ging es auf Cottbus zu. Es war still geworden. Wir schliefen, oder versuchten zu schlafen. Geweckt wurden wir kurz vor Forst, dem zweiten Grenzübergang.

Am 1. Mai, gegen 5.00 Uhr morgens, rollte der Bus weiter an Sorau und Sagan vorbei auf Bunzlau zu. Es war Tag geworden. Frauen waren mit Melkeimern unterwegs, und überall kratzten und scharrten Hühner herum, die nichts wußten von Legefabriken. – Längst war der Bober unser Begleiter geworden. Löwenberg lag hinter uns, und bald waren wir in Hirschberg. Die Stadt wirkte verschlafen an diesem frühen Morgen.

Hirschberg! – Der Ort, den wir müde und hoffnungslos erreichten nach dem langen Fußmarsch im Juni 1946. – Wenn man uns damals gesagt hätte, daß wir einmal im bequemen Reisebus wiederkommen würden, wenn auch nur für ein paar Tage!

Immer deutlicher sahen wir das Riesengebirge vor uns, und dann im Morgenlichte – die Schneekoppe. Sie schien zum Greifen nahe zu sein, aber der Weg in Rübezahls Reich würde wohl seine Beschwernisse haben.

Gegen 8.00 Uhr hielten die Busse vor dem Hotel »Skalny« in *Krummhübel*, im Osten des Riesengebirges. Wir waren am Ziel, zwei Stunden früher, als erwartet. Nach einem reichlichen Frühstück bezogen wir unsere freundlichen, geräumigen Zimmer. Alle waren hier gut »aufgehoben«.

Dieser 1. Mai wurde von den meisten zur Erkundung der näheren Umgebung genutzt. Zeitweilig schien die Sonne, wir wateten auch durch Pappschnee, und am Spätnachmittag regnete es kräftig. Beim Abendessen im Speisesaal begrüßten wir uns erst einmal richtig. Es waren doch eine ganze Reihe Kauffunger dabei, die noch nie an unseren jährlichen Treffen teilgenommen hatten. Wir frischten alte Bekanntschaften auf in diesen Tagen, oder lernten uns überhaupt erst einmal kennen.

Donnerstag, 2. Mai 1985

Um 8.00 Uhr gab es Frühstück, und um 9.00 Uhr saßen alle wieder in den Bussen. Unser heutiges Ziel hieß *Kauffung!*

In jedem Bus fuhr ein polnischer Reisebegleiter mit. So hatten wir für alle Fälle einen Dolmetscher bei uns, was manchmal ganz gut war. – Wir wählten den Weg über die Kapelle, die sich noch recht winterlich zeigte. Als wir aber weiter hinunter ins Katzbachtal kamen wußten wir schon, daß unsere Winterreise ein Frühlingsausflug werden würde. In Tiefhartmannsdorf liefen Schafe in den Gärten herum, die Kirschbäume blühten, und die Sonne leckte die letzten Schneeflecken weg. Uns wurde warm, und nicht nur von der Sonne. Am Bahnhof Nieder-Kauffung hielt es uns nicht mehr in den Bussen. Wir waren »Zu Hause«. Wir sahen auf die Berge, die das Tal umgaben, und auf die beiden Kirchtürme, welche herübergrüßten. Von nun an gab es viel Arbeit für die Fotoapparate. Sie sollten all das festhalten, was ein flüchtiger Blick nicht einzufangen vermochte. »Trinkt, o Augen, was die Wimper hält« – kam es mir in den Sinn. Ich wollte versuchen, in diesen Tagen soviel wie möglich »aufzunehmen«, auch ohne Kamera. Das war eine Besitzergreifung, die keinem Menschen weh tun würde.

Die Busse brachten uns bis zur Hauptstraße. Wir blickten hinüber zur Schulzengasse, nach rechts zur Winklergasse, und fuhren dann über die Kirchbrücke langsam dem Oberdorfe zu. Mein Bericht würde noch länger werden, wollte ich alle Häuser aufzählen, an denen wir vorbeikamen, und ihre ehemaligen Besitzer. Jeder möge für sich hinzufügen, was er für nötig und wichtig hält.

Als wir die Häuser der Randsiedlung sichteten, hielten die Busse. Die »allerobersten« Kauffunger stiegen aus, die anderen fuhren zurück bis zum Café Niedlich, ein kleiner Teil wieder ins Niederdorf. Es gibt ja noch persönliche Beziehungen zu wenigen Dorfbewohnern, und manche volle Reisetasche wollte geleert sein.

Da standen wir nun auf der großen Tschirnhausbrücke, unter der die Katzbach dahinfloß. D.h. »groß« war sie nur in der Erinnerung gewesen, wie so vieles, was wir wiedersahen. Jemand schaute fassungslos auf das kleine Häuschen von Noack und Vogel, in welchem er seine Lehrzeit absolviert hatte. Auch die Entfernungen schienen geschrumpft zu sein. Für die Kinder von damals waren die Häuser halt höher gewesen, die Brücke breiter und die Straßen länger, als für die Erwachsenen von heute.

Wir wanderten an der Katzbach entlang, blickten zum Krankenhaus hinüber. Am Zaun standen Schwestern und winkten uns zu. Hinter dem Adler Fleischer war eine neue kath. Kirche erbaut worden. Die Dreihäuser boten ein freundliches Bild. Der Weg an der Mörtelmühle hoch war gesperrt. Wir mußten versuchen, an einer anderen Stelle auf den Kitzelberg zu kommen, und wandten uns der Blümelgasse zu. Sie war zu einer Industriestraße geworden, auf welcher große Lastwagen die Steine heranbrachten, welche nun an der Rückseite des Berges gebrochen wurden. Die dem Dorf zugewandte Seite mit den bekannten Terrassen wurde stillgelegt. – Hinter der Elsnersiedlung fanden wir einen alten, vertrauten Weg. Es war um die Mittagszeit. Die Sonne schien warm und die Wiesen leuchteten golden von unzähligen Himmelschlüsseln. Hinter der großen Plätte wurden wir von Wachmännern angehalten, und sollten zurückgehen. Ein Foto aus vergangenen Tagen, was ich vorsorglich mitgenommen hatte, ermöglichte uns das Weiterwandern. Der größte Teil der Gruppe ging dem Dorfe zu, um in der Tschirnhauskantine ein Mittagessen einzunehmen.

Wir waren noch vier. Ich suchte das Haus, in welchem ich zur Welt gekommen war. Die Abraumhalden reichten jetzt weit herunter, hatten Wiesen und Äcker zugeschüttet, alles war von Bäumen und Sträuchern überwuchert. Mitten darin fand ich ein paar Mauern. – Die alten Birnbäume wuchsen wie eh und je. Durch die Fensterhöhlen blickte ich zum Altenberg und zum Großen Mühlberg hinüber. Mir bot sich das gleiche Bild, wie vor vierzig Jahren. Und wenn ich die Augen schloß, war auch um mich herum alles so wie damals. Die Bilder der Vergangenheit konnten nicht zerstört werden. Sie waren stärker, als die trostlose Wirklichkeit.

Ich pflückte den Huflattich, der vor der »Haustür« wuchs, und suchte vergeblich nach den glitzernden Steinen, von denen es früher so viele gab. – Reste des Schotterwerkes standen noch da, zwei hohe, dunkle Fichten daneben, viel älter als ich. Die von Gras überwachsenen Plateaus fand ich, an denen die Plätte angelegt hatte, im Schutt die großen Bremstrommeln, um die sich früher die starken Seile wickelten, an denen man die Plätte zu Tale ließ, oder auf den Berg zog. Das gehörte nun auch der Vergangenheit an. – Den Weg hinunter, an den Resten des alten Pulverhauses vorbei, kannte ich nur zu gut. Durch das Tschirnhauswerk durfte man nicht mehr gehen. Wir wählten den Weg an der Bahn entlang, und gingen dann über die Gleise hinüber zum Bahnhof Ober-Kauffung. Hier war die Zeit stehengeblieben. Es brauchte nur noch ein Zug zu kommen, aus Schönau oder aus Merzdorf. – Über die Bahnhofstraße gelangten wir wieder zur Hauptstraße. Diese wurde in Höhe des Stöckelgutes ein ganzes Stück in den Schloßpark hineinverlegt. Die alte Straße mit der Stöckelhofmauer ist noch da. Jetzt ein gemütlicher Weg an der Katzbach entlang. Das Gehöft des Doms-Bauern ist nicht mehr vorhanden. An dieser Stelle wurde ein Supermarkt erbaut. Was mögen die drei Söhne empfunden haben, angesichts dieses fremden Hauses? – Die Erlenmühle ist ebenfalls verschwunden. Dort ist ein ganz neues Wohnviertel entstanden, auch eine Schule.

Die Zeit der Abfahrt rückte heran, und wir hatten so vieles noch nicht in Augenschein genommen. Das hoben wir uns auf für den zweiten Besuch am übernächsten Tag. Wir hatten den Ort doch in Aufregung versetzt. 98

Menschen liefen überall herum, guckten, fotografierten oder klopften gar an den Türen. Die meisten wurden freundlich eingelassen von den Polen. Es sind mancherlei Kontakte entstanden, die helfen können, zum gegenseitigen Verstehen.

4. Mai 1985

Noch einmal brachten uns die Busse für einen Tag nach Kauffung. Am frühen Vormittag kamen wir diesmal über die Feige. In Ketschdorf besuchten wir das Grab von Herrn Dr. Schultz, der in Kauffung solange gewirkt hatte, zum Segen vieler Menschen. Wir legten einen Blumenstrauß nieder und sangen das Lied »Harre, meine Seele«, welches bei jedem unserer Treffen zum Gedenken an die Verstorbenen gesungen wird. Mit einem gemeinsamen »Vater unser« verabschiedeten wir uns von diesem Ort der Stille.

Wir näherten uns der Talsperre. Gebadet wird nicht mehr darin, aber sie dient auch heute noch dazu, die Menschen vor Hochwasser zu bewahren. Wir wissen ja davon, daß die Katzbach mitunter ganz schön übermütig werden kann.

Am Lest-Schloß verließen wir den Bus. Viele fuhren weiter in »ihr« Niederdorf. Die Brauerei, an deren Stelle jetzt ein Supermarkt steht, sollte letzter Treffpunkt sein für alle am Spätnachmittag.

Wir gingen durch Ulkes Hof in den Seiffen und weiter hinauf bis zur Busse-Gruft. Ein weißgekacheltes Gewölbe, der Eingang überwuchert, die Reste eines Zinksarges davor. »Wir haben hier keine bleibende Statt...«.

Der Blick hinüber zum Großen Mühlberg mit dem Elbelbruch. Die Wiesen waren auch hier mit Himmelschlüsseln übersät, Goldammern, Buchfinken und Meisen sangen ihre Frühlingslieder. Wir kannten alle Strophen, es war so, wie immer. – Wir wanderten den schmalen Fußweg an der Bahn entlang dem Stimpel zu. Die Sonne meinte es fast zu gut. Ein langer Güterzug kam uns entgegen, eine schnaufende Dampflok davor. Der Lokführer winkte. Als Kinder zählten wir die Wagen.

Wir versuchten, die Häuser einzuordnen. In der Nähe der Goldenen Kanne kamen wir wieder auf die Hauptstraße. – Werk II – Obermühle – die Gasse drüben an der Katzbach entlang – Bahnhofstraße – Gut Stöckel. Wir waren durch den Schloßpark gegangen mit den schönen, alten Bäumen. Das Schulhaus stand da wie früher, die Spielschule wirkte nackt ohne das gewohnte Grün um sie herum.

Die neue kath. Kirche im Oberdorf war nächster Haltepunkt. Der Pfarrer sprach gut deutsch und führte uns in den vorwiegend aus Holz gestalteten, sehr ansprechenden Kirchenraum. Draußen vor der Kirche stand ein Holzgerüst, welches eine Glocke mit deutscher Inschrift trug. Sie war einst in Gleiwitz gegossen worden. – Etwa der kath. Schule gegenüber, gab es auch in der Poststraße ein neues Gebäude. Heute Sitz der Gemeindeverwaltung des Ortes. Der Kirchsteg bot fast das gewohnte Bild, der Heilandhof verfällt.

Röhrsberg – Silesia – die Gemeindesiedlung – das Niemitz-Schloß. Allen Blicken preisgegeben stand es an der Straße, früher versteckt hinter Büschen und Bäumen. Das war uns schon so oft aufgefallen beim Gang durch das Dorf. Man darf allerdings nicht vergessen, daß die Bäume gerade dabei waren, ihre Blätter zu entfalten. Alles war noch durchsichtig. – Der Pfarrer der alten kath. Kirche erwartete uns. Auch er sprach deutsch, und das war gut. Walter Ungelenk hatte viele Fragen mit auf den Weg bekommen, die z.T. auch beantwortet werden konnten. Darüber wird sicher an anderer Stelle berichtet werden. Wir gingen hinüber zur Kirche. Alte Grabsteine mit deutschen Inschriften sind noch da. Man hat die Vergangenheit hier nicht so radikal »bewältigt«, wie auf der anderen Seite der Straße. – Ich war nur einmal hiergewesen, mit etwa 12 Jahren. Als ich jetzt im ältesten Teil dieser Kirche stand, einem kleinen, gewölbten Raum mit dicken Mauern, wurde mir bewußt, welch altes Zeugnis christlichen Glaubens dieser Ort in Kauffung war und ist.

Ein Schüler des Pfarrers spielte auf der Orgel. Diese Orgel stand vor mehr als 200 Jahren, 1754–1797, noch in unserem ev. Gotteshaus. Dann in die alte Dorf (kath.)-Kirche übernommen. »Gute Zusammenarbeit damals«, sagte der Pfarrer, und nach einer Pause: »Es tut mir leid, daß es so ist, wie es ist.« – Dem hätte sich eine lange Unterhaltung anschließen müssen, aber die Zeit eilte. Ich wollte noch weiter, am Schloß Nieder-Kauffung vorbei bis zum Schreiber-Bäcker. Schräg gegenüber, auf der anderen Katzbachseite, hatte das kleine Anwesen meiner Großeltern Franz gestanden, mit den vielen Obstbäumen davor. Dort stehen jetzt drei neue Häuser.

Der letzte Platz, an dem ich verweilen wollte, sollte unser ev. Friedhof sein. Ich ging am Schulhaus vorbei auf die Kirche zu und um sie herum. Traurig, daß niemand mehr Einlaß fand. Man hat eine Lagerhalle daraus gemacht. Trotzdem sah ich alles deutlich vor mir: das Kirchenschiff, den Altar, die Kanzel darüber, den Taufstein, die Emporen, die blauen Felder ringsherum mit den Worten aus der Bibel, die Kronleuchter mit dem geschliffenen Glas, in welchem sich die Sonnenstrahlen brachen, daß sie in allen Regenbogenfarben leuchteten.

Das Pastorhaus war bewohnt. Es wirkte fremd, weil die Laube davor fehlte. Der Friedhof ist zu einer großen Rasenfläche geworden. Unterbrochen von den alten, breiten Wegen mit den Rotdornbäumen, welche schon unsere Gräberfelder unterteilten. – Ich setzte mich auf eine Bank. Es war still und friedlich. Ich sah über den Rasen und bemerkte, daß er doch nicht so ganz eben war.

Hier und da wölbte er sich. Über Gräbern unserer Lieben? – Vorne, auf die Straße zu, hatte man frische Gräberreihen angelegt. Jetzt beerdigten die Polen hier ihre Toten. Eine junge Frau weinte, ein Kind spielte mit den Blumen. Auch für die neuen Bewohner gab es Freude und Leid.

Ich ging zum Sammelplatz. Aus allen Richtungen kamen Kauffunger: Vom Viehring her, aus der Winklergasse, der Schulzengasse, der Gasse neben der Brauerei. Die Busse rollten heran und nahmen uns auf. Es ging alles ganz schnell. Schon waren wir auf der Straße nach Alt-Schönau. Der Abschied war anders als vor vierzig Jahren. Wir fuhren diesmal nicht ins Ungewisse, und wir dürfen wiederkommen in die alte Heimat. Als Gäste...

Heimatnachrichten August/September 1985

Wanderungen

Jeder *Berg* ringsum am Tal lohnt für sich.
Fernsicht zum Riesengebirge, zu den Bergen im Vorland und zur Ebene.
Zumeist Felsen auf den Kuppen.

1. Vom Südausgang leicht westlich zum Paß ins Bobertal
   (zu deutsch: Lesthof – Seiffen – Feige, zwischen Ketschdorf und Seiffersdorf – Rosenbaude).
   a) Über die Bleiberge oder durch Ketschdorf zur Katzbachquelle, am Stauwehr vorbei durch die Katzbachpforte nach Ober-Kauffung.
   b) Vom Paß durch Seiffersdorf auf einem Wiesenweg über Jannowitz zu den Falkenbergen bei Fischbach.
2. Vom Oberbahnhof – Kitzelberg – Schafberg.
3. Oberdorf – $\frac{\text{Erlenbach}}{\text{Großer Mühlberg}}$ – Altenberg – Eisenkoppe.
4. In Ketschdorf vom Bahnhof/Ortsmitte zur Katzbachquelle und dem Kretschamstein.
5. Unterhalb der Dorfmitte zum Amrich mit Galgen.
   Abstieg oder weiter – Rehberg – Märtenstein.
   Zurück z. B. durch den Viehring.
6. Niedergut – Brand – Johannisthal – Ratschin/Unterdorf Tiefhartmannsdorf – Niederbahnhof,
   oder Abstecher zur Hogolie.
7. Vom Niederdorf durch Alt-Schönau längs der Katzbach nach Schönau.
8. Im Niederdorf zum 'Raubschloß' im Westen oder im Osten zum Predigerstein.
9. Niederdorf – Tiefhartmannsdorf – Kapelle – Kammweg über Oberammergau zur Schafbergbaude – über Schafberg – westlich vom Kitzelberg – Abstieg ins Ober- oder Niederdorf.
   War eine der schönsten Wanderungen.
Ein Zurechtfinden wird schon möglich sein. *HBu*

Kauffunger Treffen 1964–1984

Seit dem Tode von Gustav *Teuber* hat Walter *Ungelenk* als Heimatortsvertrauensmann sich um die Treffen der Kauffunger bemüht. Tatkräftig im Wechsel von den Heimatfreunden in Bielefeld, Burgstemmen, Hagen und Nürnberg unterstützt.

1964, 12./13. 9. in *Hagen*
1965, 11./13. 6. beim Schlesiertreffen in Hannover u. kleine Treffen

Kauffunger-Ortstreffen im Jahre 1965 in Hagen.
Die jüngeren Jahrgänge vor dem 2. Weltkrieg stellten sich zum Gruppenfoto.

1966, 1./2. 10.   in *Burgstemmen*
1967, 23./25. 6. beim Schlesiertreffen in *München*
      7./8. 10.   in *Hagen*
1968, 25./26. 5. beim Treffen des Krs. Goldberg in Solingen
1969, 14./15. 6. beim Schlesiertreffen in Hannover
1970, 4./5. 4.   in *Nürnberg*
1971, 15./16. 5. in *Burgstemmen*
1972, 7./8. 10.   in *Nürnberg*
1973, 19./20. 5. in *Hagen*
1974, 28./29. 9. in *Burgstemmen*
1975, 9./10. 10. in *Hagen*
      11./12. 12. in *Nürnberg* für Kauffunger in Süddeutschland

1976, 9./10. 10.   in *Hagen*
1977, 24./25. 9.   in *Bielefeld* gemeinsam mit den Tiefhartmannsdorfern
1978, 23./24. 9.   in *Burgstemmen*
1979, 13./14. 10. in *Nürnberg*
1980, 20./21. 9.   in *Hagen*
1981, 3./4. 10.   in *Bielefeld*
1982, 25./26. 9.   in *Burgstemmen*
1983, 24./25. 9.   in *Nürnberg*
1984, 13./14. 10. in *Hagen*

An unseren jährlichen Treffen haben seit den 1970er Jahren 250 bis 300 Personen teilgenommen. Außerdem da und dort Zusammenkünfte in der näheren Umgebung.

Heimat-Ortstreffen der Kauffunger im September 1987 in Nürnberg

1985, 30. 4.–7. 5.
1986, 28. 4.–5. 5.
1988, 2.–8. 5.

Gemeinsame Busfahrten der Kauffunger nach Schlesien. Je 98 Teilnehmer mit 2 Bussen. Helmstedt – Forst – Krummhübel als Anfahrtsort. Von dort Fahrten nach Kauffung, sowie Städten der nahen und weiteren Umgebung; z. B. Hirschberg, Schönau, Goldberg nebst Wolfsdorf mit den Kirchenbänken aus Kauffung, Bolkenhain, Landeshut, Schweidnitz mit der Friedenskirche, Schloß Fürstenstein, Breslau! Wanderungen im Riesengebirge…

1985, 28./29. 9. *Treffen in Bielefeld*

1986, 20./21. 9. Treffen in *Burgstemmen*
Seit 1986 hält Pastor Rudolf Friemelt die geistliche Stunde am Sonntagvormittag bei unseren Treffen.

1987, 26./27. 9. Treffen in *Nürnberg*

1988, 17./18. 9. Treffen in *Hagen*

Geschichte

des

Dorfes und des Kirchspiels

Kauffung.

Festschrift

zum

150 jährigen Jubiläum der evangelischen Gemeinde
am Sonntag Jubilate 1892

von

Paul Stockmann,

Pastor.

Buchdruckerei der Schreiberhau-Diesdorfer Rettungsanstalten.
Diesdorf bei Gäbersdorf, Kr. Striegau.

1892.

Meiner lieben Gemeinde überreiche ich im Folgenden als Jubelgabe zum Fest ihres 150jährigen Bestehens eine Geschichte unseres Dorfes und Kirchspiels.

Möge der Rückblick auf die Entwickelung der Verhältnisse, die wir durch fast 7 Jahrhunderte verfolgen können, vielen eine Freude bereiten!

Mögen die Bilder aus vergangener, schwerer Zeit uns dazu helfen, dankbar das Gute anzuerkennen, was unsere Zeit jenen Tagen gegenüber unbestritten aufzuweisen hat.

Mögen besonders die Drangsale, welche unsere Väter um ihres Glaubens willen erlitten haben, mögen die schweren Opfer, welche sie für die Einrichtung der jetzt bestehenden kirchlichen Anstalten zweimal gebracht haben, uns zeigen, welchen Wert sie der Predigt des Evangeliums beimaßen, und uns mahnen: „Halte, was du hast, daß niemand deine Krone nehme!"

Kauffung, am Vorabend des 15. April,
an welchem vor 150 Jahren der erste Gottesdienst stattgefunden hat.

Zum 50jährigen Jubiläum im Jahre 1792 hatte Pastor Kieser ein Jubelbüchlein verfaßt.

Quellenverzeichnis

Hiermit soll zugleich Einblick über einschlägige Veröffentlichungen aus zurückliegender und neuer Zeit gegeben werden. Jedoch wird nur eine Auswahl der
benutzten Bücher und Schriften genannt. Auf weitere Bücher und Beiträge aus
Zeitschriften ist in den entsprechenden Abschnitten Bezug genommen.
Umfassende Zusammenstellungen der wissenschaftlichen Schlesien-Literatur sind
enthalten in

> Historische Stätten – Schlesien – mit über 700 Titeln
> Geschichte Schlesiens S. 480 bis 510.

Quellen/Bücher sind nach der Zeitfolge des Geschehens, also nicht nach dem
Namen des Verfassers oder dem Erscheinungsjahr geordnet.

Für *Kauffung*

Pastor Stockmann	Geschichte des Dorfes und des Kirchspiels Kauffung, 1892
	Patronat bei Bethauskirchen, 1904
	Die Verfassung der ev. Kirchgemeinde Kauffung, 1907
Günther Stockmann † 1981	Heimat- und volkskundliche Arbeiten nebst Sammlungen
Pastor und Kantor	Handschriftliche Aufzeichnungen 1790 bis 1864
Zum Winkel, A.	Das Kalkwerk Tschirnhaus zu Kauffung, 1923; auch in Mitteilungen des Geschichts- und Altertumsvereins zu Liegnitz, 1924

Festschriften zum Heimatfest 1926 und zur 25er Feier des Turnvereins 1928

Goldberger Kreiszeitung Ausschnitte für Kauffung 1936 bis 1940

Deutsches Reichsadressbuch Ausgabe 1940, S. 1655/1656, Kauffung

Zimmermann, E.	Erläuterungen zur geologischen Karte des Deutschen Reiches, Blatt Kauffung, 1941
Tagebuch	des Kauffunger Pastorensohnes Joh. Daniel *Rausch*, geführt 1627 bis 1685, veröffentlicht von Pastor Stockmann im Correspondenzblatt des Vereins für Geschichte der ev. Kirche Schlesiens 1887, Bd. 3, Heft 2, Anlage
Jährliche	Anmerkungen von Jeremias *Ullmann*, Gutsverwalter in dem Kauffung benachbarten Seiffersdorf, geführt von 1625 bis 1654; veröffentlicht in Quellenmäßige Beiträge zur Geschichte des 30jährigen Krieges von Grünhagen/Krebs
Vogel, A.	Album 'Heimatbilder aus Kauffung', 1951 in Neutraubling,

Rundbriefe von Kaplan G. Eckelt/Lehrerin H. Larisch, 1947 bis Frühjahr 1956

Rundbriefe seit Sommer 1946 von Pastor Walter Schröder † 1987, fortgesetzt
von W. Ungelenk als Heimatortsvertrauensmann

Teuber, G., Ortsvorsteher, 'Wanderung durch Kauffung' in den Heimatnachrichten 1957, Nr. 3 bis 1960, Nr. 4

Nach der Vertreibung aus der Heimat
Alte und neue Lieder/Gedichte gesammelt von Ilse, geb. Dannert

Geisler/Krause, R.   Kauffunger Geschichtlan 1984

Hageman/Malkusch, G. Daheim zwischen Schneekoppe und Katzbachtal 1986

Einzelberichte   Mündliche Überlieferungen   Persönliche Erinnerungen
Verfasser hat sich bemüht, aus Berichten nur in sich schlüssige Umstände zu übernehmen oder Angaben mehrerer Personen bis zur Übereinstimmung aufzuhellen.

Für die beiden Kirchen

Grünewald, J.   Predigergeschichte des Kirchenkreises Schönau, druckfertig durch Pastor B. Burkert, 1937/39, mit Angaben von Büchern aus viel früherer Zeit

Bunzel, M.   Die geschichtliche Entwicklung des evangelischen Begräbniswesens in Schlesien während des 16., 17. und 18. Jh., herausgegeben von Dr. Hultsch, Verlag 'Unser Weg', Lübeck 1980

Berg, J.   Die Geschichte der gewaltsamen Wegnahme der ev. Kirchen und Kirchengüter in den Fürstentümern Schweidnitz und Jauer, Breslau 1854

Conrads, N.   Die Durchführung der Altranstädter Konvention in Schlesien 1707 bis 1709, Böhlau Verlag Köln, 1971

Zapke, A.   Die Gnadenkirche in Hirschberg, 1909

Grundmann,   Der evangelische Kirchenbau in Schlesien
Verlag Weidlich Frankfurt 1970

Rudolph, H.   Evangelische Kirche und Vertriebene 1945 bis 1972
2 Bde., Verlag Vandenhoek & Ruprecht, Göttingen 1985

Hoppe,   Die evangelische Kirche in Schlesien und ihre Begegnung mit der Bayerischen Landeskirche, Wiesbaden 1970

Koller, W.   Die evangelische Flüchtlingsdiaspora in Ost-Bayern nach 1945

Nahm, P. P.   Der kirchliche Mensch in der Vertreibung 2. Auflage, 1959

Bunzel, U.   Kirche ohne Pastoren. Die schlesische Laienkirche nach dem Zusammenbruch von 1945, Verlag Unser Weg Ulm 1965

Meißler, W.   Kirche unter dem Kreuz, Rautenberg-Verlag Leer 1971

Besier, G.   Altpreußische Kirchengebiete auf neupolnischem Territorium, Vandenhoek & R. 1983

Wagner, O.   ebenso in Zeitschrift für ev. Kirchenrecht, 1985, Heft 3/4, S. 378 bis 403

Marschall, W.	Geschichte des Bistums Breslau, K. Theiss-Verlag, Stuttgart 1980
Scholz, F. (Neu, nicht berücksichtigt)	Zwischen Evangelium und Staatsraison, Knecht Verlag Frankfurt 1988 (Ein Bericht über die polnische kath. Kirche und die Vertreibung der Deutschen)
Hultsch, G.	Jahrbuch für Schlesische Kirchengeschichte (ev.)
Köhler, J.	Archiv für Schlesische Kirchengeschichte (kath.)
Hoffmann v. Fallersleben	Schlesische Volkslieder, Leipzig 1842 Nr. 284, 286, 294, und S. 353 Choräle aus Neukirch und Kauffung

Für Katzbachtal und -Gebirge

Beck, S.	Das Bober-Katzbach-Gebirge, Handbüchlein, Hirschberg 1914
Winde, R.	Das Bober-Katzbach-Gebirge, Hirt-Verlag, Breslau 1925
Stein, E.	Wanderung durch das Katzbachtal in Die Riesengebirgskreise, 1928
Zum Winkel, A.	Liegnitz – Goldberg – Schönau Das schöne Katzbachtal, Industrieverlag Berlin 1925
Brand, O.	Heimatbuch der Altkreise Goldberg – Haynau – Schönau 1. und 2. Folge, 1954 und 1956
Müller, W.	Solingen und sein Patenkreis Goldberg in Schlesien

Goldberg-Haynauer-Heimatnachrichten erscheinen monatlich seit 1950

Die im Abschnitt 'Zum Namen Die Katzbach' genannten Beiträge/Bücher

Volkszählungen 1862, vor und nach 1900, 1925, 1933 und 1939

Einwohnerbuch für den Kreis Goldberg 1943

*Orts*geschichten, verfaßt als Jubelbücher/Festschriften für die ev. Bethauskirchen von den Pastoren; zumeist 1792, 1842, 1892:

Seitendorf/Altenberg	1842	Schönwaldau	1842
Kammerswaldau	1892	Falkenhain	1850
Ludwigsdorf	1842/1892	Neukirch	1793, 1843, 1893
Tiefhartmannsdorf-Ratschin	1793/1893	Probsthain von Kadelbach	1846
Hohenliebenthal	1793, 1843, 1893	Harpersdorf	1927
Stadt Schönau	1841, 1891		

Stadt Goldberg von C. W. Peschel 1841 und von E. Tschirwitz 1983

Nach der Vertreibung sind erschienen:

Für Tiefhartmannsdorf »Dorf unter dem Kreuz« von Kantor W. Liebs
in den Heimatnachrichten 1966, Nr. 4 bis 12,
Rundbriefe Juni 1956 bis August 1963 durch frühere Lehrerin E. v. Heinz, verstorben mit 96 Jahren 1981 in Lindau/Bodensee.

Für Hohenliebenthal	von E. Geisler 1978
Für Alt-Schönau	von C. Sommer, Heimatnachrichten 1960, Nr. 3 und 4
Für Klein Helmsdorf	von A. Knoblich und M. Simon Heimatnachrichten 1957, Nr. 1 und 1959, Nr. 10 bis 12

Für Neukirch »Beiträge zur Kirchen- und Pfarrgeschichte« von J. Grünewald
im Jahrbuch für Schlesische Kirchengeschichte, Jhrg. 1962
NEU 1988: D. Nellessen, Beiträge zur Kirchen- und Ortsgeschichte

Für Probsthain »Frühgeschichte des Waldhufendorfes P.«, von A. Mehnert, 1965

Für Schlesien

Uthenwoldt, H.	Die Burgverfassung in der Vorgeschichte und Geschichte Schlesiens, Breslau 1938; Neudruck 1982 Scientia Verlag Aalen

Für die Ansiedlungszeit die in 'Deutsche Besiedlung des oberen Katzbachtals' und anschließenden Abschnitten genannten Bücher und Beiträge

Latzke, W.	Die schlesische Erbscholtisei, Kulturwerk Schlesien 1959
Menzel, J. J.	Jura *Ducalia* Die mittelalterlichen Grundlagen der Dominialverfassung in Schlesien, Holzner Würzburg 1964
Grawert-May, G.	Das staatsrechtliche Verhältnis Schlesiens zu Polen, Böhmen und dem Reich, Scientia Verlag Aalen 1971
Zimmermann, F. A.	Beiträge zur Beschreibung von Schlesien, 1787
Knie, JG	Geographische Beschreibung von Schlesien, 1845
Tempelhof, G. F.	Geschichte des 7-jährigen Krieges 6 Bde., Neudruck 1977, Biblio-Verlag, Osnabrück
Friedrich, R.	Die Befreiungskriege 1813 bis 1815 4 Bde., erschienen 1913
Zimmermann, A.	Blüte und Verfall des Leinengewerbes in Schlesien, Breslau 1885
Lutsch, H.	Bilderwerk schlesischer Kunstdenkmäler Verzeichnis für die Provinz Schlesien, Breslau 1903
Grünhagen, C.	Geschichte Schlesiens, Gotha 1884
Partsch, J.	Schlesien, eine Landeskunde, Breslau 1896 bis 1911
Ziekursch, J.	100 Jahre schlesische Agrargeschichte, 1915. Neudruck 1978, Scientia Verlag Aalen
Ullmann, K.	Schlesien-Lexikon, Adam-Kraft-Verlag 1980
Bartsch, H.	Die Städte Schlesiens, Dortmund 1977

530

Weczerka, H.	Schlesien im Handbuch der historischen Stätten, Kröner-Verlag 1967
Loewe, L.	Schlesische Holzbauten, E. Werner Verlag, Düsseldorf 1969
Randt-Swientek, E.	Die älteren Personenstandsregister Schlesiens, Görlitz 1939
Puschmann/ Grünewald	Die noch vorhandenen Kirchenbücher Schlesiens und ihre derzeitigen Lagerorte nebst Verzeichnis insbesondere ev. Kirchenbücher in Deutsches Geschlechterbuch, Bd. 178
Petry, Menzel, Irgang	Geschichte Schlesiens 5. Auflage, bei Thorbeck, Sigmaringen 1988. Herausgegeben von der Historischen Kommission für Schlesien
Trierenberg, H.	Reiseführer Schlesien, Bergstadtverlag Korn, Würzburg 1987
Lindner, Kl. und Zögner, L.	Zwischen Oder und Riesengebirge. Schlesische Karten aus fünf Jahrhunderten, Konrad Verlag Weißenhorn 1987

Zum 2. Weltkrieg 1945 und zur Vertreibung

Schramm, P. E.	Die Niederlage 1945. Aus dem Kriegstagebuch des Oberkommandos der Wehrmacht ab Anfang Januar 1945 dtv 80/81
Schultz-Neumann, J.	Die letzten 30 Tage. Das Kriegstagebuch des OKW. April bis Mai 1945, Universitas-Verlag, München 1980
Deuerlein, E.	Potsdam 1945, Quellen zur Konferenz der großen Drei dtv 152/153
Kissel, H.	Der deutsche Volkssturm 1944/45, Mittler-Verlag 1962
von Ahlfen	Der Kampf um Schlesien, Gräfe und Unzer-Verlag, München 1961
Frau Dr. phil. von Gersdorff, U.	Frauen im Kriegsdienst 1914 bis 1945, Deutsche Verlagsanstalt 1969 Herausgegeben vom Militärgeschichtlichen Forschungsamt
Schieder, Th. u. A.	DOKUMENTATION der Vertreibung der Deutschen aus Ost-Mitteleuropa. Unveränderter Nachdruck der Ausgabe von 1954, dtv. Mai 1984
Kaps, J.	Die Tragödie Schlesiens 1945/46 in Dokumenten unter besonderer Berücksichtigung des Erzbistums Breslau, München 1952/53
Kornrumpf, M.	In Bayern angekommen. Die Eingliederung der Vertriebenen. Zahlen, Daten, Namen. München/Wien 1959
Lemberg, E. und Edding, F.	Die Vertriebenen in Westdeutschland, III. Bd., Kiel 1959

Polnische Veröffentlichungen

SLOWNIK GEOGRAFICZNY KROLESTWA POLSKIEGO I INNYCH KRAJOW SLOWIANSKICH

	Zu deutsch: Geographisches Wörterbuch des Königreiches Polen/Königliches Polen/Königtum Polen und andrer slawischer Länder/Gebiete Erschienen in Warschau 1882
Sosnowski, K.	Dolny Slask im Sammelwerk Ziemie Staropolski Zu deutsch: Niederschlesien Altpolnische Lande. Erschienen in Posen 1948, West-Institut. Übersetzung liegt vor.
Bozena-Steinborn/ Stefan Kozak	Zlotoryja – Chojnow – Swierzawa, Breslau 1971 Zu deutsch: Goldberg – Haynau – Schönau. Teilweise übersetzt.
Walczak, W.	Dolny Slask Band 2 Obszar przedsudecki, Warschau 1968/70 Zu deutsch: Niederschlesien Sudetenvorland
Wielgosz, Z.	Rozwoj osadnictwa na Pogorzu kaczawskim w sredniowieczu, Posen 1962 Zu deutsch: Entwicklung der Siedlung im Bober-Katzbach-Gebirge im Mittelalter Anmerkung: Erfaßt ist aber in der Hauptsache die Umgebung des frühgeschichtlichen swini/Schweinhausburg und der Umgebung von Bolkenhain. Übersetzt von Frau Iris Pawlita/Schultz.

Leider stehen kaum Übersetzungen ins Deutsche zur Verfügung. Heimatfreunde sind eingesprungen.
An Übersetzungen haben noch mitgewirkt: Werner Schwandke, Ehepaar Mack/Zinnecker und andere.

Archive   Bibliotheken   Institute

haben bereitwillig Fragen beantwortet und mit Auskünften beigetragen, Geschehen und Ereignisse zu klären und darstellen zu können. Für diese Hilfe und Förderung bedanke ich mich hiermit in aller Form verbindlich.

In Bamberg	Heimatortskartei für Niederschlesien
Freiburg	Bundesarchiv/Militärarchiv Militärgeschichtliches Forschungsamt
Hannover	Heimatauskunftsstelle für den Regierungsbezirk Liegnitz
Koblenz	Bundesarchiv
Münster	Ostkircheninstitut der Universität
Marburg	J. G.-Herder-Institut, Gisonenweg 7
Würzburg	Stiftung Kulturwerk Schlesien, Kardinal-Döpfner-Platz
Wolfsburg	Schlesischer Gottesfreund, Archiv und Bibliothek

532

Kirchliche Archive
Evangelisches Zentralarchiv in Berlin
Katholisches Kirchenbuchamt der Diözesen Deutschlands in München
Bischöfliches Zentralarchiv in Regensburg

Der *Bestand* der Bibliotheken an Literatur zu Schlesien aus früherer Zeit erwies sich umfassender als gemeinhin angenommen wird und ist über Fernleihe jedermann zugänglich. Benutzt wurden:
In Stuttgart Württ. Landesbibliothek, Institut für Auslandsbeziehungen, Bücherei
im Diakonischen Werk, Landeskirchliches Archiv und Bücherei
Staats- und Universitätsbibliothek in Göttingen
Staatsbibliothek Preußischer Kulturbesitz in Berlin

Bücherei des deutschen Ostens in *Herne* (Stadtbücherei, Berliner Platz) mit wiederholter Hilfestellung über Jahre hinweg; hierfür besonderen Dank. Bestandskatalog kann erworben werden.

Zu großem Dank verbunden für Rat und Tat bin ich Herrn Pastor i. R. Johannes *Grünewald,* jetzt Göttingen. Aus Goldberg stammend, mit dem Katzbachtal vertraut, der Kirchengeschichte, Urkunden und Archive kundig, hat Herr Grünewald manchen Abschnitt dieses Heimatbuches erst ermöglicht.

Für Tiefhartmannsdorf hat Frau H. Ludwig/Ehrenberg, jetzt Bielefeld, geholfen, für Altenberg Frau Margarethe geb. Hoffmann.

All die Kauffunger zu nennen, die in Briefen, Unterhaltungen, oft in langen Ferngesprächen zum Inhalt des Buches beigetragen haben, ist nicht möglich. Beim Lesen wird Manche(r) seinen Beitrag erkennen.

Unter dem Stichwort 'Kauffung!' hat meine Großfamilie durch Stillhalten zum nötigen zeitlichen Freiraum und durch Mitdenken zum geistigen Gehalt beigetragen. Manche Nuß war zu knacken. Als unermüdlicher *Lektorin* h. c. gebührt meiner Tochter Dietlind, verh. Keller, namentlich genannt zu werden.

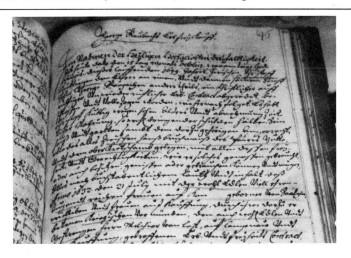

Aus Kauffunger Schöffenbuch 1649

Abdruck zu Seite 417

Auf der „Hogolie."

Landschaftlich-geschichtlich-geologische

Rundschau

vom Gipfel derselben

mit

Total-Ansicht des Riesen-, Iser- und Bober-Katzbach-Gebirges, des übrigen Panorama's, Rundsichts-Karte und dem Bilde der Hogolie.

Von

R. Sachsse.

Im Selbst-Verlage des Verfassers.

Löwenberg, 1859.

in Commission bei W. Holleuffer.

Inhalt

Kauffung im Meßtischblatt   1 : 25.000
  Vorspann
    Zum Geleit 5
    Kauffunger Heimatlied 6
    Totengedenken 7
    Gruß an die Heimat 8
    Doas Kauffunger Märchen 9
    Ansichten 4/11
    Skizze zu Straßen und Ortsteilen 12
    Vorwort des Verfassers 13

Zum Überblick 15
Das deutsche Kauffung um und nach 1900
  Die Katzbach 17
  Die Straße.. 20
  Witterung   Die Landwirtschaft.................. 24
  Gärtnereien   Das Obsttal   Imkerei........ 32
  Die Bahn   Elektrizität   Post 35
  Tatkraft   Vereinsleben 40
  Vom Schulzen zum Bürgermeisteramt 44
  Für Gesundheit und kranke Tage......................... 49
  Ringsum Wald   Gutsförstereien 53
  Ein Tagesablauf.. 56
  Die Volksschulen 58
  Am Weihnachtsabend..................................... 72
  Die Kauffunger Kalkindustrie 74
  Vom Gewerbe.. 105
  Von den Häusern und Anwesen 113
  Brände   Großbrand 1899   Feuerwehr 116
  Last und Bewährung
  Im 1. Weltkrieg – Große Inflation – Massenarbeitslosigkeit............. 123
  Es waren einmal neun Güter 127
  Im Kreislauf des Jahres 138
  Die Kauffunger   Einwohnerverzeichnis.............. 139
  Kunterbunt   Aus der guten alten Zeit.......... 166
  Im 2. Weltkriege 168
  Herberge... 173
  Tagebuch 1945 177
  Als Volkssturm im Einsatz.............................. 180
  Zuflucht suchen.. 186
  Letzte Kriegsmonate 1945 im Katzbachtal 196
  Spielball im Nachkrieg 201
  Das bittere Ende 212
    Russische Besatzung
    Deutsche Gemeindeverwaltung
    Bestandsaufnahme des deutschen Kauffung
    Polen als Verwaltungsmacht
    Krankenhaus   Altersheim   Friedhöfe, ... 246
    Kriegerdenkmal/Soldatenfriedhof

Ausweisung – Vertreibung der Kauffunger 250
In der Zerstreuung 263
    Folgen im kirchlichen Bereich 285
Ein beispielhafter Bericht 293
Kauffunger Treffen
    1947–1951, S. 278, 1952–1963, S. 283,
    1964–1984, S. 522
    Treffen und Fahrten seit 1985, S. 524
Bestandsaufnahme über Akten, Urkunden, Personenstandsbücher
    beim Gemeindeamt und bei den Pfarrämtern 297

Die beiden Kirchen 304
Aus der Frühgeschichte Schlesiens 100 vor bis 1200 n. Chr............. 367
    Zum Namen Schlesien
    Besiedlung im 10. bis 12. Jahrhundert

700 Jahre Deutsch
    Deutsche Besiedlung des oberen Katzbachtals
    im Rahmen der Siedlungsbewegung des 13. Jahrhunderts 370
    Dörfer   Urkunden   Zeitraum   Herkunft
    Unser Kauffung als Enkel 378
    Mongoleneinfall 1241   Erbscholtiseien 379
    Zum Namen   Die Katzbach 381
    Zugehörigkeit zum Reich 384
    Befestigtes Vorwerk/Rittersitz in Nieder-Kauffung 385
    Freie Bauern   Entstehen der Güter in K....................... 388
    Auswirkungen der Hussitenkriege............................... 391
    Wirtschaftliche und soziale Verhältnisse
    von 1400 bis zum 30jährigen Kriege 392
    Aus dem Tagebuch des Kauffunger Pastorensohnes
    Joh. Daniel Rausch 395
        Bewegter Lebenslauf 1619–1685
        Kauffung und Umgebung im 30jährigen Kriege
    Leben auf dem Dorfe 1650 bis um 1850 410
        Nach dem 30jährigen Kriege
        Von Österreich zu Preußen
        Von der Gerichtsbarkeit
        Gärtner/Ackerhäusler   Häusler   Inwohner
        Spinnen und Weben als Hausgewerbe im oberen Katzbachtal
        Schrecknisse (Feuers- und Wassersnot, Seuchen, Mißernten, Hunger)
    Betroffen durch Napoleon
        mit Schlacht an der Katzbach........................... 428
    Gneisenau in Kauffung ansässig................................ 434
    Nach 1800 neue Wirtschafts- und Sozialordnung 435
    In den deutschen Einigungskriegen 441
    Einst Freie Bergstadt Altenberg................................ 442
    Tiefhartmannsdorf 1630 bis 1785 444
    Von den drei einstigen Dörfern des Zisterzienserklosters Leubus,
        Ketschdorf, Seitendorf, Klein-Helmsdorf....................... 445
    Nachbarorte im oberen Katzbachtal 447

Aus grauer Vergangenheit 449
Höhlen, Tiere, Menschen am Kitzelberg

Naturwissenschaftliche Beiträge von Dr. Walter Teschner 453
Berge ringsum
Die Pflanzenwelt der Umgebung

Kauffunger erzählen 467
Trachtengruppe mit Volks- und Brauchtum
                                    Willy Schlosser
Der Riesengebirgsverein)
Der Segelflug   )   Georg Hein
Mandolinenclub »Enzian«   Willy Schlosser
Georg Hein
Prinz Martin vom Märtenstein   Pfarrvikar Eckelt
»Wir macha Huxt« eine Kauffunger Hochzeit
                                 Rudolf Friemelt
Der Katzbachpförtner   Georg Hein
Doas neue Kauffunger Meßtischbloatt
                                 Ernst Beyer
Alt-Kauffunger Erinnerungen
                                 Sanitätsrat Eugen Hellmann
Querschnitt aus einer Gemeinderatssitzung
                                 Richard Evler
Um die Geisterstunde – Brauchtum und ...
                                 St. Filke
Kauffunger Berge untereinander
                                 Ruth Geisler/Krause
Frohes Wiedersehen in Hagen Sept. 1964
                                 einstige Pfarrfrau M. Burkert
Zeitungsausschnitte von 1937
'Is Osterwoasser
                                 Edith Eckert/Engelmann
Bass-Geige zu Altenberg
Weihnachtszeit   Karin Schaefer/Schultz

Aus jüngster Geschichte 510
Pflicht und Wagnis   Ruth Wagner/Filke
Unsere Vertreibung in Erinnerung
                                 Ida Seifert/Floth

Wiedersehen mit Kauffung. 514
Rückblicke verschiedener Verfasser mit Ausschnitten aus
Fahrtberichten der 1970 er Jahre
'Winterreise' 1985 wurde zur 'Frühlingsfahrt'
                                 Ruth Geisler/Krause
Wanderungen   521

Kauffunger Treffen und Fahrten ab 1985 524

Quellenverzeichnis 527

Inhalt 535

58 Bilder
Zeichnungen, gefertigt von der Kauffungerin
　　　　　　　　　　　　　　　Ilse Mack/Zinnecker
Zu 5 Beiträgen　　　　　　Zeichnungen von Michael Herkt
5 Handskizzen zu geschichtlichen Ereignissen

Abdrucke
　von Ring- und Schachtöfen
　der Briefköpfe von 2 Kalkwerken
　von Anordnungen deutscher Stellen im Frühjahr 1945
　über Tätigkeit der deutschen Gemeindeverwaltung Mai–Aug. 45
　von Ausweisungsbefehlen polnischer Stellen Sommer 1946/47
　von Meldezetteln u. ä. bei der Aufnahme in der sowjetischen
　und britischen Zone.

Oberes Katzbachtal in der Karte 1 : 100.000

I.M.